Kapitalanlage
in der betrieblichen Altersversorgung

D1670068

Kapitalanlage in der betrieblichen Altersversorgung

Grundlagen und Praxis

Herausgegeben von der aba
Arbeitsgemeinschaft
für betriebliche Altersversorgung e.V., Berlin

Bearbeitet von

Bernd Haferstock, Habbel, Pohlig & Partner, Wiesbaden
Olaf John, Mercer, Frankfurt am Main
Herwig Kinzler, RMC Risk-Management-Consulting GmbH, Frankfurt am Main
Dr. Thomas Müller, ZVK des Baugewerbes (SOKA-BAU), Wiesbaden
Dr. Stefan Nellshen, Bayer-Pensionskasse VVaG, Leverkusen
Anselm Wagner, Bayerische Versorgungskammer, München
Christian Wolf, BVV Versicherungsverein des Bankgewerbes a.G., Berlin

4., neu bearbeitete Auflage

 C.F. Müller

Bibliografische Informationen der Deutschen Nationalbibliothek
Die Deutsche Nationalbibliothek verzeichnet diese Publikation in der
Deutschen Nationalbiografie; detaillierte bibliografische Daten sind im Internet
über https://dnb.d-nb.de abrufbar.

Sonderdruck aus:

aba – Arbeitsgemeinschaft für betriebliche Altersversorgung e.V. (Hrsg.)
Handbuch der betrieblichen Altersversorgung – H-BetrAV, Teil I
Grundlagen und Praxis

ISBN 978-3-8114-5953-3

E-Mail: kundenservice@cfmueller.de
Telefon: +49 6221 1859 599
Telefax: +49 6221 1859 598
www.cfmueller.de

Satz: WMTP GmbH, Birkenau
Druck: Stückle Druck und Verlag, Ettenheim

Kapitalanlage in der betrieblichen Altersversorgung

Von Bernd Haferstock, Olaf John, Herwig Kinzler, Dr. Thomas Müller,
Dr. Stefan Nellshen, Anselm Wagner und Christian Wolf

Kapitel IV
Implementierung und Kontrolle sowie
Performance- und Risikomessung
(Haferstock/Wolf)

Vorbemerkungen[1]

Gegenstand der betrieblichen Altersversorgung sind meist sehr langfristige Beitrags- 1
bzw. Leistungsversprechen, die Arbeitgeber ihren Arbeitnehmern und deren Hinterbliebenen zum Zwecke der Versorgung gewähren. Lange Zeit wurde die finanzielle Durchführung der betrieblichen Altersversorgung von der Direktzusage, d. h. der unmittelbaren Leistungszusage des Arbeitgebers, unter Anlage der Reservierungsmittel im operativen Betriebsvermögen dominiert. Aus verschiedenen Gründen, beispielsweise der Verbreitung von internationalen Bilanzierungsregeln oder der Umgestaltung der staatlichen Förderung, hat sich diese Dominanz in den vergangenen Jahren signifikant zugunsten einer unternehmensexternen Kapitaldeckung von Versorgungsverpflichtungen reduziert. Die Kapitalanlage kann dabei verschiedene Zielsetzungen verfolgen. Je nach Ausgestaltung des Arbeitgeberversprechens kann sie entweder auf die Sicherstellung und Verbesserung der Leistungen für die Begünstigten ausgerichtet sein oder auf die Kontrolle und Begrenzung des Finanzierungsaufwands der Unternehmen. Auch Mischformen dieser grundsätzlichen Zielsetzungen sind weit verbreitet. Von daher gewinnen Aspekte der Kapitalanlage in der betrieblichen Altersversorgung verstärkt an Relevanz.

Vor diesem Hintergrund verfolgen die nachfolgenden Beiträge die Absicht, den an 2
der Gestaltung und Durchführung der betrieblichen Altersversorgung Beteiligten einen Überblick über die wesentlichen Aspekte der Kapitalanlage moderner betrieblicher und überbetrieblicher Versorgungseinrichtungen zu geben. Dabei soll ein besonderer Schwerpunkt darauf gelegt werden, aufzuzeigen, welche unterschiedlichen Verhaltensweisen und Ansätze für eine Versorgungseinrichtung als Investor – im Gegensatz zu Investoren anderer Art und Provenienz – spezifisch sind bzw. sein sollten. Bei der aktuellen Ausgabe wurde das einleitende Kapitel über **Asset-Liability-Management** verbreitert, insbesondere mit Blick auf Treuhandvermögen zur Deckung von Pensionsverpflichtungen. Die Thematik **Nachhaltigkeit bei der Kapitalanlage** hat aktuell und erwartungsgemäß auch für die Zukunft immens an Bedeutung gewonnen. Dementsprechend wird den damit verbundenen Aspekten nun in vielen Kapiteln Rechnung getragen. Auch wird nunmehr die Anlageklasse **Private Debt**, die deutlich an Relevanz gewonnen hat, behandelt. Insgesamt werden rechtlichen Grundlagen, neu gefasste oder neu erlassene Gesetze, Verordnungen und Rundschreiben aktualisiert. Die Gewichtung der einzelnen Themen und Unterthemen ist teilweise von der quantitativen Relevanz für typische Fallkonstellationen der betrieblichen Altersversorgung geprägt und in Teilbereichen sicherlich auch vom Arbeitsumfeld und Erfahrungswissen der jeweiligen Autoren beeinflusst. Dennoch wurde sich um eine möglichst wertungsfreie, breit anwendbare Darstellung bemüht.

---

1 Die Autoren möchten an dieser Stelle es nicht versäumen, Frau *Dr. Cornelia Schmid* für ihre tatkräftige Unterstützung, geduldige Koordination und wertvollen Ratschläge ganz herzlich zu danken.

3   Die „Kapitalanlage in der betrieblichen Altersversorgung" ist ein Projekt des *aba-Fachausschusses Kapitalanlage und Regulatorik* und vor dem Hintergrund des aba-Kapitalanlageseminars entstanden. Die Beiträge erheben nicht den Anspruch, die einzelnen Themen vollständig zu behandeln, einschlägige Literatur zu ersetzen oder gar als allgemeingültig zu gelten. Auch ist zu beachten, dass angesichts der zeitlosen und nahezu unbegrenzten Vielfalt an Kapitalanlageprodukten und damit verbundenen Risiken und Chancen eine vollständige Darstellung nicht möglich ist und die Beiträge in einigen Bereichen damit auch nur eine Momentaufnahme darstellen können.

4   Es liegt im Wesen der Kapitalmärkte begründet, dass diese – als Barometer wirtschaftlicher und gesellschaftlicher Entwicklungen – Schwankungen unterschiedlicher Intensität und Frequenz aufweisen können. Wenn auch die Leistungen für die Arbeitnehmer durch das deutsche Rechtsumfeld im internationalen Vergleich zu einem sehr hohen Grad abgesichert sind, so können solche Marktschwankungen natürlich ggf. temporäre Kostensteigerungen für die Leistung gewährenden Arbeitgeber und auch geringere Leistungszuwächse bei den Berechtigten zur Folge haben. Ein modern strukturierter Kapitalanlageprozess kann dabei jedoch helfen, diese Risiken zu kontrollieren und auch frühzeitige Reaktionen auf sich abzeichnende Krisensituationen zu ermöglichen. Auch eine möglichst lückenlose Prozessdokumentation ist dabei für die Entscheidungsträger von besonderer Bedeutung. Insofern leisten die hier vorgestellten Konzepte in normalen wie in außergewöhnlichen Marktkonstellationen wie der vorherrschenden Niedrigzinsphase, die weniger wirtschaftlich als geldpolitisch verursacht ist, einen wichtigen Beitrag.

Dr. Georg Thurnes
(Vorstandsvorsitzender der aba)

Andreas Hilka
(Leiter des aba-Fachausschusses
Kapitalanlage und Regulatorik)

Kapitel I
Kapitalanlageprozesse in der betrieblichen Altersversorgung
(John/Kinzler/Nellshen/Thurnes)

A. Aspekte der Kapitalanlage in allen Durchführungswegen

Versorgungszusagen werden in der betrieblichen Altersversorgung entweder unmittel-   5
bar im Wege einer Direktzusage oder mittelbar durch Einsatz einer Unterstützungskasse, einer Pensionskasse, eines Pensionsfonds oder einer Direktversicherung durchgeführt. In all diesen Durchführungswegen werden die für die Durchführung Verantwortlichen in unterschiedlicher Ausprägung mit Aspekten der Kapitalanlage konfrontiert. Naheliegend ist dies hinsichtlich der Kapitalanlage von Pensionskassen und Pensionsfonds, bei der die Kapitalanlage für das Sicherungsvermögen im Rahmen des
aufsichtsrechtlichen Umfeldes organisiert, durchgeführt und überwacht werden muss.
Hier werden den handelnden Personen und Entscheidungsträgern alle nachfolgend
beschriebenen Elemente des Kapitalanlageprozesses (Rdnrn. 9 ff.) abverlangt. Mit einigen spezifischen Besonderheiten gilt dies gleichsam für die öffentlich-rechtlichen
Versorgungseinrichtungen.

Ähnlich ist dies bei der Durchführung der betrieblichen Altersversorgung über eine   6
polsterfinanzierte Unterstützungskasse oder bei der Durchführung im Wege der Direktzusage mit externer Kapitaldeckung. Letztere wird regelmäßig als Treuhandmodell
eingerichtet (sog. Contractual Trust Arrangement – CTA, in Deutschland oftmals in
der Rechtsform eines e.V., Pensionstreuhandvereins) und ist zu unterscheiden von
Modellen mit reinem Finanzierungscharakter, bei denen der Erfolg der Vermögensanlage maßgeblich die Kosten des Arbeitgebers beeinflusst, und solchen Modellen, bei
denen der Erfolg der Vermögensanlage mittelbar oder unmittelbar Einfluss auf die
Höhe der Ansprüche und Anwartschaften der Berechtigten hat. Bei all diesen Durch-
führungsformen sind zwar die aufsichtsrechtlichen Vorschriften, wie z. B. gesetzliche
Anlagerestriktionen und Meldevorschriften, nicht von Belang, ansonsten aber ist auch
hier das volle Spektrum des Kapitalanlageprozesses von Relevanz.

Eher indirekt sind Kenntnisse auf Seiten des jeweiligen Arbeitgebers und/oder seitens   7
der zugehörigen Arbeitnehmervertreter zu Aspekten der Kapitalanlage erforderlich,
wenn die Durchführung der betrieblichen Altersversorgung überbetriebliche Versorgungseinrichtungen, Direkt- oder Rückdeckungsversicherungen sowie rückgedeckte
Unterstützungskassen involviert. Hier erfolgte der Kapitalanlageprozess komplett seitens der externen Einrichtung und dort muss entsprechendes Knowhow vorhanden
sein. Arbeitgeber- und bisweilen auch Arbeitnehmervertretern kommt dabei die Aufgabe zu, beispielsweise durch Engagement in Anlageausschüssen die Kapitalanlage
mit zu gestalten oder zumindest kompetent zu überwachen.

B. Prozess der Kapitalanlage

8 Die Elemente des Kapitalanlageprozesses lassen sich inhaltlich zunächst in die grundsätzlichen, strategischen Aufgaben, die inhaltliche Umsetzung der Anlagestrategie und die operationale Umsetzung sowie das Controlling untergliedern. Die grundsätzlichen, strategischen Entscheidungen liegen im Hauptverantwortungsbereich des Investors. Sie bestehen aus der Ermittlung der vom Anlagezweck beeinflussten Anlagestrategie – dies umfasst als wesentlichen Bestandteil die langfristig orientierte Festlegung von strategischen Allokationsgewichten für die einzelnen Anlagesegmente (diverse Aktiensegmente, diverse Rentensegmente, Immobilien, etc.) – sowie den Entscheidungen darüber, wie und ggf. mit welchen externen Partnern (Berater, Banken, Investmenthäuser etc.) der Kapitalanlageprozess grundsätzlich strukturiert wird. Zu den Aufgaben des Investors gehört es dabei auch, geeignete Überwachungs- und Risikomanagementfunktionen zu schaffen, eine Aufgabe, die ebenso wie die Entscheidung über die Anlagestrategie nicht delegierbar ist. Die inhaltliche Umsetzung der definierten Anlagestrategie umfasst die Ausgestaltung der für die einzelnen im Rahmen der Anlagestrategie zum Einsatz kommenden Vermögensgegenstände und deren Handel, ggf. die Vergabe von Fremdmandaten an externe Investmentmanager für genau definierte Teile des Portfolios sowie die eher taktisch und daher kurz- bis mittelfristig ausgerichtete Gewichtung von Anlageklassen und Einzeltiteln zur Erreichung des längerfristig angestrebten Ergebnisses im Rahmen der Gesamtstrategie. Sie fällt regelmäßig in den Verantwortungsbereich des internen oder externen Investment Managements. Mit der rein operationalen Umsetzung verbindet man die typischen Aufgaben, die mit der Verwahrung und Verwaltung der Vermögensgegenstände einhergehen einschließlich Transaktionsdurchführung, Reporting etc. Diese Aufgabenbereiche werden meist mit der Depotbank (Custodian) verbunden.

9 Betrachtet man allein den Entscheidungsweg zu einer konkreten Investitionsentscheidung, so werden gemeinhin die Planungsebenen Strategie, Taktik und Titelauswahl unterschieden. Auf der Ebene „Strategie" wird die längerfristige Anlagestrategie meist als mittleres prozentuales Gewicht der Hauptanlageklassen am Gesamtvermögen definiert (strategische Asset Allokation). Die Anlagestrategie sollte sich weniger an kurzfristigen Einschätzungen der Kapitalmärkte und Erwartungen an die Kapitalmärkte, sondern eher am Anlegerbedürfnis orientieren. Die Charakteristika der Versorgungszusagen und der betroffenen Personenbestände sowie das grundsätzliche Risikobudget der Einrichtung selbst und/oder des Arbeitgebers bzw. Versorgungsträgers bilden die relevanten Entscheidungsparameter.

10 Auf der Ebene „Taktische Allokation" ist das kurz- und mittelfristige Abweichen von der im Mittel angestrebten Strategie angesprochen. Ebenso wie auf der Ebene „Titelauswahl", auf der über konkrete Investments zur Umsetzung von Strategie und Taktik zu entscheiden ist, ist auf dieser Ebene spezifisches Investment Management Knowhow erforderlich. Taktische Allokation und Titelauswahl haben dabei sowohl eine inhaltliche (welche Anlageklasse bzw. Einzelinvestments) als auch eine zeitliche (Timing der Ausführung) Komponente. Allgemein wird der Strategiebestimmung und -über-

wachung ein sehr hoher Anteil am Gesamterfolg der Kapitalanlage zugeschrieben. Während taktischen Entscheidungen regelmäßig auch ein gewisser positiver Renditebeitrag zuerkannt wird, wird für die Titelauswahl im Mittel meist ein höchstens geringer positiver, bisweilen aber auch ein geringfügig negativer Erfolgsanteil vermutet. Ermitteln lassen sich diese Komponenten anhand der sog. Attributionsanalyse in der Performance-Messung, welche über die Zeit ein besseres Bild der Performancebeiträge zeigen.

Der gesamte Kapitalanlageprozess einer betrieblichen oder überbetrieblichen Versorgungseinrichtung lässt sich aus all den beschriebenen Elementen als Kreislauf darstellen, wie in der Abb. 1 (Rdnr. 12) gezeigt wird. Ausgangspunkt bildet die Spezifikation der Anlageziele, die von der Struktur des Personenbestandes und den Charakteristika der zugrundeliegenden Versorgungszusagen maßgeblich bestimmt werden. Die Anlageziele müssen in gewissen Zeitabständen regelmäßig überprüft und ggf. an sich verändernde Personen- und Zusagestrukturen angepasst werden. Aus den Anlagezielen wird die langfristige Anlagestrategie ermittelt einschließlich der kurz- und mittelfristig maximal zulässigen taktischen Abweichungen von der angestrebten Strategie. Die beiden Prozessschritte „Spezifikation der Anlageziele" und „Bestimmung der verpflichtungsadäquaten Anlagestrategie" bilden das Asset-Liability-Management im engeren Sinne. Aufbauend auf der Anlagestrategie sind Entscheidungen über die grundsätzliche Struktur der Kapitalanlage zu treffen. Diese umfassen Fragen wie die des internen oder externen Investment Managements, des Investmentstils, des aktiven oder passiven Managements etc. (Rdnrn. 877 ff.). 11

Abb. 1 Der Kapitalanlageprozess 12

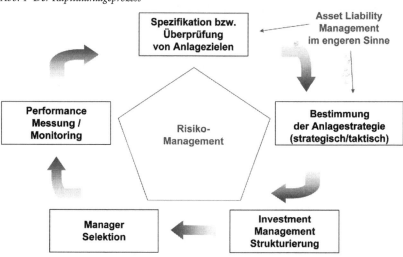

13 Je nach Ergebnis der Investment Management Strukturierung sind im Rahmen der sog. Manager Selektion die externen Investment-Management-Mandate zu vergeben (Rdnrn. 922 ff.). Die Ergebnisse des internen und externen Investment Managements werden im Rahmen des Performance Monitoring und der Performance Messung (Rdnrn. 734 ff.) laufend beobachtet und quantifiziert. Dabei werden auch wesentliche Kennzahlen für das Risikocontrolling und -management ermittelt, das alle Prozessschritte der Kapitalanlage integrativ überwacht und steuert. Ergebnisse dieser Kontrollfunktionen zusammen mit den Ergebnissen der Analyse der Bestands- und Zusagestrukturen fließen dann wieder in die Spezifikation der Anlageziele ein.

C. Asset-Liability-Management und Asset-Liability-Modelling (ALM)

I. Begriff und Zielsetzung

14 Die Begriffe **Asset-Liability-Management** und **Asset-Liability-Modelling** sind nicht eindeutig definiert. In der Praxis werden sie häufig auch synonym verwendet. Bisweilen wird sogar der gesamte Kapitalanlageprozess als Asset-Liability-Management bezeichnet. Für den vorliegenden Beitrag sollen mit dem Begriff Asset-Liability-Management die Prozessschritte der Strategieentwicklung aus den Anlagezielen basierend auf der gegebenen Risikostruktur der von der jeweiligen Einrichtung übernommenen Verpflichtungen spezifiziert sein. Unter Asset-Liability-Modelling, nachfolgend kurz „ALM", sollen hingegen die finanz- und versicherungsmathematische Darstellung der Aktiva (Assets) und Passiva (Liabilities) und die Zusammenführung dieser beiden Bilanzseiten zu einem in sich konsistenten Gesamtmodell der Versorgungseinrichtung verstanden werden, anhand dessen die für die verfolgten Anlageziele optimale Anlagestrategie unter Verwendung mathematischer (deterministischer oder stochastischer) Optimierungsmethoden bestimmt werden kann.

15 Damit unterscheiden wir bewusst die Management-Ebene („Asset-Liability-Management") und die Ebene der mathematischen Modellierung („ALM").

16 Die in der Praxis oft anzutreffenden Begriffe bzw. Vorgehensweisen wie **Liability-Driven-Investment** („LDI"), **Cashflow-Driven-Investment** oder verschiedene Varianten eines Value-at-Risk-Konzeptes wird in aller Regel als konkrete Ausgestaltung eines ALM gesehen. In manchen Fällen steckt auch ein expliziter Management Ansatz dahinter.

17 Asset-Liability-Management leistet somit maßgeblich die Ausrichtung der Kapitalanlage am Anlagebedürfnis der Versorgungseinrichtung, indem mittel- bis langfristig die Charakteristika der Vermögensanlagen und Verbindlichkeiten aufeinander abgestimmt werden. Die möglichen Zielsetzungen des Asset-Liability-Managements lassen sich wie folgt umreißen:

18 Für leistungsbezogene Pensionspläne stehen häufig die möglichst sichere hinreichende Ausfinanzierung der Einrichtung bzw. der garantierten Leistungen und damit verbunden auch die Minimierung der Finanzierungsaufwendungen des Arbeitgebers unter

dem Einfluss von Zins, Leistungsdynamik, biometrischen Effekten, Verwaltungskosten etc. im Vordergrund. Weiterhin ist die Modellierung bestimmter Bilanzzahlen von besonderem Interesse wie beispielsweise des Finanzierungsgrades (sog. „Funded Status") bei der Bilanzierung nach IFRS (International Financial Reporting Standards) oder US-GAAP (US-amerikanische Grundsätze ordnungsmäßiger Buchführung). Im Falle einer Pensionskasse ist in der Regel die vollständige Bedeckung der Versicherungstechnischen Verpflichtungen mit für das Sicherungsvermögen qualifizierten Vermögensgegenständen sowie darüber hinaus die Einhaltung der Solvabilitätsvorschriften basierend auf HGB-Konventionen relevant.

Für beitragsbezogene Pensionspläne ist von Relevanz, einerseits das Risiko der Bedeckung abgegebener Mindestgarantien und andererseits aber auch das Versorgungsrisiko der Leistungsberechtigten zu kontrollieren und, da die beiden Ziele in einem gewissen Konflikt zueinander stehen, in angemessener Balance zueinander zu halten. Das Versorgungsrisiko, d. h. das Risiko, die Beschäftigten unzureichend versorgt zu haben, kann für Arbeitgeber von kritischer Bedeutung werden. **19**

Asset-Liability-Management hat auch zum Ziel, gesetzliche Vorgaben zu erfüllen. So spezifiziert z. B. § 239 Abs. 1 VAG für Pensionsfonds: „... Angaben ... zur Strategie in Bezug auf den jeweiligen Pensionsplan, insbesondere die Aufteilung der Vermögenswerte je nach Art und Dauer der Altersversorgungsleistungen ...", was der vorstehenden Definition von Asset-Liability-Management vollumfänglich entspricht. **20**

Schließlich ist ein Effekt des strukturierten Asset-Liability-Managements auch, den Kapitalanlageprozess zu dokumentieren und einzelne Entscheidungen sachlich nachvollziehbar zu machen und zu begründen. Die entsprechenden Dokumentationen bilden damit auch die Grundlage für das Risikomanagement. **21**

II. Beschreibung der Kapitalanlagen für ALM-Zwecke

Für die instruktive, zunächst isoliert betrachtete, mathematische Beschreibung der Kapitalanlagen im Rahmen eines ALM bieten sich – ohne Anspruch auf Alleingültigkeit – die Konzepte der traditionellen Finanzmathematik an, wie sie u. a. von den Nobelpreisträgern *Harry Markowitz*[1] und *William F. Sharpe*[2] als klassische **Portfoliotheorie** entwickelt wurden. Ertrag und Risiko, letzteres häufig gemessen an der Schwankungsintensität des Ertrages (sog. Volatilität), einer Anlageklasse lassen sich demnach mit Mittel- bzw. Erwartungswert und Standardabweichung beziffern. Allerdings lassen sich an Stelle der Schwankungsintensität (Standardabweichung) auch andere geeignete Risikomaße verwenden. Man sollte jedoch fordern, dass das verwendete Risikomaß die Anforderung der Konvexität erfüllt. Wir wollen an dieser Stelle von einer strikt mathematischen Definition absehen und lediglich erwähnen, dass Konvexität in **22**

---

1 *Markowitz*, Portfolio Selection, in: The Journal of Finance Vol. III, No. 1.
2 *Sharpe/Bailey*, Investments – 6th Edition.

diesem Zusammenhang umgangssprachlich bedeutet, dass das verwendete Risikomaß ein Mehr an Diversifikation nicht „bestraft" (d. h. ein stärker diversifiziertes Portfolio kann kein höheres Risiko haben). Da einerseits nicht alle Anlageklassen absolut gleichlaufende Entwicklungen an den Kapitalmärkten aufweisen, andererseits aber sehr wohl systematische Zusammenhänge zwischen den Anlageklassen (Korrelationen) beobachtet werden können, birgt unter den oben genannten Voraussetzungen die geschickte Kombination von Anlageklassen die Chance für eine **Optimierung des Risiko-/Ertragsverhältnisses** eines Portfolios, das aus verschiedenen Anlageklassen zusammengesetzt ist. Dies soll nachfolgend an einem abstrakten und einem realen Beispiel illustriert werden.

1. Optimierung des Verhältnisses von Risiko und Ertrag

23 Man betrachte den Wert zweier Unternehmen, deren Ertragslage exakt gegenläufig ist. Immer wenn Unternehmen A einen Gewinn von 10 % auf seine Gesellschaftsanteile erzielt, beträgt der Gewinn von Unternehmen B exakt 0 %, und umgekehrt beträgt der Gewinn von A immer dann 0 %, wenn B einen Gewinn von 10 % erzielt. Weiterhin sei unterstellt, dass im Zeitverlauf die Unternehmen A und B im Mittel gleich erfolgreich sind und dass die Wahrscheinlichkeit für einen Gewinn von 10 % und für einen Gewinn von 0 % jeweils 50 % beträgt. Erwirbt ein Investor ausschließlich Anteile von A oder ausschließlich Anteile von B, dann ist sein langfristig erwarteter Durchschnittsertrag pro Jahr 5 % mit einer maximalen Schwankungsbreite von ebenfalls 5 %, denn in der einen Hälfte der Zeit erhält er 10 % und in der anderen 0 % Dividende. Wenn der Investor stattdessen je die Hälfte seines Einsatzes in A und in B investiert, so beträgt sein Durchschnittsertrag immer noch 5 %. Das Schwankungsrisiko beträgt aber nun 0 %, da stets je die eine Hälfte seines Portfolios mit 10 % und die andere Hälfte mit 0 % rentiert. Bei gleichem erwartetem Durchschnittsertrag lässt sich das Anlagerisiko in diesem – zugegeben sehr theoretischen Beispiel – vollständig eliminieren. Der Grund hierfür liegt in der vollständigen negativen Korrelation der erwarteten Erträge.

24 Eine gewisse Risikoreduzierung lässt sich aber nicht nur in diesem fiktiven Extremfall, sondern immer dann erzielen, wenn die Korrelation zwischen den Erträgen zweier Anlageklassen nicht eins ist, die Erträge also nicht exakt im Gleichlauf sind. Betrachtet man beispielsweise Aktien, gemessen an den Renditen eines Aktienindexes, und festverzinsliche Wertpapiere (Anleihen), gemessen an den Renditen eines Bondindexes, im Zeitraum1987 bis Juni 2017, so erhält man empirisch folgende Kennzahlen:

	Aktien	Anleihen
Mittlerer Ertrag p. a.	7,1 %	4,3 %
Volatilität p. a.	19,2 %	4,1 %

Die Kovarianz zwischen den beiden Ertragskennzahlen lässt sich im entsprechenden 25
Zeitraum auf Basis von Monatswerten mit – 0,0209 % ermitteln. Ein Portfolio mit
100 % Anleihenanteil weist dann erwartungsgemäß einen mittleren Ertrag von 4,3 %
p. a. auf bei einem Schwankungsrisiko von 4,1 %. Mischt man einen Aktienanteil von
9,7 % bei, so steigt der mittlere jährliche Ertrag auf 4,6 % bei einem unveränderten
Schwankungsrisiko von 4,1 %.

In diesem Beispiel ist die Gewichtung der beiden Anlageklassen mit 9,7 % Aktien und 26
90,3 % festverzinslichen Wertpapieren eher zufällig gewählt. Im Allgemeinen kann
man die Gewichtung auch in der Weise optimieren, dass man zu einem vorgegebenen
Ertragsniveau diejenige Gewichtung der Anlageklassen berechnet, die zum niedrigsten
Schwankungsrisiko führt. Die Menge aller insofern optimierter Mischungen nennt
man **effiziente Anlagestrategien**, die die sog. **Efficient Frontier oder auch Effizienz-
kurve** bilden. Sie lässt sich anhand eines mathematischen Optimierungsverfahrens berechnen.

Zur Illustration sollen die nachfolgend charakterisierten Anlageklassen exemplarisch 27
analysiert werden. Zu den gewählten Renditeannahmen ist anzumerken, dass für die
hier verfolgten rein illustrativen Zwecke von sehr langfristigen Erfahrungswerten ausgegangen wird. Aus Perspektive des Jahres 2017 sind diese Renditeannahmen z. T.
deutlich übersetzt; denn da erschienen als Renditeannahme für Aktien eher 6 % bis
6,5 % und für Bonds eher etwa 1,5 % bis 2 % plausibler. Bzgl. der Herleitung geeigneter Annahmen wird auf Rdnr. 31 bzw. Rdnr. 704 verwiesen:

Anlageklasse	Rendite	Risiko	Korrelationen			
Aktien	8,00	20,00	1			
Bonds	5,25	4,00	0,12	1		
Immobilien	4,50	3,00	0,10	0,05	1	
Cash	2,50	1,00	– 0,11	0,14	0,05	1

Berechnet man nun die effizienten Anlagestrategien einmal ohne Restriktionen und 28
einmal mit den Beschränkungen Aktienanteil höchstens 35 %, Immobilienanteil zwischen 5 % und 25 % sowie Cash konstant 2 %, so erhält man folgendes Bild:

29   *Abb. 2 Effiziente Anlagestrategien mit/ohne Nebenbedingungen*

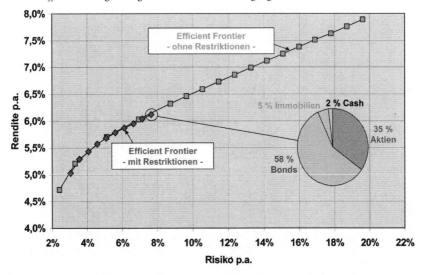

30   Jeder Punkt der Efficient Frontier steht für eine bestimmte Kombination der vier Anlageklassen (Mischung), wie beispielhaft in der Abb. 2 (Rdnr. 29) für die den höchsten Ertrag versprechende Strategie der Efficient Frontier mit Restriktionen dargestellt.
Es wird deutlich, welch signifikante Einschränkungen auf das mögliche Ertrags- und
Risikopotenzial die genannten Restriktionen auslösen. Die Anlagestrategien der Efficient Frontier bzw. der Efficient Frontier unter Restriktionen sind in dem Sinne von
gleicher Güte, dass zu vorgegebenem Risikoniveau keine andere Mischung der vier
Anlageklassen eine höhere Rendite erwarten lässt bzw. bei vorgegebener Rendite-
erwartung keine andere Mischung diese Rendite mit geringerem Risiko in Aussicht
stellt. Welche dieser Anlagestrategien gleicher Güte letztlich für den konkreten Investor am besten geeignet erscheint, ist am Renditeerfordernis bzw. der Risikotragfähigkeit des Investors zu entscheiden. Bezogen auf betriebliche Versorgungsverpflichtungen sind hierfür hauptsächlich die Struktur des Personenbestandes und der finanzierten Versorgungszusagen und des von diesen begünstigten Personenkreises maßgeblich. Hierauf wird nachfolgend noch im Besonderen eingegangen.

31   Bei dieser Art der Anlagestrategieoptimierung sind natürlich die Annahmen zu Rendite, Risiko und Korrelation der Anlageklassen von zentraler Bedeutung. Sie lassen
sich auf verschiedenste Weise ermitteln. Die einfachste Art und Weise der Herleitung
ist sicherlich die rein historische Analyse entsprechender Zeitreihen von etablierten
die einzelnen Anlagesegmente abbildenden Indizes. Allerdings ist die Prognosegüte
der gewonnenen Parameter bei dieser Herleitung recht eingeschränkt, da man in diesem Falle implizit davon ausgeht, dass sich die Zukunft i.W. so verhält wie die Ver-

gangenheit und man somit strukturelle Veränderungen in den Märkten nicht abbilden kann. Letztlich ist der Rückblick in die Historie nur *ein* deterministisches Szenario. Für die Zukunft sollten deshalb mehrere mögliche Szenarien betrachtet werden. Ein einfacher pragmatischer Ansatz besteht darin, historisch nur die Risikozuschläge herzuleiten, d. h. die mittlere Zusatzrendite einer Anlageklasse gegenüber einer vermeintlich risikoarmen Anlageform wie deutsche Staatsanleihen. Wenn der Investor dann eine Annahme für die risikoarme Anlageklasse trifft, können die Renditeerwartungen für die übrigen Anlageklassen durch Addition der Risikozuschläge abgeleitet werden. Aber auch dieser Ansatz hat die vorhin erwähnte Schwäche, wenngleich auch nur in einem etwas geringeren Ausmaße. Ein völlig anderer Ansatz kann beispielsweise in der Ermittlung langfristiger Konsensusprognosen bestehen. Hierfür erhebt man die langfristigen Returnerwartungen, die andere professionelle Kapitalanleger und Researcher für die einzelnen Anlagesegmente hegen, und bildet daraus für die einzelnen Segmente jeweils einen Mittelwert – ggf. nach vorheriger Bereinigung unplausibel erscheinender Ausreißer. Darüber hinaus existieren auch weitere akademische Konzepte, wie etwa das Verfahren von *Black-Litterman*. Hier ermittelt man das „Marktportfoliko" (d.h. man schaut, wie der Gesamtmarkt seine Investments auf die einzelnen Anlagesegmente aufgeteilt hat) und rechnet daraus rückwärts aus, welche Renditeannahmen hier implizit zugrunde gelegen haben müssen, damit diese beobachtete Gesamtallokation optimal ist. Hierzu löst man die mathematische Gleichung $w = (1 / g)\,C^{-1}\,r$ nach r auf; dabei bezeichnet w den beobachteten Vektor der Gewichte der einzelnen Anlagesegmente im Gesamtmarkt, $g > 0$ bezeichnet den Parameter für die Risikotoleranz (analog *Markowitz*), C die Kovarianzmatrix und r den Vektor der Rerturnerwartungen für die einzelnen Anlagersegmente. Man sieht sofort, dass eine der Schwierigkeiten dieses Verfahrens z.B. darin besteht, den „Gesamtmarkt" zu definieren. Generell sei hier angemerkt, dass alle hier beispielhaft angeführten Methoden zur Ableitung von Returnerwartungen ihre konzeptionellen Stärken und Schwächen haben und dass daher eine generelle Empfehlung zur Vorgehensweise nicht gegeben werden kann. Hinsichtlich der Parameter Volatilität und Korrelationen erweisen sich historische Zeitreihen für eine langfristige strategische Planung als recht geeignet, wobei eine hinreichend langfristige, für alle betrachteten Anlageklassen gemeinsam verfügbare Datenhistorie untersucht werden sollte. Für kurz- und mittelfristige Aussagen ist eine solche Herangehensweise weniger geeignet. Bisweilen werden dabei auch die Beobachtungswerte für bestimmte Zeitintervalle unterschiedlich gewichtet. Selbstverständlich setzen Schlussfolgerungen aus historischen Daten eine gewisse statistische Relevanz der Eingangsgrößen voraus.

Neben dieser sehr einfachen Methode können die Parameter natürlich auch durch 32 aufwendigere Finanzmarktmodelle, beispielsweise auf Basis stochastischer Prozesse ermittelt werden. In jedem Fall empfiehlt es sich unabhängig vom Erhebungsverfahren, die Parameter mit den Erwartungen anderer Marktteilnehmer abzugleichen. Insbesondere erscheint ein Abgleich mit den Erwartungen der Investment Manager, die die Gelder der Versorgungseinrichtung anlegen, geboten.

2. Weitere mathematische Konzepte zu Vermögensanlagen

33 Natürlich sind Ertrag, Volatilität und Korrelationen nicht die einzigen mathematischen Beschreibungsmittel für Finanzanlagen. Weitere Konzepte verwenden beispielsweise die Risiko-Ertrags-Kennzahlen *Sharpe*-Ratio, Treynor-Ratio und Information-Ratio, die im Risikocontrolling und bei der Performance-Analyse eingesetzt werden. Auf sie wird später noch eingegangen (Rdnrn. 823 ff.). Im Asset-Liability-Management i. E. S. sind unter anderem Durationskonzepte, der sog. Value-at-Risk und die sog. Shortfall-Constraints, von Bedeutung, auf die daher nachfolgend eingegangen wird. Der Vollständigkeit halber sei an dieser Stelle auch darauf hingewiesen, dass man anstelle von Volatilitäten und Korrelationen auch mit anderen mathematischen Konzepten wie z. B. Copulae arbeiten kann – dies soll hier jedoch nicht weiter behandelt werden.

3. Duration und modifizierte Duration

34 Als **Duration**, eigentlich Macaulay Duration, eines Portfolios bezeichnet man seine an den erwarteten Zahlungen, also Zins- und Dividendenzahlungen sowie Rückzahlungsbetrag, gewichtete Restlaufzeit. Die Macaulay Duration beziffert somit die mittlere Bindungsdauer einer Geldanlage in Jahren. Die formelmäßige Beschreibung der Macaulay Duration lautet bei einem Diskontierungszinssatz i und einer Gesamtlaufzeit von T Jahren:

Macaulay Duration $= \dfrac{\sum\limits_{t=1}^{T} t \cdot \frac{z_t}{(1+i)^t}}{\sum\limits_{t=1}^{T} \frac{z_t}{(1+i)^t}}$, wobei z_t die Zahlungen im Jahr t bezeichnet. Durationskonzepte spielen u. a. eine wesentliche Rolle beim Management von Zinsrisiken (Rdnrn. 473 ff.).

35 Konzeptionell wird durch ein Asset-Liability-Management, das die Duration des Portfolios identisch zur Duration der damit finanzierten Leistungsverpflichtungen einstellt, das Zinsänderungsrisiko in erster Näherung immunisiert (**Duration Matching**). Die Duration ist nur ein „Fixpunkt" und Duration Matching unterstellt implizit eine flache, sich parallel verschiebende Zinskurve. Liegt den Barwertberechnungen für die Verpflichtungen eine im Allgemeinen nicht flache Zinskurve zugrunde (z. B. IFRS IAS19), dann sind neben Kurvenverschiebungen auch andere Bewegungen (z.B. „Drehungen" oder „Ausbuchtungen") der entsprechenden Abzinsungskurve relevant. Unterschiedliche Zinskurven können zudem durchaus die gleiche Duration haben. Eine exakte Immunisierung des Zinsrisikos ist außerdem unter anderem, aufgrund der Extrapolation am langen Ende der Abzinsungskurve nicht möglich. Deshalb nutzt man in der Praxis Approximatonen, z. B. Staatsanleihen anstatt Unternehmensanleihen, weil es diese i. d. R. mit längeren Laufzeiten gibt. Alternativ kommen auch Aktien in Frage. Allerding ist hier eine Duration nur unter zusätzlichen nicht unumstrittenen Annahmen definierbar (Rdnrn. 535 und 536). Darüber hinaus würde das Konzept eines reinen Duration Matchings häufige laufende Adjustierungen des Investmentport-

folios erforderlich machen, da der oben genannte Immunisierungseffekt lediglich in erster Näherung gegeben ist.

a) Liability-Driven-Investment (LDI)

Es gibt keine allgemeingültige Definition für LDI. Zunächst versteht man unter LDI i. **36** w. S. eine Kapitalanlagestrategie, die sich an einem Zahlungsstrom zu erfüllender Verpflichtungen bzw. dessen Barwert orientiert. Damit sind zunächst alle Kapitalanlagestrategien betrieblicher Versorgungseinrichtungen LDI. Unter LDI i. e. S. werden **Anlagekonzepte** zusammengefasst, die darauf abzielen, **Pensionsrisiken** zu **minimieren** oder zu **steuern**. In diesem Zusammenhang versteht man unter Pensionsrisiken, Risiken, die sich aus den Veränderungen von Rechnungszinsen (bzw. der Rechnungszinskurve), Veränderungen der Inflation und bzw. oder Veränderungen der Langlebigkeit ergeben. Zudem gehören auch die Kapitalanlagerisiken des den Verpflichtungen zugrundeliegenden Investmentportfolios zu den Pensionsrisiken. Als Zielgröße steht hier entweder eine Bilanzgröße, z. B. der Deckungsgrad des Barwerts der Verpflichtungen durch die Kapitalanlagen oder eine Cashflow-Größe, z. B. die Bedeckung über die Laufzeit der Rentenzahlungen mit Zahlungsströmen aus der Kapitalanlage durch Zinsen, Dividenden oder Tilgungszahlungen. In der Kapitalanlage kommen hier im Wesentlichen Anleihen und Derivate zum Einsatz, siehe auch Kapitel IV, Rdnrn. 910 ff.

Bei unterschiedlichen Zeithorizonten, Regulierungsvorschriften, Ausfinanzierungsgra- **37** den und übergeordneten Unternehmenszielen werden mitunter unterschiedliche Umsetzungsmethoden für LDI genutzt. Deshalb sollte man eine **Unterscheidung der Sichtweise** vornehmen, insbesondere die Sichtweise von VAG-regulierten Versorgungseinrichtungen wie Pensionskassen und die Sichtweise von nicht-VAG-regulierten Einrichtungen, wie CTAs. Hinzu kommt, dass die CTAs im Vergleich zu VAG-regulierten Einrichtungen i.d.R. nicht voll ausfinanziert sind. Wenn nun ein Unternehmen beabsichtigt, ein CTA über einen bestimmten Zeitraum auszufinanzieren, ist Kapitalwachstum in dieser Zeit häufig das vorrangige Ziel und nicht das Planvermögen möglichst parallel mit den Verpflichtungen schwanken zu lassen. Je näher man an das Ausfinanzierungsziel kommt, desto mehr ist es sinnvoll, sich stärker an den Schwankungen der Verpflichtungen auszurichten. So ist für niedrig ausfinanzierte und wachsende CTAs tendenziell eine eher ertragsorientierte Kapitalanlagestrategie zu bevorzugen (z. B. mehr in Aktien zu investieren) als für voll ausfinanzierte CTAs, die sich viel näher an den Verbindlichkeiten und ihren Cashflows orientieren. Jedoch gibt letztlich der Arbeitgeber hier die konkrete Zielsetzung vor.

LDI i. e. S. ist ein Risikomanagementkonzept, welches eine Kapitalanlagestrategie ab- **38** leitet aus den Einflussfaktoren für die Bewertung der Pensionsrückstellungen (bilanzielle Betrachtung), d. h. dem Rechnungszins und seinen Komponenten oder den Einflussfaktoren auf die Zahlungsströme der zu bedienenden Verpflichtungen (Cashflow-Betrachtung), d. h. der Inflation und der Langlebigkeit des Bestandes. LDI unterstützt die Steuerung der wesentlichen Pensionsrisiken Zins-, Credit-Spread-, Inflations, und

Langlebigkeitsrisiken über ein Liability-Hedging-Portfolio (LHP). Das LHP steuert die Risiken über Kapitalmarktinstrumente, wie z. B. Anleihen und Swaps Ausgangsbasis für LDI-Strategien sind in der Regel Berechnungen der Sensitivitäten der Verpflichtungen gegenüber Variablen wie Rechnungszins, Inflation und Langlebigkeit.

b) LDI in der Bilanzierung: HGB und IFRS

39   Die bilanzielle Motivation für LDI begründet sich häufig dadurch, dass **negative Bilanzeffekte vermieden** werden sollen, z. B. unerwartete Reduzierung des Eigenkapitals durch versicherungsmathematische Verluste, die aus Unterschieden von tatsächlichen zu erwarteten Einflussfaktoren auf Pensionsrisiken resultieren. Die Steuerung der Kapitalanlage nach Bilanzkennziffern ist oftmals am Rechnungszins orientiert, weil Änderungen des Rechnungszinses die größten Auswirkungen auf die betroffen Bilanzkennziffern haben. Der Rechnungszins kann sich deutlich unterscheiden, je nachdem welche Rechnungslegungsvorschrift vorliegt. Da nicht alle Bilanzierungsansätze die gleichen Berechnungsansätze der Verbindlichkeiten unterstützen, sind auch die entsprechenden LDI-Strategien unterschiedlich. Für die Unternehmensbilanzen auf Seiten der Arbeitgeber in Deutschland wird neben der Steuerbilanz eine Handelsbilanz erstellt. Hier unterscheiden sich Ansätze nach nationaler Rechnungslegung HGB und internationaler Rechnungslegung IFRS. Bei der Bestimmung des Rechnungszinses zur Diskontierung der Pensionsverbindlichkeiten wird der oben beschriebene Durchschnittszins nach HGB genutzt. Im Falle von Pensionskassen liegt dagegen in deren eigener Bilanz ein fester, in der Zeit in der Regel konstanter tariflicher Rechnungszins vor und der Niederschlag anderer Bewertungskonventionen auf Seiten der Arbeitgeber darf für die Pensionskasse in der Ableitung und Durchführung ihrer Kapitalanlagestrategie keine Rolle spielen, da sie sich ausschließlich an ihrer eigenen Bilanz zu orientieren hat.

c) Cashflow-Driven-Investment (CDI)

40   CDI wird als eine Variante des LDI-Ansatzes gesehen z. B. für **Pensionspläne**, die sich **im negativen Cashflow** befinden, d. h. die Rentenzahlungen übersteigen Beiträge und Kapitalerträge. Damit schrumpft das Pensionsvermögen kontinuierlich. Die Zielsetzung ist hierbei auf die zukünftigen Zahlungsströme gerichtet, denn eine reine bilanzielle Betrachtung kann die Wahrscheinlichkeit, diese Cashflows zu generieren, verringern anstatt diese zu erhöhen. Wenn der Kapitalstock von Jahr zu Jahr schrumpft und die notwendige Mindestrendite nicht erreicht wird, muss die entstandene Lücke aufgrund des geschrumpften Kapitalstocks in den Folgejahren überkompensiert werden. Es geht dann nicht mehr darum, eine hohe Durchschnittsrendite zu erwirtschaften, sondern die Wahrscheinlichkeit zu erhöhen, die notwendigen Cashflows zu generieren. Dabei wird i. d. R. eine Liability-Cashflow-Benchmark und ein Anlageuniversum definiert. Diese Benchmark besteht aus investierbaren Anleihen und anderen Kapitalmarktinstrumenten aus dem Anlageuniversum, die die notwendigen Cashflows generieren. An dieser Benchmark ist die Kapitalanlage orientiert und sie wird gegen diese Benchmark gemessen. Dabei geht der Fokus weg von Renditemaximierung und

Management der Funding-Level-Volatilität hin zum Management von Kreditqualität, Ausfallrisiken und Wahrscheinlichkeit die Cashflows zu treffen. Die wesentlichen Pensionsrisiken bei dem Cashflow-Fokus sind Inflation und Langlebigkeit. CDI als Steuerungstool ist die effiziente Art und Weise des Liquiditätsmanagements im Pensionswesen.

Für eine Abgrenzung von LDI, ALM und CDI kann das Planvermögen als Steuerungsgröße in der entsprechenden Kapitalanlagestrategie dienen. Die Kapitalanlage kann dann 3 strategische Funktionen erfüllen: 41

- mit ALM den Ausfinanzierungsgrad zu steuern (Manage and Grow)

- mit CDI Zahlungsströme zu bedienen (Pay),

- mit LDI Bilanzrisiken abzusichern (Hedge).

Kritiker des Duration Matching und LDI führen vor allem Schwierigkeiten bei der Umsetzung, z. B. durch Komplexität und Scheingenauigkeit sowie die möglicherweise vergebenen Ertragschancen also problematisch an.   42

In der praktischen Handhabung ist häufig die sog. modifizierte Duration (**Modified Duration**) von größerer Relevanz als die Macaulay Duration. Die modifizierte Duration ist ein Maß für das Zinsänderungsrisiko einer Anlage. Der formelmäßige Zusammenhang zur Macaulay Duration kann wie folgt dargestellt werden: 43

Modifizierte Duration = 1 / (1 + i) · Macaulay Duration, bei Rendite i

Die modifizierte Duration D_{mod} gibt in erster Näherung die prozentuale Kurswertveränderung $\Delta(K)$ eines festverzinslichen Wertpapiers an, wenn eine Veränderung des Marktzinsniveaus $\Delta(i)$ eintritt. Der formelmäßige Zusammenhang, der allerdings nur für relativ kleine Zinsänderungen anwendbar ist, lautet: 44

$$\Delta(K) = - D_{mod} \cdot \Delta(i)$$

4. Value-at-Risk als Risikokennzahl

Ein weiteres Beschreibungsmodell für Aktiva besteht im **Value-at-Risk (VaR)**. Er bezeichnet den Maximalverlust, den ein Portfolio mit einer vorgegebenen Wahrscheinlichkeit in einem bestimmten Zeitraum (Haltedauer T) erleiden kann. Für den Value-at-Risk existieren verschiedene Berechnungs- und Analysemöglichkeiten. Eine einfache analytische Darstellungsform bildet beispielsweise im Spezialfalle einer unterstellten Normalverteilung der Renditen folgende Formel: 45

$$VaR = (T \cdot \mu_{Portfolio} + \sigma_{Portfolio} \cdot q_{\alpha}^{Std\,NormVrtlg} \cdot \sqrt{T}) \cdot Portfoliowert$$

46 Dabei bezeichnen μ die erwartete Rendite und σ die Standardabweichung des Portfolios sowie q das α-Quantil der Standardnormalverteilung zum Konfidenzniveau 1 − α. Ein Konfidenzniveau von 95 % (α beträgt dann 5 %) bedeutet dabei, dass über den Zeitraum von T Jahren mit einer Wahrscheinlichkeit von 95 % der Wertverlust den Betrag in Höhe des VaR nicht übersteigt. Verzichtet man auf die Multiplikation mit dem Portfoliowert, so erhält man mit dem geklammerten Ausdruck in der vorstehenden Formel den Prozentanteil des Portfolios, der unter dem spezifizierten Verlustrisiko steht. An dieser Stelle muss jedoch darauf hingewiesen werden, dass der Value at Risk als Risikomaß im Allgemeinen (im Gegensatz zum Expected Shortfall) nicht konvex ist.

5. Mindestverzinsungsanforderungen – Shortfall-Constraints

47 Sehr ähnlich der vorstehenden Formel für den Value-at-Risk gestaltet sich der Ansatz für die sog. **Shortfall-Constraints**:

$$\mu_{Portfolio} \geq r_{min} + \sigma_{Portfolio} \cdot q_{1-\alpha}^{Std\,NormVrtlg} \cdot \frac{1}{\sqrt{T}}; \text{mit } r_{min} = \text{Mindestverzinsung}$$

48 Diese Ungleichung beschreibt eine Shortfall-Constraint, d. h. eine Mindestverzinsungsbedingung. Mit Shortfall-Constraints lassen sich im Risiko-Ertrags-Diagramm (Abb. 2, Rdnr. 29) die entsprechend ihrem μ und σ, also ihres Risiko-Ertrags-Profils, abgetragenen Portfolios leicht hinsichtlich der Wahrscheinlichkeit charakterisieren, innerhalb eines bestimmten Zeitraums T die geforderte Mindestverzinsung r zu erreichen. Bei unterstellter Normalverteilung unterteilt eine Shortfall-Constraint das Diagramm nämlich mit einer geraden Linie in zwei Bereiche. Nur Portfolios, deren Risiko-Ertrags-Profil auf oder oberhalb dieser Linie liegt, erfüllen die entsprechende **Mindestverzinsungsbedingung**, Portfolios mit μ/σ-Kombinationen unterhalb der Geraden erfüllen die Bedingung nicht. Die trennende Gerade ist dabei umso steiler, je mehr Sicherheit gefordert wird, und umso flacher, je länger der Anlagehorizont vorgesehen ist. Risikoreichere Portfolios werden dadurch bei höherem Sicherheitserfordernis ausgegrenzt, bei längerem Anlagehorizont hingegen zugelassen. Diese Eigenschaften entsprechen auch der intuitiven Vorstellung der Kapitalanlage.

49 In nachfolgender Abb. 3 (Rdnr. 50) werden die effizienten Portfolios aus der Abb. unter der Rdnr. 29 hinsichtlich der Erfüllung dreier verschiedener Mindestverzinsungsbedingungen untersucht. Im Ergebnis werden alle drei geforderten Bedingungen lediglich von einigen risikoarmen Portfolios der Efficient Frontier erfüllt. Der Aktienanteil dieser Portfolios beträgt etwa 10 %. Bezogen auf die Finanzierung betrieblicher Versorgungsverpflichtungen können mit diesem Konzept recht einfach geeignete Anlagestrategien gewonnen werden, wenn sich aus der erwarteten Entwicklung der Verpflichtungen solche Mindestverzinsungsbedingungen ableiten lassen. Hierauf wird später noch eingegangen.

Abb. 3 Auswahl von Anlagestrategien durch Shortfall-Constraints 50

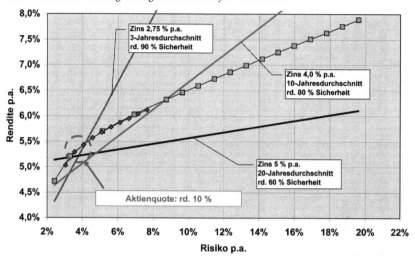

6. Weitere Aspekte der Vermögensanlagen

Die vorstehenden Ausführungen erheben selbstverständlich keinen Anspruch auf eine 51
vollständige Erfassung der relevanten Aspekte von Kapitalanlagen. Weitere auch im
Asset-Liability-Management zu berücksichtigende Aspekte umfassen beispielsweise
Bonitäts- und Fungibilitätsrisiken, das Liquiditätsmanagement, die bilanziellen Aspekte der verschiedenen Kapitalanlagearten und die mit der Kapitalanlage verbundenen Kosten. Je nach Modellierungsansatz und individueller Portfoliostruktur können
einige oder alle diese Aspekte im ALM-Prozess von Relevanz sein.

III. Beschreibung der Verpflichtungen für ALM-Zwecke

1. Allgemeine Aspekte

Die Verpflichtungen der betrieblichen Altersversorgung werden maßgeblich von den 52
individual- oder kollektivrechtlich begründeten Versorgungszusagen bzw. den Ver-
sicherungsbedingungen externer Versorgungsträger definiert. Darüber hinaus können
Verpflichtungen aber auch über allgemeine Rechtsgrundsätze (z. B. Gleichbehand-
lung, betriebliche Übung) oder auch über konkrete gesetzliche Vorgaben (z. B. Rentenanpassung nach § 16 BetrAVG) und deren Auslegung durch Behörden wie die
Bundesanstalt für Finanzdienstleistungsaufsicht (BaFin) oder die Finanzverwaltung
begründet werden. Auch können Vorgaben von Trägerunternehmen oder Konzern-
muttergesellschaften von Bedeutung sein. In der Praxis ist eine nahezu unerschöpf-
liche Vielfalt von Versorgungsregelungen anzutreffen. Hinsichtlich der Charakterisierung der Verpflichtungen für ALM-Zwecke erscheinen die Aspekte „Beitrags- vs.

Leistungsprimat", „Realwert- vs. Nominalwertcharakter" sowie die Verwendung entstehender Überschüsse von besonderer Bedeutung.

53   Im Beitragsprimat steht der Aufwand, i. d. R. als Beitrag oder Finanzierungsaufwand des Arbeitgebers, im Wesentlichen als fester Betrag oder fester Prozentsatz einer Bezugsgröße fest. Es ist dann Aufgabe der Kapitalanlage, davon ausgehend die für den Arbeitnehmer aus den Beiträgen resultierenden Leistungen zu maximieren. Dabei gilt es im deutschen Rechtsumfeld zusätzlich, gegebene Mindestgarantien nicht zu gefährden. Eine ALM-Ausrichtung könnte im Beitragsprimat somit sein, unter kontrolliertem Risiko hinsichtlich der vom Arbeitgeber oder der Versorgungseinrichtung eingeräumten Mindestgarantien für den Arbeitnehmer die höchstmöglichen Erträge zu erzielen. Hiervon zu unterscheiden ist das Leistungsprimat, bei dem die Leistung an den Arbeitnehmer oder seine Hinterbliebenen der Höhe nach, entweder betragsmäßig oder wiederum in Relation zu einer Bezugsgröße, festgelegt ist. Optimierungsziel für die Kapitalanlage ist dann, die Kosten für den Arbeitgeber möglichst gering oder zumindest auf einem bestimmten Niveau möglichst kalkulierbar zu halten. Grundsätzlich gilt, dass die Frage nach Beitrags- oder Leistungsprimat aus ökonomischer Sicht nicht immer rein digital (d.h. entweder Beitrags- oder Leistungsprimat) beantwortet werden kann. So führen in einem Beitragsprimat sehr hohe Garantieleistungen dazu, dass man diesen Sachverhalt ökonomisch wie ein Leistungsprimat zu behandeln hat.

54   Der Realwertcharakter ist bei Versorgungszusagen gegeben, die die Leistungshöhe direkt oder indirekt von einer inflationsabhängigen Größe abhängig machen, wie bei Gesamtversorgungszusagen, End- oder Durchschnittsgehaltssystemen oder Renteneckwertsystemen. Der Einfluss der inflationsabhängigen Eingangsgröße kann nahezu direkt proportional auf die Verpflichtung wirken (z. B. Endgehaltsplan) oder abgeschwächt (z. B. beitragsorientierte Leistungszusage). Ein direkter Einfluss der Inflation besteht hinsichtlich derjenigen Versorgungszusagen, die nach Rentenbeginn gem. § 16 Abs. 1 BetrAVG an die steigenden Lebenshaltungskosten anzupassen sind. Nominalwertzusagen sind eher selten, bestehen aber in Form von Festbetragszusagen oder statischen Besitzständen meist jedoch nur für die Zeit bis Rentenbeginn; ab dann sorgt zumeist die Rentenanpassung für eine gewisse inflationsabhängige Dynamik. Nach h. M. bieten tendenziell realwertorientierte Kapitalanlagen den besseren Schutz für inflationsbeeinflusste Verbindlichkeiten. Der Realwertcharakter wird dabei im ALM-Prozess zumeist Aktien und Immobilien zugesprochen. Nominalwertcharakter weisen hingegen typischerweise festverzinsliche Anlagen auf. Dabei ist in der Praxis genau zu differenzieren, wer eigentlich genau das Inflationsrisiko trägt – und dies in seinem Kalkül entsprechend zu berücksichtigen hat. Wird die Altersversorgungszusage durch eine externe Versorgungseinrichtung, z. B. eine Pensionskasse, abgebildet und trägt der Arbeitgeber das Inflationsrisiko, beispielsweise indem er die Rentenanpassungen übernimmt (und nicht die Versorgungseinrichtung), so ist das verpflichtungsseitige Inflationsrisiko im ALM-Prozess der Versorgungseinrichtung nicht zu berücksichtigen. In dieser Situation sollte sich dann der Arbeitgeber isoliert Gedanken darüber machen, inwieweit er dieses Risiko separat absichern möchte oder ob er bereits durch

Preisüberwälzungsmechanismen in Bezug auf seine gefertigten Produkte und Dienstleistungen (nach Berücksichtigung der Entwicklung der Herstellkosten) gewissermaßen über eine „natürliche Absicherung" („Natural Hedge") verfügt.

Hinsichtlich etwaiger Überschüsse bei den Vermögenserträgen ist zunächst intuitiv 55 klar, dass diese im Leistungsprimat zur Beitragsherabsetzung bzw. Beitragskontrolle und im Beitragsprimat zur Leistungserhöhung verwendet werden. Dennoch gibt es weitere für das ALM relevante Aspekte zu berücksichtigen. Beispielsweise gibt es im Beitragsprimat dahingehend unterschiedliche Modelle, inwieweit entstandene Überschüsse rechtsverbindlich zugesagt werden und selbst wiederum Mindestgarantien begründen. So sind während der Anwartschaftsphase entstandene Überschüsse in der Beitragszusage mit Mindestleistung noch unverbindlich, während sie bei den am häufigsten verbreiteten Pensionskassenzusagen bereits rechtsverbindlich zugesagt sind. Weiterhin kann es erforderlich sein, dass unabhängig davon, ob ein Leistungs- oder Beitragsprimat durchgeführt wird, Überschüsse zumindest temporär zur Reservenstärkung (z. B. wegen des Langlebigkeitsrisikos) oder zum Aufbau von Eigenmitteln gebunden werden müssen. Im ALM-Prozess führen alle genannten Varianten zu unterschiedlichen Verzinsungsanforderungen.

2. Verpflichtungsbeschreibung mit finanzmathematischen Konzepten

Grundsätzlich können auch Verpflichtungen aus Versorgungszusagen analog der Finanzmathematik charakterisiert werden. Beispielsweise ist dies für die Duration möglich. Betrachtet man exemplarisch die Verpflichtung zur Zahlung einer Rente über jährlich Euro 10 000,- an einen im Jahr 2017 65-jährigen Rentner, so ergeben sich unter Anwendung der Richttafeln 2005G von Heubeck und eines Rechnungszinses von z. B. 3 % folgende Kennzahlen: 56

Duration der Verpflichtung	restliche Lebenserwartung	Macaulay Duration	Barwert = μ in Tsd. EURO	Risiko = Volatilität σ
Mann	~ 19 Jahre	9,6 Jahre	145	37 %
Frau	~ 23 Jahre	10,9 Jahre	167	29 %
bei Leistungsdynamik von 2 % p. a.				
Mann	~ 19 Jahre	10,8 Jahre	177	43 %
Frau	~ 23 Jahre	12,3 Jahre	211	34 %

Die Darstellung verdeutlicht neben den offenkundigen Auswirkungen des Geschlechtes insbesondere die Zusatzkosten für eine Leistungsdynamik (hier Barwerterhöhung um 22 % bzw. 26 %) sowie den Anstieg der Duration der Verpflichtung durch die Leistungsdynamik (hier Anstieg um 1,2 Jahre bzw. 1,4 Jahre). Weiterhin wird deutlich, wie hoch das biometrisch bedingte Schwankungsrisiko σ sein kann, wenn man einen sehr kleinen Personenbestand betrachtet. Die Risikoreduktion ist diesbezüglich natürlich beträchtlich bei größeren Beständen. Das oben angegebene Risiko von 43 % (Mann, Leistungsdynamik) reduziert sich bereits bei einer Bestandsgröße von 1 000 Rentnern auf etwa 1,4 %.

57   Anhand der Macaulay Duration kann konzeptionell das in Rdnr. 34 beschriebene Duration Matching gesteuert werden. Für laufende Renten ist die Macaulay Duration relativ einfach direkt berechenbar. Schwieriger gestaltet sich die Berechnung bei Anwärterbeständen und hinsichtlich der eingeschlossenen Invaliditäts- und Todesfallleistungen. Für ganze Bestände ist es zur Ermittlung der Macaulay Duration meist notwendig, eine Langfristprognose durchzuführen, um die in den einzelnen künftigen Jahren zu erwartenden Zahlungen zu ermitteln. Auf die mit dem Duration Matching ggf. verbundenen Schwierigkeiten wurde in Rdnr. 35 bereits eingegangen.

3. Versicherungsmathematische Verpflichtungsbeschreibung

58   Die versicherungsmathematische Beschreibung von Verpflichtungen findet zu einem bestimmten Stichtag ihren Ausdruck in einer versicherungsmathematischen Bewertung. Für bereits mit unverfallbarer Anwartschaft ausgeschiedene Versorgungsberechtigte und laufende Renten wird der versicherungsmathematische Barwert der Verpflichtung berechnet. Für noch aktive Berechtigte wird das versicherungsmathematische Deckungskapital in Abhängigkeit von dem einschlägigen Durchführungsweg bzw. konkreten Finanzierungsverfahren ermittelt. Bei unmittelbaren Versorgungsverpflichtungen ist dies der versicherungsmathematische Teilwert (für Steuerbilanzen und optional für HGB-Bilanzen) bzw. die sog. Projected-Unit-Credit-Method, ein laufendes Einmalprämienverfahren (für IFRS- und US-GAAP- sowie optional für HGB-Abschlüsse). Bei Pensionsfonds und Pensionskassen ist das Finanzierungsverfahren regelmäßig im Technischen Geschäftsplan beschrieben. Insbesondere im Bereich der regulierten betrieblichen Pensionskassen findet sich eine Vielzahl von individuellen und kollektiven Finanzierungsverfahren. Die versicherungsmathematischen Barwerte bzw. Deckungskapitalien dienen als grundlegende Kennzahlen zur Beschreibung der Verpflichtungsstruktur an einem Bilanzstichtag, die zu weiteren Kennzahlen kombiniert werden (siehe unten). Für ALM-Zwecke ist ihre realistische Entwicklung in der Zukunft im Rahmen von Langfristprognosen, idealerweise einschließlich geeigneter Sensitivitätsbetrachtungen, zu ermitteln.

59   Im Rahmen einer **versicherungsmathematischen Langfristprognose** werden für die einzelnen Bilanzstichtage des Prognosezeitraums die jeweils maßgeblichen Stichtagsbewertungen durchgeführt. Zwischen diesen prognostizierten Bilanzstichtagen ist der zugrundeliegende Personenbestand weiter zu entwickeln. Langfristprognosen werden regelmäßig unter differenzierter Betrachtung der Bestandsgruppen laufende Renten, unverfallbare Anwartschaften ausgeschiedener Berechtigter sowie Anwartschaften noch aktiver Mitarbeiter durchgeführt. Eine für die Bestandsmodellierung und Zeitreihenanalyse in diesem Zusammenhang wichtige Kennzahl ist die sog. Rentnerquote. Die **Rentnerquote** bezeichnet das Verhältnis von Rentnern zu Aktiven. Sie ist im sog. **Beharrungszustand**, also dann, wenn sich im Prognoseverlauf die Gesamtanzahl an

aktiven und inaktiven Versorgungsberechtigten nicht mehr ändert, konstant. Für die Durchführung einer Langfristprognose sind umfangreiche Annahmen festzulegen und Konventionen zu vereinbaren. Im Einzelnen lassen sich folgende Parameter anführen:

- Personenbestand zum letzten Bewertungsstichtag als Ausgangsgröße,

- Entwicklung der Größe des Aktivenbestandes im Prognoseverlauf (Konstanz, Schrumpfung, Wachstum),

- Fluktuation und Bestandswechsel (z. B. Alter des angenommenen Rentenübergangs),

- Entwicklung der biometrische Ereignisse Invalidität und vor allem Tod, unter Berücksichtigung der tendenziell sich verlängernden Lebenserwartung,

- Neuzugangsfunktion (Spezifikation von Geschlecht, Alter, Einkommen, Vordienstzeiten künftig neu eintretender Mitarbeiter),

- Einkommensentwicklung (Säkular- und Karrieretrend, evtl. getrennt nach verschiedenen Mitarbeitergruppen),

- Rentendynamik (Inflations-, Fest- oder Überschussanpassung) und

- Entwicklung sonstiger für das Versorgungswerk relevanter Bemessungsgrößen (z. B. Sozialversicherungsrente, Beitragsbemessungsgrenze in der allgemeinen Rentenversicherung, Festbeträge, Leistungen anderer Versorgungsträger).

Anhand der Entwicklung der Rentnerquote verdeutlichen die beiden nachfolgenden 60 Abb. 4 und 5 (Rdnrn. 61, 63) schematisch den Einfluss des Ausgangsbestandes und die Auswirkungen verschiedener Annahmen zur Bestandsfortschreibung.

61   *Abb. 4 Entwicklung der Rentnerquote abhängig vom Ausgangsbestand*

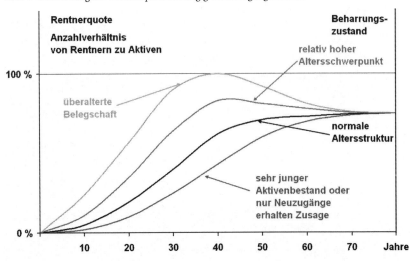

62   Die obige Abb. 4 (Rdnr. 61) zeigt die Entwicklung der Rentnerquote ab der Neueinführung einer Versorgungsregelung. Abhängig davon, ob der Ausgangsbestand bei
Neueinführung überaltert oder sehr jung ist, entwickelt sich die Rentnerquote bis zur
Erreichung des Beharrungszustandes sehr unterschiedlich, was natürlich dann auch
völlig unterschiedliche Zeitreihen beispielsweise für die zu erbringenden Leistungszahlungen zur Folge hat. Die untere Abb. 5 (Rdnr. 63) verdeutlicht ebenfalls anhand
der Rentnerquote die Auswirkung einer dauerhaften Veränderung der Größe des Aktivenbestandes. Wenn das neue Aktivenbestandsniveau erst einmal erreicht ist, stellt
sich im Beharrungszustand ceteris paribus wieder die gleiche Rentnerquote wie vor
Beginn der Bestandsveränderung ein, allerdings erst nach Jahrzehnten. Anders ist dies
bei einer Änderung der Annahmeparameter für das Pensionierungsalter, die Langlebigkeit und die Invalidisierung sowie die mitarbeiter- oder arbeitgeberseitig kündi-
gungsbedingte Fluktuation. Wie in der unteren Abb. 5 (Rdnr. 63) exemplarisch für
das Absenken des Pensionierungsalters und das Anheben der Fluktuationsraten ersichtlich, verändern diese Parameter das Niveau der Rentnerquote im Beharrungszustand. Da in beiden Fällen die Anzahl an aktiven Mitarbeitern als konstant angenommen wird, führen beide Maßnahmen zu mehr Rentnern. Ein Anheben der Annahme zur Lebenserwartung wirkt tendenziell in die gleiche Richtung, ebenso wie die
Annahme einer häufigeren Invalidisierung. Hingegen dürften die aktuell veranlassten
Maßnahmen zum Herausschieben des Rentenbeginns sowie die aktuell zu beobach-
tende rückläufige Invaliditätshäufigkeit langfristig zu dauerhaft geringeren Rentner-
quoten führen.

Abb. 5 Veränderung der Rentnerquote bei Abweichungen von der Normalsituation 63

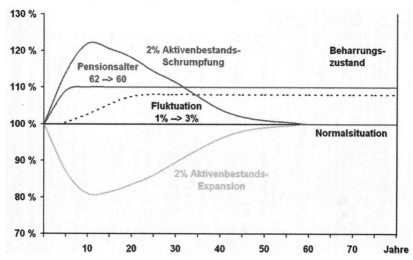

Aus Sicht des Arbeitgeberunternehmens werden typischerweise folgende Kennzahlen 64
berechnet: Verpflichtungsgrößen gem. § 6a EStG, HGB (BilMoG), IFRS bzw. US-
GAAP, **barer und unbarer Versorgungsaufwand** sowie Gewinnbedarf und ggf. die
Entwicklung des Planvermögens. Der bare Versorgungsaufwand umfasst die Leistungszahlungen, die Beitragszahlungen an den Pensions-Sicherungs-Verein und u. U.
gezahlte Verwaltungskosten, im Falle der Entgeltumwandlung als Abzugsbetrag die
Höhe des Entgelteinbehalts sowie Beiträge und Zuwendungen an externe Versorgungsträger. Der unbare Versorgungsaufwand besteht in der Zuführung bzw. Auflösung von Pensionsrückstellungen, die nominal oder zinsbereinigt angegeben werden
können. Die Summe aus barem und unbarem Versorgungsaufwand bezeichnet man
auch als **Gewinnbedarf**, da die Möglichkeit eines vollen steuerbegünstigten Ansatzes
dieser Aufwandsgrößen einen Mindestgewinn in dieser Höhe voraussetzt.

Aus Sicht von rechtlich selbstständigen Versorgungsträgern, insbesondere Pensions- 65
kassen und Pensionsfonds, sind die Bilanz- und Erfolgskennzahlen entsprechend der
im Jahresabschluss des Versorgungsträgers anzuwendenden Bilanzierungsvorschriften
von Prognoseinteresse. In der nachfolgenden Abb. 6 (Rdnr. 66) sind die Handelsbilanz und die hinsichtlich der Verpflichtungen ausführlichere **versicherungstechnische
Bilanz** schematisch dargestellt. Für ALM-Zwecke ist die versicherungstechnische Bilanz instruktiver. Sie macht die Leistungsverpflichtungen, also die Summe aus den
Barwerten (BW) der laufenden Leistungen, der erworbenen Anwartschaften und der
künftigen Anwartschaftssteigerungen, und die erwarteten künftigen Beiträge, als Summe von Arbeitgeber- und Arbeitnehmerbeiträgen, deutlich. Die Summe der Barwerte

laufender Renten, erworbener Anwartschaften und der dazugehörigen anteiligen Verwaltungskostenrückstellungen bildet bis auf wenige Ausnahmefälle die sog. erreichten oder **beitragsfreien Verpflichtungen.** Im ALM-Prozess wird regelmäßig eine Analyse darauf ausgerichtet sein, diese erreichten Verpflichtungen mit möglichst hoher Wahrscheinlichkeit immer bedeckt zu halten. Ansonsten wird im ALM-Prozess in Abhängigkeit von vorliegendem Beitrags- oder Leistungsprimat die Höhe der Überschussbeteiligung oder die Höhe und Entwicklung des Firmenbeitrags im Mittelpunkt der Untersuchungen stehen.

66 *Abb. 6 Handelsbilanz und versicherungstechnische Bilanz einer Pensionskasse*

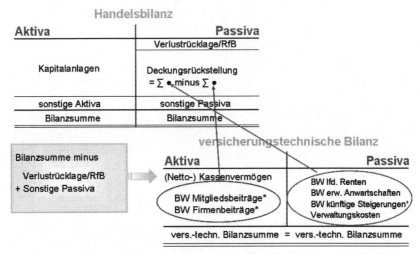

*) können bei vollständiger Beitrags-/Leistungsäquivalenz entfallen

67 Neben den mit den versicherungstechnischen Bilanzpositionen verbundenen Analysen ist auch die Entwicklung der Zahlungsströme für die Kapitalanlage von Bedeutung. Im Falle der Pensionskasse und des CTAs ist dies regelmäßig auf Beiträge, Leistungen und Verwaltungskosten beschränkt, eventuell mit einer Aufschlüsselung nach Tarifen oder Abrechnungsverbänden. Bei Pensionsfonds kommt es darüber hinaus aber regelmäßig auch zu internen Zahlungsströmen, dann nämlich, wenn Vermögen von einem Sicherungsvermögen planmäßig auf ein anderes übertragen wird. Pensionsfonds bilden verschiedene getrennte Sicherungsvermögen. Im Falle des leistungsbezogenen Pensionsplans wird ein Versicherungsvertrag während der Anwartschaftsphase regelmäßig in einem Sicherungsvermögen ohne versicherungsförmige Garantie geführt, in dem liberalere Anlagevorschriften gelten und eine Bilanzierung zu Marktwerten erfolgt. Bei Eintritt des Versorgungsfalles erfolgt dann zumeist eine Übertragung in ein Sicherungsvermögen mit versicherungsförmiger Garantie, in dem dann

wie bei Pensionskassen und Lebensversicherungsunternehmen die strengeren Anlagerestriktionen des Aufsichtsrechts und auch eine Bilanzierung zu Buchwerten maßgeblich sind. Insoweit entsteht dann ein interner Cashflow. Bei beitragsbezogenen Pensionsplänen kann die Situation noch komplexer werden, da es während der Anwartschaftsphase bereits zu systematischen Übertragungen zwischen verschiedenen Sicherungsvermögen kommen kann. Beispielsweise ist dies im sog. **Lebenszyklusmodell**
der Fall, indem der Vertrag in Abhängigkeit vom Lebensalter des Berechtigten sukzessive in Sicherungsvermögen mit weniger risikoorientierter Anlagestrategie überführt
wird.

IV. ALM – integrierte Analyse von Vermögen und Verpflichtungen

1. Grundsätzliche Ansätze

Ziel des ALM ist letztlich, die Charakteristika der Verpflichtungen und daraus abgelei- 68
teten Anforderungen an die Kapitalanlage zu identifizieren und anhand dessen die
Aktivseite so einzustellen, dass sie diese Anforderungen mit größtmöglicher Wahrscheinlichkeit erfüllt. Für die Zusammenführung der Entwicklungen von Vermögen
und Verpflichtungen finden sich in der Praxis die unterschiedlichsten Modelle, die
sich insbesondere hinsichtlich ihres Komplexitätsgrades und damit auch hinsichtlich
der mit einer Umsetzung verbundenen Kosten mitunter erheblich voneinander unterscheiden. Eine Klassifizierung kann wie folgt versucht werden:

- integrierte Verfahren mit simultaner stochastischer Simulation von Vermögen und
  Verpflichtungen,

- sequenzielle Verfahren, d. h. Ermittlung des Zinserfordernisses (durch determinis-
  tische Langfristprognosen oder einfache Abschätzung) und darauf aufbauende
  Verzinsungstests für das Vermögen (stochastisch oder beispielsweise anhand von
  Shortfall-Constraints gem. Rdnrn. 47 ff.)

und als Mischformen

- integrierte Verfahren mit stochastischer Simulation des Vermögens unter Einbindung deterministischer versicherungsmathematischer Langfristprognosen für die
  Verpflichtungen,

- integrierte, deterministische Szenarioanalysen von Verzinsungsverläufen auf Basis
  deterministischer Verpflichtungsprojektionen in Verbindung mit Sensitivitätsanalysen zur Erkennung der bedeutendsten Risikoquellen.

Grundsätzlich ist die Analyse auf Basis detaillierter Langfristprognosen und anhand 69
integrierter Ansätze umso mehr zu empfehlen, je mehr leistungsorientierte Elemente
der Pensionsplan aufweist, je mehr kollektive Elemente das Beitrags- und Leistungs-
recht enthält (z. B. kollektive Durchschnittsprämien, kollektive Verrentungssätze) und
je weiter die Bestandsentwicklung in der näheren Zukunft vom Normalzustand (Beharrungszustand) entfernt ist (z. B. bei für Neuzugang geschlossenen Beständen oder
nach Neuordnungen).

70   Generell werden in der Regel zunächst verschiedene Anlagestrategien vorselektiert, für die dann jeweils der ALM-Prozess durchlaufen wird. Durch vergleichende Betrachtung der Ergebnisse kommt es dann zur Entscheidung über die strategische Anlageausrichtung. Dazu ist natürlich von Relevanz, dass die Entscheidungsträger möglichst bereits im Vorhinein eine klare Aussage dazu entwickeln, welche Größen letztlich die Entscheidungskriterien bilden. Bei der Vorselektion wird häufig auf die Anlagestrategien der Efficient Frontier (Rdnrn. 26 ff.) zurückgegriffen. Es sind aber auch andere Vorgehensweisen denkbar. Eine schwierige Frage bildet dabei häufig auch die Bestimmung der Anzahl der Anlageklassen, die in die Strategieentwicklung durch ALM mit einbezogen werden sollen, und deren Abgrenzung untereinander. Grundsätzlich sollte die Abgrenzung so erfolgen, dass die letztlich verwendeten Klassen sich hinsichtlich Ertrag und Risiko auch signifikant unterscheiden oder zumindest eine signifikant unterschiedliche Korrelation zu anderen Anlageklassen aufweisen. Besondere Schwierigkeiten sind häufig mit alternativen Anlageformen wie beispielsweise Investments in Rohstoffe, Private Equity, High-Yield-Anleihen, Währungen oder Overlay-Konzepte verbunden, da dort nur selten ausreichende Erfahrungsdaten vorliegen.

71   Hinsichtlich der Häufigkeit der Durchführung von ALM-Studien ist zwischen turnusmäßigen und anlassgetriebenen Untersuchungen zu unterscheiden. In der Praxis erfolgen turnusmäßige Studien zur Überprüfung der Anlagestrategie in Zeitabständen von etwa 2 bis 3 Jahren, bei manchen Einrichtungen, insbesondere solchen, die dem VAG unterliegen, nach aufsichtsrechtlichen Bestimmungen häufig sogar jährlich. Unabhängig davon können gewisse exogene oder einrichtungsinterne Ereignisse die Durchführung einer Studie erforderlich machen. Solche Ereignisse können in besonderen Entwicklungen der Kapitalmärkte, Änderungen der Regularien, signifikante Änderungen in der Struktur des begünstigten Personenkreises oder auch in dem Ansinnen begründet sein, ein zusätzliches Anlageprodukt auf seine Wirkung im Gesamtportfolio hin zu untersuchen.

2. Simultane stochastische Simulation von Vermögen und Verpflichtungen

72   Integrierte Verfahren mit simultaner stochastischer Simulation von Vermögen und Verpflichtungen sind die umfangreichsten und aufwendigsten Modelle für ALM. Sie simulieren pro stochastisch erzeugtes Szenario für einen Prognosezeitraum eine Reihe von Bilanzen und Gewinn- und Verslustrechnungen und leiten daraus eine Zeitreihe für die als Entscheidungszielgröße definierten Kennzahlen ab. Durch stochastische Erzeugung vieler solcher Szenarien erhält man eine Vielzahl solcher Zeitreihen und kann deren Charakteristika mit Wahrscheinlichkeiten belegen. Im Einzelnen lässt sich der Ablauf wie folgt skizzieren:

- Identifikation gesamtwirtschaftlicher Kennzahlen oder Prozesse, die die Entwicklung sowohl der Vermögenswerte als auch der Verpflichtungen beeinflussen; bei Leistungszusagen bieten sich hierfür häufig die Inflation und die gesamtwirtschaftliche Einkommens- und Produktivitätsentwicklung an.

- Mathematische Beschreibung der Verpflichtungen grds. wie in den Rdnrn. 59 ff. beschrieben, jedoch mit der Besonderheit „dynamischer" Parameter. Ein dynamischer Parameter besteht in einer formelmäßigen Verknüpfung von gesamtwirtschaftlichen Kennzahlen mit einer Trendannahme in einem bestimmten Prognosejahr; so könnte der Anstieg der Gehälter in einem bestimmten Jahr mit dem dann realisierten Dreijahresdurchschnitt der Inflation zzgl. Produktivitätsanstieg verknüpft werden.

- Stochastische Erzeugung sehr vieler Szenarien, z. B. 1 000, für die Renditen der Anlageklassen und der im ersten Schritt spezifizierten gesamtwirtschaftlichen Kennzahlen; neben Zufallsgeneratoren auf Basis multivariater Normal- oder Log-Normalverteilungen werden auch aufwendigere statistische oder ökonometrische Verfahren hierfür verwendet; dabei finden grundsätzlich die in den Rdnrn. 22 ff. beschriebenen Konzepte Anwendung.

- Für den Fall, dass es sich bei dem relevanten Bewertungszins nicht um einen festen tariflichen Rechnungszins handelt, sondern um einen aus Marktzinsen abgeleiteten und daher in der Zeit schwankenden Zinssatz: simultane Erzeugung der diesen Szenarien entsprechenden Bewertungszinsen; hierbei ist zu beachten, dass die so erzeugte Zufallsvariable der Bewertungszinsen das richtige Korrelationsverhalten zu den (zufälligen) Returns des Kapitalanlageportfolios in den einzelnen Zufallsszenarien besitzt. Dies kann man in dem Fall, dass das Anlageuniversum eine Assetklasse enthält, aus deren Performance die Veränderung des Bewertungszinses abgeleitet werden kann (z. B. Staatsanleihen oder Unternehmensanleihen hoher Kreditqualität), beispielsweise folgendermaßen erreichen: man zerlegt die (stets symmetrische) Kovarianzmatrix der Returns der einzelnen Assetklassen in das Produkt aus einer unteren Dreiecksmatrix und ihrer Transponierten (in der Mathematik als „Cholesky-Zerlegung" bekannt); dann hat das Produkt der Transponierten aus obiger Zerlegung mit einem Vektor bestehend aus zwei unabhängigen standard-normalverteilten stochastischen Komponenten zwei zufällige Komponenten, die das gewünschte Kovarianzverhalten aufweisen und die somit bis auf Addition des jeweiligen Erwartungswertes mit dem (stochastischen) Return des Kapitalanlageportfolios und dem (ebenfalls stochastischen) Return des Anlagesegmentes, aus dessen Return die Veränderung des Bewertungszinses abgeleitet wird, übereinstimmen.

- Gegebenenfalls (theoretisch) Erzeugung stochastischer Szenarien die Sterblichkeitsentwicklung betreffend; dies führt jedoch regelmäßig zu recht aufwändigen mathematischen Simulationen, weshalb dies in der Praxis – insbesondere bei Vorliegen hinreichend großer Versicherungsbestände und der Verwendung hinreichender Sicherheitszuschläge in den Sterbetafeln – auch nur sehr selten vorgenommen wird.

- Berechnung der Vermögen und Verbindlichkeiten für eine vorselektierte Anlagestrategie für jedes Szenario und jedes Prognosejahr und Ableitung der entsprechenden Kennzahlen.

- Identifikation wahrscheinlicher Entwicklungen durch Auswertung der z. B. 1 000 Kennzahlenreihen für jede vorselektierte Anlagestrategie, beispielsweise durch Berechnung von Häufigkeitsquantilen.

- Vergleichende Gegenüberstellung dieser wahrscheinlichen Entwicklungen von allen vorselektierten Anlagestrategien und Auswahl der letztlich am besten für die Ziele passenden Anlagestrategie.

73 Verfahren mit so weitgehend integrierter Simulation von Vermögen und Verpflichtungen sind – wie bereits gesagt – sehr aufwendig. Sie erscheinen dann geboten, wenn die Verpflichtungen in signifikantem Umfang von den gesamtwirtschaftlichen Größen abhängen und diesbezüglich auch eine ausgeprägte Volatilität aufweisen. Dies ist beispielsweise in Ländern bzw. Phasen mit hoher Inflation oder im Falle in der Zeit nicht konstanter Rechnungszinsen der Fall. In den Versorgungseinrichtungen Deutschlands sind zumindest im Bereich der Pensionskassen und Pensionsfonds die diesbezüglichen Abhängigkeiten und Volatilitäten i. d. R. vergleichsweise gering, so dass die Anwendung dieses integrierten, simultan stochastischen Modells in vielen Fällen, unter Kosten/Nutzen-Gesichtspunkten, nicht erforderlich scheint (vgl. hierzu auch Rdnr. 71).

3. Sequenzielle Verfahren

74 Das Grundschema der sequenziellen ALM Verfahren besteht darin, dass zunächst aus einer Verpflichtungsanalyse ein Zinserfordernis abgeleitet wird, und dann die vorselektierten Anlagestrategien entweder durch portfoliotheoretische Analysen oder durch stochastische Simulationen daraufhin getestet werden, mit welcher Wahrscheinlichkeit sie die Erreichung dieses Zinserfordernisses in Aussicht stellen.

a) Einfaches Zinserfordernis und Selektion mit Shortfall-Constraints

75 Nachfolgend wird beispielhaft eine sehr einfache Herleitung des Zinserfordernisses einer bestimmten Pensionskasse dargestellt:

• Rechnungszins (gewichtet im Bestand):	2,75 % p. a.
• Versicherungstechnische Verluste/Gewinne:	0,25 % p. a.
• Potenzial für Überschussbeteiligung:	1,00 % p. a. für 5 Jahre
	2,00 % p. a. danach
• Kosten für Verstärkung der geschäftsplanmäßigen Sterbetafeln, verteilt über 5 Jahre:	1,00 % p. a.
Gesamtes Zinserfordernis:	5,00 % p. a.

76 Das Zinserfordernis zur Finanzierung der angegebenen saldierten versicherungstechnischen Verluste/Gewinne lässt sich beispielsweise näherungsweise als Durchschnittswert aus den letzten versicherungsmathematischen Gutachten im Verhältnis zur Deckungsrückstellung ermitteln. Die Kosten für die Verstärkung der biometrischen Rechnungsgrundlagen sind in diesem Beispiel ja bereits bekannt und entstammen sicherlich einer entsprechenden Kalkulation des Aktuars. Der Posten steht in dieser

Aufstellung nur symbolisch für irgendwelche zu erwartenden temporären Belastungen. Ein anderes Beispiel hierfür wäre eine Maßnahme zum Eigenmittelaufbau durch Erhöhung der Verlustrücklage oder – im Falle eines festen Rechnungszinses – eine erforderliche Verstärkung der Rechnungsgrundlage „Zins" über eine über mehrere Jahre gestreckte Absenkung des Rechnungszinses.

Die Auswahl der Anlagestrategie kann hierauf aufbauend nun anhand von Shortfall-Constraints erfolgen, indem man die Anlagestrategien der Efficient Frontier in Analogie zur Darstellung in der Abb. 3 (Rdnr. 50) mit Bedingungen belegt, die zum einen mit sehr hoher Wahrscheinlichkeit die jährliche Erzielung von 3 % (= 2,75 % + 0,25 %) fordern und zum anderen mit einer geringeren, aber doch deutlich über 50%igen Wahrscheinlichkeit die Erzielung von 5 % p. a. im Durchschnitt über einen längeren Zeitraum in Aussicht stellen. **77**

Die Nachteile dieses Ansatzes liegen neben der natürlich sehr rudimentären Verpflichtungsabbildung auf der konzeptionellen Seite darin, dass weder Beiträge noch Leistungszahlungen berücksichtigt werden, ausschließlich auf der Basis von Marktwerten gearbeitet werden kann und schließlich das Zinserfordernis in verschiedenen Zeitfenstern des Prognosezeitraums nicht in unterschiedlicher Höhe berücksichtigt werden kann. Dafür ist das Verfahren mit relativ wenig Aufwand durchführbar und hinsichtlich der Ergebnisdarstellung sehr transparent. **78**

b) Differenziertes Zinserfordernis und Selektion mit stochastischer Simulation

Eine differenzierte Analyse zur Beurteilung von vorselektierten Anlagestrategien erlaubt ein Verfahren, bei dem zunächst anhand von einer oder mehreren versicherungsmathematischen Langfristprognosen die Zahlungsströme und Verpflichtungsentwicklungen, ggf. in verschiedenen Szenarien, deterministisch ermittelt werden. Bei der Wahl der ökonomischen Parameter, wie z. B. des Gehaltstrends, für die Langfristprognose ist darauf zu achten, dass diese mit den Mittelwertannahmen für die Verzinsung der später untersuchten Anlageklassen harmonieren. Dies gilt beispielsweise für das Verhältnis zwischen dem Gehaltstrend und der Verzinsung festverzinslicher Wertpapiere, die ja beide unter einem gewissen Einfluss der Inflationserwartung stehen. Zur Beurteilung dieses Sachverhaltes können hilfsweise historische Daten herangezogen werden. **79**

Anhand der Prognoseergebnisse kann dann unter Berücksichtigung der verfolgten Ziele die gewünschte bzw. zumindest erforderliche Soll-Verzinsung des Vermögens auf Basis von Buchwerten ermittelt werden. Da die entsprechenden Ergebnisse ja pro Prognosejahr vorliegen, wird nicht ein einzelner Verzinsungssatz berechnet, sondern die Soll-Verzinsung wird als ganze Zeitreihe für den gesamten Prognosezeitraum berechnet. Alternativ oder zusätzlich kann man berechnen, welcher Zinssatz konstant in jedem Jahr zur Erreichung der finanziellen Ziele benötigt würde. **80**

81   Für das Vermögen wird anhand eines stochastischen Modells, z. B. mittels einer multivariaten Log-Normalverteilung unter Zugrundelegung der jeweils untersuchten Anlagestrategie eine Vielzahl von Verzinsungsszenarien, z. B. 1 000, generiert. Von den erzeugten Renditen sind die erwarteten jährlichen Kosten der Kapitalanlage in Prozent des Vermögens abzusetzen. Die Wahrscheinlichkeit, die Soll-Verzinsung zu erreichen, wird dann wie folgt ermittelt: Zunächst berechnet man anhand des anfänglichen Buchwertvermögens, der prognostizierten Beitrags-, Leistungs- und Kostenzahlungen (ohne Kosten für die Vermögensanlage) eine Zeitreihe für das Vermögen unter der Annahme, dass die Soll-Verzinsung erreicht wird. Analog wird für jedes der beispielsweise 1 000 erzeugten Verzinsungsszenarien eine solche Berechnung durchgeführt, allerdings ausgehend vom anfänglichen Marktwertvermögen. Auf diese Weise werden die stillen Reserven, die ja einen Risikopuffer darstellen, und damit der Unterschied zwischen Marktwert und Buchwert berücksichtigt. Nun kann man pro vorselektierter Anlagestrategie die Anzahl der Szenarien zählen, in denen die Vermögensentwicklung gemäß Szenario im gesamten Prognosezeitraum die Vermögensentwicklung gemäß Soll-Verzinsung nie unterschreitet. Das Verhältnis der Anzahl dieser „gelungenen" Szenarien zu der Gesamtanzahl der untersuchten Szenarien erlaubt nun eine Abschätzung der Wahrscheinlichkeit, mit der betreffenden Anlagestrategie die Zielsetzung zu erreichen. Nachdem der Prozess für alle vorselektierten Anlagestrategien durchgeführt ist, kann eine Selektion der optimalen Anlagestrategie anhand dieses Wahrscheinlichkeitskriteriums erfolgen.

82   In ähnlicher Weise – wie hier für die erforderliche Buchwertverzinsung beispielsweise einer Pensionskasse beschrieben – kann mit dem Modell auch die Bedeckung einer mit Marktzinsen bewerteten Verpflichtung als Zielkennziffer untersucht werden. Dazu werden für die Verpflichtungen neben einer Zeitreihe des prognostizierten Verpflichtungsumfangs (z. B. Defined Benefit Obligation – DBO gem. IFRS) auch die – ggf. im Zeitverlauf unterschiedlichen – Sensitivitäten der DBO hinsichtlich eines sich ändernden Abzinsungssatzes im Modell integriert. Zudem muss das Simulationsmodell für die Kapitalanlagen um einen geeigneten Abzinsungsparameter ergänzt werden, so dass in der Simulation für jedes Prognosejahr neben den Renditen für die verschiedenen Anlageklassen auch ein Abzinsungssatz generiert wird, für den dann anhand der Sensitivitäten die DBO umgeschätzt wird. Die Hinweise zum Korrelationsverhalten aus Rdnr. 64 und die dort geschilderte Methodik gelten hier analog. Daraus ergibt sich pro Szenario und Prognosejahr eine mit dem simulierten Marktzins abgeschätzte DBO. Als Selektionskennzahl für eine geeignete Anlagestrategie kann dann der Bedeckungsgrad zu Marktwerten (Funded Status = Vermögen zu Marktwerten im Verhältnis zur DBO) herangezogen werden. Beispielsweise kann als Selektionskriterium definiert werden, dass der Funded Status in 80 % der Simulationen über 100 % liegen soll und den Wert von 80 % nie unterschreiten darf.

83   In beiden Ansätzen, also dem Test einer Buchwertrendite und der Bewertung von mit Marktzinsen bewerteten Verpflichtungen, kann auch der Value-at-Risk (Rdnrn. 45, 46) als Selektionskriterium verwendet werden. Der in dieser Analysevariante zumeist

als Euro-Betrag angegebene Maximalverlust ist dann im Prognoseverlauf mit einer geeigneten Größe, beispielsweise mit der Inflationsrate, zu dynamisieren.

Die Auswertungsmöglichkeiten der ALM Ergebnisse sind vielseitig. So kann auch die Erzielung des Rechnungszinses, das künftige Bestehen von Stresstests oder gar die Wahrscheinlichkeit, ein Sanierungsfall zu werden, untersucht werden. Für letzteren könnte man bei einer Pensionskasse vereinfachend den Verbrauch aller Eigenmittel ansetzen. Anstelle der sehr stringenten Bedingung, dass eine definierte Anforderung immer für den gesamten Prognosezeitraum erfüllt sein muss, sind auch Auswertungen durch sog. Quantile durchaus üblich. Dabei wird für jedes Prognosejahr die Anzahl der Szenarien gezählt, die die vorgegebene Bedingung erfüllen, unabhängig davon, aus welchem Szenarioverlauf das Ergebnis stammt. Diese Art der Auswertung ist weniger stringent, aber nach Ansicht mancher Anwender graphisch instruktiver. **84**

Nachfolgend werden an einigen Beispielen die vorgestellten Varianten der Ergebnisdarstellung illustriert. In der nachfolgenden Abb. 7 (Rdnr. 86) wird dargestellt, wie hoch die Wahrscheinlichkeit der Anlagestrategien der Efficient Frontier (A bis J), der aktuell verfolgten Anlagestrategie sowie einer Modifikation hiervon („Simulation") ist, unter Berücksichtigung des Cashflows über 20 Jahre jeweils jährlich eine Zielverzinsung von mindestens 4 % bzw. mindestens 5 % zu erreichen. Die Anforderung von 4 % berücksichtigt den Rechnungszins und erwartete Erfordernisse der biometrischen Rechnungsgrundlagen, diejenige von 5 % zusätzlich eine zumindest angestrebte jährliche Überschussbeteiligung von 1 %. Im Ergebnis ist die Anlagestrategie „Simulation" zu empfehlen, die hinsichtlich beider Anforderungen die höchste Wahrscheinlichkeit der Zielerreichung aufweist. **85**

86 *Abb. 7 Selektion anhand von Verläufen für alternative Anlagestrategien*

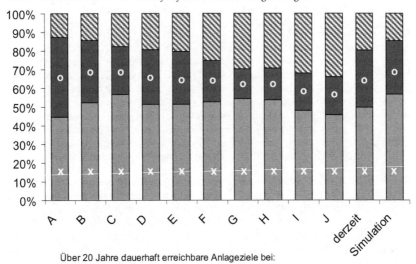

Über 20 Jahre dauerhaft erreichbare Anlageziele bei:

▣ Zielverzinsung 5,0 %   ▣ Zielverzinsung 4,0 %   ◼ Kritischen Verläufen

87 In der nachfolgenden Abb. 8 (Rdnr. 88) ist ein Beispiel für den Ansatz des Be-
deckungsgrades der Verpflichtung als Selektionskriterium für die optimale Anlagestrategie dargestellt. Diese Konstellation könnte bei einer Bilanzierung gem. IFRS im
Falle der Bedeckung der Verpflichtungen durch einen CTA (Contractual Trust Arrangement) einschlägig sein. Untersucht werden wiederum die Anlagestrategien der Efficient Frontier (A bis J) sowie vier weitere, von der Firma vorgeschlagene Anlagestrategien (K bis N). Im Ergebnis müsste nun die Firma eine Gewichtung der verschiedenen untersuchten Unterdeckungsrisiken für eine Entscheidungsfindung, wohl zwischen den Anlagestrategien F bis J, vornehmen.

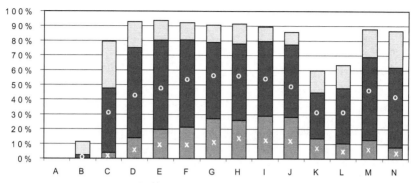

Abb. 8 Selektion anhand des Funded Status   88

Simulationslauf erfüllt Kriterien

▨ Plan Assets liegen immer über DBO

▪ Plan Assets liegen bis max. 140 Mio € (unter Berücksichtigung von Inflation)
   unter der DBO und dürfen diesen Wert 1 x in 15 Jahren unterschreiten

☐ Plan Assets liegen bis max. 240 Mio € (unter Berücksichtigung von Inflation)
   unter der DBO und dürfen diesen Wert 1 x in 15 Jahren unterschreiten

Schließlich zeigt die nachfolgende Abb. 9 (Rdnr. 90) exemplarisch für zwei Anlage-   89
strategien eine Auswertung anhand von Quantilen. Untersucht wird hier die potenzielle Entwicklung des Überdeckungsgrades einer Versorgungseinrichtung. Bei angenommenen 1 000 untersuchten Simulationsszenarien sagt beispielsweise das 90 %
Quantil aus, dass in jedem Prognosejahr 900 der 1 000 Szenarien einen höheren
Überdeckungsgrad ausweisen als derjenige Überdeckungsgrad, der anhand der un-
tersten Linie markiert wird. Das 50 % Quantil markiert den Median für den Überdeckungsgrad. Dieser stimmt im Falle einer symmetrischen Wahrscheinlichkeitsdichte
mit dem Erwartungswert überein. Im Ergebnis zeigt sich am Verlauf des 50 % Quan-
tils, dass die Anlagestrategie A langfristig zu ertragsschwach ist und dass wohl eine risikoreichere Anlagestrategie zu empfehlen ist. Hingegen erscheint Anlagestrategie C
ausreichend ertragreich und weist zudem – ablesbar am Verlauf der 75 % und 90 %
Quantile – langfristig auch weniger Unterdeckungsrisiken auf. Eine Selektion zwischen diesen beiden Anlagestrategien würde somit wohl zugunsten der Strategie C
ausfallen.

90   *Abb. 9 Selektion anhand von Quantilen*

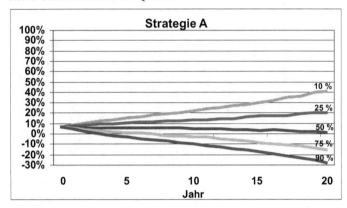

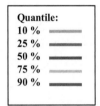

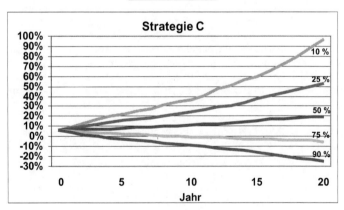

D. Risikomanagement und Risikocontrolling

91   Als Risiko bezeichnet man allgemein die mögliche Abweichung eines tatsächlichen Ergebnisses von seinem Erwartungswert. Die Ergebnisabweichung kann grundsätzlich

sowohl positiv als auch negativ ausfallen, wodurch zu dem meist negativ interpretierten Risiko auch die entsprechende Chance tritt. Im Bereich des **Risikomanagements** dominiert der Risikobegriff in seiner negativen Interpretation, d. h. als mögliche negative Abweichung vom Erwartungswert (sog. Downside Risk).

Im Bereich der betrieblichen Altersversorgung wird für Pensionskassen und Pensions- 92 fonds ein angemessenes Risikomanagement in § 26 VAG gefordert. Mit ihrem Rundschreiben R 3/2009 „Aufsichtsrechtliche Mindestanforderungen an das Risikomanagement (MaRisk VA)" hat die Aufsichtsbehörde einen Rahmen für das Risikomanagement vorgegeben, in dem der Gedanke der Proportionalität einen hohen Stellenwert einnimmt.[3] Dieses Rundschreiben ist im Zuge der Umsetzung der sog. Solvency II Richtlinie in das VAG zwischenzeitlich zwar formal außer Kraft gesetzt worden, seine Inhalte geben aber weiterhin weitreichende Anleitung zur Einrichtung und Durchführung des Risikomanagements. Mit Umsetzung der EbAV-II-Richtlinie werden sich hier vermutlich Anpassungen ergeben. Unter Risikomanagement für eine Versorgungseinrichtung kann man die Gesamtheit aller Maßnahmen zur Kontrolle und Einflussnahme auf die Gesamtrisikolage der Versorgungseinrichtung subsumieren. Das **Risikocontrolling** umfasst als zentraler Teilbereich des Risikomanagements die laufende Überwachung und Anzeige definierter Risiken, damit die Entscheidungsträger daraus präventiv oder gegensteuernd reagieren können.

I. Komponenten des Gesamt-Risikomanagements/Allgemeines

Das Risikomanagement einer Versorgungseinrichtung umfasst die Risiken, die sich 93 für die Einrichtung aus dem Geschäftsbetrieb insgesamt ergeben. Als mögliche Orientierung hierzu gibt der Deutsche Rechnungslegungs-Standard DRS 5–20 über die Risikoberichterstattung von Versicherungsunternehmen übergeordnete Risikogruppen vor. Für Pensionskassen und Pensionsfonds kann man sich hinsichtlich der mindestens zu berücksichtigenden Risikokategorien an § 26 VAG und dem o. g. DAV-Hinweis zur sinngemäßen Umsetzung der außer Kraft gesetzten MaRisk VA orientieren. In beiden Quellen werden die maßgeblichen Risiken i. W. gruppiert in

- versicherungstechnische Risiken,

- Kapitalanlagerisiken (insbesondere Markt-, Kredit- und Liquiditäts-risiken),

- operationale Risiken,

- Forderungsausfallrisiken und

- sonstige, ggf. unternehmensspezifische Risiken.

---

3 Die Deutsche Aktuarvereinigung (DAV) stellt weiterhin ausführliche Hinweise zur Umsetzung der MaRisk VA bei bestimmten Einrichtungen der betrieblichen Altersversorgung bereit (DAV Hinweis vom 23.6.2016).

94 Versicherungstechnische Risiken beziehen sich im Wesentlichen auf die Rechnungsgrundlagen (Biometrie, Rechnungszins, Storno- und Verwaltungskostensätze) sowie bestandsbedingte Risiken wie beispielsweise Risiken, die aus unerwartet hohem oder niedrigem Neuzugang entstehen. Forderungsausfallrisiken (z. B. Beitragsausfälle) und Operationale Risiken (z. B. Störung des EDV-Systems) beziehen sich zunächst auf die Versorgungseinrichtung als Ganzes. Sie umfassen aber auch Teile anderer Risikobereiche, wie beispielsweise derjenigen der Kapitalanlage. Auf Kapitalanlagerisiken wird nachfolgend separat eingegangen. Während bei selbstständigen Versorgungsträgern wie der Pensionskasse oder dem Pensionsfonds alle genannten Komponenten innerhalb des Versorgungsträgers angesiedelt sind, kann es sein, dass in eine Gesamtbetrachtung im Falle eines CTA oder einer Unterstützungskasse das jeweilige Trägerunternehmen ganz oder teilweise einzubeziehen ist. Zu den sonstigen Risiken zählen u. a. das geschäftsstrategische Risiko sowie das Reputationsrisiko der Einrichtung.

95 Die Einzelrisiken aus diesen Bereichen sind im Rahmen einer Risikoinventur zu erfassen und zu dokumentieren und soweit möglich zu quantifizieren. Hierzu gehören im Wesentlichen:

- die inhaltliche Beschreibung eines Risikos,

- die Wahrscheinlichkeit, dass das Risiko sich realisiert,

- wodurch und wie es von internen und externen Ereignissen oder anderen Risiken beeinflusst wird,

- was das Über- oder Unterschreiten kritischer Schwellwerte für die Versorgungseinrichtung zur Folge hat bzw. haben kann,

- wer bzw. welcher Funktionsbereich für die Überwachung des Risikos bzw. für die Einleitung von Maßnahmen verantwortlich ist und

- welche Benachrichtigungen beim Überschreiten bestimmter Schwellwerte bis hin zur Geschäftsleitung zu veranlassen bzw. welche Maßnahmen zur Gegensteuerung dann zu treffen sind.

96 Weiterhin sind die Einzelrisiken zu dem Gesamtrisiko des Unternehmens oder der Versorgungseinrichtung zusammenzufassen. Dabei sind Wechselwirkungen zwischen Einzelrisiken, d. h. gegenseitige Verstärkungen oder Diversifizierungseffekte, zu berücksichtigen. In diesem Zusammenhang kommt – wie auch bei der Quantifizierung von Schwellwerten mancher Einzelrisiken – häufig das Value-at-Risk Konzept zur Anwendung (Rdnrn. 37). Die Gesamtbetrachtung erfolgt anhand eines Risikotragfähigkeitskonzeptes, bei dem die der Einrichtung zur Verfügung stehenden Mittel den eingegangenen Risiken gegenübergestellt werden. Anhand eines **Informations- und Kontrollsystems** ist sicherzustellen, dass die relevanten Entscheidungsträger über die Risikosituation insgesamt, insbesondere aber bei merklichen Veränderungen der Risikolage möglichst zeitnah die verantwortlichen Personen informiert werden, damit ggf. gegensteuernde Maßnahmen veranlasst werden können.

Die inhaltliche Dokumentation hinsichtlich der in den vorangegangenen Absätzen be-   97
schriebenen Prozesse erfolgt meist in einem sog. **Risikohandbuch**. Für die Erfassung
der Einzelrisiken und ihre Zusammenführung bietet eine sog. Risikodatenbank viele
Vorteile, da damit eine gewisse einheitliche Informationsstruktur gewährleistet werden kann.

Ob das eingerichtete Risikomanagementsystem auch in der Praxis gelebt und der je-   98
weiligen Kapitalanlagepolitik noch gerecht wird, bedarf einer regelmäßigen Überprüfung. Dies ist eine Aufgabe der **Internen Revision**, die daher ein Bestandteil des Risikomanagements ist. Die Innenrevision kann ganz oder teilweise auch auf externe Anbieter ausgelagert bzw. – im Falle von betrieblichen Versorgungseinrichtungen – der
Revisionsabteilung des Trägerunternehmens überantwortet werden, was bei kleineren
Einrichtungen aus Kostengründen geboten sein kann. In diesen Fällen ist aber über
eine geeignete Schnittstelle sicherzustellen, dass die trotz externer Vergabe der Revisi-
onsfunktionen unverändert hauptverantwortliche Geschäftsführung der Versorgungseinrichtung adäquat eingebunden ist.

II. Organisation des Risikomanagements

Im Bereich des Versicherungsaufsichtsrechtes wird regelmäßig gefordert, dass die Ver-   99
antwortlichkeit für den Bereich Gesamt-Risikomanagement von denjenigen Bereichen
getrennt wird, die die Risikopositionen eingehen und/oder steuern (z. B. dem Bereich
Kapitalanlage-Risikomanagement). Hierdurch sollen Interessenskonflikte vermieden
werden. Für Pensionskassen und Pensionsfonds ist in den aufsichtsrechtlichen Bestimmungen angelegt, dass grds. eine Trennung der personellen Zuständigkeit für Ka-
pitalanlage- und Risikomanagement zu gewährleisten ist. Die so formulierte Trennung kann natürlich insbesondere bei personell weniger umfangreich ausgestatteten
betrieblichen Versorgungseinrichtungen zu gewissen Problemen führen. Hier kann
ausnahmsweise eine gemeinsame Wahrnehmung der Funktionen erfolgen. Die Vermeidung von Interessenskonflikten muss in diesen Fällen durch flankierende Maßnahmen wie z. B. separate Berichtswege oder das Vier-Augen-Prinzip sichergestellt
werden. In dem o. g. DAV Hinweis der Arbeitsgruppe Solvabilität und Risikosteuerung des Fachausschuses Altersversorgung werden zwei Gestaltungsformen auf-
gezeigt, wie eine sachgerechte Funktionstrennung auch bei geringeren personellen
Ressourcen dargestellt werden kann. Darüber hinaus hat ein Arbeitskreis des Fachausschusses Kapitalanlage und Regulatorik der *aba* hierzu einen Beitrag[4] veröffentlicht.

Die Verantwortung für das Gesamt-Risikomanagement liegt beim Gesamtvorstand ei-   100
ner Versorgungseinrichtung und ist meist aus rechtlichen Gründen nicht delegierbar.
Der vorgenannte DAV Hinweis sowie auch der genannte Beitrag knüpfen daran an,
dass die möglichen Interessenskonflikte zwischen Kapitalanlagemanagement und Risikomanagement sich maßgeblich auf den Teilbereich des Risikocontrollings beziehen,
und schlagen daher exemplarisch zwei Organisationsformen vor, bei denen Kapital-

---

4 S. hierzu *Nellshen*, BetrAV 2008, 68.

anlagemanagement und Risikocontrolling organisatorisch voneinander getrennt sind. Eine klare Trennung ist demnach möglich, wenn neben dem Ressort des Finanzvorstands ein eigenes Controlling Ressort unterhalten wird. Dann kann dieses Ressort insbesondere das Kapitalanlagecontrolling und das dazu inhaltlich sehr nahe Risikocontrolling verantworten, während der Finanzvorstand für das Kapitalanlagemanagement und der Gesamtvorstand für das Gesamtrisikomanagement zuständig sind. Bei geringerer personeller Ausstattung wäre es auch akzeptabel, Kapitalanlagemanagement und Kapitalanlagecontrolling im Zuständigkeitsbereich des Finanzvorstands zu belassen, als flankierende Maßnahme jedoch einen separaten Berichtsweg hinsichtlich des Kapitalanlagecontrollings zum Ressort eines anderen Vorstandes einzurichten oder aber das Risikocontrolling einem anderen Vorstandsressort zuzuordnen und vice versa (Überkreuzregelung). Da auch in dieser Ausgestaltung die Funktion des Gesamtrisikomanagements beim Gesamtvorstand verbleibt, sollte somit in dieser Ausgestaltung eine ausreichende Trennung von Kapitalanlagemanagement und Risikocontrolling gewährleistet sein.

101 In beiden organisatorischen Ausprägungen ist es relevant, ähnlich wie zwischen Risikomanagement und Risikocontrolling (Rdnr. 89) auch zwischen den Funktionalitäten Kapitalanlagemanagement und Kapitalanlagencontrolling zu unterscheiden. Der zuvor zitierte Beitrag beschreibt daher – ohne Anspruch auf Vollständigkeit – typische Funktionen der beiden Bereiche. Zum Kapitalanlagemanagement gehören demnach Strategieentwicklung, Taktische Allokation, Planungsrechnungen, Analyse und Beurteilung von Finanzinstrumenten, die Auswahl externer Investment Manager sowie der tatsächliche Handel. Im Bereich des Kapitalanlagecontrollings werden hingegen genannt: Überprüfung der Einhaltung interner und gesetzlicher Vorgaben, insbesondere der Anlagerichtlinien, Plausibilitätsprüfung von Planungsrechnungen, laufender Soll-/Ist-Vergleich hinsichtlich der Anlagestrategie, Überprüfung der Handelsabläufe insbesondere der Handelskonditionen. Das Performance- und Risiko-Monitoring erfolgt im Managementbereich nur insoweit wie es zur Entscheidungsfindung von Managementprozessen relevant ist. Ansonsten wird das Performance- und Risiko-Monitoring dem Bereich des Kapitalanlagecontrollings zugeordnet.

III. Risikomanagement bei Kapitalanlagen

1. Risikoarten

102 Die Mehrzahl der Kapitalanlagerisiken lässt sich einer der folgenden Risikoarten zuordnen:

- Marktrisiken,

- Bonitäts- und Emittentenrisiken,

- Liquiditätsrisiken sowie

- sonstige Kapitalanlagerisiken.

Die **Marktrisiken** resultieren insbesondere aus möglichen Kursverlusten an den Kapitalmärkten. Hierbei ist zwischen dem Risiko genereller Marktbewegungen (sog. systematisches Risiko oder Beta-Risiko) einerseits und nachteiliger Veränderungen des Verhältnisses einer konkreten Anlage zur Marktbewegung (sog. unsystematisches Risiko oder Alpha-Risiko) zu unterscheiden. Unsystematische Risiken können im Wege der Risikodiversifikation reduziert bzw. theoretisch sogar eliminiert werden, wohingegen den allgemeinen Marktrisiken, dem systematischen Risiko, höchstens durch entsprechende Kauf- und Verkaufs- bzw. Sicherungsentscheidungen begegnet werden kann. Zu den Marktrisiken zählen Kursrisiken, Zinsänderungs- und Wiederanlagerisiken sowie Währungsrisiken. Für die Kontrolle von Marktrisiken, insbesondere von Kursrisiken, bieten sich Konzepte wie Limitsysteme, Stresstests und Value-at-Risk an. Hinsichtlich der Marktrisiken finden verschiedene Risikokennzahlen wie Sharpe-, Treynor-Ratio oder Information Ratio, ihre Anwendung (Rdnrn. 823 ff.). Für die Beurteilung von Zinsänderungsrisiken wurde bereits das Konzept der modifizierten Duration vorgestellt (Rdnrn. 34 f.). Im Kapitel über Bond-Investments werden jedoch auch noch feinere Durationskonzepte wie z.B. Key-Rate-Duration, Spread-Duration oder Effective Duration vorgestellt. Währungsrisiken sind bei Versorgungseinrichtungen regelmäßig in höchstens untergeordnetem Umfang vorhanden. Dennoch müssen sie, sofern sie in einer Einrichtung ausnahmsweise doch von Bedeutung sind, in das Risikocontrolling mit einbezogen werden. **103**

Das **Bonitäts- und Emittentenrisiko** besteht darin, dass der Schuldner eines Wertpapiers, eines Darlehens oder eines anderen kreditspezifischen Finanzproduktes nicht mehr zur Rückzahlung und/oder zur Bedienung der Zinsen in der Lage ist. Auch strukturelle Aspekte wie ein zu starkes Engagement in Wertschriften eines Emittenten ist als Konzentrationsrisiko Teil des Bonitäts- und Emittentenrisikos. **Konzentrationsrisiken** können auch über die Grenzen von Anlageklassen hinweg entstehen, beispielsweise, wenn im Portfolio sowohl Aktien als auch Anleihen eines Emittenten gehalten werden. Dabei müssen auch etwaige Konzernzugehörigkeiten des Emittenten in die Überlegungen mit einbezogen werden. Regelmäßige Strukturanalysen des Portfolios und Umfeldanalysen betreffend die Emittenten sind geeignete Kontrollmaßnahmen für diese Risikoart. **104**

Unter **Liquiditätsrisiken** fasst man einerseits die aus Beitrags- und Leistungszahlungen, Zins- und Dividendenzahlungen und die aus sonstigen Zahlungsvorgängen (z. B. Verwaltungskosten) entstehenden Risiken zusammen, die im schlimmsten Fall dazu führen können, dass fällige Zahlungen nicht geleistet werden können. Andererseits bestehen Liquiditätsrisiken auch darin, dass Wertpapiere eine eingeschränkte Veräußerbarkeit aufweisen, sei es wegen ihrer Ausstattung (z. B. illiquide Namenspapiere oder vinkulierte Papiere) oder wegen einer zu geringen Marktkapitalisierung oder eines zu kleinen Marktes für ein bestimmtes Produkt. Liquiditätsrisiken kann im Wesentlichen mit strukturierten Cashflow Projektionen und Fälligkeitsanalysen begegnet werden. Die Liquiditätsplanung gewinnt eine immer höhere Bedeutung. Im Zuge des Niedrigzinsumfeldes werden verstärkt renditeträchtigere Anlage in illiquiden Anlage- **105** klassen wie Immobilien und Private Debt gesucht, welche sich nicht börsentäglich veräußern lassen. Hinzukommt, dass sich in Krisenzeiten auch vermeintlich liquide Assets nicht oder nur zum Teil veräußern lassen.

106 Schließlich gibt es auch in der Kapitalanlage weitere, **sonstige Risiken**, die sich nicht klar einer der drei genannten Risikoarten zuordnen lassen. Beispielsweise treten im Zusammenhang mit einfach oder komplex strukturierten Finanzprodukten zu überwachende Ausstattungsmerkmale (z. B. Sonderkündigungsrechte) auf, sowie Risiken, die darin bestehen, dass die Systematik des Produktes und seine Reaktionsmechanismen auf Veränderungen des Kapitalmarktes nicht ausreichend von den handelnden Personen der Versorgungseinrichtung verstanden werden. Zudem existieren auch in der Kapitalanlage Risiken operationaler und administrativer Art. Es ist eine der Aufgabe der Internen Revision, die entsprechenden Funktionen im Kapitalanlagecontrolling regelmäßig zu überprüfen. Auch die Auswahl von externen Portfoliomanagern ist mit Risiken verbunden. Mit dem Instrumentarium der Manager Auswahl (Rdnrn. 922 ff.) und der Performance-Analyse, insbesondere der Attributionsanalyse, stehen dem Risikomanagement diesbezüglich nützliche Konzepte zur Verfügung. Diese Beispiele können keine abschließende Aufzählung sein. Sie können nur andeuten, in welchen Bereichen weitere Risiken vorhanden sein können. Dagegen werden ESG-Risiken (Risiken aus der Realisation von negativen ökologischen, sozialen oder unternehmensführungsbezogenen Ereignissen) oft nicht als eigene Risikoart erfasst, sondern vielmehr als Risikoursache, die sich dann in den bereits an dieser Stelle besprochenen Risiken (z. B. Marktrisiken) materialisiert.

107 Im Bereich der Kapitalanlage betrieblicher Versorgungswerke sind direkte oder indirekte Investitionen in das Trägerunternehmen oder in von diesem emittierte Anlageprodukte zu beachten. Diese Investments, die insbesondere in den Anlageklassen Aktien, Festverzinsliche und Immobilien anzutreffen sind, bedürfen im Risikomanagement auf Grund der engen wirtschaftlichen Verbindung zu dem Arbeitgeber einer besonderen Beachtung.

2. Risikoarten in bestimmten Anlageklassen

a) Festverzinsliche Wertpapiere

108 Betreffend die festverzinslichen Wertpapiere wurde für eine Beurteilung und Kontrolle von Zinsänderungsrisiken mit der modifizierten Duration (Rdnrn. 34 ff.) bereits ein tragfähiges Instrument zur Risikokontrolle beschrieben. Insbesondere wenn hauptsächlich in marktgängige Titel investiert wird, liefert die modifizierte Duration bereits einen hohen Grad an Kontrollsicherheit. Als Erweiterung und Verbesserung der Beurteilung von Zinsänderungsrisiken kommen Konvexitätsanalysen in Betracht, die das Verhalten eines festverzinslichen Wertpapiers bei Zinsänderungen genauer beschreiben als das vorgestellte einfache Durationsmodell.

Auch die Emittentenbonität ist in einem regelmäßigen Prozess in das Risikocontrolling mit einzubeziehen. Werden die Wertpapiere von einer Ratingagentur beurteilt, ist dabei die jeweilige Einstufung des Titels oder zumindest des Emittenten zu beobachten. Anhand der Kommentierungen und Veröffentlichungen der Agenturen können bisweilen auch Veränderungen der Einstufung frühzeitig erkannt oder gar antizipiert werden. Bei der Bonitätsüberwachung ist auch die Konzentration auf einzelne Emittenten zu analysieren. § 28 VAG und die daran anknüpfenden aufsichtsrechtlichen Bestimmungen spezifizieren den Umgang mit externen Ratings (Rdnrn. 169 ff.). Es soll dadurch eine zu starke Bindung an externe Agenturen verhindert werden und dem Risikomanagement eine gewisse Eigenverantwortlichkeit bewahrt bleiben. Schließlich liegt gerade bei festverzinslichen Wertpapieren der bedeutendste Ansatzpunkt zur Kontrolle des Liquiditätsrisikos, insbesondere wenn die Leistungszahlungen einer Versorgungseinrichtung ihre Beitragseinnahmen bereits übersteigen. Als Steuerungsinstrumente stehen Cashflow Planungsrechnungen und regelmäßige Fälligkeitsanalysen zur Verfügung.

109

b) Immobilien/Baudarlehen

Für Immobilienanlagen gelten viele der für festverzinsliche Wertpapiere beschriebenen Controlling- und Steuerungskonzepte in analoger Weise. Hinsichtlich des Marktrisikos sind regelmäßige Überprüfungen des Mietniveaus und der Leerstandsquoten durchzuführen und im Falle von Baudarlehen auch Bevölkerungsentwicklungen (z. B. Einkommensniveau, Umzugsströmungen) sowie individuelle Kreditanalysen den Schuldner betreffend zu beobachten. Regelmäßige Marktbewertungen von Immobilien sowie konsequent gelebte Beleihungsgrundsätze bei Baudarlehen gehören ebenso zum Controllingprozess. Statistische Risikoanalysen basieren bei solchen Anlageklassen somit oft auf weniger häufig durchgeführten Schätzungen, im Gegensatz zum Fall der liquiden Assets, die börsentäglich gehandelt werden. Dies führt dazu, dass Risikokennzahlen wie z. B. die Volatilität unterschätzt werden. Immobilien werden nicht so oft bewertet wie beispielsweise Aktien und die Schätzungen der Immobilienwerte schwanken im Zeitablauf auch nicht so stark. Dies sollte man bei der Gesamtrisikobewertung des Portfolios mit im Blick haben.

110

c) Aktien

Für Aktieninvestments sind die in Rdnr. 103 beschriebenen Analysekonzepte zur Beurteilung bzw. Überwachung insbesondere des Marktrisikos zu beachten. Überwachung von Alpha- und Beta-Risiko, Value-at-Risk- und Stresstestkonzepte stehen hier im Vordergrund. Weiterhin ist bei Aktien in besonderem Maße das Konzentrationsrisiko hinsichtlich Emittenten und Märkten zu verfolgen.

111

d) Alternative Investments

Zu den alternativen Investments werden z. B. Investments in Private Equity, Hedgefonds, Private Debt, Infrastruktur sowie Emerging Markets und häufig auch in Roh-

112

stoffe gezählt (Rdnrn. 636 ff.). Diese Anlagearten weisen durch ihre komplexen Strukturen jeweils eigene Risikoaspekte auf. Insbesondere der Einfluss von Veränderungen an den Kapitalmärkten ist häufig sehr schwer verständlich zu machen. Dies gilt in analoger Weise für komplex strukturierte Anlageprodukte. Auf die typischen Risikoquellen und Kennzahlen bzw. Konzepte zu deren Überwachung einzugehen, würde den Rahmen dieses Überblicks überschreiten. Zusammenfassend ist festzuhalten, dass Verantwortliche einer Versorgungseinrichtung in solche Anlagemedien nur investieren sollten, wenn sie in der Lage sind, die damit *verbundenen* Komplexitäten erforderlichenfalls mit externer Hilfe zu verstehen und regelmäßig zu überprüfen.

3. Proportionalitätsgrundsatz

113 Die Breite und auch die Tiefe der im Rahmen des Risikomanagements und Risikocontrollings anzuwendenden Analysen sind in hohem Maße durch die von der Versorgungseinrichtung gewählten Anlageklassen und konkreten Investmentprodukten geprägt (Proportionalität). Natürlich sollte der Aufwand zur Kontrolle und Beherrschung eines Investments nicht deren Ertrags- oder Risiko-Diversifikationsbeitrag übersteigen. Dennoch ist bei der Konzeption sowie der laufenden Überprüfung und erforderlichenfalls Anpassung der Risikomanagementprozesse in jedem Fall sicherzustellen, dass dem Zweck der Versorgungseinrichtung, die den Berechtigten zugesagten Leistungen sicherstellen und leisten zu können, bestmöglich Rechnung getragen wird.

E. Schlussbemerkungen zu Kapitel I

114 Ziel dieses Teiles ist lediglich, einen Überblick über die wesentlichen, im Kapitalanlageprozess zu bedenkenden Aspekte sowie die Notwendigkeit und grundsätzliche Vorgehensweise beim Asset-Liability-Management und Risikomanagement zu geben. Die nachfolgenden Kapitel geben in ähnlicher Weise einen tieferen Einblick in weitere Teilbereiche des Kapitalanlageprozesses.

Kapitel II
Rechtlicher Rahmen (*Müller*)

A. Einleitung – Ebenen der Kapitalanlage von Versorgungsträgern der betrieblichen Altersversorgung

Im Rahmen der Kapitalanlage von Versorgungsträgern der betrieblichen Altersversor-   115
gung kann man mit Blick auf die rechtlichen Rahmenbedingungen der Kapitalanlage
vier grundsätzliche Ebenen unterscheiden:

• Ebene 1: Der oder die Arbeitgeber und damit die Sponsoren eines Pensionsvehikels.

• Ebene 2: Die Durchführungswege der betrieblichen Altersversorgung; das Pensionsvehikel; die Einrichtung für betriebliche Altersversorgung (EbAV) in Form einer Pensionskasse, eines Pensionsfonds etc.

• Ebene 3: Die vom Pensionsvehikel eingesetzten Anlagevehikel.

• Ebene 4: Sämtliche, rechtlich erlaubten oder ökonomisch sinnvollen Einzelanlagen.

Diese Ebenen sind teilweise spezifischen Vorschriften für die Ausgestaltung der Kapitalanlage unterworfen. Die rechtlichen Rahmenbedingungen bilden jedoch nur einen
Einflussfaktor, der bei der Gestaltung der Kapitalanlage zu beachten ist. Daneben sind
weitere Faktoren einzubeziehen, wie beispielsweise die Gestaltung der Pensionspläne
auf Basis arbeitsrechtlicher Rahmenbedingungen, die steuerliche Behandlung auf den
nachfolgend definierten Ebenen der Kapitalanlage bei der Entwicklung von Anlage-
konzepten.

Die nachfolgende Abb. 10 zeigt die verschiedenen Ebenen der Kapitalanlage einer Ver-   116
sorgungseinrichtung der betrieblichen Altersversorgung auf.

117　*Abb. 10 Pensionsvehikel/Durchführungsweg*

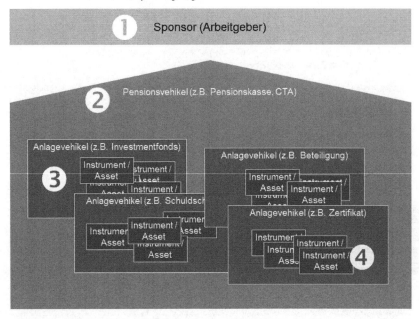

B. Ebene 1 – Arbeitgeber („Pension Plan Sponsor")

118　Außerhalb des Pensionsvehikels bildet der Arbeitgeber der Pensionszusage die Ebene 1. Der Arbeitgeber hat einen sehr weitgehenden Einfluss auf die Kapitalanlagepolitik, indem er die Rahmenbedingungen der betrieblichen Altersversorgung im Unternehmen setzt und – zumindest bei klassischen, leistungsorientierten Pensionsplänen – die Risiken aus den Pensionszusagen trägt. Darüber hinaus üben immer häufiger auch die Anspruchsberechtigten und ihre Vertretungen über die Gremien von Pensionsvehikeln Einfluss auf die Anlagepolitik aus. Dies umso mehr, je deutlicher die Risiken beispielsweise der Kapitalanlage durch die Gestaltung neuer Pensionspläne auf die Arbeitnehmer übertragen werden. Der Arbeitgeber setzt damit durch Art und Inhalt einer Pensionszusage, durch die Wahl des jeweiligen Durchführungswegs die Rahmenbedingungen für die Kapitalanlage von Pensionsvermögen. Dabei wirken die Rahmenbedingungen des Pensionsplans entlang der in Kapitel I genannten Faktoren „Beitrags- vs. Leistungsprimat", „Realwert- vs. Nominalwertcharakter" und Überschussverwendung (Rdnrn. 52 bis 55) mittelbar beispielsweise über die Berücksichtigung im Rahmen von ALM-Überlegungen auf die Kapitalanlage. Unmittelbaren Einfluss auf die Kapitalanlage von Pensionsvehikeln nimmt der Arbeitgeber über die Gestaltung von vertraglichen Rahmenbedingungen, für die es nicht in jedem Fall einen gesetzlichen Rahmen geben muss. So ist es beispielsweise heute üblich, dass im Rahmen der Schaffung eines CTA[1] zur Ausfinanzierung von Direktzusagen, als Anhang des Treuhandvertrages Anlagerichtlinien definiert werden, die für Vorstand, Organe und Dienstleister eines CTA einen vertraglichen bindenden Rahmen für die Kapitalanlage setzen. Nur in einigen wenigen Ausnahmefällen wirken gegebenenfalls die für den Sponsor geltenden, rechtlichen Rahmenbedingungen auch auf die Pensionsvehikel und deren Anlagepolitik. Dies mag beispielsweise bei CTA's von regulierten Unternehmen, wie Banken und Versicherungsunternehmen der Fall sein.

C. Ebene 2: Durchführungswege der betrieblichen Altersversorgung

Bei der zweiten Ebene handelt es sich um den Versorgungsträger selbst. Für alle fünf Durchführungswege der betrieblichen Altersversorgung gelten nicht nur unterschiedliche arbeitsrechtliche und gegebenenfalls steuerrechtliche Rahmenbedingungen. Auch in der Art und Form der zulässigen Kapitalanlage bzw. im Grad der Regulierung unterscheiden sich die jeweiligen Durchführungswege teilweise sehr deutlich voneinander. Insofern wird im nächsten Abschnitt zunächst grundsätzlich zwischen aufsichtsrechtlich regulierten und aufsichtsrechtlich nicht-regulierten Durchführungswegen unterschieden.   119

Die betriebliche Altersversorgung in Deutschland ist auf der arbeitsrechtlichen Seite durch das Betriebsrentengesetz (BetrAVG) definiert. Hier wird jedoch insbesondere auf die arbeitsrechtliche Zusage abgestellt, also auf das Verhältnis von Arbeitgeber und Arbeitnehmer und die jeweiligen Rechte und Pflichten aus Zusagen der betrieblichen Altersversorgung. Vorschriften zur Kapitalanlage finden sich jedoch im Betriebsrentenrecht nicht. Dies soll jedoch nicht bedeuten, dass insbesondere die Art und Gestaltung einer Pensionszusage keinen Einfluss auf die Kapitalanlage hätten, es gibt nur keinen rechtlichen Zusammenhang, sondern vielmehr einen ökonomischen. Dieser ist insbesondere im Kapitel I (Rdnrn. 14 ff.) zum Thema Asset-Liability-Management beschrieben.   120

Die fünf Durchführungswege der betrieblichen Altersversorgung lassen sich mit Blick auf die rechtlichen Rahmenbedingungen der Kapitalanlage nachfolgend zunächst in zwei große Gruppen unterscheiden: solche, die aufsichtsrechtlich reguliert und damit in den entsprechenden Gesetzen (insbesondere dem Versicherungsaufsichtsgesetz, kurz: VAG) definiert sind und einer staatlichen Aufsicht durch die Bundesanstalt für Finanzdienstleistungsaufsicht (BaFin) unterliegen sowie denen, für die de facto keine dezidierten aufsichtsrechtlichen Rahmenbedingungen gelten.   121

---

1 Ein CTA ist ein zur Insolvenzsicherung von Pensions-, Wertkonten und Altersteilzeitansprüchen geschaffenes Finanzierungsvehikel, meist in der Form eines eingetragenen Vereins. CTA bedeutet Contractual Trust Arrangement.

122 Zu den aufsichtsrechtlich regulierten Durchführungswegen gehören:

- die Direktversicherung,

- die Pensionskasse und

- der Pensionsfonds.

Die Rahmenbedingungen für die beaufsichtigten Durchführungswege werden in den Rdnrn. 126 ff. erläutert.

123 Die beiden übrigen Durchführungswege Direktzusage und Unterstützungskasse sind dagegen in der Gestaltung der Kapitalanlage frei von gesetzlichen Vorgaben und stehen nicht unter Aufsicht. Dies gilt auch für von Einzelunternehmen oder Konzernen gegründete CTA's, bei denen man zwar inhaltlich vom Betreiben von Bank- oder Versicherungsgeschäften ausgehen muss, diese jedoch auf Grund des Konzernprivilegs in § 2 Abs. 1 Nr. 7 KWG von der Aufsicht befreit wurden. Im Rahmen von sog. Gruppen-Treuhandkonstruktionen, also der Ausfinanzierung von Pensionsgeldern über ein Treuhandkonstrukt für mehrere Einzelunternehmen oder Konzerne, hat die BaFin konkrete Vorgaben zur Gestaltung der Kapitalanlagen gemacht bzw. lässt nur wenige Anlageformen wie beispielsweise Investmentsondervermögen zu.

124 Insbesondere im Fall der extern kapitalgedeckten Direktzusage bei Ausfinanzierung über ein CTA wirken jedoch weitere Rahmenbedingungen wie Anforderungen aus der internationalen Bilanzierung (IFRS, US-GAAP) zur Anerkennung des Vermögens als Pensionsvermögen.

125 Es ist jedoch zu beachten, dass bei den Durchführungswegen Direktzusage und Unterstützungskasse eine Ausfinanzierung im Wege der Rückdeckung bei einem Lebensversicherungsunternehmen oder einer Pensionskasse erfolgen kann, so dass in diesem Fall die rechtlichen Anforderungen für Lebensversicherungen bzw. Pensionskassen dann mittelbar auf diese beiden Durchführungswege wirken können. Direktzusage und Unterstützungskasse werden in den Rdnrn. 350 ff. erläutert.

I. Rechtliche Rahmenbedingungen für die Kapitalanlage von beaufsichtigten Durchführungswegen

1. Historische Entwicklung

126 Heute unter Aufsicht stehende Durchführungswege der betrieblichen Altersversorgung gibt es in Deutschland schon seit mehr als 100 Jahren. So wurden die Chemie-Pensionskassen bereits Ende des 19. Jahrhunderts gegründet, beispielsweise die Pensionskasse Hoechst im Jahr 1886, die BASF Pensionskasse im Jahr 1888 und die Bayer Pensionskasse im Jahr 1897. Zu dieser Zeit waren noch nicht einmal die Versicherungsunternehmen reguliert, betriebliche Altersversorgung basierte auf freiwilligen Leistungen des Arbeitgebers, Pensionskassen standen ebenfalls noch nicht unter einer Aufsicht. Das erste Aufsichtsgesetz, das sog. „Reichsgesetz über die privaten Versiche-

rungsunternehmungen", trat am 1.1.1902 in Kraft. In der Folge war die Entwicklung der Anlagevorschriften eine Geschichte des Schritthaltens des Gesetzgebers und der Aufsichtsbehörden mit der Entwicklung der Kapitalmärkte.

2. Rechtliche Rahmenbedingungen in Deutschland

Versicherungsunternehmen, Pensionskassen und Pensionsfonds unterliegen in Deutschland der Versicherungsaufsicht. **127**

Rechtsgrundlagen der Versicherungsaufsicht in Deutschland sind vor allem: **128**

- das Gesetz über die Beaufsichtigung von Versicherungsunternehmen (Versicherungsaufsichtsgesetz – VAG) sowie das

- Finanzdienstleistungsaufsichtsgesetz – Gesetz über die Bundesanstalt für Finanzdienstleistungsaufsicht (FinDAG).

Träger der Aufsicht über Versicherungsunternehmen ist die BaFin, eine dem BMF nachgeordnete selbstständige Bundesbehörde.

Die Mittel der Aufsichtsbehörde im Rahmen der verwaltungsrechtlichen Grundsätze sind die Folgenden: **129**

- der Erlass von Rechtsverordnungen, soweit das VAG dazu eine ausdrückliche Ermächtigung enthält und diese auf die BaFin übertragen wird,

- der Verwaltungsakt als hoheitliche Regelung von Einzelfällen oder einer Mehrheit gleichartiger Fälle (Einzel- oder Sammelverfügung) sowie

- schlicht verwaltende Tätigkeit als Summe aller übrigen Maßnahmen, oftmals auch als „gängige Verwaltungspraxis" bezeichnet.

Die Einflussnahme der BaFin auf die Versicherungsunternehmen und Einrichtungen der betrieblichen Altersversorgung (EbAV) gestaltet sich derart, dass vom Gesetzgeber durch Gesetz und Rechtsverordnung ein bestimmter Rahmen für Entscheidungen gesetzt wird und dass weiter durch Verwaltungsakte und verwaltende Tätigkeit der BaFin bestimmte Entscheidungen und daraus resultierende Handlungsweisen verboten oder geboten werden.

Zudem besteht eine Aufgabentrennung zwischen der BaFin und den regionalen Aufsichtsbehörden der Länder. Grundsätzlich obliegt der BaFin die Aufsicht über private Versicherer und öffentliche Wettbewerbsversicherer, mit bundeslandübergreifender Geschäftstätigkeit bzw. wirtschaftlicher Relevanz. Kleinere privatrechtliche sowie regional tätige öffentlich-rechtliche Versicherer werden von den Aufsichtsbehörden der Länder beaufsichtigt, ebenso kommunale und kirchliche Zusatzversorgungskassen sowie berufsständische Versorgungseinrichtungen. Die Länderbehörden können dabei in gewissen Grenzen eigene Anforderungen für die von ihnen beaufsichtigten Unternehmen definieren bzw. aufsichtsrechtliche Standards setzen. In der Praxis findet aber **130** eine starke Orientierung und Referenzierung auf die Rundschreiben und Verlautbarungen der BaFin statt.

131   Auf europäischer Ebene wurde zum 1.1.2011 die Europäische Aufsichtsbehörde für das Versicherungswesen und die betriebliche Altersvorsorge (**EIOPA**) zusammen mit den Schwesterinstitutionen Europäische Bankenaufsichtsbehörde (**EBA**) und Europäische Wertpapier- und Marktaufsichtsbehörde (**ESMA**) installiert, um ein einheitliches europäisches Aufsichtssystem zu schaffen. In Zusammenarbeit mit dem Europäische Ausschuss für Systemrisiken (**ESRB**) und der Europäischen Zentralbank (**EZB**) nehmen die europäischen Aufsichtsbehörden die Solvenz- und Marktaufsicht für den gesamten Finanzsektor in Europa wahr. Sie koordinieren und harmonisieren die Arbeit der Aufsichtsbehörden in den Mitgliedstaaten und definieren auf europäischer Ebene einheitliche Aufsichtsstandards. Die europäischen Behörden können technische Regulierungs- und Durchführungsstandards entwickeln sowie Leitlinien und Empfehlungen erlassen. Die technischen Standards treten durch Verordnungserlass der EU-Kommission unmittelbar in Kraft. Für deutsche Versicherungen und EbAV sind neben den Vorgaben der EIOPA verstärkt auch Regularien der ESMA und der EZB von Relevanz.

132   Übergeordnet existieren noch die vom Europäischen Parlament und dem Rat beschlossene EU-Richtlinien, die wiederum von den jeweiligen Mitgliedstaaten in nationales Recht umgesetzt werden müssen. Neben den vorgenannten institutionalisierten Aufsichtsstrukturen haben die beaufsichtigten Unternehmen somit mittelbar die Vorgaben der EU-Richtlinien über die gesetzlichen Vorgaben des VAG zu beachten.

133   In den folgenden Kapiteln werden jeweils für die einzelnen beaufsichtigten Durchführungswege die zugrundeliegenden europäischen Richtlinien, gesetzlichen Bestimmungen und insbesondere die aufsichtsrechtlichen Vorgaben für die Vermögensanlagen bzw. das Anlagemanagement überblicksartig dargestellt. Dabei bietet sich grob eine Aufteilung in zwei Gruppen an, zum einen Durchführungswege, die dem Solvency II Regime unterliegen (wie Direktversicherungen und bei Direktzusagen und Unterstützungskassen eingesetzte Rückdeckungsversicherungen), und zum anderen Pensionskassen[2] und Pensionsfonds, die als Einrichtungen der betrieblichen Altersversorgung (EbAV) – ebenso wie kleine Versicherungsunternehmen und Sterbekassen – weiter unter das Solvency I System fallen. Vereinfacht bedeutet diese Unterscheidung, dass für Solvency II regulierte Unternehmen ein prinzipienbasiertes und risikoorientiertes Aufsichtssystem gilt, während für Solvency I regulierte Unternehmen ein regelbasiertes Aufsichtssystem mit dezidierten Vorgaben für zulässige Anlageklassen und Anlagequoten zu beachten ist.

134   Unabhängig von der Differenzierung des Aufsichtsregimes werden in beiden Welten Anforderungen an das Anlagemanagement gestellt, die Vermögenswerte verantwortlich und vorausschauend zu investieren. Diese eher qualitative Vorgabe wird als

---

2 Siehe zu den Besonderheiten – insbesondere für betriebliche Pensionskassen – auch H-BetrAV, Teil I 50 „Pensionskassen", Rdnrn. 41 bis 47.

„prudent person rule", d. h. als Grundsatz der unternehmerischen Vorsicht oder allgemeines Vorsichtsprinzip bezeichnet.

Die „prudent person rule" als zentraler Grundsatz des Anlagemanagements der Kapitalanlagen von Versicherungsunternehmen ist allgemeingültig in Deutschland im § 124 VAG[3] verankert. Aufgrund der Rückverweissystematik im Versicherungsaufsichtsgesetz gilt dieser Grundsatz auch für Pensionskassen und Pensionsfonds, nicht jedoch für kleine Versicherungsunternehmen (§ 212 Abs. 2 Nr. 5 VAG) bzw. Sterbekassen (§ 219 Abs. 1 VAG). Für Pensionskassen wird der Grundsatz durch § 234 Abs. 4 VAG eingeschränkt. Stattdessen gelten besondere Anlagegrundsätze (§ 234h Abs. 1 bis 3 VAG). Entsprechendes gilt für Pensionsfonds. Die ergänzenden aufsichtsrechtlichen Rahmenbedingungen – wie z. B. Verordnungen, Rundschreiben, Auslegungsentscheidungen und Verlautbarungen – zur „prudent person rule", können je nach Aufsichtsregime zu ggf. abweichenden Interpretationen der Anlagegrundsätze führen.

135

3. Direktversicherungen und Rückdeckungsversicherungen der Lebensversicherer unter der Solvency II-Richtlinie

Der Durchführungsweg Direktversicherung unterliegt ausschließlich den Regelungen der Richtlinie 2009/138/EG des Europäischen Parlaments und des Rates vom 25.11.2009 betreffend die Aufnahme und Ausübung der Versicherungs- und der Rückversicherungstätigkeit (sog. Solvency II-Richtlinie)[4]. Dies gilt auch für Rückdeckungsversicherungen von Lebensversicherungsunternehmen, die v. a. zur Rückdeckung bei Direktzusagen und Unterstützungskassen, eingesetzt werden. Ist die Rückdeckung dagegen über eine Pensionskasse gegeben, sind die Ausführungen des nächsten Kapitels zu den Regularien für Pensionskassen zu beachten. Dagegen werden Direktzusage und nicht rückgedeckte Unterstützungskasse selbst nicht von der o. g. Richtlinie erfasst. Auch CTA-Modelle fallen nicht in den Anwendungsbereich.

136

Zentrales Element der vorgenannten Richtlinie ist die qualitative Beaufsichtigung der Kapitalanlagen. Für Solvency II regulierte Unternehmen bedeutet dies – aus dem Zusammenspiel von Art. 132 „Grundsatz der unternehmerischen Vorsicht" (sog. „prudent person rule") und Art. 133 „Anlagefreiheit" der o. g. Solvency II-Richtlinie, sowie unter Berücksichtigung der qualitativen aufsichtsrechtlichen Vorgaben – grundsätzlich freie Anlagemöglichkeiten, ohne Berücksichtigung eines von der Aufsicht vorgegeben Anlagekataloges. Begrenzendes Element ist hier kein aufsichtsrechtliches Limitsystem, mit quantitativen Grenzen für einzelne Anlageklassen oder -vehikel, son-

137

---

3 Für Solvency II-Unternehmen gem. Art. 132 der Richtlinie 2009/138/EG vom 25.11.2009, für EbAV gem. Art. 19 der Richtlinie (EU) 2016/2341 vom 14.12.2016.

4 Die Möglichkeit der fakultativen Anwendung nach Art. 4 der EbAV-RL auf unter die Richtlinie 2002/83/EG fallende Einrichtungen (wie Direktversicherungen), wonach wesentliche Teile (Art. 9 bis 16 und 18 bis 20 EbAV RL) auch für diese Unternehmen wirksam wären, wurde vom deutschen Gesetzgeber nicht genutzt.

dern allein der im Unternehmen installierte Risikomanagementprozess sowie der aus den Kapitalanlagen und dem Versicherungsgeschäft resultierende Bedarf an aufsichtsrechtlich notwendigen Eigenmitteln. Regulatorisches Kernelement des Aufsichtssystems nach Solvency II ist ein 3-Säulen-Konzept. Neben den Bestimmungen zur Quantifizierung des Eigenmittelbedarfs (Säule 1), enthält das Aufsichtsregime Anforderungen an das Risikomanagement (Säule 2) und Vorschriften zur Markttransparenz (Säule 3).

138   *Abb. 11 Solvency II*

Solvency II		
Säule 1 Kapitalanforderungen (Quantitative Anforderungen)	**Säule 2** Aufsichtsregeln (Qualitative Anforderungen)	**Säule 3** Marktdisziplin (Berichtspflichten)
Grundsatz: Unterlegung von Risiken des VU mit hinreichenden Eigenmitteln - Risiken aus Kapitalanlagen müssen beurteilt und mit Eigenmitteln unterlegt werden - Solvabilitätskapitalanforderungen (SCR) (§§ 96 ff. VAG) - Mindestkapitalanforderung (§§ 122 f. VAG)	- Unternehmenseigene Risiko- und Solvabilitätsbeurteilung (ORSA) - Kapitalanlagen nach dem Grundsatz unternehmerischer Vorsicht (§ 123 Abs. 1 Satz 1 VAG) (sog. „Prudent Person Principle")	Vielfältige Berichtspflichten gegenüber Aufsichtsbehörden und Öffentlichkeit - Bericht über Solvabilität und Finanzlage (SFCR) - Bericht an die Aufsicht (RSR) - Quantitative Meldungen (QRT)

139   Solvency II regulierte Unternehmen haben trotz eines prinzipienorientierten Aufsichtsgrundsatzes ein komplexes mehrstufiges Regelwerk zu berücksichtigen. Auf Ebene 1 wurden über die Richtlinie 2009/138/EG vom 25.11.2009 (Solvency II) sowie die ergänzende Richtlinie 2014/51/EU vom 22.5.2014 (Omnibus II) die Grundstrukturen des neuen Aufsichtssystems gelegt. Die Umsetzung dieser Vorgaben erfolgte in Deutschland mit dem Gesetz zur Modernisierung der Finanzaufsicht über Versicherung (VAG), welches am 1.1.2016 in Kraft trat. Von der EU-Kommission erlassene delegierte Verordnungen mit Durchführungsbestimmungen für Solvency II, dienen der Anpassung und Konkretisierung der Richtlinien auf Ebene 2. Die Europäische Aufsichtsbehörde (EIOPA) erarbeitete hierzu ergänzende technische Standards, die von der EU-Kommission erlassen werden (Ebene 2a). Diese Durchführungsbestimmungen beschreiben konkrete Verfahren und Methoden für alle drei Säulen. Die Aufsichten in den einzelnen Mitgliedstaaten erklärten im sog. *comply-or-explain*-Verfahren, ob sie die von EIOPA auf Ebene 3 zur EU-weiten Realisierung von Aufsichtspraktiken erarbeiteten aufsichtsrechtlichen Leitlinien und Empfehlungen anwenden oder nicht. Ergänzend griff die BaFin auf die bisherige Praxis der Verwendung von Auslegungs-

entscheidungen zurück, bei der Besonderheiten und Interpretationen der Aufsicht als lokale aufsichtsrechtliche Standards veröffentlicht werden.

In Art. 132 der Solvency II-Richtlinie findet sich folgende Definition der „**prudent** 140 **person rule**":

• Es gilt der Grundsatz der unternehmerischen Vorsicht.

• Es dürfen nur Anlagen getätigt werden, deren Risiken das Versicherungsunternehmen angemessen erkennen, messen, überwachen, managen, steuern und berichten und im Rahmen der Beurteilung des Eigenkapitalbedarfs angemessen berücksichtigen kann.

• Sämtliche Vermögenswerte müssen die Sicherheit, Qualität, Liquidität und Rentabilität des Gesamtportfolios gewährleisten.

• Die Anlagen haben im besten Interesse der Versicherungsnehmer und Anspruchsberechtigten zu erfolgen.

• Die Verwendung von derivativen Finanzinstrumenten ist zulässig, sofern sie zur Verringerung von Risiken oder zur Erleichterung einer effizienten Portfolioverwaltung beitragen.

• Die Anlagen sind in angemessener Weise zu streuen, dass eine übermäßige Abhängigkeit von einem bestimmten Vermögenswert, einem Emittenten oder eine übermäßige Risikokonzentration im Gesamtportfolio vermieden wird.

Diese Anforderungen wurden vom deutschen Gesetzgeber in den § 124 VAG (Anlagegrundsätze) übernommen. Ein wie im Solvency I Regime bekannter Anlagekatalog, der die zulässigen Anlageklassen und -vehikel definiert, muss von Solvency II Unternehmen eigenständig erstellt werden.

4. Pensionskassen und Pensionsfonds als EbAV

a) EbAV-Richtlinie

Die europäische EbAV-Richtlinie (Pensionsfondsrichtlinie oder auch IORP-Richtlinie) 141 bestimmt den EU-weiten Rahmen für die Gestaltung und Beaufsichtigung von Altersversorgungseinrichtungen.

Ebenso wie im Versicherungsbereich werden die aufsichtsrechtlichen Regularien für 142 EbAV kontinuierlich weiterentwickelt. So wurde die RL 2016/2341 vom 14.12.2016 über die Tätigkeit und Beaufsichtigung von Einrichtungen der betrieblichen Altersversorgung (**EbAV-II-Richtlinie**) am 23.12.2016 veröffentlicht (ABl. L 354 S. 37). Mit der EbAV-II-Richtlinie wurden neue Governance- und Informationspflichten eingeführt. EbAV sind demnach u. a. verpflichtet, regelmäßig eine eigene Risikobeurteilung vorzunehmen und zu dokumentieren. Die Solvenzanforderungen in EbAV-II blieben im Vergleich zur Vorgänger-Richtlinie gleich. Zudem wurden die Regeln zur grenzüberschreitenden Tätigkeit von EbAV überarbeitet und zur grenzüberschreitenden Bestandsübertragung eingeführt. Gegenüber der Vorgängerrichtlinie sind im Bereich der Anlagevorschriften (Art. 19 RL 2016/2341) nur geringfügige Anpassungen vorgenommen worden. Diese betreffen vor allem die zukünftig stärkere Berücksichtigung von ökologischen, sozialen und die Unternehmensführung betreffende Faktoren (sog. ESG-Faktoren) bei Anlageentscheidungen. Ebenso wird nun der langfristige Charakter der Anlagepolitik von EbAV stärker betont. Inwieweit dies jedoch die Tür für langfristig attraktive Anlageklassen in illiquiden Marktsegmenten für EbAV öffnet, bleibt abzuwarten.

143 Bereits in der EbAV-Richtlinie 2003/41/EG vom 3.6.2003 (ABl. L 235 S. 10) wurde in Art. 18 Abs. 1 das „allgemeine Vorsichtsprinzip" postuliert und findet sich ebenso in der EbAV-II-Richtlinie in Art. 19 Abs. 1 als „Grundsatz der unternehmerischen Vorsicht" wieder.

144 **Tab. 1 EU-Richtlinien zur Kapitalanlage**

Solvency II-Richtlinie 2009/138/EG: Art. 132 Grundsatz der unternehmerischen Vorsicht	EbAV-Richtlinie 2003/41/EG: Art. 18 Anlagevorschriften	EbAV-II-Richtlinie (EU) 2016/2341: Art. 19 Anlagevorschriften
Anlagen erfolgen nach dem Grundsatz der unternehmerischen Vorsicht: • Anlage kann nur in Vermögenswerte erfolgen, deren Risiken das Unternehmen angemessen erkennen, messen, überwachen, managen, steuern und berichten sowie im Gesamtsolvabilitätsbedarf berücksichtigen kann. • Sicherheit, Qualität, Liquidität und Rentabilität des Portfolios muss gewährleistet sein, die Belegenheit muss die Verfügbarkeit sicherstellen. • Wesensart und Laufzeit der Verbindlichkeiten sowie Interessen der Versicherten bzw. Anspruchsberechtigen sind zu berücksichtigen.	Anlage erfolgt nach dem allgemeinen Vorsichtsprinzip und folgenden Regeln: • Anlagen haben zum größtmöglichen Nutzen der Anwärter/Leistungsempfänger zu erfolgen. • Anlagegrundsätze Sicherheit, Qualität, Liquidität und Rentabilität sind zu beachten; Art und Dauer der Leistungen sind bei Anlage zu berücksichtigen. • Anlage sollte vorrangig in notierten Vermögenswerten erfolgen (geregelter Markt); Rest vorsichtiges Maß. • Derivate sind nur zur Absicherung oder zur Erleichterung der Portfolioverwaltung zulässig. • Anlagen sind zu streuen, Konzentrationen zu vermeiden.	Anlage erfolgt nach dem Grundsatz der unternehmerischen Vorsicht und folgenden Regeln: • Anlagen haben zum größtmöglichen langfristigen Nutzen der Anwärter/Leistungsempfänger zu erfolgen. • ESG-Faktoren können bei Anlageentscheidungen berücksichtigt werden. • Sicherheit, Qualität, Liquidität und Rentabilität des Portfolios muss gewährleistet sein. • Anlage sollte vorrangig in notierten Vermögenswerten erfolgen (geregelter Markt); Rest vorsichtiges Maß. • Derivate sind nur zur Absicherung oder zur Erleichterung der Portfolioverwaltung zulässig. • Anlagen sind zu streuen, Konzentrationen zu vermeiden.

Solvency II-Richtlinie 2009/138/EG: Art. 132 Grundsatz der unternehmerischen Vorsicht	EbAV-Richtlinie 2003/41/EG: Art. 18 Anlagevorschriften	EbAV-II-Richtlinie (EU) 2016/2341: Art. 19 Anlagevorschriften
• Derivate sind nur zur Absicherung oder zur Erleichterung der Portfolioverwaltung zulässig. • Nicht notierte Anlagen sind auf ein vorsichtiges Maß zu begrenzen. • Anlagen sind zu streuen, Konzentrationen zu vermeiden. **Art. 133 Anlagefreiheit** • Mitgliedstaaten dürfen Unternehmen nicht zur Anlage in bestimmte Vermögenswerten verpflichten. • Anlageentscheidungen dürfen keiner vorherigen Genehmigung oder systematischen Meldeanforderungen unterworfen werden.	• Anlagen bei Trägerunternehmen sind auf 5 %, bei Unternehmensgruppen auf 10 % begrenzt; bei mehreren Trägern vorsichtiges agieren und Streuung beachten. • Verfahren zu Bonitätsüberwachung sind einzurichten, um Abhängigkeiten von Ratings anerkannter Ratingagenturen zu vermeiden. • Kreditaufnahme ist unzulässig. • Es gibt keine Vorgaben der Mitgliedstaaten zur Anlage bzw. zu Anlageformen, ebenso keiner vorab Genehmigung der Anlagepolitik. • Mitgliedstaaten können ergänzende (auch quantitative) Vorschriften erlassen (Abs. 5). • Inkongruente Anlagen sind auf 30 % begrenzt.	• Anlagen bei Trägerunternehmen sind auf 5 %, bei Unternehmensgruppen auf 10 % begrenzt; bei mehreren Trägern vorsichtiges agieren und Streuung beachten. • Verfahren zu Bonitätsüberwachung sind einzurichten, um Abhängigkeiten von Ratings anerkannter Ratingagenturen zu vermeiden. • Kreditaufnahme ist unzulässig. • Es gibt keine Vorgaben der Mitgliedstaaten zur Anlage bzw. zu Anlageformen, ebenso keiner vorab Genehmigung der Anlagepolitik. • Mitgliedstaaten können ergänzende (auch quantitative) Vorschriften erlassen (Abs. 6). • Anlagen in Aktien, Industrieobligationen, etc. sind auf max. 70 % bzw. 35 % limitiert. • Inkongruente Anlagen sind auf 30 % begrenzt. • Anlagen in nicht notierte Instrumente mit langfristigem Anlagehorizont sind zulässig, ebenso Anlagen bei EIB, EFSI, EuVECA und EuSEF.

Die EbAV-Richtlinie und ihr Nachfolger enthalten somit formal sehr überschaubare 145 Beschränkungen für die Kapitalanlage und lassen prinzipiell sehr hohe Gewichtungen (z. B. 70 %) in bestimmten Anlageformen wie beispielsweise Aktien, Industrieobligationen und anderen zum Handel an geregelten Märkten zugelassene Risikokapitalanlagen[5] zu. Die Mitgliedstaaten können jedoch eine niedrigere Obergrenze von nicht weniger als 35 % für vorgenannte Anlageformen festlegen, wenn EbAV Altersversorgungssysteme mit langfristigen Zinsgarantien betreiben, das Anlagerisiko selbst tragen und die Garantie selbst stellen. Daneben dürfen bis zu 30 % der die versicherungstechnischen Rückstellungen bedeckenden Vermögenswerte inkongruent, d. h. in Anlagen auf anderen Währungen als die der Verbindlichkeiten investiert werden. Darüber hinaus können die Mitgliedstaaten strengere Anlagevorschriften erlassen, wenn dies aus Gründen der Vorsicht geboten ist. Diese Möglichkeit hat der deutsche Gesetzgeber genutzt: Anlageverordnung für Pensionskassen bzw. Pensionsfondsaufsichtsverordnung (PFAV) für Pensionsfonds.

b) Gesetzlicher Rahmen für EbAV

146 Die gesetzlichen Regelungen für Pensionskassen finden sich in den §§ 232 bis 235 VAG und für Pensionsfonds in den §§ 236 bis 240 VAG. Es ist jedoch zu beachten, dass teilweise auf die Regelungen für Solvency II-regulierte Versicherungsunternehmen (§§ 8 bis 210 VAG) und teilweise auf die Abschnitte für – dem Solvency I Regime unterliegende – kleine Versicherungsunternehmen (§§ 211 bis 217 VAG) referenziert wird.

147 Von besonderer Bedeutung für die Kapitalanlagen von Versicherungsunternehmen, Pensionskassen und Pensionsfonds sind die **allgemeinen Anlagegrundsätze des § 124 VAG**. Die gesamten Vermögenswerte sind nach dem Grundsatz der unternehmerischen Vorsicht anzulegen und werden durch weitere Anforderungen des § 124 Abs. 1 VAG ergänzt:

- Es darf nur in Vermögenswerte und Instrumente angelegt werden, deren Risiken hinreichend identifiziert, bewertet, überwacht, gesteuert, kontrolliert und im Berichtswesen dargestellt werden können.

- Die gesamten Vermögensanlagen sind so anzulegen, dass Sicherheit, Qualität, Liquidität und Rentabilität des Portfolios sichergestellt sind und die Belegenheit der Anlagen ihre Verfügbarkeit gewährleisten.

- Die Struktur der Verpflichtungsseite ist bei der Kapitalanlage zu berücksichtigen (Art und Laufzeit).

- Bei Interessenskonflikten gehen die Interessen der Versicherungsnehmer und Anspruchsberechtigten vor.

---

5 Aufsichtsrechtlich werden unter Risikokapitalanlagen Anlageklassen mit höheren Marktpreisschwankungen (wie z. B. Aktien oder Rohstoffe), unternehmerischen Risiken (wie Private Equity), erhöhten Ausfallrisiken (wie z. B. High-Yield-/Emerging-Market-Anleihen) oder finanziellem Hebel bzw. atypischen Anlagestrategien ausgestattete Produkte (wie z. B. Hedgefonds) subsumiert.

- Derivate Finanzinstrumente sind zur Verringerung von Risiken oder zur Erleichterung einer effizienten Portfolioverwaltung zulässig, Arbitrage und Leerverkäufe sind unzulässig.

- Anlagen, die nicht zum Handel an einem geregelten Finanzmarkt zugelassen sind, sind auf einem vorsichtigen Niveau zu halten.

- Anlagen sind angemessen zu mischen und zu streuen, Konzentrationen auf einzelne Anlageklassen, Regionen, Emittenten oder Emittentengruppen sind zu vermeiden.

Die Anlagegrundsätze gelten sowohl für Solvency II regulierte Unternehmen als auch für unter die EbAV-Richtlinie fallende Einrichtungen. Dies ist auf den ersten Blick ungewöhnlich, resultiert jedoch aus den vergleichbaren Vorgaben in den Richtlinien zu Solvency II bzw. EbAV-I und EbAV-II. Zu betonen ist, dass die in § 124 Abs. 1 Nr. 2 VAG definierten Anlagegrundsätze Sicherheit, Qualität, Liquidität und Rentabilität auch von Pensionskassen und Pensionsfonds auf Portfolioebene sicherzustellen sind. Die konkrete Ausgestaltung und aufsichtsrechtliche Interpretation der Anlagegrundsätze kann ggf. auf Grund weiterer ergänzender Bestimmungen für die verschiedenen Adressatengruppen abweichen. **148**

Für **Pensionskassen** gilt neben diesen Grundsätzen auch der Anlagekatalog für kleine Versicherungsunternehmen nach § 215 Abs. 2 Nr. 1 bis 7 VAG. Demnach ist die Anlage in die folgenden Vermögenswerte möglich: **149**

1. Darlehensforderungen, Schuldverschreibungen und Genussrechte,

2. Schuldbuchforderungen,

3. Aktien,

4. Beteiligungen,

5. Grundstücken und grundstücksgleichen Rechten,

6. Anteilen an Organismen für gemeinschaftliche Anlagen in Wertpapieren i. S. d. Richtlinie 2009/65/EG und für andere Anlagen, die nach dem Grundsatz der Risikostreuung angelegt werden, wenn die Organismen einer wirksamen öffentlichen Aufsicht zum Schutz der Anteilinhaber unterliegen,

7. laufende Guthaben und Einlagen bei Kreditinstituten.

Der Katalog ist nicht abschließend. Es können durch Verordnungserlass weitere Anlageformen zugelassen oder die Anlagegrundsätze ergänzende qualitative und quantitative Vorgaben bestimmt werden. Diese Möglichkeit besteht ebenso für Pensionsfonds nach § 240 Nr. 8 VAG.

c) Anlageverordnung und Pensionsfonds-Aufsichtsverordnung

150 Die Anlageverordnung (AnlV) und die Pensionsfonds-Aufsichtsverordnung (PFAV) sind aufgrund von Ermächtigungen im VAG erlassene Rechtsverordnungen des BMF.[6] Sie sind der wichtigste Orientierungsrahmen für die Anlagepraxis. Sie umfassen allgemeine Anlagegrundsätze. Daneben beinhaltet sie Regeln, wann eine Kapitalanlage dem Grunde nach erwerbbar und auf welche Mischungs- und Streuungsgrenzen eine solche Anlage anrechenbar ist.

aa) Anpassung 2015 an das Kapitalanlagegesetzbuch (KAGB)

151 Im Jahre 2015 erfolgte eine umfangreiche Novellierung. Ziel des Gesetzgebers war in erster Linie die Anpassung der AnlV und PFAV an das geänderte Investmentrecht im Anschluss an die Aufhebung des Investmentgesetzes und das Inkrafttreten des Kapitalanlagegesetzbuches. Neben redaktionellen Anpassungen an das KAGB war vor allem die investmentrechtliche Unterscheidung zwischen Organismen für gemeinsame Anlagen in Wertpapieren (OGAW) einerseits und Alternative Investments (AIF) anderseits in die Anlageverordnung aufgenommen worden. Daneben wollte der Gesetzgeber vor dem Hintergrund des anhaltenden Niedrigzinsumfelds die Anlagemöglichkeiten in potenziell ertragreichere Kapitalanlagen (Infrastruktur) erleichtern.[7]

bb) Anwendungsbereich der Anlageverordnung

152 Die AnlV 2015 ist für die Mehrzahl der Versicherungsunternehmen mit Wirkung zum 1.1.2016 aufgehoben worden.[8] An die Stelle der bisherigen Anlagegrundsätze sind für Solvency II Versicherungsunternehmen die Anlagegrundsätze des § 124 Abs. 1 Satz 2 VAG getreten. Seit diesem Zeitpunkt agieren die Wettbewerbsversicherungen innerhalb eines stärker risikobasierenden Systems mit entsprechenden Kapitalunterlegungserfordernissen. Unter Solvency II herrscht der Grundsatz der Anlagefreiheit. Dieser steht allerdings unter dem Vorbehalt der unternehmerischen Vorsicht bei der Kapitalanlage. Solvency II Versicherer müssen zur Wahrung in Eigenverantwortung Leitlinien für die Kapitalanlage erstellen, die bei der Anlage zu berücksichtigen sind. Der Grundsatz der unternehmerischen Vorsicht bezieht sich auf dem gesamten Portfolio, was die Freiheit gewährleistet, einzelne Vermögensgegenstände zu erwerben, die isoliert dem Grundsatz nicht genügen würde.

153 Unmittelbar gilt die **AnlV** weiterhin für **Pensionskassen** (§ 232 VAG), **Sterbekassen** (§ 218 VAG) und **kleinere Versicherungsunternehmen** (§ 211 VAG). Trotz des deutlich verkleinerten Kreises der von der Anlageverordnung betroffenen beaufsichtigten

---

6 Vgl. § 217 Satz 1 Nr. 6 i. V. m. Satz 3, 4 und § 219 Abs. 1 bzw. § 235 Abs. 1 Satz 1 Nr. 10 i. V. m. Abs. 2 Satz 2 VAG.

7 Begründung zur VO zur Änderung der Anlageverordnung und Pensionsfonds-Kapitalanlagenverordnung vom 3.3.2015, BGBl. I, 188.

8 Art. 3 Abs. 2 Nr. 4 des Gesetzes zur Modernisierung der Finanzaufsicht über Versicherungen.

Unternehmen ist die Relevanz der Anlageverordnung für die Praxis nach wie vor groß, da auch berufsständische Versorgungswerke, kommunale und kirchliche Versorgungseinrichtungen die Verordnung zum Teil auf Grund landesaufsichtsrechtlicher Verweise zu beachten haben. Zudem wenden einige Versicherungen, die der Solvency II-Richtlinie unterfallen, die Anlageverordnung nach wie vor im Rahmen ihrer internen Anlagerichtlinien an.

Pensionskassen, Sterbekassen und kleine Versicherungsunternehmen haben gem. § 1 Abs. 2 AnlV und Pensionsfonds gem. § 16 Abs. 2 PFAV bei der Anlage des Sicherungsvermögens die allgemeinen Anlagegrundsätze des § 124 Abs. 1 VAG zu beachten. Die Einhaltung der allgemeinen Anlagegrundsätze und der besonderen Regelungen der AnlV bzw. der PFAV sind durch ein qualifiziertes Anlagemanagement, geeignete interne Kapitalanlagegrundsätze und Kontrollverfahren, eine strategische und taktische Anlagepolitik sowie weitere organisatorische Maßnahmen sicherzustellen. Hierzu gehören insbesondere die Beobachtung aller Risiken der Aktiv- und Passivseite der Bilanz und des Verhältnisses beider Seiten zueinander sowie eine Prüfung der Elastizität des Anlagebestandes gegenüber bestimmten Kapitalmarktszenarien und Investitionsbedingungen. **154**

Die AnlV und die PFAV definieren somit klare Anforderungen an die Ausgestaltung des Kapitalanlageprozesses, die Aufbauorganisation und die damit verbundenen Dokumentationspflichten. Zusätzlich werden ausdrücklich ein Asset-Liability-Management sowie entsprechende Risikomanagement-Systeme verlangt. **155**

Die Unternehmen haben sicherzustellen, dass sie jederzeit auf sich wandelnde wirtschaftliche und rechtliche Bedingungen, insbesondere auf Veränderungen auf den Finanz- und Immobilienmärkten, auf Katastrophenereignisse mit Schadensfällen großen Ausmaßes oder auf sonstige ungewöhnliche Marktsituationen angemessen reagieren können. **156**

Neben den qualitativen Vorgaben kennt die Anlageverordnung quantitative und schuldnerbezogene Beschränkungen (Mischung und Streuung). **157**

d) Aufsichtsrechtlicher Rahmen (BaFin) für EbAV

Die auf dem Wege von Rechtsverordnungen erlassenen Vorschriften werden durch eine Reihe von Rundschreiben und Verlautbarungen der BaFin ergänzt. Diese erläutern zum einen die erlassenen Verordnungen und gehen zum anderen auf konkrete Einzelsachverhalte der Kapitalanlage ein. Zu finden sind die einschlägigen EU-Richtlinien, Gesetze, (Sammel-)Verfügungen, Verordnungen, Rundschreiben, Auslegungsentscheidungen, Leitfäden, Merkblätter und Mitteilungsblätter auf der Internetseite der BaFin (Quelle: www.bafin.de unter „Veröffentlichungen" bzw. „Aufsichtsrecht"). **158**

Diese Rundschreiben enthalten eine Reihe von Vorschriften bezüglich erforderlicher Anforderungen an Anlageprozesse und deren Dokumentation. **159**

160 Neben die Rundschreiben treten sog. Verlautbarungen und Hinweise der BaFin, wie
z. B. die Hinweise zur Verwendung externer Ratings und zur Durchführung eigener
Kreditrisikobewertungen oder zum Einsatz von Receiver Forward Swaps, Long Receiver Swaptions und Credit Default Swaps bei Versicherungsunternehmen und Pensionsfonds.

161 Für die derzeitige Praxis der Kapitalanlage von Pensionskassen, Pensionsfonds, kleinen Versicherungsunternehmen und Sterbekassen bedeutet dies, dass das Management sich bei der Frage der Zulässigkeit oder Nicht-Zulässigkeit von bestimmten An-
lagegegenständen durch die gesamte schriftliche Aufsichts"hierarchie", vom Gesetz
zur Verordnung zu Rundschreiben und anderen Verlautbarungen arbeiten muss. Die
nachfolgenden Übersichten verdeutlichen dies anhand exemplarischer Normen und
Rundschreiben der BaFin.

162 **Tab. 2 Die wichtigsten Normen/Rundschreiben**

Gesetzliche Vorschriften	Verord-nung	BaFin Rundschreiben
§ 124 Abs. 1 VAG (Anlagegrundsätze)	AnlV	R 11/2017 (Kapitalanlage),
§ 125 VAG (Sicherungsvermögen)		R 7/2016 (Sicherungsvermögen)
§§ 128 bis 130 VAG (Treuhänder)		R 3/2016 (Treuhänder) 7.12.2018 FAQ zum Treuhänder-rundschreiben
§ 124 Abs. 1 Nr. 5 VAG (derivative Finanz-instrumente)		R 8/2017 (derivative Finanz-instrumente und strukturierte Produkte)
§§ 2 Abs. 1 S. 3, 216 Abs. 2 S. 1, 234j Abs. 3 S. 1, 305 Abs. 1 Nr. VAG (Berichterstattungspflichten)		Sammelverfügung vom 28.7.2021; betr. Berichtspflichten R 1/2004 (Stresstest)
§§ 234i, 239 Abs. 2 VAG Auslegungsent-scheidung zur Erklärung zu den Grundsät-zen der Anlagepolitik vom 24.4.2020		Sammelverfügung vom 24.4.2020
§ 216 Abs. 2 VAG (Anzeigepflichten)	§ 1 Abs. 5 AnlV	Sammelverfügung vom 21.6.2011
§ 44 VAG (Prognoserechnungen) i. V. m. § 212 Abs. 2 sowie § 234 Abs. 1 (für Pensionskassen) und § 237 Abs. 1 VAG (für Pensionsfonds)		R 11/2017 (Kapitalanlage), R 8/2017 (derivative Finanz-instrumente und strukturierte Produkte)

Tab. 3 Anlagevorschriften im VAG (seit 1.1.2016)   163

	alle VU (bis 12/2015)	SII-VU	kleine VU	Sterbe-kassen	Pensions-kassen	Pensions-fonds
		§§ 8 bis 210 VAG	§§ 211 bis 217	§§ 218 bis 220	§§ 232 bis 235	§§ 236 bis 240
Anlage-vorschriften	§§ 54 ff. (a.F.) PF: § 115 (a.F.)	§§ 124, 125	§ 215 (wie § 54 (1) + (2) a.F.)	§ 219 (1) § 215	§ 234 (2) §§ 124, 215 (2) S. 1 Nr. 1-7	§ 237 (2) §§ 124 (1)
	AnlV + PFKapAV	VU-inter-ner Kata-log	AnlV			PFAV
	qualitative und quan-titative Grenzen	nur quali-tativ, nicht quantita-tiv	weiterhin aufsichtsrechtlich definierte qualitative und quantitative Grenzen			
	Einzel-anlage	Portfolio-sicht	Portfoliosicht (ggf. Einzelanlagen über Verordnungen)			
	gebunde-nes Ver-mögen = SV + sons-tiges geb. Vermögen	nur noch Sicherungsvermögen				
Meldepflichten	§§ 54 Abs. 4, 54d a.F., Sammel-verfügung 21.6.2011	techni-sche Standards und QRT	Sammelverfügung			ggf. Sammel-verfü-gung
Verordnungs-ermächtigung	§§ 54 Abs. 3 PF: § 115 Abs. 2	§ 131	§ 217 Nr. 4 und Nr. 6	§ 219 Abs. 1 > § 217 Nr. 6	§ 235 Abs. 1 Nr. 10 und Nr. 12	Bereiche

164 So ist der für die Kapitalanlage von EbAV ganz wesentlich § 124 Abs. 1 VAG immer in Verbindung mit den Interpretationen und Detaillierungen der AnlV bzw. PFAV sowie der entsprechenden Rundschreiben für den Kapitalanlagebereich zu lesen. Im nachfolgenden Kapitel werden die derzeit für das Anlagemanagement und die Anlagen des Anlagekataloges gültigen Anforderungen für kleine Versicherungsunternehmen, Pensionskassen, Pensionsfonds und Sterbekassen dezidiert dargestellt.

5. Konkretisierung der Kapitalanlagevorschriften für kleinere Versicherungsunternehmen, Pensionskassen, Pensionsfonds und Sterbekassen

a) Anlagegrundsätze des § 124 VAG i. V. m. § 1 Abs. 2 AnlV

165 Die Vermögenswerte des Sicherungsvermögens sind so anzulegen (§ 124 Abs. 1 Nr. 2 VAG), dass Sicherheit, Qualität, Liquidität und Rentabilität des Portfolios als Ganzes sichergestellt werden. Darüber hinaus sind die Anlagen ausreichend zu mischen und zu streuen, um Risikokonzentrationen zu vermeiden (§ 124 Abs. 1 Nr. 7 und 8 VAG). Die einzelnen Anlagegrundsätze werden durch Rechtsverordnung und insbesondere durch Rundschreiben sowie Verlautbarungen der BaFin weiter spezifiziert. Der Grundsatz der Qualität ist erfüllt, sofern die Regelungen der Anlageverordnung nebst den Auslegungshinweisen der BaFin eingehalten werden.[9]

aa) Grundsatz der Sicherheit

166 Bereits aus der Nennung des Grundsatzes der Sicherheit in § 124 Abs. 1 Nr. 1 VAG an erster Stelle wird deutlich, dass der Gesetzgeber diesem Prinzip höchste Priorität zukommen lässt. Er ist im Ergebnis für jeden einzelnen Vermögensgegenstand im Sicherungsvermögen zu beachten. Dies gilt auch auf Portfolioebene eines Investmentvermögens. So ist bei Anlagen in Anteilen und Aktien an Investmentvermögen der Grundsatz der Sicherheit nicht nur für das Investmentvermögen insgesamt, sondern für jeden einzelnen indirekt gehaltenen Vermögenswert einzuhalten. Folglich ist es nicht ausreichend, dass das Investmentvermögen nur überwiegend sicher ist.[10]

167 Sicherheit heißt zunächst einmal **Sicherung des Nominalwertes**.[11] Rein spekulative Kapitalanlagen sind ausgeschlossen. Der Investor muss eine Risikoprüfung machen, die sich auf die Anlagedauer erstreckt und diese ist vor dem Erwerb und immer wieder während der Anlagedauer vorzunehmen. In welchen Abständen die Prüfung stattzufinden hat, hängt von der Art der Anlage, der Bonität des Ausstellers (Schuldner) und dem Marktumfeld ab. Sicherheit bedeutet auch, dass die wirtschaftliche Substanz der Vermögensanlage gewahrt wird.

---

9 Kapitalanlagerundschreiben 11/2017 (VA) B.1 Allgemeines.
10 Kapitalanlagerundscheiben 11/2017 (VA) B.3.1 Sicherheit Buchst. d.
11 Kapitalanlagerundschreiben 11/2017 (VA) B.3.1 Sicherheit.

(1) Fungibilität

Ein wichtiges Kriterium im Rahmen der Beurteilung, ob die Anlage dem Sicherheits- 168
gedanken entspricht, ist die Fungibilität der Anlage. Fungibel ist ein Vermögensgegenstand, wenn dieser jederzeit uneingeschränkt veräußerbar und transferierbar ist. Die
Fungibilität der Anlage ist ein in der Praxis sehr wichtiger Prüfungspunkt, der im
Rahmen der Erwerbbarkeitsprüfung beachtet werden sollte. So werden teilweise Produkte am Markt angeboten (z. B. Namensschuldverschreibungen, Multi-Tranchen),
die in ihren Bedingungen vorsehen, dass die Abtretung der Zustimmung des Schuldners bedarf. Eine solche Passage in den Bedingungen (Terms and Conditions) der Anlage führt dazu, dass diese nicht mehr dem Sicherungsvermögen zugeordnet werden
kann, denn nach der BaFin darf das Verfügungsrecht über die Vermögensanlage nicht
beschränkt werden. Insbesondere ist es nicht zulässig, dass Verfügungsrechte unter
dem Vorbehalt der Zustimmung des Ausstellers (Schuldners) der Kapitalanlage oder
Dritter stehen, da es durch die Klärung des Zustimmungserfordernisses zu mit den
Interessen der aus den Versicherungsverträgen Berechtigten nicht vertretbaren zeitlichen Verzögerungen kommen kann.[12]

(2) Bewertung der Kreditrisiken

Sicherheit bedeutet aber auch, dass man im Rahmen der Kapitalanlage das Kreditrisi- 169
ko kennt, welches man eingeht.

Lange Jahre war es in der Praxis üblich, sich bzgl. der Qualität einer Anlage auf die 170
Einstufung anerkannter Ratingagenturen (z. B. *Moodys, Standard & Poor's, Fitch*) zu
verlassen. Da aber die Ratingagenturen im Zusammenhang mit der Finanzkrise an
Glaubwürdigkeit verloren haben, wurde über eine EU Verordnung im Jahre 2009
(CRA Verordnung)[13] ein Registrierungs- und Aufsichtssystem für die EU tätigen Ra-
tingagenturen eingeführt. Durch die am 20.6.2013 in Kraft getretene mittlerweile drit-
te Ratingverordnung (CRA III)[14] wurde der Regulierungsrahmen weiter verschärft.
So wurden die für Versicherungsunternehmen, Rückversicherungsunternehmen und
Einrichtungen der betrieblichen Altersversorgung zu beachtenden Regelungen der
Art. 4 Abs. 1 Unterabs. 1, 5a Abs. 1 sowie 8b bis 8d in die CRA-Verordnung eingefügt.
Gemäß Art. 5a Abs. 1 der CRA-Verordnung ergibt sich daraus die Verpflichtung, eige-
ne Kreditrisikobewertungen bei der Beurteilung der Bonität von Unternehmen oder
Finanzinstrumenten vorzunehmen (vgl. dazu ausführlich Kapitel III Rdnrn. 496 ff.).

So dürfen derartige Beurteilungen nicht mehr ausschließlich auf Grundlage von ex- 171
tern verfügbaren Ratings erfolgen. Gemäß Art. 4 Abs. 1 Unterabs. 1 der CRA-Verordnung dürfen ferner für aufsichtsrechtliche Zwecke nur Ratings von Ratingagenturen

---

12 Kapitalanlagerundschreiben 11/2017 (VA) B.3.1 Sicherheit Buchst. b.
13 Verordnung 2009/1060/EG.
14 Verordnung 2013/462/EU zur Änderung der Verordnung 2009/1060/EG.

mit Sitz in der Europäischen Union und einer Registrierung gem. CRA-Verordnung verwendet werden.

172 **Hinweis:**

Es empfiehlt sich in regelmäßigen Abständen zu prüfen, dass nur Ratingagenturen berücksichtigt werden, die auf der offiziellen Registrierungs- und Zertifizierungsliste der European Securities and Markets Autority (ESMA[15]) aufgeführt sind.

173 Die nationalen Aufsichtsbehörden werden gem. Art. 5a Abs. 2 der CRA III angehalten, die Angemessenheit von unternehmensinternen Kreditrisikobewertungsverfahren zu überwachen und die Verwendung von vertraglichen Bezugnahmen auf Ratings zu bewerten. Die BaFin erachtet es derzeit noch für ausreichend, wenn die eigene Kreditrisikobewertung in Form einer Plausibilisierung der externen Ratingbeurteilungen anerkannter Ratingagenturen vorgenommen wird.[16] Beispielsweise kann eine solche plausibilisierende Kreditrisikobewertung anhand des Ratingberichts der externen Agentur erfolgen. Diese Plausibilisierung ist nachprüfbar zu dokumentieren.

174 **Hinweis:**

Die Jahresabschlussprüfer sind gem. § 35 Abs. 1 Nr. 4 VAG verpflichtet, zu prüfen, ob die Anforderungen nach Art. 4 Abs. 1 Unterabs. 1, Art. 5a Abs. 1 sowie den Art. 8b bis 8d der Verordnung (EG) Nr. 1060/2009 in der jeweils geltenden Fassung eingehalten sind. Daher ist auf eine gute Dokumentation des Kreditrisikobewertungsverfahrens zu achten.

175 Bei Investmentvermögen, das von einer Kapitalverwaltungsgesellschaft verwaltet wird, bedarf es keiner zusätzlichen eigenen Kreditwürdigkeitsprüfung. Es ist jedoch sicherzustellen, dass die Kapitalverwaltungsgesellschaft die aufsichtsrechtlichen Vorgaben hinsichtlich Rating und Bonitätsprüfung einhält. Dies sollte man sich jährlich von der Kapitalverwaltungsgesellschaft schriftlich bestätigen lassen.

176 In diesem Kontext ist zu beachten, dass die drei europäischen Aufsichtsbehörden EBA, ESMA und EIOPA am 20.12.2016 einen Bericht zu den praktischen Möglichkeiten zur Verringerung der Abhängigkeit von Ratings vorgelegt haben.[17] Der Bericht soll eine Hilfestellung für die nationalen Aufsichtsbehörden bilden. Die Praxisvorschläge sind rechtlich nicht bindend.[18] Es bleibt abzuwarten, ob und ggf. welche Konsequenzen die BaFin aus dem Bericht zieht.

---

15 S. https://www.esma.europa.eu/supervision/credit-rating-agencies/risk.
16 Kapitalanlagerundschreiben 11/2017 (VA) B.3.1 Sicherheit Buchst. c. Instruktiv hierzu *Nellshen*, BetrAV 2017, 54 f.
17 Final Report Good Supervisory Practices for Reducing Mechanistic Reliance on Credit Ratings.
18 „The report is structured in a way to provide SCAs with an overview of how they may approach their supervisory responsibilities under the CRA 3 legislative package from both a general and specific perspective. This is achieved through proposing a set of

(3) Bail-in Quote

Seit dem 1.1.2017 gilt gem. § 46f Abs. 5 bis 7 KWG eine neue gesetzliche Rangfolge   177
im Insolvenzfall bei Banken.

Mit der Regelung wird ein insolvenzrechtlicher Nachrang von bestimmten Forderungen
aus unbesicherten Schuldtiteln im Fall der Insolvenz von CRR Instituten eingeführt. Dieser
gesetzliche Nachrang aus unbesicherten Schuldtiteln war aus Sicht des Gesetzgebers erforderlich, um die Abwicklung eines Instituts sachgerecht vornehmen zu können.

Bei der Abwicklung hat die Abwicklungsbehörde gem. § 68 SAG dem Grundsatz zu   178
folgen, dass Verluste von Anteilsinhabern und Gläubigern in demselben Umfang zu
tragen sind, wie in einem Insolvenzverfahren, das zum Zeitpunkt der Anordnung der
Abwicklung eröffnet worden wäre (no creditor worse off).

Das Gesetz hat zur Folge, dass erstrangige unbesicherte Anleihen, die nicht struktu-   179
riert sind, nun nicht mehr pari passu mit anderen beim Bail-in berücksichtigungsfähigen erstrangigen Verbindlichkeiten sind, sondern diesen bei Sanierung und Abwicklung des Emittenten im Rang nachgehen. Aufgrund der Rangfolgeregelung nach
§ 46f Abs. 5 KWG muss die Abwicklungsbehörde bei Anwendung des Instruments
der Gläubigerbeteiligung unter den berücksichtigungsfähigen Verbindlichkeiten zunächst alle Verbindlichkeiten aus den von der Neuregelung erfassten unbesicherten
Schuldtiteln heranziehen, bevor die übrigen, nicht nachrangigen Verbindlichkeiten
des Instituts herangezogen werden können.[19]

Die Klassifizierung der Schuldtitel nach § 46f Abs. 6 Satz 1 i. V. m. § 46f Abs. 5 KWG   180
sowie entsprechende Schuldtitel, die einer vergleichbaren ausländischen Regelung unterliegen (bail-in-fähige Schuldtitel), bewirkt, dass diese zwar im Anlagekatalog insbesondere Anlagen nach § 2 Abs. 1 Nr. 7, 8 oder 18 AnlV zugeordnet werden können.
Jedoch darf zur Wahrung des Anlagegrundsatzes der Sicherheit der direkt und indirekt gehaltene Anteil an bail-in-fähigen Schuldtiteln 25 % des Sicherungsvermögens
nicht übersteigen (Bail-in-Quote). Damit wird – so die BaFin – den mit diesen Anlagen verbundenen Risiken Rechnung getragen. Bail-in-fähige Schuldtitel, die vor dem
1.1.2017 erworben worden sind, sind nicht auf die Bail-in-Quote anzurechnen, da
zum Zeitpunkt des Erwerbs grundsätzlich noch nicht erkennbar war, dass diese
Schuldtitel bail-in-fähig sein könnten.[20]

(4) Investment-Grade Qualität

Im Rahmen der Allgemeinen Anlagegrundsätze ist zu beachten, dass insbesondere   181
Anlagen nach den Nummern 3 (Darlehen an die öffentliche Hand), 6 (Pfandbriefe,

---

non-binding general and specific good supervisory practices concerning the use of
CRA4 credit ratings" (S. 5).
19 Kapitalanlagerundschreiben 11/2017 (VA) B.3.1 Sicherheit Buchst. f.
20 Kapitalanlagerundschreiben 11/2017 (VA) B.3.1 Sicherheit Buchst. f.

Kommunalobligationen und andere Schuldverschreibungen mit besonderer gesetzlicher Deckungsmasse), 7 (börsennotierte Schuldverschreibungen), 8 (andere Schuldverschreibungen) und 18 (Anlagen bei Zentralnotenbanken, Kreditinstituten und multilateralen Entwicklungsbanken) grundsätzlich ein **Investment**-Grade-Rating aufweisen müssen, insbesondere auf Grund eigener Bewertung des Kreditrisikos.

182 Investmentvermögen mit Anlagen, die während der Haltedauer unter die Speculative-Grade-Bonität fallen, sind nicht mehr für das Sicherungsvermögen geeignet, wenn diese Anlagen mehr als drei Prozent des Wertes des Investmentvermögens ausmachen. Diese sind interessewahrend (i. d. R. 6 Monate) zu veräußern. Dies gilt grundsätzlich auch insoweit, als es sich bei diesen Anlagen um Asset-Backed-Securities (ABS) und ähnliche Vermögensanlagen handelt.

bb) Rentabilität/Liquidität

183 Kapitalanlagen müssen zudem rentabel sein. Es ist mithin notwendig, dass diese unter Berücksichtigung der Sicherheits- und Liquiditätserfordernisse sowie der Lage am Kapitalmarkt einen nachhaltigen Ertrag erwirtschaften.

184 **Hinweis:**

Im Rahmen der Anforderungen an die Rentabilität der Anlagen hat die BaFin vor dem Hintergrund des aktuellen Niedrigzinsumfelds die Möglichkeit eröffnet, Anlagen mit einer Null- oder Negativverzinsung zu tätigen, sofern die Rentabilität des Gesamtportfolios nicht beeinträchtigt wird. Derartige Anlagen sieht die BaFin primär in Form von Darlehen an Staaten (Nr. 3), notierten Staatsanleihen und von Tages- und Termingeldern bei besonders bonitätsstarken Schuldnern.[21]

185 Liquidität bedeutet, dass die Vermögensanlage so zusammengesetzt sein muss, dass stets ein betriebsnotwendiger Betrag an liquiden oder ohne Schwierigkeiten liquidierbaren Anlagen vorhanden ist.

cc) Mischung und Streuung

186 Eine Mischung der Kapitalanlagen ist geboten, um das Gesamtrisiko zu begrenzen. Dies führt zu einer quantitativen Beschränkung der einzelnen Kapitalanlagen und ist in § 3 AnlV näher konkretisiert. Für Pensionsfonds gelten liberalere Mischungsvorschriften. Mit der Subsumtion unter einer Investition unter den Katalog des § 2 AnlV wird auch das Erfordernis begründet, eine bestimmte Mischungsquote einzuhalten. Die Mischungsquote legt fest, welcher Anteil des Sicherungsvermögens es sein darf, der auf bestimmte Vermögensgegenstände entfällt. Dies dient dem Gebot der Sicherheit der Vermögensanlage.

---

21 Kapitalanlagerundschreiben 11/2017 (VA) B.3.2 Rentabilität Buchst. b.

Hinweis:　　　　　　　　　　　　　　　　　　　　　　　　　　　　187

Der Grundsatz einer ausreichenden Mischung ist – unabhängig von den speziellen Regelungen in § 3 Abs. 2 bis 6 AnlV – verletzt, wenn eine einzelne Anlageart mehr als 50 % des Anlagenbestands ausmacht.[22]

Einige Nummern des Anlagekataloges des § 2 Abs. 1 AnlV stellen zusammen mit an-　188
deren Nummern eine Anlageart da, auf die sich dann die Mischungsquote von 50 % bezieht (z. B. Nr. 2 Buchst. a und b oder Nrn. 3, 4 Buchst. a und 11 oder die Teilmengen der notierten bzw. nicht notierten Schuldverschreibungen der Nrn. 6 und 7 bzw. 6 und 8). Eine Überschreitung der 50 %-Quote wird bei den Nrn. 6 und 7 bzw. 6 und 8 dann toleriert, wenn die Risikokapitalanlagenquote i. H. v. 35 % nicht ausgeschöpft ist, sodass insoweit eine Quote von bis zu 85 % denkbar ist, sofern die Einrichtung entsprechende Abschreibungen verkraften kann.

Hinweis:　　　　　　　　　　　　　　　　　　　　　　　　　　　　189

Im Rahmen der Öffnungsklausel können bis zu 5 % des Sicherungsvermögens angelegt werden. Die BaFin kann eine Erhöhung bis 10 % genehmigen. Eine solche Genehmigung wird nur für einzelne Anlagen bzw. Anlagearten nach vorheriger Prüfung ihres Risikogehalts und der Risikotragfähigkeit des Portfolios erteilt.

Daneben besteht das Gebot der Streuung der Kapitalanlagen. Dieses wird in § 4　190
Abs. 1 AnlV dahingehend abgegrenzt, dass nicht zu viele Kapitalanlagen bei einem Aussteller (Schuldner) angelegt sein dürfen. § 4 Abs. 1 AnlV sieht eine Grenze von 5 % des Sicherungsvermögens pro Aussteller vor. Auf diese Quote und auf die Quoten nach § 4 Abs. 2, 3 und 4 AnlV sind die Anlagen der zehn größten Aussteller (Schuldner) in einem offenen Investmentvermögen nach § 2 Abs. 1 Nr. 15 bis 17 AnlV anzurechnen. Für Immobilien wird die Streuung auf Objekte bezogen.[23]

Die nachfolgende Tab. 4 enthält eine Übersicht der wichtigsten Mischungs- und　191
Streuungsvorgaben gem. §§ 3 und 4 AnlV:

**Tab. 4　Übersicht über Mischungs- und Streuungsvorgaben gem. §§ 3, 4 AnlV und　192
R 11/2017**

Anlagen der AnlV	Beschreibung	Quote in %
Mischung § 3:		
allgemein	allgemeine Mischungsquote	50,0
§ 2 Abs. 1 Nr. 10	ABS-Quote	7,5
§ 2 Abs. 1 Nr. 17	Alternative-Quote für Anlagen nach Nr. 17 sowie Anlagen mit Hedgefonds- oder Rohstoffrisiken	7,5

22　Kapitalanlagerundschreiben 11/2017 (VA) B.3.4 Buchst. d.
23　Kapitalanlagerundschreiben 11/2017 (VA) B.3.5 Buchst. a.

Anlagen der AnlV	Beschreibung	Quote in %
§ 2 Abs. 1 Nr. 4 Buchst. c	Darlehen an Unternehmen	5,0
§ 2 Abs. 2	Öffnungsklausel	5,0 (max. 10,0)
§ 2 Abs. 1 Nr. 9 Buchst. a + 13	Beteiligungen	15,0
§ 2 Abs. 1 Nr. 9, 12, 13, 17 + 4 Buchst. c	Risikoanlagen	35,0
§ 2 Abs. 1 Nr. 4 Buchst. b, 14 + 16 (Immobilien)	Immobilienanlagen (inkl. Darlehen)	25,0
§ 2 Abs. 1 Nr. 2 Buchst. a, 8	Wertpapierdarlehen, sonstige SSV (Nr. 8), Schuldner außerhalb EWR	vorsichtiges Maß
§ 2 Abs. 1 Nr. 7, 8 oder 18	Bail-in-Quote direkt oder indirekt	25,0
Streuung § 4:		
allgemein	allgemeine Streuungsquote; inkl. Anrechnung der Top10 in Investmentvermögen (Nr. 15 bis 17)	5,0
§ 2 Abs. 1 Nr. 3 Buchst. a, b, d	privilegierte Staatsschuldner (BRD, EWR, OECD, intern. Organisationen)	30,0
§ 2 Abs. 1 Nr. 6, 18 Buchst. b, c, d	SSV mit kraft Gesetz besonderer Deckungsmasse oder geeignete KI, öffentlich-rechtliche KI oder multilaterale Entwicklungsbanken	15,0
§ 2 Abs. 1 Nr. 9, 12, 13, 17 (geschl.)	Anteile an Unternehmen oder geschlossene Investmentvermögen nach Nr. 17 (aber Durchschau bei alleinigem Zweck des Haltens von Anteilen)	1,0
Grundstücke	einzelne Grundstücke oder grundstücksgleiche Rechte	10,0
Träger	Anlagen in ein Trägerunternehmen	5,0 (max. 15,0 bei mehreren Trägerunternehmen)

dd) Das Brexit-Referendum und seine Auswirkungen

193   Am 23.6.2016 hat die Mehrheit der Bürgerinnen und Bürger des Vereinigten Königreichs dafür gestimmt, dass das Vereinigte Königreich Großbritannien und Nord-

irland aus der Europäischen Union austreten soll. Am 29.3.2017 unterrichtete das Vereinigte Königreich den Europäischen Rat von seiner Absicht, aus der Europäischen Union (EU) auszutreten und leitete damit offiziell das Verfahren nach Art. 50 des Vertrags über die Europäische Union (EUV) ein. Gemäß Art. 50 Abs. 3 EUV endete die Mitgliedschaft des Vereinigten Königreichs in der EU (Brexit) zwei Jahre später. Auswirkungen hat der Brexit für Einrichtungen der bAV auf die direkte und indirekte Anlage, was dem Umstand geschuldet ist, dass ab Wirksamwerden des Brexits Großbritannien nicht mehr Mitglied der EU ist. Großbritannien wird zu einem sog. **Drittstaat**.[24]

Vor diesem Hintergrund beinhaltete das Brexit-Steuerbegleitgesetz (Brexit-StBG)[25] u. a. Änderungen des VAG sowohl für Solvency II Unternehmen als auch eine Änderung der Anlageverordnung/Pensionsfonds-Aufsichtsverordnung. Dem § 6 der AnlV wurde folgender Abs. 4 angefügt: 194

„(4) Anlagen des Sicherungsvermögens, die zum Zeitpunkt, ab dem das Vereinigte Königreich Großbritannien und Nordirland nicht mehr Mitgliedstaat der Europäischen Union ist und auch nicht wie ein solcher zu behandeln ist, die Voraussetzungen der jeweiligen Anlageform nach § 2 Absatz 1 deswegen nicht mehr erfüllen, weil das Vereinigte Königreich Großbritannien und Nordirland nicht länger Staat des EWR ist, können weiterhin der jeweiligen Anlageform nach § 2 Absatz 1 zugeordnet werden."

ee) Kapitalanlagerundschreiben 11/2017 (VA) vom 12.12.2017 – VA 25-I 3201-2016/0002[26]

Die Auslegung und Konkretisierung der Regelungen der Anlageverordnung durch die BaFin erfolgt im sog. „Kapitalanlagerundschreiben". Die Neufassung des Kapitalanlagerundschreibens wurde am 12.12.2017 veröffentlicht. Die Aktualisierung war mit Spannung erwartet worden, da sich das Rundschreiben 4/2011 (VA) vom 21.4.2011 noch auf die Gesetzeslage vor der Umsetzung der Solvency II-Richtlinie bezog und die Änderung der Anlageverordnung noch nicht erfasst hatte. Das Kapitalanlagerundschreiben trat mit seiner Veröffentlichung in Kraft und ersetzte das bisher geltende Rundschreiben 4/2011 (VA), mit dem entsprechend angepassten Anwenderkreis (sog. Solvency I-Anwender).   195

Die BaFin bestimmt damit gem. § 1 Abs. 5 AnlV die näheren Vorgaben zu den Vorschriften der Anlageverordnung vom 18.4.2016 und gem. § 16 Abs. 4 PFAV die näheren Vorgaben zu den besonderen Vorschriften des Kapitels 4 der PFAV vom 18.4.2016.   196

---

24 *Müller*, BetrAV 2019, 133.

25 Gesetz über steuerliche und weitere Begleitregelungen zum Austritt des Vereinigten Königreichs Großbritannien und Nordirland aus der Europäischen Union vom 25.3.2019, Inkrafttreten am 29.8.2019, BGBl. I, 357, 359.

26 H-BetrAV, Teil II, C. IV. 190 Nr. 32.

197 Des Weiteren wurden die Rundschreiben zu Asset-Backed-Securities und Credit-Linked-Notes (1/2002 (VA)) sowie zu Anlagen in Hedgefonds (7/2004 (VA)) und die folgenden Hinweise aufgehoben und in das Kapitalanlageschreiben integriert:

- Hinweise zum Rundschreiben 4/2011 (VA) Abschnitt B.4.3 Buchstabe d zur Anlage in Unternehmensdarlehen

- Hinweise zum Rundschreiben 4/2011 (VA) zu Anlagen im High-Yield-Bereich

- Hinweise zur schuldnerbezogenen Beschränkung von Anlagen bei der EU, dem ESM sowie der EFSF.

Das Kapitalanlagerundschreiben gibt ferner Hinweise zu allgemeinen Anlagegrundsätzen, zur Sicherheit, Rentabilität, Liquidität, Mischung und Streuung sowie Hinweise zum Kapitalanlagemanagement. Darunter fallen beispielsweise innerbetriebliche Anlagerichtlinien, das Risiko- und Asset-Liability-Management, Kontrollverfahren und die interne Revision. Außerdem werden der Anlagekatalog des § 2 Abs. 1 AnlV sowie die Öffnungsklausel (§ 2 Abs. 2 AnlV) und ausgeschlossene Anlagen (§ 2 Abs. 4 AnlV) erläutert.

198 Für Pensionsfonds enthält das novellierte Kapitalanlagerundschreiben erstmals die näheren Vorgaben zur Pensionsfonds-Aufsichtsverordnung (PFAV) vom 22.4.2016. Im neu eingefügten Teil C konkretisiert die BaFin, welche für Versicherungsunternehmen und Pensionskassen geltenden Vorschriften auf Pensionsfonds anwendbar sind. Hier bestehen wesentlichen Unterschiede zwischen Pensionsfonds und kleinen Versicherungsunternehmen insbesondere hinsichtlich der Anforderungen an die Mischung der verschiedenen Anlageformen (§ 18 PFAV). Pensionsfonds haben einen größeren Freiraum als die übrigen Adressaten. Hier kommt es insbesondere auf die individuelle Risikotragfähigkeit des Pensionsfonds an, der durch den Fondsverwalter zu bestimmen ist.

ff) Grundsatz der Eigenverantwortung

199 Ob die Anlagegrundsätze eingehalten werden und die Qualifikation der Anlage für das Sicherungsvermögen geeignet ist, hat das Versicherungsunternehmen in eigener Verantwortung zu prüfen. Insbesondere bei Investitionen in komplexe Anlageprodukte ist es notwendig, über die entsprechenden personellen und fachlichen Expertisen zu verfügen. Dies gilt auch dann, wenn für die Beurteilung von Anlagen externe Dritte ergänzend hinzugezogen werden. Sofern Unsicherheiten hinsichtlich der Qualifikation einer Anlage für das Sicherungsvermögen bestehen, ist nach der BaFin von einer Investition abzusehen.[27]

---

27 Kapitalanlagerundschreiben 11/2017 (VA) B.1 Allgemeines.

Hinweis: 200

Sofern in der Praxis Fälle und Ausgestaltungen auftreten, die nicht im Kapitalanlagerundschreiben geregelt sind, sind die aufsichtsrechtlichen Bestimmungen des Rundschreibens entsprechend der Regelungsabsicht anzuwenden.[28]

b) Zulässige Kapitalanlagen gem. § 2 Abs. 1 AnlV

aa) Darlehensforderungen und sonstige besicherte Forderungen

(1) Erstrangig grundpfandrechtlich gesicherte Realkredite

§ 2 Abs. 1 Nr. 1 AnlV erlaubt die Vergabe von Realkrediten, deren Verzinsung und 201
Rückzahlung unabhängig von der Person des Kreditnehmers durch ein erstrangiges Grundpfandrecht gesichert ist. Bzgl. der Beleihung gelten ähnliche Anforderungen wie für die Beleihung von Pfandbriefbanken. So darf u. a. die Beleihung 60 % des ermittelten Beleihungswertes (§ 14 PfandBG) nicht übersteigen. Die Zuordnung erfolgt zur allgemeinen Mischquote/Bond Quote von 50 %.

Hinweis: 202

Nur Darlehensforderungen, bei denen die dingliche Sicherheit im Vordergrund steht, fallen unter § 2 Abs. 1 Nr. 1 AnlV. Ist die Ertragskraft oder die Entwicklung des Darlehensnehmers maßgeblich, richtet sich die Zulässigkeit der Anlage nach § 2 Abs. 1 Nr. 4 Buchst. a AnlV.

(2) Wertpapierdarlehen und durch Wertpapiere gesicherte Darlehen (§ 2 Abs. 1 Nr. 2 AnlV)

Auch Wertpapierdarlehen (§ 2 Abs. 1 Nr. 2 AnlV) sind möglich, sofern das Darlehen 203
ausreichend durch Geldzahlung, Verpfändung oder Abtretung von Guthaben durch Übereignung oder Verpfändung von Wertpapieren gesichert ist. Die Anlage in Forderungen kann ebenfalls geeignet sein, sofern für diese Schuldverschreibungen nach § 2 Abs. 1 Nr. 6 oder 7 AnlV verpfändet oder zur Sicherheit übertragen sind.

Ferner stellen Forderungen aus echten Pensionsgeschäften (§ 340 Abs. 1 HGB), in 204
welchen das Versicherungsunternehmen als Pensionsnehmer zur Sicherheit das Eigentum an Wertpapieren erlangt hat, eine zulässige Anlageform dar.

Hinweis: 205

Das Entleihen von Wertpapieren durch Versicherungsunternehmen ist unzulässig, da die Wertpapierleihe ein Sachdarlehen darstellt und als Darlehensaufnahme unter das Verbot der Fremdmittelaufnahme fällt.

---

28 Kapitalanlagerundschreiben 11/2017 (VA) B.1 Allgemeines.

(3) Darlehensvergabe an Bund, Länder und Gemeinden, Staaten und internationale Organisationen, sonstige Schuldner mit Gewährleistung einer Bank oder Ausfallversicherung

206 § 2 Abs. 1 Nr. 3 AnlV regelt die Darlehensvergabe an die BRD, ihre Länder, Gemeinden und Gemeindeverbände sowie an einen anderen Staat der EWR, Vollmitgliedstaat der OECD oder internationale Organisationen, der auch die BRD als Vollmitglied angehört. Diese sind für das Sicherungsvermögen geeignet. Daneben dürfen auch Darlehen an beliebige Schuldner vergeben werden, sofern für deren Verzinsung und Rückzahlung z. B. ein geeignetes Kreditinstitut nach § 2 Abs. 1 Nr. 18 Buchst. b AnlV, ein öffentlich-rechtliches Kreditinstitut i. S. d. § 2 Abs. 1 Nr. 18 Buchst. c AnlV, eine multilaterale Entwicklungsbank nach § 2 Abs. 1 Nr. 18 Buchst. d AnlV die volle Gewährleistung übernommen hat. Gleiches gilt, sofern ein Versicherungsunternehmen i. S. d. Art. 14 der RL 2009/138/EG das Ausfallrisiko versichert hat.[29]

207 Qualifiziert für das Sicherungsvermögen sind auch Darlehen an Abwicklungsanstalten i. S. d. § 8a Abs. 1 FMStFG.

(4) Darlehen an Unternehmen

208 **Besicherte Unternehmensdarlehen** können nach § 2 Abs. 1 Nr. 4 Buchst. a AnlV dem Sicherungsvermögen zugeführt werden, sofern der Schuldner bei Vergabe des Darlehens eine Investment-Grade Qualität hat und die Forderung ausreichend (z. B. erstrangiges Grundpfandrecht) abgesichert ist. Es erfolgt eine Zuordnung zur allgemeinen Mischquote/Bond Quote von 50 %.

209 **Hinweis:**

Zwecks Bonitätsbeurteilung des Darlehensnehmers empfiehlt sich eine Orientierung an den „Grundsätzen für die Vergabe von Unternehmenskrediten durch Versicherungsgesellschaften – Schuldscheindarlehen" (vormals „Kreditleitfaden"). Alternativ kann die Prüfung der Bonität des Schuldners auch anhand einer gleichwertigen eigenen Beurteilung durch das Versicherungsunternehmen erfolgen. Die Bonität ist mindestens einmal jährlich sowie unterjährig bei anderen negativen Umständen zu überprüfen und zu dokumentieren.[30]

210 Ferner können **Darlehen an Immobilien-Gesellschaften** i. S. v. § 2 Abs. 1 Nr. 14 Buchst. a AnlV vergeben werden, an denen die Versicherung als Gesellschaft beteiligt ist (Gesellschafter Darlehen), wenn die Darlehen die Anforderungen des § 240 Abs. 1 und Abs. 2 Nr. 1 KAGB erfüllen. Diese Darlehen werden der Immobilienquote von 25 % zugerechnet (§ 3 Abs. 5 AnlV).

211 Zulässig sind schließlich auch sog. **High-Yield Unternehmensdarlehen**. Über § 2 Abs. 1 Nr. 4 Buchst. c AnlV können ausreichend dinglich oder schuldrechtlich gesicherte Darlehen an neu gegründete Unternehmen und Unternehmen mit einer Boni-

---

29 Kapitalanlagerundschreiben 11/2017 (VA) B.4.3 Darlehen Buchst. b.
30 Kapitalanlagerundschreiben 11/2017 (VA) B.4.3 Darlehen Buchst. d.

tät gewährt werden, die zumindest im Bereich „Speculative Grade" liegt. Die Zurechnung von – direkten und indirekten – Anlagen in § 2 Abs. 1 Nr. 4 Buchst. c AnlV erfolgt in einer eigenen „Loan Quote" von 5 % als Teil der Risikokapitalquote.

Abb. 12 High-Yield Unternehmensdarlehen (§ 2 Abs. 1 Nr. 4 Buchst. c AnlV)   212

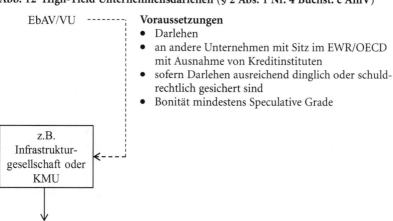

Hinweis: 213

Die Beurteilung der ausreichenden dinglichen oder schuldrechtlichen Sicherheit obliegt der eigenverantwortlichen Einschätzung. Die Gründe hierfür, warum man die Sicherheit als ausreichend erachtet, sollten dokumentiert werden.

bb) Schuldverschreibungen

Schuldverschreibungen sind Wertpapiere, die Forderungen verbriefen. Mit einer   214
Schuldverschreibung (Anleihe oder Rentenpapier) überlässt der Gläubiger dem Aussteller der Schuldverschreibung (Emittent) einen bestimmten Betrag für eine gewisse Zeit. Der Emittent verpflichtet sich, dem Inhaber der Schuldverschreibung (Gläubiger) diesen Betrag am Ende der Laufzeit zurückzuzahlen. Außerdem zahlt er ihm nach einem festgelegten Modus Zinsen. Der Emittent beschafft sich mit einer Schuldverschreibung Kapital, der Gläubiger erhält eine verzinsliche Geldanlage. Emittenten von Schuldverschreibungen sind staatliche Stellen (öffentliche Anleihen), Banken (Bankschuldverschreibungen, Pfandbriefe) und Industrieunternehmen (Industrieobligationen). Von Bedeutung sind in der Praxis die Inhaber- und Namensschuldverschreibungen. Über Inhaberschuldverschreibungen finden sich Regelungen in den §§ 793 ff. BGB, die u. a. Rechtsnatur, Form, Entstehung, Einwendungsbeschränkungen, Erfüllungswirkungen, Vorlegungs- und Verjährungsfristen sowie Verlust und Kraftloserklärung betreffen.

215 **Hinweis:**

Für Schuldverschreibungen aus einer Gesamtemission, die deutschem Recht unterliegen, gilt das Gesetz über Schuldverschreibungen aus Gesamtemissionen (SchVG). Das SchVG ist damit nicht auf Schuldner mit Sitz im Inland beschränkt. Ausgenommen sind Schuldverschreibungen, deren Schuldner oder Mitverpflichteter die Bundesrepublik Deutschland, ein Bundesland oder eine Gemeinde ist, sowie gedeckte Schuldverschreibungen i. S. d. PfandBG. Nicht erfasst werden damit auch staatlich garantierte Schuldverschreibungen.

(1) Für welche Schuldverschreibungen gilt das SchVG?

216 Gemeint sind alle verbrieften Leistungsversprechen i. S. d. §§ 793 ff. BGB. Nach der Gesetzesbegründung kommt es jedoch weder auf die Verbriefungsform noch auf die Verwahrungsart und auch nicht darauf an, ob die Lieferung von Einzelurkunden verlangt werden kann. Folglich ist davon auszugehen, dass grundsätzlich sowohl Inhaber- und Order- als auch Namensschuldverschreibungen erfasst sein können. Weiterhin gilt das Gesetz für alle Arten von Schuldverschreibungen, insbesondere z. B. auch für Zertifikate und Optionsscheine. Mit umfasst sind auch Wandel- und Optionsanleihen sowie Genussrechte.

217 Für das durch die Schuldverschreibungen im o. g. Sinne verbriefte Leistungsversprechen muss deutsches Recht vereinbart oder anwendbar sein.

218 Durch das Schuldverschreibungsgesetz ist es möglich, Anleihen unabhängig davon, ob eine Krisensituation vorliegt, umfassend zu restrukturieren und im Krisenfall damit den Anleiheschuldner finanziell zu sanieren. So ermöglichet das SchVG u. a. in §§ 5 ff. SchVG eine nachträgliche Abänderung von Anleihebedingungen auf Grund eines zustimmenden Mehrheitsbeschlusses der Gläubiger, wenn und soweit die Anleihebedingungen dies vorsehen. Dem Einzelgläubiger werden damit einhergehende Einschränkungen seiner individuellen Rechtsmacht und Eingriffe in materielle Positionen zugemutet. Erlaubt ist nach § 5 Abs. 3 Satz 1 Nr. 1 und 2 SchVG die Zustimmung der Gläubigermehrheit zum vollständigen Verzicht auf Zinsen, zur unbefristeten Stundung der Zins- und Hauptforderung, die faktisch der Wirkung eines vollständigen Verzichts nahekommen kann. Gleichsam bedeutend als Sanierungsinstrument ist die ebenfalls zulässige „Umwandlung" oder der „Umtausch der Schuldverschreibungen in Gesellschaftsanteile, andere Wertpapiere oder andere Leistungsversprechen" (§ 5 Abs. 3 Satz 1 Nr. 5 SchVG).

219 **Hinweis:**

Es besteht mithin die Möglichkeit eines Debt-Equity-Swaps. Bei einem Debt-Equity-Swap handelt es sich um einen rein gesellschaftsrechtlichen Vorgang. Technisch werden dabei die Verbindlichkeiten des Schuldnerunternehmens in Eigenkapital umgewandelt. Mit anderen Worten: die Gläubiger verzichten auf ihre Forderungen und erhalten gleichzeitig Gesellschaftsanteile des Unternehmens.

(2) Einordnung nach der Anlageverordnung

§ 2 Abs. 1 Nrn. 6 bis 8 AnlV konkretisieren im Einzelnen, unter welchen Prämissen 220
sich eine Schuldverschreibung als Anlageobjekt im Sinne dieser Vorschrift eignet. Das
sind zum einen nach § 2 Abs. 1 Nr. 6 AnlV Pfandbriefe, Kommunalobligationen und
andere Schuldverschreibungen mit besonderer gesetzlicher Deckungsmasse, sofern
das die Schuldverschreibung emittierende Kreditinstitut seinen Sitz in einem Staat
des EWR oder einem Vollmitgliedstaat der OECD hat.

Pfandbriefe sind gedeckte, verzinsliche Schuldverschreibungen, welche von Kredit- 221
instituten, die eine Erlaubnis zur Ausübung des Pfandbriefgeschäftes haben (Pfandbriefbanken), emittiert und am Kapitalmarkt platziert werden.[31] Pfandbriefe werden
in Deutschland auf Basis des Pfandbriefgesetzes (PfandBG) begeben (im Einzelnen
hierzu Rdnr. 448 ff.).

Bei ausländischen Covered Bonds ist ein Erwerb nach § 2 Abs. 1 Nr. 6 AnlV möglich, 222
sofern folgende Voraussetzungen gegeben sind:

- Schuldverschreibung mit besonderer gesetzlicher Deckungsmasse,
- emittierendes Kreditinstitut muss seinen Sitz im EWR/OECD-Raum haben,
- Kreditinstitut muss auf Grund gesetzlicher Vorschriften zum Schutz der Inhaber der Schuldverschreibungen einer öffentlichen Aufsicht unterstehen und
- mit der Ausgabe aufgenommene Mittel müssen nach gesetzlichen Vorschriften in Vermögenswerten angelegt werden, die die Verbindlichkeiten über die gesamte Laufzeit ausreichend decken.

Die Vergleichbarkeit der Kriterien innerhalb der EU basiert auf Art. 52 Abs. 4 OGAW-
RL (eine Übersicht findet sich z. B. unter https://www.pfandbrief.de).[32]

Nach § 2 Abs. 1 Nr. 7 AnlV sind solche Schuldverschreibungen geeignete Anlage- 223
gegenstände, die in einen organisierten Markt auf dem Gebiet des EWR einbezogen
sind (Buchst. a) bzw. deren Zulassung beantragt ist (Buchst. b) oder in einem Staat
außerhalb des EWR an einer Börse zum Handel zugelassen sind oder dort an einem
anderen organisierten Markt zugelassen oder in diesen einbezogen sind.

Als Auffangtatbestand bestimmt § 2 Abs. 1 Nr. 8 AnlV schließlich, dass auch alle sons- 224
tigen Schuldverschreibungen als Anlage geeignet sind, sofern sie nicht unter § 2
Abs. 1 Nr. 6 und Nr. 7 AnlV fallen. Auch Namensschuldverschreibungen ohne gesetzliche Deckungsmasse sind § 2 Abs. 1 Nr. 8 AnlV zuzuordnen, sofern sie nicht § 2
Abs. 1 Nr. 18 AnlV unterfallen.[33]

---

31 *Hagen* in Habersack/Mülberth/Schlitt, Unternehmensfinanzierung am Kapitalmarkt § 23 Rn. 1.
32 Auslegungsfragen BaFin zu Rundschreiben 4/2011 B.4.4.
33 Kapitalanlagerundschreiben 11/2017 (VA) B.4.4 Schuldverschreibungen Buchst. c.

225 Gemäß § 3 Abs. 1 AnlV (Mischung) sind Kapitalanlagen in sonstige Schuldverschreibungen auf ein vorsichtiges Maß zu beschränken. Welches Maß noch als vorsichtig anzusehen ist, bestimmt sich nach der individuellen Situation des Versicherungsunternehmens, insbesondere der Risikotragfähigkeit.[34]

226 **Hinweis:**

Beim Erwerb nach § 2 Abs. 1 Nr. 7 Buchst. c und Nr. 8 AnlV sind an die Prüfung der Sicherheit besondere Anforderungen zu stellen. So hat der Investor bei Erwerb als auch im Rahmen seiner laufenden Überwachung die gegenwärtige und künftige Entwicklung der Volkswirtschaft und der politischen Risiken zu bewerten und muss darüber hinaus prüfen, ob der Transfer von Zins- und Tilgungsleistungen tatsächlich und rechtlich möglich ist.[35]

cc) Genussrechte und Forderungen aus nachrangigen Verbindlichkeiten

227 Nach dem Wortlaut von § 2 Abs. 1 Nr. 9 AnlV muss es sich um Forderungen aus **nachrangigen Verbindlichkeiten** gegen Unternehmen oder aus Genussrechten an Unternehmen handeln, die

- mit Sitz in einem Staat des EWR oder in einem Vollmitgliedstaat der OECD oder

- die an einer Börse zum Handel zugelassen sind oder an einem anderen organisierten Markt zugelassen oder in diesen einbezogen sind oder in einem Staat außerhalb des EWR an einer Börse zum Handel zugelassen sind oder dort an einem anderen organisierten Markt zugelassen oder in diesen einbezogen sind.

Eine Zuführung zum Sicherungsvermögen nach § 2 Abs. 1 Nr. 9 AnlV ist mit einer Anrechnung auf die Risikokapitalanlagenquote nach § 3 Abs. 3 Satz 1 AnlV verbunden. Diese beträgt insgesamt 35 % des Sicherungsvermögens. Dabei dürfen Anlagen nach § 2 Abs. 1 Nr. 9 AnlV bei ein und demselben Unternehmen abweichend von § 4 Abs. 1 AnlV 1 % des Sicherungsvermögens nicht überschreiten (§ 4 Abs. 4 Satz 1 AnlV).

228 Die BaFin konkretisiert den Begriff Forderungen aus nachrangigen Verbindlichkeiten und Genussrechten im Kapitalanlagerundschreiben dahingehend, dass Kennzeichen dieser Forderungen ist, dass sie bei Insolvenz des Schuldners den Forderungen **aller übrigen Gläubiger** im Range nachgehen. § 2 Abs. 1 Nr. 9 AnlV ist die speziellere Vorschrift für alle Arten von nachrangigen Verbindlichkeiten und Genussrechten.[36]

229 **Hinweis:**

Aufgrund des erhöhten Risikos nachrangiger Darlehen/Forderungen, die nicht in einem organisierten Markt einbezogen sind, ist es erforderlich, den Jahresabschluss zum Bilanzstichtag anzufordern. Der Jahresabschluss ist zu analysieren. Die Analyse des Jahresabschlusses

---

34 Kapitalanlagerundschreiben 11/2017 (VA) B.3.4 Mischung Buchst. a.
35 Kapitalanlagerundschreiben 11/2017 (VA) B.4.4 Schuldverschreibungen Buchst. c.
36 Kapitalanlagerundschreiben 11/2017 (VA) B.4.4 Schuldverschreibungen Buchst. c.

gehört zu den notwendigen Prüfungen vor Erwerb und während der gesamten Anlagedauer.[37]

dd) Asset-Backed-Securities, Credit-Linked-Notes

Die Zulässigkeit von Asset-Backed-Securities (ABS) und Credit-Linked-Notes (CLN) ist in § 2 Abs. 1 Nr. 10 AnlV geregelt.[38] Unter dem Begriff ABS versteht man Wertpapiere (securities) oder Schuldscheindarlehen, deren Zahlungsansprüche durch Vermögenswerte (assets) gedeckt sind (backed). Bei Unternehmensfinanzierungen werden ABS eingesetzt, indem ein Unternehmen einen Teil seiner Aktiva zur Deckung einer Kapitalmarktfinanzierung verwendet. Dies nennt man „Verbriefung" von Vermögenswerten.   230

Eines der Hauptziele bei der Strukturierung von Verbriefungstransaktionen besteht darin, dass die Zahlungsströme auch bei Insolvenz des Unternehmens für die Anleger reserviert bleiben. Erst dadurch wird ermöglicht, dass das Rating eines ABS besser ist als das Rating des verbriefenden Unternehmens.   231

Eine CLN ist eine vom Sicherungsnehmer emittierte Schuldverschreibung oder ein Schuldscheindarlehen, deren Verzinsung und/oder Rückzahlung zum Nennwert bei Fälligkeit nur dann erfolgt, wenn ein vertraglich definiertes Kreditereignis bei einem Referenzaktivum oder -portfolio nicht eintritt. Bei Eintritt des Kreditereignisses wird die CLN innerhalb der festgesetzten Frist in Höhe des Restwertes des Referenzaktivums oder -portfolios zurückgezahlt. Sie stellt somit eine Kombination aus einer Anleihe und einem Credit-Default-Swap (CDS) dar.[39] Im Unterschied zum CDS erbringt der Anleihegläubiger jedoch den Kapitalbetrag sofort, so dass es insoweit an einem hinausgeschobenen Erfüllungszeitpunkt fehlt.[40] Über die CLN überträgt der Emittent das Kreditrisiko eines oder mehrerer Referenzschuldner auf die Anleihegläubiger. Die Anleihegläubiger tragen das Ausfallrisiko des Referenzschuldners und das Bonitätsrisiko des Emittenten.[41]   232

Hinsichtlich ABS und CLN stellt das Kapitalanlagerundschreiben klar, dass die Übernahme von Kreditrisiken durch Kreditderivate grundsätzlich als versicherungsfremdes Geschäft unzulässig ist. Eine Ausnahme besteht nur insoweit, als dass ein in ein Kassainstrument eingebettetes Kreditrisiko regelmäßig nicht von wesentlicher Bedeutung ist. Das ist aus Sicht der BaFin dann der Fall, wenn das Versicherungsunternehmen   233

---

37 Kapitalanlagerundschreiben 11/2017 (VA) B.4.5 Forderungen aus nachrangigen Verbindlichkeiten und Genussrechten Buchst. b.

38 Dazu ausführlich im Einzelnen Kapitel III Rn. 229 bis 240, wo einerseits konkrete Konzepte für die Risikoüberlegungen sowie andererseits für die Struktur und Funktionsweise solcher Papiere dargestellt werden.

39 Rundschreiben R 1/2002 des BAV, Einleitung S. 3.

40 *Rudolf* in Kümpel/Wittig, Bank- und Kapitalmarktrecht, Rn. 19 253.

41 *Rudolf* in Kümpel/Wittig, Bank- und Kapitalmarktrecht, Rn. 19 255.

auf Grund einer eigenen Einschätzung (Bonitätsanalyse) zu dem Ergebnis gelangt, dass das Kassainstrument mindestens über eine Investment Grade-Bonität verfügt. Dann ist eine Zuführung zum Sicherungsvermögen nach § 2 Abs. 1 Nr. 10 AnlV möglich.[42]

234 Diese Regelung schließt eine Zuordnung von ABS und CLN sowie andere Anlagen mit Anbindung an Kreditrisiken zu den High-Yield-Anleihen aus. Mit dem Verlust der Investment Grade-Bonität geht automatisch der Verlust der Sicherungsvermögensfähigkeit einher. ABS und CLN sowie andere Anlagen mit Anbindung an Kreditrisiken ohne Investment Grade-Bonität können auch nicht über die Öffnungsklausel dem Sicherungsvermögen zugeführt werden.

235 **Hinweis:**

Verlieren bei Investmentfonds ABS und ähnliche Anlagen während der Haltedauer die Investment-Grade-Bonität, werden diese toleriert, wenn sie weniger als 3 % des Inventarwertes des Investmentvermögens ausmachen und die Belange der Versicherten dadurch nicht beeinträchtigt werden.[43]

236 Bei einem Forderungsausfall im Collateral Pool oder dem Eintritt eines Kreditereignisses bei dem Referenzaktivum muss eine Hebelwirkung im Hinblick auf die Rückzahlung ausgeschlossen sein. Eine Hebelwirkung – so die BaFin – liegt dann vor, wenn der Ausfall eines Schuldners zu einem überproportionalen Ausfall der Rückzahlung des Kassainstruments führen kann.[44]

237 Gerade im Anlagesegment der ABS und CLN sind erhöhte Anforderungen an Sicherheit und Rentabilität zu stellen. Der Erwerb derartiger Anlagen setzt zwingend ein angemessenes und wirksames Anlage-und Risikomanagement voraus. Hier muss vor Erwerb und während der Anlagedauer die Struktur und die Bestandteile der Anlage nachprüfbar umfassend auf rechtliche und wirtschaftliche Risiken analysiert werden.

238 Zudem sind ABS und CLN sowie andere Anlagen mit Anbindung an Kreditrisiken in ihre Bestandteile zu zerlegen, da ohne die Identifikation der wesentlichen Ausstattungsmerkmale die ihnen innewohnenden Risiken nicht erkannt werden können. Zur Quantifizierung der Risiken ist darüber hinaus eine Bewertung der Geschäfte erforderlich. Mit der Zerlegung und Bewertung kann auch ein qualifiziertes Kreditinstitut oder Wertpapierdienstleistungsunternehmen beauftragt werden.

---

42 Kapitalanlagerundschreiben 11/2017 (VA) B.4.6 Asset-*Backes*-Securities und Credit-Linked-Notes Buchst. b.
43 Kapitalanlagerundschreiben 11 2017 (VA) B.3.1 Sicherheit Buchst. d Dreifachbuchst. iii.
44 Kapitalanlagerundschreiben 11/2017 (VA) B.4.6 Asset-Backed-Securities und Credit-Linked-Notes Buchst. b.

Hinweis:

Diese Anforderungen gelten auch für indirekte Anlagen.[45]

Sofern Anlagen nach § 2 Abs. 1 Nr. 10 AnlV mit Derivaten verbunden werden, sind zusätzlich die Anforderungen des Rundschreibens derivative Finanzinstrumente und strukturierte Produkte zu beachten.[46]

ee) Schuldbuchforderungen, Liquiditätspapiere

Geeignet nach § 2 Abs. 1 Nr. 11 AnlV sind Forderungen, die in das Schuldbuch der Bundesrepublik Deutschland, eines ihrer Länder oder in ein entsprechendes Verzeichnis eines anderen Staates des EWR oder eines Vollmitgliedstaates der OECD eingetragen sind oder deren Eintragung als Schuldbuchforderung innerhalb eines Jahres nach ihrer Ausgabe erfolgt, sowie Liquiditätspapiere (§ 42 Abs. 1 BBankG).[47]   239

ff) Aktien

Aktien sind Wertpapiere, die einen bestimmten Anteil am Grundkapital einer Aktiengesellschaft verbriefen. Der Inhaber der Aktie ist Gesellschafter der Aktiengesellschaft und hat – nach Maßgabe des **§ 58 Abs. 4 AktG** – einen Anspruch auf einen Anteil am Bilanzgewinn.   240

Die Anlageverordnung regelt die Zulässigkeit des Erwerbs von Aktien für das Sicherungsvermögen in **§ 2 Abs. 1 Nr. 12 AnlV**. Danach muss es sich um voll eingezahlte Aktien handeln, die an einer Börse zum Handel zugelassen sind oder an einem anderen organisierten Markt zugelassen oder in diesen einbezogen sind oder in einem Staat außerhalb des EWR an der Börse zum Handel zugelassen sind oder dort an einem anderen organisierten Markt zugelassen oder in diesen einbezogen sind.   241

Hinweis: 242

ARUG II: Neue Transparenzpflichten für Solvency II Unternehmen und Einrichtungen der betrieblichen Altersversorgung. Zu beachten ist, dass hiervon nicht nur die Direktanlage bei Investitionen in Aktien, sondern auch indirekte Anlagen (Fonds) betroffen sind.

Mit dem Gesetz zur Umsetzung der zweiten Aktionärsrichtlinie (ARUG II) sind in das Aktiengesetz (§ 134a ff. AktG) neue Transparenzpflichten für Lebensversicherer und EbAV als sog. **„institutionelle Anleger"** hinsichtlich ihrer Vermögensanlagen ein-   243

---

45 Kapitalanlagerundschreiben 11/2017 B.4.6 Asset-Backed-Securities und Credit-Linked-Notes Buchst. d.

46 Kapitalanlagerundschreiben 11/2017 B.4.6 Asset-Backed-Securities und Credit-Linked-Notes Buchst. d.

47 Kapitalanlagerundschreiben 11/2017 B.4.7 Schuldbuchforderungen, Liquiditätspapiere.

geführt worden. Die Definition „institutioneller Anleger" i. S. d. Aktiengesetzes findet sich in § 134a Abs. 1 Satz 1 Nr. 1 AktG. Institutionelle Anleger sind danach:

- ein Unternehmen mit Erlaubnis zum Betrieb der Lebensversicherung i. S. d. § 8 Abs. 1 i. V. m. Anlage 1 Nr. 19 bis 24 VAG,

- ein Unternehmen mit der Erlaubnis zum Betrieb der Rückversicherung i. S. d. § 8 Abs. 1 und 4 VAG, sofern sich diese Tätigkeiten auf Lebensversicherungspflichten beziehen,

- eine Einrichtung der betrieblichen Altersversorgung gem. den §§ 232 bis 244d VAG.

Hinweis:

Voraussetzung ist, dass die institutionellen Anleger in Aktien investiert sind, die auf einem geregelten Markt gehandelt werden.

Die **Transparenzpflichten** beziehen sich zum einen darauf, das eigene Engagement („Mitwirkung") der institutionellen Anleger bei den Portfoliogesellschaften zu stärken und transparenter zu machen (§ 134b AktG). Zum anderen sollen auf Langfristigkeit abzielende Publikationspflichten (§ 134c AktG) eine längerfristige Anlagestrategie als wichtige Voraussetzung für eine verantwortungsvolle Vermögensverwaltung fördern. Hier ist zu beachten, dass diese Verpflichtungen auch für Vermögensverwalter gelten, die die Finanzportfolioverwaltung erbringen oder – als Kapitalverwaltungsgesellschaft – Investmentvermögen verwalten.

244 EbAVs und Wettbewerbslebensversicherer (Solvency II Unternehmen) als institutionelle Anleger haben eine **Policy** über ihre Mitwirkung an den Portfoliogesellschaften (Mitwirkungspolitik) zu veröffentlichen (§ 134b Abs. 1 AktG), die insbesondere folgende Elemente enthält:

- Ausübung von Aktionärsrechten, insbesondere im Rahmen ihrer Anlagestrategie,

- Überwachung wichtiger Angelegenheiten der Portfoliogesellschaften,

- Meinungsaustausch mit den Gesellschaftsorganen und den Interessenträgern der Gesellschaft,

- Zusammenarbeit mit anderen Aktionären sowie

- Umgang mit Interessenkonflikten.

Über die Umsetzung der Mitwirkungspolitik (§ 134b Abs. 2 AktG) und auch über das Abstimmungsverhalten auf Hauptversammlungen – sofern wegen des Umfangs der Beteiligung nicht unbedeutend – (§ 134b Abs. 3 AktG) haben die institutionellen Anleger jährlich auf der Internetseite zu berichten (§ 134b Abs. 5 AktG). Werden einzelne oder mehrere dieser Vorgaben nicht erfüllt, hat der institutionelle Anleger zu erklären, weshalb dieses nicht erfolgt, Comply-or-Explain-Verfahren (§ 134b Abs. 4 AktG).

(1) Mitwirkung bei Einsatz eines Vermögensverwalters

Die Transparenzpflichten hinsichtlich der Mitwirkungspolitik soll es Endbegünstigten 245
(Versicherungsnehmer) ermöglichen zu kontrollieren, ob das Verhalten der institutionellen Anleger und Vermögensverwalter ihren Interessen entspricht. Insbesondere
kleinere EbAVs dürften im Regelfall in der Praxis Aktienanlagen nur unter Zuhilfe-
nahme eines Vermögensverwalters vornehmen, wobei letzterer dann auch die Stimmrechte ausübt. In diesem Fall entfällt eine Mitwirkung des institutionellen Anlegers
und er kann keine Angaben über die eigene Mitwirkung machen. Dieses wäre dann
lediglich gem. § 134b Abs. 4 AktG zu erklären mit einem Verweis auf die Mitwirkungspolitik des Vermögensverwalters.

(2) Korrelation von Anlagestrategie und Laufzeit der Verbindlichkeit

Mit der Offenlegung, inwieweit die Hauptelemente der Anlagestrategie der institutio- 246
nellen Anleger dem Profil und der Laufzeit ihrer Verbindlichkeiten entsprechen und
wie sie zur mittel- bis langfristigen Wertentwicklung ihrer Vermögenswerte beitragen
(§ 134c Abs. 1 AktG), soll erreicht werden, dass die mittel- bis langfristigen Interessen
der Versicherten bei der Umsetzung der Anlagestrategie berücksichtigt werden. Zudem soll dazu beigetragen werden, dass längerfristige Anlagestrategien entwickelt werden und somit eine verantwortungsvolle Vermögensverwaltung erfolgt. Aus der Anlagestrategie ggf. resultierende Anreize zur kurzfristigen Vermögensumschichtung sollen
offengelegt und ggf. beseitigt werden.

(3) Offenlegung der Vereinbarung mit dem Vermögensverwalter

Wird ein Vermögensverwalter vom institutionellen Anleger mit der Verwaltung der 247
Aktienanlagen betraut, ist vom institutionellen Anleger zusätzlich offenzulegen, wie
in den Vereinbarungen mit dem Vermögensverwalter geregelt ist, dass dieser seine
Anlagestrategie auf das Profil und die Laufzeit der Verpflichtungen des institutionel-
len Anlegers abstimmt (§ 134c Abs. 2 AktG). Die Offenlegung umfasst Angaben zur
Berücksichtigung der mittel- bis langfristigen Entwicklung der Portfoliogesellschaften
bei den Anlageentscheidungen, die Mitwirkungspolitik des Vermögensverwalters, der
Leistungsbewertung und Vergütung des Vermögensverwalters, der Überwachung von
Transaktionskosten sowie der Laufzeit der Vereinbarung.

(4) Ort der Veröffentlichung

Die Offenlegung der Informationen nach § 134c Abs. 1 und 2 AktG ist vom institu- 248
tionellen Anleger jährlich auf der Internetseite vorzunehmen. Alternativ kann die Veröffentlichung auch durch den Vermögensverwalter auf dessen Internetseite erfolgen.
Der institutionelle Anleger muss dann lediglich hierauf verweisen. Damit institutionelle Anleger die Offenlegungspflichten nach § 134c Abs. 1 und 2 AktG wahrnehmen
können, sind sie jährlich entsprechend durch die Vermögensverwalter zu informieren
(§ 134c Abs. 4 AktG). Diese Berichtspflicht der Vermögensverwalter entfällt, sofern

diese entsprechend § 134c Abs. 3 Satz 2 AktG direkt durch den Vermögensverwalter erfolgt.

(5) Zeitpunkt des Inkrafttretens der Pflichten

249 Formal sind die Ergänzungen des Aktiengesetzes **zum 1.1.2020** in Kraft getreten. Zu unterscheiden ist zwischen der Veröffentlichung der Mitwirkungs-Policy (§ 134b Abs. 1 AktG) sowie Angaben zur Anlagestrategie (§ 134c Abs. 1 und 2 AktG) und den retrospektiven Berichtspflichten (§ 134b Abs. 2 und 3 AktG). Auf Grund des Fehlens einer Übergangsvorschrift war der Pflicht zur Veröffentlichung einer Mitwirkungs-Policy und bestimmter Angaben zur Anlagestrategie baldmöglichst nach dem 1.1.2020 nachzukommen. Die retrospektiven Berichtspflichten beziehen sich auf das Jahr 2020 und diese sind damit erstmals zu Beginn des Jahres 2021 zu erfüllen.

(6) Besonderheiten bei Solvency II Unternehmen

250 Solvency II Unternehmen können gem. § 40 Abs. 2 Satz 4 VAG ihre Offenlegungspflichten nach § 134c Abs. 1 und 2 AktG im SFCR nachzukommen. Den Informationen ist die Überschrift „Informationen nach § 134c Abs. 1 bis 3 des Aktiengesetzes" voranzustellen.

(7) Exkurs: SFCR

251 Die Offenlegungspflichten der Unternehmen und Gruppen gegenüber der Öffentlichkeit beinhalten den Bericht über die Solvabilität und Finanzlage (SFCR), der zur Herstellung der Transparenz über die wirtschaftliche Lage des Unternehmens dient. Die im entsprechenden technischen Durchführungsstandard (Durchführungsverordnung (EU) 2015/2452 der EK) definierten quantitativen Berichtsformulare sind Bestandteil des SFCR und mit diesem zusammen jährlich zu veröffentlichen.

252 Die regelmäßige aufsichtliche Berichterstattung, die Unternehmen der Aufsichtsbehörde vorlegen müssen, besteht aus nachfolgenden Elementen:

- Bericht über die Solvabilität und Finanzlage (SFCR),

- regelmäßiger aufsichtlicher Bericht (RSR), der vorwiegend narrative Informationen enthält, und zwar insbesondere zum Geschäft und dessen Ergebnis, zur Geschäftsorganisation, zum Risikoprofil sowie zum Kapitalmanagement und zur Bewertung der Vermögenswerte und Verbindlichkeiten für Solvabilitätszwecke,

- Bericht über die unternehmenseigene Risiko- und Solvabilitätsbeurteilung (ORSA-Bericht), der von Unternehmen jeweils nach Durchführung jeder regulären unternehmenseigenen Risiko- und Solvabilitätsbeurteilung zu deren Ergebnis vorzulegen ist, sowie

- jährliche und vierteljährliche quantitative Berichtsformulare.

Ausschließlich für makro-ökonomische Zwecke und nur für ausgewählte große Unternehmen und größere Gruppen sind Informationen zum Zwecke der Finanzstabilität (gem. den Leitlinien über die Berichterstattung zum Zwecke der finanziellen Stabilität) vorzulegen.

(8) Überschneidung bei EbAVs mit SIPP

Bei EbAV können sich die Regelungen der §§ 134b und 134c AktG mit dem State-   253
ment of Investment Policy Principles (SIPP) gem. Art. 30 der EbAV-II-Richtlinie
überschneiden (umgesetzt in §§ 234i, 239 Abs. 2 VAG). EbAV können Angaben zu ihrer Mitwirkungspolitik oder eine Erklärung, warum sie über keine Angaben gem.
§ 134b AktG hierzu verfügen, in das SIPP integrieren oder im SIPP auf ein Dokument
verweisen, das diese Angaben enthält. Bei ausreichender Detailtiefe können SIPP-Angaben zu den Anlagepolitikgrundsätzen die Vorgaben nach § 134c Abs. 1, 2 AktG erfüllen.

(9) Bundesamt für Justiz (BFJ) als zuständige Behörde bei Verstößen

Das ARUG II beinhaltet keine unmittelbare Aufgaben- oder Kompetenzzuweisung an   254
die BaFin. Die Behörde ist daher nicht verpflichtet, Verstöße gegen die §§ 134b und
134c AktG aktiv zu überwachen. Wiederholte oder nachhaltige Verstöße gegen Normen des Aktiengesetzes können allerdings auf eine mangelhafte Geschäftsorganisation
hindeuten. Ordnungswidrigkeiten aufgrund von Verstößen gegen Informations- und
Veröffentlichungspflichten nach den §§ 134b ff. AktG werden vom Bundesamt für
Justiz verfolgt.

(10) Muster: Umsetzung der Offenlegungspflicht nach § 134c Abs. 1 und 2 AktG

§ 134c Abs. 1 AktG: Hauptelemente der Aktien-Anlagestrategie der ____ („Anleger")   255
– Aktienanlagen bei der ____ Kapitalanlagegesellschaft

Hiermit veröffentlicht der Anleger gem. § 134c Abs. 1 AktG die Hauptelemente seiner
Aktien-Anlagestrategie, die auf das Profil und die Laufzeit seiner Verbindlichkeiten abgestimmt und auf die mittel- bis langfristige Wertentwicklung seiner Vermögenswerte
ausgerichtet ist.

Der Anleger legt sein Sicherungsvermögen teilweise oder in Gänze als Aktienanlagen in
einem (oder mehreren) Fonds („**Anlegeraktienfonds**") bei der ____(KVG) an. Die
____KVG ist eine deutsche, von der Bundesanstalt für Finanzdienstleistungsaufsicht (BaFin) zugelassene Kapitalverwaltungsgesellschaft und Vermögensverwalter i.S.d. § 134a
Abs. 1 S. 2 lit. b AktG.

Verwaltung des/der Anlegeraktienfonds

Um die fachlich beste Expertise für das Fondsmanagement zu erhalten, wird der/werden die Anlegeraktienfonds von einem oder mehreren ausgesuchten spezialisierten Asset Managern verwaltet. Der oder die Asset Manager sind durch klare Vorgaben und Begrenzungen gebunden. Neben einer täglichen Ex-post-Überwachung der Vorgaben durch die ____(KVG) erfolgt regelmäßig eine ausführliche Berichterstattung zur speziellen Anlagestrategie des Mandates durch den/die beauftragten Asset Manager gegenüber der ____(KVG).

Abstimmung auf Profil und Laufzeit der Verbindlichkeiten des Anlegers

Die Anlagestrategie in den Aktienanlagen orientiert sich im übergeordneten Rahmen an den zukünftigen (Zahlungs-)Verpflichtungen des Anlegers. Diese werden vom Anleger mit Hilfe eines Asset-Liability-Modells ermittelt und mindestens einmal jährlich überprüft.

Der Anleger verfolgt basierend auf seinem Asset-Liability-Modell eine eher langfristige Aktien-Anlagestrategie (passend zu den eher langfristigen Verbindlichkeiten des Anlegers), die nicht auf kurzfristige Renditen, sondern auf dauerhafte und stetige Ertragsströme ausgerichtet ist.

Beschreibung der Aktien-Anlagestrategie

Der Asset Manager kann ____(z.B. global) in Aktien investieren (keine Länderrestriktionen) und setzt dabei die sog. ____ Strategie ein.

Steuerung, Überwachung, Überprüfung

Die Risikosteuerung und die Risikoüberwachung der Aktienanlagen orientieren sich an den gesetzlichen Erfordernissen, den geschäftsspezifischen Liquiditätsanforderungen und an der Risikotragfähigkeit des Anlegers. Die Überprüfung der Aktien-Anlagestrategie auf ihre grundsätzliche Kompatibilität mit den Mindestergebnis-Anforderungen des Anlegers erfolgt im Rahmen von Simulationsrechnungen.

Mitwirkung in börsennotierten Portfoliogesellschaften

Die Mitwirkung in börsennotierten Portfoliogesellschaften, insbesondere durch Ausübung von Aktionärsrechten auf Hauptversammlungen, übernimmt ein Stimmrechtsberater in Abstimmung mit der ____(KVG) gem. § 94 S. 5 KAGB. Die entsprechende Mitwirkungspolitik der ____(KVG):

§ 134c Abs. 2 AktG: Angaben über die Vereinbarungen mit der _____(KVG) (§ 134c Abs. 2 AktG)

Hiermit veröffentlicht der Anleger gem. § 134c Abs. 2 AktG bestimmte Angaben über die Vereinbarungen mit der XY KVG als Vermögensverwalter des Anlegers.

Die Vereinbarungen des Anlegers mit der ____ KVG (Fondsverträge inkl. Anlagebedingungen und Anlagerichtlinien) basieren auf den marktüblichen Mustern des BVI Bundesverband Investment und Asset Management e.V.

In den Fondsverträgen geregelt:

Vergütung: Die _____KVG erhält für die Verwaltung des bzw. der Fonds eine Administrations- und eine Managementvergütung sowie eine Vergütung bzw. Aufwendungsersatz für bestimmte Zusatzleistungen, was marktüblich ist.

Laufzeit: Die Fondsverträge mit der ____KVG laufen auf unbestimmte Zeit und können vom Anleger ordentlich gekündigt werden.

Methode: Die Methode der ____KVG ergibt sich zunächst insbesondere aus den Anlagebedingungen und den Anlagerichtlinien.

Weiterhin sind auf der Homepage der ____KVG (z.B. Mitwirkungspolitik, Ausführungsgrundsätze, Bericht über Ausführungsqualität gem. MiFID II, Bewertungsrichtlinie, BVI-Wohlverhaltensregeln, Conflict of Interest Policy, Vergütungsgrundsätze) veröffentlicht, die den Umgang der ___KVG mit bestimmten Themen beschreiben.

In den Fondsverträgen nicht ausdrücklich geregelt:

Die Fondsverträge enthalten keine ausdrücklichen Regelungen zur Berücksichtigung der mittel- bis langfristigen Entwicklung der Portfoliogesellschaften bei der Anlageentscheidung, zur Mitwirkung in den Portfoliogesellschaften, zur Leistungsbewertung der ____KVG, oder zur Überwachung des vereinbarten Portfolioumsatzes und der angestrebten Portfolioumsatzkosten durch den Anleger.

Die Mitwirkung in den Portfoliogesellschaften wird bereits durch die Mitwirkungspolitik der ___KVG angemessen geregelt. Ob die mittel- bis langfristige Entwicklung der Portfoliogesellschaften bei den Anlageentscheidungen berücksichtigt werden, ergibt sich aus der Mitwirkungspolitik und den mit den von der ___KVG eingesetzten Stimmrechtsvertretern getroffenen Bestimmungen.

Der Anleger bewertet anhand von internen Vorgaben regelmäßig die Leistung der ___KVG. Hierbei werden u.a. der erzielte Portfolioumsatz und die angefallenen Portfolioumsatzkosten berücksichtigt. Hierdurch stellt der Anleger regelmäßig sicher, dass die Verwaltung seines bzw. seiner Fonds durch die ____KVG in seinem Interesse liegt und seinen Ansprüchen genügt.

Im Übrigen sprechen Kostengründe gegen eine Aufnahme von Regelungen zu den o.g. Themen in die Fondsverträge, die eine Erhöhung der Verwaltungsgebühren und entsprechende Reduzierung der Rendite des Anlegers zur Folge hätte.

Stand: [Datum einfügen]

gg) Private Equity

(1) Überblick

Private Equity ist die allgemeine Bezeichnung für vor- bzw. außerbörsliche Beteiligungen.[48] Gerade in Zeiten von Niedrigzinsphasen können sich Private-Equity-An-   256

---

48 *Heitmann* in *Bähr (Hrsg.)*, Handbuch des Versicherungsaufsichtsrechts, § 17 Rn. 159.

lagen als interessant erweisen. Die Anlageklasse ist jedoch aus regulatorischer Sicht herausfordernder als andere Assetklassen. Die Anlageverordnung regelt den Investitionsrahmen für Private-Equity Anlagen in § 2 Abs. 1 Nr. 13 AnlV. Entsprechend der neuen Systematik der AnlV wird im Rahmen des § 2 Abs. 1 Nr. 13 AnlV zwischen Beteiligungen an Gesellschaften, die keinem Investmentrecht unterliegen (§ 2 Abs. 1 Nr. 13 Buchst. a AnlV) und jenen Gesellschaften, die einem Investmentrecht unterfallen (also regulierten Alternativen Investmentfonds nach § 2 Abs. 1 Nr. 13 Buchst. b AnlV) unterschieden.

257   *Abb. 13 Private Equity Beteiligung (§ 2 Abs. 1 Nr. 13 Buchst. a AnlV)*

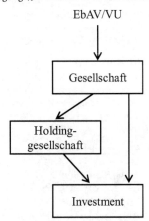

258   Nach § 2 Abs. 1 Nr. 13 Buchst. a sind Beteiligungen in Form von anderen voll eingezahlten Aktien, Geschäftsanteilen an einer Gesellschaft mit beschränkter Haftung, Kommanditanteilen und Beteiligungen als stiller Gesellschafter i. S. d. Handelsgesetzbuchs für das Sicherungsvermögen qualifiziert, sofern das Unternehmen über ein Geschäftsmodell verfügt und unternehmerische Risiken eingeht. Der bloße Kauf und Verkauf sowie die Verwaltung von Kapitalanlagen (Sekundärgeschäft) innerhalb einer Beteiligungsgesellschaft stellen kein mit unternehmerischen Risiken verbundenes Geschäftsmodell dar.[49] Das Unternehmen, in welches investiert wird, muss seinen letzten Jahresabschluss zur Verfügung stellen, der in entsprechender Anwendung der für Kapitalgesellschaften geltenden Vorschriften aufgestellt und geprüft ist. Dieses Erfordernis erstreckt sich auch auf gehaltene Beteiligungen. Das Versicherungsunternehmen hat den Geschäftsbericht zu analysieren. Das ist Bestandteil des aufsichtsrechtlich gebotenen Beteiligungsmanagements.[50] § 2 Abs. 1 Nr. 13 Buchst. a lässt nur Beteiligungen an Unternehmen mit Sitz in einem Staat des EWR oder einem Vollmitgliedstaat

---

49 Kapitalanlagerundschreiben 11/2017 (VA) B.4.9 Beteiligungen Nr. 13 Buchst. a.
50 Kapitalanlagerundschreiben 11/2017 (VA) B.4.9 Beteiligungen Nr. 13 Buchst. a.

der OECD zu. Bei mehrstufigen Beteiligungsstrukturen ist dieses Erfordernis nur hinsichtlich der Holdinggesellschaft zu beachten. Die von der Holding gehaltenen Zielunternehmen können ihren Sitz auch außerhalb dieser Staaten haben.

Bzgl. einer Fremdkapitalaufnahme gilt, dass diese bei Beteiligungsunternehmen, welche der Nr. 13 Buchst. a AnlV zuzuordnen ist, grundsätzlich zulässig ist. Bei Holdinggesellschaften wird eine kurzfristige Fremdmittelaufnahme i. H. v. 10 % als unbedenklich eingestuft.[51]

259

Auf Dachfondsebene ist eine kurzfristige Fremdmittelaufnahme i. H. v. 10 % des Wertes des AIF erlaubt.[52]

260

Hinweis:

261

Steuerbefreite Investoren (z. B. Pensionskassen) sehen sich bei der Suche nach geeigneten Beteiligungsstrukturen i. R. d. Investitionen nach § 2 Abs. 1 Nr. 13 Buchst. a AnlV mit einer Gefährdung ihrer Steuerfreiheit konfrontiert. Die Steuerbefreiung von Pensionskassen basiert auf § 5 Abs. 1 Nr. 3 KStG (Körperschaftsteuer) und § 3 Nr. 9 GewStG (Gewerbesteuer). Hierzu müssen gewisse Kriterien erfüllt sein, die in § 5 Abs. 1 Nr. 3 Buchst. a bis d KStG genannt sind. Nach derzeit einhelliger Literaturmeinung entfällt die Steuerbefreiung, wenn die Tätigkeit über die bloße Vermögensverwaltung hinausgeht. Dies kann gerade bei Erwerb von Beteiligungen an Gesellschaften der Fall sein. Zur Vermeidung dieses Risikos wird in der Praxis häufig über Fonds in Luxemburger Beteiligungsstrukturen investiert. Luxemburg hat sich mit der Bereitstellung von regulierten Investmentgesellschaften (FCP, SICAV, SICAR, Luxemburger Spezialfondsgesetz (Loi relative aux fonds d'investissment spécialisés v.13.2.2007), RAIF (Gesetz vom 23.6.2016) geeignete Strukturen geschaffen, die im Einzelfall im Private Equity Segment wirksame Steuerblocker darstellen können.

Für die steuerliche Problematik sind in Deutschland zwei Urteile des BFH aus dem Jahre 1969 und 1979 (BFH v. 29.1.1969 – I 247/654; BStBl II, 1969, 26; BFH v.17.10.1979 – I R 14/76, BStBl II 1980, 225 = BetrAV 1980 S. 188) verantwortlich, die jedoch für aufsichtsrechtlich in der Kapitalanlage nicht regulierte Unterstützungskassen ergingen. Das Urteil aus dem Jahre 1969 hatte eine rechtsfähige Unterstützungskasse zum Gegenstand, die (zum Teil fremdfinanziert) Geschäfte mit Aktien des Trägerunternehmens vorgenommen hatte. Nach Ansicht des Gerichts ließ dies die Steuerbefreiung entfallen, da sich die Unterstützungskassen durch die mit der Vermögensverwaltung verbundene Tätigkeit selbst einen weiteren, satzungsmäßig nicht bestimmten Zweck geben. Der BFH bestätigte seine Auffassung 1979. Das Urteil hatte ebenfalls eine rechtsfähige Unterstützungskasse zum Gegenstand, die sich als Kommanditistin an ihrem Trägerunternehmen beteiligt hatte. Nach dieser Rechtsprechung droht ein Verlust der Steuerbefreiung, wenn die Art der Anlage oder Nutzung des Kassenvermögens dazu führen, dass sich die Kasse einen weiteren satzungsgemäß

262

---

51 Kapitalanlagerundschreiben 11/2017 (VA) B.4.9 Beteiligungen Nr. 13 Buchst. a.
52 Kapitalanlagerundschreiben 11/2017 (VA) B.4.9 Beteiligungen Nr. 13 Buchst. b.

nicht bestimmten Zweck gibt (R 11 und H 13 KStR). Dann wird die Grenze der zulässigen Vermögensverwaltung überschritten.

263 Laut Schreiben vom 13.6.2017 (DOK 2017/0503419) des BMF bzgl. der Investition in Kommanditanteile ist die Auffassung der obersten Finanzbehörden von Bund und Ländern folgende:

„Bei rechtsfähigen Pensionskassen, die der Versicherungsaufsicht unterliegen und den Leistungsempfängern einen Rechtsanspruch gewähren, schließt eine Investition in Kommanditanteile die Steuerfreiheit nach § 5 Abs. 1 Nr. 3 KStG und § 3 Nr. 9 GewStG zumindest dann nicht aus, wenn das Investitionsvolumen im Zeitpunkt der Anschaffung der Anteile 5 % des Kassenvermögens nicht überschreitet und es sich dabei ausschließlich um nach dem Versicherungsaufsichtsgesetz zulässige Investitionen handelt. Gewerbliche Einkünfte aus derartigen unschädlichen Mitunternehmeranteilen werden bei einer nach § 5 Abs. 1 Nr. 3 KStG und § 3 Nr. 9 GewStG steuerbefreiten Pensionskasse vorbehaltlich § 6 KStG von der persönlichen Steuerbefreiung mit umfasst.“

264 **Abb. 14 Beteiligungsquoten-Fonds (§ 2 Abs. 1 Nr. 13 Buchst. b AnlV)**

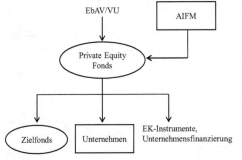

Voraussetzungen sind:
- geschlossener AIF
- mit Sitz EWR/OECD
- Verwaltung durch Manager mit Sitz in EWR- oder OECD
- AIFM-Erlaubnis oder Registrierung oder vergleichbare Erlaubnis/Registrierung in Drittstaat
- Anlage direkt oder indirekt in
  – Unternehmensbeteiligungen nach § 261 Abs. 1 Nr. 4 KAGB,
  – eigenkapitalähnliche Instrumente und
  – „andere Instrumente der Unternehmensfinanzierung"

265 Zulässig sind gem. § 2 Abs. 1 Nr. 13 Buchst. b AnlV auch Beteiligungen an sog. geschlossenen Private Equity Fonds, die über ihre Zielbeteiligungsunternehmen unternehmerische Risiken eingehen. Anlagen nach § 2 Abs. 1 Nr. 13 Buchst. b AnlV unterliegen im Unterschied zu Anlagen nach § 2 Abs. 1 Nr. 13 Buchst. a AnlV einer investment-rechtlichen Regulierung (Aufsicht).

266 Neben Beteiligungen kann ein Private Equity Fonds auch in Anlagen nach § 2 Abs. 1 Nr. 9 (Forderungen aus nachrangigen Verbindlichkeiten oder an Genussrechten) und Nr. 12 AnlV (Aktien) investieren. Diese schließen die eigenkapitalähnlichen Instru-

mente (Genussrechte) und die anderen Instrumente der Unternehmensfinanzierung (Forderungen aus nachrangigen Verbindlichkeiten) mit ein. Des Weiteren verlangt die BaFin, dass im Rahmen der Beteiligung nach § 2 Abs. 1 Nr. 13 AnlV eine gewisse unternehmerische Tätigkeit verbunden mit entsprechenden unternehmerischen Risiken gegeben ist. Das reine Halten und Verwalten bspw. von Darlehen genügt diesen Anforderungen nicht. Sofern sich der Private Equity Fonds jedoch an Unternehmen beteiligt, deren Tätigkeit sich nicht in der schlichten Kreditverwaltung erschöpft, weil jede Darlehensvergabe individuell geprüft (Due Diligence) und überwacht wird, kann eine Einordnung nach § 2 Abs. 1 Nr. 13 Buchst. b AnlV in Betracht kommen.[53]

Für direkt investierende Private Equity Fonds besteht keine direkte Begrenzung für die Aufnahme von Fremdmitteln. Eine Fremdmittelaufnahme, insbesondere zur Vorfinanzierung von Kapitalabrufen, ist grundsätzlich zulässig.[54]   267

Auch bei einer Investition in Zielfonds darf es nicht zu einer Umgehung der Anforderungen nach § 2 Abs. 1 Nr. 13 Buchst. b AnlV kommen (z. B. Anteile und Aktien an Wertpapier-, Immobilien- oder Hedgefonds sind nicht als Zielfonds nach § 2 Abs. 1 Nr. 13 Buchst. b AnlV für das Sicherungsvermögen qualifiziert!).   268

Hinweis: 269

Das Segment des Private Equity unterscheidet sich wesentlich von den übrigen Vermögensanlagen des Anlagekatalogs. Daher fordert die BaFin ein **Beteiligungsmanagement**. Das umfasst nicht nur eine intensive Beschäftigung mit der Beteiligung selbst, sondern auch mit deren Position im Markt, ihren Entwicklungsmöglichkeiten und Marktchancen. Darüber hinaus ist sicherzustellen, dass eigene Expertise (in personeller und fachlicher Hinsicht) zum Unternehmensbeteiligungsgeschäft vorhanden ist. Sollte das nicht der Fall sein, ist von Investitionen in Private Equity abzusehen.[55]

Hinweis: 270

Insbesondere bei Private Equity Fonds und Venture Capital Fonds sind ggf. bestehende Mitteilungspflichten an das Bundeszentralamt für Steuern (BZSt) nach DAC 6 zu prüfen.

(2) Directive on Administrative Cooperation

Mit Wirkung zum 1.1.2020 ist das Gesetz zur Einführung einer Pflicht zur Mitteilung grenzüberschreitender Steuergestaltungen (BGBl. I 2019, 2875) in Kraft getreten. Das Gesetz setzt die Anforderungen der Änderungsrichtlinie (EU) 2018/822 vom 25.5.2018 zur Amtshilferichtlinie (Directive on Administrative Cooperation – kurz: DAC 6) in deutsches Recht um und kann für sog. Intermediäre und Nutzer einer grenzüberschreitenden Steuergestaltung zu einer **Mitteilungspflicht** beim Bundeszentralamt für Steuern (BZSt) führen.   271

---

53 Kapitalanlagerundschreiben 11/2017 (VA) B.4.9 Beteiligungen Nr. 13 Buchst. b.
54 Kapitalanlagerundschreiben 11/2017 (VA) B.4.9 Beteiligungen Nr. 13 Buchst. b.
55 Kapitalanlagerundschreiben 11/2017 (VA) B.4.9 Beteiligungen Nr. 13 Buchst. c.

(a) Verpflichteter Personenkreis

272 Die Mitteilungspflicht trifft grundsätzlich den sog. **Intermediär.** Als Intermediär gilt jeder, der eine grenzüberschreitende Steuergestaltung vermarktet, für Dritte konzipiert, organisiert oder zur Nutzung bereitstellt oder ihre Umsetzung durch Dritte verwaltet. In einigen Fällen kann die Mitteilungspflicht auch den Nutzer einer grenzüberschreitenden Steuergestaltung treffen. Das ist insbesondere dann der Fall, wenn der Nutzer die Steuergestaltung selbst für sich konzipiert hat oder kein Intermediär in Deutschland oder der EU ansässig ist.

(b) Begriff der grenzüberschreitenden Steuergestaltung

273 Im Gesetz wird der Begriff der grenzüberschreitenden Steuergestaltung definiert. Die zentrale Prämisse hierbei ist das Vorliegen eines sog. **Kennzeichens** (hallmark). Teilweise muss neben dem Kennzeichen noch ein steuerlicher Vorteil vorliegen, der ein Hauptvorteil der Steuergestaltung ist (Main-Benefit-Test).

274 Die neue Regelung enthält eine abschließende Liste mit verschiedenen **Kennzeichen,** die eine Steuergestaltung ausmachen sollen. Dabei genügt es, wenn bereits eines der Kennzeichen erfüllt ist. Zu den Kennzeichen zählen etwa:

- die Vereinbarung einer Vertraulichkeitsklausel, die eine Offenlegung der Steuergestaltung gegenüber anderen Intermediären oder den Finanzbehörden verbietet;

- eine standardisierte Dokumentation oder Struktur der Gestaltung, die nicht wesentlich für den Nutzer angepasst werden muss;

- eine Gestaltung, die Einkünfte in andere nicht oder niedriger besteuerte Einnahmen umwandelt;

- eine Gestaltung, bei der eine Befreiung von der Doppelbesteuerung für dieselben Einkünfte in mehr als einem Steuerhoheitsgebiet vorgenommen wird sowie

- bestimmte Verrechnungspreisgestaltungen.

275 **Hinweis:**
Nicht erfasst werden Steuergestaltungen, die ausschließlich die Umsatzsteuer oder Zölle zum Gegenstand haben.

(c) Fristen

276 Die Mitteilungspflicht beginnt bereits **ab dem 1.7.2020.** Der relevante Stichtag ist der 30.6.2020, d. h. es sind alle Steuergestaltungen mitzuteilen, die

- nach dem Stichtag zur Umsetzung bereitgestellt werden,

- bei denen der Nutzer nach dem Stichtag zu ihrer Umsetzung bereit ist oder

- bei denen der erste Schritt der Umsetzung nach dem Stichtag gemacht wurde.

Die Mitteilungen sind **innerhalb von 30 Tagen** zu machen. Es ist jedoch zu beachten, dass die neue Mitteilungspflicht auch auf **Altfälle** Anwendung findet. Dazu zählen Steuergestaltungen, bei denen der erste Schritt nach dem 24.6.2018 und vor dem 1.7.2020 umgesetzt wurde. Sämtliche Altfälle sind innerhalb von zwei Monaten nach dem 30.6.2020 mitzuteilen.

(d) Mitteilungspflicht für Fondsmanager

Fondsmanager müssen bereits beim **Fundraising** beachten, dass das Fondsvehikel eines Fondsprogramms als Steuergestaltung eingestuft werden kann. Dabei ist ein deutscher Fondsmanager als Intermediär anzusehen, der dem BZSt die Steuergestaltung (inkl. Angaben zu den Investoren) mitteilen muss. Die vom BZSt zugeteilte Registrier- sowie Offenlegungsnummer muss der Fondsmanager an die Investoren weiterleiten. Auch die jeweiligen Portfolioinvestitionen können je nach Struktur und Finanzierungsform eine grenzüberschreitende Steuergestaltung i. S. d. Neuregelung darstellen. Für eine gesicherte Aussage hierüber ist jedoch für jede Portfolioinvestition eine Überprüfung im Einzelfall erforderlich.   277

Hinweis: 278

Da die Neuregelung keine Mitteilungspflicht bei einer rein nationalen Gestaltung vorsieht, scheidet eine Pflicht zur Mitteilung durch den Fondsmanager in der Fallgestaltung aus, wenn ein deutsches Fondsvehikel auflegt und sich hieran ausschließlich deutsche Investoren beteiligen. Dasselbe gilt, wenn dieser Fonds ausschließlich Portfolioinvestitionen in Deutschland vornimmt.

(e) Auswirkungen bei Investitionen in Private Equity- und Venture Capital Fonds

Deutsche Investoren, die sich an Private Equity- oder Venture Capital Fonds beteiligen, können Nutzer einer Steuergestaltung sein. Im Hinblick auf die Portfolioinvestitionen des Fonds sind die Investoren regelmäßig nicht als Nutzer anzusehen, sondern das Fondsvehikel selbst. Insoweit unterliegen die Investoren daher keiner Mitteilungs- oder Dokumentationspflicht.   279

Von besonderer Relevanz für deutsche Investoren sind Beteiligungen an einem Fonds, dessen Fondsmanager nicht in der EU ansässig ist. Denn sofern der Intermediär weder in Deutschland ansässig ist, noch verpflichtet ist, die Steuergestaltung in einem anderen EU-Mitgliedstaat zu melden, geht die Mitteilungspflicht auf den Nutzer – also auf den Investor – über. Für US-amerikanische Fondsprogramme dürfte mithin die Mitteilungspflicht den Investor treffen.   280

hh) Grundstücke und grundstücksgleiche Rechte

Das Sicherungsvermögen kann auch in Grundstücke und grundstücksgleiche Rechte investiert werden. Die Anforderungen an den Erwerb regelt § 2 Abs. 1 Nr. 14 Buchst. a AnlV. Danach kann das Sicherungsvermögen angelegt werden in Immobilien in   281

Form von bebauten, in Bebauung befindlichen oder zur alsbaldigen Bebauung bestimmten, in einem Staat des EWR oder in einem Vollmitgliedstaat der OECD belegenen Grundstücken, in dort belegenen grundstücksgleichen Rechten sowie in Anteilen an einem Unternehmen, dessen alleiniger Zweck der Erwerb, die Bebauung und Verwaltung von in einem solchen Staat belegenen Grundstücken oder grundstücksgleichen Rechten ist. Bei Erwerb ist darauf zu achten, dass die Angemessenheit des Kaufpreises auf der Grundlage eines Gutachtens eines vereidigten Sachverständigen oder in vergleichbarer Weise geprüft wird.

282　Die Prüfung der Angemessenheit des Kaufpreises ist der BaFin nachzuweisen, auf Verlangen durch Vorlage des Gutachtens. Sofern der Kaufpreis den Verkehrswert erheblich übersteigt, ist das Grundstück für das Sicherungsvermögen nicht mehr qualifiziert. Davon kann i. d. R. ausgegangen werden, wenn der Kaufpreis mehr als 10 % über dem Verkehrswert liegt.[56] Grundstücke sind häufig grundpfandrechtlich belastet. Hier muss auf das Verbot der Fremdmittelaufnahme geachtet werden. So ist zwar der Erwerb eines grundpfandrechtlich belasteten Grundstücks zulässig, eine Prolongation dieser Fremdfinanzierung oder der Tausch gegen eine Fremdfinanzierung mit besseren Konditionen (wegen des Verbotes der Fremdmittelaufnahme) aber nicht erlaubt.[57]

283　Für direkte Anlagen in Immobilien hebt die BaFin hervor, dass innerhalb von zehn Bankarbeitstagen nach Eintragung in das Sicherungsvermögensverzeichnis beim Grundbuchamt ein Antrag auf Eintragung eines Treuhändersperrvermerks zu stellen ist, und dass bei indirekten Anlagen über Grundstücksgesellschaften ein entsprechender Vermerk in den Gesellschaftsvertrag der Grundstücksgesellschaft aufzunehmen ist. Für den Fall von Eilverkäufen kann unter bestimmten Umständen von der Einholung der Zustimmung des Treuhänders abgesehen werden.[58]

284　**Hinweis:**

Steuerbefreite Anleger sollten darauf achten, dass Finanzverwaltung und Rechtsprechung einen gewerblichen Grundstückshandel grundsätzlich annehmen, wenn die sog. **Drei-Objekt-Grenze** überschritten wird. Objekte i. S. d. Drei-Objekt-Grenze sind Grundstücke jeglicher Art. Auf die Größe, den Wert oder die Nutzungsart kommt es nicht an. Allerdings ist eine wichtige Ausnahme zu beachten: Im Falle der Errichtung von Großobjekten wie zum Beispiel Mehrfamilienhäusern, Büro-, Hotel-, Fabrik- oder Lagergrundstücken kann auch bei der Veräußerung von weniger als vier Objekten ein gewerblicher Grundstückshandel vorliegen. Die Finanzverwaltung stützt sich hierbei auf die BFH-Urteile vom 24.1.1996 (BStBl II, 303) und vom 14.1.1998 (BStBl II, 346), in denen bei dem Verkauf zweier selbst errichteter Supermärkte bzw. eines einzigen Sechsfamilienhauses eine gewerbliche Tätigkeit angenommen wurde. Entscheidendes Kriterium bei der Beurteilung eines gewerblichen Grundstückshandels ist – neben der Drei-Objekt-Grenze – die „Haltedauer" des jeweiligen

---

56　Kapitalanlagerundschreiben 11/2017 (VA) B.4.10 Immobilien Nr. 14 Buchst. a.
57　Kapitalanlagerundschreiben 11/2017 (VA) B.4.10 Immobilien Nr. 14 Buchst. b.
58　Kapitalanlagerundschreiben 11/2017 (VA) B.4.10 Immobilien Nr. 14 Buchst. d.

Objektes, das heißt die Zeitspanne zwischen Erwerb oder Herstellung und Veräußerung. Typisierend fließen regelmäßig nur solche Objekte in die Gesamtbetrachtung ein, deren Haltedauer fünf Jahre nicht überschreitet. Das BMF-Schreiben vom 26.3.2004 – IV A 6 - S 2240 – 46/04 trägt den Titel „Abgrenzung zwischen privater Vermögensverwaltung und gewerblichem Grundstückshandel" und enthält umfassende Informationen zur Abgrenzung.

Gem. § 2 Abs. 1 Nr. 14 Buchst. b AnlV sind als Anlage des Sicherungsvermögens geeignete Aktien einer REIT-Aktiengesellschaft oder Anteile an einer vergleichbaren Kapitalgesellschaft mit Sitz in einem Staat des EWR oder in einem Vollmitgliedstaat der OECD, die die Voraussetzungen des REIT-Gesetzes oder die vergleichbaren Vorschriften des anderen Staates erfüllen.   285

Abb. 15 Immobilien-Investmentvermögen (§ 2 Abs. 1 Nr. 14 Buchst. c AnlV)   286

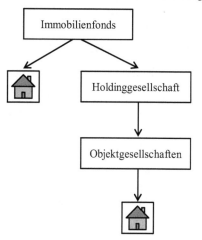

Voraussetzungen:
- AIFs in Form von
  - offenen und und geschlossenen Immobilien-Spezial-AIFs
  - geschlossenen Immobilien-Publikums-AIF
- ansässig in einem EWR-Mitgliedstaat
- verwaltet von einem AIFM mit Sitz in einem EWR-Mitgliedstaat, der der Aufsicht unterliegt und als AIFM genehmigt (nicht nur registriert) ist
- Anlage ausschließlich (direkt oder indirekt) in Immobilien und Immobiliengesellschaften gem. KAGB

Daneben qualifiziert § 2 Abs. 1 Nr. 14 Buchst. c AnlV Anteile und Aktien an inländischen Spezial-AIF und inländischen geschlossenen Publikums-AIF für das Sicherungsvermögen, die direkt oder indirekt in Vermögensgegenstände nach § 231 Abs. 1 Satz 1 Nr. 1 bis 6 KAGB sowie § 235 Abs. 1 KAGB investieren (einschließlich Gegenstände, die zu deren Bewirtschaftung erforderlich sind).[59]   287

In § 2 Abs. 1 Nr. 14 Buchst. c AnlV werden offene und geschlossene „Immobilien-Spezial-AIF" sowie geschlossene „Immobilien-Publikums-AIF" zusammengefasst und direkt auf die Mischungsquote für Immobilien (25 %) nach § 3 Abs. 5 AnlV angerechnet.   288

---

59 Kapitalanlagerundschreiben 11/2017 (VA) B.4.10 Immobilien Nr. 14 Buchst. f.

289 Der Einsatz von Derivaten ist nur zu Absicherungszwecken erlaubt und die Liquiditätsanlage muss annähernd den Anforderungen des § 253 Abs. 1 Satz 1 KAGB entsprechen.

290 Zu beachten ist, dass die Kreditaufnahme – bezogen auf den Verkehrswert des Immobilienbestandes des Investmentvermögens – 60 % nicht überschreiten darf. Die kurzfristige Kreditaufnahme ist auf bis zu 30 % des Inventarwertes zu beschränken.

291 Zur Wahrung der Belange der Versicherten sowie zur Einhaltung des Anlagegrundsatzes der Sicherheit fordert die BaFin, dass die Kapitalverwaltungsgesellschaft über eine Erlaubnis nach § 20 Abs. 1 KAGB verfügt.

292 **Hinweis:**

Die allgemeinen Grundsätze zur Abgrenzung einer gewerblichen von einer vermögensverwaltenden Tätigkeit, die durch die Rechtsprechung und die Finanzverwaltung entwickelt wurden, sind bei der Beurteilung einer aktiven unternehmerischen Bewirtschaftung der Vermögensgegenstände von Investmentfonds nicht unmittelbar anwendbar.[60]

293 Die Vermietung und Verpachtung von Grundvermögen bzw. das Halten von Beteiligungen an Immobilien-Gesellschaften hat grundsätzlich vermögensverwaltenden Charakter, auch dann, wenn der vermietete Grundbesitz sehr umfangreich ist und der Verkehr mit vielen Mietern erhebliche Verwaltungsarbeit erforderlich macht (BFH-Urteil vom 21.8.1990, BStBl 1991 II, S. 126) oder die vermieteten Räume gewerblichen Zwecken dienen (BFH-Urteil vom 17.1.1961, BStBl III, S. 233).

ii) Fondsbeteiligungen (§ 2 Abs. 1 Nr. 15 bis 17 AnlV)

294 Entsprechend der im KAGB vorgesehenen Kategorien zwischen Organismen für gemeinsame Anlagen in Wertpapieren (OGAW) und Alternativen Investmentfonds (AIF) unterscheidet die Anlageverordnung zwischen OGAW (§ 2 Abs. 1 Nr. 15 AnlV), offenen Spezial-AIF mit festen Anlagebedingungen (§ 2 Abs. 1 Nr. 16 AnlV) und anderen AIF, die nicht von § 2 Abs. 1 Nr. 13 Buchst. b, Nr. 14 Buchst. c, Nr. 15 und 16 AnlV erfasst werden (§ 2 Abs. 1 Nr. 17 AnlV).

295 Für die Versicherungsaufsicht ist bei der Begriffsbestimmung, ob ein offener oder geschlossener Fonds vorliegt, die Definition maßgebend, wie sie sich aus § 1 Abs. 4 und 5 KAGB in der bis zum 19.7.2014 geltenden Fassung ergibt. Danach sind offene Investmentvermögen OGAW und AIF, deren Anleger oder Aktionäre mindestens einmal pro Jahr das Recht zur Rückgabe gegen Auszahlung ihrer Anteile oder Aktien aus dem AIF haben. Zu beachten ist, dass sofern bei offenen Investmentvermögen eine

---

60 Vgl. BMF-Schreiben vom 3.3.2015 zum InvStG – IV C 1 S 1980 – 1/13/10007:002, H-BetrAV, Teil II, A. XII. 20 Nr. 2.

Lock-up-Periode (Sperrfrist, in welcher dem Fonds keine Liquidität entzogen werden kann) besteht, diese Anlagen nicht für das Sicherungsvermögen geeignet sind.[61]

Hinweis: 296

Die Rechtsunsicherheit bzgl. der Sicherungsvermögensfähigkeit von Regelungen in Anlagebedingungen, welche vorsehen, dass die Kapitalverwaltungsgesellschaft die Rücknahme der Anteile aussetzen darf, wenn außergewöhnliche Umstände vorliegen, die eine Aussetzung unter Berücksichtigung der Interessen der Anleger erforderlich erscheinen lassen, wurde von der BaFin im Kapitalanlagerundschreiben aufgelöst. Es wird klargestellt, dass derartige Bedingungen der Sicherungsvermögensfähigkeit nicht entgegenstehen.[62]

(1) Erwerbbarkeit von Anteilen und Anlageaktien an OGAW (§ 2 Abs. 1 Nr. 15 AnlV)

Für Anlagen in Organismen für gemeinsame Anlagen in Wertpapieren gem. der 297 Richtlinie 2009/65/EG des Europäischen Parlaments und des Rates vom 13.7.2009 zur Koordinierung der Rechts- und Verwaltungsvorschriften betreffend bestimmte Organismen für gemeinsame Anlagen in Wertpapieren (OGAW) gilt, dass diese nur dann § 2 Abs. 1 Nr. 15 AnlV zugeordnet werden können, wenn der betreffende Fonds hinsichtlich seiner Anlagen transparent ist, andernfalls kommt nur eine Einordnung nach § 2 Abs. 1 Nr. 17 AnlV in Betracht.

Bei Dachfonds wird es jedoch toleriert, wenn die von ihnen gehaltenen Zielfonds in 298 geringem Umfang nicht transparent sind, wobei offen bleibt, was hierunter genau zu verstehen ist.[63]

(2) Transparenter Spezialfonds (§ 2 Abs. 1 Nr. 16 AnlV)

In der Nr. 16 der AnlV ist die Erwerbbarkeit von Spezial-Investmentfonds mit festen 299 Anlagebedingungen gem. § 284 KAG geregelt, die nicht bereits durch Nr. 14 Buchst. c. AnlV (Immobilienfonds) erfasst werden.

Für Anlagen in Spezial-AIF nach § 284 KAGB stellt die BaFin klar: Sie dürfen nur 300 noch Wertpapiere gem. § 193 KAGB (OGAW-konforme Wertpapiere) halten.[64] Sonstige Wertpapiere gem. dem „erweiterten" Wertpapierbegriff des § 284 Abs. 2 Nr. 2a KAGB sind damit nicht mehr zulässig. § 193 KAGB sieht einen abschließenden Katalog – vorbehaltlich der Sonderregelung des § 198 KAGB (Sonstige Anlageinstrumen-

---

61 Kapitalanlagerundschreiben 11/2017 (VA) B.4.11 Anteile an Aktien und Investmentvermögen Nr. 15 bis 17.

62 Kapitalanlagerundschreiben 11/2017 (VA) B.4.11 Anteile an Aktien und Investmentvermögen Nr. 15 bis 17.

63 Kapitalanlagerundschreiben 11/2017 (VA) B.4.12 Anteile und Anlageaktien an OGAW Nr. 15.

64 Kapitalanlagerundschreiben 11/2017 (VA) B.4.13 Anteile und Anlageaktien an offenen Spezial-AIF mit festen Anlagebedingungen Nr. 16.

te) – vor, welche Wertpapiere von eine OGAW erworben werden dürfen. Hiernach sind grundsätzlich nur börsennotierte bzw. in einen organisierten Markt einbezogene Wertpapiere sowie unter bestimmten Voraussetzungen (nach Art. 2 Abs. 2 der Richtlinie 2007/16/EG) ggf. auch Anteile an geschlossenen Fonds und Finanzinstrumente zulässig. Problematisch bleiben damit Instrumente wie z. B. Namenschuldverschreibungen nach deutschem Recht, die zwar den weiten Wertpapierbegriff erfüllen, nicht jedoch den engen Wertpapierbegriff des § 193 KAGB.

301 **Abb. 16 Transparenter Spezialfonds (§ 2 Abs. 1 Nr. 16 AnlV)**

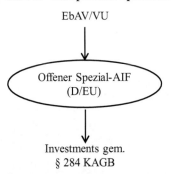

EbAV/VU

Offener Spezial-AIF
(D/EU)

Investments gem.
§ 284 KAGB

Voraussetzungen:
- inländisches/EU-Investmentvermögen
- in Form eines offenen Spezial-AIF
- verwaltet von einem AIFM mit Sitz in einem EWR-Mitgliedstaat, der der Aufsicht unterliegt und als AIFM genehmigt (nicht nur registriert) ist
- Erfüllung der Anforderungen nach § 284 KAGB und keine Einordnung als Immobilienfonds nach § 2 Abs. 1 Nr. 14 Buchst. c AnlV

302 Darüber hinaus legt die BaFin an aufsichtsrechtsrechtlichen Regelungen was folgt fest:

- nur OGAW-konforme Derivate dürfen eingesetzt werden;

- sonstige Anlageinstrumente[65] gem. § 198 Nr. 1 KAGB sind auf bis zu 20 %, sonstige Anlageinstrumente gem. § 198 Nr. 1 bis 4 KAGB sind auf insgesamt bis zu 30 % des Wertes des AIF beschränkt;

- unverbriefte Darlehensforderungen (gem. § 221 Abs. 1 Nr. 4 KAGB) sind auf bis zu 30 % des Wertes des AIF zu beschränken;

- Wertpapierdarlehensgeschäfte müssen bzgl. der Sicherheitsleistungen die Anforderungen der §§ 200 bis 202 KAGB erfüllen;

- Anteile und Aktien an offenen Zielfonds, die die Anforderungen nach § 2 Abs. 1 Nr. 17 AnlV erfüllen, sind auf bis zu 49 % des Wertes des AIF zu beschränken;

---

65 Unter sonstige Anlageinstrumente des § 198 KAGB fallen: nicht zum Handel an einer Börse oder einem anderen organisierten Markt zugelassene Wertpapiere (§ 198 Nr. 1), Geldmarktinstrumente von Emittenten, die nicht die Anforderungen des § 194 KAGB erfüllen (§ 198 Nr. 2), nicht gelistete Aktien (§ 198 Nr. 3) und Forderungen aus Gelddarlehen, nicht unter § 194 KAGB fallen.

- eine Sachauskehrung, insbesondere eine physische Lieferung von Edelmetallen, muss ausgeschlossen sein.

Zudem müssen Investmentvermögen nach § 2 Abs. 1 Nr. 16 AnlV transparent sein. Es erfolgt eine Durchschau bzgl. des Anlagekatalogs des § 2 Abs. 1 AnlV sowie eine Anrechnung auf die entsprechende Mischquote. Vermögensgegenstände, die nicht den Nummern des Anlagekatalogs des § 2 Abs. 1 AnlV zugeordnet werden können (mit Ausnahme von Derivaten), sind auf die Quote für Alternative Anlagen nach § 3 Abs. 2 Nr. 2 AnlV (AIF-Quote) durchzurechnen.

Hinweis: 303

Bei Dach- und Zielfondskonstruktionen ist darauf zu achten, dass wenn ein offener Fonds nach § 2 Abs. 1 Nr. 16 AnlV in Zielfonds investiert, diese ebenfalls offen und für das Sicherungsvermögen qualifiziert sein müssen.

Zulässig sind auch Beteiligungen an Unternehmen, die nicht zum Handel an einer Börse zugelassen oder in einen organisierten Markt einbezogen sind, einschließlich Anteile und Aktien an geschlossenen Private-Equity-Fonds. Diese sind allerdings auf bis zu 20 % des Wertes des Spezial-AIF zu beschränken.[66]

(3) Erwerb von sonstigen AIF (§ 2 Abs. 1 Nr. 17 AnlV)

§ 2 Abs. 1 Nr. 17 AnlV dient als Auffangtatbestand für diejenigen Investmentver- 304 mögen, die nicht bereits von § 2 Abs. 1 Nr. 13 Buchst. b, 14 Buchst. c, 15 und 16 AnlV erfasst werden. Zudem darf es sich nicht um offene Publikumsinvestmentvermögen in Form von Immobilien-Sondervermögen handeln, da diese für das Sicherungsvermögen nicht erwerbbar sind.

So kann in Investmentvermögen über die § 2 Abs. 1 Nr. 17 AnlV bis zu 100 % in un- 305 verbriefte Darlehensforderungen investiert werden. Das soll Investitionen im Bereich Infrastruktur über Fremdkapitalinstrumente erleichtern. Die generellen Ausschlusstatbestände des § 2 Abs. 4 AnlV (z. B. Konsumentenkredite, Betriebsmittelkredite) sind auch hier zu beachten. Investiert ein Investmentvermögen nach Nr. 17 in Zielfonds, müssen diese ebenfalls für das Sicherungsvermögen qualifiziert sein.[67] Zur Sicherstellung einer ausreichenden Fungibilität ist es erforderlich, dass Anteile an Investmentvermögen frei übertragbar sind.

---

66 Kapitalanlagerundschreiben 11/2017 (VA) B.4.13 Anteile und Anlageaktien an offenen Spezial-AIF mit festen Anlagebedingungen (Nr. 16).
67 Kapitalanlagerundschreiben 11/2017 (VA) B.4.14 Anteile und Aktien an anderen AIF, die nicht von Nummer 13 Buchst. b, Nummer 14 Buchst. c, Nummer 15 und 16 erfasst werden (Nr. 17).

306 **Abb. 17 AIF-Quote (§ 2 Abs. 1 Nr. 17 AnlV)**

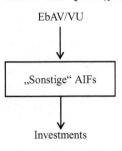

EbAV/VU

„Sonstige" AIFs

Investments

Voraussetzungen:

- AIF
- ansässig in einem EWR-Mitgliedstaat
- ist nicht unter speziellere Vorschrift einzuordnen
- verwaltet von einem AIFM mit Sitz in einem EWR-Mitgliedstaat, der der Aufsicht unterliegt und als AIFM genehmigt (nicht nur registriert) ist
- keine Einschränkungen der Anlageklassen außer Konsumenten-/Betriebsmittelkredite, (Ansprüche auf) bewegliche Sachen und immaterielle Werte

307 **Hinweis:**

Die Mischungsquote für Alternative Anlagen ist nach § 3 Abs. 2 Nr. 2 AnlV auf 7,5 % des Sicherungsvermögens begrenzt. Außerdem erfolgt eine Anrechnung auf die Risikokapitalanlagenquote nach § 3 Abs. 3 S. 1 AnlV.

jj) Anlagen bei Zentralnotenbanken, Kreditinstituten und multilateralen Entwicklungsbanken (§ 2 Abs. 1 Nr. 18 AnlV)

308 Schließlich können dem Sicherungsvermögen Anlagen bei der Europäischen Zentralbank oder der Zentralnotenbank eines Staates des EWR oder eines Vollmitgliedstaates der OECD zugeführt werden (§ 2 Abs. 1 Nr. 18 Buchst. a AnlV). Daneben sind Anlagen bei geeigneten Kreditinstituten (§ 2 Abs. 1 Nr. 18 Buchst. b AnlV) eine zulässige Anlageform. Geeignet ist ein Institut, wenn es der RL 2013/36/EU (sog. CRD IV-RL) unterliegt und das Kreditinstitut jährlich schriftlich dem Versicherungsunternehmen bestätigt, dass es die an ihrem Sitz geltenden Vorschriften über Eigenkapital und Liquidität einhält.

309 In diesem Kontext ist auf die Reformen des Einlagensicherungsfonds der Privatbanken zu verweisen. Dieser wurde schrittweise reduziert. So hat der Bundesverband deutscher Banken (BdB) am 17.2.2017 bekanntgegeben, die freiwillige Einlagensicherung speziell für institutionelle Investoren grundlegend zu reformieren. Ab dem 1.10.2017 unterliegen bankähnliche Kunden (bestimmte Wertpapierfirmen und Finanzinstitute) sowie Bund, Länder und Kommunen nicht mehr dem Schutz der freiwilligen Einlagensicherung. Ab dem 1.10.2017 werden Schuldscheindarlehen und Namensverschuldungen nicht mehr durch den freiwilligen Einlagensicherungsfonds geschützt. Für Papiere, die vor dem 1.10.2017 erworben wurden, gilt ein Bestandsschutz. Ab dem 1.1.2020 werden Einlagen mit einer Laufzeit von mehr als 18 Monaten vom Schutz ausgenommen. Auch hier gilt ein Bestandsschutz für Einlagen, die

vor dem Stichtag vereinbart wurden. Weiterhin erfasst sind Einlagen, sofern sie von Privatpersonen oder Stiftungen gehalten werden.

Am 9.12.2021 wurde bekannt gegeben, dass der Schutzumfang noch weiter eingeschränkt wird. Ab dem 1.1.2023 soll der Kreis der geschützten Einleger und der Umfang der Einlagensicherung angepasst und reduziert werden: Der Kreis der geschützten Einleger wird zukünftig nur noch private Sparer und Unternehmen sowie Institutionen, für die eine Einlagensicherung gesetzlich vorgeschrieben ist, umfassen. Professionelle Einleger wie beispielsweise Versicherer und EbAV werden hingegen ab 2023 nicht mehr geschützt. Für die bis zum 31.12.2022 abgeschlossenen Einlagen ist ein Bestandsschutz der Einlagensicherung für die Zeit nach dem 1.1.2023 vorgesehen. Zu den bis zum 31.12.2022 durch die Einlagensicherung der privaten Banken geschützten Einlagen von Versicherern gehören derzeit Sicht-, Termin- und Spareinlagen bis zu einer Laufzeit von 18 Monaten (§ 6 Abs. 3 Statut des Einlagensicherungsfonds). **310**

Hinweis: **311**

Die Reform des Einlagensicherungsfonds der Privatbanken hat Auswirkungen auf die Streuungsquote. Die künftige Zuordnung zur 15 %-Streuungsquote (§ 4 Abs. 2 Nr. 2 AnlV) hängt davon ab, ob die Anlage vom privaten Einlagensicherungssystem noch abgesichert ist oder nicht. Für nach dem Umstellungszeitpunkt erworbene Schuldscheindarlehen und Namensschuldverschreibungen eines geeigneten Kreditinstituts bedeutet dies eine (nunmehr reduzierte) Anrechnung auf die allgemeine 5 %-Quote nach § 4 Abs. 1 AnlV. Für Sichteinlagen (inkl. Termineinlagen bis 18 Monate) gilt die erhöhte Quote von 15 % nach § 4 Abs. 2 AnlV weiterhin. Dies sollte auch Termineinlagen mit einer Laufzeit von mehr als 18 Monaten einschließen, wenn ein (vorzeitiges) Kündigungsrecht der Bank (innerhalb der ersten 18 Monate) vorliegt.

6. Spezifika bei Pensionsfonds

Pensionsfonds haben ihre Kapitalanlage im Rahmen der Vorschriften der Verordnung betreffend die Aufsicht über Pensionsfonds (Pensionsfonds-Aufsichtsverordnung – PFAV) gem. § 240 Nr. 8 VAG zu tätigen. Für Kapitalanlagen gilt insbesondere Kapitel 4 der PFAV ohne konkrete quantitativen Vorgaben hinsichtlich der Mischung und Limitierung von Anlageklassen (§ 18 PFAV). Damit könnten Pensionsfonds unter Beachtung der Anforderungen aus den Verpflichtungen und dem Grundsatz der Diversifikation folgend, beispielsweise bis zu 100 % in Aktien investieren. **312**

Der Anlagekatalog für Pensionsfonds orientiert sich sehr stark an den Vorschriften für kleine Versicherungsunternehmen § 215 Abs. 2 Nr. 1 bis 7 VAG. Im Vergleich zum Anlagekatalog der Versicherungsunternehmen dürfen zusätzlich auch Anlagen in Versicherungsverträgen getätigt werden. **313**

Das VAG lässt bei Pensionsfonds die Möglichkeit der vorübergehenden Unterdeckung des Sicherungsvermögens zu. Begrenzt ist das Ausmaß auf 5 % der versicherungstechnischen Rückstellung. Im Falle der Unterdeckung muss der BaFin ein Bedeckungsplan **314** zur Genehmigung eingereicht werden, aus dem hervorgeht, wie die vollständige Bedeckung wiedererlangt werden soll. Der Plan darf einen Zeitraum von drei Jahren nicht überschreiten. Bei Pensionsplänen gem. § 236 Abs. 2 VAG kann die Unterdeckung maximal 10 % der versicherungstechnischen Rückstellungen betragen; der Bedeckungsplan kann einen Zeitraum von insgesamt zehn Jahren umfassen. In § 16 Abs. 2 PFAV wird analog zu § 1 Abs. 3 AnlV die Verpflichtung zu einem qualifizierten Anlagemanagement, geeigneten internen Kapitalanlagegrundsätzen und Kontrollverfahren sowie einer strategischen und taktischen Anlagepolitik betont. Dem Anlage- und Risikomanagement kommt somit auch bei Pensionsfonds eine besondere Bedeutung zu.

315 § 17 PFAV benennt die für das Sicherungsvermögen zulässige Anlageformen. Die Anlageformen in § 17 PFAV sind weitgehend identisch mit den Anlageformen der Anlageverordnung (§ 2 AnlV). Der wesentliche Unterschied zwischen den Anlagegrundsätzen für Pensionskassen und Pensionsfonds findet sich in der Normierung des Mischungsgrundsatzes mit dem die den Anlageformen innewohnenden kapitalmarktmäßigen Risiken begrenzt werden sollen. So bestimmt § 18 Abs. 1 Satz 1 PFAV zunächst: *„Die angemessene Verteilung des gebundenen Vermögens auf verschiedene Anlageformen (Mischung) bestimmt sich vorbehaltlich weiterer Regelungen dieser Bestimmung nach dem jeweiligen Pensionsplan."* Damit wird der Plangestaltungsfreiheit ein weiter Raum geschaffen. Die BaFin hat jedoch die Möglichkeit, dem Pensionsfonds eine individuelle Risikoquote vorzugeben. Die schuldnerbezogenen Beschränkungen gelten weitgehend analog zu kleinen Versicherungsunternehmen, Pensionskassen und Sterbekassen. Die nachfolgende Tabelle gibt einen Überblick über die derzeit gültigen Mischungs- und Streuungsquoten für Pensionsfonds.

316 **Tab. 5 Mischungs- und Streuungsquoten für Pensionsfonds**

§ 18 PFAV (Mischung)	§ 19 Abs. 2 PFAV (Streuung)
Grenzwert 10 % Öffnungsklausel § 17 Abs. 2 PFAV	Darlehen Staaten 30 % BRD u. a./Staat des EWR oder Vollmitgliedstaat der OECD/Internationale Organisation (§ 19 Abs. 1 PFAV)
§ 17 Abs. 1 Nr. 2 Buchst. a, Nr. 9, 10, 12 und 13 PFAV (Wertpapierdarlehen, Genussrechte, ABS, Aktien, andere Aktien und Geschäftsanteile)	Banktitel mit nachfolgenden Eigenschaften 15 %
Herabsetzungsmöglichkeit der BaFin hinsichtlich der unmittelbar oder mittelbar gehaltenen Anlagen	• Schuldverschreibung Kreditinstitut Sitz EWR oder OECD, wenn diese Schuldverschreibungen durch eine kraft Gesetzes bestehende besondere Deckungsmasse gesichert ist

§ 18 PFAV (Mischung)	§ 19 Abs. 2 PFAV (Streuung)
Bezugsgröße: Wahrung der Belange der Versorgungsberechtigten	• **geeignetes Kreditinstitut** § 17 Abs. 1 Nr. 18 PFAV, sofern die Anlage durch Institutssicherung oder Einlagensicherung tatsächlich abgesichert ist
	• **öffentlich rechtliches Kreditinstitut** nach § 17 Abs. 1 Nr. 18 Buchst. c PFAV
	• **Anlagen bei multilateraler Entwicklungsbank** § 17 Abs. 1 Nr. 18 Buchst. d PFAV
Vorsichtiges Maß bei sonstigen AIF Direkte und indirekte Anlagen nach § 17 Abs. 1 Nr. 17 PFAV (sonstige AIF, die nicht unter § 17 Abs. 1 Nr. 13 Buchst. b, 14 Buchst. c, 15 oder 16 PFAV fallen)	• **einzelnes Grundstück/grundstücksgleiches Recht** (§ 19 Abs. 5 PFAV) **10 %**
	• **Anlagen Trägerunternehmen** (§ 19 Abs. 6 PFAV) i. S. d. § 7 Abs. 1 Satz 2 Nr. 2 BetrAVG **5 %** • **Konzern** i. S. d. § 18 AktG **10 %**

Das Sicherungsvermögen kann darüber hinaus in Anlagen angelegt werden, die in Absatz 1 nicht genannt sind oder die Voraussetzungen nach Absatz 1 nicht erfüllen (Öffnungsklausel) (§ 17 Abs. 2 PFAV). Die unzulässigen Anlagen sind in § 17 Abs. 4 PFAV geregelt. Das sind u. a.:   **317**

• Konsumentenkredite, Betriebsmittelkredite

• in Beteiligungen bei Konzernunternehmen des Pensionsfonds i. S. d. § 18 AktG mit Ausnahme von Anlagen nach § 17 Abs. 1 Nr. 5 PFAV (Versicherungsverträge bei einem Lebensversicherungsunternehmen) sowie von Unternehmen, an denen der Pensionsfonds nur passiv beteiligt ist, ohne operativ auf das Geschäft Einfluss zu nehmen oder laufende Projektentwicklung zu betreiben.

Vor dem Hintergrund unterschiedlichster Anforderungen und Pensionspläne finden sich in den bis dato gegründeten Pensionsfonds Kapitalanlagekonzepte, die entweder versicherungsförmig ausgestaltet sind (bei versicherungsförmigen Tarifen Beitragszusage mit Mindestleistung bzw. bei Ausfinanzierung nach § 3 Nr. 66 EStG mit versicherungsförmiger Garantie) oder im weiten Rahmen der PFAV auf der Basis von Pensionsplänen, die keine versicherungsförmige Garantie vorsehen, operieren (Ausfinanzierung nach § 3 Nr. 66 EStG ohne versicherungsförmige Garantie, Beitragszusage mit Mindestleistung ohne Rückdeckung oder hybride Gestaltung der Kapitalanlage).   **318**

7. Kapitalanlage bei der reinen Beitragszusage (BRSG)

319 Das Betriebsrentenstärkungsgesetz von 2017 ermöglicht Betriebsrenten ohne Haftung des Arbeitgebers für die Höhe der späteren Rentenzahlung, wenn bestimmte Voraussetzungen (z. B. tarifrechtliche Regelungen) erfüllt sind. Als Durchführungswege können Pensionskassen, Pensionsfonds oder Direktversicherungen gewählt werden. Das nachfolgende Kapitel skizziert die wichtigsten gesetzlichen und aufsichtsrechtlichen Rahmenbedingungen für dieses betriebliche Altersvorsorgeinstrument.

320 Das Gesetz sieht grundlegende Veränderungen der betrieblichen Altersversorgung in Deutschland vor. Den Tarifpartnern werden stärkere Rollen und eine weite Gestaltungsfreiheit für Systeme der betrieblichen Altersversorgung eingeräumt. Der Gesetzgeber erhofft sich, über die Tarifpartner die richtigen Ansprechpartner und in der Tarifautonomie die richtige Regelungsebene zu haben, um die weitere Verbreitung der betrieblichen Altersversorgung sicherzustellen. Durch die Einbindung der Tarifpartner soll eine größere Flexibilität für maßgeschneiderte Lösungen ermöglicht werden als durch gesetzliche Regelungen. Erstmals wird die reine Beitragszusage auf Basis von Tarifverträgen als Gestaltungsform der betrieblichen Altersversorgung in Deutschland eingeführt. Der überwiegende Teil der Neuregelungen trat zum 1.1.2018 in Kraft.

a) Beteiligung der Tarifvertragsparteien

321 Gemäß § 21 Abs. 1 BetrAVG müssen die Tarifvertragsparteien den Prozess der Einführung, Implementierung und Durchführung der Betriebsrente auf Basis der reinen Beitragszusage begleiten. Dies kann im Rahmen gemeinsamer Einrichtungen nach § 4 TVG erfolgen. Die Anforderung ist aber z. B. auch dann erfüllt, wenn die Sozialpartner im Aufsichtsrat der durchführenden Versorgungseinrichtung vertreten sind oder wenn sie durch eine Vertretung in spezifischen Gremien der Versorgungseinrichtung hinreichende Einflussmöglichkeiten auf das Betriebsrentensystem haben können. Dies schließt die Gestaltung der Kapitalanlage mit ein.

b) Pay and Forget

322 Bei einer reinen Beitragszusage schuldet der Arbeitgeber lediglich die Zahlung der Beiträge an die durchführende Versorgungseinrichtung. Er haftet nicht für ein versprochenes oder kalkulierbares Leistungsvolumen, selbst wenn die durchführende Versorgungseinrichtung ausfallen sollte („Pay and Forget"). Die Beitragsleistung ist eine echte Rechtspflicht des Arbeitgebers und auch vom Arbeitnehmer gerichtlich durchsetzbar. Die Zahlung des Arbeitgebers an die durchführende Versorgungseinrichtung hat als berechtigte Leistung an einen Dritten i. S. d. § 362 Abs. 2 BGB schuldbefreiende Wirkung. Daneben normiert der neu gefasste § 1 Abs. 2 Nr. 2a BetrAVG, dass die in § 1 Abs. 1 Satz 3 BetrAVG vorgesehene Einstandspflicht des Arbeitgebers auf reine Beitragszusagen keine Anwendung findet. Durch diesen Hinweis wird klargestellt, dass der Arbeitgeber im Fall der Durchführung über eine reine Beitragszusage nicht für bestimmte oder bestimmbare Leistungen haftet.

c) Versicherungsaufsichtsrechtliche Folgen

Das VAG postuliert Mindestanforderungen an Einrichtungen, welche die reine Bei- 323
tragszusage durchführen.

In § 244b VAG werden die zivilrechtlichen Vorgaben einer reinen Beitragszusage auf- 324
sichtsrechtlich geregelt. So stellt § 244b Nr. 1 VAG klar, dass die durchführende Versorgungseinrichtung (Pensionsfonds, Pensionskasse oder Lebensversicherungsunternehmen) keine Mindestleistungen versprechen darf. Gemäß § 244b Nr. 2 VAG muss
sich die durchführende Versorgungseinrichtung verpflichten, Altersversorgungsleistungen als lebenslange Zahlungen zu erbringen. In seiner Nr. 3 bestimmt § 244b VAG,
dass das planmäßig zuzurechnende Versorgungskapital einschließlich Zinsen und Erträgen des Versorgungskapitals ausschließlich für laufende Rentenleistungen verwendet werden darf. Da letztendlich das Anlagerisiko der reinen Beitragszusagen ausschließlich beim Versorgungsberechtigten liegt, benötigen durchführende Pensionskassen und Lebensversicherungsunternehmen eine Erlaubnis für die Versicherungs-
sparte „Fondsgebundene Lebensversicherung".

d) Änderung der Pensionsfonds-Aufsichtsverordnung

Das Betriebsrentenstärkungsgesetzes ergänzt die Pensionsfonds-Aufsichtsverordnung 325
(PFAV) dahingehend, dass die in der PFAV verankerten Regelungen zur Durchführung reiner Beitragszusagen nicht nur für die Durchführung über einen Pensionsfonds gelten, sondern nach dem vorgesehenen § 33 Satz 2 PFAV ausdrücklich für alle
Versorgungseinrichtungen anwendbar sind, die reine Beitragszusagen durchführen.

Da mit der reinen Beitragszusage eine chancenreiche und gleichzeitig risikobalancierte 326
Anlagepolitik erreicht werden soll, sieht § 34 PFAV vor, dass die für Pensionsfonds
geltenden Anlagegrundsätze sowie die Regeln der §§ 16 ff. PFAV zu Anlagegrundsätzen, Anlagemanagement und Anlageformen, Mischung, Streuung und Kongruenz bei
der reinen Beitragszusage für alle zugelassenen Durchführungswege Geltung haben
sollen. Entsprechend dem gesetzlichen Leitbild der Stärkung der Sozialpartner haben
sich diese an der Steuerung der Kapitalanlagen zu beteiligen. Das kann über Anlagerichtlinien oder Vorgaben zur Anlagepolitik (z. B. in Form von *Life Cycle Konzepten*)
geschehen.[68] Der in dem Betriebsrentenstärkungsgesetz vorgesehene § 39 PFAV macht
eine Vorgabe für das Risikomanagement der durchführenden Versorgungseinrichtung
dahingehend, dass die durchführenden Versorgungseinrichtungen die in den Tarifverträgen verankerten Vorgaben der Tarifvertragsparteien berücksichtigen müssen.

8. Sustainable Finance: Regulatorische Anforderungen

Der Aspekt der Nachhaltigkeit hat eine immer größere Bedeutung für alle auf den Fi- 327
nanzmärkten tätigen Unternehmen, wozu auch EbAV gehören. Hintergrund ist der
politische Wille der EU, 2050 klimaneutral zu sei. Antrieb erhielt der Aspekt der

---

68 *Rößler*, DB 2017, 367, 370.

Nachhaltigkeit insbesondere unter dem Eindruck des Pariser Klimaabkommens von 2015[69] mit dem Ziel der Begrenzung der Erderwärmung auf unter zwei Grad sowie der „2030 Agenda for Sustainable Development" der UN.[70] In dem Bestreben, alle Finanzmarktteilnehmer möglichst rasch bei der Investitionsentscheidung auf die Berücksichtigung von Nachhaltigkeitsaspekten auszurichten, kam es im März 2018 zu einem EU-Aktionsplan[71] für nachhaltiges Wachstum. Der EU-Aktionsplan weist mehr als zehn Maßnahmenfelder auf, die sich grob unterteilen lassen in Maßnahmen zur Neuausrichtung der Kapitalflüsse, zur Einbettung von Nachhaltigkeit in das Risikomanagement sowie zur Förderung von Transparenz und Langfristigkeit. Zentrale Projekte bei der Neuausrichtung der Kapitalflüsse waren die Schaffung eines Klassifikationssystems für Wirtschaftsaktivitäten (Taxonomie), die Schaffung eines EU Green Bond Standard und von Klimabenchmarks sowie die Berücksichtigung von Nachhaltigkeitspräferenzen bei der Anlageberatung.[72] Fachliche Unterstützung erhielt die EU-Kommission damals von der sog. Technical Expert Group (TEG), einem Stakeholderforum, dessen Untergruppen mit der Erstattung von Berichten zu den vier Themenbereichen – Taxonomie, EU Green Bond Standard, Klimabenchmarks und Umsetzung der Empfehlungen der Taks Force on Climate-Climate-related Financial Disclousres (TCFD) zur Angabe von klimabezogenen Finanzinformationen – beauftragt worden waren.[73]

a) Taxonomie-Verordnung (EU) 2020/852

328 Die Taxonomie-VO[74] ist zusammen mit ihren Durchführungsakten und delegierten Rechtsakten das Herzstück der EU-Nachhaltigkeitspolitik; sie schafft ein einheitliches Klassifikationssystem (Taxonomie) für ökologisch nachhaltige Wirtschaftstätigkeiten. Sie soll Finanzmarktteilnehmern fundierte Investitionsentscheidungen ermöglichen und damit Transparenz schaffen, in welchem Maße Geschäftsaktivitäten ökologisch nachhaltig sind. Damit will sie Sicherheit für Investoren schaffen, Greenwashing verhindern, Unternehmen helfen, klimafreundlicher zu werden und dazu beitragen, Investitionen dorthin zu verlagern, wo sie am dringendsten benötigt werden.[75] Die Anwendbarkeit der Taxonomie-VO für EbAV ergibt sich aus ihrem Art. 1 Abs. 2 Buchst. b (Finanzmarktteilnehmer, die Finanzprodukte bereitstellen). Finanzmarktteilnehmer ist gem. Art. 2 Nr. 1 Buchst. c VO (EU) 2019/2088 (Offenlegungs-VO) – auf den Art. 2 Nr. 2 der VO (EU) 2020/852 (Taxonomie-VO) für die Definitionen verweist – u. a. eine Einrichtung der betrieblichen Altersversorgung (EbAV).

---

69 Paris Agreement (2015): https://ec.europa.eu/clima/policies/international/negotiations/paris_de.
70 Transformation our world: the 2030 Agenda for Sustainaible Development/Department of Economic and Social Affairs (un.org).
71 Action Plan: Financing Sustainable Growth (2018). 8.3.2018, KOM (2018) 97.
72 *Lanfermann*, BB 2019, 2219.
73 *Lanfermann*, BB 2019, 2219.
74 Verordnung (EU) 2020/852 vom 18.6.2020; ABl. Nr. L 198/13 vom 22.6.2020.
75 Europäische Kommission: EU-Taxonomie für nachhaltige Wirtschaftsaktivitäten.

Die Taxonomie-VO definiert sechs **Umweltziele:**   329

- Klimaschutz,

- Anpassung an den Klimawandel,

- nachhaltige Nutzung und Schutz von Wasser- und Meeresressourcen,

- Übergang zur Kreislaufwirtschaft,

- Vermeidung und Verminderung der Umweltverschmutzung sowie

- Schutz und Wiederherstellung der Biodiversität und der Ökosysteme.

Für die **Taxonomie-Konformität** einer wirtschaftlichen Aktivität sind dabei drei Be-   330
dingungen zu erfüllen:

- ein wesentlicher Beitrag zu mindestens einem der sechs Umweltziele,

- keine Beeinträchtigung eines anderen Umweltzieles und

- Einhaltung der international vereinbarten Mindeststandards von Arbeits- und Menschenrechten.

Eine wirtschaftlich nachhaltige Tätigkeit muss dazu technische Prüfkriterien erfüllen, die von der EU-Kommission in delegierten Rechtsakten festgelegt wurden.[76]

Aktivitäten, die nicht als nachhaltig gelten, werden von ihr nicht erfasst. Die VO ist   331
am 12.7.2020 in Kraft getreten und gilt für die ersten zwei Umweltziele seit dem
1.1.2022, für die übrigen vier Umweltziele ab dem 1.1.2023.

b) Offenlegungs-Verordnung (EU) 2019/2088

Die Offenlegungs-VO[77] richtet sich gem. ihrem Art. 2 Nr. 1 Buchst. c i. V. m. Nr. 7 an   332
die EU-Finanzmarktteilnehmer und ausdrücklich an alle EbAV.

Hinweis: 333

Die Einbettung in nationales Recht der Offenlegungs-Verordnung und der Taxonomie-Verordnung erfolgte über das Fondsstandortgesetz. In § 35 Abs. 1 Satz 1 wurde die Nr. 9 VAG aufgenommen, wonach bei der Prüfung des Jahresabschlusses der Wirtschaftsprüfer festzustellen hat, ob die Anforderungen der Offenlegungsverordnung und der Taxonomie eingehalten wurden. § 295 VAG (Zuständige Behörde in Bezug auf EU-Verordnungen) wurde ergänzt. Mit der Änderung wird klargestellt, dass für die der Aufsicht nach dem Versicherungsaufsichtsgesetz unterliegenden Unternehmen die zuständige Aufsichtsbehörde auch die zuständige Behörde i. S. d. Verordnung (EU) 2019/2088 (Transparenz-Verordnung)

---

76 Vgl. https://ec.europa.eu/info/law/sustainable-finance-taxonomy-regulation-eu-2020-852/amending-and-supplementary-acts/implementing-and-delegated-acts_en. Vorgesehenes Ende der Einspruchsfrist: 9.7.2022.
77 Verordnung (EU) 2019/2088 vom 27.11.2019, ABl. L 317/1 vom 9.12.2019.

und der Verordnung (EU) 2020/852 (Taxonomie-Verordnung) ist. Ferner wurde der Katalog der Ordnungswidrigkeiten in § 332 VAG ergänzt, mit der Rechtsfolge, dass die Nichteinhaltung der Vorgaben geahndet wird.

aa) Altersversorgungssysteme als Finanzprodukt

334 Die Verordnung sieht Altersversorgungssysteme i. S. d. Art. 6 Nr. 2 EbAV-II-Richtlinie als Finanzprodukte an (vgl. Art. 2 Nr. 12 i. V. m. Nr. 14). Eine „Wahlmöglichkeit" aus Sicht eines Versorgungsberechtigten muss nicht vorliegen für die Erfassung als Finanzprodukt, auch wenn die Erwägungsgründe der Offenlegungs-VO den Aspekt der „Informationsasymmetrie" und der Auswahl zur Begründung der Transparenzpflichten stark betonen. Daher sind Systeme mit Pflichtzugang bzw. kollektiver/tarifvertraglicher Grundlage auch erfasst.

bb) Katalog der Pflichten

335 Sie verpflichtet auf Unternehmensebene zur Offenlegung von Informationen über die Berücksichtigung von Nachhaltigkeitsrisiken. **Nachhaltigkeitsrisiken** sind gem. Art. 2 Nr. 22 VO (EU) 2019/2088 ein Ereignis oder eine Bedingung in den Bereichen Umwelt, Soziales oder Unternehmensführung, dessen beziehungsweise deren Eintreten tatsächlich oder potenziell wesentliche negative Auswirkungen auf den Wert der Investition haben könnte. Sofern EbAV nachteilige Auswirkungen nicht berücksichtigen, müssen sie das begründen („comply or explain", Art. 4 Abs. 1 b VO (EU) 2019/2088). Es muss nach Art. 5 auch angegeben werden, inwiefern die Vergütungspolitik mit der Einbeziehung von Nachhaltigkeitsrisiken im Einklang steht. Besonderer Nachdruck wird gelegt auf Transparenz in vorvertraglichen Informationen (Art. 6, 8 und 9). Die Anforderungen gelten gem. Art. 7 auf Produktebene für alle Finanzprodukte (ab 30.12.2022) und umfassen Informationen über die Ausrichtung der Investitionen an ökologisch nachhaltigen Faktoren sowie zur Performance in Bezug auf ESG-Ziele.

336 Finanzmarktteilnehmer (darunter auch EbAV) müssen die meisten Anforderungen der Offenlegungs-VO bis zum 10.3.2021 prinzipienorientiert umsetzen. Dies bedeutet, dass vorerst nur die Anforderungen der Offenlegungs-VO selbst erfüllt werden müssen. Viele Anforderungen der Offenlegungs-VO werden noch durch umfangreiche Vorschriften, sog. technische Regulierungsstandards (RTS), konkretisiert werden. So werden nach derzeitigen Sand zum 1.1.2023 die technischen Regulierungsstandards in Kraft treten, die vor allem Detailregelungen für Produkte im Sinne von Art. 8 und 9 der Offenlegungsverordnung betreffen. Vermutlich wird für diese auch ein Formular vorgegeben, das die EbAV für die Offenlegung der Informationen verwenden müssen.

cc) Form der Veröffentlichung

337 Art. 15 Abs. 1 VO (EU) 2019/2088 sieht für EbAV eine eigene Regelung zu der Frage vor, in welcher Form eine Veröffentlichung von Informationen zu erfolgen hat. Demnach sind die in den Art. 3 bis 7 sowie in Art. 10 Abs. 1 (der wiederum auch Art. 11

umfasst) geforderten Informationen gem. Art. 36 Abs. 2 Buchstabe 4 EbAV-II-Richtlinie zu veröffentlichen. Dort heißt es:

„Sie müssen potenziellen Versorgungsanwärtern, Versorgungsanwärtern sowie Leistungsempfängern kostenlos auf elektronischem Weg, beispielsweise auf einem dauerhaften Datenträger oder über eine Website, oder auf Papier zugänglich gemacht werden."

Dies bedeutet, dass EbAV **Wahlmöglichkeiten** haben, wie sie sowohl die unternehmensbezogenen (Art. 3 bis 5) als auch die produktbezogenen Informationen (für „konventionelle" Produkte gem. Art. 6 und 7 und auch für „nachhaltige" Produkte gem. Art. 8 und 9 über die Erwähnung von Art. 10 Abs. 1 in Art. 15) zur Verfügung stellen.

In Deutschland wurden die Informationsregelungen der EbAV-II-RL u. a. in der VAG-Informationspflichtenverordnung umgesetzt. Wo die in den Art. 3 bis 7 und in Art. 10 Abs. 1 geforderten Informationen am besten veröffentlicht werden, ist durch die EbAV selbst zu beurteilen. So mag für einen Teil der EbAV eine Veröffentlichung zusammen mit den Grundsätzen der Anlagepolitik und ggfs. weiteren gesetzlichen Transparenzanforderungen auf der eigenen Website sinnvoll sein. Zu bedenken ist, dass die veröffentlichten Informationen gem. Art. 3, 5 und 10 immer auf aktuellem Stand sein müssen (Art. 12 Überprüfen der Information) und im Falle von Änderungen diese dort auch erläutert werden müssen. Gilt ein Altersversorgungssystem als hell- oder dunkelgrünes Produkt gem. Art. 8 und 9, dann hat die EbAV im Jahresbericht verschiedene Erläuterungen zu machen (s. Art. 11). Marketingmaterial darf nicht im Widerspruch zu Veröffentlichungen der Offenlegungs-VO stehen (Art. 13). **338**

Hinweis: **339**

Abschlussprüfer sind seit dem Inkrafttreten des Fondstandortgesetzes (2.8.2021) dazu verpflichtet, die Einhaltung der Anforderungen nach Art. 3 bis 13 der Offenlegungs-VO sowie Art. 5 bis 7 der Taxonomie-VO zu prüfen. Der IDW hat im November 2021 erste Praxishinweise geliefert und bietet damit eine Orientierungshilfe.

dd) Umsetzung in der indirekten Anlage

EbAV müssen Anforderungen der Offenlegungs-VO für Vermögensanlagen erfüllen, die ihnen zwar ökonomisch zugrechnet werden können (insbesondere im Spezialfonds-Bereich), für welche jedoch rechtlich gesehen die KVG (Kapitalanlageverwaltungsgesellschaften) zuständig sind. Auch die konkrete Investitionsentscheidung liegt bei der KVG bzw. dem Asset Manager. Dieser Konstellation wird in der Offenlegung-VO nicht Rechnung getragen, da die Finanzmarktteilnehmer bildlich gesprochen „nebeneinander" stellt und die Beziehung zwischen den Finanzmarktteilnehmer nicht berücksichtigt. Dies betrifft bei den meisten EbAV insbesondere die Anforderungen von Art. 3, 4, 6 und 7 VO (EU) 2019/2088. Ein **Grundproblem** aus Sicht von EbAV besteht somit darin, dass an zentralen Stellen der Offenlegungs-VO Aussagen über Investitionsentscheidungen auf Unternehmens- oder Produktebene gemacht werden müssen (sowohl mit Blick auf Nachhaltigkeitsrisiken als auch auf negative Nachhal- **340** tigkeitsauswirkungen), auch wenn die EbAV selbst keine unmittelbare Anlageentscheidung trifft. Insbesondere in der Fondsanlage wird oftmals die Entscheidung unter Einbeziehung von externen Asset Managern in teils mehrstufigen Fondskonstruktionen getroffen. Die beteiligten Akteure unterliegen teils selbst den Anforderungen der Offenlegung-VO, teils jedoch nicht (bei nicht-EU-belegenen Asset Managern). Daher erscheint bei Vorliegen solcher Anlagekonstellationen der Grundsatz angemessen, dass die EbAV eine „zusammengesetzte" Darstellung macht und im Regelfall nur die von ihr selbst verantworteten Investitionsentscheidungen und, bei Zusammenarbeit mit externen Dienstleistern, die Auswahlprozesse durch die EbAV darlegt sowie auf Informationen der involvierten Dienstleister verweist. Vor diesem Hintergrund ist es für EbAV wesentlich zu wissen, auf welche Informationen der KVG (und der Asset Manager) zurückgreifen kann. Insbesondere für Master-/Dachfonds- Strukturen sind „konsolidierte" Informationen über der Fondsanlage auch unter Einbeziehung von externen Managern relevant und erforderlich. Vor allem für die Erfüllung der Anforderungen der Art. 3, 4 und 6 bis zum 10.3.2021 ist relevant, inwiefern und inwieweit verwertbare Informationen von KVGs zur Verfügung gestellt werden können (bspw. ob KVGs auf Asset Manager in Form von Verlinkungen auf Websites verweisen werden; ob KVGs auch Aussagen zu identifizierten Nachhaltigkeitsauswirkungen von externen Asset Managern aufnehmen oder sich erstmal nur auf eigene Investitionsentscheidungen beziehen; welche Assetklassen beispielsweise von der PAI-Erklärung („Erklärung zu den wichtigsten nachteiligen Nachhaltigkeitsauswirkungen") erfasst sind.

ee) ESG-Anforderungen, BaFin Merkblatt gibt Orientierung

341 Gemäß § 234c Abs. 1 VAG muss das Risikomanagementsystem einer Pensionskasse über § 26 Abs. 5 VAG (ebenso bei Pensionsfonds gem. §§ 237 Abs. 1 VAG i.V.m. 234c Abs. 1, 26 Abs. 5 VAG) hinaus auch ökologische und soziale Risiken sowie die Unternehmensführung betreffende Risiken abdecken, sowie diese Risiken mit dem Anlageportfolio und dessen Verwaltung in Verbindung stehen. Die vom Risikomanagementsystem erfassten Risiken werden auf eine Weise behandelt, die der Größe und der internen Organisation der Pensionskasse/Pensionsfonds sowie der Größenordnung, der Art, dem Umfang und der Komplexität ihrer Geschäftstätigkeit angemessen ist. Gemäß § 234h Abs. 3 VAG können Pensionskassen/Pensionsfonds im Rahmen des Grundsatzes der unternehmerischen Vorsicht den möglichen langfristigen Auswirkungen auf ökologische, soziale und die Unternehmensführung betreffende Belange Rechnung tragen.

342 Die BaFin hat am 20.12.2019, geändert am 13.1.2020, ein Merkblatt veröffentlicht, das Orientierung im Umgang mit Nachhaltigkeitsrisiken bietet. Die BaFin sieht ihr Merkblatt als Kompendium unverbindlicher Verfahrensweisen (Good-Practice-Ansätze), das unter Berücksichtigung des Proportionalitätsprinzips von den beaufsichtigten Unternehmen im Bereich von Nachhaltigkeitsrisiken zur Umsetzung der gesetzlichen Anforderungen an eine ordnungsgemäße Geschäftsorganisation und ein angemessenes Risikomanagementsystem angewendet werden kann.

(1) Definition von Nachhaltigkeitsrisiken

Nachhaltigkeitsrisiken i. S. d. Merkblatts werden als ESG-Risiken definiert. Aus Sicht der BaFin sollen Unternehmen der Finanzbranche alle ESG-Risiken berücksichtigen, die sich aus den 17 Nachhaltigkeitszielen der Vereinten Nationen ableiten. **Beispiele** sind: 343

- **Environment:** Klimaschutz, Schutz gesunder Ökosysteme, Abfallvermeidung, Recycling

- **Social:** Einhaltung anerkannter arbeitsrechtlicher Standards, keine Kinder- und Zwangsarbeit, keine Diskriminierung, angemessene Entlohnung, faire Bedingungen am Arbeitsplatz

- **Governance:** Nachhaltigkeitsmanagement durch Vorstand und Aufsichtsrat, Gewährleistung von Arbeitnehmerrechten und Datenschutz, Maßnahmen zur Verhinderung von Korruption

Wesentliche Bestandteilen des Merkblatts werden nachfolgend dargestellt.

(2) Strategien und Risikomanagement

Nachhaltigkeitsrisiken stellen keine separate Risikoart dar, sondern einen Teilaspekt der bereits bekannten Risikoarten, mit denen sich die Unternehmen auseinandersetzen sollen. Dies wiederum gilt es zu dokumentieren. Die Überprüfung der Strategien und eine den Risiken angemessene Geschäftsorganisation bilden dabei den Ausgangspunkt der Auseinandersetzung, insbesondere im Hinblick auf die Vorbildfunktion und die Gesamtverantwortung der Geschäftsleitung für die Geschäfts- und Risikostrategie („Tone at the top").   344

Als zentraler Punkt des BaFin-Merkblatts wird das **Risikomanagement** abgebildet. Unter besonderer Berücksichtigung von Nachhaltigkeitsrisiken und der Beibehaltung des Proportionalitätsprinzips sind die bestehenden Risikoidentifikations-, -steuerungs- und -controlling Prozesse sowie die Risikoberichterstattung zu überprüfen und ggf. weiterzuentwickeln. Außerdem sollten die unternehmensindividuellen Stresstests einschließlich der Szenario-Analysen hinsichtlich einer sinnvollen Abbildung von Nachhaltigkeitsrisiken und eines möglichen Anpassungsbedarfs überprüft werden.   345

(3) Kreditprozesse und ESG-Ratings

Auch in den Prozessen der Kreditgewährung und -weiterbearbeitung, wie z. B. bei Bonitätseinschätzungen zur Beurteilung von Adressenausfallrisiken, sind zukünftige Risiken und somit auch Nachhaltigkeitsrisiken einzubeziehen – insbesondere Branchen- und ggf. Länderrisiken, die durch Nachhaltigkeitsrisiken noch verstärkt werden können. **Klassische Kreditratings** gem. der EU-Ratingverordnung berücksichtigen ausschließlich die für die Beurteilung der Bonität eines Unternehmens bzw. des Kreditrisikos eines Finanzinstruments notwendigen Faktoren, d. h. auch die ESG-Faktoren. Um die Aussagekraft eines Ratings über Ausfallwahrscheinlichkeiten nicht zu   346 verfälschen, sollten die ESG-Faktoren jedoch nur berücksichtigt werden, wenn sie tatsächlich Einfluss auf die Bonität oder das Kreditrisiko haben. Um die Nachhaltigkeit von Finanzanlagen beurteilen zu können, bieten sich stattdessen spezielle ESG-Ratings an, die inzwischen am Markt gehandelt werden. Allerdings sollten reine ESG-Ratings ohne Bezug zum Kreditrisiko von den klassischen Kreditratings klar getrennt werden, um einer Verwässerung der Ergebnisse vorzubeugen.

(4) Auslagerungen

347 Im Fall von Auslagerungen könnte – so der Vorschlag der BaFin – der Umgang mit Nachhaltigkeitsrisiken in der Auslagerungsrichtlinie geregelt werden. Es könnte u. a. geprüft werden, welche Geschäftsfelder oder Prozesse von wesentlichen Nachhaltigkeitsrisiken betroffen sind und welche Regelungen mit den Dienstleistern standardmäßig getroffen werden müssen. Weiterhin könnte geprüft werden, ob die Berichtspflichten der Dienstleister ausreichen, um den externen Nachhaltigkeitsberichterstattungspflichten zu genügen. Nachhaltigkeitsrisiken könnten außerdem in die Risikoanalyse zur Identifikation von wesentlichen Auslagerungen miteinbezogen werden.

(5) Handlungsbedarf

348 • Identifikation und Bewertung relevanter Nachhaltigkeitsrisiken sowie deren Übersetzung in die klassischen Risikoarten

• Überprüfung der Geschäfts- und Risikostrategie sowie der Prozesse im Risikomanagement hinsichtlich möglicher Anpassungsbedarfe

• Identifikation von Aufgaben, Verantwortlichkeiten und zeitlichem Rahmen für die Beurteilung, Steuerung, Überwachung und Berichterstattung von Nachhaltigkeitsrisiken

• Überprüfung der Kreditprozesse, der Bonitätseinschätzungen auf Basis von Ratings und der Auslagerungsregelungen

II. Rechtliche Rahmenbedingungen der Kapitalanlage von nicht-aufsichtsrechtlich-regulierten Durchführungswegen

349 Wie bereits einleitend erwähnt, bestehen für die beiden nachfolgend beschriebenen Durchführungswege keine aufsichtsrechtlichen Rahmenbedingungen für die Kapitalanlage. Sponsor und Versorgungsträger können rein ökonomisch über die Gestaltung der Kapitalanlage bestimmen. Dem entsprechend sind es die weiteren Rahmenbedingungen, die Einfluss auf die Gestaltung der Kapitalanlagepolitik haben.

1. Spezifika bei der Unterstützungskasse

350 Es existieren zwei unterschiedliche Formen von Unterstützungskassen: zum einen die sog. reservepolsterfinanzierte Unterstützungskasse, zum anderen die rückgedeckte Unterstützungskasse. Da eine Unterstützungskasse auf ihre Leistungen keinen Rechts-

anspruch gewährt, unterliegt sie nicht der Versicherungsaufsicht und ist in der Anlage ihres Vermögens tatsächlich „frei".

Im ersten Fall der reservepolsterfinanzierten Unterstützungskasse wird für den Versorgungsfall zwar ein Kapital innerhalb der Unterstützungskasse angespart. Durch die starke Einschränkung der steuerlichen Abzugsfähigkeit der Zuwendungen ist dieses Kapital jedoch während der Anwartschaftsphase regelmäßig viel zu gering, um die zugesagten Leistungen wirklich erfüllen zu können. Aufgrund des geringen Deckungsgrades und der Freiheit der Kapitalanlage wird oftmals das Vermögen der Unterstützungskasse im Trägerunternehmen angelegt.   351

Im zweiten Fall der rückgedeckten Unterstützungskasse leitet die Unterstützungskasse die eingezahlten Beiträge direkt an ein rückdeckendes Versicherungsunternehmen bzw. eine Pensionskasse weiter. Insofern gelten für rückgedeckte Unterstützungskassen mittelbar die Anlagevorschriften des jeweils rückdeckenden Unternehmens.   352

2. Spezifika bei der Direktzusage

Die klassische Direktzusage ist „innenfinanziert". Innenfinanziert bedeutet in diesem Zusammenhang, dass für die Pensionsverpflichtung eine Rückstellung in den Passiva des zusagenden Unternehmens gebildet werden muss. Die „Finanzierung" erfolgt mittels aller geeigneter Aktiva auf der anderen Seite der Bilanz. Dies gilt sowohl für die internationale, die deutsche handelsrechtliche als auch die steuerrechtliche Bilanz. Während inzwischen unter bestimmten Rahmenbedingungen die internationale als auch seit Umsetzung des Bilanzmodernisierungsgesetzes (BilMoG) die deutsche handelsrechtliche Bilanz die Anrechnung bzw. Saldierung von Pensionsvehikeln anerkennen, gilt dies für die Steuerbilanz bis heute nicht. Die mit dem Ziel der Ausfinanzierung und damit „Außenfinanzierung" gebildeten Pensionsvehikel (CTA s. o.) betreiben aus rechtlicher Sicht Bankgeschäfte, wie beispielsweise das Einlagen- und Depotgeschäft. Die BaFin hat jedoch per Weisung und auf Grund des in § 2 Abs. 1 Nr. 7 KWG geregelten Konzernprivilegs verfügt, dass die für ein einzelnes Unternehmen bzw. einen einzelnen Konzern gebildeten CTAs von der Aufsicht befreit sind.   353

Da sog. Treuhandmodelle u. a. zum Ziel haben, die internationale Bilanz zu verkürzen,[78] müssen jedoch die ausfinanzierten Vermögenswerte als sog. „plan assets", also separiertes Pensionsvermögen bilanziell anerkannt werden. Diese Anerkennung setzt voraus, dass einige grundlegende Vorgaben für die Kapitalanlage erfüllt werden. Diese beziehen sich im Wesentlichen auf eine Separierung des Pensionsvermögens vom Vermögen des Arbeitgebers – auch im Insolvenzfall – sowie auf eine Zweckbindung des Pensionsvermögens. Insofern kann insbesondere die Anlage des Pensionsvermögens bei dem oder den Trägerunternehmen schädlich für die Anerkennung als „plan assets" sein. Dies ist wie bereits erwähnt jedoch nicht den rechtlichen Rahmenbedingungen   354

---

78 Und daneben die Ansprüche der Versorgungsanwärter bzw. -empfänger vor Insolvenz des Arbeitgebers zu schützen.

geschuldet, sondern ist i. W. abhängig von der Interpretation der bilanziellen Rahmenbedingungen durch den Arbeitgeber und dessen Wirtschaftsprüfer.

D. Ebene 3: Anlagevehikel: Investmentvermögen

355 Die dritte Ebene der Kapitalanlage von Versorgungsträgern umfasst die eingesetzten Anlagevehikel. Hierzu zählen insbesondere Investmentvermögen, die in einem eigenen Gesetz geregelt sind und mit deren Hilfe sich Einzelanlagen in großen Portfolien bündeln lassen. In Deutschland sind Investmentvermögen nach dem Kapitalanlagegesetzbuch (KAGB) reguliert. Dies setzt insbesondere die Anforderungen der OGAW-Richtlinie[79] um, Hinzugetreten ist im Jahr 2011 die Umsetzung der sog. AIFM-Richtlinie[80].

356 Da die Versorgungsträger oftmals über sehr große Anlagebeträge verfügen, kommt hier insbesondere dem deutschen Spezialfonds (dieser Terminus gilt nur noch umgangssprachlich; genaue rechtliche Bezeichnung heute: Spezial-AIF[81]) eine besondere Bedeutung zu. Daneben existieren jedoch weitere Anlagevehikel, mit deren Hilfe sich bestimmte Anlageziele verfolgen lassen und bei denen oftmals mehrere Eigenschaften einzelner Anlageformen nutzbar gemacht werden. Hierbei handelt es sich beispielsweise um Beteiligungsgesellschaften, Zertifikate und Schuldscheine. Unabhängig vom Durchführungsweg und den ihn jeweils gegebenenfalls begleitenden aufsichtsrechtlichen Anforderungen hinsichtlich der Kapitalanlage, gelten für die eingesetzten Anlageinstrumente oftmals investmentrechtliche Rahmenbedingungen. Diese haben in den letzten zwei Jahrzehnten eine rasante Entwicklung erfahren. Neben Direktanlagen in Namenspapieren, dürfte der deutsche Spezialfonds heute unter allen EbAVs und sonstigen Pensionsvermögen, das am häufigsten eingesetzte Anlagevehikel sein.

357 In der Kapitalanlagepraxis kommen heute i. W. die folgenden Arten von Investmentvermögen zum Einsatz:

1. Publikumsinvestmentvermögen deutscher, luxemburgischer und irischer Provenienz

2. Spezial-AIF nach deutschem und luxemburgischen Recht

3. Sonstige AIF nach luxemburgischen Recht

---

79 Richtlinie 2009/65/EG des Europäischen Parlaments und des Rates vom 13.7.2009 zur Koordinierung der Rechts- und Verwaltungsvorschriften betreffend bestimmte Organismen für gemeinsame Anlagen in Wertpapieren (OGAW) (ABl. L 302 vom 17.11.2009, S. 1).

80 Richtlinie 2011/61/EU des Europäischen Parlaments und des Rates vom 8.6.2011 über die Verwalter alternative Investmentfonds.

81 Bei dem inzwischen umgangssprachlichen Begriff „Spezialfonds" handelt es sich um Spezial-AIF im Sinne von § 1 Abs. 6 KAGB: Spezial-AIF sind AIF, deren Anteile auf Grund von schriftlichen Vereinbarungen mit der Verwaltungsgesellschaft oder auf Grund der konstituierenden Dokumente des AIF nur erworben werden dürfen von professionellen bzw. semiprofessionellen Anlegern.

Andere beispielsweise im Gesetz definierte Arten von Investmentvermögen, wie z. B. „Europäische Risikokapitalfonds", „Fonds für soziales Unternehmertum" oder „Europäische langfristige Investmentfonds", haben sich in der Praxis nicht etablieren können.

Die Einordnung dieser inzwischen sehr vielfältigen Fondsstrukturen fällt mitunter   358 nicht leicht, zumal für die durch die Versicherungsaufsicht regulierten Anleger zusätzliche Anforderungen gelten (Rdnr. 294 ff.).

I. Arten von Investmentvermögen

Nachfolgende Grafik gibt einen vereinfachten Überblick über die derzeit am Markt   359 zulässigen Formen von Investmentvermögen, die häufig von EbAVs und sonstigen Pensionsvermögen eingesetzt werden:

Abb. 18 AIFM-Richtlinie   360

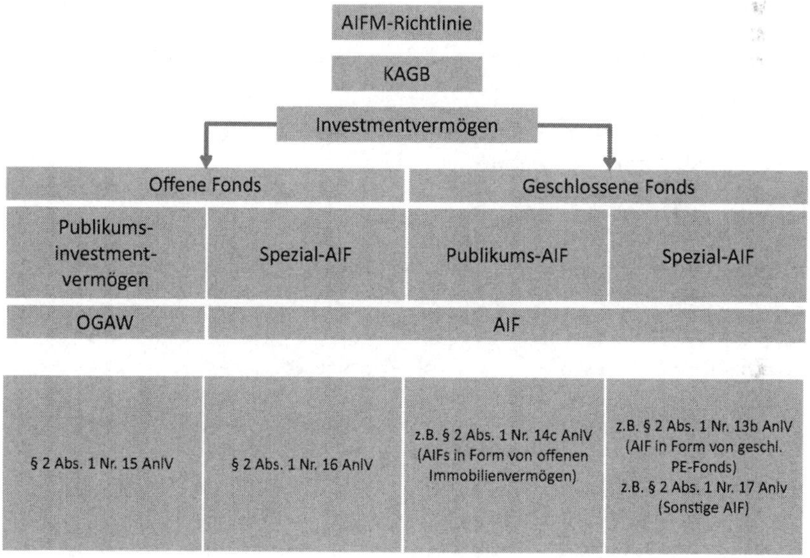

AIFM-Richtlinie			
KAGB			
Investmentvermögen			
Offene Fonds		Geschlossene Fonds	
Publikums-investment-vermögen	Spezial-AIF	Publikums-AIF	Spezial-AIF
OGAW		AIF	
§ 2 Abs. 1 Nr. 15 AnlV	§ 2 Abs. 1 Nr. 16 AnlV	z.B. § 2 Abs. 1 Nr. 14c AnlV (AIFs in Form von offenen Immobilienvermögen)	z.B. § 2 Abs. 1 Nr. 13b AnlV (AIF in Form von geschl. PE-Fonds) z.B. § 2 Abs. 1 Nr. 17 Anlv (Sonstige AIF)

Richtlinie 2011/61/EU des Europäischen Parlaments und des Rates vom 8. Juni 2011 über die Verwalter alternativer Investmentfonds und zur Änderung der Richtlinien 2003/41/EG und 2009/65/EG und der Verordnungen (EG) Nr. 1060/2009 und (EU) Nr. 1095/2010

Die unteren Blöcke der Grafik verweisen wiederum auf die entsprechenden Regelungen der Versicherungsaufsicht, die den Einsatz von Investmentvermögen unter gegebenenfalls weiteren Bedingungen für die unter Aufsicht stehenden Pensionsvehikel erlauben.

361 Wichtig ist in diesem Zusammenhang zu beachten, dass im Zweifel damit mindestens zwei, zählt man das Investmentsteuergesetz (Rdnrn. 381 ff.) als weiteren selbstständigen Rechtskreis hinzu, sogar drei Gesetzesrahmen zu beachten sind, um Investmentvermögen als Anlagevehikel zu nutzen.

II. Treuhänderfunktion und Verwahrstelleneigenschaft

362 Abseits der wesentlichsten Funktion von Investmentvermögen als Kapitalsammelstelle, die bei kleineren Anlagevermögen überhaupt erst eine sinnvoll diversifizierte Kapitalanlage und bei großen Anlagevermögen eine hohe Effizienz ermöglichen, sind es zwei ganz wesentliche Eigenschaften, die Investmentvermögen zu einem hohen Verbreitungsgrad geführt haben:

1. die Treuhänderfunktion

2. die Verwahrstelleneigenschaft oder auch Depotbankfunktion

Die Treuhänderfunktion besagt, dass das für ein Investmentvermögen angelegte Vermögen vom Vermögen der KVG zu trennen ist und die KVG insofern nur als Treuhänder des Vermögens auftritt. Die Aufgaben der KVG werden in den Anlagebedingungen geregelt.

363 Die einzelnen Bestandteile des Investmentvermögens sind zusätzlich bei einer Depotbank zu hinterlegen, so dass auch eine physische Trennung der Vermögen sichergestellt und eine zusätzliche Institution das Vermögen, Käufe und Verkäufe sowie die Bewertung des Vermögens überwacht.

III. Organismen für gemeinsame Anlagen in Wertpapieren (OGAW)

364 Umgangssprachlich nennt man OGAW Publikumsfonds. Und genau für ein breites Publikum werden solche OGAW aufgelegt, um einen effizienten Zugang zu typischerweise liquiden Anlageklassen zu gewähren. Dies gilt jedoch nicht nur für den Privatanleger, sondern auch für den institutionellen Anleger. Insbesondere bei kleineren Anlagevolumina oder beispielsweise in Anlageklassen, die nur einen geringen Anteil an der Gesamtallokation ausmachen, setzen institutionelle Anleger Publikumsfonds ein, um über ein breit diversifiziertes Portfolio investieren zu können.

365 Da OGAW jedoch ursprünglich vor allem für den Privatanleger eingeführt wurden, handelt es sich bei Publikumsfonds insbesondere aus Gründen des Verbraucher- bzw. Anlegerschutzes um den am schärfsten regulierten Fondstypus. So muss bspw. die Auflage eines Publikumsfonds von der jeweils zuständigen lokalen Aufsichtsbehörde genehmigt werden. Publikumsfonds sind allerdings auch die Investmentvehikel, die insbesondere von den Standorten Luxemburg und Irland aus, über ein in der OGAW-Richtlinie geschaffenes Europa-Pass System in fast allen Ländern der EU vertrieben werden (können).

Abseits aller anderen Rahmenbedingungen für einen Publikumsfonds ist – wie der Ti-   366
tel der EU-Richtlinie bereits andeutet – die gemeinsame Anlage in Wertpapieren. Ein
klassischer Publikumsfonds darf gem. OGAW-Richtlinie bzw. KAGB ergo i. W. in folgende Kapitalanlagen investieren:

- (Börsengehandelte) Wertpapiere (§ 193 KAGB)

- Geldmarktinstrumente (§ 194 KAGB)

- Bankguthaben (§ 195 KAGB)

- Investmentanteile (§ 196 KAGB)

Sowohl der Erwerb von letzteren, als auch der Einsatz von Derivaten sind beschränkt
bzw. werden durch zusätzliche Verordnungen (Derivateverordnung) reguliert.

Daneben können für einen OGAW bis zu 10 % des Vermögens in „sonstigen Anlage-   367
instrumenten" angelegt werden (§ 198 KAGB). Hierzu gehören:

- nicht-börsengehandelte Wertpapiere,

- Geldmarktinstrumente, die nicht den Anforderungen des § 194 KAGB genügen,

- Aktien, die zum Handel angemeldet, aber noch nicht zugelassen sind und

- Forderungen aus Gelddarlehen, die nicht unter § 194 KAGB fallen.

IV. Alternative Investmentfonds (AIF)

Im Nachgang der Finanzmarktkrise hat der europäische Gesetzgeber den Versuch un-   368
ternommen, Teile des grauen Kapitalmarktes, insbesondere in Bezug auf fondsähn-
liche Gestaltungsformen, zu regulieren. Hierzu wurde die AIFM-Richtlinie erlassen.
Diese reguliert zunächst die Anbieter, sprich Verwaltungsgesellschaften von Investmentvermögen und erst in einem zweiten Schritt die Investmentvermögen selbst.

Wie bereits erwähnt, ist abseits von Immobilienvermögen der Spezial-AIF, die in   369
Deutschland von institutionellen Anlegern am häufigsten verwendete Form von Investmentvermögen. Im Unterschied zu Publikumsfonds sind Spezial-AIF auch nur
diesen zugänglich und können damit auf vertraglicher Grundlage etwas freier gestaltet
werden, als Publikumsfonds.

Für große, institutionelle Anleger hat sich dabei in den letzten Jahren eine besondere   370
Form des Spezialfonds durchgesetzt, die sog. Master-KVG. Dabei handelt es sich um
einen einzelnen Spezialfonds. Dieser wird in eine Vielzahl von Subfonds oder auch
sog. Segmenten unterteilt. Das Management einzelner Subfonds wiederum kann an
Dritte ausgelagert werden. Hierdurch können einerseits die Vorteile des Spezialfonds
genutzt werden und andererseits eine breite Managerdiversifikation erreicht werden.

V. Erweiterung der Produktpalette durch das Fondsstandortgesetz

371 Die Bundesregierung hat am 20.1.2021 den Entwurf eines Gesetzes zur Stärkung des Fondsstandorts Deutschland und zur Umsetzung der Richtlinie (EU) 2019/1160 zur Änderung der Richtlinien 2009/65/EG und 2011/61/EU im Hinblick auf den grenzüberschreitenden Vertrieb von Organismen für gemeinsame Anlagen (Fondsstandortgesetz – FoStoG) beschlossen.

1. Spezial-AIF können als geschlossene Sondervermögen aufgelegt werden

372 Neu geregelt wurde, dass geschlossene Spezial-AIF auch als Sondervermögen aufgelegt werden dürfen (§ 139 Satz 1 KAGB n.F.). Die für offene Sondervermögen geltenden Vorschriften gelten nun auch für geschlossene Sondervermögen. Die Vorteile des geschlossenen Sondervermögens gegenüber der bisher geltenden Gesellschaftsform des geschlossenen Fonds liegen auf der Hand: So sind keine Gesellschaftsverträge mehr abzuschließen, Gesellschafterversammlungen/-beschlüsse entfallen, und es ist keine Eintragung von Kommanditisten ins Handelsregister erforderlich. Zudem wird der Erwerb der Anteile an geschlossenen Fonds vereinfacht, da diese – im Gegensatz zu einem Kommanditanteil an einer Investmentkommanditgesellschaft – bei einem Sondervermögen depotfähig sind. Die Neuerungen ermöglichen erstmals deutschen Private Equity und Venture Capital Fonds die Rechtsform des Sondervermögens, statt der normalerweise bisher gewählten Gesellschaftsform der GmbH & Co. KG. Die dadurch erhofften Vorteile sind Flexibilität und die Minimierung des Risikos einer gewerblichen Infektion von Einkünften bzw. einer vollständigen oder partiellen Steuerpflicht (Abschirmwirkung). Ferner sind derartige Vehikel oder vergleichbare EU-Investmentvermögen, die den neuen geschlossenen Sondervermögen vergleichbar sind, von der Konsolidierungspflicht ausgenommen (§ 290 Abs. 4 Nr. 4 Satz 2 HGB n.F.).

Abb. 19 Übersicht über zulässige Fondsstrukturen 373

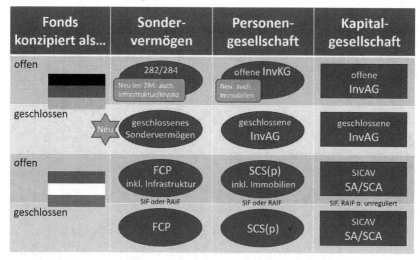

2. Investitionsmöglichkeit in Kryptowerte

Offene inländische Spezial-AIF mit festen Anlagebedingungen können nunmehr bis 374
zu 20 % des Wertes des Sondervermögens in Kryptowerte nach § 1 Abs. 11 Satz 4
KWG investieren, wenn deren Verkehrswert ermittelt werden kann (§ 284 Abs. 2
Nr. 2j, Abs. 3 Satz 1 Nr. 2 KAGB n.F.). Für allgemeine offene Spezial-AIF und geschlossene Spezial-AIF gibt es diese Investitionsmöglichkeit bereits.

3. Entwicklungsförderungsfonds

Mit dem Fondsstandortgesetz werden auch neue Fondskategorien geschaffen. Die 375
§§ 292a bis 292c KAGB n.F. regeln den Entwicklungsförderungsfonds („EF Fonds").
Es handelt sich um Spezial-AIF, die ausschließlich in Vermögenswerte investieren, die
nach UN-Grundsätzen entwicklungs- und klimapolitische Ziele in gelisteten Entwick-
lungsländern forcieren.

4. Infrastruktur-Sondervermögen

Mit dem an das Immobilien-Sondervermögen angelehnten Infrastruktur-Sonderver- 376
mögen gem. § 260a KAGB wird eine zusätzliche Produktkategorie für Investitionen in
Infrastrukturvorhaben eröffnet. Es handelt sich hierbei um einen offenen Publikums-
AIF zur Investition in Infrastruktur. Die Vorschriften zum Immobilien-Sondervermögen finden aufgrund struktureller Nähe entsprechende Anwendung.

5. Änderung für Immobilien-Sondervermögen

377 Hier wurde u. a. durch das Fondsstandortgesetz die Darlehensvergabe an Immobiliengesellschaften erleichtert. Die Darlehensvergabegrenzen des § 240 Abs. 2 Satz 1 KAG gelten nun nach § 240 Abs. 2 Satz 2. KAGB nicht mehr für Immobiliengesellschaften, an denen das Immobilien-Sondervermögen zu 100 % beteiligt ist. Für Immobilien-Spezial AIF wurde die Kreditaufnahmegrenze gem. § 284 Abs. 4 Satz 3 KAG von 50 % auf 60 % des Verkehrswertes der im Sondervermögen befindlichen Immobilien angehoben.

378 **Hinweis:**

Dadurch wurde nun ein Gleichlauf mit der Kreditaufnahmegrenze für Zwecke der Immobilienquotenfähigkeit i.S.d. AnlV sowie des entsprechend geänderten § 26 Nr. 7 InvStG erzielt.

6. Umsatzsteuerbefreiung auf die Verwaltung von Wagniskapitalfonds

a) Rechtslage vor dem Fondsstandortgesetz

379 Dreh und Angelpunkt der Problematik ist § 4 Nr. 8h UStG, welcher die Umsatzsteuerfreiheit der Verwaltung bestimmter Fondsgesellschaften vorsieht. Vor Inkrafttreten des Fondsstandortgesetzes war diese Umsatzsteuerbefreiung auf Organismen für gemeinsame Anlagen in Wertpapiere (OGAW) und vergleichbare alternative Investmentfonds (AIF) beschränkt. Hierbei war regelmäßig streitig, wann ein AIF als einem OGAW vergleichbar anzusehen ist. Auf Grundlage des Umsatzsteueranwendungserlasses (Abschn. 4.8.13) hat die Finanzverwaltung die Vergleichbarkeit typischer Private Equity und Venture Capital Fonds überwiegend verneint. Im Ergebnis wurde damit regelmäßig eine Umsatzsteuerpflicht der Management Fee bei diesen Fondsgesellschaften angenommen. Da Venture Capital und Private Equity Fonds in der Regel nicht vorsteuerabzugsberechtigt sind, stellte die Umsatzsteuer für sie eine Effektivbelastung und damit einem messbaren Nachteil für die Investoren dar.

b) Neufassung § 4 Nr. 8h UStG

380 Durch das Fondsstandortgesetz wurde § 4 Nr. 8h UStG erweitert. Er erfasst nunmehr neben der Verwaltung von OGAW und diesen vergleichbaren AIF auch die Verwaltung von „Wagniskapitalfonds". Unklar bleibt jedoch, was unter einem Wagniskapitalfonds zu verstehen ist, da dieser Begriff nicht definiert ist.

E. Investmentbesteuerung und deren Bedeutung für die betriebliche Altersversorgung

381 Die betriebliche Altersversorgung muss dem Arbeitnehmer vom Arbeitgeber zugesagt werden (Versorgungszusage, vgl. § 1 Abs. 1 Satz 1 BetrAVG,). Für die Durchführung der betrieblichen Altersversorgung stehen dem Arbeitgeber fünf unterschiedliche Durchführungswege zur Verfügung. So kann der Arbeitgeber eine unmittelbare Ver-

sorgungszusage gegenüber dem Arbeitnehmer erteilen und erbringt nach Eintritt des Versorgungsfalls unmittelbar aus eigenen Mitteln die Leistung (§ 1 Abs. 1 Satz 2 Betr-AVG). Die Verpflichtungen aus dieser Zusage werden in der Unternehmensbilanz als Pensionsrückstellung ausgewiesen (§ 249 HGB, § 6a EStG). Neben der unmittelbaren Versorgungszusage besteht die Möglichkeit der mittelbaren Versorgungszusage. Diese liegt vor, wenn die betriebliche Altersversorgung über einen externen Versorgungsträger (§ 1b Abs. 2 bis 4 BetrAVG) abgewickelt wird. Das sind die Direktversicherung und die sog. rechtsfähigen Versorgungseinrichtungen Pensionskasse, Pensionsfonds und Unterstützungskasse.

Je nach Art der Zusage gelten unterschiedliche steuerliche Rahmenbedingungen. So kommt es bei der unmittelbaren Versorgungszusage im Wesentlichen auf die Steuerposition des Arbeitgebers an (i. d. R. körperschaft- und gewerbesteuerpflichtig). Pensions- und Unterstützungskassen sind nach § 5 Abs. 1 Nr. 3 KStG und § 3 Nr. 9 GewStG steuerbefreit. Pensionsfonds unterliegen hingegen der Körperschafts- und Gewerbesteuer. Bei diesen kann jedoch mittels Bildung einer Deckungsrückstellung (§§ 341 f. HGB) eine weitgehende Steuerfreiheit der Erträge erreicht werden.[82] Das sind unterschiedliche steuerliche Parameter, die bei Investitionen in Fonds- bzw. Fondsstrukturen im Rahmen der Investmentsteuer bedeutend sind.[83]   **382**

I. Anwendungsbereich der Investmentbesteuerung

Der steuerliche Begriff des Investmentfonds knüpft an den aufsichtsrechtlichen Begriff des Investmentvermögens an. Ein Investmentvermögen ist nach § 1 Abs. 1 KAGB jeder Organismus für gemeinsame Anlagen, der von einer Anzahl von Anlegern Kapital einsammelt, um es gem. einer festgelegten Anlagestrategie zum Nutzen dieser Anleger zu investieren, und der kein operativ tätiges Unternehmen außerhalb des Finanzsektors ist. Wegen der in § 1 Abs. 2 Satz 2 und Abs. 3 InvStG festgelegten Erweiterungen und Einschränkungen ergeben sich Unterschiede zum kapitalanlagerechtlichen Begriff des Investmentvermögens. So gelten etwa sog. Ein-Anleger-Fonds, die die übrigen Voraussetzungen des Investmentvermögens nach § 1 Abs. 1 KAGB erfüllen, als Investmentfonds i. S. d. Investmentsteuer. Hingegen unterliegen Investmentvermögen in der Rechtsform einer Personengesellschaft und einer vergleichbaren ausländischen Rechtsform nicht dem Anwendungsbereich des InvStG.[84]   **383**

II. Die zwei Fondstypen Investmentfonds und Spezial-Investmentfonds

Seit 1.1.2018 muss ein Fonds keine besonderen Voraussetzungen mehr erfüllen, um ein Investmentfonds i. S. d. Investmentsteuergesetz zu sein. Ist der Anwendungsbereich eröffnet, wird dieser automatisch als Investmentfonds behandelt, es sei denn die speziellen Voraussetzungen des Spezial-Investmentfonds nach § 26 InvStG liegen   **384**

---

82 Instruktiv hierzu *Ernst*, BB 2017, 2723 ff.
83 *Ernst*, BB 2017, 2723.
84 *Stadler/Bindl*, DStR 2016, 1953 ff., 1955.

vor.[85] Ein Wechsel von der Besteuerung als Investmentfonds zur Besteuerung als Spezial-Investmentfonds ist – wie § 24 InvStG klarstellt – ausgeschlossen.

385 **Hinweis:**

Ändert ein Spezial-Investmentfonds seine Anlagebedingungen in der Form, dass die Voraussetzungen des § 26 InvStG nicht mehr erfüllt werden, gilt der Spezial-Fonds als aufgelöst – und bei Vorliegen der Prämissen des § 1 InvStG als neu aufgelegter Investmentfonds (§ 52 Abs. 1 InvStG). Auf Anlegerseite stellt der Statuswechsel einen Realisationsvorgang dar, d. h. die Anteile am Spezial-Investmentfonds gelten als veräußert und die Anteile am Investmentfonds als angeschafft.[86]

386 *Abb. 20 Investmentvermögen*

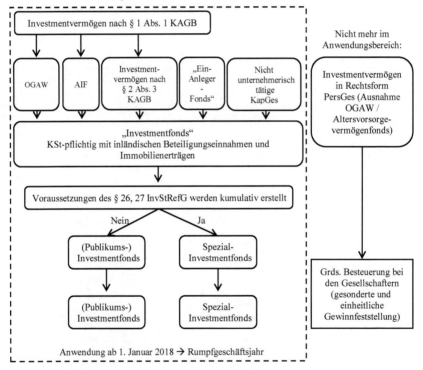

85 *Ernst*, BB 2017, 2724.
86 *Stadler/Bindl*, DStR 2016, 1955.

III. Investmentfonds

1. Besteuerung auf Fondsebene

Für Investmentfonds wurde das bis 2017 geltende Transparenzprinzip abgeschafft   387
und durch eine pauschalierende Besteuerung ersetzt. Inländische Investmentvermögen gelten nach § 1 Abs. 1 Nr. 5 KStG als Zweckvermögen und ausländische Investmentvermögen als Vermögensmassen i. S. d. § 2 Nr. 1 KStG und werden wie Kör-
perschaften als steuerlich intransparent eingestuft.

a) Steuerpflichtige Einkünfte

§ 6 Abs. 2 Satz 1 InvStG normiert die abschließend genannten Katalogeinkünfte (in-   388
ländische Beteiligungseinnahmen, inländische Immobilienerträge und sonstige inländische Einkünfte), welche der Besteuerung unterfallen. Für diese Erträge wird ein
Steuerabzug angeordnet.

Zu den inländischen Beteiligungseinnahmen (§ 6 Abs. 3 InvStG) gehören insbesonde-   389
re Dividenden und Vergütungen auf Eigenkapitalgenussrechte. Zu den inländischen
Immobilienerträgen zählen Einkünfte aus der Vermietung und Verpachtung von im
Inland belegenen Grundstücken.

Hinweis: 390

In Abweichung zu § 49 Abs. 1 Nr. 8 EStG wird auch der Veräußerungsgewinn bei Halten einer Immobilie von mehr als 10 Jahren besteuert. Wertsteigerungen, die vor dem 1.1.2018
eingetreten sind, sind jedoch auf Grund einer Bestandschutzregel steuerfrei, falls die Immobilie nach einer Haltedauer von mehr als 10 Jahren veräußert wird.

Sonstige inländische Kapitaleinkünfte sind alle inländischen Einkünfte i. S. v. § 49
Abs. 1 EStG, mit Ausnahme von Veräußerungsgewinne i. S. v. § 49 Abs. 1 Nr. 2
Buchst. e EStG, Beteiligungseinnahmen und Immobilienerträge.

b) Nicht steuerpflichtige Einkünfte

Das sind ausländische Einkünfte, insbesondere ausländische Dividenden, Anteile an   391
ausländischen Kapitalgesellschaften, ausländische Immobilienerträge und Zinseinnahmen von ausländischen Schuldnern.

Hinweis: 392

Auch die meisten inländischen Zinserträge (z. B. aus marktüblichen Rentenpapieren, aus
festverzinslichen, nicht besicherten Darlehen oder aus kurzfristigen Liquiditätsanlagen z. B.
Termingelder und Teilschuldverschreibungen) sowie Veräußerungsgewinne aus Anteilen an
in- und ausländischen Kapitalgesellschaften auf Ebene des Investmentfonds sind nicht steuerpflichtig. Gleiches gilt für Investmenterträge aus in- oder ausländischen Ziel-Investment-
fonds auf Ebene des Dach-Investmentfonds, denn hierbei handelt es sich um Einkünfte aus
Kapitalvermögen i. S. d. § 20 Abs. 1 Nr. 3 EStG (bei Investmentfonds nach § 16 InvStG)
oder i. S. d. § 20 Abs. 1 Nr. 3 EStG (bei Spezial-Investmentfonds nach § 34 Abs. 1 InvStG).

Diese zählen nicht zu den inländischen Beteiligungseinnahmen nach § 6 Abs. 3 InvStG und sonstigen inländischen Einkünften i. S. d. § 6 Abs. 5 InvStG.[87]

c) Kapitalertragsteuereinbehalt

393 Der **Kapitalertragsteuereinbehalt** beträgt regulär in Deutschland 25 % zzgl. Solidaritätszuschlag. Damit der Anleger eine Reduktion der Kapitalertragsteuer auf den anzuwendenden Körperschaftsteuersatz i. H. v. 15 % bereits an der Quelle erlangt, ist es notwendig, dass dem Entrichtungsverpflichteten vor Zufluss der Kapitalerträge eine Statusbescheinigung des Investmentfonds vorliegt. Diese Statusbescheinigung wird von den Finanzbehörden auf Antrag ausgestellt.

d) Besonderheiten bei steuerbefreiten Anlegern wie z. B. Pensions- und Unterstützungskassen

394 Sind an dem Investmentfonds steuerlich begünstigte Anleger beteiligt, so ist eine Befreiung und vollständige Rückerstattung von Körperschaftsteuer auf inländische Beteiligungseinnahmen möglich. Welche Einkünfte letztlich auf Ebene des Investmentfonds steuerfrei bleiben, hängt von der Art der Steuerbefreiung des Anlegers ab.

aa) Vollständige Steuerbefreiung

395 Anleger, die ausschließlich gemeinnützigen, mildtätigen oder kirchlichen Zwecken i. S. d. § 44a Abs. 7 Satz 1 EStG dienen sowie Anleger, welche sich im Rahmen von zertifizierten Altersvorsorge- oder Basisrentenverträgen sich an Investmentfonds beteiligen, können zur Steuerbefreiung hinsichtlich aller steuerpflichtigen Einkünfte gem. § 8 Abs. 1 InvStG optieren.[88]

bb) Steuerbefreiung nur für Immobilienerträge

396 Sonstigen steuerbegünstigten Anlegern i. S. d. § 44 Abs. 8 EStG (z. B. Pensions- und Unterstützungskassen) profitieren lediglich von einer **partiellen Steuerbefreiung**. Bei diesen sind auf Antrag des Investmentfonds die inländischen Immobilienerträge steuerbefreit (§ 8 Abs. 2 InvStG).

397 Ursächlich für die nur teilweise Steuerbefreiung ist, dass inländische Dividendenerträge bei steuerbefreiten Anleger i. S. d. § 44 Abs. 8 EStG bereits vor 2018 (also vor Inkrafttreten der Investmentsteuerreform) einer definitiven Kapitalertragsteuerbelastung i. H. v. 15 % Kapitalertragsteuer zzgl. Solidaritätszuschlag unterliegen. Der Gesetzgeber wollte insofern den Status Quo beibehalten. Sofern sich nach den Anlagebedingungen nur steuerbegünstigte Anleger nach § 8 Abs. 1 InvStG beteiligen, dann kann der Investmentfonds oder die Anlageklasse sogar vollständig steuerfrei sein (§ 10 InvStG).

---

87 *Stadl/Bindl*, DStR 2016, 1956.
88 *Ernst*, BB 2017, 2724.

cc) Dach- und Zielfondskonstruktionen

Sind an einen Dach-Investmentfonds ausschließlich steuerlich begünstigte Anleger 398
beteiligt, gilt der Dach-Investmentfonds selbst als steuerbegünstigter Anleger. Um eine
Steuerbefreiung zu erlangen, muss von der Kapitalverwaltungsgesellschaft nachgewie-
sen werden, dass die begünstigten Anleger zum einen seit mindestens drei Monaten
zivilrechtlich und wirtschaftlicher Eigentümer der Investmentanteile sind und zum
anderen muss der Investmentfonds die Anforderungen des § 36a EStG bzgl. der
45 Tage Regel erfüllen. Denn seit dem 1.1.2016 sind Dividenden aus inländischen Aktien und eigenkapitalähnlichen Genussrechten auf Ebene des Publikums- und Spezial-
Investmentfonds (gem. § 36a EStG) nur noch dann steuerfrei, wenn sich die Aktien
bzw. Genussrechte:

- mindestens 45 Tage (Mindesthaltedauer) um den Ex-Tag ununterbrochen im wirtschaftlichen Eigentum befinden,

- der Fonds während der 45 Tage mindestens 70 % des Wertänderungsrisikos trägt
  und

- es keine Verpflichtung zur Weiterzahlung der Dividende an Dritte gibt.

Die drei Monatsregel gilt aber nicht für Investmentanteile, sofern die Investitionen im 399
Rahmen von Altersvorsorge- oder Basisrentenverträgen gehalten werden, die nach
§§ 5 und 5a AltZertG zertifiziert wurden.

2. Besteuerung von Investmenterträgen auf Anlegerebene

a) Investmenterträge

Im Unterschied zum transparenten Besteuerungssystem werden beim intransparen- 400
tem Besteuerungssystem die steuerpflichtigen Einnahmen des Fonds den Investoren
nicht mehr in Höhe ihrer jeweiligen Anteile zugerechnet. Die Steuererhebung erfolgt
durch die Besteuerung der

- tatsächlichen Ausschüttungen

- der sog. Vorabpauschale und

- Gewinne aus der Veräußerung der Investmentanteile.

Als Ausschüttungen gelten alle dem Anleger gezahlten oder gutgeschriebenen Beträge.
Dies bewirkt, dass auch Substanzausschüttungen steuerpflichtig sind.

Als eine Art Ersatz für die ausschüttungsgleichen Erträge werden bei Anlegern die 401
thesaurierten Erträge durch Vorabpauschalen besteuert (§ 18 InvStG). Mit der Vorabpauschale soll nach der Gesetzesbegründung eine dauerhafte Thesaurierungs-
begünstigung mit entsprechendem Stundungseffekt vermieden werden.[89]

---

89 Gesetzesbegründung, BR-Drucks. 119/16, 98 ff.

402 **Hinweis:**

Gem. § 16 Abs. 2 InvStG ist die Vorabpauschale nicht anzusetzen, sofern die Investment-anteile im Rahmen der bAV nach dem BetrAVG gehalten werden. Befreit sind mithin Einrichtungen der betrieblichen oder privaten Altersvorsorge (z. B. Pensionskassen und Pensionsfonds).

b) Teilfreistellungen

403 Das Regime **ab 2018** sieht darüber hinaus eine partielle Steuerbefreiung vor („Teilfreistellung" für Erträge aus Aktien-, Misch- und Immobilienfonds). Die Teilfreistellung ermöglicht letztlich eine partielle Steuerbefreiung der zu versteuernden Einkünfte zu einem bestimmten Prozentsatz. Es sind allerdings Teilfreistellungen anwendbar, wenn mindestens 51 % des Wertes des Investmentfonds in die folgenden Investitionen erfolgt:

- **Aktien:** Legt der Fonds überwiegend in Aktien an, erfolgt eine 30-prozentige Freistellung für Anleger, die ihre Anteile im Privatvermögen halten, eine 60-prozentige Freistellung für Anleger, die ihre Anteile im Betriebsvermögen halten und eine 80-prozentige Freistellung für Anleger, die Kapitalgesellschaften sind.

- **Inländische Immobilien oder Immobiliengesellschaften:** Legt der Fonds überwiegend in inländische Immobilien oder Immobiliengesellschaften an, so sind generell 60 % der Erträge steuerfrei.

- **Ausländische Immobilien oder Immobiliengesellschaften:** Bei Investitionen in ausländische Immobilien oder Immobiliengesellschaften werden 80 % der Erträge von der Steuer befreit.

Für sog. Mischfonds sind ebenfalls Teilfreistellungssätze vorgesehen. Werden mindestens 25 des Wertes des Investmentfonds in Aktien angelegt, erfolgt eine 15-prozentige Freistellung für Anleger, die ihre Anteile im Privatvermögen halten, eine 30-prozentige Freistellung für Anleger, die ihre Anteile im Betriebsvermögen halten und eine 40-prozentige Freistellung für Kapitalgesellschaften als Anleger.

Abb. 21 Steuerpflichtige Ereignisse   404

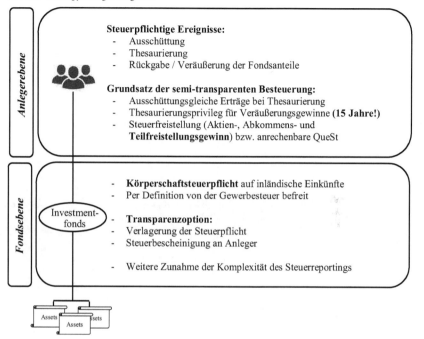

Steuerpflichtige Ereignisse:
- Ausschüttung
- Thesaurierung
- Rückgabe / Veräußerung der Fondsanteile

Grundsatz der semi-transparenten Besteuerung:
- Ausschüttungsgleiche Erträge bei Thesaurierung
- Thesaurierungsprivileg für Veräußerungsgewinne (**15 Jahre!**)
- Steuerfreistellung (Aktien-, Abkommens- und **Teilfreistellungsgewinn**) bzw. anrechenbare QueSt

- **Körperschaftsteuerpflicht** auf inländische Einkünfte
- Per Definition von der Gewerbesteuer befreit

- **Transparenzoption:**
- Verlagerung der Steuerpflicht
- Steuerbescheinigung an Anleger

- Weitere Zunahme der Komplexität des Steuerreportings

IV. Spezial-Investmentfonds

Spezial-Investmentfonds sind Investmentfonds, die zusätzlich die Anlagebestimmun-   405
gen des § 26 InvStG erfüllen. Bei Spezial-Investmentfonds findet das Transparenzprinzip Anwendung, das den Anleger stets so besteuern soll, als ob er in die durch den
Spezial-Investmentfonds gehaltene Vermögensgegenstände direkt investiert wäre.

1. Besteuerung auf Fondsebene

Bzgl. ihrer inländischen Beteiligungseinnahmen, inländischen Immobilienerträgen   406
und sonstigen inländischen Einkünften unterliegen Spezial-Investmentfonds wie Investmentfonds der partiellen Körperschaftsteuerpflicht (§ 29 Abs. 1 i. V. m. § 6 Abs. 2
InvStG).

2. Wahlrecht zur Steuerbefreiung

In der Praxis erfolgt dies bei abzugsberechtigten inländischen Einkünften durch Aus-   407
übung der sog. Transparenzoption und bei den übrigen inländischen Einkünften (z.

B. Immobilienerträgen) durch Einbehalt von Kapitalertragsteuer auf Fondsausgangsseite.[90]

408 Bei Ausübung der **Transparenzoption** durch die Kapitalverwaltungsgesellschaft wird dies der Verwahrstelle mitgeteilt. Diese führt dazu, dass die Kapitalertragsteuer zzgl. Solidaritätszuschlag einbehalten und die inländischen Beteiligungseinnahmen den Anlegern steuerlich direkt zugerechnet werden. Der Anleger erhält eine Steuerbescheinigung und hat die ihm zugerechnete Erträge in seiner Steuererklärung zu veranlagen.

409 Die Ausübung der Transparenzoption bewirkt, dass die Anleger nicht nur für die Zwecke der Kapitalertragsteuer, sondern auch materiell-steuerrechtlich als Gläubiger der betreffenden Einkünfte gelten (§§ 30 Abs. 1 Satz 2, 31 Abs. 1 Satz 1 InvStG).

410 Anleger können jedoch auch auf Grund ihres Steuerstatus die Steuer direkt von der Verwahrstelle erstattet bekommen. Dies gilt z. B. bei Kirchen, gemeinnützigen Stiftungen und Lebensversicherungen bei Vorliegen entsprechender Nichtveranlagungsbescheinigungen. Bei Pensionskassen und Versorgungswerken ist in diesem Kontext zu beachten, dass bei Ausübung der Transparenzoption der Solidaritätszuschlag zusätzlich anfällt.

411 Entscheidet sich der Spezialfonds gegen die Transparenzoption, werden die inländischen Beteiligungseinnahmen definitiv mit einer Körperschaftsteuer von 15 % belastet (inkl. Solidaritätszuschlag). Eine Erstattung dieser Steuer ist nicht möglich. Auch die Regelungen des § 36a EStG werden in diesem Fall nicht angewendet.

412 Investiert der Anleger in **Ziel-Spezialfonds**, so hängt die Ausübung der Transparenzoption von der zugrundeliegenden Struktur ab. Sofern ein Dach-Spezial-Investmentfonds gegenüber dem Entrichtungsverpflichteten des Ziel-Spezial-Investmentfonds die Transparenzoption ausübt, so sind die Anleger des Dach-Spezial-Investmentfonds in der Steuerbescheinigung anzugeben. Eine doppelte Transparenz über zwei Beteiligungsstufen ist möglich. Eine transparente Zurechnung über mehr als zwei Beteiligungsstufen ist hingegen steuerlich nicht zulässig.

3. Änderung des Wertpapierbegriffs

413 Wertpapiere zählen ab 1.1.2018 nur noch dann zu den erwerbbaren Vermögensgegenständen, wenn sie dem Wertpapierbegriff nach § 193 oder § 198 KAGB genügen. Der „unbestimmte" Wertpapierbegriff nach § 284 Abs. 2 Nr. 2 Buchst. a KAGB lässt sich unter Steueraspekten nicht mehr heranziehen. Diese Einschränkung ab 1.1.2018 kann für bestehende Spezial-Investmentfonds von Bedeutung sein, da eventuell in der Vergangenheit Investments mit vertraglichen Zusagen entsprechend der Definition des bisherigen Wertpapierbegriffs (§ 284 KAGB) erworben wurden. Hier ist zu prüfen, ob

---

90 *Stadler/Bindl*, DStR 2016, 1961.

Handlungsbedarf für bestehende Portfoliostrukturen oder geplante Investments besteht.

F. Regulatorischer Rahmen bei Investitionen in Real Assets

I. Überblick

Konservative Langfristanleger – wie Einrichtungen der bAV – sind angesichts der andauernden Niedrigzinsphase weiterhin auf der Suche nach attraktiven Investments inner- und außerhalb der sicheren Anleihen. Dabei haben schon vor Jahren einige größere Einrichtungen der bAV die Assetklasse der sog. Real Assets für sich entdeckt. 414

Als **Real Assets** bezeichnet man **Anlagen in Sachwerte** wie erneuerbare Energien, Wald und Immobilien, aber auch Investitionen in Infrastrukturbauten (Brücken, Straßen, Wasserwege, Flughäfen, Schienen,- Telekommunikations- und Energienetze, Schulen sowie Krankenhäuser) und andere öffentliche Einrichtungen. Neben den derzeit viel diskutierten Investitionen in das Fremdkapital (Debt) dieser Anlagen besteht für Anleger auch die Möglichkeit, in Form von privaten Unternehmensbeteiligungen in das Eigenkapital entsprechender Gesellschaften zu investieren, mit anderen Worten: in Private Equity. 415

Derartige Engagements können in einem Portfolio zur Verbesserung der risikobereinigten Rendite beigemischt werden, denn sie korrelieren nur wenig mit traditionellen Anlageklassen wie Aktien und Anleihen. Mit Real Assets erzeugt man zudem einen gewissen Inflationsschutz, da in Zeiten hoher Inflation eine Outperformance gegenüber den herkömmlichen Assetklassen erzielt werden kann. Sie gelten als wertstabil und erwirtschaften langfristig stabile Cash-Flows, die gut mit den langfristigen Verbindlichkeiten der Einrichtungen der bAV harmonieren. Auch ist der globale Bedarf an Investitionen der OECD Länder in Infrastruktur groß. Das leitet sich u.a. aus der Notwendigkeit an Instandhaltungs- bzw. Erweiterungsinvestitionen bestehender Infrastruktur (z. B. Transportinfrastruktur wie Straßen) sowie der Entstehung neuer Investitionsfelder (z. B. Telekommunikationsinfrastruktur wie Glasfaser) ab. Das *McKinsey Global Institute* kommt im Jahre 2017 auf einen jährlichen Investitionsbedarf von 3,7 Bill. USD.[91] 416

Kennzeichen von Real Assets ist deren **Illiquidität**. Diese Eigenschaft steht kurzfristigen Gewinnmitnahmen diametral entgegen. Das führt dazu, dass Real Asset Investments sehr lange gehalten werden und der Investor bei Erwerb auf eine nachhaltig gute Qualität bei seiner Investition achten muss. Hierzu gehört nicht nur eine sehr genaue Due-Diligence mit entsprechender Risikobewertung, sondern auch, dass eine hinreichende Diversifizierung angestrebt wird. 417

---

91 *McKinsey Global Institute*, „Bridging Global Infrastructure Gaps" 2017.

418   *Abb. 22 Anlagen in Real Assets: Beispiel Pensionskasse*

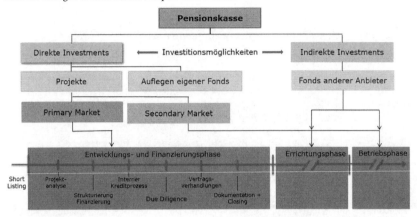

II. Steuerliche Herausforderungen an ein Investitionsvehikel

419   Die Einrichtung muss sich fragen, in welchem steuerlichen Feld sie sich bewegt (steuerpflichtiger oder steuerbefreiter Investor). So kann z. B. nicht ausgeschlossen werden, dass internationale Immobilien/Infrastruktur Equity Positionen (z. B. Personengesellschaften, die Infrastruktur wie Windparks halten) aufgrund ihrer Tätigkeit, ihrer Struktur (gewerbliche Prägung) oder gewerblicher Abfärbung aus deutscher oder ausländischer Sicht gewerblich Einkünfte vermitteln. Handelt es sich bei der Einrichtung der bAV um einen steuerbefreiten Investor, so muss eine steuerliche Infektion aufgrund der Beteiligung an einem Real Asset vermieden werden. Zur Vermeidung dieses Risikos bedarf es dann entweder der Nutzung von zwischengeschalteten Kapitalgesellschaften oder einem anderweitigen Vehikel.[92]

420   Das erklärt die Suche nach einer geeigneten Struktur, die es ermöglicht, den bestehenden steuerlichen und aufsichtsrechtlichen Anforderungen gerecht zu werden. Folgende Eigenschaften sollte die Struktur aufweisen:

- Das eingesetzte Vehikel darf bei einem steuerbefreiten Investor die Steuerbefreiung nicht gefährden. Hierzu muss sie insbesondere eine Vermittlung von gewerblichen Einkünften verhindern (Abschirmwirkung). Bei steuerpflichtigen Investoren sollten steuerliche Zusatzbelastungen vermieden werden.

- Eine Besteuerung der Einkünfte auf Ebene der genutzten Beteiligungsstruktur sollte vermieden oder weitestgehend reduziert werden.

---

92 *Bärenz* in Festschrift P + P, S. 417.

- Ausschüttungen sollten nicht mit Quellensteuer belastet werden. Die Nutzung von Doppelbesteuerungsabkommen sollte möglich sein.

- Die Kosten des eingesetzten Vehikels für die Errichtung/laufenden Betrieb sollten effizient gestaltbar sein.[93]

III. Rechtsraum

Im Rahmen seiner strategischen Überlegungen muss die Einrichtung sich nicht nur darüber Gedanken machen, welches Investitionsvehikel obige Anforderungen abbildet, sondern strategisch ist auch zu entscheiden, in welchem Rechtsraum dieses Investitionsvehikel aufgelegt werden soll. Der Weg über die Grenze (z. B. nach Luxemburg oder Irland) bringt erst einmal neue und oft auch komplexere Anforderungen durch das ausländische Steuer-, Gesellschafts- und Investmentrecht mit sich, welche nicht zwingend mit der deutschen Gesetzgebung vergleichbar sind. Gleichzeitig folgt hieraus eine höhere Erklärungsbedürftigkeit gegenüber den Gremien der Einrichtung, sobald ein ausländischer Finanzplatz bevorzugt wird. **421**

1. Deutschland

Möchte die Einrichtung in Deutschland über Fonds Real Assets erwerben, dann wird man zunächst über den offenen Spezial-AIF gem. § 284 KAGB mit festen Anlagebedingungen nachdenken. Dieser ist jedoch in der Anlage der erwerbbaren Gegenstände („Eligible Assets") beschränkt, so dass derzeit diskutiert wird, ob gerade für alternative Investments ein Spezial-AIF gem. § 282 KAGB das geeignetere deutsche Vehikel im Fondsegment darstellt. **422**

Der allgemeine Spezial-AIF gem. § 282 KAGB wurde mit Umsetzung der AIFM-Richtlinie als neue Art von Investmentvermögen eingeführt und ist bisher noch weniger verbreitet. Es zeichnet ihn aus, dass er weder auf einen Katalog zulässiger Vermögensgegenstände beschränkt ist, noch bestimmte Maximalgrenzen für einzelne Anlageklassen einhalten muss. Im Rahmen des § 282 KAGB Spezial AIF kann in alle Vermögensgegenstände angelegt werden, sofern deren Verkehrswert ermittelt werden kann. **423**

Mit Inkrafttreten des KAGB wurde die Anlagevorschrift für Spezial-AIF damit quasi „zweigeteilt" und neben dem Spezial-AIF mit festen Anlagebedingungen nach § 284 KAGB durch § 282 KAGB ein weiterer Spezialfonds-Typus geschaffen, der sog. allg. offene Spezial-AIF. § 282 KAGB ermöglicht damit die Auflage von Spezialfonds ohne Beachtung jedweder Beschränkung hinsichtlich der Anlagepolitik (insbesondere zulässige Vermögenswerte).[94] **424**

---

93 *Bärenz* in Festschrift P + P, S. 418.
94 *Emde/Dornseifer/Dreibus*, KAGB § 282 Rn. 2.

2. Luxemburg

425 Der Fondsstandort Luxemburg ist interessant im Bereich der Real Assets, da der Staat Luxemburg die Fonds-Industrie seit Jahrzehnten als Kernindustrie betrachtet und diese entsprechend fördert. Dabei ist Luxemburg in sehr pragmatischer Weise und in den letzten Jahren mit enormer Geschwindigkeit unterwegs. Die Luxemburger Toolbox von Investmentvehikeln unterscheidet hierbei zwischen den regulierten Investmentgesellschaften und den unregulierten Holdinggesellschaften sowie zwischen solchen mit oder ohne Rechtspersönlichkeit. Ein Investor, der die deutsche Grenze verlassen möchte, wird sich mit den Begrifflichkeiten wie, FCP[95], SICAV[96], SICAR[97], SIF[98] und RAIF[99] auseinandersetzen müssen.

---

95 Fonds commune de placement, ein vertraglich geregeltes Sondervermögen ohne rechtliche Persönlichkeit.

96 Ist die Abkürzung des französischen Begriffes *société d'investissement à capital variable* und bezeichnet eine nach luxemburgischem Recht gegründete Investmentgesellschaft mit variablem Grundkapital.

97 Die Luxemburger Investitionsgesellschaft SICAR (Société d'investissement en capital à risqué) stellt ein im SICAR Gesetz reguliertes Instrument für Investitionen in Risikokapital dar und verfügt über eine eigene von ihren Anlegern getrennte Rechtspersönlichkeit. Das luxemburgische Anlagevehikel SICAR darf ausschließlich in Risikokapital (Private Equity) investieren.

98 Specialised Investment Fund: Luxemburger Spezialfonds, der der ständigen Aufsicht durch die Finanzmarktaufsicht Luxemburg (CSSF) untersteht. Zur Geschäftsaufnahme bedarf der SIF der vorherigen Genehmigung.

99 Reserved Alternative Investment Fund – ein Fonds mit schneller Markteinführung und indirekter Regulierung über den Verwalter alternativer Investmentfonds.

Abb. 23 Übersicht über Investitionen in Real Assets   426

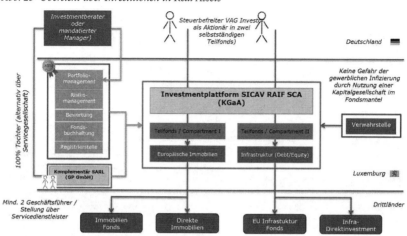

IV. Steuerliche Aspekte

1. Direktanlage

Im Rahmen der Direktanlage werden alternative Investmentanlagen oft von Kom-   427
manditgesellschaften bzw. vergleichbaren ausländischen Personengesellschaften (Limited Partnership) gehalten, an denen sich der Investor beteiligen kann. Bei Beteiligungen an Personengesellschaften sieht sich ein Investor wie Pensionskassen, die gem. § 5 Abs. 1 Nr. 3 i. V. m. § 6 KStG von der Körperschaftsteuer und gem. § 3 Nr. 9 GewStG von der Gewerbesteuer befreit sind, mit der relevanten Frage konfrontiert, ob das Halten der Beteiligung steuerlich nachteilig sein kann. Konkret, ob die zu erwerbende Beteiligung gewerbliche Einkünfte vermittelt oder ob sich deren Tätigkeit im Bereich der reinen Vermögensverwaltung bewegt. Im Fall der Beteiligung an einer rein vermögensverwaltenden KG bleibt der Investor gem. § 5 Abs. 1 Nr. 3 i. V. m. § 6 KStG von der Gewerbesteuer befreit, da das für die Steuerbefreiung wesentliche Tatbestandsmerkmal der satzungsgemäßen Vermögensbindung auch weiterhin erfüllt bleibt. Wird die satzungsgemäße Vermögensbindung aufgehoben, so entfällt die Steuerfreiheit[100] auch für die Vergangenheit. Eine Einrichtung der bAV wird **voll körperschaftsteuerpflichtig**, wenn sie ihr Vermögen oder ihre Einkünfte anderen als ihren satzungsgemäßen Zwecken dienstbar macht. Es ist mithin sehr darauf zu achten, dass die Verwaltung des Vermögens nicht die Grenze zum Gewerbebetrieb überschreitet.[101]

---

100 H 13 KStR 2004.
101 *Wolf* in Fath/*Hermann*/*Linke*/*Schwind*/*Wolf*, Pensionskassen. Grundlagen und Praxis, Rn. 1045.

2. Steuerliche Aspekte bei der indirekten Anlage

428 Wenn man sich für eine Fondskonstruktion entschieden hat, ist zudem zu fragen, wie das Investmentsteuerrecht die Fondskonstruktion bewertet. Hier kommen nach deutschen Recht einerseits die Investmentfonds nach Kapitel 2 des InvStG und Spezial-Investmentfonds nach Kapitel 3 des InvStG in Betracht. Zu der Kategorie der **Investmentfonds** (Kapitel 2) gehören im Wesentlichen OGAW-Fonds sowie geschlossene AIF in der Ausgestaltung als Kapitalgesellschaft (z. B. Luxemburger SICAV) oder als Sondervermögen (z. B. Luxemburger FCP). Infolge des Unterscheidung zwischen Investmentfonds (Kapitel-2-Fonds) und **Spezial-Investmentfonds** (Kapitel-3-Fonds).

429 Der Kapitel-2-Fonds kann steuerlich in sämtliche Vermögenswerte investieren, die das Investmentaufsichtsrecht für Investmentvermögen als zulässig erachtet, d.h. insbesondere in jegliche Formen von Unternehmensbeteiligungen/Immobilien, Loans etc. Anlagegrenzen für einzelne Anlageklassen werden ihm nicht vorgeschrieben. Dieser unterliegt lediglich bei inländischen Einkünften (Beteiligungseinnahmen/Dividenden, Immobilienerträge, sonstige inländische Erträge) einer partiellen Körperschaftsteuerpflicht in Höhe von 15 % inkl. Solidaritätszuschlag.

3. Aufsichtsrechtsrechtliche Hürden

430 Die Einordnung nach dem Katalog der Anlageverordnung hängt davon ab, in welche Asset Klasse investiert wird und ob man diese direkt oder indirekt (über Fonds) halten möchte.

a) Direkte Investitionen

431 Investiert die Einrichtung etwa direkt als Real Asset in eine Immobilie, sind die Vorgaben des § 2 Abs. 1 Nr. 14 Buchst. a AnlV zu beachten. Möchte man sich hingegen an einer Gesellschaft beteiligen, die Infrastrukturanlagen betreibt, bestimmt den regulatorischen Rahmen § 2 Abs. 1 Nr. 13 Buchst. a AnlV. Danach sind Beteiligungen in Form von anderen voll eingezahlten Aktien, Geschäftsanteilen an einer Gesellschaft mit beschränkter Haftung, Kommanditanteilen und Beteiligungen als stiller Gesellschafter i. S. d. Handelsgesetzbuchs für das Sicherungsvermögen qualifiziert, sofern das Unternehmen über ein Geschäftsmodell verfügt und unternehmerische Risiken eingeht. Der Unternehmenswert des Beteiligungsunternehmens darf sich nicht ausschließlich aus der Summe der Inventarwerte zusammensetzen. Der bloße Kauf und Verkauf sowie die Verwaltung von Kapitalanlagen (Sekundärgeschäft) innerhalb einer Beteiligungsgesellschaft stellen kein mit unternehmerischen Risiken verbundenes Geschäftsmodell aus Sicht der Bundesanstalt für Finanzdienstleistungsaufsicht (BaFin) dar. Sofern im Rahmen z.B. eines Infrastrukturengagements es zu einer Beteiligung am Unternehmen/oder Beteiligung am Unternehmen über einen Fonds kommt (Private Equity) ist nach der BaFin ein Beteiligungsmanagement erforderlich. Einrichtun-

gen, die über die hierfür erforderlichen personellen und fachlichen Voraussetzungen nicht verfügen, sind gehalten, von Beteiligungsengagements abzusehen.[102]

b) Fonds

Auch hier gilt, nur wenn ein Fonds bestimmte Kriterien einhält, ist er aufsichtsrechtlich erwerbbar. Maßgeblich für die Zuordnung nach der AnlV ist, in welche **Vermögensgegenstände** der Fonds investiert. Sofern das Zielportfolio in Immobilien angelegt wird, ist § 2 Abs. 1 Nr. 14 Buchst. c AnlV (Immobilienfonds) die maßgebende Norm. Sofern der Fonds in Gesellschaften (typischerweise bei Infrastruktur), Eigenkapital bzw. eigenkapitalähnliche Instrumente investiert, so setzt § 2 Abs. 1 Nr. 13 Buchst. b AnlV den regulatorischen Rahmen für die Erwerbbarkeit. Wenn der Fonds die Vorgaben nach § 2 Abs. 1 Nr. 13 Buchst. b AnlV einhält, kann eine Investition im Rahmen der sog. Beteiligungsquote (15 % des Sicherungsvermögens) erfolgen. Falls dies nicht möglich ist, kann ggf. eine Investition nach § 2 Abs. 1 Nr. 17 AnlV als sog. „alternative Anlage" in Frage kommen. Hier gilt jedoch eine reduzierte Mischquote von 7,5 % des Sicherungsvermögens. Zudem ist eine Beteiligung nur zulässig, wenn der Fonds und der Fondsmanager ihren Sitz in einem Staat des Europäischen Wirtschaftsraum (EWR) haben und von einem nach der AIFM-Richtlinie vollregulierten Manger verwaltet werden. Infolgedessen fallen interessante Fondsstandorte wie die USA, Australien, Kanada, Schweiz oder Japan in dieser Fallgestaltung weg. Scheidet auch das aus, bleiben für den Investor strukturierte Lösungen, wie die Ausgestaltung als Schuldinstrument und mögliche Erwerbbarkeit als Schuldverschreibung (Nr. 8), nachrangige Forderung oder Genussrecht (Nr. 9) oder als ABS (Nr. 10).

432

Abb. 24 Aufsicht über Real Assets

433

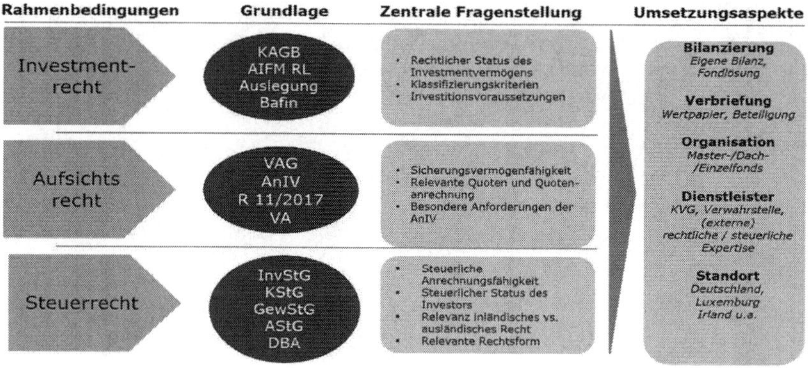

Rahmenbedingungen	Grundlage	Zentrale Fragenstellung	Umsetzungsaspekte
Investment-recht	KAGB AIFM RL Auslegung Bafin	• Rechtlicher Status des Investmentvermögens • Klassifizierungskriterien • Investitionsvoraussetzungen	**Bilanzierung** *Eigene Bilanz, Fondlösung* **Verbriefung** *Wertpapier, Beteiligung*
Aufsichts recht	VAG AnlV R 11/2017 VA	• Sicherungsvermögenfähigkeit • Relevante Quoten und Quotenanrechnung • Besondere Anforderungen der AnlV	**Organisation** *Master-/Dach-/Einzelfonds* **Dienstleister** *KVG, Verwahrstelle, (externe) rechtliche / steuerliche Expertise*
Steuerrecht	InvStG KStG GewStG AStG DBA	• Steuerliche Anrechnungsfähigkeit • Steuerlicher Status des Investors • Relevanz inländisches vs. ausländisches Recht • Relevante Rechtsform	**Standort** *Deutschland, Luxemburg Irland u.a.*

---

102 Kapitalanlagerundschreiben 11/2017 (VA) B.4.9 Beteiligungen Nr. 13 Buchst. a.

c) Offene Fonds versus geschlossene Fonds: Begriffsverständnis der Versicherungsaufsicht

434 Wichtig ist im Rahmen der Strukturierung von Anlagen im Segment der Real Assets, dass man auf die Unterschiede zwischen der investmentaufsichtsrechtlichen und der versicherungsaufsichtsrechtlichen Einordnung von offenen und geschlossenen Investmentvermögen achtet. **Investmentaufsichtsrechtlich** ist die Abgrenzung zwischen offenen und geschlossenen AIF generell wie folgt vorzunehmen: Nach der Delegierten Verordnung (EU) Nr. 694/2014 zur AIFM Richtlinie gilt ein AIF als offen, wenn dessen Anteile vor Beginn der Liquidations- oder Auslaufphase auf Ersuchen eines Anteilseigners direkt oder indirekt aus den Vermögenswerten des AIF und nach den Verfahren und mit der Häufigkeit, die in den Vertragsbedingungen oder der Satzung, dem Prospekt oder den Emissionsunterlagen festgelegt sind, von dessen AIF Managementgesellschaft zurückgekauft oder zurückgenommen werden. Ist dies nicht der Fall, handelt es sich um einen geschlossenen AIF.

435 **Hinweis:**

Anders sieht dies die **Versicherungsaufsicht.** Soweit versicherungsaufsichtsrechtlich zwischen offenen und geschlossenen Investmentvermögen unterschieden wird, ist die Definition maßgebend, wie sie sich aus § 1 Abs. 4 und 5 des KAGB in der bis zum 19.7.2014 geltenden Fassung ergibt. Demnach sind offene Investmentvermögen OGAW und AIF, deren Anleger oder Aktionäre mindestens einmal pro Jahr das Recht zur Rückgabe gegen Auszahlung ihrer Anteile oder Aktien aus dem AIF haben.

G. Besonderheiten bei Nachrangdarlehen/nachrangigen Schuldverschreibungen, welche die Solvabilität der Einrichtungen stärken sollen

436 Sofern Nachrangdarlehen oder nachrangige Schuldverschreibungen, die einer EbAV/ Wettbewerbsversicherung begeben wurden, zur Stärkung der Eigenmittel dienen sollen, sind Vorgaben der BaFin zu beachten. Hauptziel der Versicherungsaufsicht ist nach § 294 Abs. 1 VAG die Wahrung der Belange der Versicherungsnehmer sowie der Begünstigten aus den Versicherungsverträgen. Daher ist es unabdingbar, dass die Gläubiger nachrangiger Verbindlichkeiten bereits an einem Verlust teilnehmen, wenn die Aufsichtsbehörde zur Abwendung einer Insolvenz einer Leistungskürzung aufgrund einer Sanierungsklausel zustimmen bzw. eine Leistungskürzung nach § 314 Abs. 2 VAG anordnen würde.

Vor diesem Hintergrund sind folgende **Bedingungen** vorzusehen:

437 **Für kleinere Lebensversicherungsunternehmen und Pensionskassen ohne Sanierungsklauseln sowie Pensionsfonds:**

„Der Gläubiger des Nachrangdarlehens haftet bereits vor Eintritt der Insolvenz, wenn die BaFin ansonsten eine Leistungskürzung nach § 314 Absatz 2 VAG anordnen würde. Die BaFin informiert den Nachrangdarlehengläubiger über den Eintritt des die Haftung

auslösenden Ereignisses. Der Höhe nach haftet der Nachrangdarlehengläubiger so, wie er haften würde, wenn in diesem Zeitpunkt das Insolvenzverfahren eröffnet worden wäre. Spätestens mit Anordnung einer Leistungskürzung fällt der Gläubiger des Nachrangdarlehens vollständig aus."[103]

438

Bei Pensionskassen mit Sanierungsklausel wird folgende Formulierung erwartet:

„Der Gläubiger des Nachrangdarlehens haftet bereits vor Eintritt der Insolvenz, wenn die BaFin ansonsten einer von dem Unternehmen vorgeschlagenen Leistungskürzung zustimmen oder diese nach § 314 Absatz 2 VAG anordnen würde. Die BaFin informiert den Nachrangdarlehengläubiger über den Eintritt des die Haftung auslösenden Ereignisses. Der Höhe nach haftet der Nachrangdarlehengläubiger so, wie er haften würde, wenn in diesem Zeitpunkt das Insolvenzverfahren eröffnet worden wäre. Spätestens mit Anordnung einer Leistungskürzung fällt der Gläubiger des Nachrangdarlehens vollständig aus."[104]

Bei nachrangigen Schuldverschreibungen ist die Klausel entsprechend anzupassen. Die BaFin weist darauf hin, dass sowohl Lebensversicherungsunternehmen als auch Pensionskassen die Bedingungen für Nachrangverbindlichkeiten vorab im Entwurf vorzulegen haben. Um prüfen zu können, ob der vereinbarte Zinssatz einem Dritt-Vergleich standhält, müssen die Unternehmen der BaFin nachvollziehbar darlegen, wie sie ihn ermittelt haben. Entsprechende Unterlagen müssen sie zusammen mit dem Entwurf der Nachrangbedingungen rechtzeitig vor dem geplanten Abschluss bzw. der geplanten Emission vorlegen.[105]

---

103 Rundschreiben 5/2021 (VA) Solvabilität von kleinen Versicherungsunternehmen, Sterbekassen, Pensionskassen und Pensionsfonds vom 20.4.2021 Rn. 30, H-BetrAV, Teil II, C. IV. 125 Nr. 7.

104 Rundschreiben 5/2021 (VA) Solvabilität von kleinen Versicherungsunternehmen, Sterbekassen, Pensionskassen und Pensionsfonds vom 20.4.2021 Rn. 30, H-BetrAV, Teil II, C. IV. 125 Nr. 7.

105 Rundschreiben 5/2021 (VA) Solvabilität von kleinen Versicherungsunternehmen, Sterbekassen, Pensionskassen und Pensionsfonds vom 20.4.2021 Rn. 32 f., H-BetrAV, Teil II, C. IV. 125 Nr. 7.

Kapitel III
Anlageuniversum – Traditionelle Kapitalanlagen und Alternative Investments *(John/Nellshen/Wagner)*

439 In den ersten beiden Kapiteln wurden eher allgemeine und grundsätzliche Aspekte der Kapitalanlage in der betrieblichen Altersversorgung behandelt. Während sich das erste Kapitel schwerpunktmäßig mit dem sog. Asset Liability Management, das heißt mit der Ableitung von Kapitalanlagestrategien aus der Risikostruktur der Verpflichtungen, sowie mit Gesichtspunkten des Risikomanagements und -controllings befasst, geht das zweite Kapitel dezidiert auf die gesetzlichen Rahmenbedingungen für die Kapitalanlage in der betrieblichen Altersversorgung ein. Nach diesen eher grundsätzlichen Aspekten sollen nun die für die Kapitalanlage relevantesten Anlagesegmente konkret vorgestellt werden. Dabei wird besonderes Gewicht darauf gelegt, was ein Praktiker in einer Altersversorgungseinrichtung im Umgang mit diesen Vermögensklassen beachten sollte. Am Schluss dieses Kapitels werden auch Alternative Investments näher vorgestellt, die i. d. R. zwar nicht der Größenordnung wie Renten, Immobilien oder Aktien in den Kapitalanlagen entsprechen, aber in der Komplexität, dem Risikoverhalten und dem Controllingaufwand den traditionellen Anlageklassen nicht nachstehen.

440 Die folgende Grafik soll das in der Folge konkret behandelte Investmentuniversum in Übersichtsform darstellen:

Abb. 25 Investmentuniversum

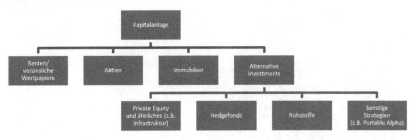

A. Renten *(Nellshen)*
I. Motivation und Typisierung von Rentenanlagen

441 Die Motive für Rentenanlagen, die bei Einrichtungen der betrieblichen Altersversorgung vorherrschen, sind so vielfältig wie die doch sehr unterschiedlichen Arten von Renteninvestments, die die Kapitalmärkte zur Verfügung stellen. Von daher erscheint es methodisch sinnvoll, zunächst eine Typisierung in Übersichtsform für Renteninvestments zu versuchen. Dabei kann eine absolute Vollständigkeit der Darstellung,

insbesondere vor dem Hintergrund, dass in diesem Segment immer weitere neue Produkte hervorgebracht werden, sicher nicht erreicht werden.

1. Versuch einer Typisierung von Renteninvestments

Eine schematische Übersicht über das Anlageuniversum im Bereich der Renten soll – ohne Anspruch auf absolute Vollständigkeit – das folgende Schaubild geben: 442

Abb. 26 Übersicht über das Anlageuniversum im Rentensegment   443

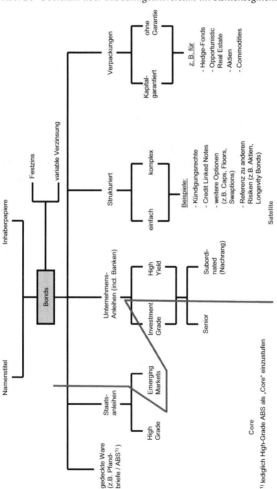

a) Typisierung nach Verzinsungsmechanismus

444 Das Schaubild zeigt, dass das gesamte Bond-Universum hinsichtlich verschiedener Kriterien differenziert werden kann: Da wäre zunächst einmal das Differenzierungsmerkmal des **Verzinsungsmechanismus**. Hier sind Papiere, die über ihre gesamte Laufzeit eine feste, konstant bleibende Nominalverzinsung (bezogen auf den Nominalbetrag) bieten, zu unterscheiden von Investments, deren Verzinsung sich während ihrer Laufzeit ändert. Diese Änderung kann unterschiedlich ausgestaltet sein. Zum einen kann die Verzinsung an einen Marktzinssatz – etwa einen Geldmarktsatz wie z. B. Euribor (im Falle von Geldmarktfloatern) oder an einen Kapitalmarktzinssatz, wie z. B. den (langfristigen) Swap-Satz für eine fixe, vorab definierte Laufzeit (im Falle von Constant-Maturity-Swap-Floatern, kurz: CMS-Floater), gekoppelt sein. In diesem Falle wird in regelmäßigen Abständen von einer autorisierten Stelle der jeweilige Marktzinssatz ermittelt und die Verzinsung des betreffenden Wertpapiers entsprechend angepasst. Zum anderen existieren jedoch auch variabel verzinsliche Rentenpapiere, deren Verzinsung an andere Indikatoren, welche unter Umständen von Zins- und Rentenmärkten völlig unabhängig sind, gekoppelt ist. Als Beispiel seien Papiere genannt, deren Verzinsung sich beispielsweise nach der Entwicklung einer Währung, einer Volatilität, eines Aktien- oder Rohstoffindexes richtet. Letztere fallen auch je nach konkreter Ausgestaltung in den Bereich der Strukturen oder Verpackungen. Auch Anleihen, bei denen der Zinssatz sich anhand eines von Beginn an festen Schemas während der Laufzeit ändert (z. B. Step-Up-Anleihen, bei welchen sich nach einem vorab fest definierten zeitlichen Schema der Kupon schrittweise erhöht) oder dadurch, dass Zinsoptionen in dem Produkt mit enthalten sind, wären in diesem Zusammenhang mit zu erwähnen.

b) Typisierung nach Format

445 Eine weitere, auch für die Praxis relativ wichtige, Unterscheidung ist diejenige zwischen Wertpapieren, die auf den Namen oder auf den Inhaber ausgestellt sind. Letztere weisen i. d. R. eine höhere Liquidität und Fungibilität auf und werden in vielen Fällen auch an einer Börse gehandelt. Selbstverständlich sind bei Namenspapieren, welche von versicherungsförmigen Versorgungseinrichtungen (insbesondere Pensionskassen) gehalten werden, die aufsichtsrechtlichen Anforderungen hinsichtlich der Liquidität zu beachten. Dennoch finden sich gerade bei nach Handelsgesetzbuch (HGB) bilanzierenden Versorgungseinrichtungen erfahrungsgemäß relativ große Bestände an Namenspapieren im Portfolio, da diese im Falle einer (nicht bis zur Fälligkeit als nachhaltig einzustufenden) Wertminderung etwa in der Folge von Bewegungen des Marktzinses auch weiterhin zu ihrem Nominalwert in der Bilanz ausgewiesen werden können (gemäß § 341c HGB), und somit zu einer Reduktion der Ergebnisvolatilität beitragen. Da Namenspapiere vom Emittenten häufig für einen speziellen Investor emittiert werden, ist es bei diesem Format in der Praxis auch möglich, bestimmten Ausstattungswünschen individuell Rechnung zu tragen.

c) Typisierung nach Risikoprofil

Die Differenzierung nach Risikoprofil – und hierbei auch nach Kreditqualität – ist ei- 446
nes der wichtigsten ökonomischen Differenzierungsmerkmale. Hieraus ergibt sich
auch als eine Art Grob-Einteilung die Unterscheidung zwischen Core-Segment und
Satellite-Segment.

aa) Core-Segment

Das Core-Segment, so wie wir es hier verstehen wollen, umfasst diejenigen Formen 447
von Renteninvestments, von denen mit relativ hoher Wahrscheinlichkeit anzunehmen
ist, dass Zinsen- und Tilgungen pünktlich und ohne Komplikationen bedient werden.
Somit ist gerade das Core-Segment dasjenige innerhalb der Anlageklasse „Renten",
welchem strategisch die Rolle der stabilen und verlässlichen Generierung von Cash-
flow- und Ergebnisbeiträgen zugedacht werden sollte. Auch dieses Segment ist in sich
noch als relativ inhomogen anzusehen, da es aus verschiedenen Arten von Rentenpapieren besteht, die sich durch unterschiedliche Merkmale deutlich voneinander ab-
grenzen.

(1) Dingliche Besicherung

Konkret umfasst das Core-Segment zum einen Renten, welche einer dinglichen Besi- 448
cherung unterliegen. Hiervon sprechen wir, wenn ein oder mehrere Vermögensgegenstände dem verzinslichen Wertpapier zugeordnet sind, und zwar dergestalt, dass diese
Vermögensgegenstände (z. B. Grundstücke, Hypothekarkredite, Forderungen gegen
die öffentliche Hand, etc.) in dem Fall, dass der Emittent des Wertpapieres Zins und/
oder Tilgung nicht mehr ordnungsgemäß bedienen kann, zur Befriedigung der verbleibenden Ansprüche der Investoren dieses Wertpapieres verwendet werden. Promi-
nent hervorzuheben sind hier etwa die klassischen deutschen Hypotheken-Pfandbrie-
fe. Bei diesen dient ein Portfolio aus Hypothekarkrediten als Besicherung. Im Umkehrschluss ist aber nicht jedes dinglich besicherte Rentenpapier in das Core-Segment
einzuordnen. Denn ein Papier mit einer schlechten Kreditqualität des Emittenten,
welches zudem mit Wirtschaftsgütern besichert ist, die ebenfalls mit großen Unsicherheiten behaftet sind, würde der für das Core-Segment definierten Funktion sicher
nicht gerecht werden. Die gesetzlichen Anforderungen an den Mindestumfang der
Bedeckung der betreffenden Wertpapiere, die für die Besicherungsmasse zulässigen
Vermögensgegenstände und die geforderte Mindestqualität der Besicherungsmasse sowie geforderte laufende Kontrollen hierüber und diesbezügliche Prozesse sind in vielen Staaten in der jeweiligen nationalen Gesetzgebung zu Covered Bonds geregelt. In
Deutschland nimmt diese Rolle das Pfandbriefgesetz wahr. Das folgende Schaubild
verdeutlicht die Funktionsweise/Struktur einer deutschen Pfandbriefbank:

449   *Abb. 27 Allgemeine Aufsicht auf Basis des Kreditwesengesetzes (KWG)*

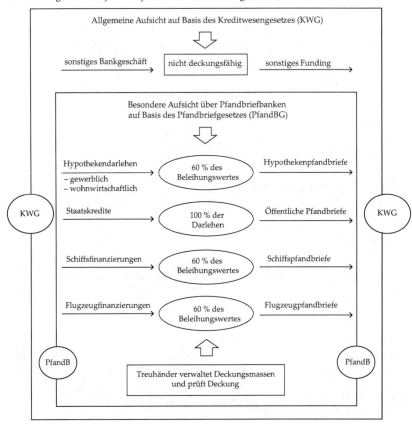

Als eine spezielle Spielart der dinglichen Besicherung, die sich traditionell bei Pensionskassen findet, sind die Hypothekendarlehen zu nennen, die diese häufig etwa zur Finanzierung des Baus eines privaten Eigenheimes ihren Mitgliedern gewähren. Gemäß der Anlageverordnung für Lebensversicherungsunternehmen können solche mit Grundpfandrechten gesicherten Darlehen dann dem Gebundenen Vermögen zugeordnet werden, wenn das Grundpfandrecht in einem Staat des EWR oder in einem Vollmitgliedsstaat der OECD belegen ist. Des Weiteren muss es den Bedingungen aus §§ 14 und § 16 Abs. 1 bis 3 PfandBG genügen. Kurz zusammengefasst bedeutet dies, dass nur die ersten 60 % des Beleihungswertes zur Besicherung genutzt werden dürfen. Der **Beleihungswert** selbst wird als unter Vorsichtsprinzipien ermittelter „Marktwert" bestimmt und durch einen unabhängigen hinreichend qualifizierten Gutachter ermittelt. Hierbei dürfen keine spekulativen Sachverhalte wertsteigernd angesetzt werden. Insbesondere darf der Beleihungswert einen voraussichtlich erzielbaren Kaufpreis für das beliehene Objekt nicht überschreiten. Bezogen auf das Gesamtportfolio solcher Darlehen dürfen Hypotheken auf Bauplätze und nicht fertig gestellte Neubauten nicht mehr als 10 % der insgesamt benutzten Deckungswerte ausmachen. Für Hypotheken auf Bauplätze gilt eine Maximalquote von 1 %. Werden etwa Erbbaurechte zur Besicherung herangezogen, so ist § 13 Abs. 2 PfandBG zu beachten. Demzufolge muss die planmäßige Tilgung spätestens 10 Jahre vor Ablauf des Rechtes enden und darf andererseits nicht länger dauern als zur buchmäßigen Abschreibung des Bauwerkes erforderlich. Für weitere Details sei hier auf die einschlägigen Gesetzestexte und Kommentierungen verwiesen.

(2) Staatsanleihen und verwandte Produkte

Eine zweite große, in diese Gruppe einzusortierende Art von Papieren stellen die **Staatsanleihen** dar, welche üblicherweise mit dem gegenwärtigen und zukünftigen Steueraufkommen des emittierenden Staates besichert sind. Selbstverständlich kommen für das Core-Segment nur Staaten mit einem qualitativ sehr hoch stehenden Rating – die absolute Minimalanforderung sollte hier im Investmentgrade-Bereich liegen – in Frage. Mit in dieses Segment fallen ebenfalls Papiere, die von Bundesländern, Provinzen oder staatlichen Institutionen bzw. Institutionen, für welche ein Staat eine Garantie abgegeben hat, emittiert worden sind. Die eben erläuterten Einschränkungen gelten hier analog. Dabei ist der „Sicherungsmechanismus" bzw. die Kreditqualität des Garantiegebers mit in Betracht zu ziehen. Hierbei ergeben sich teilweise Ermessensspielräume: Beispielsweise existiert für deutsche Bundesländer mit dem Länderfinanzausgleich ein Mechanismus, durch den finanzschwächere Länder Ausgleichszahlungen erhalten, deren Höhe vom Abstand der Finanzkraft zur durchschnittlichen Finanzkraft (je fiktivem Einwohner) abhängt. Verbleibende Abstände und Sonderlasten können durch Zuweisungen des Bundes gedeckt werden. Inwieweit hieraus faktisch eine Art Garantie/Sicherheitsmechanismus des Bundes für die Länder und der Länder untereinander postuliert werden kann, ist ein Stück weit der Interpretation anheim gegeben.

(3) Unternehmensanleihen

Als dritte große Gruppe innerhalb des Core-Segmentes wollen wir die **Unternehmensanleihen** ansehen. In der Praxis spielen hier insbesondere die **Bankschuldverschreibungen** eine besonders prominente Rolle. Namensschuldverschreibungen privatwirtschaftlicher Geschäftsbanken hatten bislang häufig den Vorteil, dass sie durch die **Einlagensicherung** der privaten Banken geschützt gewesen sind. Unter diesen Schutz fallen alle Sicht-, Termin- und Spareinlagen von Nichtbanken einschließlich Namenspapiere, jedoch keine auf den Inhaber ausgestellten Schuldverschreibungen. Dabei besteht für jeden individuellen Emittenten eine pro Investor definierte Obergrenze für diesen Sicherungsmechanismus. Das bedeutet, dass, wenn ein Institut, welches dieser Einlagensicherung angeschlossen ist, nicht mehr in der Lage sein sollte,

450

451

Zins und/oder Tilgung aus einer emittierten Namensschuldverschreibung oder einer Einlage eines Investors zu bedienen, der Einlagensicherungsfonds (in den alle angeschlossenen Institute einzahlen) hierfür einsteht. Aufgrund einer im Frühjahr 2017 durch den Bankenverband beschlossenen Reform der freiwilligen Einlagensicherung besteht dieser Schutz im Falle Institutioneller Investoren künftig nur noch für Material, welches vor dem 1.10.2017 erworben worden ist. Der Zeitpunkt der Emission des jeweiligen Papiers spielt hierbei keine Rolle. Es gibt auch andere Gruppen von Banken – etwa die genossenschaftlichen Geldinstitute (Volks-, Raiffeisenbanken, DZ Bank) oder den Verbund der Sparkassen und der Landesbanken –, welche ebenfalls eine freiwillige Sicherung in Form der Institutssicherung unterhalten. Teilweise existieren in solchen anderen Sicherungssystemen keine Obergrenzen pro Investor und genauso erstreckt sich die Sicherung zum Teil auch auf andere Verbindlichkeiten und nicht nur auf Einlagen und Namensschuldverschreibungen. Anders als bei einer Einlagensicherung zielt eine Institutssicherung nicht darauf ab, Gläubiger im Falle eines Defaults so zu stellen, als ob es den Default nicht gäbe. Vielmehr ist hier die Gesamtheit der Mitglieder des Sicherungsverbundes typischerweise verpflichtet, einem Mitglied bei einem drohenden Default beizustehen und somit das Default-Ereignis selbst bereits im Vorfeld zu verhindern. Ein formeller Rechtsanspruch wird in Deutschland weder durch die freiwillige Einlagensicherung des privaten Bankgewerbes noch durch die Institutssicherungen im genossenschaftlichen und öffentlichen Sektor begründet. Jedoch gehen einige Juristen sehr wohl von einer Einklagbarkeit der daraus resultierenden Ansprüche aus. Einlagensicherungssysteme und Institutssicherungen finden sich nicht nur in Deutschland, sondern auch im Ausland. Jedoch gilt es für den Investor, darauf zu achten, dass er die Wirkung der Sicherung, und damit die bei ihm nach deren Berücksichtigung verbleibenden Restrisiken genau einschätzen kann. In der Regel ist es hierfür unumgänglich, die Statuten (etwa die Satzung) der Sicherungsinstitution genau zu studieren. Selbstverständlich fallen nicht nur von Banken, sondern auch von Industrieunternehmen emittierte Schuldverschreibungen in die Kategorie der Unternehmensanleihen. Als Core-Investment sind sie jedoch nur geeignet, wenn das emittierende Unternehmen eine hinreichend gute Kreditqualität hat – auch hier würde man als Minimalanforderung wieder ein Investmentgrade-Rating verlangen. Für alle genannten Arten von Papieren gilt, dass natürlich für das Core-Segment Nachrangpapiere, deren Bedienung erst erfolgt, nachdem alle als vorrangig deklarierten Verpflichtungen vollständig bedient sind, als deutlich weniger qualifiziert anzusehen sind als erstrangiges Material (Senior unsubordinated). In diesem Zusammenhang ist auf die seit dem 1.1.2017 in Deutschland geltende und ab dem 27.7.2018 europaweit neu geregelte Haftungsrangfolge im Insolvenzfall von Banken hinzuweisen (vgl. § 46f KWG). Nach wie vor haben besicherte Verbindlichkeiten (Pfandbriefe) den höchsten Insolvenzrang, gefolgt von den gesetzlich gedeckten Einlagen < 100 TEUR sowie höheren Einlagen von Privatpersonen und kleinen und mittleren Unternehmungen. Danach folgen 100 TEUR übersteigende Einlagen von Großunternehmen und institutionellen Kunden sowie Geldmarktinstrumente mit Restlaufzeiten von bis zu 12 Monaten. Bevor nun nicht strukturierte erstrangige Anleihen (senior unsecured) zum Zuge kommen, müssen erst noch Derivate und strukturierte Schuldtitel sowie (danach) weitere unbesicherte Verbindlichkeiten bedient werden. Dabei ist zu beachten, dass der Begriff „strukturiert" nicht im Sinne der Versicherungsaufsicht auszulegen ist, sondern vielmehr müssen bei dieser Art von Papieren Rück- und Zinszahlungen unsicher sein (z. B. qua Kopplung an einen Index). Klassische variabel verzinsliche Anleihen, deren Zins an einen Geldmarktsatz gebunden ist, fallen allerdings nicht in diese Kategorie und auch die Einbettung von Emittenten-Kündigungsrechten dürfte hierfür nicht ausreichend sein. In diese Kategorie der Haftungskaskade fallen auch nicht-strukturierte Schuldtitel, in deren Bedingungen bzw. Prospekt sich kein Hinweis auf eine niedere Rangfolge gegenüber den anderen bislang genannten Verbindlichkeiten befindet. Diese werden auch als „Senior Preferred"-Titel bezeichnet. Findet sich dagegen ein solcher Hinweis, fällt das Papier in die nächst niedrigere Kategorie der Haftungskaskade – oft bezeichnet als „Senior Non-Preferred". In diese Kategorie fällt jedoch auch der gesamte Altbestand an Senior Unsecured Wertpapieren, die vor dem 21.7.2018 begeben worden sind. Solche nicht strukturierten, nicht bevorrechtigten erstrangigen Anleihen rangieren somit unmittelbar vor Nachrang- und Eigenkapital.

bb) Satellite-Segmente

Während das Core-Segment den Schwerpunkt der Rentenanlage bei Versorgungsein- 452
richtungen bilden sollte und erfahrungsgemäß auch bildet, sollten Anlagen im Satellite-Segment eher zu Beimischungszwecken erfolgen.

(1) Anleihen mit erhöhtem Kreditrisiko

Zunächst einmal fallen alle der im Absatz über das Core-Segment aufgeführten Arten 453
von Renteninvestments in das Satellite-Segment, welche die dort verlangten Qualitätsmerkmale nicht aufweisen können. Als Beispiele sind hier einerseits Staats- und Unternehmensanleihen zu nennen, die kein Investmentgrade-Rating vorzuweisen haben. Auch besichertes Material mit einem hinsichtlich der Kreditqualität weniger hoch einzustufenden Emittenten bei gleichzeitig unsicherer Besicherungsmasse oder nachrangige Papiere sind hierunter zu subsummieren.

(2) Strukturierte Produkte (i. S. d. Versicherungsaufsicht)

Strukturierte Produkte mit derivativen Komponenten: 454

In die Kategorie „Strukturierte Produkte" innerhalb der Satellite-Investments fallen Renten, deren Return- und Risikoprofil bewusst von einem typischen Renteninvestment unterschiedlich gestaltet sind. Diese Art der Gestaltung (Strukturierung) wird mittels verschiedener Techniken erreicht. Zum einen kann das Profil einer Rente dadurch verändert werden, dass derivative Produktkomponenten mit einbezogen werden. Die Versicherungsaufsicht (BaFin) definiert im betreffenden Rundschreiben (R8/2017) ein Strukturiertes Produkt gerade als einen Anlagegegenstand, bei dem ein Kassainstrument mit einem oder mehreren Derivaten zu einer rechtlichen und wirtschaftlichen Einheit verbunden ist. Als ein relativ simples und häufig verwendetes

Feature seien hier **Kündigungsrechte**, die häufig zu Gunsten des Emittenten inkludiert werden, genannt: Wenn der Emittent das Recht hat, die Anleihe zu bestimmten Zeitpunkten zu bestimmten Konditionen vom Investor zurückzufordern (**Call-Recht**), so kommt dies aus Sicht des Investors dem Verkauf einer Call-Option auf das Papier gleich. Hierfür kann und sollte ein ökonomisch handelnder Investor eine Optionsprämie verlangen. Diese wird jedoch innerhalb solcher Konstruktionen i. d. R. nicht in Form einer einzigen Zahlung abgerechnet, sondern zur Erhöhung des Kupons verwendet. Wichtig bei solchen Konstruktionen ist, dass sich eine Versorgungseinrichtung bewusst ist, dass sie einerseits einen höheren Kupon bezieht, aber andererseits zusätzliche Wiederanlagerisiken auf sich zieht, denn der Emittent wird ja die Option gerade dann ausüben, wenn er in der Lage ist, sich anderweitig am Markt günstiger zu refinanzieren. In diesem Falle muss der Investor die Anleihe zurückgeben und kann die frei werdenden Mittel (bei gleichen Kreditrisiken) nur zu niedrigeren Wiederanlagezinsen reinvestieren. Übt der Emittent sein Call-Recht nicht aus, so heißt dies umgekehrt für den Investor, dass er die in dieses Papier investierten Mittel jetzt für ihn günstiger im Markt (wieder bei gleichen Kreditrisiken) investieren könnte. Folglich muss also der Investor für die Übernahme dieser Risiken angemessen vergütet werden, und des Weiteren setzt die Investition in solche Instrumente eine tiefe Kenntnis dieser Risiken beim Investor voraus, die regelmäßig nur dann gegeben ist, wenn der Investor solche Strukturen finanzmathematisch qualifiziert bewerten kann. Letzteres ist ohnehin als Grundvoraussetzung für die Investition in solche Papiere anzusehen, da nur bei Erfüllung dieser Voraussetzung der Investor im Erwerbszeitpunkt in der Lage ist, zu beurteilen, ob das Papier für ihn fair gepreist ist. Selbstverständlich sind integrierte Call-Optionen nicht die einzige Art der Strukturierung von Renteninvestments mittels Derivaten. Vielmehr können alle Arten von Derivaten und Kombinationen derselben hierbei Verwendung finden. Als Beispiel sei hier etwa auch der Einsatz von **Swaptions** (Optionen, in einem zukünftigen Zeitpunkt einen Swap zu bereits heute festgelegten Konditionen abzuschließen), **Caps** (Zinsobergrenzen), oder **Floors** (Zinsuntergrenzen) genannt. Aber nicht nur Zinsoptionen können auch auftreten, sondern auch Optionen, die sich auf andere Risiken beziehen, wie etwa eine **Exchange-Option** (oft auch als Margrabe-Option bezeichnet), die dem Inhaber des Rechtes z. B. das Recht gibt, die Performance eines verzinslichen Instrumentes in diejenige einer Aktie oder eines Aktienindexes zu tauschen. Wie bereits erwähnt: Der Fantasie sind hier keine Grenzen gesetzt. Versorgungseinrichtungen, die der Versicherungsaufsicht unterliegen, haben hier zu beachten, dass aufsichtsrechtlich unterschiedliche Anforderungen für sog. **einfach strukturierte Produkte** und komplex strukturierte Produkte bestehen. Einfach strukturierte Produkte sind dadurch gekennzeichnet, dass sie gegenüber der nach der Anlageverordnung und der Pensionsfonds-Aufsichtsverordnung zulässigen Anlageformen keine messbaren zusätzlichen Risiken aufweisen. Davon kann (lt. R 8/2017) i. d. R. dann ausgegangen werden, wenn die Verbindung (des Kassainstrumentes) mit einem oder mehreren gleichartigen, derselben Risikokategorie zugehörigen derivativen Finanzinstrumenten erfolgt, eine Kapitalgarantie gewährt wird, Negativverzinsung ausgeschlossen ist und darüber hinaus weder Liefer- noch Abnahmeverpflichtungen begründet werden. Auch im Falle eines einfach strukturierten Produktes besteht die Pflicht, es in seine Einzelbestandteile zu zerlegen, allein um den Nachweis zu führen, dass es sich in der Tat nicht um ein komplex strukturiertes Produkt handelt und um die dem Produkt innewohnenden Risiken identifizieren zu können. Auch ist der Aufsichtsrat regelmäßig über den Inhalt, den Umfang und das Ergebnis solcher Geschäfte zu unterrichten. Komplex strukturierte Produkte unterliegen weitergehenden Anforderungen, ggf. auch den Anforderungen an sog. Kombinationsstrategien. Diese sind in einem Abschnitt des Rundschreibens, welches sich auf den allgemeinen Umgang mit Derivaten bezieht, geregelt.

Mittels Tranchierungstechniken strukturierte Produkte: 455

Eine Strukturierung kann aber auch durch den Einsatz von **Tranchierung**stechniken erfolgen. Hierbei wird dem Papier ein Pool von Vermögensgegenständen (teilweise auch von Indizes oder Derivaten) zu Grunde gelegt. Dann werden verschiedene „Klassen" von Wertpapieren emittiert, nämlich dahingehend, dass festgelegt wird, dass die ersten Ausfälle im zu Grunde liegenden Pool die unterste Klasse treffen, die anderen jedoch nicht. Kommt es zu weiteren Ausfällen und erreichen bzw. überschreiten die Ausfälle kumulativ einen vorab fest definierten Prozentsatz des Gesamtpools, so fällt die unterste Tranche komplett aus und die nächste darüber stehende Tranche wird durch die weiteren Ausfälle angegriffen usw. Genaueres hierzu wird noch folgen. Ein Investment in eine solche Art von Wertpapier setzt natürlich voraus, dass sich der Investor vorab detailliert mit den Risiken des zu Grunde liegenden Pools befasst und dass er mathematisch adäquat die für ihn aus dem Engagement in einer bestimmten Tranche resultierenden Ausfallrisiken ermitteln kann. Da Strukturierungen beider genannter Arten jeweils häufig nur für ein einziges aufgelegtes Produkt vorgenommen werden, ist hier die Frage nach Liquidität und Fungibilität verstärkt kritisch zu stellen. Dies zeigt insbesondere auch die aus der sog. Subprime-Krise in USA weltweit resultierende Kapitalmarktkrise (2007/2008). In deren Verlauf mussten nämlich viele Investoren Abschreibungen auf ihre Bestände strukturierter – hier: tranchierter – (ABS-)Papiere vornehmen. Hierbei waren durchaus nicht immer die von ihnen gehaltenen Tranchen von Ausfällen betroffen, sondern der Markt für den Handel solcher Papiere war einfach nur komplett zum Erliegen gekommen. Näheres zu der ABS-Thematik folgt.

(3) Verpackungen und ähnliche Konstrukte

Teilweise wird das Instrument der Schuldverschreibung in der Praxis auch genutzt, 456
um völlig anders geartete Risiken quasi zu „verpacken". So kann der Emittent die Verzinsung der von ihm aufgelegten Schuldverschreibung abhängig von der Entwicklung der Kreditqualität anderer Emittenten im Kapitalmarkt machen. Dadurch unterliegt der Investor dann nicht mehr nur der Kreditqualität des Emittenten, sondern eben zusätzlich auch denjenigen Bonitätsrisiken, auf welche die Schuldverschreibung referenziert. Hierbei kann es sich auch um einen Korb von Emittenten handeln oder es wird auf Kreditderivate oder Kreditindizes Bezug genommen. Man spricht in diesem

Zusammenhang auch von **Credit-Linked-Notes**. Aber auch den Kreditrisiken völlig fremde Risikokomponenten können verpackt werden. Beispielsweise kann man die Performance eines Schuldscheines abhängig machen von der Entwicklung eines Aktienkorbes, eines Aktienindizes oder eines speziellen Hedge-Fonds-Investments. Auch Immobilienportfolien – und hier häufig gerade risikoreichere Formen der Immobilieninvestition (opportunistische Investments) – oder Rohstoffrisiken sind in der Praxis bereits häufiger in Schuldscheinformat verpackt worden. Auch hier sind der Phantasie (theoretisch) keine Grenzen gesetzt. Häufig wird die **Schuldscheinverpackung** gegenüber der Direktinvestition in die jeweils zu Grunde gelegten riskanten Investments bevorzugt. Denn in diesem Zusammenhang kann das mit der Direktinvestition verbundene – in dieser Situation häufig relativ große – Investmentrisiko durch die Integration einer **Kapitalgarantie** (d. h. bei Rückzahlung der Schuldverschreibung, die als **Verpackung** verwendet wird, ist die Zahlung des ursprünglich investierten Kapitals garaniert) abgemildert werden. Mit den beiden Techniken, die hierbei üblicherweise konkret zum Einsatz kommen, werden wir uns an einer späteren Stelle dieses Textes ausführlicher befassen. Natürlich führt eine Kapitalgarantie dazu, dass das Returnpotenzial des Investors verglichen mit einer Direktinvestition (gleichen Gesamtvolumens) in das zu Grunde gelegte riskante Investment eingeschränkt ist. Auch dies hat ein Investor bei der Anlageentscheidung mit in Betracht zu ziehen. Zu beachten ist des Weiteren, dass im Falle einer solchen Verpackung, die jeweilige Schuldscheinkonstruktion in den Risikomodellen des Investors keinesfalls dem Core-Schuldscheinportfolio zugeordnet werden sollte. Denn unter Risikoaspekten sind solche Papiere i. d. R. den Risiken der zu Grunde gelegten riskanten Investments eben deutlich ähnlicher als den Risiken herkömmlicher Schuldverschreibungen. Daher spricht vieles dafür, sie unter Risikomanagementgesichtspunkten den Teilportfolien der jeweils zu Grunde gelegten riskanten Investments zuzuordnen. Hierzu ein Beispiel: Ein in Form eines Schuldscheines verpacktes Hedge-Fonds-Investment sollte in den Risikomanagementmodellen des Investors dem Hedge-Fonds-Bestand, und eben nicht dem Schuldschein-Bestand zugeordnet werden (sog. „**Look-Through-Principle**"). Dieses Prinzip hat sich bei der Aufsicht von Versorgungseinrichtungen, die der Versicherungsaufsicht unterliegen, auch mehr und mehr in der aufsichtsrechtlichen Praxis etabliert. Eine unter Umständen vorhandene Kapitalgarantie kann dann in geeigneter Form als risikomindernd angesetzt werden. Es ist natürlich klar, dass ein Investor, welcher ein in Form eines Schuldscheines verpacktes Investment erwirbt, sich intensiv mit den Risiken der zu Grunde gelegten riskanten Investments auseinanderzusetzen hat. Hiervon befreit ihn auch das Vorhandensein einer Kapitalgarantie nicht, da auch eine über die Laufzeit entgangene Verzinsung auf die investierte Summe den Investor unter Umständen empfindlich treffen kann.

2. Motivation für verschiedene Formen von Renteninvestments

457 Die verschiedenen Beweggründe für Renteninvestments hängen untrennbar mit der Verwendung der einzelnen im Abschn. A. I. (vgl. Kap. I, Teil C) diskutierten Kategorien zusammen.

a) Durationssteuerung

Der Marktwert der Verpflichtungen von Einrichtungen der betrieblichen Altersversor- 458
gung ist abhängig vom Zinssatz, mit dem die zukünftigen mit den jeweiligen Eintrittswahrscheinlichkeiten gewichteten Cashflows auf den Bewertungszeitpunkt abdiskontiert werden. Damit ist der Marktwert der Verpflichtungen keine statische Größe,
sondern ist vielmehr u. a. sensitiv in Bezug auf Veränderungen des Zinsumfeldes. Diese Sensitivität, die als **Modified Duration** (mathematisch definiert als das partielle
Differential des Marktwertes nach dem Diskont-Zins, angegeben in Prozent des
Marktwertes) gemessen werden kann, stellt bei einer reinen Marktwertbetrachtung
ein wesentliches Risikocharakteristikum der Verpflichtungsseite dar (vgl. hierzu
Rdnrn. 34 ff.). Würde nun der gesamte Bestand an Vermögensanlagen aus festverzinslichen und am Geldmarkt orientierten variabelverzinslichen Rentenpapieren bestehen,
sodass zu jedem Zeitpunkt die Modified Duration dieses Gesamt-Rentenbestandes
mit derjenigen der Verpflichtungsseite übereinstimmt (**Duration-Matching**), so wäre
die Versorgungseinrichtung unter Marktwertbewertung gegenüber Änderungen der
Marktzinssätze vollständig immun. (Man beachte, dass durch die Wahl der genauen
Formulierung im letzten Satz das Problem der **Konvexität** – d. h. des zweiten Diffe-
rentials des Marktwertes nach dem Marktzins – bewusst umgangen wurde. Um die
im letzten Satz an das Rentenportfolio gestellte Voraussetzung zu erfüllen, kann es
nicht statisch gehalten werden, sondern muss ggf. permanent Anpassungen erfahren.)
Im Rahmen einer Gesamt-Risikosteuerung der Versorgungseinrichtung ist es somit
angezeigt, die Struktur der Vermögensanlagen derart zu gestalten, dass die **Zinssensitivität (Duration)** des Anlageportfolios adäquat zu derjenigen der Verpflichtungsseite
ist, wenngleich eine vollständige Übereinstimmung etwa aus Gründen der Praktikabilität und Flexibilität hier i. d. R. nicht angestrebt wird. Dabei spielen Renteninvestments die zentrale Rolle schlechthin. Im Hinblick auf die vorhin vorgenommene Kategorisierung ist es allerdings wichtig zu erwähnen, dass Verpackungen und Renteninvestments, deren Performance maßgeblich durch andere Risiken als Zinsrisiken beeinflusst werden, zur Durationssteuerung im klassischen Sinne weniger oder auch gar
nicht geeignet sind, da „Duration" im eigentlichen Sinne nur für Zinsinvestments definiert ist.

b) Erzielung stabiler Cash-Flow- bzw. Ergebnisbeiträge

Für reife Versorgungseinrichtungen ist eine im Vergleich zum Duration-Matching 459
noch weiter verschärfte Technik der Immunisierung von Anlage- und Verpflichtungsseite angezeigt. Hierbei wollen wir eine **reife Versorgungseinrichtung** dadurch definieren, dass die Cash-Flows einer Rechnungsperiode negativ sind, das heißt, dass in
der Zukunft normalerweise in jeder Rechnungsperiode gilt:

Beitragseinnahmen + Einnahmen aus Kapitalanlagen − Leistungen − Kosten < 0.

Das bedeutet, dass Versorgungsleistungen und (Verwaltungs-)Kosten nicht mehr aus 460
Beitragseinnahmen und Einnahmen aus Kapitalanlagen finanziert werden können.
Im Umkehrschluss folgt hieraus, dass, um die Darstellbarkeit der zugesagten Leis-

tungszahlungen für die jeweilige Periode sicherstellen zu können, Kapitalanlagen aufgelöst werden müssen. Damit dies garantiert ohne die Realisierung von Marktwertverlusten möglich ist, müssen hinreichend viele Kapitalanlagen in der betreffenden Periode fällig werden. Die angesprochene Technik des „**Cash-Flow-Matching**" besteht nun darin, ein Fälligkeitsprofil mit Rentenanlagen aufzubauen, welches in jeder Rechnungsperiode hinreichend hohe fällige Geldbeträge aufweist, sodass hierdurch die in dieser Periode zu erbringenden Versorgungsleistungen zuzüglich der anfallenden Kosten abzüglich der Beitrags- und Zinseinnahmen (bzw. Kapitalanlageerträge) abgedeckt sind. Die Anwendung dieser Technik setzt allerdings eine hinreichend gute Planbarkeit der Beiträge, Versorgungsleistungen und Kosten voraus, weshalb sie in der Praxis auch i. d. R. nicht in Reinkultur zur Anwendung kommt. Hierbei würde im Falle überraschender Entwicklungen die Versorgungseinrichtung diesen auch nur sehr unflexibel gegenüberstehen. Allerdings sind in obigem Sinne sehr reife Versorgungseinrichtungen zumindest auf eine Berücksichtigung bzw. annäherungsweise Anwendung dieser Technik i. d. R. zwingend angewiesen.

461 Aber auch weniger reife Versorgungseinrichtungen, für die das Duration-Matching die relevantere Risikomanagement-Technik ist, sind auf eine Generierung stabiler Cash-Flow- bzw. zumindest stabiler Ergebnisbeiträge angewiesen: Beispielsweise wächst bei Rentenversicherungstarifen mit einer Garantieverzinsung (Rechnungszins), die einen gewissen Reifegrad noch nicht erreicht haben, von Rechnungsperiode zu Rechnungsperiode die bilanzielle Verpflichtung, falls bei der Berechnung letzterer mit dem Rechnungszins abdiskontiert wird. Sollen nun die bilanziellen Verpflichtungen durch entsprechende Vermögensgegenstände bedeckt sein, so ergibt sich hieraus, dass auch der Wert der Vermögensgegenstände wachsen muss. Somit sind in dieser Situation zumindest stabile Ergebnisbeiträge aus den Kapitalanlagen ein unabdingbares Erfordernis.

462 Zur Erfüllung dieser Funktion sind festverzinsliche Rentenanlagen in ausgezeichneter Weise geeignet. Hierfür sollten natürlich nur Renten mit sehr guter Kreditqualität (Core-Segment) in Betracht gezogen werden, da nur diese eine hinreichende Ertragssicherheit bieten. Kupontragende Rentenpapiere liefern darüber hinaus jede Periode auch stabile Cashflows in Form der Kuponzahlungen, wohingegen Zerobonds regelmäßige Erträge durch entsprechende Zuschreibungen liefern können. Denn beispielsweise können gemäß HGB solche Papiere anfangs zu Anschaffungskosten, welche dem mit dem (bei Emission geltenden) Zinssatz des Zerobonds abgezinsten Wert der endfälligen Zahlung entsprechen, angesetzt werden, und in den Folgeperioden steigt der Wert des Papiers dadurch, dass die endfällige Zahlung einfach nur um eine Periode weniger (mit gleichem Zins) abdiskontiert wird.

c) Alpha-Generierung

463 Unter **Alpha** soll hier jegliche Form von Zusatzerträgen verstanden werden, die gegenüber einer vorab festgelegten **Benchmark** erzielt werden. Bei der Benchmark kann es sich um eine **Marktbenchmark** handeln wie z. B. einen Staatsanleihe-Index (REX, JPMorgan EMU Government Bond Index, Citi Government Bond Index, etc.) oder

aber – wie es in einigen Fällen typischer für Versorgungseinrichtungen ist – eine feste absolute Soll-Verzinsung. Zusatzerträge können mit Rentenpapieren zum einen durch das aktive Eingehen von Durationspositionen erzielt werden. Beispielsweise könnte ein Investor, der einen Staatsanleiheindex als Benchmark definiert hat, in dem Falle, dass er für die Zukunft etwa steigende Marktrenditen erwartet, in seinem Rentenportfolio bewusst eine kürzere Duration eingehen, als in der Benchmark vorgegeben, und vice versa im Falle der Erwartung fallender Marktrenditen.

Eine weitere oft verwendete Quelle von Alpha besteht in der Beimischung von **Spreadprodukten**. So könnte man, beispielsweise in dem Falle, dass ein Staatsanleihe-index als Benchmark vorgegeben ist, bewusst deutsche öffentliche Pfandbriefe in das Portfolio mit aufnehmen, da diese – bei gleicher Duration – verglichen mit Staatspapieren häufig eine geringfügig höhere Rendite vorweisen, bei häufig annähernd gleichem Risiko. Auch durch ein bewusstes Beimischen von Unternehmensanleihen kann zusätzliches Alpha-Potenzial erschlossen werden. Als weiteres Beispiel sei genannt, dass ein Investor, dem ein Unternehmensanleihenindex (z. B. iboxx) als Benchmark vorgegeben ist – eine solche Vorgabe könnte in dem Fall sinnvoll sein, wenn etwa auch die eingegangenen Verpflichtungen, wie dies häufig bei IFRS-Bilanzierung geschieht, durch Abdiskontierung mit Unternehmensanleihe-Zinssätzen (z. B. das AA-Segment eines Unternehmensanleihenindex) bewertet werden –, bewusst Anleihen anderer Unternehmen als in der Benchmark enthalten sind ins Portfolio aufnimmt, weil er etwa meint, dass sich die Kreditqualität dieser Unternehmen künftig besser entwickeln wird als diejenige der in der Benchmark enthaltenen Titel. Auch eine Über- bzw. Untergewichtung bestimmter in der Benchmark enthaltenen Papiere aus analoger Motivation heraus fällt mit in dieses Beispiel. Auch Versorgungseinrichtungen mit einer absoluten Returnvorgabe als Benchmark könnten bei einer stark inversen Zinsstrukturkurve temporär eine deutlich kürzere Durations-Positionierung einnehmen als die Duration der Verpflichtungsseite nahelegen würde, wenn sie davon ausgehen, rechtzeitig die Duration wieder zu verlängern. Aktives Durationsmanagement lässt sich selbstverständlich auch mit derivativ strukturierten Produkten durchführen. Ohne hier auf Details einzugehen und auch ohne die einzelnen hierfür zur Verfügung stehenden Arten von Papieren vollständig aufführen zu wollen, seien hier beispielhaft die verschiedenen Arten von Curve-Steepeners (Papiere, deren Performance positiv auf die Versteilerung der Zinsstrukturkurve reagiert) oder Curve-Flatteners (Papiere, deren Performance positiv auf die Verflachung der Zinsstrukturkurve reagiert) genannt, die der Markt zur Verfügung stellt.

Es ist jedoch zu beachten, dass durch bewusste Abweichungen von einer vorgegebenen Benchmark – sei es auf Durations- oder Kreditrisikoebene – nicht nur zusätzliche potenzielle Ertragsquellen geschaffen werden, sondern natürlich auch korrespondierend zusätzliche Risiken entstehen. Als Alternative kann hier auch ein **passives Management** zum Einsatz kommen. Dies bedeutet, dass ein vom Investor vorgegebener Marktindex bestmöglich repliziert wird.

464

465

d) Integration weiterer Risiken und Verpackung anderer Investmentformen

466 Über Verpackungen ist ja bereits in der Rdnr. 456 im Rahmen der Typisierung von Rentenprodukten hinreichend gesprochen worden. Deshalb sei an dieser Stelle nur kurz erwähnt, dass gerade in der Verpackung oft ein Motiv für ein Renteninvestment vorliegt. So werden häufig riskante Investments in Schuldscheinform verpackt, wenn das direkte Eingehen entsprechender Investments mit praktischen Problemen verbunden wäre. Als Beispiel könnte man hier an Anleihen denken, deren Wertentwicklung etwa an einen Rohstoffindex gekoppelt ist. Auch lassen sich – wie bereits erläutert – innerhalb von Schuldscheinverpackungen für riskante Investments Kapitalgarantien elegant mit abbilden.

e) Buchhalterische Motive

467 Auch bilanzielle Gründe können eine Motivation für Schuldscheininvestments darstellen. So können beispielsweise nach HGB bilanzierende Investoren Namensschuldverschreibungen i. d. R. während der gesamten Laufzeit zum Nennwert bilanzieren, was die Volatilität der Bilanz und der Gewinn- und Verlustrechnung deutlich reduziert. Als zweites Beispiel sei an dieser Stelle angeführt, dass im Falle der Verpackung eines anders gearteten Investments (z. B. Rohstoffe, Hedgefonds, etc.) in Schuldscheinform eine äußerst effektive Ergebnissteuerung vorgenommen werden kann. So müssen angefallene Erträge, die aus dem zu Grunde liegenden Investment resultieren nicht unbedingt sofort aus der Schuldscheinkonstruktion ausgeschüttet, und damit realisiert werden. Somit können bewusst unrealisierte Bewertungsreserven entstehen, wenn dies im Interesse des Investors liegt.

f) Diversifikationseffekte

468 Wie bei jeder Investmentklasse können auch Diversifikationsmotive ausschlaggebend für die Verwendung von Renteninvestments sein, wenngleich bei Versorgungseinrichtungen aus den genannten Gründen gerade diese Anlageklasse diejenige ist, die häufig den größten Anteil an den Portfolien ausmacht. Ein besonders spezifischer Diversifikationseffekt ergibt sich insbesondere aus der Möglichkeit der Nennwertbilanzierung, die im Falle von Namensschuldverschreibungen etwa bei Investoren, die nach HGB bilanzieren, i. d. R. gegeben ist. Jedoch können auch nach IFRS bilanzierende Investoren Rentenpapiere unter gewissen Voraussetzungen einem Buy-and-Hold-Portfolio zuordnen und damit eine Nennwertbilanzierung vornehmen. Wenn nun ein Rentenpapier rein zu Nennwert bilanziert wird, ist unter Bewertungsaspekten seine Korrelation zu anderen zinssensitiven Investments naturgemäß äußerst gering, da ja durch die Nennwertbilanzierung das Zinsrisiko als eine der Haupt-Risikoquellen für Marktwertänderungen in der Bewertung quasi ausgeblendet ist.

II. Core-Investments

469 Bei der Rentenanlage innerhalb des Core-Segmentes gilt es für den Investor, im Wesentlichen drei Risikoarten zu beherrschen: Das Zinsrisiko, das Wiederanlagerisiko

und die Kreditrisiken, wobei letztere bei Investments innerhalb des Core-Segmentes von der Relevanz her eher in den Hintergrund treten.

1. Management von Kreditrisiken

Bei den in den Rdnrn. 447 ff. genannten Formen von Core-Investments sind **Kredit-risiken** zwar nicht die allerwesentlichste, aber dennoch eine äußerst wichtige Risikoart, die es zu beherrschen gilt. Im Falle von AAA (oder vergleichbar) gerateten Staatsanleihen oder verwandten Produkten, welche durch das gegenwärtige und zukünftige Steueraufkommen des jeweiligen Staates besichert sind, von Rentenpapieren, die zusätzlichen Anlegerschutzmechanismen, etwa einer Instituts- oder Einlagensicherung unterliegen oder von hochqualitativ dinglich besicherten Papieren sind Kreditrisiken auf ein Minimum reduziert. Folglich bedarf es hier seitens des Investors kaum zusätzlicher Risikomanagementaktivitäten zur Beherrschung des Kreditrisikos. Ausgenommen ist die Notwendigkeit, das Rating der Papiere bzw. Emittenten einschließlich der Kommentare der Ratingagenturen sowie die Entwicklung derer ökonomischen Situation laufend zu überwachen, damit negative Entwicklungen, die gegebenenfalls zu einer Neueinschätzung des Kreditrisikos führen könnten, rechtzeitig erkannt werden können. Im Falle einer Sicherungsinstitution ist es sinnvoll, die Statuten dieser Institution insbesondere im Hinblick auf die folgenden Fragestellungen zu untersuchen: Wer gehört der Institution an? Wie stabil ist der Zusammenhalt der Beteiligten zu sehen? Wie ist der Sicherungsfall definiert? Welche Hilfsmaßnahmen sind genau für den Sicherungsfall vorgesehen und inwieweit lassen sich hieraus Ansprüche des Investors im Falle einer Nichtbedienung von Wertpapieren ableiten? Wie sehen Entscheidungsprozesse bei den Beteiligten im Sicherungsfall aus, d. h. wer kann wann welche Maßnahmen beschließen? Gibt es emittentenspezifische Obergrenzen der Sicherung? Welche Arten von emittierten Papieren (oder Einlagen) werden von der Sicherung erfasst? Welche Fälle gibt es, in denen ein beteiligtes Unternehmen aus der Sicherungsinstitution ausscheidet und – weit wichtiger für den Investor – was gilt hinsichtlich der Sicherung für bereits emittierte Papiere? Hierzu ein praktisches Beispiel: Eine Sicherungseinrichtung, die vorsieht, dass Mitgliedsunternehmen nach einer vorherigen Mindest-Ankündigungsfrist ausscheiden können, und dann nach dem Ausscheiden auch bereits vorab emittierte Papiere nicht mehr von der Einlagensicherung erfasst sind, bietet für die Investoren ein deutlich geringeres Sicherheitslevel als eine Einrichtung, die vorsieht, dass alle bis zum Zeitpunkt des Ausscheidens emittierten Wertpapiere auch noch nach dem Ausscheiden aus der Sicherungsinstitution durch diese gesichert sind. Bei dinglicher Besicherung sollte man sich – wie bereits erwähnt – Gedanken hinsichtlich der Qualität der Sicherungsmasse machen. Insoweit – etwa bei Investmentgrade-gerateten Unternehmensanleihen – weitere Maßnahmen hinsichtlich des Managements von Kreditrisiken erforderlich sind, gehen wir auf entsprechende Überlegungen im weiteren Verlauf des Textes, etwa in den Abschnitten über Credit-Investments, ein.

2. Management von Wiederanlagerisiken

471 Rentenpapiere haben naturgemäß die Eigenschaft, dass sie einen (spätesten) Fälligkeitszeitpunkt besitzen (einzige Ausnahme: sog. „**Perpetuals**"). In diesem Zeitpunkt muss der Investor, insoweit der fällig gewordene Betrag nicht zur Begleichung von Leistungsverpflichtungen herangezogen werden muss, die frei gewordenen Mittel reinvestieren. Dies kann er nur zu den dann herrschenden Marktbedingungen, die für ihn ex ante im Zeitpunkt des Erwerbs des fälligen Papiers unbekannt waren. Er läuft somit das Risiko, im Fälligkeitszeitpunkt nur zu schlechteren Marktkonditionen – verglichen mit dem fällig gewordenen Papier – reinvestieren zu können. Dieses Risiko bezeichnet man als Wiederanlagerisiko. Dieses Risiko ist fast unvermeidbar, d. h. man wird es kaum auf null reduzieren können. Jedoch wird aus dem bislang Gesagten unmittelbar klar, dass beispielsweise eine Konzentration von Fälligkeiten auf einzelne Jahre zu einer gewaltigen Kulmination dieses Risikos führt, die im Extremfall sogar bestandsgefährdend für eine Versorgungseinrichtung werden kann. Nehmen wir als rein theoretisches (und hoffentlich unrealistisches!) Extrembeispiel an, dass die Kapitalanlage einer Versorgungseinrichtung nur aus Rentenpapieren besteht, die alle zum gleichen Zeitpunkt fällig werden. Sollte die in diesem Zeitpunkt mit Neuinvestments erzielbare Marktrendite unterhalb der Garantieverzinsung unserer Versorgungseinrichtung liegen und länger dort verbleiben, so wäre die Erbringung der garantierten Versorgungsleistungen in höchstem Maße gefährdet. Von daher ist, soweit der Reifegrad der Versorgungseinrichtung in Kombination mit dem Fälligkeitsprofil der zugesagten Versorgungsleistungen dies ermöglichen, auf ein möglichst ausgeglichenes Fälligkeitsprofil des Rentenbestandes zu achten. Dies bedeutet, dass die Fälligkeiten des Rentenbestandes auf möglichst viele zukünftige Zeitpunkte (Jahre) zu streuen sind. Damit wäre man dann bei der Wiederanlage weit weniger abhängig von den in einem bestimmten Jahr herrschenden Marktkonditionen. In Fällen, in denen eine solche Anlagepolitik sich aus praktischen Gründen verbietet (z. B. im Falle eines Altbestandes, der hinsichtlich seiner Fälligkeiten weniger gut diversifiziert ist, und der sich nicht ohne größeren Aufwand und/oder Transaktionskosten veräußern lässt), kann man Wiederanlagerisiken mit Hilfe von Derivaten behandeln. Hierzu eignen sich beispielsweise **Swaps, Forward-Starting-Swaps**, Swaptions sowie weitere Zinsderivate, wie etwa Floors, sowie Kombinationen aus den genannten Instrumenten. Dabei ist jedoch vor Abschluss eines Derivates genau die Auswirkung hinsichtlich des Risikoprofils, welche die Transaktion auf das Gesamtportfolio hat, zu untersuchen. Auch ist der Verfasser der dezidierten Auffassung, dass in diesem Zusammenhang Derivate – unter anderem wegen der damit häufig verbundenen Fees und Strukturierungskosten sowie der häufig auftretenden internen Folgekosten (z. B. bei Verwaltung und Bewertung) – nur dort zum Einsatz kommen sollten, wo man dieses Risiko mit originären Kapitalanlageinstrumenten nicht effektiv beherrschen kann. Es empfiehlt sich somit in jedem Falle, die aus einem Rentenportfolio resultierenden Wiederanlagerisiken genau zu analysieren. Dies kann beispielsweise mittels einer stochastischen Simulation geschehen: Mittels eines geeigneten stochastischen Zinsprozesses erzeugt man in einer Vielzahl von Zufallsszenarien Entwicklungen für Wiederanlagezinsen. Als Zinsprozess

kann man beispielsweise den folgendermaßen rekursiv definierten, leicht modifizierten Cox-Ingersoll-Ross-Prozess verwenden:

$$r_t = r_{t-1} + \kappa(\mu - r_{t-1}) + \sigma \cdot (\max(0, r_{t-1}))^{\frac{1}{2}} \cdot \varepsilon_t$$

Dabei ist r_t die zufällig erzeugte Marktrendite (Wiederanlagezins) zum (zukünftigen) Zeitpunkt t, μ ist ein angenommener Gleichgewichtszins, zu dem der Markt hin tendiert, und zwar mit der Stärke κ. Für μ kann man beispielsweise die Summe aus erwartetem realen Wirtschaftswachstum und erwarteter Inflation verwenden. κ lässt sich aus empirischen Analysen gewinnen. σ bezeichnet die relative Standardabweichung und ε_t ist eine (im Zeitverlauf unabhängige) standard-normalverteilte Zufallsvariable ($\varepsilon_t \sim N(0,1)$). Unter Berücksichtigung operativer Cashflows kann man nun in den zufällig generierten Wiederanlagezins-Szenarios – bei Simulation etwaig vorhandener Kündigungsoptionen – das betreffende Bondportfolio und dessen Durchschnittsrendite in die Zukunft fortschreiben, und zwar inklusive angenommener Neu- und Wiederanlagen. Durch z. B. Quantilauswertungen für die künftigen Jahre gewinnt man so ein detailliertes Bild über bestehende Wiederanlagerisiken und deren Auswirkungen.

Der obige Zinsprozess lässt, wie man anhand der Formel erkennt, auch negative Zinssätze zu. Jedoch verschwindet im negativen Bereich der stochastische Term. Das hat zur Folge, dass, wenn der zufällige Zins einmal negativ geworden ist, er danach deterministisch (ohne Zufallseigenschaft) bis zum Nulllevel strebt und erst danach die Stochastik (Zufälligkeit) wieder einsetzt. Will man dagegen einen Zinsprozess verwenden, welcher sich auch im negativen Terrain stochastisch verhält, so kann man folgenden Prozess verwenden: 472

$$r_t = r_{t-1} + \kappa \cdot \left(\mu - r_{t-1}\right) + \sigma \cdot \varphi\left(r_{t-1}\right) \cdot \sqrt{\left|r_{t-1}\right|} \cdot \varepsilon_t \text{ , wobei}$$

$$\varphi\left(r_{t-1}\right) = \begin{cases} 0 \text{ , falls } r_{t-1} \leq R \\ 1 \text{ , falls } r_{t-1} > 0 \\ e^{\left(\frac{2}{R^2} - \frac{1}{(r_{t-1}+R)^2} - \frac{1}{(r_{t-1}-R)^2}\right)} \text{ , sonst.} \end{cases}$$

Dieser Zinsprozess reduziert das zufällige Element graduell immer stärker je mehr man sich von oben kommend einem vorab definierten Zinssatz R<0 nähert. Ökonomisch kann R dabei interpretiert werden als ein Zinsniveau, zu dem die Anleger im Kapitalmarkt schlicht überhaupt nicht mehr bereit sind, Geld anzulegen (und statt dessen sogar die Hortung mit den daraus resultierenden Risiken und Lagerkosten bevorzugen).

3. Management von Zinsrisiken und Durationssteuerung

473   Der Grundgedanke der Durationssteuerung wurde bereits eingehend in der Rdnr. 458 erläutert. Daher wollen wir uns an dieser Stelle nur mit einigen kurzen grundsätzlichen Anmerkungen und Hinweisen zur Steuerung dieser an sich für die Rentenanlage innerhalb des Core-Segmentes (zusammen mit den Wiederanlagerisiken) wesentlichsten Risikoart begnügen.

474   Zunächst einmal muss darauf hingewiesen werden, dass die Duration von Anlage- und Verpflichtungsseite im Zeitablauf nicht konstant sind. Selbst wenn zu einem Zeitpunkt beide Seiten absolut die gleiche Duration aufweisen sollten und somit die Versorgungseinrichtung für den Moment gegen Zinsänderungsrisiken (theoretisch) vollständig immunisiert wäre, so muss dies nicht automatisch ceteris paribus auch für die Zukunft gelten. Denn eine unterschiedliche Konvexität auf beiden Seiten kann dazu führen, dass nach einer Bewegung des Marktzinses sich wieder unterschiedliche Durationen auf beiden Seiten einstellen und sich somit der Immunisierungsgrad der Einrichtung verändert. Deshalb ist Durationssteuerung mittels Renten eine laufende Aufgabe, und keine einmalige Aktion. Dies gilt selbst für den Fall, dass man versucht, auf beiden Seiten auch noch gleiche Konvexität herzustellen. Denn auch dann resultiert ein theoretisches (zwar kleineres) Restrisiko aus der Tatsache, dass das dritte partielle Differential des Marktwertes nach dem Marktzins, auf Anlage- und Verpflichtungsseite unterschiedlich sein kann, und somit nach einer Änderung des Marktzinses die Konvexität auf beiden Seiten auseinanderdriften könnte, was dann im zweiten Schritt auch entsprechende Auswirkungen auf die Veränderung der Duration auf beiden Seiten als Folge von Marktzinsänderungen hätte.

475   Ein weiterer zu beachtender Effekt rührt daher, dass die Bewertung der Verpflichtungen in vielen Fällen mit einem einzigen Bewertungszins (Diskontierungszins) erfolgt, bei der Bewertung der Rentenpapiere auf der Aktivseite der Bilanz es jedoch häufig Zinskurven sind, die hier maßgeblichen Einfluss haben. So kann beispielsweise bei gewissen Änderungen der Zinskurve – z. B. einer Ausbuchtung der Kurve an einem bestimmten Punkt – das durchschnittliche Renditeniveau und damit der Marktwert der Verpflichtungen durchaus gleich bleiben. Dagegen kann sich der Marktwert der Aktivseite, wenn an genau diesem Punkt beispielsweise viele Fälligkeiten von Rentenpapieren konzentriert sind, und somit das Portfolio gegen Änderungen an gerade diesem Punkt der Kurve besonders sensitiv ist, in diesem Fall sehr wohl ändern, obwohl Aktiv- und Passivseite anfänglich gleiche Duration gehabt haben mögen. Diese Imperfektion rührt daher, dass die klassische Duration stets vereinfachend von einer flachen Zinsstrukturkurve ausgeht, wie jedoch nur sehr selten vorherrschend ist. Die Bewertung der Einzeltitel auf der Aktivseite erfolgt jedoch entweder erstens mittels einer Zinskurve (d. h. Abdiskontierung aller einzelnen Cashflows mit den für die jeweiligen Fälligkeitszeitpunkte der Cashflows zugeordneten Zero-Zinssätzen) oder aber es werden zweitens die einzelnen Papiere mit einem einheitlichen Zins (nämlich dem ihrer Laufzeit zugeordneten Marktzins) bewertet (und einzelne Cashflows gerade nicht berücksichtigt). In jedem Falle finden aber bei der Bestimmung des Marktwertes der

gesamten Aktivseite verschiedene Zinssätze Verwendung (es sei denn in zweitem Falle wären alle Fälligkeiten in einem einzigen Punkt konzentriert). Wollte man diesem Effekt beikommen, so müsste auch die Passivseite zerlegt werden in alle Einzelcashflows zu den Zeitpunkten, in denen sie erwartungsgemäß auftreten werden. Dann müsste ebenfalls eine Bewertung der Passivseite mit einer Zinskurve erfolgen. Die Durationssteuerung würde dann münden in einer Steuerung der einzelnen **Key-Rate-Durations** (hierunter versteht man die Sensitivitäten des Marktwertes eines verzinslichen Papieres gegenüber der Änderung einzelner Punkte auf der Marktzinskurve) für die einzelnen Fälligkeitszeitpunkte, was jedoch zurzeit in der Praxis kaum geschieht. Es ist auch zu hinterfragen, wie praktikabel eine solche Vorgehensweise wäre. Zudem wäre sie auch aus Gründen der Flexibilität nicht unbedingt erstrebenswert. Ein weiterer Ansatz kann darin bestehen, die Reaktion des Marktwertes zinssensitiver Aktiva und/oder Verpflichtungen auf eine Parallelverschiebung der gesamten (als nicht flach angenommenen) Zinskurve zu berechnen. Diese Zahl bezeichnet man als Effective Duration. Sie ist die Summe aller Key-Rate-Durations.

Weitere Effekte, welche zu einem zinsänderungsbedingten Mismatch der Marktwertentwicklung zwischen Aktiv- und Passivseite führen können, rühren daher, dass in einigen Fällen die Bewertungszinssätze, die auf beiden Seiten Verwendung finden, ganz unterschiedlichen Marktsegmenten bzw. Zinsstrukturkurven entstammen können. Der eklatanteste Fall liegt sicherlich dann vor, wenn die Verpflichtungen mit einem festen Rechnungszins bzw. Garantiezins bewertet werden und gemäß der allgemeinen Praxis die Rentenpapiere auf der Aktivseite mit der jeweils im Bewertungszeitpunkt maßgeblichen Zinskurve. Aber auch wenn die Verpflichtungsseite eben nicht mit einem festen Zins, sondern ebenfalls mit sich ändernden aktuellen Marktzinssätzen (marked-to-market) bewertet wird, kann ein solcher Effekt auftreten. Auch hierzu ein Beispiel: Nach IFRS bilanzierende Institutionen bewerten beispielsweise zuweilen ihre Verpflichtungen mit einem Marktzinssatz für Unternehmensanleihen, welche einer Kreditqualität von AA (oder einem vergleichbaren Rating) aufweisen. Wenn nun beispielsweise das Anlageportfolio durchweg eine höhere Kreditqualität hätte (z. B. ein reines Staatsanleiheportfolio mit AAA Qualität) so könnten sich allein aus der unterschiedlichen Entwicklung der Staatsanleihe- und der AA-Unternehmensanleihezinssätze die Marktwerte von Anlage- und Verpflichtungsseite auseinanderentwickeln, auch wenn die reine Zins-Duration auf beiden Seiten gleich sein sollte. Das zuletzt beschriebene Risiko, welches daraus resultiert, dass sich (unabhängig vom „risikolosen" Basis-Zinssatz) Risikoaufschläge für Kreditrisiken (Credit-Spreads) auf den risikolosen Zins verändern, kann man mittels der **Spread-Duration** erfasst werden. Hierfür ist zunächst der um etwaig vorhandene Optionsrechte adjustierte Spread (sog. **Option Adjusted Spread**, OAS) zu bestimmen. Dies geschieht in einem stochastischen Modell durch Auflösen der folgenden ersten Gleichung nach OAS. Die gesamte um Optionsrechte adjustierte Rendite (sog. Option adjusted Yield, OAY) ergibt sich durch Auflösen der zweiten Gleichung.

476

$$MV_* = \frac{1}{N} \cdot \sum_{j=1}^{N} \sum_{t=1}^{n} \frac{CF(j,t)}{\prod_{i=1}^{t}\left(1+f(j,i)+OAS\right)} \quad \text{bzw.} \quad MV_* = \frac{1}{N} \cdot \sum_{j=1}^{N} \sum_{t=1}^{n} \frac{CF(j,t)}{\left(1+OAY\right)^t}$$

Dabei ist N die Anzahl der in der stochastischen Simulation verwendeten, geeignet generierten Zufalls-Zinsszenarien, MV_* der gegebene Marktwert der betreffenden Position (z. B. der betreffenden Anleihe, abgelesen in Marktdatensystemen) n die (maximale) Laufzeit, $CF(j,t)$ der Netto-Cashflow aus der betreffenden Position im Zeitpunkt t im j-ten Szenario und $f(j,t)$ der einperiodige „risikolose" Forward-Basis-Zinssatz im j-ten Szenario im Zeitpunkt t. Natürlich hängen OAS und OAY vom gewählten stochastischen Modell und dessen Annahmen ab. Zudem können sich die obigen Berechnungen sich in der Praxis als sehr aufwändig gestalten. Falls keine eingebetteten Optionen existieren, entspricht OAY natürlich der Marktrendite der betreffenden Position und OAS entspricht dann dem Unterschied zwischen der Marktrendite der Position und dem risikolosen Basiszinssatz (der gleichen Laufzeit). Hiermit lässt sich nun die Spread-Duration SD wie folgt definieren:

$$SD := \frac{1}{MV_*} \cdot \frac{\partial MV_*}{\partial OAS}$$

SD misst also, wie stark der Marktwert eines Finanzinstrumentes bzw. eines Portfolios – ceteris paribus – auf Veränderungen des OAS reagiert. Für reine Basiszinsinstrumente (z. B. Staatsanleihen „ohne Kreditrisiko") ist SD = 0, und zwar laufzeitunabhängig (da der Marktwert von keinem OAS abhängt). Sind keine Optionen vorhanden und ist die Zinsstruktur flach, so stimmen für ein kreditrisikobehaftetes Instrument Spread-, Effective und Modified Duration überein.

Gilt weiter:

(i) Das stochastische Bewertungsverfahren ist so gewählt, dass für alle t (und j) gilt

$$E\left(\frac{1}{\left(1+r(j,t)+OAS\right)^{t+1}}\right) = \frac{1}{\left(1+i_t\right)^{t+1}}$$

wobei i_t die Marktrendite des betreffenden Bonds bezeichnet und $r(j,t)$ Zufallsvariablen sind, die jeweils folgende Gleichung erfüllen

$$\frac{1}{\prod_{i=1}^{t}\left(1+f(j,i)+OAS\right)} = \frac{1}{\left(1+r(j,t)+OAS\right)^t}, \text{ d. h.}$$

$$r(j,t) = \left(\prod_{i=1}^{t}\left(1+f(j,i)+OAS\right)\right)^{1/t} - 1 - OAS, \text{ sowie}$$

(ii) im zu bewertenden Bond sind keinerlei Optionalitäten enthalten, so konvergiert die Spread-Duration SD des Bonds stochastisch gegen die Effective Duration ED.

Zusammengefasst bleibt festzuhalten, dass die aktiv- und passivseitige Steuerung der **477** Zinsänderungsrisiken auf Grund der Vielfalt der maßgeblichen Zinssätze (für verschiedene Fälligkeiten) und der verschiedenen Zinskurven für einzelne Marktsegmente (Staatsanleihe-, Swap-, Unternehmensanleihezinssätze für verschiedene Ratings, Branchen etc.) immerhin eine recht komplexe, und teils unterschätzte Aufgabe darstellt. Daher ist insbesondere ein regelmäßiger Abgleich der Durations- und Marktwertentwicklungen auf Aktiv- und Passivseite unverzichtbar. Zur Durations- und Zinssteuerung selbst steht wieder – neben den originären Zinsinstrumenten – eine Vielzahl von derivativen Produkten zur Verfügung. Hier kann man die gleichen Instrumente als Beispiel anführen wie gegen Ende des Absatzes über Wiederanlagerisiken. Auch die dort ausgeführten Hinweise gelten hier analog.

III. Credit-Investments und CDS

Nachdem wir zu Beginn des letzten Abschnitts Arten von Papieren diskutiert haben, **478** für welche Kreditrisiken nicht die am meisten relevante Risikokategorie darstellen, wollen wir uns nun gerade denjenigen Renteninvestments widmen, mittels derer bewusst Kreditrisiken eingegangen werde[1]. Dabei kann das Ausmaß der eingegangenen Kreditrisiken durchaus unterschiedlich sein. Es reicht von Kreditrisiken im hohen Investmentgradebereich, die durchaus noch im Rahmen von Core-Investments vorstellbar sind, bis hin zu extrem hohen Kreditrisiken im Speculative Grade Bereich, sogar Schuldtitel, bei welchen bereits ein Default (i. d. R.: Insolvenzereignis oder Nicht-Bedienung fälliger Zahlungen) vorliegt (sog. **Distressed Debt**), werden bewusst von einigen Investoren erworben und gehalten. Die Hauptmotivation für das Eingehen von Kreditrisiken besteht natürlich darin, eine Risikoprämie gegenüber der Rendite, welche Investments ohne nennenswerte Kreditrisiken (sog. „risikolose Investments", etwa AAA geratete Staatsanleihen) bieten, zu verdienen. Damit gilt für die faire Rendite r eines Credit-Investments: $r = r_f + c$. Dabei bezeichnet r_f den risikolosen Zins für die gleiche Laufzeit und c die (jährliche) Risikoprämie für die Übernahme des mit dem Investment verbundenen Kreditrisikos. Die Kernüberlegung bei Credit-Investments besteht für den Investor nun darin, ob die Risikoprämie für die Übernahme des Kreditrisikos adäquat ist. Ansätze für solche Überlegungen sollen hier nun in der Folge vorgestellt werden. Eine Tatsache, die hilfreich in diesem Zusammenhang ist, besteht darin, dass Kreditrisiken nicht nur originär – durch den Kauf entsprechender Schuldverschreibungen (Anleihen) – sondern auch mittels Derivaten eingegangen werden können. Das wichtigste hierfür zur Verfügung stehende Instrument ist der **Credit Default Swap** (CDS).

---

1 Eine relativ umfassende Darstellung dieser Gesamt-Thematik liefert etwa: *Hagenstein/Mertz/Seifert*, Investing in Corporate Bonds and Credit Risk.

1. Funktionsweise von CDS

479 Der **CDS** ist ein Instrument zur Übertragung von Kreditrisiken eines bestimmten Underlyings. Bei dem **Underlying** kann es sich sowohl um ein konkretes Wertpapier mit Kreditrisiken (z. B. eine Unternehmensanleihe) oder aber auch einfach um einen bestimmten Emittenten an sich, etwa ein bestimmtes Industrieunternehmen, handeln. Der CDS ist ein Geschäft zwischen zwei beteiligten Parteien. Dabei übernimmt die eine Partei, der **Protection-Seller**, das Kreditrisiko von der anderen Partei, dem **Protection-Buyer**. Konkret bedeutet dies, dass der Protection-Buyer dem Protection-Seller für die Übernahme des Risikos eine feste Prämie zahlt. Im Gegenzug erbringt der Protection-Seller zugunsten des Protection-Buyers in dem Fall, dass das Underlying einem Default-Ereignis ausgesetzt ist, eine Leistung. Verschiedene Ereignisse können – je nach Ausgestaltung des CDS – als Default-Ereignis definiert sein: Hier ist zum einen das Ereignis der Insolvenz des Unternehmens, auf das sich der CDS bezieht, genauso denkbar wie das Ereignis, dass ein Zahlungsverzug unter dem betreffenden Finanzinstrument oder einem anderen Finanzinstrument des gleichen Emittenten (oder – je nach Ausgestaltung – seiner Tochter-, Schwester- oder Mutterunternehmen) auftritt. Auch eine Restrukturierung, Übernahme oder Auflösung des Emittenten sind Ereignisse, die als Default-Fall definiert werden können. Bei der Leistungserbringung ist zu unterscheiden zwischen **physischem Settlement** und **Cash-Settlement**. Bei ersterer Form der Leistungserbringung dient der Protection Buyer dem Protection Seller die zu Grunde liegende Anleihe oder eine vergleichbare Anleihe des betreffenden Emittenten zu par an. Bei Cash-Settlement dagegen zahlt der Protection-Seller an den Protection-Buyer einen Geldbetrag in etwa in der Höhe der Differenz zwischen dem Nominalwert (par) und dem (nach dem Default-Ereignis) noch verbleibenden Restwert der betreffenden Referenzanleihe. Damit kann ein CDS auch als Versicherungsgeschäft interpretiert werden: Der Protection-Buyer ist hier in der Rolle des Versicherungsnehmers, der im Schadensfall – dies ist das Default-Ereignis – eine entsprechende Entschädigungsleistung (die „Wiedergutmachung" seines Schadens) vom Protection-Seller erhält, und diesem dafür eine regelmäßige „Versicherunsprämie" (die CDS-Prämie) zahlt. Diese Interpretation als Versicherung erlaubt, dass eine faire CDS-Prämie wie eine Versicherungsprämie kalkuliert werden kann, doch hierzu später mehr.

2. Replikationen, Angemessenheitsüberlegungen und Arbitrage

480 Für die noch folgenden Arbitrage-Überlegungen und Relative-Value-Abschätzungen ist zu beachten, dass ein CDS vollständig durch eine Kombination originärer Finanzinstrumente replizierbar ist: So entspricht etwa der Verkauf von Protection einer Kreditaufnahme zu Libor flat (Interbankensatz) bei gleichzeitigem Kauf der Referenzanleihe (aus der Kreditsumme) bzw. einer laufzeitgleichen Referenzanleihe des Emittenten, auf dessen Namen Protection verkauft wird. Damit beim Protection-Seller nach Saldierung aller Cash-Flows der Finanzinstrumente, die zur Replikation verwendet werden, die feste CDS-Prämie verbleibt, muss noch ein **Zinsswap** abgeschlossen werden, bei dem der Protection-Seller einen festen Zinssatz zahlt und dagegen variable Verzinsung, nämlich Libor-Flat erhält.

Aus dieser Replikation ergibt sich unmittelbar ein Ansatz zur Beurteilung der An- 481
gemessenheit von CDS-Prämien oder – je nach Blickrichtung des Pricings von Credit-
Anleihen. Die Differenz zwischen der CDS-Prämie und dem Asset-Swap-Spread (wie
er sich aus der Replikation ergibt) nennt man die **Basis des CDS**. Ist nun die Basis
negativ, so ist der Kauf von Protection im Markt relativ günstig, d. h. man kann das
zugehörige Kreditrisiko relativ günstig absichern. Umgekehrt könnte man auch sagen,
dass der Asset-Swap-Spread relativ gesehen zu „weit" ist und dass folglich die mit
dem Kreditrisiko behaftete Referenzanleihe relativ günstig ist, verglichen mit der Risikoprämie, wie der CDS-Markt sie einpreist. Hierbei ist jedoch darauf hinzuweisen,
dass der obige Ansatz ein reiner Relative-Value-Ansatz ist, der zeigt, ob eine Credit-
Anleihe relativ zum CDS-Markt eine angemessene Risikoprämie gegenüber dem Interbankensatz (und nicht gegenüber dem risikolosen Zins etwa von Staatsanleihen)
erwirtschaftet. Dieser Ansatz kann jedoch keinen Hinweis darauf geben, ob die absolute Höhe der Risikoprämie der Referenzanleihe angemessen ist oder nicht.

Allerdings liefert dieser Ansatz ein Rezept zur Konstruktion von Arbitrage- und Rela- 482
tive-Value-Transaktionen: Ist die Basis positiv, so lässt sich durch eine verzinsliche
Anlage zum Interbankensatz und gleichzeitigem Verkauf von Protection, was zusammen eine synthetische Replikation der Referenzanleihe ergibt, ein relativer Vorteil gegenüber der Referenzanleihe selbst erzielen. Natürlich bedeutet dies im Umkehrschluss, dass gemessen am CDS-Markt die Referenzanleihe zu ungünstig gepreist ist.
Andererseits kann man dagegen ein Investment mit Interbanken-Kreditrisiko synthetisch replizieren durch den Kauf (und das Halten) der kreditrisikobehafteten Referenzanleihe und den gleichzeitigen Kauf von Protection auf das der Referenzanleihe
zu Grunde liegende Kreditrisiko. Diese Replikation wäre im Falle einer negativen Basis relativ gesehen vorteilhafter als der Kauf einer Bankanleihe, die sich zum Interbankensatz verzinst. Allerdings ist der Vollständigkeit halber zu erwähnen, dass solche Betrachtungen, wie sie im Markt teilweise durchaus üblich sind, eines vernachlässigen:
nämlich, dass bei obigen Replikationen zusätzliche Kontrahentenrisiken etwa durch
den Abschluss des Derivates entstehen. Allein deshalb schon sollten solche Derivate
nur mit erstklassigen Kontrahenten abgeschlossen werden.

Eine unter vielen weiteren Varianten soll hier noch relativ kurz dargestellt werden: 483
Bei inverser CDS-Spreadkurve kann man einen (temporären) Vorteil durch den Kauf
langfristiger Protection und zugleich den entsprechenden Verkauf kurzfristiger Protection erzielen. Wenn nun während der Laufzeit der gekauften kurzfristigen Protection ein Default-Ereignis eintritt, so heben sich die Entschädigungs-Cash-Flows aus ge-
und verkaufter Protection gegenseitig auf. Für die Zeit, in der kein solches Ereignis
auftritt, kassiert man die Differenz der Prämien aus verkaufter und gekaufter Protection. Läuft nun die verkaufte Protection aus (die gekaufte Protection existiert ja dann
noch weiter!), so kann man entweder, falls dann die CDS-Prämie für die Restlaufzeit
der gekauften Protection höher ist als die für die gekaufte Protection nach wie vor zu
zahlende Prämie, Protection für die noch ausstehende Restlaufzeit (der gekauften
Protection) verkaufen, oder aber eine Anleihe des Referenz-Emittenten mit der ent-

sprechenden Restlaufzeit (falls im Markt vorhanden) erwerben. Dabei besteht zu diesem Zeitpunkt allerdings das Risiko, dass der Swapspread der Anleihe bzw. die CDS-Prämie der für die Restlaufzeit verkauften Protection derart deutlich unterhalb der CDS-Prämie der gekauften Protection (während der Restlaufzeit) liegt, dass die Konstruktion insgesamt ökonomisch nachteilig wird.

3. Die CDS-Kurve und Default-Wahrscheinlichkeiten

a) Ein Rekursionsverfahren

484 Wir wollen nun ein einfaches und praktikables Verfahren vorstellen, wie man unter bestimmten Annahmen den fairen Wert für die CDS-Prämien für die einzelnen Laufzeiten – und somit: die gesamte CDS-Kurve – approximieren kann. Konkret nehmen wir an, dass **Recovery-Rates** (das ist der Anteil einer Verpflichtung, der im Default-Fall noch bedient wird) konstant sind, dass die Credit-Risiken in den Credit-Märkten fair gepreist sind und dass im Default-Fall eine Forderung in Höhe des Nominals besteht. Die Berechnung der CDS-Kurve erfolgt rekursiv aus den (vom Betrachtungshorizont abhängigen) k-jährigen **kumulativen Default-Wahrscheinlichkeiten** P_k (das heißt: P_k bezeichnet die Wahrscheinlichkeit, dass innerhalb der ersten k Jahre ein Defaultereignis eintritt):

485 Es bezeichne V(j) den Faktor zur Abdiskontierung eines j Jahre in der Zukunft liegenden Cash-Flows auf den heutigen Zeitpunkt. Ist etwa z(j) der Interbanken-Zero Zinssatz für die Laufzeit von j Jahren, so könnte man $V(j) := (1 + z(j))^{-j}$ setzen. Weiter bezeichne Z(j) den Barwert einer j Jahre lang nachschüssig jährlich zahlbaren Zeitrente der Höhe einer Geldeinheit, die dann fließt, wenn kein Default-Ereignis aufgetreten ist, konkret:

$$Z(j) = \sum_{i=1}^{j} V(i) \cdot \left(1 - P_i\right)$$

Nimmt man vereinfachend an, dass die Defaultereignisse stets zur Jahresmitte auftreten und dass die Zahlung der CDS-Prämien jährlich nachschüssig (bis zum Auftreten eines Default-Ereignisses) erfolgen, so ergibt sich (unter Vernachlässigung etwaiger unterjährig anteilig zu leistender Prämienzahlungen für die Periode, in welcher ein Defaultereignis auftritt):

$$cds(1) = \frac{P_1}{1 - P_1} \cdot (1 - R) \cdot V\left(-\frac{1}{2}\right)$$

Dabei bezeichnet $V\left(-\frac{1}{2}\right) := V\left(\frac{1}{2}\right)^{-1}$ also eine Aufzinsung um eine halbe Periode.

Die anderen CDS-Prämien berechnet man durch die Rekursionsvorschrift:

$$cds(k+1) = cds(k) \cdot \frac{Z(k)}{Z(k+1)} + (P_{k+1} - P_k) \cdot V\left(k + \frac{1}{2}\right) \cdot (1-R) \cdot \frac{1}{Z(k+1)}$$

Durch Umstellung dieser Formeln kann man umgekehrt aus den im Markt gehandelten CDS-Prämien die implizit eingepreisten kumulativen Default-Wahrscheinlichkeiten berechnen:

$$P_1 = \frac{cds(1)}{\left((1-R) \cdot V\left(-\frac{1}{2}\right) + cds(1)\right)} \quad \text{sowie}$$

$$P_{k+1} = P_k + \left(cds(k+1) - cds(k) \cdot \frac{Z(k)}{Z(k+1)}\right) \cdot V\left(-\frac{1}{2} - k\right) \cdot \frac{Z(k+1)}{(1-R)}$$

Die letzte Gleichung stellt jedoch noch eine implizite Gleichung nach P_{k+1} dar, weil ja $Z(k+1)$ noch von P_{k+1} abhängt. Löst man diese Gleichung vollständig auf, so erhält man:

$$P_{k+1} = \frac{P_k \cdot (1-R) \cdot V\left(k + \frac{1}{2}\right) + [cds(k+1) \cdot (Z(k) + V(k+1)) - cds(k) \cdot Z(k)]}{(1-R) \cdot V\left(k + \frac{1}{2}\right) + cds(k+1) \cdot V(k+1)}$$

b) Das strukturelle Relative-Value-Modell nach Merton

Für die an stärker mathematisch orientierten Modellen interessierten Leser soll hier noch ein weiteres Relative-Value-Modell vorgestellt werden. Dieses ermöglicht, für einen gegebenen Emittenten, welcher ein Kreditrisiko darstellt, den Fair-Market-Zero-Zinssatz für eine vorgegebene Laufzeit T zu bestimmen. Es wurde von Merton vorgeschlagen und basiert auf der Optionspreistheorie. Grund-Ausgangspunkt ist die Überlegung, dass der Marktwert des Eigenkapitals dem Marktwert einer Option auf das Betriebsvermögen (Assets) entspricht, deren Strike-Preis der Nominalwert des Fremdkapitals des Unternehmens ist, wobei – rein hypothetisch – angenommen wird, dass das gesamte Fremdkapital durch einen einzigen Zero-Bond (gleicher Laufzeit wie die Option) aufgenommen worden ist (Bemerkung: diese hypothetische Annahme benötigt man aus rein rechnerischen Gründen; ob sie in der Tat auf den Emittenten zutrifft oder nicht ist für die Richtigkeit des Modells irrelevant). Es bezeichne A den Marktwert des Betriebsvermögens (kurz: der Assets) des Emittenten sowie E den Marktwert des Eigenkapitals des Emittenten, welcher eben identisch ist mit dem Marktwert eines Calls auf die Assets, bei welchem der Strike-Preis dem Nominalwert

486

157

X des durch den Emittenten aufgenommenen Fremdkapitals entspricht. Weiter bezeichne F den Marktwert eines risikolosen Zero-Bonds zuzüglich des Marktwertes einer verkauften Put-Option (kurz: Zero-Bond plus Short-Put) auf die Assets mit gleichem Strike-Preis. Allgemein kann man E mittels des Black-Scholes-Ansatzes[2] bestimmen durch:

$$E = A \cdot N(d_1) + e^{-rT} X \cdot N(d_2)$$

mit

$$d_1 = \frac{\ln\left(\frac{A}{X}\right) + \left(r + \frac{\sigma_A^2}{2}\right) \cdot T}{\sigma_A \cdot \sqrt{T}}$$

und $d_2 = d_1 - \sigma_A \cdot \sqrt{T}$

Hierbei ist σ_E bzw. σ_A die Volatilität des Marktwertes des Eigenkapitals E bzw. der Assets A. Mit ln bezeichnen wir den natürlichen Logarithmus und N bezeichnet die Verteilungsfunktion der Standard-Normalverteilung. Wenn nun D der Marktwert eines (durch den Emittenten aufgelegten) Zerobonds ist, welcher das gesamte Fremdkapital des Emittenten repräsentiert, also A = E + D, so kann man nun hieraus den Fair-Market-Zero-Zinssatz, zu welchem dieser Emittent sich unter fairen Marktbedingungen Fremdkapital verschaffen könnte, nach folgender Vorgehensweise bestimmen:

487 Es ist

$$\sigma_E = \frac{A}{E} N(d_1) \sigma_A$$

Wenn man σ_E kennt (etwa als Aktienvolatilität, die für börsennotierte Emittenten leicht im Markt abgelesen werden kann), so bestimmt man nach der letzten Gleichung σ_A. Hieraus kann man weiter, wenn man den Marktwert des Betriebsvermögens kennt, nach obiger Formel E (den fairen Wert des Eigenkapitals) bestimmen. Andererseits könnte man auch mit der oben angegebenen Formel A (aus E, falls etwa E im Markt abgelesen werden kann) bestimmen. Wegen D = A – E kennt man damit auch den Marktwert des das Fremdkapital repräsentierenden Zero-Bonds. Der Rest ist nun generisch: Bezeichnet i den gesuchten Zero-Zinssatz, so folgt

---

2 Eine von vielen Darstellungen findet sich beispielsweise in *Daube*, Risikomanagement für Aktienoptionen, in Handbuch derivativer Instrumente.

aus $D = \dfrac{X}{(1+i)^T}$ unmittelbar:

$$i = \sqrt[T]{\dfrac{X}{D}} - 1$$

Durch einfache Bildung der Differenz zum entsprechenden Interbanken-Zinssatz (nach Umrechnung der Zero-Zinssätze in vergleichbare Kupon-Sätze) lässt sich nun auch der Fair-Market-Asset-Swap-Spread bestimmen.

c) Zusammenfassung und praktische Anwendungen

Die bislang vorgestellten Verfahren sind nicht als reine Theorie einzuordnen. Viel-mehr geben sie Praktikern einfache und leicht zu kalkulierende Verfahren an die Hand, um bei Credit-Investments die Attraktivität des Pricings einzuschätzen. Dies kann konkret auf mehrere Arten geschehen: Hat man es mit einem börsennotierten Emittenten zu tun und kennt man den Marktwert des Eigenkapitals sowie dessen Vo-latilität, so kann man die aus dem Relative-Value-Modell ergebenden Asset-Swap-Sread vergleichen mit dem Spread, zu welchem Anleihen des Emittenten mit entsprechender Laufzeit handeln. Auf diese Weise stellt man quasi fest, ob die Bewer-tung der Credit-Märkte gemessen an den Aktien- und Optionsmärkten als fair, güns-tig oder zu teuer einzustufen ist. Analog kann man, wenn eine Schätzung für Default-wahrscheinlichkeiten vorliegt – etwa von Rating-Agenturen – mittels der soeben vor-gestellten Rekursion die „fairen" Werte der CDS-Spreads ermitteln und diese mit den im Markt gehandelten Prämien vergleichen. Natürlich kann man auch umgekehrt re-kursiv aus den im Markt gehandelten CDS-Prämien die (kumulativen) Default-Wahr-scheinlichkeiten berechnen, und diese mit den Wahrscheinlichkeiten, wie Rating Agenturen sie einschätzen, mit den langfristig beobachteten relativen Default-Häufig-keiten oder aber einfach nur mit der subjektiven Einschätzung für diese Wahrschein-lichkeiten abgleichen und sich so eine Meinung über die Attraktivität des Credit-In-vestments bilden. Andere in diesem Zusammenhang aufschlussreiche Untersuchun-gen können etwa darin bestehen, zu analysieren, inwieweit die CDS- oder Asset-Swap-Spreads eines bestimmten Credit Investments von denen anderer Credit-Invest-ments mit vergleichbarer Kreditqualität oder zusätzlich noch innerhalb der gleichen Branche des Emittenten, abweichen. Auch können **Mean-Reversion**-Überlegungen ei-ne Rolle spielen: Hierbei vergleicht man das momentane Marktniveau von Credit-Spreads (entweder CDS oder Asset Swap) mit seinem langfristigen Mittel und beur-teilt, inwieweit – verglichen mit dem historischen Durchschnitt – ein Investment at-traktiv ist oder nicht. Dahinter steht die Annahme, dass Marktpreise, und somit ins-besondere Credit-Spreads, immer wieder zu ihrem langfristigen Mittel zurückkehren werden. Wenn man allerdings nicht an diese Annahme glaubt, so ist die obige Über-legung selbstverständlich nicht angezeigt.

488

4. Ökologische, soziale und Governance-Aspekte (ESG) bei Anleiheprodukten

489   Auch im Anleihesegment spielt die Berücksichtigung von ESG-Aspekten eine immer bedeutsamer werdende Rolle. Dahinter steht häufig die Annahme, dass Schuldtitel von Staaten bzw. Unternehmen, welche im Sinne der Umwelt oder sozialer Gegebenheiten oder unter Governance-Gesichtspunkten nicht oder nur wenig nachhaltig agieren, für den Investor größere Risiken (z. B. Risiken des Ausfalls oder des dauerhaften Wertverlustes) bergen. Bei der Umsetzung ist es für den Investor zum einen möglich, in dedizierte Green Bonds bzw. **Climate Bonds** zu investieren. Dabei handelt es sich um Anleihen, die explizit zur Finanzierung von Projekten und Maßnahmen dienen, welche den Klimawandel begrenzen oder dessen Folgen abmildern sollen. Darunter fallen beispielsweise Maßnahmen, die zu einer Reduktion von CO_2-Emissionen beitragen. In der Regel sehen solche Anleihen vor, dass die über deren Emission eingenommenen Finanzmittel ausschließlich für ein solches konkretes Projekt verwendet werden. Allgemein verbindliche Regulatorische Standards befinden sich noch in der Abstimmung. Daneben existieren auch sog. **Sustainability Bonds**, mit denen eine Kombination aus grünen (ökologischen) und sozialen Projekten finanziert wird. Die International Capital Markets Assiciation hat beispielsweise Prinzipien formuliert, die Green and Social Bonds näher charakterisieren, obgleich bislang keine vollständig abschließende in letzter Konsequenz konkrete Beschreibung darüber, was einen Green Bond bzw. einen Sustainability Bond genau ausmacht, allgemeingültig existiert.

490   Zum anderen kann ein Investor aber auch, wenn er in Anleihen investiert, die nicht dezidiert als Green oder Sustainability Bonds gekennzeichnet sind, bei seiner Investitionsentscheidung selbst definierte ESG-Kriterien mit einfließen lassen. Diese beziehen sich in diesem Falle zumeist nicht auf bestimmte Projekte, zu deren Realisation die Emissionserlöse verwendet werden, sondern auf den jeweiligen Emittenten selbst. Da solche Kriterien meist hochgradig individuell vom jeweiligen Investor definiert werden, können wir diese hier nur in Form einiger weniger Beispiele kurz streifen: Bei **Staatsanleihen** könnten beispielsweise die Fragen nach der demokratischen Verfasstheit, der Umsetzung von Menschenrechten, der Transparenz, des Ausmaßes an Korruption im Staate oder die politische Bedeutung im internationalen Kontext relevante Kriterien, die u. a. für eine Investitionsentscheidung herangezogen werden können, sein. Im Falle von **Unternehmen als Emittenten** könnte man dagegen z. B. betrachten, wie allgemein die Unternehmenskultur und insbesondere die Kultur der Personalführung beschaffen ist, welche Bedeutung ein Unternehmen für die relevanten Märkte hat, ob es sich bestimmten Kodizes (z. B. dem deutschen Corporate Governance Codex) unterworfen hat, welche Lieferketten existieren, wieviel CO_2 emittiert wird, wie das Unternehmen von seinen Mitarbeitern und Kunden wahrgenommen wird oder über welches allgemeine Image es verfügt bzw. ob es in jüngster Zeit Berichte (z. B. in der Presse) gegeben hat, die ein nicht nachhaltiges Verhalten des Unternehmens nahe legen. An dieser Stelle sei nochmals darauf hingewiesen, dass obige Aufzählung möglicher Kriterien in keiner Weise vollständig oder abschließend sein kann.

5. Investitionsformen

Genauso wie bei den meisten Anlagesegmenten können auch Credit-Investments so- 491
wohl direkt als auch indirekt getätigt werden.

a) Indirekte Investments

Indirekte Investments (etwa in Form von OGAW, AIF) verlagern einen Großteil der 492
mit der Credit-Investition verbundenen Einzelaufgaben auf den vom Investor aus-
zusuchenden Investment-Manager. Sie eignen sich damit insbesondere für Versorgungseinrichtungen, die hausintern kein eigenes Know-how beispielsweise für eine
ausgedehnte Kreditanalyse hinsichtlich der einzelnen Emittenten oder etwa für eine
ausgedehnte Analyse der rechtlichen Dokumentation der Schuldverschreibungen und
der daraus resultierenden Risiken vorhalten können oder wollen. Indirekte Investments können zum einen in der Form eines Spezialmandates für ein Investmentvermögen (z. B. in Form eines offenen Spezial-AIF) erfolgen, bei welchem der Investor i.
d. R. der einzige Halter von Anteilsscheinen ist und somit auch großen Einfluss auf
die Gestaltung der Anlagepolitik hat. Zum anderen stehen auch OGAW und Publikumsinvestmentvermögen zur Verfügung. Dies ist insbesondere für diejenigen Investoren interessant, bei denen der für Credit-Investments vorgesehene Geldbetrag nicht
groß genug ist, um ein gut diversifiziertes direkt gehaltenes Portfolio aufzubauen oder
um ein Spezialmandat wie oben beschrieben begründen zu können.

Bei indirekten Investments sind die folgenden Aspekte für den Investor zu beachten: 493
Zunächst einmal ist das Anlagespektrum zu definieren. Dies kann beispielsweise dadurch erfolgen, dass man sich auf bestimmte Rating-Kategorien beschränkt. Aber
auch die Definition geografischer Märkte (z. B. lediglich europäische Unternehmensanleihen versus einer Mischung aus europäischen und US-amerikanischen Papieren)
gehört ebenso mit hierzu, wie etwa die Beschränkung auf bestimmte Branchen, die
beispielsweise aus Gründen der Berücksichtigung sozialer, ökologischer und ethischer
Gesichtspunkte vorgenommen werden kann. Auch die Entscheidung, inwieweit Währungsrisiken abzusichern sind, inwieweit die Verwendung derivativer Finanzinstrumente zugelassen ist oder inwieweit Kreditaufnahme gestattet ist (falls keine rechtlichen Einschränkungen diesbezüglich bestehen), gehört mit in diesen Entscheidungs-
Block. Des Weiteren muss sich der Investor darüber Gedanken machen, welchen Management-Stil er bevorzugen möchte: Hier kann es sich zum einen um die Frage handeln, ob lediglich ein bestimmter Index repliziert werden soll, das Portfolio also passiv gemanagt werden soll, oder ob aktive Abweichungen zu einem Benchmark-Index
eingegangen werden sollen mit dem Versuch, hier einen Zusatzertrag (Alpha) zu generieren. Auch ist zu überlegen, auf welcher Basis der Manager seine Einzel-Investiti-
onsentscheidungen treffen soll. Soll er etwa einem mechanistischen Handelsmodell
folgen (rein **quantitativer Ansatz**) oder soll er eher **fundamentale Ansätze**, wie etwa
volkswirtschaftliche Prognosen und Untersuchungen der Daten der einzelnen Unternehmen, von denen ggf. Anleihen erworben werden sollen, berücksichtigen? Eine weitere Fragestellung in diesem Zusammenhang könnte auch sein, ob der Investment-

prozess des Managers eher **Top-Down**-orientiert sein sollte, oder ob er eher **Bottom-Up** von den Einzeltiteln ausgeht. Beim Top-Down-Ansatz geht man im ersten Schritt von einer Allokation des Portfolios auf einzelne Segmente (z. B. Rating-Kategorien, Branchen, Laufzeitsegmente etc.) aus. Einzeltitelselektion erfolgt dann im zweiten Schritt auf Segmentebene. Dagegen liegt beim Bottom-Up-Ansatz der Schwerpunkt gerade auf den Einzeltiteln. In diesem Zusammenhang ist dann auch eine geeignete Benchmark zu definieren, die der passive Manager entsprechend zu replizieren hat, und die dem aktiven Manager als Messlatte dient, an welcher seine Leistungen gemessen werden, und von der er bewusst abweichen kann, um entsprechende Zusatzerträge zu generieren. In der Regel wird man einen gängigen Marktindex hierfür auswählen. Man muss sich jedoch darüber im Klaren sein, dass bereits von der Wahl der Benchmark ein Großteil des Investmenterfolges abhängen wird. Ein für die Praxis nicht unwesentlicher Vorteil kann darin liegen, dass für den Investor der als Benchmark gewählte Marktindex gut (und ohne zusätzliche Kosten) – z. B. auf einer allgemein zugänglichen Internetseite – verfügbar ist. Auf keinen Fall sollte eine Benchmark Verwendung finden, deren Berechnung vom Manager selbst mit beeinflusst wird oder werden kann. Basierend auf den so getroffenen Entscheidungen sollte nun ein Manager bestimmt werden. Bei OGAW und Publikumsinvestmentvermögen wird man eher die einzelnen im Markt zur Verfügung stehenden Produkte untersuchen. Neben den oben genannten Kriterien sind auch die in der Vergangenheit erzielten Ergebnisse (**Track-Record**) zu untersuchen. Dabei zählen nicht nur absolute Return-Zahlen, sondern es ist auch zu hinterfragen, wie viel Risiko in Kauf genommen wurde, um diese Returns zu erzielen (Effizienz des Produktes). Des Weiteren ist zu hinterfragen, wie nachhaltig solche Ergebnisse auch in der Zukunft voraussichtlich erbracht werden können. Nach erfolgter Investitionsentscheidung ist der Manager laufend zu überwachen. Ein solches Monitoring darf nicht nur auf die erzielten Returns abstellen, sondern muss ebenfalls die Risiken mit einbeziehen, die zur Erzielung dieser Ergebnisse eingegangen worden sind. Geeignete Kennzahlen, die in diesem Zusammenhang sinnvollerweise Anwendung finden, sind neben der absoluten und der **aktiven Rendite** (letztere ist die Abweichung zwischen der erzielten Rendite und der Rendite der Benchmark im gleichen Zeitraum) beispielsweise der **Tracking-Error** (er misst die Standardabweichung der aktiven Renditen), die **Volatilität** der erzielten Ergebnisse, die **Sharpe-Ratio** (sie setzt die Überrendite gegenüber einem „risikolosen" Investment ins Verhältnis zur Volatilität), die **Information-Ratio** (sie setzt die Aktive Rendite ins Verhältnis zum Tracking-Error) oder etwa die Treynor-Ratio (Überrendite gegenüber einem „risikolosen" Investment ins Verhältnis zum Beta gesetzt). Häufig ergibt die Beobachtung einer Vielzahl solcher Kennzahlen über einen statistisch signifikanten Zeitraum hinweg erst ein Gesamtbild bezüglich des eingegangenen Investments und ermöglicht eine zuverlässige Beurteilung der Qualität eines Managers[3].

---

3 Eine weitere und umfassendere Behandlung dieses sehr weitläufigen Themenkomplexes, der leider an dieser Stelle nur angerissen werden kann, findet sich z. B. in *Bruns/Meyer-Bullerdiek*, Professionelles Portfoliomanagement.

b) Direkte Investments

Bei direkten Investments sind selbstverständlich die gleichen Grundsatzentscheidungen hinsichtlich Anlagespektrum, Benchmark, Management-Stil und Investmentprozess zu treffen wie bei indirekten Investments, nur dass hier eben der komplette Anlageprozess mit allen damit verbundenen einzelnen Arbeitsschritten vom Investor selbst zu erbringen ist. Hierzu gehört die Auswahl aller Einzeltitel des Portfolios und die laufende Einschätzung und Überwachung der Kreditqualität der zugehörigen Emittenten ebenso, wie die genaue rechtliche Würdigung der Legal-Dokumentation der Anleihen vor Erwerb. Gerade bei kleineren Versorgungseinrichtungen ist daher zu hinterfragen, inwieweit hierfür wirklich das nötige Personal und Know-how zur Verfügung gestellt werden können. Auch können passive Investmentansätze häufig relativ kostengünstig auf Investmentgesellschaften ausgelagert werden, so dass der Anreiz, dies im eigenen Hause durchzuführen, relativ gering ist.

aa) Dokumentationsaspekte

Die legale Dokumentation ist ein integraler Bestandteil einer Anleiheinvestition, aus welchem sich eine Vielzahl von Risiken für den Investor ergeben kann. Da dieses Thema äußerst komplex ist und bei Emission solcher Wertpapiere von darauf spezialisierten Juristen begleitet wird, kann an dieser Stelle nur äußerst grob und zusammenfassend auf einige wesentliche Aspekte hingewiesen werden. Aus Sicht eines Investors gibt es jedenfalls einige für den Erfolg und das Risiko des Investments relevante Fragestellungen, deren Antwort sich aus der jeweiligen **Legal-Dokumentation** ergibt. Hierzu gehört beispielsweise der **Rang** der Anleihe, denn im Falle der Insolvenz des Emittenten werden die Fremdverbindlichkeiten gemäß ihrer Rangfolge bedient, und somit sind nachrangigere Papiere (Subordinated) natürlich mit einem höheren Risiko für den Investor verbunden als Papiere im ersten Rang (Senior). Weitere in diesem Zusammenhang beachtenswerte Klauseln, die sich regelmäßig in der Legaldokumentation von Anleihen finden, sind beispielsweise:

- **Negative Pledge** Klausel: Verbot für den Emittenten, Anlagevermögen zur Besicherung anderen Fremdkapitals zu verwenden (teilweise wird hier auch ein bestimmter Rahmen als „Ausnahme" definiert, innerhalb dessen eine solche Besicherung doch möglich ist).

- **Pari-Passu**-Klausel (bei Senior unsecured Anleihen): Verpflichtung, dass die Anleihe gleichrangig zu allen bestehenden und zukünftigen Senior unsecured Anleihen rangiert.

- **Material-Adverse-Change**-Klausel: Zum Beispiel kann in einer solchen Klausel geregelt sein, dass die Anleihe sofort fällig und rückzahlbar wird, wenn sich die Geschäftslage des Emittenten derart materiell nachteilig entwickelt, dass pünktliche Bedienung von Zinsen und Tilgung gefährdet erscheinen muss (ist im deutschen Recht teilweise bereits durch § 490 BGB abgedeckt. In Dokumentationen, die angelsächsischem Recht unterliegen, wird dies eben häufig über eine solche separate

494

495

Klausel geregelt). Allerdings kann auch die Gefahr bestehen, dass durch Ausübung solcher Klauseln durch die Investoren der Emittent erst in die Insolvenz hinein „getrieben" wird.

- Change-of-Business, Sale-of-Assets und Change-of-Control-Klausel: z. B. kann hier vorgesehen werden, dass die Anleihe sofort fällig und rückzahlbar wird, wenn ein signifikanter Teil der Geschäftsfelder durch neue ersetzt wird (**Change of Business**) bzw. wenn ein signifikanter Teil des Betriebsvermögens veräußert wird (**Sale of Assets**) bzw. wenn andere Unternehmen/Personen als bislang Kontrolle über den Emittenten gewinnen (**Change of Control**). Letztere Variante stellt nicht nur einen zusätzlichen Schutz für den Investor dar, sondern wird zuweilen auch gerne von den Emittenten selbst mit in die Dokumentation aufgenommen, um feindliche Übernahmen etwas schwieriger und unattraktiver zu machen. Häufig findet man von dieser Klausel auch die gemilderte Form, welche vorsieht, dass eine Fälligkeit dann nicht eintritt, wenn der neue Unternehmenseigentümer mindestens die gleiche Kreditqualität hat wie der Emittent, und für dessen Verpflichtungen einstehen wird.

- **Cross-Default**-Klauseln und ähnliche: z. B. kann man für den Fall, dass der Emittent in eine größere Konzernstruktur eingebettet ist, regeln, dass die Anleihe sofort fällig wird, wenn innerhalb des Konzerns des Emittenten bzw. unter einem anderen emittierten Fremdkapitalinstrument des Emittenten ein Default-Ereignis auftritt.

bb) Kreditqualität

496 Dass im Falle von Direktinvestments durch den Investor die Kreditqualität der Emittenten der einzelnen Wertpapiere im Portfolio und ihre Entwicklung im Zeitablauf laufend zu überwachen ist, wurde bereits an mehreren Stellen erwähnt. Natürlich kann eine solche Überwachung auch anhand von Credit-Ratings, die durch anerkannte Rating-Agenturen, wie z. B. Moodys, Standard and Poors oder Fitch IBCA, erstellt worden sind, erfolgen. Rating-Agenturen sind Unternehmen, die (i. d. R.) im Auftrag des jeweiligen Emittenten seine Kreditqualität untersuchen und die Ergebnisse ihrer Untersuchungen veröffentlichen. Dabei sollte ein Investor jedoch nicht nur auf die End-Beurteilung (z. B. AAA, AA oder A usw.) achten, sondern auch – zumindest teilweise – auf die Argumente, welche für die **Rating-Agentur** bei der Vergabe dieser Benotung maßgeblich gewesen sind. Diese sind in den sog. **Rating-Reports** der Agenturen nachlesbar. Auch besteht das Urteil einer Rating-Agentur aus einem Ausblick (**„Outlook"**), welcher dem Investor mitteilen soll, in welche Richtung sich die Kreditqualität nach Auffassung der Agentur in nächster Zeit voraussichtlich verändern könnte. Es existieren die verschiedensten Arten von Ratings, etwa Ratings für Emittenten von Wertpapieren oder Ratings für konkrete einzelne Emissionen. Ratings existieren sowohl als Langfrist- (z. B. für Anleihen mit längeren Laufzeiten) und Kurzfrist-Ratings (z. B. für Anleihen mit kürzerer Laufzeit). Die folgende Tabelle gibt bei-

spielhaft eine Übersicht und grobe Erläuterung der Ratingnomenklatur von *Standard & Poor's* für Langfrist-Emittentenratings wieder[4]:

Tab. 5 Ratingnomenklatur von Standard & Poor's für Langfrist-Emittentenratings   497

Rating	Inhaltliche Bedeutung bezogen auf den Emittenten
AAA	Höchste Qualität, extrem starke Kapazität, die finanziellen Verpflichtungen in der Zukunft bedienen zu können.
AA	Sehr starke Kapazität, die finanziellen Verpflichtungen in der Zukunft bedienen zu können; nur geringer Unterschied zu AAA
A	Starke Kapazität, die finanziellen Verpflichtungen in der Zukunft bedienen zu können, aber etwas abhängiger von negativen Veränderungen im ökonomischen Umfeld als höher geratete Emittenten
BBB	Adäquate Kapazität, die finanziellen Verpflichtungen in der Zukunft bedienen zu können; negative Veränderungen im Umfeld haben mit höherer Wahrscheinlichkeit eine Schwächung obiger Kapazität zur Folge
BB, B, CCC, CC	Signifikant spekulative Charakteristik

Jedes Rating kann darüber hinaus noch mit einer Tendenz (+, – oder neutral) sowie mit einem Ausblick versehen werden. Es ist jedoch durch die sog. CRA-III-Verordnung über Ratingagenturen (Verordnung (EU) Nr. 462/2013; Änderung der Verordnung (EG) Nr. 1060/2009) vorgeschrieben, dass institutionelle Investoren eine eigene Einschätzung der Kreditqualität vorzunehmen haben und sich somit nicht ausschließlich auf das Urteil externer Rating-Agenturen verlassen dürfen. Im Dezember 2016 haben ergänzend dazu die drei paneuropäischen Aufsichtsbehörden EIOPA, EBA und ESMA (Versicherungsaufsicht, Bankenaufsicht und Wertpapieraufsicht) einen „Final Report" veröffentlicht, welcher sinnvolle Praktiken („Good Practices") in dieser Hinsicht beschreiben soll (vgl.: Joint Committee of the European Supervisory Authorities: „Final Report Good Supervisory Practices for Reducing Mechanistic Reliance on Credit Ratings). Damit wollten die paneuropäischen Aufsichtsbehörden den jeweiligen nationalen Aufsichtsbehörden Hilfestellung bei der konkreten Überwachung der Credit Assessments in den beaufsichtigten Unternehmen sowie bei der Untersuchung vertraglicher Bezugnahmen auf Credit Ratings geben. Allerdings sind beide Dokumente relativ breit und allgemein gehalten, sodass sie hinsichtlich konkreter Verhaltensweisen für bAV-Einrichtungen noch mit Leben gefüllt werden müssen. Dies kann in der Folge hier nur ansatzweise geschehen.

Stehen für einen konkreten Emittenten und/oder die betreffende konkrete Emission   498
keine Ratings zur Verfügung, so muss die wirtschaftliche Einschätzung der Kreditqua-

---

4 Quelle: Standard & Poor's.

lität ohnehin durch den Investor selbst erfolgen. In diesem Falle muss er die Ergebnis- und Finanzsituation des Emittenten etwa anhand der veröffentlichten Jahresabschlüsse und Zwischenberichte selbst verfolgen und seine eigenen Schlüsse in Bezug auf die Bonität hieraus ziehen. Dabei kann er sich durchaus auch einiger Kennzahlen bedienen, welche von Rating-Agenturen verwendet werden. Hierbei kann es sich einerseits um rein strukturelle Kennzahlen handeln wie beispielsweise das Verhältnis von Eigen- zu Fremdkapital oder das Verhältnis von lediglich kurzfristig rückzahlbarem zum gesamten Fremdkapital des Emittenten. Andererseits sind auch Cashflow- und ergebnisbasierte Kennzahlen zur Beurteilung der Kreditqualität wesentlich. Hier könnte man beispielsweise die **Ebit-Interest-Coverage** aufführen, welche angibt, zu welchem Anteil die vom Emittenten in einer Rechnungsperiode zu erbringende Zinslast durch das operative Ergebnis vor Zinsergebnis und Steuern bedeckt ist. Im Falle einer Bank als Emittent spielt die Qualität der Assets sowie die Vorsicht bei der Reservebildung in diesem Zusammenhang ebenfalls eine Rolle. Auch ist es sinnvoll, zu untersuchen um das Wievielfache die Gesamtverschuldung des Emittenten das in einer Rechnungsperiode erwirtschaftete operative Ergebnis vor Zinsen, Steuern, Abschreibungen und Amortisationen überdeckt. Auch auf dieses Thema kann hier aus Gründen der Vereinfachung nur rudimentär eingegangen werden. Allerdings veröffentlichen die Rating-Agenturen (z. B. auf ihren Internet-Homepages) Kataloge von Kennzahlen, die in ihren Untersuchungen Verwendung finden mit einzelnen detaillierten Erklärungen hierzu. Teilweise werden auch Statistiken darüber veröffentlicht, welchen Wert einzelne Kennzahlen für Unternehmen einer bestimmten Ratingkategorie im Median annehmen. Zur tieferen Auseinandersetzung mit dieser Thematik sei auf solche Quellen ausdrücklich verwiesen. Auch „weiche Faktoren" wie z. B. die aktuelle Nachrichtenlage und die öffentliche Meinung einen Emittenten betreffend sowie die Nachhaltigkeit dessen Geschäfts und Geschäftsmodells können sinnvollerweise mit einbezogen werden, da sie die finanzielle langfristige Perspektive des Emittenten signifikant mit beeinflussen können. Zudem kann anhand bestimmter aktueller empirischer Marktdaten (Spreads, Volatilitäten etc.) versucht werden „abzulesen", welcher Rating-Kategorie die Marktteilnehmer ein Papier oder einen Emittenten implizit zuordnen. Werden externe Qualitätsurteile (auch von Rating-Agenturen) verwendet, so sollte deren Ableitung in jedem Falle durch den Investor nachvollzogen und plausibilisiert werden. Für eine Plausibilisierung bzw. Erstellung einer internen Kreditmeinung in Bezug auf festverzinsliche Anlagen im Direktbestand sollte beim Investor ein entsprechender Arbeitsprozess definiert sein. Dieser sollte insbesondere vorsehen, mit welcher Periodizität die jeweilige Kreditmeinung regelmäßig zu überprüfen ist, welche Auslöser Überprüfungen außerhalb dieser Regel-Zeitintervalle erforderlich machen können, welche Personen in der Organisation welche Verantwortlichkeiten in diesem Zusammenhang übernehmen und in welcher Form die Ergebnisse zu dokumentieren sind. Des Weiteren sollten bestimmte Kriterien – wie oben beispielhaft dargestellt – abstrakt definiert werden, welche für die Beurteilung seitens der bAV-Einrichtung ausschlaggebend sein sollen. Im Falle, dass die entsprechenden Wertpapiere über eine KVG gemanagt werden, ist eine jährliche schriftliche Bestätigung der KVG, dass die Analyse gemäß den in CRA-III gesetzten Standards durchgeführt wird, ausreichend.

Falls die Analyse und Beurteilung der Kreditqualität auf einen Dienstleister, der keine KVG ist, übertragen worden ist, so sollte vor dessen Auswahl der zugehörige Kreditrisikoanalyseprozess durch den Investor begutachtet und auf seine Eignung hin beurteilt werden. Etwaig auftretende Änderungen im Analyseprozess des Dienstleisters sollten laufend zu überwacht und in Einzelfällen sollte beurteilt werden, inwieweit der Prozess nach solchen Änderungen seitens des Investors noch als adäquat angesehen werden kann. Insbesondere muss dieser Prozess also zu jedem Zeitpunkt für den Investor vollständig transparent sein und er muss insbesondere in der Lage sein, der Aufsichtsbehörde und seinen Wirtschaftsprüfern jederzeit vollständigen Einblick in diesen Prozess zu geben.

Ferner ist zu beachten, dass – je nach Ausgestaltung – der Zinssatz bei einer festverzinslichen Unternehmensanleihe sich für den Fall verändern kann, wenn sich entweder das Rating des Emittenten oder aber bestimmte Finanzkennzahlen (etwa obige Ebit-Interest-Coverage) in einem vorab definierten Umfange verändern. Solche Regelungen (sog. **Financial Covenants**) in den Anleihebedingungen kompensieren somit den Investor für eine nachträgliche, d. h. nach der Investitionsentscheidung erfolgte, Verschlechterung der Kreditqualität des Emittenten. Sie können in Einzelfällen sogar so weit gehen, dass die Investoren das Recht auf Fälligstellung und sofortige Rückzahlung der Anleihe haben, wenn sich die definierten Finanzkennzahlen über ein vorab bestimmtes Maß hinaus verschlechtern. Neben dem Schutzcharakter, den eine solche Regelung für Investoren zweifelsohne hat, ist jedoch auch eine Konstellation denkbar, in der sie sich zum Nachteil der Investoren auswirken kann: wenn sich die finanzielle Situation des Emittenten verschlechtert hat und eine solche Regelung greift, so kann es sein, dass gerade durch die daraus resultierenden Zusatzbelastungen (Zinserhöhung oder Rückzahlungserfordernis) die Insolvenz des Emittenten erst ausgelöst wird, obgleich sie ohne eine solche Regelung hätte vermieden werden können. **499**

Auch im Falle einer Anleihe, welche offiziell als erstrangig deklariert ist, kann eine faktische Nachrangigkeit vorliegen – man spricht in diesem Zusammenhang von **struktureller Nachrangigkeit (Structural Subordination)**. Ein solcher Effekt kommt z. B. dann zustande, wenn der Emittent die Muttergesellschaft eines Konzernverbundes ist, welche als reine Holdinggesellschaft fungiert, und die folglich als einzige Vermögensgegenstände (im Wesentlichen) die Beteiligungen an ihren operativ tätigen Tochtergesellschaften besitzt. In diesem Falle befindet sich also das gesamte operativ nötige Betriebsvermögen (Gebäude, Maschinen, teilweise auch Barmittel) auf Ebene der operativ tätigen Tochterunternehmen. Wenn nun einige dieser Konzerntöchter ebenfalls erstrangige Anleihen emittiert haben und weder eine gesamtschuldnerische Haftung der Konzernmutter und ihrer Töchter besteht noch Garantien der Töchter zugunsten der Holding abgegeben worden sind (**Upstream-Guarantees**), so hätten die Investoren, welche in die Anleihen der operativ tätigen Töchter investiert haben, einen Vorteil gegenüber denjenigen Investoren, die die erstrangigen Anleihen der Konzernmutter halten. Denn letztere werden natürlich im Hinblick auf den Zugriff auf das (im Default-Fall werthaltige) Konzernvermögen (welches sich ja i. w. auf Ebe- **500** ne der Töchter befindet) gegenüber den erstrangigen Gläubigern der Tochterunternehmen nachrangig behandelt.

501 Zusammenfassend lässt sich an dieser Stelle festhalten, dass die einzelnen bei einer Direktanlage in Credit-Investments konkret zu beachtenden Sachverhalte und durchzuführenden Aktivitäten aus Komplexitätsgründen an dieser Stelle nur grob angedeutet werden konnten. Selbstverständlich gibt es im Falle einer Direktanlage einen gewissen Ermessensspielraum, mit welchem Detaillierungsgrad ein Investor die oben angesprochenen Aufgaben wahrnehmen will. Dabei muss er jedoch ein für ihn hinreichendes Sicherheitsniveau hinsichtlich des Managements der beschriebenen Risiken herstellen. Damit ergibt sich für Versorgungseinrichtungen die Frage, inwieweit sie meinen, mit vertretbarem Aufwand die obigen Einzel-Aufgaben in diesem Sinne hinreichend erfüllen und die beschriebenen Sachverhalte angemessen berücksichtigen zu können – und zu wollen. Alternativ könnte man in diesem Falle eine Variante des indirekten Credit-Investments erwägen.

IV. Strukturierung

1. Verpackung und Securitization

a) Grundkonstruktion

502 Das Anleiheformat, und hier besonders das Schuldscheinformat, wird häufig verwendet, um komplett andersartige Risiken, also Risiken, die weder Zinsrisiken noch Kreditrisiken bezogen auf den Emittenten sind, zu verpacken. Als verpackte Risiken treten in der Praxis z. B. Rohstoff-, Immobilien- oder Aktienrisiken auf. Aber auch noch andere Risiken werden verpackt – hier scheint der Phantasie keine Grenze gesetzt zu sein. High-Yield-Risiken, die ja auch unter den Bereich Kreditrisiken gezählt werden können, werden zum Teil ebenfalls in solchen Strukturen verpackt. Hier soll zunächst die Grundkonstruktion einer Schuldscheinverpackung betrachtet werden. Das folgende Schaubild verdeutlicht eine typische Variante, von der in der Praxis zwar in Einzelpunkten abgewichen werden kann, die jedoch in ähnlicher Form in den meisten Fällen auftritt:

Abb. 28 Grundkonstruktion einer Schuldscheinverpackung 503

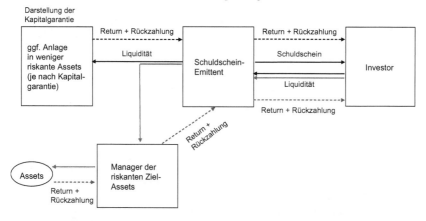

Ziel der Investition ist es, innerhalb eines Schuldscheinformates in die zu verpacken-den Vermögensgegenstände, die wir die riskanten Assets nennen wollen, zu investie-ren. Dies kann in Kombination mit einer Kapitalgarantie geschehen, oder auch nicht. Zu diesem Zwecke emittiert der Schuldschein-Emittent (der „Verpacker", i. d. R. eine Bank) einen Schuldschein. Der Investor zahlt ihm hierfür den Emissionspreis. Die so erhaltene Liquidität investiert der Schuldschein-Emittent in die riskanten Assets. Für den Fall, dass zusätzlich eine Kapitalgarantie durch den Schulschein-Emittenten be-reitgestellt werden soll, fließt nur ein Teil dieser Liquidität in die riskanten Assets. Der andere Teil wird zur Darstellung der Kapitalgarantie in (annähernd) risikolose Kapi-talanlagen investiert, genaueres folgt hierzu später. Derjenige Teil des Geldes, welcher zur Investition in riskante Assets vorgesehen ist, fließt entweder direkt in die riskan-ten Assets (z. B. in einen Bestand von Aktien, Immobilien, High-Yield-Anleihen etc.) oder an einen Manager, der das Geld in ein Portfolio von riskanten Assets investiert und dieses anschließend aktiv managt. Die laufende Rendite und/oder der Rückzah-lungsbetrag des Schuldscheins ist an die erzielten Returns aus den riskanten Assets bzw. aus dem Management der riskanten Assets durch den entsprechenden Manager gekoppelt. Diese – und ggf. auch Erträge aus den im Fall der Kapitalgarantie existie-renden annähernd risikolosen Assets – werden entweder als laufende Erträge aus dem Schuldschein an den Investor ausgeschüttet oder innerhalb der Schuldscheinkon-struktion (wertsteigernd) thesauriert. Selbstverständlich wird der Verpacker für die Herstellung und Betreuung der Konstruktion Gebühren vereinnahmen.

b) Kapitalgarantie

Die Konstruktion einer Kapitalgarantie innerhalb einer Verpackung kann entweder 504 **statisch** oder **dynamisch** erfolgen. Bei einer statischen Konstruktion wird im Zeit-punkt der Investition mit dem dann gültigen Marktzinssatz der Marktwert eines

Schuldscheines des Emittenten im Zerobond-Format für die gewünschte Laufzeit bestimmt. Dieser Wert liegt natürlich unterhalb von 100 %. Die Differenz zwischen 100 % und dem Marktwert des Zerobonds ist dann derjenige Teilbetrag von dem durch den Investor investierten Nominalwert, welcher zur Investition in die riskanten Assets zur Verfügung steht. Konkret: sollen 100 Geldeinheiten insgesamt durch den Investor angelegt werden, ist n die beabsichtigte Laufzeit und z_n der Zero-Zinssatz für diese Laufzeit, so ist der Marktwert B des Zerobonds: $B = \dfrac{100}{\left(1 + z_n\right)^n}$. Die Anzahl der Geldeinheiten R, die für die Investition in die riskanten Assets faktisch zur Verfügung steht, beträgt: $R = 100 \cdot \left(1 - \dfrac{1}{\left(1 + z_n\right)^n}\right)$

Diese Methode ist deshalb als statisch zu bezeichnen, weil nur ein einziges Mal, nämlich zu Beginn der Investition bestimmt wird, welcher Betrag R in die riskanten Assets fließt. Nach der Investition dieses Betrages in die riskanten Assets, ändert sich deren Volumen nur noch bedingt durch die Entwicklung dieser Assets selbst, in welche einmalig zu Beginn investiert wurde, bzw. durch die Entwicklung des gemanagten Portfolios an riskanten Assets. Aber auch in zweiterem Falle wird dem Manager der riskanten Assets während der Investitionslaufzeit weder Geld entzogen noch weiteres für zusätzliche Investitionen dazugegeben.

505 Dies stellt sich bei der dynamischen Konstruktion einer Kapitalgarantie anders dar: Eine mögliche Variante, die hierfür häufig eingesetzt wird, wird als **CPPI (Constant Proportion Portfolio Insurance)** bezeichnet. An dieser Stelle soll CPPI kurz und einfach dargestellt werden: Grundgedanke hierbei ist, dass zu jedem Zeitpunkt t während der Investitionslaufzeit [0;n] exakt so viel Geld in die riskanten Assets investiert wird, so dass bei einem fest angenommenem **Overnight-Risiko** q, in jedem Zeitpunkt t der Marktwert der Gesamtkonstruktion den dann gültigen Marktwert des Zeros nicht unterschreiten kann. Overnight-Risiko bezeichnet dabei den Umfang (in %) einer Wertminderung der riskanten Assets, die auftreten kann ohne, dass ein Investor eine Möglichkeit hat, hierauf zu reagieren. Im Zeitpunkt t beträgt der aktuelle Marktwert B(t) der durch den Zerobond repräsentierten Wertuntergrenze: $B(t) = \dfrac{100}{\left(1 + z_{n-t}\right)^{n-t}}$

Bezeichnet MW(t) den Marktwert der Gesamtkonstruktion im Zeitpunkt t, so bestimmt man folgendermaßen den Anteil $\alpha(t)$ an der Gesamtkonstruktion, der für die Investition in riskante Assets im jeweiligen Zeitpunkt t zur Verfügung steht:

$$\alpha(t) \cdot q = MW(t) - \frac{100}{(1+z_{n-t})^{n-t}}$$

$$\Leftrightarrow \alpha(t) = \frac{1}{q} \cdot \left[MW(t) - \frac{100}{(1+z_{n-t})^{n-t}} \right]$$

Von CPPI gibt es verschiedene Spielarten, insbesondere auch solche, in denen nicht mit einem festen Overnight-Risiko gearbeitet wird, sondern eben dieses im Zeitablauf ebenfalls einer Dynamik unterliegt, indem man es beispielsweise von der jeweils im Markt aktuell ablesbaren Volatilität abhängig macht (diese Spielart wird häufig auch als DPPI bezeichnet). Allgemeines zu Wertsicherungsstrategien findet sich des Weiteren in den Rdnrn. 564 ff.

2. Securitization (Verbriefung) und Tranchierung

In diesem Abschnitt wollen wir zwei weitere Varianten vorstellen, das Risikoprofil in- 506
nerhalb einer Rentenkonstruktion zu gestalten. Beide stimmen dahingehend überein,
dass der Investor eine Schuldverschreibung erwirbt, welche durch einen Pool von
Wirtschaftsgütern, den sog. **Collateral-Pool**, besichert ist, und deren Risikoprofil
maßgeblich durch das Risikoprofil des Collateral-Pools determiniert ist. Ein Collateral-Pool kann aus den verschiedensten Vermögensgegenständen bestehen. Hierfür
kommen Kreditkartenforderungen, Hypotheken- und Konsumentenkredite ebenso in
Frage wie PKW-Finanzierungen oder auch Lieferantenforderungen von Industrieunternehmen[5].

a) Securitization (Verbriefung)

Es soll zunächst die reine **Verbriefung (Securitization)**, das heißt die untranchierte 507
Variante, etwas detaillierter vorgestellt werden, wie sie etwa innerhalb von **ABS**-Kon-
struktionen (**Asset-Backed-Securities**) häufig vorkommt. Das folgende Schaubild beschreibt die Grundstruktur:

---

5 Ein umfangreiches Werk zu diesem Thema ist etwa: *Deacon*, Securitisation: Principles, Markets and Terms.

171

508 *Abb. 29 Grundstruktur einer Verbriefung*

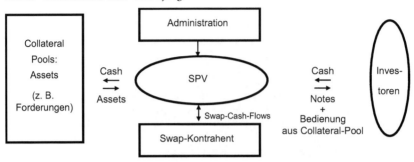

Eine **Einzweck-Gesellschaft**, ein sog. **Special Purpose Vehicle (SPV)**, emittiert eine Schuldverschreibung, die vom Investor gegen Zahlung liquider Mittel erworben wird. Das SPV erwirbt mit dieser erhaltenen Liquidität den Collateral-Pool, der innerhalb der Schuldverschreibung verbrieft wird. Eine weitere Gesellschaft kann gegebenenfalls die Administration, wie z. B. Überwachung von Zahlungseingängen im Collateral-Pool oder Forderungsmanagement, übernehmen. Die Cash-Flows aus den Assets des Pools können mit einem weiteren Swap-Partner gegen eine andere Zahlungsstruktur (etwa variable oder auch feste Verzinsung) getauscht werden. Am Ende ist aber auf Grund der Struktur des SPV, welches ja außer den Assets des Collateral-Pools fast keine Vermögensgegenstände besitzt, klar, dass die Bedienung der Schuldverschreibung nur aus dem Collateral-Pool erfolgen kann. Folglich wird die Risikosituation des Investors im Wesentlichen durch die Risikosituation des Collateral-Pools determiniert. Die Vorteile einer derartigen Finanzkonstruktion liegen aus Investorensicht beispielsweise in der besseren Möglichkeit zur Diversifikation. Denn dadurch, dass die vom SPV emittierten Schuldverschreibungen, die durch denselben Collateral-Pool besichert sind, von vielen verschiedenen Investoren gehalten werden, kann der Collateral-Pool eine gewisse Größe erreichen. Das bedeutet für den einzelnen Investor, dass sein Risikoprofil durch den sehr breit diversifizierten Collateral-Pool sehr viel günstiger ist, als wenn er direkt in entsprechende Assets investieren würde, und somit nicht den gleichen Diversifikationsgrad erreichen könnte. Ein anderer Vorteil für den Investor ist darin zu sehen, dass für den Investor auf diese Art und Weise neue, teilweise extrem verwaltungsintensive Assetklassen (wie z. B. Kreditkartenforderungen) erschlossen werden können, was in dieser Form auf dem Wege der Direktinvestition nicht möglich wäre. Selbstverständlich setzt eine Investition in Schuldverschreibungen dieser Art eine genaue Analyse der Risiken des Collateral-Pools, sowie der an der Konstruktion beteiligten Parteien (z. B. Manager des Collateral-Pools) voraus. Ebenfalls ist darauf hinzuweisen, dass Schuldverschreibungen dieser Art i. d. R. nur über eine eingeschränkte Liquidität verfügen. Damit können also nur Gelder, die kurzfristig nicht disponibel sein müssen, in solche Konstruktionen fließen.

b) Tranchierung

aa) Herstellung einer Tranchierung

Die **Tranchierung** ist ein Verfahren, durch welches der im letzten Abschnitt vorgestellten Grundkonstruktion eine weitere Möglichkeit der aktiven Gestaltung der Risikosituation der Investoren hinzugefügt wird. CDO's (Collateralized Debt Obligations) sind eine häufig anzutreffende Variante dieses Typs. Auch die Konstruktion einer CDO verdeutlichen wir zunächst wieder anhand eines Schaubildes (vgl. hierzu *Hagenstein/Merz/Seifert*, Investing in Corporate Bonds and Credit Risk):   509

Abb. 30 Konstruktion einer CDO   510

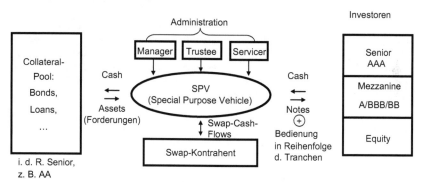

Hier besteht der Collateral-Pool aus Krediten oder Anleihen verschiedener Schuldner bzw. Emittenten. Diese sind häufig erstrangig. Aus dem Risikoprofil, wie es sich aus diesem Collateral-Pool ergibt, können nun für Investoren mit verschiedener Risikopräferenz mittels der als „Tranchierung" bezeichneten Technik „maßgeschneiderte" Wertpapiere, in die sie emittieren können, hergestellt werden. Dabei wird das Gesamtvolumen der Transaktion in bestimmte vorab definierte Teilbeträge, die sog. Tranchen (Scheiben), zerlegt. Investoren können sich vor der Investition entscheiden, in welche Tranche sie investieren wollen. Unter den einzelnen Tranchen gibt es eine eindeutig definierte Hierarchie. Diese legt fest, in welcher Reihenfolge die einzelnen Tranchen von Ausfällen innerhalb des Collateral-Pools betroffen sind. So gehen die ersten Ausfälle im Portfolio des Collateral-Pools ausschließlich zu Lasten der Tranche mit dem niedrigsten Rang, der sog. **Equity-Tranche**. Kommen weitere Ausfälle hinzu, so belasten sie solange die Equity-Tranche bis diese komplett aufgezehrt ist und die Investoren, die ihr Geld in dieser Tranche angelegt haben, ihr Investment komplett verloren haben. Kommen danach zusätzliche Ausfälle im Collateral-Pool hinzu, so wird die nächste (über der Equity-Tranche stehende) Tranche angegriffen, und zwar wiederum so lange bis diese auch komplett aufgezehrt ist, und so weiter. Zu allerletzt wird die oberste Tranche angegriffen. Diese hat demnach die allerhöchste Kreditqualität, und die Equity-Tranche somit die geringste. Umgekehrt bietet die Equity-Tranche (solange es nicht zu Ausfällen kommt) ihren Investoren auch die höchste Verzinsung, und die oberste Tranche die niedrigste Verzinsung. Demzufolge haben bei von Rating-Agenturen gerateten Transaktionen unterschiedliche Tranchen unterschiedliche Ratings. Häufig ist das Risiko, dass es zu Ausfällen in der obersten Tranche kommt derart gering, dass diese ein AAA-Rating (oder ein vergleichbares Rating in einer anderen Nomenklatur) trägt. Dennoch zeigt uns die 2007 aufgetretene Finanzkrise, dass auch ein AAA-Rating vor Verlusten aus dieser Tranche nicht absolut schützen kann – auch dann nicht, wenn es zu keinerlei Ausfällen in dieser Tranche kommt. Denn es wurde ja bereits erwähnt, dass Transaktionen dieser Art zuweilen durch eine eingeschränkte Liquidität gekennzeichnet sind. In einer Krisensituation (so 2007 geschehen) kann nun eine generelle Aversion gegen riskantere Investments und gegen Investments in solche Strukturen generell – trotz der an sich guten Kreditqualität – dazu führen, dass der Markt für den Handel mit solchen Papieren komplett zusammenbricht. In dieser Situation können dann auch die obersten Tranchen nicht mehr gehandelt werden, oder zumindest nicht mehr zu fairen Preisen, was dann weiter entsprechende Wertberichtigungen bei den Investoren auslösen kann.

bb) Risikoabschätzungen bei tranchierten Produkten

511 In diesem Abschnitt soll nun ein praktikables Verfahren vorgestellt werden, welches unter vereinfachenden Annahmen einem Anleger, der in ein tranchiertes Produkt gemäß der obigen Beschreibung investiert bzw. investieren will, die Möglichkeit einer einfachen Abschätzung seines Risikos, das investierte Vermögen zumindest teilweise zu verlieren, gibt. Hierbei soll angenommen werden, dass der Collateral-Pool aus n Einzelrisiken (einzelnen Vermögensgegenständen) besteht. Zudem wird unterstellt, dass die Defaultereignisse für die einzelnen Vermögensgegenstände stochastisch unabhängig voneinander sind. Gerade diese Voraussetzung, die hier aus Gründen der Vereinfachung getroffen wird, dürfte in der Praxis teilweise nicht erfüllt sein. In dieser Situation kann man die Wahrscheinlichkeit P, dass der Investor sein investiertes Kapital nicht in voller Höhe zurückerhält, wie folgt berechnen: Es bezeichne dabei α den **Grad der Subordination** für die Tranche, die der Investor hält. Das bedeutet, dass α < 1 derjenige Anteil am Gesamtvolumen der Transaktion ist, welcher auf Tranchen entfällt, die nachrangiger gegenüber der Tranche sind, die der Investor hält. Das i-te Einzelrisiko möge den Anteil λ_i am Gesamtportfolio haben und des Weiteren die Default-Wahrscheinlichkeit P_i. Natürlich liegen alle diese Anteile zwischen Null und

Eins und es gilt $\sum_{i=1}^{n} \lambda_i = 1$ Nimmt man für alle Einzelrisiken im Collateral-Pool eine

einheitliche Recovery-Rate R an, so gilt:

$$P = \sum_{\substack{k=1 \\ \lambda_{i_1} + \dots \lambda_{i_k} > \frac{\alpha}{1-R} \\ i_1 < \dots < i_k}}^{n} \sum_{(i_1, \dots i_k) \in \{1, \dots n\}^k} \prod_{\chi=1}^{k} P_{i_\chi} \cdot \prod_{j \notin \{i_1, \dots i_k\}} (1 - P_j)$$

Diese Formel vereinfacht sich, wenn man es mit einem Collateral-Pool bestehend aus 512
n gleichgewichteten einzelnen Vermögensgegenständen zu tun hat. In diesem Fall

müssen mindestens $k := \left[\dfrac{n\alpha}{1-R}\right] + 1$ Vermögensgegenstände von einem Default be-

troffen sein. Die Wahrscheinlichkeit P hierfür beträgt:

$$P = \sum_{\substack{l=k \\ i_1 < \dots < i_l}}^{n} \sum_{(i_1, \dots i_l) \in \{1, \dots n\}^l} \prod_{\chi=1}^{l} P_{i_\chi} \cdot \prod_{j \notin \{i_1, \dots i_l\}} (1 - P_j)$$

Als Beispiel nehmen wir zuletzt an, dass zusätzlich noch die Default-Wahrscheinlich- 513
keit für alle n einzelnen Assets gleich ist; diese bezeichnen wir mit p. Dann beträgt die
Wahrscheinlichkeit, dass mindestens k Defaults während der Laufzeit auftreten, und
somit das investierte Kapital nicht in voller Höhe zurückfließt:

$$\sum_{l=k}^{n} \binom{n}{l} p^l (1-p)^{n-l} = k \cdot \binom{n}{k} \cdot \int_o^p t^{k-1} \cdot (1-t)^{n-k} dt$$

$$= k \cdot \binom{n}{k} \cdot B_{k,n-k+1}(p)$$

$B_{k,n-k+1}(p)$ heißt unvollständige Betafunktion mit den Parametern k und n − k + 1.

V. Beispiele für ausgewählte exotische Investmentformen

Zuletzt sollen noch einige exotische Investmentformen näher betrachtet werden, die 514
je nach konkreter Risikolage ebenfalls eine Rolle in Portfolios von Altersversorgungseinrichtungen spielen können.

1. Longevity Bonds und ähnliche Instrumente

Longevity Bonds können partiell eingesetzt werden, um eine effektive **Absicherung** 515
(**Hedge**) gegen **Langlebigkeitsrisiken**, die auf der Verpflichtungsseite wirksam sind,
zu konstruieren. Dieses Kapitalmarktinstrument funktioniert etwa so, dass der Investor – und eben hier i. d. R. eine Altersversorgungseinrichtung, da sich in erster Linie
für solche Investoren eine sinnvolle Anwendung ergibt – gegen Zahlung des Emis-
sionspreises an den Emittenten – i. d. R. eine Bank – den Bond erwirbt. Der Bond
hat eine feste Laufzeit, so wurde beispielsweise im Jahre 2004 ein solcher Bond mit einer Laufzeit von 25 Jahren zu einem Preis von 540 Mio. Euro emittiert. Dem liegt ein

fest definierter Personenkreis zu Grunde, in dem oben zitierten Beispiel handelte es sich um eine Kohorte von Männern aus England und Wales. Das faktische Sterblichkeitsverhalten dieses Personenbestandes hat nun unmittelbare Auswirkungen auf den Rückzahlungsbetrag des Bonds: Beispielsweise kann man den Rückzahlungsbetrag definieren als $S(t \cdot X$, wobei X einen festen Geldbetrag repräsentiert – im Beispiel war dies eine Summe von 50 Mio. Euro – und $S(t)$ im Zeitpunkt t von der beobachteten Sterblichkeit der Kohorte abhängt. In dem verwendeten Beispiel war $S(t)$ derjenige (Prozent-)Anteil an im Emissionszeitpunkt $t = 0$ 65-jährigen Männern der Kohorte, die im Zeitpunkt t noch am Leben sind. Hieraus ergibt sich für die Versorgungseinrichtung, die in ein solches Instrument investiert, auch unmittelbar die Hedge-Wirkung. Denn wenn die Lebenserwartung im Laufe der Zeit immer weiter steigt, was aus Sicht der Versorgungseinrichtung zu höheren Verpflichtungen führt (und somit ökonomisch eine negative Wirkung entfaltet), so steht dem eine sich immer weiter erhöhende Rückzahlung aus dem Bond (und somit auch eine laufende Marktwertsteigerung) gegenüber. Häufig werden – neben dem Investor und dem Emittenten – noch weitere Parteien an einer solchen Konstruktion beteiligt: mit einer Bank kann der Emittent etwa Zinsswaps zwecks Steuerung seiner Cashflows und Zinsrisikoposition abschließen, und die Langlebigkeitsrisiken, die beim Emittenten liegen, können (natürlich gegen Prämien) weiter an ein Rückversicherungsunternehmen übertragen werden.

516   Eine andere Spielart solcher Anleiheprodukte besteht in der Form eines **Catastrophe-Bonds**. Allgemein können sich Catastrophe-Bonds auf alle möglichen Risiken (z. B. auch Naturereignisse) beziehen, die von einer Partei auf die Investoren im Rahmen einer hochverzinslichen Anleihekonstruktion transferiert werden. Im Falle der Übertragung von Langlebigkeitsrisiken (um die es ja an dieser Stelle geht) ist der Wirkmechanismus ein anderer als bei den vorhin vorgestellten Longevity Bonds: Bei Catastrophe-Bonds finden nämlich laufende Zahlungen an den Investor statt. Diese setzen sich zusammen aus einer annähernd risikolosen Verzinsung (z. B. Interbankensatz) zuzüglich einer Risikoprämie (für die Übernahme des Langlebigkeitsrisikos). Diese zusätzliche Risikoprämie kann nun etwa vom Investor gedanklich dafür „verwendet" werden, um einen zusätzlichen Finanzierungsbeitrag für eine in der Zukunft erwartete steigende Lebenserwartung zu leisten. Es wird nun während der Laufzeit wieder ein auf einen realen Personenbestand bezogener **Sterblichkeitsindex** beobachtet, und zwar in jedem Zeitpunkt relativ zum Indexstand im Emissionszeitpunkt. Steigt nun der Index in Folge einer erhöhten Sterblichkeit im Bestand, so hat dies zunächst noch keine Konsequenz, solange ein bestimmtes Niveau nicht überschritten wird. Oberhalb dieses Levels beginnt nun der Rückzahlungsbetrag des Bonds linear mit steigendem Sterblichkeitsindex zu sinken. Ab einer bestimmten Höhe des Sterblichkeitsindexes beträgt der Rückzahlungsbetrag Null. Hier ist also der Hedge-Mechanismus komplett anders als bei der oben vorgestellten Variante: Die laufende Risikoprämie kann – wie gesagt – den Investor dafür finanziell „entschädigen", dass er mit einer weiter steigenden Lebenserwartung rechnen muss. Kommt es jedoch zu einer Umkehrung oder drastischen Unterbrechung dieses Trends, so hat eine Altersversor-

gungseinrichtung entsprechende finanzielle Entlastungseffekte auf der Verpflichtungsseite und diese stehen dann einem sinkenden Rückzahlungsbetrag – and damit auch einem sinkenden Marktwert – des Bonds gegenüber. Im Falle eines Katastrophenereignisses, das zu einem dramatischen Sterblichkeitssprung nach oben führen würde – man könnte sich hier beispielsweise eine weltweit um sich greifende Epidemie (Pandemie) vorstellen – wird der Wegfall der Rückzahlung des Bonds durch die sehr großen Entlastungseffekte bei den Verpflichtungen (ganz oder teilweise) kompensiert.

Die beiden vorgestellten Varianten sind nicht die einzig denkbaren, jedoch ist der **517** Grundzug aller solcher Investments ähnlich. Weitere Entwicklungsmöglichkeiten für solche Produkte könnten in der Entwicklung liquider Sterblichkeitsindexe (erste solche Indexe wurden bereits entwickelt) liegen. Wenn nun ein Derivatemarkt auf solche Indexe etabliert ist, so ergeben sich auch weitere Möglichkeiten, Wertpapiere zu strukturieren, die auf die Sterblichkeitsentwicklung reagieren bzw. Versorgungseinrichtungen können solche Derivate direkt zur Absicherung ihrer Langlebigkeitsrisiken verwenden.

Eine kritische Würdigung solcher Investments sei zum Schluss dieses Abschnitts in al **518** ler Kürze vorgenommen: Prinzipiell handelt es sich – wie gesagt – um Instrumente, mit deren Hilfe das Langlebigkeitsrisiko von Versorgungseinrichtungen auf effektive Weise abgesichert werden kann. Dem gegenüber steht der Nachteil des heute immer noch relativ geringen Volumens solcher Papiere, welches im Markt zur Verfügung steht. Bei weitem existieren nicht genug solcher Investments, um große Teile der Langlebigkeitsrisiken bei Altersvorsorgeeinrichtungen absichern zu können. Damit in Zusammenhang steht eine oft sehr eingeschränkte Liquidität solcher Papiere. Auch sind **Cross-Hedge-Risiken** häufig unvermeidbar: Die jeweilige Versorgungseinrichtung muss sich konkret bei der Investition in ein solches Papier überlegen, inwieweit der bei dem Papier zu Grunde gelegte Personenbestand (dessen Sterblichkeitsentwicklung Einfluss auf die Entwicklung des Papieres hat) wirklich demographische Gemeinsamkeiten mit ihrem eigenen Versicherten- bzw. Begünstigtenbestand aufweist. So ist beispielsweise bei betrieblichen Pensionskassen die Duration der Verpflichtungsseite deutlich höher als bei Lebensversicherungsunternehmen. Des Weiteren gehören bei betrieblichen Pensionskassen versicherte Personen häufig einem oder mehreren bestimmten Industriezweigen an. So ist etwa regelmäßig nicht zu erwarten, dass die Sterblichkeit eines Pensionskassenbestandes, der in erster Linie aus Büroangestellten besteht, mit der Sterblichkeitsentwicklung der Gesamtbevölkerung (oder des verwendeten Indexes) übereinstimmt. Oder aber es mag die Personengruppe, die dem im Bond verwendeten Sterblichkeitsindex zu Grunde liegt, in einem anderen Land leben, und somit beispielsweise einem anderen öffentlichen Gesundheitssystem unterworfen sein, als die Gruppe der Begünstigten der Versorgungseinrichtung, die eine Investition erwägt. Die Risiken solcher Abweichungen sollten vor Abschluss des Investments konkret analysiert werden. Darüber hinaus resultieren aus der mit der Investition verbundenen Einschaltung weiterer beteiligter Parteien (Emittent, Investmentbanken, Swap-Partner, Rückversicherer etc.) ggf. weitere Kontrahentenrisiken.

2. Inflationsgebundene Anleihen

519 Inflation spielt als Risiko für eine Versorgungseinrichtung immer dann eine Rolle, wenn diese konkret verpflichtet ist, ihre Rentenleistungen anzupassen, und zwar in Abhängigkeit von Entwicklungen, die mit der Inflation in engem Zusammenhang stehen. Hier kann man beispielsweise neben Anpassungen gemäß der Entwicklung eines Konsumentenpreisindexes auch Anpassungen der Rentenleistungen an Lohn- und Gehaltstrends als Beispiel nennen. Neben der Etablierung eines Hedges gegen solche Inflationsentwicklungen, welche die Versorgungseinrichtung ja durch steigende Verpflichtungen belasten, kann hier auch die Investition in eine neue Assetklasse, die nicht vollständig zu den anderen Assetklassen im Portfolio korreliert ist (Diversifikation), als Motiv für eine Investition geltend gemacht werden. Die Emission solcher Wertpapiere kann für den Emittenten beispielsweise die Erschließung neuer Investorengruppen als Vorteil beinhalten, sowie die Chance, die Inflations-Risikoprämie, die bei herkömmlichen festverzinslichen Anleihen mit eingepreist und somit vom Emittenten zu leisten ist, ganz oder teilweise einzusparen. Denn bei herkömmlichen festverzinslichen Anleihen ist die Rendite im Wesentlichen folgendermaßen gepreist: Die gesamte Nominalrendite setzt sich zusammen aus der Realrendite (unter Berücksichtigung der Bonität des Emittenten) zuzüglich der während der Laufzeit durchschnittlich erwarteten Inflationsrate (p. a.) und zuzüglich eines Zuschlages für die Übernahme des Risikos (durch den Investor), dass die tatsächlich während der Laufzeit der Anleihe auftretende Inflationsentwicklung von der eingepreisten erwarteten Inflation abweicht. Das Pricing einer inflationsgebundenen Anleihe setzt dagegen auf der reinen Realrendite (unter Berücksichtigung der Bonität des Emittenten) auf, und für tatsächlich während der Laufzeit auftretende Inflationsentwicklungen erhält der Investor zusätzlich einen diesen entsprechenden Ausgleich. Die bei herkömmlichen Bonds zuletzt genannte Risikoprämie muss also hier theoretisch nicht an den Investor gezahlt werden.

520 Konkret werden inflationsgebundene Anleihen folgendermaßen konstruiert: In jedem Falle wird die Entwicklung der Anleihe gekoppelt an einen (offiziellen) Lebenshaltungskosten-Index. Die Inflationskopplung der Anleihe kann verschiedenartig hergestellt werden. Eine Methode besteht darin, den Nominalbetrag (und somit eben auch den Rückzahlungsbetrag) laufend mit der Inflation anzupassen. Das heißt, dass, wenn in einer Periode der Lebenshaltungskostenindex um beispielsweise zwei Prozent steigt, der Rückzahlungsbetrag ebenfalls um zwei Prozent erhöht wird. Alle nachfolgenden Kupons werden dann allerdings ebenfalls auf den erhöhten Nominalbetrag gezahlt. In allen folgenden Perioden verfährt man analog. Eine zweite, alternative Variante besteht darin, dass der Kupon, welcher ursprünglich auf der Basis der Realrendite gepreist ist, laufend um die Inflation erhöht wird. In der Tat reagieren die Marktwerte inflationsindexierter Anleihen anders auf Marktveränderungen als die Marktwerte nicht inflationsindexierter Papiere. Selbstverständlich reagieren beide vollkommen gleich auf sich verändernde Realzinsen und auch auf sich verändernde Investorennachfrage. Wenn dagegen die Inflationsrate (über die eingepreiste Erwartung) steigt, so hat dies negative Auswirkungen auf die nicht inflationsgeschützte Anleihe,

da hier die fest eingepreiste Inflation ein Bestandteil des Fixkupons ist. Dagegen bleibt die gleiche Wirkung bei einer inflationsgeschützten Anleihe auf Grund der beschriebenen Konstruktion natürlich aus. Einige erwähnenswerte Aspekte können wir an dieser Stelle nur sehr kurz anreißen. So ist beispielsweise zu beachten, dass der in der Anleihekonstruktion verwendete Inflationsindex nicht zu denjenigen Inflationsrisiken kohärent sein kann, denen die Versorgungseinrichtung unterliegt. Beispielsweise stimmt die Lohnentwicklung nicht unbedingt mit der Entwicklung eines bestimmten Verbraucherpreisindexes überein. Bei der Festlegung der gesamten Asset-Allokation wäre mit in Betracht zu ziehen, dass – neben inflationsindexierten Anleihen – auch andere Vermögensgegenstände partiell Inflationsschutz bieten können, wie etwa Immobilien. Darüber hinaus ist bei inflationsindexierten Anleihen eine im Vergleich zu herkömmlichen Fixkuponanleihen andere Art der Durationsbetrachtung angezeigt, da es bei einer inflationsgeschützten Anleihe eben nicht egal ist, ob sich eine Veränderung des Marktzinsniveaus aus einer entsprechenden Änderung des Realzinses oder aber der Inflation ergibt. Dies wurde soeben bereits angedeutet.

Eine einfache Relative-Value-Überlegung ergibt sich aus der oben angegebenen Pricing-Mechanik für herkömmliche festverzinsliche Anleihen. Denn, wenn man die marktgerechte Nominalrendite einer herkömmlichen Festkuponanleihe um die Realrendite bereinigt, so erhält man eine Schätzung für die vom Markt eingepreiste Inflation (unter Vernachlässigung der eingepreisten Risikoprämie für die Abweichung von Ist-Inflation und Inflationserwartung). Ist man nun der Meinung, dass der Markt auf Grund dieser Überlegung die zukünftige Inflationsentwicklung überschätzt, so ist sicherlich unter Relative-Value-Aspekten die Investition in eine herkömmliche Fixkuponanleihe attraktiver als in eine inflationsindexierte, und entsprechend vice versa im Falle der Auffassung, dass eine Unterschätzung seitens des Marktes vorliegt. **521**

Bei der Zusammenstellung eines Bond-Portfolios, welches inflationsindexierte und nicht inflationsindexierte Anleihen enthält, kann man sich in manchen Fällen den folgenden interessanten Korrelationseffekt zunutze machen, den wir in der Folge vereinfacht darstellen wollen: Es bezeichne D die Duration einer herkömmlichen Fixkuponanleihe und D_i die Duration einer inflationsgeschützten Anleihe, hier definiert als die Sensitivität des inflationsgeschützten Bonds gegenüber Änderungen des Realzinses im Markt. Wir gehen hier – wie beim üblichen Durationskonzept auch – von flachen Zinsstrukturkurven aus. Wenn nun beide Bonds fair zu 100 % gepreist sind, so gilt: Es gibt genau dann ein Mischportfolio aus der inflationsgeschützten und aus der nicht inflationsgeschützten Anleihe (und zwar ohne Verwendung von Leerverkäufen), dessen Total-Return-Varianz in erster Näherung geringer ist als die Total-Return-Varianzen der beiden Einzelanleihen in erster Näherung, wenn gilt: **522**

$$D(D - D_i)Var(\Delta r) + D^2 Var(\Delta i) + 2D\left(D - \frac{D_i}{2}\right)Cov(\Delta r, \Delta i) \geq 0$$

und zugleich

$$(DD_i - D_i{}^2)Var(\Delta r) + DD_i Cov(\Delta r, \Delta i) \leq 0$$

Soll die Forderung der geringeren Total-Return-Varianz für das Mischportfolio in strengem Sinne erfüllt sein, so müssen beide vorherige Ungleichungen ebenfalls strenge Ungleichungen sein. Dabei bezeichnet Δr bzw. Δi die Zufallsvariable, welche die Schwankung von Realzins r bzw. Inflationserwartung i abbildet. Im Falle, dass Δr und Δi stochastisch unabhängig voneinander sind, vereinfachen sich die obigen Bedingungen zu:

$$D \leq D_i$$

und

$$(D - D_i) \cdot Var(\Delta r) + D \cdot Var(\Delta i) \geq 0.$$

3. Schlussbemerkungen

523   In Teil A dieses Kapitels wurde einerseits versucht, aufzuzeigen, wie vielfältig und heterogen das Universum an Renteninvestments ist, welches einem institutionellen Investor zu Anlagezwecken zur Verfügung steht. Dabei wurde darauf gesondert eingegangen, welche unterschiedlichen Funktionen die verschiedenen Formen von Rentenanlagen innerhalb des Anlageportfolios einer Versorgungseinrichtung wahrnehmen können und sollten, und ebenfalls, worauf eine Versorgungseinrichtung als Investor bei bestimmten Investments ihr Augenmerk legen sollte. Auch wenn aus reinen Gründen der Komplexität die Darstellungen, die sich mit dem Satellite-Segment und eher exotischen Investmentformen auseinandersetzen, einen breiten Raum innerhalb dieser Arbeit einnehmen, so kann und darf dies nicht darüber hinwegtäuschen, dass aus risikotechnischen Gründen solcherlei Investmentformen allenfalls den Stellenwert einer Beimischung einnehmen sollten und der absolute Großteil des Rentenportfolios einer Versorgungseinrichtung klar innerhalb des Core-Segmentes angesiedelt sein sollte.

B. Aktien *(John)*

I. Typisierung und Motivation von Aktieninvestments

1. Definition von Aktieninvestments

524   Gemäß dem deutschen Aktiengesetz ist eine **Aktie** ein Anteilsschein bzw. Wertpapier, welches einen Bruchteil des Grundkapitals an einer Gesellschaft verbrieft (§§ 1 Abs. 2, 29 AktG). Sie ist der Inbegriff der Rechte und Pflichten der Aktionäre, welche ihre Einlagen auf die Aktie geleistet haben (etwa §§ 11, 12, 64 AktG). Im Folgenden soll ausschließlich der Kapitalanlageaspekt von Aktien aus Sicht einer **Einrichtung der betrieblichen Altersversorgung (EbAV)** betrachtet werden, womit die **Aktienrendite** im Vordergrund steht. Sie setzt sich aus zwei Komponenten zusammen, der Aktienkursentwicklung und der ausgezahlten Dividende. Beide Komponenten, der Kurswert und die Dividende, sind variabel und die Laufzeit von Aktien ist nicht begrenzt. Bei

Anleihen dagegen sind entweder Nennwert oder Kupon fix sowie die Laufzeit i. d. R. befristet. Dies ist für die Anwendung des Durationsrinzips nützlich bzw. notwendig. Bei Aktieninvestments erschwert dies die Anwendung von Methoden aus dem Renteninvestment auf Aktien. Das Durationskonzept sei hier als ein Beispiel genannt.

2. Motivation für Aktieninvestments

Die Motivation von EbAV in Aktien zu investieren, ist im Wesentlichen mit der erwarteten höheren Rendite und dem Diversifikationseffekt bei Aktien gegenüber Renteninvestments begründet. Zusätzlich wird Aktien Realwertcharakter und damit ein gewisser Inflationsschutz zugeschrieben. In der Vergangenheit und insbesondere über längere Zeiträume hinweg haben diversifizierte Aktienportfolios besser rentiert als Anleihen, allerdings bei höherer Volatilität, höheren Verlustrisiken und schlechteren Cashflow-Matching-Eigenschaften. Die Differenzrendite von Aktien und Renten bzw. Aktien und dem risikofreien Zins wird in der Literatur als **Risikoprämie** bezeichnet. Sie findet insbesondere bei der Optimierung der strategischen Asset Allokation Berücksichtigung (vgl. hierzu Rdnr. 31).   **525**

a) Aktienrisikoprämie

Es gibt verschiedene Definitionen für die **Aktienrisikoprämie**. Gleich ist allen Definitionen, dass es sich um eine Differenzrendite zwischen der Aktienrendite und der Rendite einer sicheren Anlage handelt. Die verschiedenen Definitionen unterscheiden sich in Kreditqualität und Laufzeit der sicheren Anlage (z. B. Rendite langfristiger Staatsanleihen oder Geldmarktzins) sowie in der Kalkulation der Differenz, die entweder arithmetisch oder geometrisch berechnet wird. Des Weiteren wird zwischen der theoretisch abgeleiteten und der empirisch ermittelten Aktienrisikoprämie unterschieden. Letztere wird in der Praxis als Schätzfaktor für die zukünftig erwartete Aktienrisikoprämie mit den nachfolgenden Einschränkungen (Rdnr. 294) verwendet. Die Aktienrisikoprämie wird häufig abgekürzt und nur als **Risikoprämie** bezeichnet. Sie ist von der **Aktienrealrendite** zu unterscheiden, welche die Differenz von Aktienrendite und Inflationsrate bezeichnet.   **526**

Sei über einem gegebenen Zeitraum **Ram** die Aktienmarktrendite und **Rf** der risikolose Zins, dann gilt für die Aktienrisikoprämie **Rarp**:   **527**

- **arithmetische** Berechnung:

  $Rarp_a = Ram - Rf$

- **geometrische** Berechnung:

  $Rarp_g = (1 + Ram)/(1 + Rf) - 1$

Zur Verdeutlichung ein Beispiel: Sei in einem gegebenen Zeitraum die Aktienmarktrendite $Ram = 10\,\%$ p. a. und der risikolose Zins $Rf = 6\,\%$ p. a. Dann gilt für die Risikoprämie nach arithmetischer Berechnung $Rarp_a = 4\,\%$ und nach geometrischer Berechnung $Rarp_g = 3{,}77\,\%$.   **528**

529   Die wahrscheinlich umfangreichsten empirischen Studien zu Aktienrisikoprämien gehen auf die Arbeiten von *Elroy Dimson*, Paul Marsh und *Mike Staunton* zurück und wurden erstmals im Jahr 2000 als „The Millennium book: 100 years of investment returns" veröffentlicht[6]. Die Autoren untersuchten in diesem Werk Anleihen-, Aktien- und Inflationsdaten für 16 Länder und den Zeitraum des letzten Jahrhunderts. Dabei haben sie die gesammelten Daten im Gegensatz zu anderen ähnlichen Untersuchungen um negative Effekte wie z. B. den **Survivorship Bias** bereinigt. Der Survivorship Bias beschreibt die Verzerrung der Performance- bzw. Aktienrisikoprämienberechnung, wenn nur die am Ende der betreffenden Periode enthaltenen Wertpapiere eines Universums bei der Berechnung Berücksichtigung finden. Die Wertpapiere, die wegen Insolvenz des Emittenten oder anderen Gründen in der betrachteten Periode aus dem betreffenden Universum herausgefallen sind, gehen bei Survivorship Bias nicht in die Berechnung ein und verzerren damit das Ergebnis. In der oben benannten Studie wird der Survivorship Bias berücksichtigt, welches die historisch berechneten Aktienrisikoprämien entsprechend geringer ausfallen lässt.

530   Weiterführende empirische Studien, die auf dieses umfangreiche Datenmaterial zurückgreifen, finden sich in *Dimson/Marsh/Staunton* (2003) und (2006). Die jährliche Aktualisierung der Studie wird seit 2012 von Credit Suisse Research Institute im „Credit Suisse Global Investment Returns Yearbook" fortgesetzt und umfasst seit der Ausgabe 2022 35 Länder. In der Arbeit *Dimson/Marsh/Staunton* (2006) schätzen die Autoren die erwartete langfristige Risikoprämie gegenüber Geldmarktanlagen weltweit auf etwa 3–3,5 %, sofern man die geometrische Berechnung zugrunde legt. Bei arithmetischer Berechnung schätzen die Autoren 4,5–5 % für eine erwartete langfristige Risikoprämie. Diese Schätzung hat sich auch seit der Ausgabe im Jahr 2018 nicht grundlegend geändert. Theoretische Abhandlungen zur Risikoprämie sind insbesondere bei *Fama/French* zu finden. Modelle, die die Risikoprämie aus dem CAPM ableiten, finden sich z. B. in *Ebertz/Schmidt-von Rhein/Tolksdorf*.

531   Im Rahmen der Unternehmensfinanzierung und -bewertung spielt die Risikoprämie zur Bestimmung der Kapitalkosten als interner Zinsfuß eine zentrale Rolle. Sie beschreibt die Differenz von Kapitalkostensatz und der sicheren Anlage. Allerdings ist der bis Ende der 1990er-Jahre gültige Konsens zur Bestimmung dieser Risikoprämie in den letzten Jahren zerfallen. Die bisher gebräuchlichen empirischen Methoden führen zu unplausiblen Ergebnissen. Dies soll im Folgenden verdeutlicht werden.

532   In der nachfolgenden Tabelle werden die Risikoprämien gegenüber den jeweiligen Staatsanleiherenditen in lokaler Währung über die Dekaden des letzten Jahrhunderts gezeigt. Die Daten stammen aus dem oben erwähnten *Millennium book*. Die letzte beiden Zeilen sind eine Aktualisierung auf Basis von MSCI- und JP Morgan GBI-Indexdaten für die Dekaden 2000–2010 sowie 2010-2020.

---

6 Die Studie wird jährlich aktualisiert, umfasst mittlerweile 35 Länder und betrachtet 122 Jahre und erscheint unter dem Namen **Credit Suisse Global Investment Returns Yearbook.**

Abb. 31 Aktienrisikoprämie in 10-Jahreszeiträumen der letzten 12 Dekaden 533

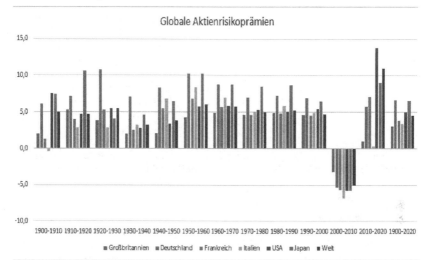

	Großbritan-nien	Deutsch-land	Frank-reich	Italien	USA	Japan	Welt
1900-1910	2,0	6,1	1,3	-0,4	7,5	7,4	5,0
1910-1920	5,3	7,2	4,0	2,9	4,7	10,6	4,7
1920-1930	3,8	10,8	5,3	2,9	5,5	4,1	5,5
1930-1940	2,0	7,1	2,5	3,2	2,8	4,6	3,2
1940-1950	2,1	8,3	5,5	6,8	3,4	6,5	3,8
1950-1960	4,3	10,3	6,8	8,4	5,8	10,3	6,0
1960-1970	4,9	8,8	5,7	7,0	5,9	8,8	5,8
1970-1980	4,6	7,0	4,6	5,1	5,3	8,5	5,0
1980-1990	4,9	7,3	4,8	5,9	5,1	8,7	5,2
1990-2000	4,6	6,9	4,5	4,9	5,4	6,5	4,7
2000-2010	-3,2	-5,3	-5,7	-6,8	-5,8	-5,8	-5,1
2010-2020	1,0	5,8	7,1	0,3	13,8	9,0	11,0
1900-2020	3,0	6,7	3,9	3,4	5,0	6,6	4,6

534 Die empirischen Risikoprämien gegenüber Staatsanleihen mittlerer Duration der letzten Dekaden unterscheiden sich deutlich nach der jeweiligen Dekade und dem jeweiligen Land. Sie schwanken von -6,8 % (Italien 2000–2010) bis 13,8 % (USA 2010–2020). Verschiebt man diese Zeiträume entsprechend, würde diese Dispersion der Risikoprämien noch weiter auseinanderklaffen, d. h. selbst die Betrachtung weniger aber doch recht langer Perioden lässt nicht auf stabile Risikoprämien schließen. Schaut man auf die Jahre 2000–2010, wird dies besonders deutlich. In diesem Zeitraum sind die Risikoprämien alle negativ und schwanken von -6,8 % (Italien) bis -3,2 % (Großbritannien). Von *Dimson/Marsh/Staunton* wurde damals schon vermutet, dass die hohen Risikoprämien des letzten Jahrhunderts in Zukunft nicht haltbar sind. Dass sich dies so dramatisch und so früh zeigen würde, war kaum abzusehen. In der Anschlussdekade wurde dies zum Teil wieder ausgeglichen. Zumindest wird deutlich, dass die empirischen Analysen zur Bestimmung von schwankungsarmen Risikoprämien nur eingeschränkt und über sehr lange Zeiträume Aussagekraft haben.

b) Duration von Aktieninvestments

535 Der Begriff **Duration** kommt ursprünglich aus dem Bereich des Rentenmanagements. Die Duration ist eine Sensitivitätskennzahl, welche die durchschnittliche Kapitalbindungsdauer einer Geldanlage bezeichnet. Allgemein formuliert ist die Duration der gewichtete Mittelwert der Zeitpunkte, zu denen der Anleger Zahlungen aus einem Wertpapier erhält. Sie entspricht dem Zeitpunkt, bei dem völlige Immunisierung gegenüber Zinsänderungen besteht und ist die entscheidende Komponente beim sog. **Duration Matching** (vgl. hierzu Rdnr. 34). Im Gegensatz zum Duration Matching, welches eine Durchschnittsbetrachtung ist, berücksichtigt das Cashflow Matching die entsprechenden Diskontfaktoren zu den jeweiligen Zeitpunkten, zu denen die Cashflows anfallen. Die Meinungen über einen Durationsbegriff bei Aktien gehen weit auseinander.

536 Es gibt in der Literatur verschiedene Ansätze, das Durationskonzept auf Aktieninvestments zu übertragen. Ziel der Bestimmung einer Aktienduration ist, diese als Risikomaß und bei der Optimierung im Rahmen des Asset Liability Management einzusetzen. Ursprünglich wurde das Konzept der Aktienduration aus dem traditionellen **Dividend Discount Modell (DDM)** entwickelt. Dabei werden künftige Dividenden unter Verwendung eines angemessenen Zinssatzes auf ihren aktuellen Wert diskontiert. John *Burr Williams* hat diese Methode erstmals in seiner Arbeit „The Theory of Investment Value" definiert.[7] Weiterführende Konzepte, die insbesondere von langfristig anlegenden Investoren, wie z. B. EbAV, genutzt werden, gehen auf *Leibowitz* zurück. Häufig erhält man Aktiendurationen von über 50 Jahren bei Berechnungsansätzen, die auf Dividend-Discount-Modelle zurückgehen. Der Ansatz von *Leibowitz* ist empirisch und kommt zu wesentlich kürzeren Durationen für Aktien. Er basiert auf den

---

7 *John Burr Williams*, The Theory of Investment Value, 1997 reprint, Fraser Publishing, 1938, Cambridge: Harvard University Press.

beobachteten historischen Korrelationen von Aktien mit Anleihen und erhält die Duration als Nebenprodukt bei der Bewertung von Anlagevermögen (**Asset Pricing**). Der Ansatz von *Leibowitz* ist insbesondere im Vergleich zu Ansätzen, die auf dem DDM basieren, konsistent unter der Annahme relativ stabiler Korrelationen und eignet sich somit eher für den praktischen Einsatz. Der Ansatz von *Lewin/Satchell* zur Berechnung einer Aktienduration berücksichtigt die Aktienrisikoprämie als wesentlichen Bestandteil, um den Ansatz von *Leibowitz* weiterzuentwickeln.

Die Auseinandersetzung über die Existenz und Berechnung einer Aktienduration ist 537 interessant, aber im Vergleich zu der Anleihenduration nicht vollständig und nicht überzeugend. Auch wenn es eine langfristige Abhängigkeit von Aktien und Anleihen gibt, ist diese Beziehung nicht so eindeutig wie das Konzept der Anleihenduration. Aktien reagieren nicht sofort und berechenbar auf Zinsänderungen und haben deshalb nicht die gleiche Liability Matching Qualität wie Anleihen. Ersetzt man Anleihen, die die Verpflichtung matchen, durch Aktien, wird das Risiko unweigerlich erhöht. Wenn also das Ziel Liability Matching ist, sind Aktieninvestments und deren Durationskonzept nicht geeignet. Aktien können aber über Diversifizierungseffekte und höhere Renditen (bei höherem Risiko) die Kosten für die Finanzierung von Pensionszusagen reduzieren. Aus diesem Grund findet sich in der Praxis zum Teil die strategische Aufteilung der Kapitalanlagen in ein Liability-Matching-Portfolio und ein Wachstumsportfolio.

3. Typisierung von Aktieninvestments nach Investmentvehikel

Bei Aktieninvestments unterscheidet man zwischen den Formen der Direktanlage 538 und indirekten Investitionsformen wie z. B. Publikums-, Spezial- oder Dachfonds. Zur Wahl der richtigen Form siehe insbesondere Rdnrn. 894 ff. Die Entscheidung, direkt in Aktien zu investieren oder diese Entscheidung zu delegieren, hängt im Wesentlichen von der Erfahrung des Anlegers, der Größe des anzulegenden Betrages und den zu Verfügung stehenden Ressourcen ab. Traditionell wurden in der Direktanlage Renten gemanagt. Die Spezialisierung in neue Anlageklassen, z. B. mit erhöhten Kreditrisiken, und neue Investmentansätze, führte in den letzten Jahren dazu, dass EbAV immer häufiger und in größerem Umfang spezialisierte Vermögensverwalter einschalteten.

4. Typisierung von Aktieninvestments nach Investmentansatz

Aktieninvestments kann man nach verschiedenen Investmentstilen klassifizieren. Mit 539 dem Investmentstil ist die gewählte Grundsatzmethodik gemeint, die ein Portfoliomanager zur Zielerreichung einsetzt. Selten wird ein Investmentansatz in seiner Reinform eingesetzt und es bestehen häufig Überlappungen. Trotzdem hat der Investmentstil besondere Bedeutung, z. B. beim Controlling der entsprechenden Fondsmanager bzw. -gesellschaften. Der Anleger kann prüfen, ob und inwieweit die beauftragten Portfoliomanager ihre Ziele erreichen und wie sich eine etwaige Zielverfehlung erklären lässt. In diesem Beitrag soll nur auf die bekanntesten Investmentstile eingegangen werden. Innerhalb eines Investmentspektrums unterscheidet man Stile, die komplementär zueinander sind, wie die Stile Value oder Growth und Small oder Large Cap; sowie Investmentstile, die nicht komplementär zueinander sind, z. B. die Investmentstile Aktiv oder Passiv, Top-Down oder Bottom-Up, Quantitativ oder Qualitativ.

a) Abgrenzung nach der Investmentphilosophie

540 Glaubt der Investor, dass es nicht möglich ist, eine bessere Performance zu erreichen als der gesamte Markt, d. h. die Rendite des Investmentuniversums, wird er in diesen Markt mittels einer **Indexstrategie** *passiv* investieren. Man spricht dann vom **passiven Management**, andernfalls vom **aktiven Management** (vgl. hierzu Rdnrn. 884 ff.). Die Präferenz für oder gegen aktives Management drückt die Investmentphilosophie des Anlegers aus. Die Diskussion, ob aktives oder passives Management sinnvoll ist, hat sich in den letzten Jahren deutlich verschoben. Es wird heute nicht mehr bestritten, dass die Kapitalmärkte nicht vollständig effizient sind, z. B. auf Grund regionaler Unterschiede, und damit aktives Management grundsätzlich sinnvoll ist. Heute diskutiert man eher, wie die überdurchschnittlichen Manager gefunden und mit fairen Gebührensystemen entlohnt werden können. Wenn dies nicht möglich ist, findet das passive Investieren in der entsprechenden Anlageklasse einen sinnvollen Platz im Rahmen der Gesamtstrategie des Anlegers.

b) Abgrenzung nach zeitlichen Aspekten

541 Die Abgrenzung von **Investmentstile**n nach zeitlichen Aspekten betrachtet insbesondere die Länge des Zeitraums, auf den die Investmentthesen im Schnitt ausgelegt sind. So reicht das Spektrum an verschiedenen Längen des Investmentzeitraums von **politisch** (5 Jahre), **strategisch** (2–5 Jahre), **taktisch** (1–24 Monate) und **operativ** (weniger als 1 Monat). Um welchen Stil es sich bei einem Portfoliomanager handelt, kann leicht aus der Portfolioumschlagshäufigkeit abgelesen werden. Wird das Portfolio z. B. einmal im Jahr komplett umgesetzt (d. h. Umschlagshäufigkeit = 100 %), handelt es sich folglich um einen taktisch agierenden Manager. Erst eine Umschlagshäufigkeit von weniger als 50 % p. a. wird als strategisch bezeichnet. In der Gruppe der Investmentstile nach zeitlichen Aspekten fällt auch die **Momentum-Strategie**. Sie ist eine Handelsstrategie, die mit Hilfe verschiedenster Indikatoren bzw. Modelle versucht, Trendmärkte zu erkennen und in diese bei einem Aufwärtstrend zu investieren.

c) Abgrenzung nach Richtung des Selektionsprozesses

542 Bei der Abgrenzung von **Investmentstile**n nach der Richtung des Selektionsprozesses unterscheidet man im Wesentlichen zwei Arten: den **Top-Down-** und den **Bottom-Up-**Investmentstil. Der Top-Down-Ansatz schränkt das Investmentuniversum zuerst durch grobe, z. B. makroökonomische, Filter ein. So werden z. B. Aktien vorselektiert bzw. übergewichtet, die in bestimmten Ländern oder Regionen notiert sind bzw. einer Branche angehören (und umgekehrt). Dieses eingeschränkte Anlageuniversum wird

dann über feinere Filter weiter reduziert (also Top-Down), um dann die Aktien zu bestimmen, die letztlich für das Portfolio in Frage kommen. Der Bottom-Up-Ansatz dagegen setzt bei der einzelnen Aktie (also Bottom-Up) an. Jede Aktie des Anlageuniversums wird bewertet bzw. für eine Vorselektion betrachtet, unabhängig von der Zugehörigkeit zu einer Branche, einem Land oder einer Region. Hier sei vermerkt, dass im Rahmen der Globalisierung die Bedeutung der Länderallokation im Vergleich zur Branchenallokation abgenommen hat und somit der Top-Down-Ansatz durch Länderallokation heute weniger häufig zum Einsatz kommt.

d) Abgrenzung nach Wachstums- bzw. Wertkriterien

Bei der Abgrenzung von Investmentstilen nach Wachstums- bzw. Wertkriterien unterscheidet man im Wesentlichen zwei Arten, den **Growth-** und den **Value**-Investmentstil. Der Growth-Stil setzt auf Wachstumsaktien, d. h. Aktien, bei denen Unternehmenskennziffern mit Fokus auf Gewinn, Umsatz oder Cashflow überdurchschnittlich wachsen. Die Erwartung auf überdurchschnittliche Kurssteigerungen rechtfertigt einen relativ hohen Preis für die Aktie sowie geringe oder gar keine Dividendenauszahlungen. Der Value-Stil ist komplementär zum Growth-Stil. Der Fondsmanager ist systematisch auf der Suche nach günstigen Gelegenheiten, d. h. unterbewerteten Aktien. Dabei wird beispielsweise der aktuelle Börsenkurs oder Buchwert mit Dividende und Gewinnen verglichen. Der Fondsmanager setzt darauf, dass über kurz oder lang der Markt die Unterbewertung erkennt und als Folge der Aktienkurs überdurchschnittlich steigt. Es gibt auch einen Investmentstil, der die Vorteile beider Stile in sich zu vereinigen versucht, der **GARP (Growth at a reasonable price)**. Hierbei versucht der Portfoliomanager, in Aktien zu investieren, die ein attraktives Verhältnis zwischen erwartetem Gewinnwachstum und Unternehmensbewertung aufweisen.   543

e) Abgrenzung nach Marktkapitalisierung

Die Unterscheidung des Investmentstils nach Marktkapitalisierung erscheint sinnvoll, weil Investieren in die sog. **Large Caps** (oder auch **Blue Chips**), d. h. in Unternehmen mit einer Marktkapitalisierung von über US$ 2 Mrd., eine andere Wertentwicklung genommen hatte als Investieren in kleinere Unternehmen, sog. **Small Caps**. So entdeckte der damalige Student *Rolf Banz* in den 1970-ern, dass die Aktien kleinerer Unternehmen i. d. R. deutlich besser performten als die großen Unternehmen (später veröffentlichte er sein bekanntes Papier „The Relationship Between Market Value and Return of Common Stocks"[8]). Auch aus Liquiditätsgesichtspunkten unterscheiden sich diese beiden Investmentstile, denn Small Caps sind nicht so liquide und können nicht in solch großen Volumen gehandelt werden wie Large Caps. So kann man einen Teil des in der Studie bezeichneten *Small Cap Effects* der geringeren Liquidität, also einer Illiquiditätsprämie zuschreiben.   544

---

8 *Rolf W. Banz*, The Relationship Between Market Value and Return of Common Stocks, Journal of Financial Economics, November 1981.

f) Abgrenzung nach qualitativen bzw. quantitativen Aspekten

545 Kernpunkt des **qualitativen** bzw. **fundamentalen Investmentstils** ist die Schätzung eines inneren Wertes der jeweiligen Investments. Der innere Wert ergibt sich als Barwert aller aus dem jeweiligen Titel erwartbaren Cashflows. Problematisch an der Bestimmung des inneren Wertes eines Investments ist, dass einige der zur Bestimmung notwendigen Variablen unbekannt oder zumindest im Zeitablauf veränderlich sind.

546 Bei einem **quantitativen Investmentstil** wird im Wesentlichen die Verarbeitung von meist öffentlichen Daten durch computergestütze Bewertungsmodelle für die Portfoliokonstruktion genutzt. Hierbei vertraut man insbesondere auf Unternehmensdaten und -kennziffern wie z. B. Kurs/Gewinn, Cashflow, EBIT, Umsatz, Marktanteil, Kapitalkosten etc. Bei der Verwertung dieser Daten werden häufig statistische Verfahren angewendet, um schließlich die Investments zu identifizieren, die unterbewertet erscheinen und ins Portfolio gelangen sollen.

g) Abgrenzung nach Portfoliokonzentration

547 Bei der Unterscheidung des Investmentstils nach Portfoliokonzentration bezeichnet der **aggressive Investmentstil** einen Ansatz, der auf die besten Investmentideen und eine hohe Überrendite abzielt sowie diese mit einer geringen Anzahl von Investments im Portfolio erreichen möchte.

548 Der **degressive Investmentstil** dagegen ist gegenüber dem aggressiven Stil eher an der Benchmark orientiert und investiert in eine höhere Anzahl von Wertpapieren, wobei hier die Aggressivität des Stils auch anhand des **Tracking Errors** gemessen werden kann: ein hoher Tracking Error deutet auf einen aggressiven Stil hin. Beide Stile unterscheiden sich deutlich in ihrem Risikoverhalten und sollten deshalb nicht als Substitut zueinander betrachtet werden.

5. Beispiele für weitere Aktieninvestments

549 Im folgenden Abschnitt werden einige weitere Aktieninvestments angesprochen, die in der Praxis unterschiedliche Relevanz haben, sich aber in ihrem Risikoverhalten deutlich von traditionellen Aktieninvestments unterscheiden können. Dies gilt insbesondere in den Bereichen Liquidität, Kontrahentenrisiko, Dividendenauszahlung und Regulierung.

a) Exchange Traded Funds (ETFs)

550 **Exchange Traded Funds (ETFs)** sind i. d. R. liquide Investmentfonds, die an der Börse gehandelt werden. Man unterscheidet passiv bzw. regelbasiert gemanagte ETFs von aktiv gemanagten ETFs, wobei es sich in der Mehrheit der gehandelten ETFs um passiv gemanagte Aktienfonds handelt. Die sog. passiven ETFs eignen sich besonders gut

für taktische Asset-Allocation-Entscheidungen. Basis bei ETFs ist die Preisentwicklung eines Index (z. B. Aktien- oder Rentenindizes) oder eines Wertpapierbaskets (Regionen, Branchen oder spezifische Strategien). Dabei ist der Preis des ETFs an den Preis des Index oder des Baskets gekoppelt. Je nach abgebildetem Index ist dies ein ganzer Markt oder ein Teilmarkt. Unter die regelbasierten ETFs fallen die sog. Smart Beta ETFs, welche keinen marktkapitalisierten Index abbilden, sondern einen bestimmten Schwerpunkt setzen, z. B. auf Dividendentitel, Large Caps, risikoadjustierte Gewichtung etc.

Bevor die ersten ETFs entwickelt wurden, haben institutionelle Anleger häufiger große Aktienkörbe gehandelt, die Indizes abgebildet haben. So entstanden **Index Participation Shares** (IPS), die später – in den 1990ern – zum quasi ersten ETF weiterentwickelt wurden: dem **Standard & Poor's Depositary Receipt** (**SPDR**) oder kurz Spider genannt. ETFs haben eine unbegrenzte Laufzeit und Market Maker an der Börse garantieren die Sofortausführung innerhalb definierter Liquiditätsgarantien. ETFs sind Investmentfonds, deren Börsenkurs laufend aktualisiert wird. An der Börse Frankfurt etwa lassen sich Kennziffern wie aktueller Kurs, Geld-Brief-Spanne sowie Umsatzvolumen aller dort gehandelten ETFs aktuell abrufen. Im Gegensatz dazu wird der Anteilspreis eines Investmentfonds nur einmal täglich berechnet und der Anleger kennt bei Auftragserteilung noch nicht den Abrechnungskurs. Bei einem ETF hingegen erfolgt die Orderausführung i. d. R. sofort nach Eingang der Order.

551

Wie Investmentfonds bilden ETFs Sondervermögen des Emittenten. Das Sondervermögen eines ETF ist vom gewöhnlichen Vermögen des Emittenten getrennt und bleibt auch bei Insolvenz des Emittenten erhalten, sofern dieses nicht Swap[9]-basiert ist. ETFs sind in Deutschland seit 2000 erhältlich. Anzahl und Handelsvolumen sind rasant gewachsen und es gibt ETFs auf fast alle Indizes. Mittlerweile befinden sich über 10 Anbieter mit über 100 ETFs am deutschen Markt und es entstehen immer neue Produktformen wie etwa Strategie-, Leveraged-, Short- und aktive ETFs. Darüber hinaus gibt es weitere Formen wie **Exchange Traded Commodities** (**ETCs**), **Exchange Traded Notes** (**ETNs**), **Exchange Traded Instruments** (**ETIs**) und **Exchange Traded Vehicles** (**ETVs**), welche zusammengefasst als **Exchange Traded Products** (**ETPs**) bezeichnet werden. Bei den ETPs lässt sich folgende Abgrenzung aufstellen:

552

---

9 Der Swap ist eine Vereinbarung (Termingeschäft) zwischen zwei Finanzintermediären, in der Zukunft Zahlungsströme (Cashflows) auszutauschen. Swaps werden i. d. R. nicht über die Börse gehandelt. Sie sind relativ liquide Finanzkontrakte, die sich wirtschaftlich wie das Referenzgut verhalten. Probleme entstehen, wenn einer der Finanzintermediäre seinen Verpflichtungen teilweise oder vollständig nicht nachkommen kann. Seit Einführung der EMIR-Regulierung müssen OTC-Geschäfte besichert werden. Damit reduziert sich das Kontrahentenrisiko auf den Unterschiedsbetrag zwischen Collateral und dem Indexwert, auf den sich der ETF bezieht, z. B. durch Marktbewegung verursacht.

1. OGAW-konforme ETFs

- physisch replizierende ETFs
  - voll replizierende ETFs
  - optimierte/teilweise replizierende ETFs

2. Derivate-basierte ETFs

Nicht-OGAW-konforme ETNs und ETCs (i. d. R. unregulierte Schuldverschreibungen), andere Nicht-OGAW-konforme ETVs und ETIs (i. d. R. weder Fonds noch Schuldverschreibung)

Die Vermögenswerte von ETFs weltweit sind im Zeitraum von 2003 bis 2021 deutlich angestiegen und erreichten im Jahr 2021 über 10 Billionen US-Dollar. Die Zahl der ETFs weltweit stieg in diesem Zeitraum ebenfalls von 276 im Jahr 2003 auf fast 8.600 im Jahr 2021 (Quelle: www.statista.com). In den letzten 10 Jahren ist das Volumen der ETs über 20 % p. a. gewachsen.

553 ETFs werden vielfältig eingesetzt. Neben dem klassischen Einsatz als Form des passiven Managements (vgl. hierzu Rdnrn. 540 und 884) für die strategische Allokation (z. B. im Core-Satellite-Ansatz, vgl. hierzu Rdnrn. 899 ff.) werden ETFs auch in der taktischen Asset-Allokation, zur Alpha-Generierung, zum Hedgen und Rebalancieren verwendet. ETFs werden darüber hinaus zur **Transition**, d. h. dem Wechsel der Vermögensverwalter eines Mandates oder für die **Cash Equitisation** eingesetzt. Letzteres bedeutet das (temporäre) Investieren von Cash in eine gewünschte Asset-Klasse, z. B. beim Aufbau eines Portfolios oder beim Reinvestieren von Dividenden, etc. Bei den Kriterien für die Selektion von ETF-Anbietern werden insbesondere Liquidität, Kosten und Tracking Error am häufigsten genannt. ETFs entwickeln sich damit zunehmend zu Multi-Purpose-Tools (Quelle: Greenwich-Studie: Absolut|report, 16.6.2011, www.absolut-report.de, Institutionelle Investoren setzen auf die Vielseitigkeit von ETFs).

554 Es gibt eine kontroverse Diskussion über die Anzahl, die Arten, die Kontrahentenrisiken und die Besicherung von ETFs. Unter den Kritikern befinden sich das *Financial Stability Board FSB*, der *International Monetary Fund IMF* und die *Bank for International Settlements BIS* (aus dem das FSB hervorgegangen ist). Alle drei Gremien haben fast zeitgleich im April 2011 Berichte zu ETFs veröffentlicht.[10] Die wesentlichen Kritikpunkte lauteten:

---

10 S. 1. FSB Financial Stability Board, Potential financial stability issues afising from recent trends in Exchange-Traded Funds (ETFs), 12.4.2011; 2. Bank for International Settlements, BIS Working Papers No 343, Market structures and systemic risks of exchange-traded funds, Srichander Ramaswamy, Monetary and Economic Department, April 2011; und 3. IMF International Monetary Fund, World Economic and Financial Surveys, Global Financial Stability Report, Durable Financial Stability, Getting There from Here ISBN: 978 – 1-61635 – 060 – 4, April 2011, S. 68 ff.

- Swap-basierte ETFs unterliegen dem Kontrahentenrisiko.
- Da Swap-Kontrahenten i. d. R. die ETF-Provider sind, bestehen Anreize, illiquide Collaterals zu liefern, um einen besseren Ausgleich mit den eigenen Handelsbüchern, bzw. eine verbesserte Refinanzierung der Bank zu erreichen.
- Liquidität könnte bei vielen Rückgaben durch Investoren in Stressphasen versiegen.
- Hohe Mittelzuflüsse entfernen Preise von ihren fundamentalen Werten.
- Voll replizierende ETFs nehmen Kontrahenten- und Liquiditätsrisiken durch Wertpapierleihen in Kauf.
- ETFs nutzen Steuer-Arbitrage und unterliegen somit dem Risiko von Änderungen des Rechts.

Diese Risiken sind zwischen den Anbietern unterschiedlich ausgeprägt, so dass eine genaue Prüfung insbesondere der Höhe und Qualität der Bedeckung des jeweiligen ETFs notwendig ist.

Auch wenn ETFs von der Absicherung von Collateral profitieren, gibt es dennoch potenzielle Kontrahentenrisiken. Es gibt Swap-basierte ETFs, bei denen ein Kontrahentenrisiko mit dem Swap-Kontrahenten besteht, was aber durch die **OGAW-Anlagerichtlinie** auf 10 % des Investitionsbetrages durch Streuungsregel beschränkt ist. Auch nicht Swap-basierte ETFs können ein Kontrahentenrisiko haben, sofern die Emittenten die zugrundeliegenden Wertpapiere des Sondervermögens verleihen. Daher sollten sich Anleger in ETFs bei den Anbietern genauer informieren, z. B. über: **555**

- Handelt es sich um Swap-basierte ETFs?
- Wer sind die Kontrahenten?
- Wie kontrollieren bzw. managen die ETF-Emittenten Kontrahentenrisiken?
- Was geschieht zu welchem Zeitpunkt, wenn das 10 %-Limit der OGAW-Anlagerichtline überschritten wird?
- Gibt es Berichte über Art, Umfang und Qualität der Collaterals und wie häufig werden diese veröffentlicht?

b) American Depository Receipts (ADRs)

American Depository Receipts (ADRs) sind auf Dollar lautende, von drei amerikanischen Depotbanken und einer deutschen Depotbank (depositary banks) in den USA ausgegebene Aktienzertifikate, die eine bestimmte Anzahl hinterlegter Originalaktien eines Unternehmens verbriefen. Sie werden anstelle der hinterlegten Aktien am US-Kapitalmarkt wie Aktien gehandelt. Es gibt keine exakten Vorschriften, in welchem Verhältnis ein ADR zur Originalaktie zu stehen hat, daher gibt es zum Teil Bezugsverhältnisse, die sich bei Kapitalerhöhungen oder -verringerungen, Gratisaktien, **556**

Splits u. Ä. auch noch im Laufe der Zeit ändern können. Inhaber eines ADRs können gegen Rückübertragung des Zertifikats an die Depotbank die Herausgabe der verwahrten Aktien verlangen bzw. deren äquivalenten Wert in bar bei Verkauf über einen Broker. Die Vorteile für den Anleger in ADRs zu investieren und nicht direkt über die lokale Börse zu handeln, sind i. d. R. bessere Liquidität und einfachere Lagerung.

557   Die Konstruktion von ADR-Programmen bietet manchen institutionellen Investoren Vorteile, die hinsichtlich ihrer Anlagen in ausländische Wertpapiere Anlagebeschränkungen unterliegen. Ein Grund für Emittenten ADR-Programme aufzulegen, besteht darin, dass es für ausländische Unternehmen viel einfacher ist, ADRs an einer ausländischen Börse notieren zu lassen anstatt der eigentlichen Originalaktien. Da ADRs wie amerikanische Aktien behandelt werden, kann der amerikanische Kapitalmarkt von ausländischen Unternehmen ohne die Emission von Aktien am amerikanischen Kapitalmarkt genutzt werden. Bei vielen osteuropäischen und asiatischen Werten ist der Handel an der Heimatbörse allerdings erheblich liquider als in den ADRs. Daraus resultiert in vielen Fällen eine engere Geld-Brief-Spanne. Bei Dividendenzahlungen muss der ADR-Anleger Abstriche hinnehmen: z. B. behält die emittierende Bank bei Dividendenzahlungen einen Teil als Gebühren ein, welche häufig mit dem emittierenden Unternehmen geteilt wird.

558   Eine Ausgabe von ADRs kann grundsätzlich in der Form von unsponsored oder sponsored ADR-Programmen erfolgen. Bei einem **unsponsored ADR-Programm** geht die Initiative allein von der Depotbank aus. Die Kosten für das ADR-Programm werden indirekt über die Abschläge bei den Dividendenzahlungen finanziert. Darüber hinaus ist die Depotbank auf Grund des fehlenden Depotvertrages mit dem ausländischen Unternehmen nicht verpflichtet, Informationen des Unternehmens an die Investoren weiterzuleiten. Unsponsored ADR-Programme werden an vielen Börsen nicht zum Handel zugelassen. Beim **sponsored ADR-Programm** geht die Initiative vom Emittenten (also dem emittierenden Unternehmen selbst) aus und wird von diesem in Zusammenarbeit mit der Depotbank umgesetzt. Dabei wird ein Depotvertrag (**Depositary Agreement**) geschlossen, der die Depotbank verpflichtet, die Ausgabe und Rücknahme von Zertifikaten, gegebenenfalls die Ausübung von Stimmrechten, die Weitergabe von Dividenden und die Programmpflege zu übernehmen. Sponsored ADR-Programme können in drei weitere Kategorien unterteilt werden: Level I-, II- und III-ADRs.

aa) Level I-ADR: Bezug zu existierenden Aktien im ungeregelten Markt

559   Durch ein **Level I-ADR-Programm** kann für bereits existente Aktien eines Unternehmens ein Handel in den USA auf dem ungeregelten **Over the Counter** (OTC[11])-

---

11 Mit OTC-Geschäften sind vor allem Termin-Geschäfte gemeint, die zwei Parteien abschließen, ohne dass eine Börse zwischengeschaltet ist. Anders als bei Terminkontrakten, die über die Börse abgewickelt werden, ist hierbei nicht sichergestellt, dass die Gegenpartei die eingegangene Verpflichtung auch einhalten kann (Kontrahentenrisiko). Seit Einführung der EMIR-Regulierung müssen OTC-Geschäfte besichert werden.

Markt initiiert werden. Hiermit kann jedoch weder neues Kapital aufgenommen noch das ADR an einer US-Börse notiert werden. Eine Registrierung der hinterlegten Aktien nach dem **Securities Exchange Act (SEA)** ist im Regelfall nicht erforderlich, da die ADRs eines Level I-Programms nicht an einer US-Börse gehandelt werden sollen. Die im Heimatmarkt des Unternehmens veröffentlichten Informationen müssen in einer englischen Übersetzung, z. B. über die Homepage des Unternehmens, verfügbar sein. Der bedeutende Vorteil für den Emittenten eines Level I-Programms gegenüber Level-II- und Level-III-Programmen liegt in der fehlenden Verpflichtung zur Rechnungslegung nach US-GAAP. Aus Anlegersicht bedeutet dies geringere Transparenz.

bb) Level II-ADR: Bezug von existierenden Aktien im geregelten Markt

Für eine Notierung an einer geregelten US-Börse ist mindestens ein **Level II-ADR-** **Programm** aufzulegen. Hierbei müssen u. a. die zugrundeliegenden Aktien nach den Bestimmungen des SEA bei der SEC registriert und die Berichts- und Offenlegungsanforderungen der jeweiligen Börse beachtet werden. Eine Registrierung verlangt umfangreiche Angaben über den Emittenten. Es sind Abschlüsse nach US-GAAP vorzulegen, wesentliche Anteilsinhaber zu nennen und Angaben über die Vorstands- u. Aufsichtsratsmitglieder zu machen. Die Registrierung zieht zudem eine mindestens jährliche Berichtspflicht in vergleichbarem Umfang nach sich. | 560

cc) Level III-ADR: Bezug zu neuen Aktien

Für die Aufnahme von neuem Kapital durch die Emission neuer Aktien ist ein **Level III-ADR-Programm** erforderlich. Die Anforderungen entsprechen ansonsten weitgehend dem eines Level II-ADR-Programms. | 561

Neben den Level I- bis Level III-Programmen besteht auch die Möglichkeit einer Privatplatzierung, die sich an institutionelle Käufer richtet. Eine Privatplatzierung hat für das emittierende Unternehmen den Vorteil, dass kein aufwendiges Registrierungsverfahren notwendig und kein Abschluss nach US-GAAP erforderlich ist. Diese ADRs werden nicht an der Börse gehandelt. | 562

c) Global Depository Receipts (GDR)

Global Depository Receipts (GDR) sind eine internationale Version der ADRs und können z. B. in Euro und US$ ausgestellt werden. Die nicht-US$-denominierten Depository Receipts werden auch als **IDR (International Depository Receipts)** bezeichnet. GDR und IDR können wie ein ADR nur einem Bruchteil einer Aktie, aber auch dem vollen Wert einer Aktie entsprechen. Weiterführende Informationen zu Depository Receipts finden sich auf der Homepage des Marktführers von ADR-Programmen (https://www.adrbnymellon.com/). | 563

II. Wertsicherungsstrategien für Aktienportfolios

564 Ist die Entscheidung gefallen, in Aktien zu investieren bzw. eine bestehende Aktienquote auszubauen, unterscheidet man den Aktienaufbau mit und ohne Wertsicherung. Wird auf eine Wertsicherung verzichtet, hängt der Erfolg des Aktieninvestments vom Investitionszeitpunkt, dem sog. Timing bzw. der taktischen Allokation ab (vgl. hierzu Rdnr. 10). Um den Nachteil eines ungünstigen Investitionszeitpunkt zu verringern, kann der sog. „Cost Average Effect" genutzt werden, d. h. Aufteilen des Investitionsbetrages in mehrere Teilbeträge und sukzessives Investieren der Teilbeträge, bis die gewünschte Aktienquote erreicht ist.

565 Unter Wertsicherung versteht man allgemein die Absicherung eines Portfolios gegen Kursverluste, die ein vorab bestimmtes Maß unterschreiten. Eine Aktienaufbaustrategie mit Wertsicherung hat das Ziel, eine asymmetrische Renditeverteilung durch die Beschränkung von Verlusten zu erreichen, z. B. in Form der Sicherung einer Mindestrendite, der Einschränkung des Verlustrisikos oder der Sicherung durch Kapitalerhalt. Wertsicherungsstrategien können z. B. in **statische und dynamische Strategien** unterteilt werden sowie auch nach den verwendeten Instrumenten, z. B. nach **optionsbasierten und Asset-Allokation-Strategien** oder nach der **Pfadabhängigkeit** klassifiziert.

566 **Tab. 7** Klassifizierung von Wertstrategien nach den verwendeten Instrumenten

	Statische Strategien Keine Anpassungen	Dynamische Strategie Anpassungen während der Absicherungsperiode
Asset-Allocation-Strategien	Stop-Loss	CPPI, TIPP
Optionsbasierte Strategien	Protective Put, Bond Call	Rolling Put

567 **Tab. 8** Klassifizierung von Wertstrategien nach Pfadabhängigkeit

	Statische Strategien Keine Anpassungen	Dynamische Strategien Anpassungen während der Absicherungsperiode
Pfadabhängige Strategien Der Erfolg der Sicherungsstrategie hängt vom Wert der riskanten Vermögensgegenstände am Ende und zu bestimmten Zeitpunkten innerhalb der Absicherungsperiode ab.	Stop-Loss	CPPI, TIPP, rollierende Optionsgeschäfte mit Verfallszeitpunkten während des Investitionshorizontes

	Statische Strategien Keine Anpassungen	Dynamische Strategien Anpassungen während der Absicherungsperiode
Pfadunabhängige Strategien Der Erfolg der Sicherungsstrategie hängt nur vom Wert der riskanten Vermögensgegenstände am Ende der Absicherungsperiode ab.	Optionsstrategien mit Beobachtungszeitpunkt nur am Ende der Absicherungsperiode	

Im Folgenden werden einige statische und dynamische Strategien beschrieben.[12] Sofern im Folgenden nicht ausdrücklich anders bezeichnet, handelt es sich um Long-Strategien. Unterschiedliche Optionstypen mit verschiedenen Ausübungszeitpunkten (Europäisch – am Ende der Laufzeit; Amerikanisch – beliebig innerhalb der Laufzeit; Bermudisch – zu mehreren festen Zeitpunkten innerhalb der Laufzeit) werden nicht gesondert betrachtet.   568

1. Statische Wertsicherungsstrategien

Statische Konzepte zeichnen sich durch die Beibehaltung der gewählten Portfolioaufteilung aus. Es handelt sich also um eine **Buy-and-Hold-Strategie**. Die Länge des Anlageintervalls in risikobehaftetes Kapital wird entweder an einem zuvor bestimmten Kursniveau festgemacht, z. B. **Stop Loss**, oder von vornherein zeitlich begrenzt, z. B. **Protective Put** oder Bond **Call**. Im Folgenden werden diese Strategien kurz beschrieben.   569

a) Stop-Loss

Bei dieser einfachsten Wertabsicherung wird ein Wertpapier bzw. ein Aktienportfolio sofort verkauft, falls ein vorgegebenes Kurslimit unterschritten wird. Der Verkauf erfolgt zum aktuell gültigen Kurswert (d. h. bestens) und kann deshalb das Limit unterschreiten. Ein weiteres Problem ist, den richtigen Zeitpunkt für den späteren Wiedereinstieg zu finden.   570

b) Protective Put

Bei dieser Wertsicherungsstrategie wird mit dem Wertpapier bzw. Aktienportfolio eine (Index-)Verkaufsoption erworben, die einen Mindestverkaufspreis garantiert. Diese Verkaufsoption gibt dem Anleger gegen Zahlung einer Prämie an den Vertragspartner das Recht, das relevante Wertpapier oder den Index zu einem bestimmten Kurs – dem gewählten Ausübungspreis – zu verkaufen oder die Differenz zwischen dem Kurs   571

---

12 Vgl. z. B. *Kluß/Bayer/Cremers* in Wertsicherungsstrategien für das Asset Management.

am Markt und dem Ausübungspreis einzunehmen. Darüber hinaus besteht die Möglichkeit, ab einem gewissen Portfoliowert die darüber liegende Performance gegen eine Prämie zu verkaufen. Diese kann z. B. genutzt werden, um die Prämie für das Absicherungsniveau zu finanzieren.

c) Portfolio Insurance mit Calls (Bond Call)

572 Anstatt ein Wertpapier bzw. einen Index zu kaufen, erwirbt man die Option (Long Call) auf ein Wertpapier oder einen Index. Zusätzlich wird ein Bond oder ein gesamtes Bondportfolio gemeinsam mit den Optionspositionen gehalten. Wenn der Titel bzw. Index, für den die Option gehalten wird, an Wert verliert, wird die Option nicht ausgeübt und es entstehen nur Kosten für die Optionsprämien. Der Wert des Bonds bzw. des Bondportfolios bleibt erhalten.

2. Dynamische Wertsicherungsstrategien

573 Dynamische Strategien zeichnen sich durch eine kontinuierliche Umschichtung zwischen risikobehafteten und risikolosen Anlagemöglichkeiten innerhalb der Absicherungsperiode aus. Fällt der Wert des Risikokapitals relativ zum Wert der risikolosen Anlage, folgt eine Umschichtung im Portfolio von der risikobehafteten in die risikolose Anlage. Demzufolge sind dynamische Strategien in der Praxis stets pfadabhängig, d. h. das Resultat der Anlage wird nicht nur von der Marktsituation am Ende des Anlageintervalls determiniert, sondern darüber hinaus auch von der Wertentwicklung des abzusichernden Portfolios während der gesamten Laufzeit.

a) Rolling Put

574 Rolling-Put-Konzepte passen die Absicherung sukzessive während der Laufzeit an, nicht nur am Ende des Sicherungszeitraumes. Das geschieht z. B. in Abhängigkeit vom Zins und der Volatilität der risikobehafteten Anlage bzw. deren Veränderungen. Ein Vorteil dieser Wertsicherungsstrategie besteht in der Umgehung kontraktspezifischer Restriktionen statischer Methoden.

b) Constant Proportion Portfolio Insurance (CPPI)

575 Bei dieser Asset-Allokation-Strategie wird je nach Marktlage zwischen Risikokapital (z. B. Aktien) und Sicherheitskapital (z. B. festverzinsliche Wertpapiere) prozyklisch umgeschichtet. Solange das Risikokapital besser als das Sicherheitskapital rentiert, wird das Risikokapital erhöht und umgekehrt. Hierbei wird ein Multiplikator m bestimmt, der die Risikotragfähigkeit des Anlegers ausdrückt und die Höhe des Exposures bestimmt. Der Kehrwert des Multiplikators $1/m$ gibt an, bis zu welchem Prozentsatz das Risikokapital an Wert verlieren darf, bevor eine Portfolioanpassung erforderlich wird, um die Wertuntergrenze nicht zu unterschreiten.

c) Time Invariant Portfolio Protection (TIPP)

Das TIPP-Konzept ist eine Erweiterung des CPPI-Konzepts. Während für CPPI eine 576
Wertuntergrenze in Abhängigkeit von der Laufzeit des CPPI-Konzepts definiert wird,
ist die Wertuntergrenze bei TIPP laufzeitunabhängig und wird entsprechend der
Marktentwicklung angepasst.

d) Rollierende Covered-Short-Call-Strategie

Neben der Bond-Call-Strategie existiert mit der **Covered-Short-Call**-Strategie eine 577
weitere Strategie, die auf Call-Optionen basiert, welche aber keine Wertsicherungsstrategie im engeren Sinne ist, sondern lediglich die Optionsprämie als Zusatzertrag
sichert. Bei der Covered-Short-Call-Strategie besitzt der Investor im Ausgangszeit-
punkt ein Portfolio (Covered) und verkauft für die enthaltenen Finanzprodukte Call-
Optionen (Short-Call). Ein Vorteil dieser Strategie ist die mit steigenden Volatilitäten
im kurzen Laufzeitenbereich einhergehende höhere Optionsprämie, die durch einen
rollierenden Verkauf im Vergleich mit einem einmaligen Verkauf zum Ende der Betrachtungsperiode vereinnahmt werden kann, aber auch ein entsprechendes Risiko
darstellt, falls die Volatilitäten im kurzen Laufzeitbereich fallen.

3. Kritik an Wertsicherungsstrategien

Im Folgenden werden einige kritische Anmerkungen an Wertsicherungsstrategien auf- 578
gezeigt. Eine ausführliche Untersuchung statischer und dynamischer Wertsicherungskonzepte mittels Szenarioanalysen findet sich z. B. in dem Werk von Faber zur „Wertsicherung von Aktienanlagen". Unabhängig von der Wertsicherungsstrategie muss die
Risikobereitschaft bzw. -tragfähigkeit, die Wertuntergrenze des Portfolios und damit
der maximal zulässige Verlust festgelegt werden. Diese Wertuntergrenze, auch als
Floor bezeichnet und in Prozent angegeben, ist die Zielgröße, die ein Portfolio (zu einem Stichtag) nicht unterschreiten darf. Die wesentlichen Probleme aller Wertsicherungskonzepte resultieren in unterschiedlichem Maße aus: Transaktionskosten, Kurs-
sprüngen bedingt durch mangelnde Liquidität oder der Differenz von Schluss- und
Eröffnungskursen (**Overnight Risk**), Zinsrückgängen sowie von Abweichungen des
abgesicherten Marktportfolios zum eigentlich abzusichernden Aktienportfolio (d. h.
es besteht ein **Tracking Error**). Wertsicherungsstrategien kommen bisher vor allem
bei der Anlage in Aktien zum Einsatz. Die Absicherung alternativer Anlageformen
wie Hedgefonds und Private Equity, insbesondere bei Erstinvestitionen bzw. beim
Ausbau bestehender Quoten, haben seit der Finanzkrise 2008 abgenommen, weil Banken das Proxy-Risiko nicht mehr so häufig nehmen möchten. Aufgrund fehlender Liquidität und entsprechender Finanzprodukte sind die Möglichkeiten der Wertsicherung für Alternative Investments deutlich eingeschränkt. Häufig sind Wertsicherungsstrategien in umfangreichere Overlay-Strukturen eingebunden (Rdnrn. 904 ff.).

Betrachtet man Unterschiede bei der tatsächlichen und erwarteten Volatilität, den 579
Nutzenfunktionen bei Anlegern sowie der Risikotragfähigkeit der verschiedenen Anleger, so wird klar, dass es i. A. keine optimale Wertsicherungsstrategie geben kann. Je-

des Konzept hat Szenarien, unter welchen es bessere Ergebnisse als andere Wertsicherungskonzepte liefert. So spielt z. B. das Verhältnis von ex ante erwarteter und ex post realisierter Volatilität eine Rolle und impliziert eine entsprechende Markteinschätzung des Anlegers. Wenn Anleger die tatsächliche Volatilität am Ende der Sicherungsperiode niedriger einschätzen als die am Anfang der Periode erwartete, so entscheiden sie sich für ein CPPI- oder eine verwandte Strategie, weil die entsprechende Absicherungsmethode günstiger ist als eine optionsbasierte Strategie, sofern die ursprüngliche Einschätzung korrekt war (vgl. *Scherer*, Portfolio Construction and Risk Budgeeting, 3rd Edition, S. 191 bis 194). Bei Seitwärtsbewegungen des risikobehafteten Anlageteils sind CPPI- oder verwandte Strategien ungünstig.

a) Kritik an statischen Wertsicherungsstrategien

580   Bei Stop-Loss-Konzepten spielen **Liquiditätsrisiken** eine wesentliche Rolle. Bei stark fallenden Aktienkursen kann der Floor unterschritten werden. Insbesondere für institutionelle Anleger kommt eine Wertsicherung mittels Stop-Loss-Strategie damit selten in Frage, weil die für diese Anleger hohen Aktienvolumina nicht umgehend zum aktuellen Börsenkurs liquidiert werden können. In Kombination mit anderen Strategien kann ein Stop-Loss-Konzept aber durchaus sinnvoll sein. Der Einsatz von Futures und Optionen dagegen hat den Vorteil, dass sie i. d. R. liquide sind und dass Anleger auf Grund der Hebelwirkung begrenzt Kapital einsetzen müssen. Eine Unterschreitung der Wertuntergrenze am Ende der Absicherungsdauer ist bei Anwendung der Protective-Put-Strategie nur möglich, wenn das Aktienportfolio z. B. gegenüber dem entsprechenden Index abweicht, d. h. einen Tracking Error aufweist. In diesem Fall bestehen zwischen den Verlusten aus der Aktienposition und den Gewinnen aus dem Derivat Unterschiede und es kommt nicht zu einer vollständigen Absicherung. Die Bond-Call-Strategie hat dieses Problem nicht, da Aktienexposure nur besteht, wenn die Call-Option ausgeübt wird.

b) Kritik an dynamischen Wertsicherungsstrategien

581   Sofern ein **Tracking Error** vermieden wird, ist eine Verfehlung der geforderten Mindestrendite in den dynamischen Ansätzen mit fester Wertuntergrenze und festem Ausübungspreis ausgeschlossen. Die Varianten mit festem Ausübungspreis zeigen insbesondere in Trendmärkten eine hohe Absicherungsqualität, nicht aber in Seitwärtsmärkten. In der Praxis ist mit Umsetzungsproblemen und anderen Absicherungsmängeln zu rechnen. So fallen bei den dynamischen Konzepten durch häufigeres Handeln erhöhte Transaktionskosten an. Liquiditätsbedingte Kursabschläge, zwischenzeitliche Zinsrückgänge und sprunghafte Kursverluste können bei Asset-Allokation-Strategien zu einer Verfehlung der geforderten Mindestrendite führen. Sofern die Umschichtungsmaßnahmen synthetisch vorgenommen werden, d. h. mittels Derivate, besteht zudem das Risiko der Unterschreitung der Wertuntergrenze auf Grund eines Tracking Error. Allerdings sind Asset-Allocation-Verfahren im Gegensatz zu Stop-Loss-Konzepten mit ihrer graduellen Umschichtung weniger anfällig gegenüber Liquiditätsrisiken. Die Anhebung der Wertuntergrenze im Rahmen der TIPP-Strategie ermöglicht zu-

dem eine Absicherung erzielter Kurszuwächse, jedoch bietet das Konzept ebenfalls keinen Schutz vor Kurseinbrüchen, liquiditätsbedingten Kursabschlägen oder Zinsrückgängen. Gleiches gilt für Ansätze mit variablen CPPI-Multiplikatoren, die, falls das Risikokapital komplett umgeschichtet wurde, nicht mehr an positiven Marktentwicklungen teilnehmen können (Cash-Lock-Risiko).

III. Währungsabsicherung in global investierten Portfolios

Das Hauptargument, in globale Vermögengegenstände zu investieren, die mit Fremd-   582 währungsrisiken behaftet sind, ist der Gedanke der Risikodiversifizierung. Um damit verbundene **Währungsrisiken** abzusichern, weil diese langfristig nur die Volatilität, aber nicht notwendigerweise den Ertrag erhöhen, nutzt der Anleger Absicherungsstrategien, die es ermöglichen, Fremdwährungsrisiken von den zugrundeliegenden Investments zu trennen und separat zu managen (**Währungshedging**). Die Absicherung von Währungsrisiken kann in 4 wesentliche Entscheidungen aufgeteilt werden, die im Folgenden kurz behandelt werden:

- Währungsabsicherung – aktiv oder passiv? (**Ziel**)

- Wie umfangreich soll die Währungsabsicherung sein? (**Anteil**)

- Wie lange sollen die Währungsrisiken abgesichert werden? (**Dauer**)

- Wie soll die Währungsabsicherung umgesetzt werden? (**Implementierung**)

1. Währungsabsicherung – aktiv oder passiv?

Bei der Zielsetzung für eine Währungsabsicherung unterscheidet man, ob die Absi-   583 cherung einer Währungskomponente auf einen festen Prozentsatz des Währungsexposures und eine vordefinierte Zeitdauer abgestellt wird, d. h. **passiv** gesteuert werden soll, um Risiken zu reduzieren oder ob die Absicherung opportunistisch d. h. **aktiv** gesteuert werden soll, um einen Mehrwert zu erzielen. Auch wenn der Anleger prinzipiell langfristig investiert, kann es wichtig sein, z. B. erzielte Ergebnisse kurzfristig gegen Währungsrisiken zu schützen. Deshalb entscheiden sich manche Anleger für eine aktive Teilabsicherung in Abhängigkeit von bestimmten Events und dem bestehenden Risikobudget. So haben einige Investoren die Möglichkeit genutzt, sich Wochen vor dem Brexit-Referendum am 23.6.2016 vorübergehend gegen einen Fall des britischen Pfundes abzusichern.

2. Höhe der Währungsabsicherung

Der Einfluss der Währung auf z. B. einzelne Aktien ist nicht zu 100 % von der Wäh-   584 rung des Landes abhängig, in dem das entsprechende Papier an der Börse notiert ist. Das gilt insbesondere für Unternehmen wie z. B. Coca Cola, Nestlé, Daimler oder Sony, die ihre Umsätze sowie Gewinne in mehreren Währungen erzielen. Außerdem gibt es Unternehmen die von Währungsverfall profitieren, z. B. exportabhängige ausländische Unternehmen, die in Ländern mit schwacher Währung produzieren. Eine vollständige Währungsabsicherung der Fremdwährungen kann so zu versteckten inversen Währungsrisiken führen. Ein weiteres Beispiel ist die Absicherung einer Fremdwährung, die nur einen sehr geringen Anteil am Gesamtportfolio ausmacht. Eine solche Absicherung kann leicht zu aufwändig sein bei nur geringem Nutzen. Eine Währungsabsicherung von Dänischen Kronen in Euro als Teil eines marktgewichteten europäischen Aktienportfolios z. B. ist bei dem geringen Anteil von Kronen im Vergleich zum Gesamtportfolio und der positiven Korrelation zwischen Kronen und Euro nicht sinnvoll. Die optimale Höhe einer Währungsabsicherung hängt von vielen Faktoren ab. Sie sollte in der Gesamtperspektive, also über alle Mandate und unter Einbeziehen aller Assets und Liabilities betrachtet werden. Deshalb ist es wichtig, ein Währungsexposure im Kontext aller Kapitalanlagen zu betrachten und mit einem „Overlay" zu steuern (Rdnrn. 904 ff.). Im Gegensatz zu globalen Aktien ist bei globalen Renteninvestments allerdings der Einfluss der Währung auf die Performance deutlich größer und somit viel wichtiger, da die Volatilität der Währung im Verhältnis zur Volatilität der Anlageklasse höher ausfällt als dies bei Aktien der Fall ist.

3. Dauer der Währungsabsicherung

585 Die Dauer der Währungsabsicherung sollte in Abhängigkeit von der Zielsetzung des Anlegers und den Kosten gewählt werden. Die Kosten spielen für eine kurzfristige Absicherung eine geringere Rolle. Eine dauerhafte Währungsabsicherung kann die Rendite der jeweiligen Anlageklasse merklich reduzieren. Die Kosten der Absicherung über **Forwards** entsprechen im Wesentlichen dem im betrachteten Zeitraum existierenden Zinsniveauunterschied an den Geldmärkten der abzusichernden Währungen zuzüglich der Transaktionskosten. Dabei gibt es entweder einen Aufschlag oder einen Abschlag. Allgemein gilt, dass je länger der Anlagezeitraum und je höher die Risikotragfähigkeit, desto niedriger sollte die Währungsabsicherungsquote sein und umgekehrt. Hinzu kommen sog. Roll-Kosten, wenn die Forwards entsprechend erneuert werden. Je kürzer die Laufzeiten der Forwards, desto häufiger wird gerollt und desto höher die Kosten. Aber zu lange Laufzeiten haben andere Nachteile, z. B. schlechtere Liquidität.

4. Implementierung der Währungsabsicherung

586 Wird langfristig zwischen verschiedenen Wechselkursen ein Ausgleich, d. h. eine Rückkehr zum Mittelwert unterstellt, sollten Währungen mit geringer Volatilität in Vergleich zur Referenzwährung und/oder geringem Anteil zum Gesamtvermögen aus Kostengründen nicht gehedgt werden. Durch die unterschiedliche Wertentwicklung der Währungen zu den zugrundeliegenden Wertpapieren ändert sich außerdem die statisch festgelegte Hedging-Quote ständig und erfordert eine fortlaufende Anpassung (Rebalancing). Eine 100 %-Hedging-Quote führt so schnell zu unnötigen Kosten bzw. einer Kreditaufnahme im Fonds. Deshalb gilt es, eine Methodik für die Anpassung und Überprüfung festzulegen, z. B. wenn bestimmte Absicherungsquoten über- bzw. unterschritten werden oder aber, wenn bestimmte Zeitpunkte erreicht werden (z. B. monatlich). Außerdem erfordert eine Absicherungsstrategie ein Minimum an Con-

trolling beim Anleger. Der damit verbundene Verwaltungsaufwand wird leicht unterschätzt. So spricht dies ebenfalls für einen übergeordneten zentralisierten **Overlay-Ansatz** mit Hilfe eines Spezialisten, der nicht nur ein einzelnes Mandat, sondern die gesamte Vermögensstruktur aller Mandate berücksichtigt. Auch die Wahl der Instrumente, z. B. mittels Forwards, Futures, Swaps oder Optionen, bei der Umsetzung der Währungsabsicherung ist nicht unerheblich. Das ist insbesondere seit Inkrafttreten der European Market Infrastructure Regulation (EMIR) im März 2017 relevant. Mittels EMIR sollen systemische Risiken im europäischen Derivatemarkt eingedämmt werden. Aus EMIR ergeben sich Pflichten für bestimmte Parteien von Derivatetransaktionen. Die praktischen Auswirkungen sind z. B., dass OTC-Geschäfte besichert werden müssen und häufig nur noch Cash akzeptiert wird, welches derzeit mit negativem Zins belastet wird (Cash Drag). Bestehende Verträge, die vor Inkrafttreten geschlossen wurden, mussten neu verhandelt werden. In der Übergangszeit führte das dazu, dass häufig eine kleinere Zahl von Kontrahenten zur Verfügung stand. Deshalb versuchten einige Investoren auf börsengelistete Derivate (z. B. Futures) auszuweichen, welche allerdings andere Probleme mit sich brachte. Beim Währungshedging ist eine präzise Absicherung mit Futures i.d.R. nicht möglich und häufig ist auch die Liquidität schlechter als bei OTC-Geschäften, z. B. mittels Forwards, die häufig die bessere Wahl sind.

C. Immobilieninvestitionen (*Nellshen*)

I. Motivation und Ziele

Die Immobilieninvestition in einer Versorgungseinrichtung unterscheidet sich auf strategischer Ebene ganz grundsätzlich von der Immobilieninvestition anderer Kapitalanleger wie beispielsweise Immobilienfonds, ein Aspekt, der in diesem Beitrag noch an vielen verschiedenen Stellen herausgearbeitet werden wird. Dieser Unterschied wird schon bei der Untersuchung der Motive, die üblicherweise bei der Investition in diese Anlageklasse vorherrschend sind, deutlich. Denn die Investitionsstrategie für Immobilien ist bei Versorgungseinrichtungen eingebettet in eine an die Risikostruktur der übernommenen Verpflichtungen im Rahmen eines Asset-Liability-Management-Ansatzes (ALM) angepasste Gesamt-Kapitalanlagestrategie. Hieraus ergibt sich jeweils die konkrete Funktion, welche die Anlageklasse Immobilien innerhalb der Gesamtstrategie hat. Im Einzelnen sind i. d. R. die folgenden Motive bei einer Versorgungseinrichtung für die Investition in Immobilien vorherrschend: 587

1. Durationssteuerung

Der Marktwert der Verpflichtungen von Einrichtungen der betrieblichen Altersversorgung ist abhängig vom Zinssatz, mit dem die zukünftigen mit den jeweiligen Eintrittswahrscheinlichkeiten gewichteten Cash-Flows auf den Bewertungszeitpunkt abdiskontiert werden. Damit ist der Marktwert der Verpflichtungen keine statische Größe, sondern ist vielmehr u. a. sensitiv in Bezug auf Veränderungen des Zinsumfeldes. Diese Sensitivität, die als **Modified Duration** (mathematisch definiert als das partielle 588

Differential des Marktwertes nach dem Diskont-Zins, angegeben in Prozent des Marktwertes, vgl. auch hierzu Rdnrn. 33 ff.) gemessen werden kann, stellt bei einer reinen Marktwertbetrachtung ein wesentliches Risikocharakteristikum der Verpflichtungsseite dar. Im Rahmen einer Gesamt-Risikosteuerung der Versorgungseinrichtung ist es somit angezeigt, die Struktur der Vermögensanlagen derart zu gestalten, dass die **Zinssensitivität** (**Duration**) des Anlageportfolios adäquat zu derjenigen der Verpflichtungsseite ist, wenngleich eine vollständige Übereinstimmung etwa aus Gründen der Praktikabilität und Flexibilität hier i. d. R. nicht angestrebt wird. Auch Immobilien können eine wesentliche Funktion bei der Steuerung der Duration des Anlageportfolios einnehmen. Da die Duration jedoch in erster Linie für verzinsliche Vermögensgegenstände definiert ist, muss man sich überlegen wie man das Durationskonzept möglichst sachgerecht auf Immobilien erweitern kann. Der Ansatz, die **Immobilienduration** allein pauschal aus der Nutzungsdauer des Objektes abzuleiten, würde klassischerweise zu sehr hohen Durationswerten für diese Art der Anlage führen. Dies spiegelt die Realität jedoch nicht vollständig wider: Beispielsweise wäre eine Immobilie, die lediglich unbefristet an die jeweiligen Nutzer vermietet ist (somit können die Mietverträge jederzeit unter Berücksichtigung einer eher geringen Kündigungsfrist aufgelöst oder komplett neu verhandelt werden), in sehr großem Umfange sensitiv gegenüber Schwankungen der jeweils an ihrem Standort vorherrschenden Marktmiete. Etwas sachgerechter erscheint daher der Ansatz, die Duration aus den jeweils für das Einzelobjekt abgeschlossenen Mietverträgen abzuleiten. Hierbei untersucht man das Cashflow-Profil, welches sich aus den derzeit gültigen Mietverhältnissen (relativ) sicher ergibt, und versucht, ein Zinsinstrument zu finden, dessen Cashflow-Profil hierzu möglichst vergleichbar ist. Auch hierfür ein Beispiel: Ein an die öffentliche Hand – z. B. zur Nutzung als Verwaltungsgebäude – auf 20 Jahre zu einem festen Mietzins, der jedoch einer Inflationsanpassung unterliegt, vermietetes Gebäude, ist vergleichbar einer (teilweise) inflationsgeschützten 20-jährigen Anleihe der öffentlichen Hand, deren Verzinsung in etwa der Nettorendite des Gebäudes entspricht. Dagegen hat die im ersten Beispiel genannte, nur unbefristet vermietete Immobilie eher den Charakter einer Floating Rate Note, mit dem einen „Schönheitsfehler", dass die in den einzelnen Zeitperioden anfallenden Renditen nicht an einen Zinssatz, sondern an die am jeweiligen Standort – unter Umständen schwankende – jeweils vorherrschende Marktmiete gekoppelt ist. Folglich bietet es sich an, diesem Objekt eine eher geringe Duration (je nach Konstellation, sogar annähernd Null) zuzuordnen. Unter Verwendung eines solchen oder ähnlich gearteten Durationskonzeptes können somit Immobilien in die Gesamt-Durationssteuerung der Vermögensanlage mit einbezogen werden.

2. Inflationsschutz

589   Investitionen in Immobilien sind Investitionen in Realgüter. Die Gebäude und Grundstücke bestehen für sich genommen zunächst einmal unabhängig vom Wert des jeweiligen Geldes. Als Realinvestitionen genießen Immobilien somit prinzipiell einen gewissen Schutz gegen Inflation. Dieser Inflationsschutz kommt auf der Basis

zweier Mechanismen zu Stande. Der erste Mechanismus ist in der Mietanpassung zu sehen.

a) Mietanpassung

Wie im vorigen Abschnitt bereits erläutert, passen sich kurzfristige oder unbefristete 590 Mietverhältnisse ohnehin laufend den am jeweiligen Standort vorherrschenden Mietniveaus an, vorausgesetzt Mieter und Vermieter sind von vernünftigen ökonomischen Zielsetzungen gesteuert. Unter der Annahme, dass sich die Marktmieten auf lange Sicht grundsätzlich gleichgerichtet mit den Lebenshaltungskosten entwickeln (schließlich sind auch Mieten häufig in Lebenskostenindizes mit einbezogen), kann daher zumindest von einem partiellen Inflationsschutz ausgegangen werden. Aber auch bei längerfristigen Mietverhältnissen findet sich im Mietvertrag häufig eine **Mietanpassungsklausel**, die zu bestimmten Zeitpunkten eine Änderung der zu zahlenden Miete in Abhängigkeit von der Entwicklung etwa eines Lebenshaltungskosten-Indexes vorsieht. Hierbei muss jedoch beachtet werden, dass je nach konkreter Gestaltung der Mietanpassungsklausel die Immobilie nicht vollständig, sondern nur zu einem gewissen Teil gegen Inflation geschützt ist. Beispielsweise führt eine Vertragsgestaltung, derzufolge es einer Änderung des Lebenshaltungskostenindex um mindestens 7,5 % verglichen mit dem Stand zum Zeitpunkt der letzten vorgenommenen Mietanpassung bedarf, dazu, dass bei einer angenommenen Inflation von z. B. 1,8 % p. a., nur maximal alle fünf Jahre eine Mietanpassung möglich ist. Erfolgt diese dann zu 100 % (in dem gleichen Verhältnis, wie sich der Lebenshaltungskostenindex verändert hat), so verlöre man auf einen 20 Jahres-Zeitraum gerechnet jährlich durchschnittlich 4,2 % p. a. der ursprünglichen Jahresmiete verglichen mit einer vollen, jederzeit realisierbaren Inflationsanpassung. Darüber hinaus ist insbesondere bei unbefristeten Mietverhältnissen zu berücksichtigen, dass es teilweise auf Grund der Situation im Mietmarkt nicht möglich ist, Anpassungen des Mietzinses in voller Höhe (der Inflation) oder überhaupt durchzusetzen. Bei ungünstiger Marktentwicklung, unvorteilhafter Objektlage oder nachlassender Objektattraktivität können in Einzelfällen sogar Neuvermietungen bzw. Mietvertragsverlängerungen auf abgesenktem Mietniveau unausweichlich werden. Außerdem sind ggf. Mietpreisbremsen, wie sie mancherorts gesetzlich gelten können, in diese Betrachtungen mit einzubeziehen.

b) Entwicklung des Verkehrswertes

Der zweite Inflationsschutz-Mechanismus bei Immobilien ist darin zu sehen, dass 591 sich ja auch die Marktwerte, genauer: die **Verkehrswerte** der Immobilien laufend ändern. Steigen in einem gewissen Zeitraum die Lebenshaltungskosten und gleichgerichtet auch die Marktmieten an jeweiligen Standort, so hat dies ceteris paribus einen positiven Einfluss auf die Ermittlung des Marktwertes der Immobilie, der sich unter anderem als Barwert der in der Zukunft erzielbaren Marktmieten (unter Berücksichtigung von zu erwartendem Leerstand) abzüglich voraussichtlich auftretender Kosten ergibt. In einigen Bewertungsverfahren (etwa **Ertragswertverfahren**) führen erfolgte Anpassungen der Ist-Miete über das allgemeine Marktniveau hinaus zur Erhöhung von temporären positiven Sonderwerten, die in die Gesamtbewertung des Objektes einfließen. Dabei soll an dieser Stelle bewusst auf die Erläuterung der Feinheiten der üblichen Bewertungsverfahren, wie z. B. das in Deutschland gängige Ertragswertverfahren[13] oder die bei Investitionsrechnungen eher üblichen **Discounted-Cashflow-Verfahren**, die natürlich daneben teilweise auch noch andere Aspekte mit in Betracht ziehen, verzichtet werden, da dies den Rahmen dieser Arbeit sprengen würde. Ergänzend sei erwähnt, dass bei ungünstiger Entwicklung der Vermietungssituation, des Gebäudes und/oder der Marktbedingungen Abwertungen trotz steigender Lebenshaltungskosten nötig werden können.

592 Als Fazit kann an dieser Stelle jedenfalls festgehalten werden, dass je nach Nachhaltigkeit der Markt-, Lage- und Objektattraktivität sowie der Gestaltung der Mietverträge Immobilieninvestitionen zu einem erheblichen Anteil mit einem Inflationsschutz versehen sein können. Dies macht diese Anlageform attraktiv beispielsweise für Versorgungseinrichtungen, deren Verpflichtungen ebenfalls einem Inflationsanpassungsmechanismus unterworfen sind (z. B. Inflationierung von Rentenzahlungen, Berücksichtigung von Lohn- bzw. Gehaltstrends etc.), da auf diese Weise in der Vermögensanlage Positionen entstehen, die – zumindest partiell – das Risiko von inflationsbedingten Erhöhungen bei den zugesagten Versorgungsleistungen kompensieren können.

3. Erzielung relativ stabiler Ergebnis- bzw. Cashflowbeiträge

593 Eine weitere wichtige Zielsetzung für Versorgungseinrichtungen im Zusammenhang mit der Immobilieninvestition ergibt sich daraus, dass Altersversorgungseinrichtungen darauf angewiesen sind, dass die in den einzelnen Rechnungsperioden generierten Kapitalanlageerträge eine gewisse Stabilität aufweisen und von Rechnungsperiode zu Rechnungsperiode nicht zu stark schwanken. Wird etwa bei der Kalkulation der Leistungen eine Garantieverzinsung gewährt, so muss allein dies durch entsprechend sicher zu erzielende Ergebniskomponenten finanziert werden. Reife Versorgungseinrichtungen, bei denen die regelmäßig zahlbaren Versorgungsleistungen vom Volumen her schon eine große Rolle spielen, benötigen darüber hinaus relativ stabile Cash-Inflows (Einzahlungen), um die entsprechenden Auszahlungen darstellen zu können. Immobilien eines bestimmten Typs sind nun in der Lage, diesen beiden Zielsetzungen gerecht zu werden. Stehen diese Zielsetzungen stark im Vordergrund, so sollte sich die Kapitalanlage auf Immobilien fokussieren, die möglichst langfristig an Mieter mit einer sehr hohen Kreditqualität vermietet sind. Alternativ kommen hierfür auch nutzungsflexible und nachhaltig attraktive Objekte in Betracht, die an etablierten Standorten liegen, an denen – relativ unabhängig vom jeweiligen Konjunktur- und Immobilienzyklus oder von gewissen Trends – langfristig ein nachhaltiger Bedarf an Mietflächen für die jeweilige Nutzungsform (Büro, Wohnen, Einzelhandel etc.) sicher zu

---

13 Vgl. etwa *Schulte*, Immobilienökonomie, Bd. 1, Betriebswirtschaftliche Grundlagen; hier findet sich auch eine generelle Übersicht über übliche Bewertungsverfahren.

erwarten ist, und man somit relativ zuversichtlich von auch künftig stabilen Mieterträgen und von einer stabilen Marktwertentwicklung der Immobilie ausgehen kann. Dieses Segment wird auch häufig als „Core" bezeichnet. Weniger geeignet zur Erfüllung dieser Zielsetzung sind Objekte, deren wirtschaftliche Attraktivität ganz wesentlich von zukünftigen Steigerungen des Marktwertes (und eben weniger von den stabil und nachhaltig zu erzielenden Mieterträgen) abhängt, sowie Objekte, deren Wertschöpfungspotenzial erst durch umfangreiche Entwicklungsmaßnahmen zu heben ist. Solche – oft als „opportunistisch" bezeichneten – Investitionen haben eher einen spekulativen Charakter und sind dementsprechend auch mit höheren Investitionsrisiken verbunden. Sie können somit die Rolle eines Generators von Stabilität der Ergebnisse und Cashflows weniger gut ausfüllen.

4. Diversifikation

Nicht zuletzt spielen auch Diversifikationsaspekte eine entscheidende Rolle bei der Investition von Versorgungseinrichtungen. Dadurch, dass die aus Immobilien erzielte Performance eine nicht zu hohe Korrelation zur Performance anderer Anlagesegmente aufweist, kann das Gesamtrisiko der Vermögensanlage (gemessen etwa als Standardabweichung der Total Returns) durch die Beimischung von Immobilien gesenkt und das Gesamtportfolio im *Markowitz*'schen Sinne effizienter gestaltet werden.[14] Dieser positive **Diversifikation**seffekt rührt natürlich daher, dass teilweise andere fundamentale Faktoren einen Einfluss auf die Wert- und Ertragsentwicklung von Immobilieninvestitionen haben als dies bei anderen Anlageformen, etwa Aktien oder Renten, der Fall ist. So haben beispielsweise – wie noch näher ausgeführt werden wird – regionale Entwicklungen an einzelnen Standorten zum Teil erheblichen Einfluss auf die Performance einer Immobilie, während sie für die Entwicklung von Aktien- oder Rentenmärkten eher irrelevant sind. Relevante spezifische, nicht nur durch konjunkturelle Rahmenbedingungen beeinflusste Schwankungen der Immobilienmärkte werden auch durch **prozyklisches Verhalten** von Projektentwicklern beeinflusst. Letztere tendieren häufig dazu, bei steigender Nachfrage und steigenden Marktmieten für bestimmte Immobilienprodukte das Angebot durch Neuentwicklungen zu erhöhen, so dass mit einer gewissen Zeitverzögerung Überangebote am Markt entstehen, welche wiederum zu nachgebenden Mieten und Marktwerten führen können. Auch zeigen sich bestimmte Nutzungsarten in bestimmten Lagen als deutlich weniger abhängig vom allgemeinen Konjunkturzyklus als dies beispielsweise bei Aktieninvestitionen der Fall ist. Dies kann auch durch Zahlen entsprechend belegt werden: So betrug beispielsweise in den Jahren 1998–2007 die Korrelation der jährlichen Total Returns des Deutschen Immobilienindexes (DIX) zu denjenigen des Deutschen Aktienindexes (DAX) – 33 % und zu denjenigen des deutschen Staatsanleiheindex REXP lediglich +11 %.

594

---

14 Vgl. *Markowitz*, The Journal of Finance, Vol III, No. 1, March 1952.

II. Weitere allgemeine Spezifika der Immobilieninvestition

595 Investitionen in Immobilien haben fundamental andere Eigenschaften als Investitionen in andere Vermögensgegenstände. Dies wurde teilweise bereits bei der Erläuterung möglicher Beweggründe für Immobilieninvestitionen seitens einer Versorgungseinrichtung, wie sie im letzten Absatz diskutiert worden sind, deutlich. Alle diesbezüglichen Argumente sollen daher an dieser Stelle nicht mehr explizit wiederholt werden. Vielmehr sollen nun darüberhinausgehend weitere allgemeine Besonderheiten der Immobilieninvestition geschildert werden, in denen normalerweise zwar kein spezifisches Motiv für die Immobilieninvestition gesehen werden kann, die jedoch nichtsdestotrotz für die Investition von großer Relevanz sind, und daher besonderer Beachtung bedürfen.

596 So sind Immobilienmärkte deutlich stärker fragmentiert als andere Anlagesegmente, eine Eigenschaft, der wir uns im nächsten Abschnitt konkreter und intensiver widmen wollen. Des Weiteren gilt es zu beachten, dass Immobilieninvestitionen nicht nur unter ökonomischen, sondern auch unter technischen Aspekten zu beurteilen sind. So sind für einen nachhaltigen Erfolg einer Immobilienanlage neben der Lagequalität auch Aspekte wie die Architektur, Bauweise und -materialien, energetische Eigenschaften des Gebäudes etc. genauso wichtig wie die Mietrenditen oder die Kreditqualität der Mieter. Auch hierauf werden wir in einem späteren Abschnitt noch dezidiert eingehen. Auch wird der Erfolg einer Immobilieninvestition durch rechtliche Aspekte beeinflusst. Hier sind zum einen bei Projektentwicklungen und Neubauvorhaben vertragliche Gestaltungen mit Projektentwicklern und Baufirmen ebenso relevant wie etwa die Ausgestaltung von Grundstückskaufverträgen. Die laufende Rendite des Investments wird in erster Linie durch die konkrete Ausgestaltung der Mietverträge determiniert. So bestimmen Mietanpassungsklauseln beispielsweise, bis zu welchem Grad die Kapitalanlage de facto inflationsgeschützt ist, und vertragliche Regelungen hinsichtlich der Übernahme von Bewirtschaftungskosten wie z. B. Renovierungs- und Instandhaltungsverpflichtungen beeinflussen die Netto-Mietrendite auf direkte Weise. Bei der Vermietung von Immobilien ist es ebenfalls unerlässlich, sich mit den jeweiligen (potenziellen) Mietern, ihrem Geschäftsmodell (z. B.: Kann sich bei einer Einzelhandelsimmobilie ein Geschäft eines bestimmten Typs in genau dieser Lage langfristig halten?), ihrem typischen Verhalten (z. B.: Stört die jeweilige geschäftsspezifische Nutzung der Immobilie durch einen speziellen Mieter vielleicht die anderen im Objekt befindlichen Mietparteien bei der reibungslosen Nutzung ihrer Mietflächen?) und ihrer nachhaltig zu erwartenden wirtschaftlichen Leistungsfähigkeit und Bonität zu befassen. In diesem Kontext können auch ESG-Aspekte in die Vermietungspolitik integriert werden. Beispielsweise vermieten bestimmte Investoren nicht an Mieter, die zu bestimmten Branchen gehören oder die bestimmte nicht als nachhaltig definierte wirtschaftliche Aktivitäten in der Immobilie betreiben würden. Als Beispiele kann man hier anführen, dass solche Anleger Einzelhandels- oder Gastronomieflächen nicht für Geschäftsmodelle vermieten, die innerhalb der Sexindustrie anzusiedeln sind. Auch der Ausschluss der Vermietung an ökonomische Aktivitäten, die besonders lärmintensiv (z. B. Diskotheken, Clubs etc.) oder mit besonders großen CO_2 – oder

anderen Schadstoff-Emissionen verbunden sind (z. B. bei industriell genutzten Immobilien oder Mietflächen für mittelständische Gewerbebetriebe), fällt hierunter. Auch bei Büroimmobilien kann der Investor auf eine ESG-konforme Nutzung achten. Hier kann sich der Investor den jeweiligen Nutzer und seine Geschäftsmodelle anschauen. Ein Sonderfall stellt beispielsweise die Entscheidung dar, Büroflächen nicht an staatliche oder einem Staat nahestehende Organisationen zu vermieten, wenn der betreffende Staat nicht den vom Investor definierten ESG-Standards (z. B. hinsichtlich demokratischer Verfasstheit, Menschenrechte, Transparenz, Korruption etc.) entspricht. Immobilien bedürfen im Gegensatz zu anderen Investmentformen nicht nur einer laufenden Überwachung der Ergebnisse. Vielmehr müssen sie auch laufend administrativ und kaufmännisch, etwa bei Neuvermietungen, sowie auch technisch, z. B. durch laufende Instandhaltung und Modernisierung, betreut werden. All diese Tatbestände unterscheiden die Immobilieninvestition fundamental von Investitionen in anderen Anlagesegmenten.

III. Fragmentierung der Immobilienmärkte

Einen nationalen Immobilienmarkt an sich gibt es deutlich weniger als beispielsweise 597
einen nationalen Aktienmarkt. Denn innerhalb des Universums aller Immobilieninvestitionen gibt es Subsegmente, die sich weitgehend unabhängig voneinander – und oft auch völlig unterschiedlich – entwickeln. Dabei liegt im nationalen Markt eine Fragmentierung hinsichtlich mehrerer Kriterien zugleich vor:

1. Segmentierung nach Nutzungsart

Immobilien weisen im Einzelnen recht unterschiedliche Arten der Nutzung auf. Dabei 598
muss bereits bei der Entwicklung bzw. beim Bau der Immobilie die beabsichtigte Nutzungsart festgelegt sein, denn Büroimmobilien erfordern beispielsweise eine andere Architektur und Gebäudetechnik als Einzelhandelszentren oder Hotelimmobilien. Für den Investor resultieren aus den unterschiedlichen Nutzungsarten auch völlig unterschiedliche Risikoprofile. So sind Wohnimmobilien beispielsweise extrem stark abhängig von der allgemeinen Bevölkerungsentwicklung am jeweiligen Ort, wohingegen Büroimmobilien stärker von der konjunkturellen Entwicklung und von der Entwicklung der Anzahl der Büroarbeitsplätze in der jeweiligen Lage abhängen. Hotelimmobilien dagegen werden beispielsweise durch Faktoren wie Events in der Umgebung (z. B. Messen, Kongresse etc.) oder durch touristische Entwicklungen determiniert. Einzelhandelsimmobilien sind der Entwicklung der allgemeinen Kaufkraft in der Region ausgesetzt. Des Weiteren ist die Lagequalität u. a. anhand der vorherrschenden Passantenströmungen und Laufrichtungen zu beurteilen. Für **Spezialimmobilien**, wie beispielsweise Lagerhallen, Logistikzentren oder auch **Sozialimmobilien** – etwa Alten- oder Pflegeheime – gelten wiederum eigene Gesetzmäßigkeiten. Diese unterschiedliche Exponiertheit der verschiedenen Nutzungsarten gegenüber den doch im Einzelnen sehr unterschiedlichen Risikofaktoren führt dann auch in der Praxis dazu, dass sich innerhalb des gleichen Zeitraums Immobilien verschiedener Nutzungsarten stark unterschiedlich entwickeln können: Hierzu ein Beispiel: Die durchschnittliche Spit-

zenrendite in den Städten Berlin, Düsseldorf, Frankfurt/Main, Hamburg und München für Logistik- und Industrieimmobilien lag in den Jahren zwischen 2001 und 2007 ca. zwischen 7 und 8 Prozent. Im gleichen Zeitraum lagen in den gleichen Städten die durchschnittlichen Spitzen-Bürorenditen lediglich zwischen 5 und 6 Prozent. Auch stellte sich die Entwicklung in beiden Segmenten vom Verlauf her durchaus nicht gleichgerichtet dar (*Quelle: Jones Lang LaSalle, 2008*).

2. Regionale Segmentierung

599 Des Gleichen können sich Immobilien, die in unterschiedlichen Regionen oder Städten gelegen sind, völlig unterschiedlich entwickeln. Dies ist einerseits bedingt durch spezielle geografische und regionalökonomische Ausprägungen bestimmter Städte oder Regionen und andererseits durch demografische Entwicklungen und/oder lokal- bzw. regionalpolitische Projekte. Als Beispiel für das zweite Phänomen (Demografie) könnte man etwa die bereits erfolgte und auch für die Zukunft noch erwartete Bevölkerungsabnahme innerhalb bestimmter Regionen in den neuen Bundesländern anführen. So wird z. B. für das Bundesland Sachsen eine Abnahme der Bevölkerung von rund 4,4 Mio. im Jahre 2001 auf rund 3,1 Mio. im Jahre 2050 erwartet, wohingegen für die Bundesländer Baden-Württemberg oder Bayern im gleichen Zeitraum eine in etwa stabile Bevölkerungsentwicklung erwartet wird (*Quelle: Bundesamt für Statistik, Wirtschaft und Statistik*, Ausgabe 8/2004). Als Beispiel für das dritte Phänomen (regionalpolitische Projekte) seien stadtentwicklerische Maßnahmen oder etwa auch die Anbindung einer Stadt an eine Bahn-Schnelltrasse genannt. Auch diese Segmentierungseffekte existieren nicht nur in der Theorie, sondern lassen sich explizit auch empirisch nachweisen: Beispielsweise lag der durchschnittliche Total Return (i. e. laufende Netto-Mietrendite zuzüglich Entwicklung des Marktwertes) der Büroimmobilien in Städten wie Dresden oder Leipzig im Zeitraum zwischen 1995 und 2007 im negativen Bereich, wohingegen andere Städte wie z. B. Köln, München oder Frankfurt/Main hier Werte oberhalb von 6 % vorzuweisen haben (*Quelle: DEGI RESEARCH, 2008*).

IV. Verschiedene Formen der Immobilieninvestition

600 Immobilieninvestitionen können konkret auf verschiedene Arten getätigt werden. Welche Art für welche Versorgungseinrichtung im jeweiligen Einzelfall ratsam ist, hängt in erster Linie von der jeweiligen Größe der betreffenden Institution und von dem für Immobilieninvestitionen zur Verfügung stehenden Geldvolumen ab. An dieser Stelle sollen die einzelnen Formen der Immobilieninvestition in zusammenfassender Darstellung unter den für Versorgungseinrichtungen in der Praxis relevantesten Aspekten behandelt werden[15].

---

15 Eine weitere, genaue Beschreibung findet sich im Kapitel 4 in dem Handbuch Immobilien-Investitionen von *Schulte/Bone-Winkel/Thomas*.

1. Die Direktanlage

Bei der Direktanlage kauft die Versorgungseinrichtung einzelne Grundstücke mit oder   601
ohne Gebäude. Auch der Erwerb von Erbbaurechten ist nicht unüblich. Damit ist verbunden, dass im Falle von **Projektentwicklungen**, d. h. Neubauten auf bislang unbebauten Grundstücken oder Kernsanierungen bzw. Umwidmungen bestehender Gebäude, auch die baulichen Maßnahmen in letzter Konsequenz von der Versorgungseinrichtung beauftragt und koordiniert werden müssen. Diese Koordination kann natürlich durch den Abschluss von **Generalübernehmer-** oder **Generalunternehmerverträgen** ganz oder teilweise auf einen Dritten, den Generalübernehmer oder Generalunternehmer, übertragen werden. Dies geht teilweise soweit, dass der Generalübernehmer das Gesamtprojekt schlüsselfertig erstellt, alle hierzu erforderlichen Maßnahmen einschließlich Planung, Einholung erforderlicher Genehmigungen und Vergabe einzelner Gewerke (z. B. Rohbau, Fassade, Elektrik, Malerarbeiten etc.) ergreift und das Projekt schließlich an den Investor übergibt, der dieses dann formal abnehmen muss. Im günstigsten Falle erfolgt die Lieferung des Gebäudes durch den Generalübernehmer zu einem Festpreis, so dass letzterer das volle Kostenrisiko des Projektes trägt (vgl. auch *Kapellmann* in Schlüsselfertiges Bauen). Es ist jedoch explizit darauf hinzuweisen, dass selbst im Falle einer Übertragung aller dieser Aufgaben auf den Generalübernehmer dessen Tätigkeit durch ein entsprechendes Projekt- und **Baucontrolling** seitens des Investors zu überwachen und zu begleiten ist. Bei bestehenden Gebäuden liegt auch die laufende Vermietungstätigkeit – sowohl Erst- als auch Anschlussvermietungen – grundsätzlich in der Zuständigkeit des Investors. Natürlich kann auch dies an entsprechende Makler- und/oder Immobilienmanagement-Unternehmen ausgegliedert werden, jedoch werden die wirtschaftlichen Vorgaben durch den Investor festgelegt, der dann letzten Endes auch die wirtschaftliche Verantwortung hierfür trägt. Gleiches gilt für die laufende Instandhaltung des Gebäudes, insofern sie auf den Vermieter entfällt. Hinzu kommt die sonstige Bewirtschaftung und Buchhaltung. Aus diesen Tatsachen ergibt sich, dass seitens der Versorgungseinrichtung die Direktanlage als die personalintensivste Form der Immobilieninvestition anzusehen ist. Wird die Immobilienanlage einer Versorgungseinrichtung komplett in Form der Direktanlage durchgeführt, so hat dies zur Konsequenz, dass jedes gehaltene Einzelobjekt separat bilanziell zu erfassen ist und dass es – im Falle einer nach Handelsgesetzbuch (HGB) bilanzierenden Institution – regelmäßig keine Möglichkeit der Saldierung von ordentlichen und außerordentlichen Abschreibungen auf einzelne Immobilien und gegebenenfalls vorhandenen Marktwertsteigerungen bei anderen Objekten gibt.

Zuweilen investieren Versorgungseinrichtungen, etwa Pensionskassen, im Wege der   602
Direktinvestition in Immobilien, die sie anschließend an ihr Trägerunternehmen vermieten, und diesem somit zur Nutzung überlassen. Dabei sollte jedoch beachtet werden, dass die Gebäude hinreichend fungibel sind. Wird ein solches Gebäude etwa zu speziell auf nur eine einzige vom Trägerunternehmen beabsichtigte Nutzung hin erstellt, so dass ein vom Träger verschiedener Mieter das Gebäude faktisch gar nicht oder nur extrem eingeschränkt nutzen könnte, so ist diese geforderte Fungibilität als

nicht gegeben anzusehen. Darüber hinaus besteht in dieser Konstellation bezogen auf die Mieten selbstverständlich ein Bonitätsrisiko bezogen auf das Trägerunternehmen. In diesem Zusammenhang sollte darauf geachtet werden, dass die Gesamtheit der Risiken, die vom Trägerunternehmen abhängen – also einschließlich dieses Mieterrisikos –, sich in einem vertretbaren Rahmen bewegen.

2. Der Immobilien- Spezial-AIF mit einem begrenzten Anlegerkreis

603 Im Gegensatz zur Direktanlage kann der Investor auch auf das Halten der einzelnen Immobilien selbst verzichten. Eine Möglichkeit liegt darin, die Immobilien innerhalb eines **Immobilien-Spezial-AIF** zu führen. Bilanziell bedeutet dies, dass in der Bilanz lediglich die gehaltenen Fondsanteile – und eben keine Einzelobjekte – erfasst werden. Da der Wert der Fondsanteile im Wesentlichen durch die Marktwerte der im Fonds befindlichen Immobilien determiniert wird, ergeben sich im Gegensatz zur Direktinvestition zumindest teilweise Saldierungseffekte zwischen Marktwertverlusten und Marktwertsteigerungen bei einzelnen Objekten innerhalb des Fonds. Der Spezial-AIF hat häufig nur einen begrenzten und genau definierten Investorenkreis. Dies hat den Vorteil, dass das Konstrukt so gestaltet werden kann, dass sich von vorneherein Investoren mit gleicher Anlagephilosophie und Interessenlage zusammenfinden. Es können auch alle Fondsanteile eines solchen Spezial-AIF nur von einem einzigen Investor gehalten werden, der dann auch einen entsprechend großen Einfluss auf die Anlagerichtlinie und -politik und damit – indirekt – auf die Auswahl der Einzelobjekte nehmen kann. Aber auch bei mehreren Fondsinvestoren ist die Einflussnahme auf die Anlagepolitik und die Einzelinvestments faktisch deutlich größer und häufig auch qualifizierter als dies etwa bei Publikumsfonds (siehe folgenden Abschnitt) möglich wäre. Investmentideen, die von der Fondsgesellschaft generiert werden, werden i. d. R. vor der Tätigung der Investition mit dem oder den Anlegern diskutiert. Auch besteht seitens der Anleger selbst die Möglichkeit, Investmentideen zu generieren, mit den ggf. vorhandenen Mitinvestoren und dem Fondsmanager zu diskutieren. Auch können – nach einem solchen Prozess – Investments in den Fonds eingebracht werden. Es ist zu betonen, dass hinsichtlich des Grades der Einflussnahme der Investoren innerhalb eines solchen Spezial-AIF auf die Anlagepolitik nahezu alle Ausprägungen auftreten können. Allerdings muss die Investmententscheidung stets bei dem Fondsmanager (AIFM) verbleiben. Generell ist auch die teilweise Fremdkapitalfinanzierung einer Immobilie (**Leverage**) innerhalb einer solchen Fondskonstruktion häufig leichter darstellbar, wobei genau zu untersuchen ist, in welchen Konstellationen eine solche teilweise Fremdkapitalfinanzierung ökonomisch sinnvoll ist und wann nicht, denn schließlich erhöht sie das wirtschaftlich Risiko des Fonds: Reichen beispielsweise im Extremfall die laufenden Mieteinnahmen (abzüglich Kosten) aus einem Immobilieninvestment nicht mehr aus, um den Kreditvertrag zu bedienen, so kann dies zu einem Zwangsverkauf des Objektes mit entsprechenden Verlusten führen.

3. Der offene Immobilien-Publikums-AIF

Publikums-AIF haben im Gegensatz zum Spezial-AIF einen deutlich weniger be-   604
grenzten Anlegerkreis. Insbesondere können auch nicht professionelle und nicht se-
miprofessionelle Investoren an einem solchen Investment partizipieren. Fondsanteile
können oftmals wesentlich freier gehandelt werden. Demzufolge ist bei Publikums-
AIF die Anzahl der verschiedenen Investoren erwartungsgemäß deutlich größer als
bei Spezial-AIF. Auch ist deshalb die Investorengruppe i. d. R. deutlich inhomogener.
Somit kann also nicht mehr gewährleistet werden, dass sich nur Investoren gleicher
Anlagephilosophie und Interessenlage im Fonds zusammenfinden. Aus der größeren
Anzahl von Investoren unterschiedlicher Anlagephilosophie und Interessenlage resultiert zwangsläufig auch, dass der Einfluss des einzelnen Anlegers auf die Kapitalanlage
des Fonds deutlich geringer ist als bei einem Spezial-AIF mit einem begrenzten Anlegerkreis (s. o.). Diese wird somit hauptsächlich durch den Anbieter determiniert. Die
Investoren beschränken sich im Wesentlichen auf die Analyse und Bewertung dieser
Kapitalanlagepolitik und der daraus resultierenden Ergebnisse. Sollte ein Investor letztere als unzureichend erachten, so hat er im Normalfall die Möglichkeit, seine Anteile
zurückzugeben. In Einzelfällen hat jedoch der Anbieter in der Vergangenheit auch
schon einen Publikumsfonds geschlossen, um zu verhindern, dass zu viele Anleger ihre Anteile zurückgeben und die Fondsgesellschaft somit faktisch zwingen, ihre Immo-
bilienbestände unter Verkaufsdruck und ggf. bei ungünstiger Marktlage zu stark unter
Wert veräußern zu müssen.

Um aus einer solchen Situation resultierende unerwünschte Effekte zu vermeiden,   605
schränkt der Gesetzgeber die Möglichkeit für Investoren, qua Rückgabe von Anteilen
schnell desinvestieren zu können ein: So gilt für die o. g. Beträge gemäß § 255 KAGB
eine Mindesthaltedauer von 24 Monaten, und für eine Desinvestition danach gilt eine
Rückgabefrist von 12 Monaten nach Abgabe einer unwiderruflichen Rückgabeerklä-
rung. Diese Neuregelung schafft Probleme für Einrichtungen der betrieblichen Altersversorgung, welche der deutschen Versicherungsaufsicht und der Verordnung zur Anlage des Sicherungsvermögens unterliegen. Letztere fordert nämlich für Immobilien-
Sondervermögen (die dem Sicherungsvermögen zugeordnet werden sollen), dass vertraglich sichergestellt ist, dass die Rückgabe der Anteile innerhalb von sechs Monaten
möglich ist (vgl. BaFin-Rundschreiben R 11/2017). Zudem kann nach § 257 KAGB
die Rücknahme von der Kapitalverwaltungsgesellschaft ausgesetzt werden, wenn vorhandene Bankguthaben und Veräußerungserlöse aus liquiden Assets (gemäß § 253
Abs. 1 KAGB) zur Zahlung des gesamten Rücknahmepreises und für eine ordnungsgemäße Bewirtschaftung nicht ausreichen. In konkreten Fällen kann ein sich daran
anschließender Verkaufsprozess aus dem Immobilienvermögen sich bis zu 36 Monaten unter den in § 257 KAGB genannten Bedingungen hinziehen, bevor die Kapitalverwaltungsgesellschaft das Recht zur Verwaltung des betreffenden Immobilien-Son-
dervermögens verliert.

4. Die Immobilien-AG

606   Bei der Immobilien-AG handelt es sich um eine Aktiengesellschaft, die ihre Erträge im Wesentlichen durch Immobiliengeschäfte erwirtschaftet. Hauptsächlicher Geschäftszweck ist daher oft das Investieren in sowie das Halten und Verwalten von Immobilien. Häufig sind die Aktien an einer Börse gelistet, was die Liquidität dieses Investments faktisch erhöht. Aber auf Grund dieser Konstruktion ist andererseits die Möglichkeit der Einflussnahme der Einzelinvestoren auf Anlagepolitik und Auswahl der Anlageobjekte ähnlich gering wie bei Publikumsfonds oder auch überhaupt nicht gegeben. Eine Sonderform hiervon stellen die **Real Estate Investment Trusts (REIT's)** dar, die in einigen Staaten bereits ein seit langem etabliertes Investitionsvehikel sind. Beispielsweise gibt es REITs in den USA seit über 50 Jahren. Je nach lokaler Gesetzgebung werden unterschiedliche Anforderungen an REITS gestellt. Jedoch gibt es gewisse allgemeine Eigenschaften, die unabhängig vom Rechtsraum normalerweise mit REITS verbunden werden. Hierzu gehören die Fokussierung auf Immobiliengeschäfte, die Ausschüttung eines überwiegenden Anteils ihrer Gewinne an die Anteilseigner und die Notierung an einer Börse. Häufig kommen Einschränkungen bezüglich der Investmentform sowie Regulierungen der Fremdkapitalaufnahme noch hinzu. Mit dem **REIT-Gesetz** wurde im Mai 2007 eine deutsche Form des REIT, der sog. **G-REIT** eingeführt. Die gesetzlichen Bestimmungen, die auch die Eigenschaften dieses Instrumentes definieren, sind mannigfaltig. Die wesentlichsten seien daher nur an dieser Stelle in aller Kürze zusammengefasst: Deutsche REITs sind Aktiengesellschaften, die zum Handel in einem organisierten Mark gem. § 2 Abs. 5 WpHG in einem Mitgliedsstaat der Europäischen Union oder in einem anderen Vertragsstaat des Abkommens über den europäischen Wirtschaftsraum zugelassen sind (§ 10 REITG): Der Free-Float-Anteil muss bei Börsenzulassung mindestens 25 % und ansonsten mindestens 15 % betragen (§ 11 REITG). Darüber hinaus gelten weitere Streuungskriterien. G-REITs dürfen als Geschäftszweck Eigentum an in- und ausländischen Immobilien erwerben, halten, verwalten und veräußern (§ 1 REITG). Analog dürfen sie mit Anteilen an Immobiliengesellschaften verfahren. Ein deutsches Spezifikum hierbei ist, dass seitens des REITs Investitionen in Bestandsmietwohnimmobilien ausgeschlossen sind. Investments in Wohnungen sind nur möglich, wenn diese nach 2006 erbaut worden sind (§ 3 REITG). Immobilien müssen mindestens 75 % des Gesamtvermögens ausmachen und ebenfalls mindestens 75 % der Erträge müssen aus Immobilien stammen (§ 12 REITG). Generell muss mindestens 90 % des ausschüttungsfähigen Gewinns an die Aktionäre ausgeschüttet werden (§ 13 REITG). Deutsche REITs sind steuertransparent. Ausschüttungen werden auf Ebene des Investors als Kapitalertrag besteuert (§ 16 ff. REITG). Der Kapitalertragssteuersatz beträgt 25 % (wenn der Gläubiger die Steuer trägt, vgl. § 20 REITG). Für weitere Regelungen G-REITs betreffend sei auf das gesamte REIT-Gesetz (REITG) verwiesen. Sämtliche steuerliche Effekte, die mit einem Investment in REITs verbunden sind, sind für deutsche Einrichtungen der betrieblichen Altersversorgung, wenn sie ohnehin eine Steuerbefreiung genießen, im Wesentlichen irrelevant. Empirische Beobachtungen zeigen, dass die Entwicklungen des Total Returns solcher Anlagevehikel denjenigen des Aktienmarktes in einigen Marktphasen

ähnlicher sind als denjenigen der bislang diskutierten Investitionsformen für Immobilien. Dabei erwies sich beispielsweise in den USA die Korrelation zwischen Aktien und REITS im Zeitablauf keinesfalls als stabil, schwankte sie doch im Zeitraum zwischen 1988 und 2006 zwischen 80 % und rund 20 % (*Quelle: Tobias Just, Deutsche Bank Research 2007*). Generell besteht ein gewisses Risiko, dass der Wert einer Aktie einer Immobilien-AG vom (inneren) Wert des Immobilienvermögens als solchem (nach oben oder unten) abweicht, oder dass der REIT-Markt in gewissen Phasen von der allgemeinen Volatilität der Aktienmärkte mit erfasst wird.

5. Bewertung verschiedener Formen der Immobilieninvestition

Auf Grund der unterschiedlichen Vor- und Nachteile der einzelnen Formen der Immobilieninvestition ist eine generelle Bewertung der verschiedenen Varianten pauschal nicht möglich. Vielmehr hängt es vom jeweiligen Investor ab, welche Ausgestaltungsform er wählen sollte. Aus den bislang diskutierten Eigenschaften der unterschiedlichen Investitionsformen ergibt sich, dass hier zwei Kriterien für die Entscheidung maßgeblich sind: 607

• das für Immobilieninvestitionen zur Verfügung stehende Geldvolumen und

• das Ausmaß der immobilienspezifischen Managementkompetenz in der Versorgungseinrichtung.

Unternehmen, denen nur sehr kleine Geldbeträge für die Investition in Immobilien zur Verfügung stehen, haben rein praktisch keine andere Möglichkeit als eine indirekte Form der Investition, d. h. ein Publikumsfondsinvestment oder den Erwerb von Aktien einer Immobilien-AG, zu wählen. Denn bedingt durch das geringe zur Verfügung stehende Geldvolumen könnten im Falle einer Direktinvestition nicht hinreichend viele verschiedene Objekte erworben werden, um einen ausreichenden Diversifikationseffekt zu erzielen. Aus gleichem Grunde ist auch der Weg des Investments als alleiniger Investor in einen Spezial-AIF verbaut. Gegebenenfalls ist es noch möglich, andere gleichgesinnte Investoren zu finden, um mit diesen gemeinsam in einer Art „Club-Deal" in einen Spezial-AIF zu investieren, der dann insgesamt über das nötige Anlagevolumen verfügt. Die vertragliche Konstruktion ist dabei jedoch so auszugestalten, dass für den jeweiligen Einzelinvestor sein Investment (hinsichtlich einer möglichen Exit-Entscheidung) hinreichend liquide bleibt. Da bei einem solchen Spezial-AIF die Einflussnahme auf die Investmentpolitik deutlich größer ist, setzt auch die Teilnahme an einem Club-Deal eine größere immobilienspezifische Managementkompetenz seitens des Investors voraus als beispielsweise ein Publikumsfondsinvestment. Besitzt die Versorgungseinrichtung sowohl in hohem Maße Gelder, die strategisch der Immobilieninvestition zugedacht sind, als auch immobilienspezifische Managementkompetenz, so wäre die Direktinvestition eine sinnvolle Variante. Will man dagegen den vorhin dargestellten Nachteil der Nicht-Saldierbarkeit von Wertminderungen und -steigerungen in der Bilanz vermeiden, so sollte ein Immobilien-Spezial-AIF mit begrenztem Anlegerkreis oder als alleiniger Investor in Erwägung gezogen werden. Ist zwar hinreichend Geld für eine gut diversifizierte Immobilien- 608 direktanlage vorhanden, mangelt es jedoch teilweise an eigener hausinterner immobilienspezifischer Managementkompetenz, so müsste diese entweder durch entsprechende personelle Maßnahmen im Unternehmen aufgebaut werden (z. B. Einstellung externer Spezialisten, Schulungen etc.) oder die entsprechenden Aufgaben, die nicht von der eigenen Belegschaft bewältigt werden können, müssen entsprechenden externen Dienstleistern übertragen werden. Auch in diesem Falle wäre ein solcher Spezial-AIF eine Alternative, doch muss auch hier zumindest so viel hausinterne Kompetenz bereitgestellt werden, um entsprechend Einfluss auf die Anlagepolitik nehmen und um die von der Fondsgesellschaft bei der Kapitalanlage wahrgenommenen Aufgaben effektiv überwachen zu können. Ein weiterer Vorteil bei offenen Immobilien-Publikums-AIF und bei Immobilien-AG's könnte darin bestehen, dass möglicherweise der Investor hier in bereits bestehende Portfolien investiert. Somit kennt er den Charakter seines Investments von Beginn an. Auch ist es unter anderem möglich, auf diese Art und Weise relativ schnell ein Immobilienexposure aufzubauen, wohingegen der Aufbau eines Immobilienportfolios auf dem Wege der Direktinvestition sich über einen längeren Zeitraum erstrecken kann.

V. Ausgewählte ökonomische Aspekte der Immobilieninvestition

609 Der wirtschaftliche Erfolg eines Immobilieninvestments hängt entscheidend davon ab, wie vorteilhaft ein Erwerb erfolgen kann und wie nachhaltig und gut sich die Immobilie vermieten lässt. Für letzteres spielt die Relation von Angebot und Nachfrage auf dem jeweiligen Mietmarkt die entscheidende Rolle. Des Weiteren sollte ein erfolgreiches Immobilieninvestment (bei ordnungsgemäßer Instandhaltung und regelmäßigen Modernisierungs- bzw. Aufwertungsmaßnahmen) zumindest durch eine stabile Marktwertentwicklung, wenn nicht gar Marktwertsteigerungen gekennzeichnet sein. Alle Faktoren einer Immobilie, welche die Attraktivität für Mieter erhöhen und somit die Nachfrage nach Mietflächen in gerade diesem Objekt steigern, sind somit als ökonomisch relevante Faktoren zu werten. Derer gibt es viele. Daher können an dieser Stelle nur die wesentlichsten von ihnen, und auch nur in verkürzter Form, dargestellt werden.

1. Makrolage

610 Da wäre zum einen die Makrolage zu erwähnen. Hierunter versteht man die Einbettung der Immobilie in das **weitere Umfeld**, z. B. in ein Bundesland eine Region oder Stadt. Eigenschaften des Landes, der Region oder Stadt (z. B. strukturelle, soziale, politische, geografische Eigenschaften) haben einen erheblichen Abstrahleffekt auf die Attraktivität und ökonomische Perspektive der Immobilie. Wie bereits oben dargestellt, bestimmt etwa unter anderem die gegenwärtige und zu erwartende Bevölkerungsentwicklung (neben der regionalen Kaufkraft) die Nachfrage nach Wohnraum, was natürlich Einfluss auf die bei Wohninvestments erzielbaren Mieten haben wird. Von der wirtschaftlichen Entwicklung einer Stadt oder Region hängt beispielsweise ab, wie viele Büroarbeitsplätze an diesem Ort nachhaltig benötigt werden, was natürlich bei Büroimmobilien eine entscheidende Fragestellung ist. Es ist des Weiteren von

Belang, welche Rolle die Stadt in ihrer Umgebung einnimmt, wie groß ihr Einzugsgebiet ist und ob es sich um eine Metropole oder eher um ein Mittel- oder Oberzentrum handelt. Auch welche Behörden, Unternehmen, Industrien und Geschäftszweige sich in der Stadt und ihrer Umgebung bislang angesiedelt haben ist ein ebenso wichtiger Faktor wie die Anbindung an Autobahn, Flughafen oder Bahnverkehr. Auch geografische Aspekte spielen eine Rolle: So ist bei einer Stadt, welche beispielsweise in einer Tal-Lage „eingekesselt" ist, ihr natürliches Wachstum durch die sie umgebenden Berge limitiert, was sich entsprechend auf das künftige potenzielle Angebot von Mietflächen auswirkt. Dagegen könnte bei einer Stadt, die sich auf größeren innerstädtischen Brach- bzw. Freiflächen sowie anderen Entwicklungsarealen oder an ihren ländlichen und noch wenig bebauten Rändern noch ausdehnen kann, das Risiko eines künftigen größeren, durch neu erbaute Gebäude zusätzlich entstehenden Mietflächenangebotes, welches Druck auf Mieten und Marktwerte ausüben könnte, bestehen. Bei Einzelhandelsimmobilien sind Faktoren wie die regionale Kaufkraft und das Einzugsgebiet der Stadt von Bedeutung.

2. Mikrolage

Die Mikrolage einer Immobilie ist determiniert durch alles, was das **unmittelbare** 611 **Umfeld** einer Immobilie ausmacht. Die Gestaltung der Nachbargrundstücke, das benachbarte soziale Umfeld, städteplanerische Projekte in der Nachbarschaft, die Anbindung an den öffentlichen Nahverkehr, die Entfernung zum nächsten Stadtzentrum, die Anzahl der zur Verfügung stehenden Parkplätze in der Umgebung und die Nahversorgung sind wesentliche bei der Investition zu berücksichtigende wirtschaftliche Faktoren. Bei Einzelhandelsimmobilien sind – wie bereits erwähnt – Faktoren wie die Kaufkraft in der Umgebung, Laufrichtungen von Passanten und Passantenfrequenzen wichtige Elemente der Mikrolage. Je nachdem welche Branche innerhalb des Einzelhandels sich als Mieter dort ansiedeln möchte, ist es auch von Bedeutung, welche anderen Einzelhandelsgeschäfte sich in unmittelbarer Nachbarschaft bislang angesiedelt haben (Beispiele: Vermeidung einer zu starken Konkurrenzsituation durch benachbarte gleichartige Geschäfte oder Einzelhandelsbranchen, die einander gut ergänzen, z. B. Optiker in der Nähe einer Augenarztpraxis). Bei Hotelinvestments spielen etwa die touristische Attraktivität der Umgebung oder stattfindende Events (Messen, Kongresse etc.) eine große Rolle[16].

3. Mieterbonität

Gerade bei Immobilien, die von einem einzigen Großmieter (langfristig) angemietet 612 worden sind, oder bei denen ein Großmieter einen extrem großen Flächenanteil angemietet hat, sind Aspekte der *Mieterbonität* entscheidend. Ganz abgesehen von den erhöhten Verwaltungs- und Bewirtschaftungsaufwendungen, die in dem Falle, dass der Mieter nicht mehr in der Lage ist, seinen ökonomischen Verpflichtungen aus dem

16 Genaueres zu Makro- und Mikrolage findet sich in Schulte, Immobilienökonomie, Bd. 1, Betriebswirtschaftliche Grundlagen.

Mietvertrag nachzukommen (z. B. Zahlung der Mieten, Rückbauverpflichtungen, Renovierungen, Abschlagszahlungen etc.), durch die rechtliche Verfolgung der Vermieteransprüche entstehen, ergeben sich zusätzliche ökonomische Nachteile dadurch, dass nach Auszug eines insolventen Mieters eben neue Mieter für die so vakant gewordene Fläche gefunden werden müssen. Dies wird sich umso schwieriger gestalten, je spezifischer die Mietsache auf die Nutzung durch den nun ausgefallenen Mieter zugeschnitten war. Deshalb ist das Bonitätsrisiko bei Immobilien, welche speziell zur langfristigen Nutzung durch einen einzigen Mieter und spezifisch auf dessen Bedürfnisse hin erstellt worden sind, am relevantesten. Aber auch bei Immobilien, welche theoretisch auch von anderen Mietern genutzt werden könnten, ergeben sich häufig aus der Situation eines ausgefallenen Mieters ökonomische Nachteile. Diese bestehen i. d. R. durch Aufwendungen, die im Zusammenhang mit der Neuvermietung entstehen, wie etwa Maklercourtagen oder Incentives, welche auf Grund der herrschenden Marktverfassung einem neuen Mieter gewährt werden müssen. Aber auch Umbauarbeiten, welche zur zweckgerechten Nutzung durch den Neumieter durchgeführt und – je nach Ergebnis der vorangegangenen Mietverhandlungen – vom Vermieter zu übernehmen sind, spielen in diesem Zusammenhang eine Rolle. Auch besteht das Risiko, dass eine Mietfläche nach dem Ausfall eines Mieters nicht zu gleichbleibenden Konditionen an entsprechende Nachmieter weitervermietet werden kann. Dies kann unter anderem dann auftreten, wenn in der bisherigen Miete Investment-Anteile einkalkuliert waren, die etwa zur Amortisation von auf Wunsch des Mieters vorgenommenen spezifischen Umbauten bestimmt waren. Im Extremfall kann es sein, dass die Immobilie generell eine längere Zeit leer steht, und somit keinen Ertrag abwirft. Bei der Untersuchung der Mieterbonität, die eine Grundlage der Vermietungsentscheidung darstellt, können neben den einschlägigen finanziellen Kriterien auch Nachhaltigkeits- bzw. ESG-Aspekte, wie sie bereits im Abschnitt über „Weitere allgemeine Spezifika der Immobilieninvestition" (Rdnrn. 595 f.) erläutert worden sind, mit einbezogen werden. Auch hier würde die Grundannahme, dass weniger nachhaltig agierende Mieter ein größeres Risiko haben, ihr Geschäft nicht oder nur unter Einschränkungen fortführen zu können und somit auszufallen und den Mietvertrag nicht erfüllen zu können.

4. Weitere Faktoren

613　Die jeweilige **Nutzungsart**, die **Marktwertentwicklung** und Aspekte des **Inflationsschutzes** sind weitere wichtige ökonomische Faktoren, auf die jedoch bereits in den Abschnitten I, II und III (Rdnrn. 587 bis 599) eingegangen worden ist. Darüber hinaus stellt auch die konkrete, detaillierte Ausgestaltung der Mietverträge einen Faktor dar, der ebenfalls einen Einfluss auf den Gesamterfolg der Immobilie haben kann[17].

17　Genaueres zur rechtlichen Gestaltung von Mietverträgen findet sich in Schulte, Immobilienökonomie, Bd. 2, Rechtliche Grundlagen.

5. Ertragskennzahlen

Die ökonomische Beurteilung von Immobilien findet häufig anhand von Ertrags- **614** kennzahlen statt. Hierfür steht eine große Vielfalt verschiedener Kennzahlen zur Verfügung. Die wesentlichsten sollen hier – ohne Anspruch auf Vollständigkeit – kurz und zusammenfassend vorgestellt werden. Dabei soll auch darauf eingegangen werden, welche Information welche Kennzahl dem Investor liefert, d. h. welche Kennzahl wie zu deuten ist.

a) Bruttoanfangsrendite

Die Bruttoanfangsrendite ist sicherlich für die Investitionsentscheidung eine der ge- **615** bräuchlichsten Kennzahlen. Sie setzt die Jahresmiete, ohne Abzug irgendwelcher Kosten (z. B. zur Bewirtschaftung, Verwaltung und Instandhaltung der Immobilien), ins Verhältnis zum Kaufpreis (häufig: netto, d. h. ohne Berücksichtigung von Erwerbsnebenkosten und Grunderwerbssteuer). Der Kehrwert dieser Kennzahl wird oft auch als **Vervielfältiger** bezeichnet. An Hand der Bruttoanfangsrendite lässt sich einschätzen, ob eine Immobilie absolut gesehen eher teuer oder günstig angeboten wird. Dabei werden die spezifischen Risiken des Investments – sowie die auftretenden Kosten – zunächst noch unberücksichtigt gelassen. Dennoch lassen sich aus Bruttoanfangsrenditen auch risikoadjustierte Renditekennzahlen ermitteln, die dann eine Einschätzung des Kaufpreises relativ zu den mit der Investition verbundenen Risiken ermöglichen. Näheres über diese Zusammenhänge ergibt sich aus Abschnitt VII (Rdnrn. 629 bis 634). Es ist noch darauf hinzuweisen, dass es verschiedene sinnvolle Arten zur Bestimmung der Bruttoanfangsrendite gibt: Zum einen kann man diese Kennzahl unter Verwendung der Soll-Miete bei (angenommener) Vollvermietung ermitteln. Unter Soll-Miete versteht man diejenige Miete, die (bei vollständiger marktgerechter Vermietung der Immobilie) fließen würde, wenn alle Mieter ihrer Verpflichtung zur Mietzahlung in voller vertraglicher Höhe nachkommen würden. Andererseits wird die Bruttoanfangsrendite auch oft lediglich auf der Basis der mietvertraglichen Soll-Miete unter Berücksichtigung des momentan jeweils faktisch vorherrschenden Vermietungsstandes angegeben. Eine so ermittelte Kennzahl dient dem Investor dazu, einzuschätzen, welche Bruttorendite man bei konstantem Vermietungsstand mit dem Investment erzielen kann. Alternativ kann man bei der Ermittlung dieser Kennzahl die Soll-Miete auch durch die momentan faktisch fließende Ist-Miete ersetzen, d. h. in diesem Falle würden dann auch noch Mieterausfälle oder geltend gemachte Mietminderungen mit berücksichtigt. Es sei angemerkt, dass die Ermittlung der Bruttoanfangsrendite auf die beiden letztgenannten Arten natürlich nur bei bereits vollständig erstellten Immobilien, die einen gewissen aussagekräftigen Vermietungsstand aufweisen, sinnvoll ist.

b) Nettoanfangsrendite

Eine Variation der letzten Kennzahl stellt die Nettoanfangsrendite dar. Bei dieser wird **616** die Miete abzüglich aller auftretender Bewirtschaftungskosten, welche nicht an die

Mieter weitergegeben werden können, ins Verhältnis zu den Gesamtinvestitionskosten gesetzt. Daher vermittelt sie dem Investor ein realistisches Gefühl dafür, welchen Beitrag die Immobilie effektiv zur Nettorendite (Nettoverzinsung) des Gesamtportfolios liefern kann. Auch hier können – wie bei der Bruttoanfangsrendite – die im letzten Abschnitt beschriebenen verschiedenen Ansätze für die Miete verwendet werden. Das oben Gesagte gilt hier analog.

c) Nettoergebnis

617 Im Gegensatz zu den bislang diskutierten Renditekennzahlen handelt es sich bei dem Nettoergebnis um eine absolute Kennzahl. Es wird ermittelt, in dem man von den Jahreserträgen alle nicht umlegbaren Bewirtschaftungskosten (d. h. Verwaltungs-, Instandhaltungs-, Betriebs- und sonstige Kosten) sowie (bei Direktinvestitionen) die in einer Rechnungsperiode aufgetretenen Regelabschreibungen (AfA) und ebenfalls aufgetretene außerordentliche Abschreibungen (auf Grund dauerhafter Wertminderungen) subtrahiert. Damit gibt diese Größe an, welchen absoluten Beitrag die Immobilie zur gesamten Gewinn- und Verlustrechnung des Investors leistet.

d) Netto-Buchwertrendite

618 Die zuletzt vorgestellte Kennzahl lässt sich auch relativ ausdrücken: Indem man das Nettoergebnis einer Rechnungsperiode durch den Buchwert der Immobilie zu Beginn der Rechnungsperiode (oder alternativ: den mittleren Buchwert der Periode) dividiert, erhält man die Netto-Buchwertrendite, welche dem Investor (durch Vergleich mit der Nettoverzinsung bzw. Nettorendite des gesamten Investmentportfolios) ex post angibt, ob die Immobilie einen überdurchschnittlichen oder eher unterdurchschnittlichen Beitrag zur Nettorendite bzw. Nettoverzinsung des gesamten Investmentportfolios geleistet hat. Selbstverständlich kann man auf entsprechende Weise durch Vernachlässigung der Aufwandspositionen auch eine Brutto-Buchwertrendite berechnen. Diese dürfte jedoch für die praktische Einschätzung des Investments eher weniger relevant sein.

e) Marktwertrenditen

619 Die im letzten Absatz vorgestellten Kennzahlen lassen sich auch als Marktwertrenditen berechnen, indem man im Nenner den Buchwert durch den Marktwert der Immobilie zu Beginn der Rechnungsperiode ersetzt. Diese Zahlen können dann von praktischer Relevanz werden, wenn die Veräußerung einer Immobilie zum Marktwert und die anschließende Reinvestition der daraus frei werdenden Mittel ggf. in einem anderen Anlagesegment für den Investor eine konkrete Handlungsoption darstellt, und er somit das Bestandsinvestment mit anderen Investments, ggf. auch in anderen Anlagesegmenten, vergleichen kann.

f) Total Return

Der Total Return ist eine der wichtigsten Kennzahlen, wenn man – wie beispielsweise   620
innerhalb eines Fondsvehikels – alle Immobilien zu Marktwerten betrachtet und in
der Erfolgsmessung nicht nur die laufenden (Miet-)Erträge und Aufwendungen, sondern auch die Änderungen des Marktwertes der Immobilie mit berücksichtigen
möchte. (Bemerkung: Selbstverständlich dürfen buchhalterische Abschreibungen in
einer solchen Betrachtung dann keine Berücksichtigung mehr finden.) So ist der Total
Return definiert als die Summe aller in der Betrachtungsperiode angefallener Erträge
abzüglich aller nicht auf die Mieter umlegbarer Bewirtschaftungs-, Verwaltungs-, In-
standhaltungs-, und sonstiger Kosten zuzüglich der in der Betrachtungsperiode aufgetretenen Änderungen des Marktwertes (Verkehrswertes) der Immobilie. Die so ermittelte Größe wird dann ins Verhältnis gesetzt zum Marktwert der Immobilie zu Beginn der Rechnungsperiode, um so den Total Return in Prozent zu erhalten. Werden
innerhalb einer Betrachtungsperiode wertsteigernde Investitionen – z. B. Anbauten
zur Schaffung zusätzlicher Mietflächen im Objekt – an der Immobilie vorgenommen,
so ist – der allgemeinen Methode zur Berechnung des Total Returns auch bei anderen
Vermögensanlagen entsprechend – die Rechnungsperiode in der Kalkulation gedanklich in zwei Teile aufzuspalten: in eine Teilperiode vor und eine nach erfolgter Investition. Für beide Teilperioden ist dann getrennt der Total Return nach der oben beschriebenen Definition zu ermitteln, wobei eben bei der Berechnung des Total Returns für die zweite Teilperiode der Marktwert nach Berücksichtigung der erfolgten
wertsteigernden Erweiterungsinvestition im Nenner zu verwenden ist. Den Total Return der Gesamtperiode erhält man, wenn man zu den beiden einzelnen Total Returns jeweils EINS hinzuaddiert, anschließend die beiden so erhaltenen Ergebnisse
miteinander multipliziert, und zum Schluss EINS subtrahiert. Erfolgen in einer Betrachtungsperiode mehrere wertsteigernde Erweiterungsinvestitionen in obigem Sinne, so ist die Betrachtungsperiode in so viele Teilperioden zu zerlegen, wie Erweiterungsinvestitionen stattgefunden haben. Anschließend ist analog der vorhin beschriebenen Vorgehensweise zu verfahren. In der Immobilienpraxis erfolgt jedoch häufig
dahingehend nur eine näherungsweise Ermittlung dieser Kennzahl, dass der Marktwert einmal jährlich durch Sachverständige ermittelt wird.

g) Interner Zinsfuß/Internal Rate of Return (IRR)

Eine der wichtigsten Kennzahlen zur Ex-Post-Beurteilung des Investitionserfolges   621
nach erfolgter Wiederveräußerung (Exit) der Immobilie ist der interne Zinsfuß. Er
bestimmt sich bei Immobilien prinzipiell auch nicht anders als bei anderen Investmentformen. Hierzu ist ein Tableau aller Cash-Inflows (einschließlich des Veräußerungserlöses) und Cash-Outflows (einschließlich der Kaufpreiszahlung inkl. der Erwerbsnebenkosten zu Beginn) zu erstellen, unter Erfassung der jeweiligen Zeitpunkte,
in denen die jeweiligen Cashflows stattgefunden haben. Der interne Zinsfuß ist nun
derjenige Zins, bei dessen Verwendung als Diskontierungszinssatz die Summe aller
auf den Investitionszeitpunkt hin abdiskontierten Cashflows Null wird. Somit liefert
die IRR eine periodengenaue Darstellung des Erfolgs einer Immobilie, unter Berück-

sichtigung aller Cash-Flows und Wertänderungen. Man kann auch für noch im Bestand befindliche Immobilieninvestments eine Art „vorläufige" IRR berechnen, indem man wie oben beschrieben verfährt und an Stelle des Verkaufserlöses den im Berechnungszeitpunkt aktuellen Marktwert der Immobilie in Ansatz bringt.

VI. Ausgewählte technische Aspekte von Immobilieninvestments

622 Wie bereits erwähnt spielen technische Aspekte bei der Immobilieninvestition eine große Rolle. Gerade auch bei der Investitionsentscheidung sind technische Fragestellungen zu untersuchen, da auch Architektur und Gebäudetechnik wesentliche Determinanten für den ökonomischen Erfolg von Immobilieninvestments sind. Dabei sind die einzelnen Aspekte durchaus vielfältig und ihre adäquate Behandlung erfordert dezidiert Spezialistenwissen. Deshalb muss ein Investor, welcher Immobilieninvestitionen tätigt entweder hierfür ausgebildetes Fachpersonal hausintern bereithalten oder aber die entsprechenden Aufgaben durch externe Dienstleister erledigen lassen. Auf Grund der Vielfältigkeit der technischen Aspekte und weil diejenigen Personen, welche Managemententscheidungen bei der Kapitalanlage treffen, i. d. R. keine Spezialisten in diesen – im Detail mitunter recht komplexen – technischen Sachverhalten sind, können wir an dieser Stelle die Fragen der Technik nur streifen[18].

1. Architektur, Gebäudeeffizienz und Gebäudeflexibilität

623 Unter diesen Themenblock fällt zum einen die Architektur der Immobilie. Diese schlägt sich zunächst im äußeren Erscheinungsbild nieder. So ist ein auffälliges und ansprechendes äußeres Erscheinungsbild einer Immobilie oder ihre herausragende Einbettung in die Umgebung dazu geeignet, dem Objekt einen gewissen Bekanntheitsgrad (**„Landmark-Immobilie"**) und ein entsprechendes Image zu verleihen, und somit einen positiven Beitrag zum Gesamtwert der Immobilie zu liefern. Allerdings ist an dieser Stelle auch darauf hinzuweisen, dass das äußere Erscheinungsbild von Immobilien – wie fast alle ästhetischen Dinge – gewissen Moden und Trends unterworfen sein kann, was dafür spricht, dass auf Kontinuität bedachte Investoren, wie etwa Versorgungseinrichtungen, hier eine gewisse Präferenz hin zu zeitlosen Gestaltungsformen haben sollten.

624 Dagegen liegt ein eher funktionaler Aspekt der Architektur in der Effizienz des Gebäudes. Hierunter versteht man den Anteil für einen bestimmten Zweck sinnvoll nutzbarer – und damit vermietbarer – Flächen im Objekt. So führen in Bürogebäuden beispielsweise zu groß dimensionierte Eingangshallen, Gänge etc. tendenziell zu einer Ineffizienz des Gebäudes, da hierdurch bei gegebenem umbauten Raum (**Kubatur**) weniger für die Büronutzung verwendbare Flächen entstehen. Jedoch werden Büronutzer i. d. R. aber nur für tatsächlich exklusiv nutzbare Flächen bereit sein, Büromiete zu zahlen, und eben weniger für Allgemeinflächen. Dieser funktionale Aspekt steht

---

18 Beispielsweise beschäftigen sich *Schneider/Genz* in Intelligent Office dezidiert mit architektonischen und konzeptionellen Aspekten für Bürogebäude.

manchmal durchaus in Konflikt mit den im obigen Abschnitt beschriebenen ästhetischen Aspekten, denn in unserem Beispiel könnten große, repräsentative Eingangsbereiche auch die optische Qualität des Gebäudes heben. Somit gilt es hier bei der Planung und Erstellung eines Gebäudes als Investitionsobjekt oder beim Erwerb einer fertigen Immobilie, diese Aspekte sorgfältig gegeneinander abzuwägen. Büromieter messen dem Nutzwert effizienter, funktional geschnittener und gut belichteter Grundrisse mit geeigneten Gebäudetiefen eine hohe Bedeutung bei. Bei der Erstellung von (Miet-)Wohnimmobilien sollte darauf geachtet werden, dass der Wohnungs-Mix (die Mischung von Wohnungen verschiedener Größen und Zimmerzahl) gut auf den jeweiligen Wohnungs-Mietmarkt abgestimmt ist.

2. Drittverwendungsfähigkeit und Flexibilität

Mit zu den eher funktionalen Aspekten von Architektur gehören auch die Aspekte   625
Drittverwendungsfähigkeit und Flexibilität des Gebäudes. Hierunter verstehen wir die Eigenschaft des Gebäudes, in der jetzigen Form ohne größere Umbaumaßnahmen auch für andere Mieter oder Nutzungen geeignet zu sein, bzw. die Möglichkeit, dass das Gebäude durch überschaubare Maßnahmen für einen anderen Nutzer oder Nutzungszweck geeignet gemacht werden kann. Beide Aspekte sind gerade für die Nachhaltigkeit einer Immobilieninvestition von entscheidender Bedeutung, da eine hohe **Gebäudeflexibilität** und eine gute Drittverwendungsfähigkeit die Wahrscheinlichkeit für Anschlussvermietungen (nach Auszug des jetzigen Mieters) deutlich erhöhen. In diesem Sinne führen diese Qualitäten auch dazu, dass das Investment unabhängiger von der Kreditqualität der einzelnen Mieter (Bonitätsrisiko) wird. Es sei darauf hingewiesen, dass die Marktwertermittlung häufig von 70 bis 80 Jahren Gesamtnutzungsdauer ausgeht, und dass somit eine z. B. 10-jährige Anfangsvermietung keinesfalls ausreicht, um den nachhaltigen Erfolg einer Immobilieninvestition sicherzustellen. Somit kommt der langfristigen Nachnutzbarkeit eine erhebliche Bedeutung zu. Ein Teilaspekt in der Gebäudeflexibilität ist in der **Aufteilbarkeit der Mietflächen** zu sehen. Gerade bei Gebäuden, in denen mehrere Mieter existieren, ist es bei Vermietungen von Vorteil, wenn man in der Lage ist, Mieteinheiten verschiedenster Größen – nach Wahl des Mieters ausgebaut als Einzel-, Doppel-, Gruppen-, Kombi- oder Großraumbüro – anbieten zu können, die für sich genommen alle als eigene Mietbereiche funktionieren. Vor diesem Hintergrund ist auch eine intelligente Lage von Treppenhäusern, Erschließungsschächten und Sanitärbereichen ein Erfolgsfaktor für eine nachhaltige Vermietbarkeit.

3. Materialien, Instandhaltung und sonstige technische Ausstattung

Materialien und Gebäudequalität haben einerseits einen Einfluss auf das äußere Er-   626
scheinungsbild. Andererseits beeinflussen sie das erforderliche Ausmaß künftig zu erwartender Instandhaltungsmaßnahmen in erheblicher Weise. So sind Ganzglas- oder Putzfassaden i. d. R. deutlich instandhaltungs- und pflegeintensiver als Fassaden aus Naturstein. Generell ist Instandhaltung ein wichtiger Kostenblock in der ökonomischen Betrachtung einer Immobilie. Bei der technischen Ankaufs-Due-Diligence ist

besonderes Augenmerk auf Altlasten sowie auf alle feuchtigkeitsbeanspruchten Bauteile (Dach, Fassaden, Tiefgarage) und zudem auf die Haustechnik zu legen. Abschließend sei noch der Standard der technischen Innenausstattung eines Gebäudes als Einflussfaktor für den ökonomischen Gesamterfolg eines Immobilieninvestments genannt. So wird man i. d. R. für klimatisierte Flächen einen höheren Mietpreis ansetzen können als für unklimatisierte Flächen. Auch kann eine energieeffiziente und gut wärmegedämmte Bauweise dabei helfen, die Betriebskosten der Immobilie zu senken. In letzter Zeit ist zudem vermehrt die Tendenz zu beobachten, dass bestimmte Mieter bei der Auswahl der von ihnen anzumietenden Flächen Wert darauf legen, dass das betreffende Gebäude eine gewisse Energieeffizienz bietet. In diesem Zusammenhang kann es auch relevant sein, dass es über eine bestimmte Klassifizierung oder Zertifizierung verfügt. Als Beispiel kann man hier die Zertifizierung gemäß der DGNB (Deutsche Gesellschaft für nachhaltiges Bauen) nennen.

4. Ansatz für ein aktives Immobilienmanagement

627   Auch wenn Versorgungseinrichtungen die Gebäude in ihrem Immobilienportfolio weniger häufig umschlagen dürften als andere Arten von Investoren, so stellt sich dennoch auch hier die Frage, wie denn das Investmentportfolio aktiv gemanagt werden kann. Hierzu kann man beispielsweise die Einzelimmobilien nach zwei Beurteilungs-Dimensionen einschätzen: nach der momentanen Ist-Situation des Gebäudes und nach dessen Zukunfts-, d. h. Entwicklungspotenzial (dies schließt die erwartete Entwicklung des jeweiligen relevanten Marktsegmentes bzw. Teilmarktes mit ein). Die Kriterien Makrostandort, Mikrostandort, Gebäude (Objektqualität) und Vermietungssituation sind alle separat sowohl hinsichtlich der Ist-Situation als auch nach der jeweiligen Zukunftsperspektive zu beurteilen. Anschließend können die Bestandsgebäude in folgendes zweidimensionale Schema eingeordnet werden.

628   *Abb. 32 Schema zur Einordnung von Bestandsimmobilien in ein aktives Management*

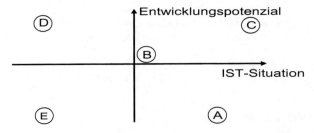

In diesem Beispiel würde man etwa die Immobilie A als Verkaufskandidaten identifizieren, denn: Sie ist momentan hinsichtlich der Ist-Situation als ein gutes Investment zu bezeichnen. Dennoch besteht hier die Befürchtung, dass sich dies in der Zukunft verschlechtern könnte (oder wird). Von daher sollte man versuchen, die Immobilie zeitnah zu veräußern, möglichst an einen Investor, der die Zukunftsperspektive etwas anders, nämlich besser, einschätzt. Immobilien im oberen rechten Quadranten (B und besonders C) sollten tendenziell eher im Portfolio gehalten werden, da sie durch einen guten gegenwärtigen Zustand (technisch und ökonomisch) gekennzeichnet sind und eine Verschlechterung zunächst nicht erwartet wird. Insbesondere bei Immobilie C besteht noch weiteres Verbesserungspotenzial – ein Wert, den man, wenn man die Zukunftsperspektive derart einschätzt, versuchen sollte, zu heben. Dagegen stellt die Immobilie E einen echten Problemfall dar: die gegenwärtige Situation wird als klar unbefriedigend eingestuft (etwa, weil sie die aus ALM-Gesichtspunkten erforderliche Ziel-Rendite für Immobilien zurzeit nicht erwirtschaftet) und zusätzlich wird für die Zukunft eher eine weitere Verschlechterung erwartet. Auch wenn man sich eines solchen Investments natürlich am liebsten entledigen würde, so dürfte sich bei einer solch eindeutigen Gemengelage i. d. R. kaum ein Investor finden, der bereit wäre, diese Immobilie zu einem angemessenen und akzeptablen Preis zu erwerben. Bei Immobilie D stellt sich die Situation etwas anders dar: auch wenn sie zurzeit als unbefriedigend erachtet wird, so ist doch Entwicklungspotenzial erkannt worden. Die für diese Entwicklung nötigen Schritte sollten konkret benannt werden und insofern durch den Investor geeignete Maßnahmen hierzu ergriffen werden können, sollten diese durchgeführt werden. Ebenso kann eine Veräußerung in Betracht kommen, wenn eigene Managementkapazitäten zur Planung und Durchführung von Entwicklungsmaßnahmen fehlen und möglicherweise ein Entwickler einen akzeptablen Preis bietet, weil er dieses Wertschöpfungspotenzial besser heben kann. Diese Einordnung der Bestandsimmobilien in das obige Beurteilungsschema ist regelmäßig (z. B. jährlich) durchzuführen. Dabei ist es dann insbesondere von Interesse, wie sich von Betrachtung zu Betrachtung die einzelnen Objekte innerhalb des Schemas bewegen.

VII. Die Investitionsentscheidung

Die Investitionsentscheidung zugunsten eines Immobilienobjektes/-projektes ist für eine Versorgungseinrichtung keine eindimensionale Entscheidung, die etwa nur auf Basis der Bruttoanfangsrendite oder des Preises getroffen werden sollte. Auch sollte es keine pauschal gesetzte, absolute Soll-Rendite oder Mindest-Rendite für Immobilieninvestitionen geben, sondern eine solche sollte individuell für jedes einzelne potenzielle Investitionsobjekt bestimmt werden. Von daher soll nun ein Ansatz vorgestellt werden, mit welchem eine risiko- und kostenadjustierte Soll-Bruttoanfangsrendite für ein einzelnes Investment bestimmt werden kann. Nur wenn die faktische Bruttoanfangsrendite über (oder auf dem Niveau) der risiko- und kostenadjustierten Soll-Bruttoanfangsrendite liegt, sollte die Investition in Erwägung gezogen werden. Selbstverständlich bedarf es auch in dieser Situation anschließend noch einer detaillierteren Due Dilligence für das Objekt. 629

Der hier vorgestellte Ansatz ist speziell für Versorgungseinrichtungen geeignet, da diese – z. B. im Gegensatz zu Immobilienfonds – nicht zur Investition (mehr oder weniger ausschließlich) in Immobilien gezwungen sind. Insbesondere könnten sie den gleichen Geldbetrag auch in ein annähernd risikofreies festverzinsliches Wertpapier anlegen, was auch mit deutlich geringeren Folgekosten (z. B. was Verwaltungsintensi- 630 tät betrifft) verbunden ist. Von daher erscheint folgendes Kriterium geeignet: nur, wenn die Brutto-Anfangsrendite einer Neuinvestition auf einer um sämtliche Risiken des entsprechenden Immobilieninvestments, um die auftretenden Inflationseffekte und um sämtliche Kosten adjustierten Basis größer (oder zumindest nicht geringer) als die Rendite eines annähernd risikofreien Renten-/Schuldschein-Investments ist, wird die jeweilige Immobilieninvestition in Betracht gezogen. Das konkrete **Berechnungsschema** hierfür könnte etwa folgendermaßen aussehen:

631   *Abb. 33 Berechnungsschema für die risikoadjustierte Soll-Rendite einer Immobilieninvestition*

	Schuldscheinrendite (risikolos)	
./.	erwartete Inflation	
=	Schuldscheinrendite inflationsadjustiert	
+	nicht umlegbare Verwaltungskosten (% der Miete)	Kosten-zuschläge
+	nicht umlegbare Betriebskosten (% der Miete)	
+	nicht umlegbare Instandhaltungskosten (% der Miete)	
+	Zuschlag für Modernisierung	
+	Zuschlag für AfA bzw. Amortisation	
=	Rendite nach Bewirtschaftung vor Risiko	
+	Zuschlag wegen unsicherer Mieter Bonität	Risiko-zuschläge
+	Zuschlag wegen unvollständigem Inflationsschutz	
+	Zuschlag für Kosten bei Drittverwendung	
+	Zuschlag wegen Leerstandsrisiken $<$ a) Bonitätsänderung	
+	Zuschlag für Nachvermietungs-Risiken $\quad$ b) Interims-Leerstand + Kosten	
+	Zuschlag für Over-/Underrent und Flächeneffizienz	
+	Zuschlag für Reparaturstau	
=	Soll-Bruttoanfangsrendite auf Gesamtinvest. (inkl. Erwerbsnebenkosten)	

Ist die so ermittelte Soll-Bruttoanfangsrendite kleiner (oder zumindest nicht größer) als die tatsächlich angebotene, kann das Investment weiter verfolgt und detaillierteren Prüfungen unterzogen werden.

632   Bei der Ermittlung der entsprechenden Kostenzuschläge sind für die ersten drei Positionen entsprechende Erfahrungswerte anzusetzen. Diese hängen in erheblicher Weise auch davon ab, wie kosteneffizient bestimmte Aufträge und outgesourcete Dienstleistungen an Dritte übertragen werden können. Beim Modernisierungszuschlag könnte man Zeiträume definieren, innerhalb derer der Vermieter entsprechende Maßnahmen, die dann kostenmäßig geschätzt werden müssen, auf seine Rechnung ergreifen muss, um künftig einem Zurückbleiben gegenüber zeitgemäßen Standards und als Folge einem Absinken der Objektmiete gegenüber der Marktentwicklung entgegenzuwirken. Diese sind dann per Verbarwertung in laufende jährliche Renditeanteile (in %) umzurechnen.

633   Erfahrungsgemäß wird man für den Zuschlag wegen Mieterbonität auf eher pauschale Schätzungen verwiesen sein (z. B. welche Klientel wird das Gebäude als Mieter anzie-

hen?). Selten hat man die Situation eines größeren Unternehmens als Mieter, für welches in den Kapitalmärkten geeignete Credit-Spreads direkt abgelesen werden können. Der zweite Risiko-Zuschlag wurde bereits bei der Diskussion des Themas „Inflationsschutz" mit behandelt. Hier ist die durchschnittliche Rendite, die man auf Grund eines unvollkommenen mietvertraglichen Inflationsschutzes verliert, anzusetzen. Für alle anderen Risikofaktoren wäre zu schätzen, wann sich die Risiken realisieren, mit welcher Wahrscheinlichkeit man diese Realisierung ansetzt und zu welcher „Schaden-/Kostenhöhe" dies voraussichtlich führen wird. Die künftigen mit Wahrscheinlichkeiten gewichteten Schaden- bzw. Kostenhöhen könnte man dann wieder qua Verbarwertung in eine geeignete jährliche Größe umrechnen und als Teil der Gesamtrendite in Prozent ausdrücken.

Bemerkung: Die resultierende Soll-Rendite und die hiermit unter Einstellung der voraussichtlichen Anfangsmieten ermittelbaren maximal vertretbaren Gesamtinvestitionskosten müssen nicht den allgemeinen Marktverhältnissen exakt entsprechen, da der Markt ja auch durch rein auf Immobilien fokussierte Investorengruppen mitbestimmt wird, welche zum Teil anderweitige Preisfindungsmethoden verwenden. Dies sollte jedoch eine Versorgungseinrichtung nicht davon abhalten, ihr Preislimit neben Ertragswert- und DCF-Verfahren auch aus einer wie oben dargestellten Vorteilhaftigkeitsrechnung gegenüber anderen möglichen Anlageformen abzuleiten. **634**

VIII. Fazit

Es wurde in dieser Arbeit versucht, ohne Anspruch auf Vollständigkeit die für eine **635** Versorgungseinrichtung wesentlichsten Aspekte, die im Zusammenhang mit Investitionen in Immobilien in Erwägung gezogen werden sollten, darzustellen. Selbstverständlich sind die hier vorgestellten Ansätze nicht die einzig sinnvoll verwendbaren. Sie sollten jedoch insbesondere für Versorgungseinrichtungen eine Hilfestellung sein, da sie die Spezifika, die den Investorentyp „Versorgungseinrichtung" von anderen Typen von Investoren (z. B. Fonds) grundsätzlich unterscheiden, was sich im Anlageverhalten entsprechend niederschlägt, explizit mit berücksichtigen.

D. Alternative Investments (*John/Wagner*)

I. Definition

Eine allgemein gültige und anerkannte Definition für **Alternative Investments** exis- **636** tiert nicht. Alternative Investments grenzen sich aber von den im Rahmen der klassischen Portfolioverwaltung verwendeten „traditionellen Anlageformen" wie Aktien, Renten, Geldmarkt- und sonstiger Investmentfondsanlagen insbesondere im Hinblick auf Liquidität, Art der Risiken und Renditepotenzial ab. Eine Auflistung aller Alternativen Investmentformen erscheint kaum sinnvoll, werden doch in diesem Bereich ständig neue Anlageprodukte kreiert. Zudem verlaufen die Grenzen zwischen traditionellen und Alternativen Investments häufig fließend. Als volumenmäßig bedeutendste Kategorien alternativer Anlagen sind jedoch insbesondere Private Markets und Hedgefonds zu nennen. Darüber hinaus werden gemeinhin Anlagen in Rohstoffen, Infrastruktur, Kunst, Währungen, Volatilitätsprodukte sowie (vor allem in den USA) vereinzelt Immobilien ebenfalls unter diesem Anlagebegriff subsumiert. Im Rahmen der Kapitalanlagen von EbAV nehmen derartige Investments auf Grund ihrer langfristigen Ausrichtung sowie ihren grundsätzlich positiven Diversifikationseigenschaften und der teilweisen Absicherung vor Inflationsrisiken (z. B. bei Anlagen in Immobilien, Infrastruktur oder Rohstoffe) eine interessante und wichtige Stellung ein. Im Folgenden werden die wichtigsten Anlageformen Alternativer Investments angesprochen.

637   *Abb. 34 Übersicht über Alternative Investments*

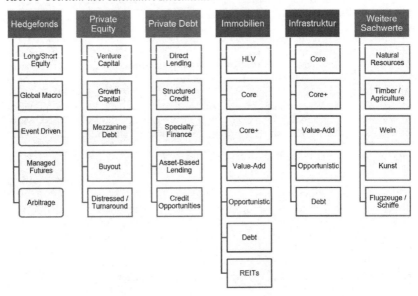

1. Private Equity

638   Die Idee **des privaten Beteiligungskapitals (Private Equity)** ist nicht so neu. Die Entdeckung Amerikas 1492 durch *Christoph Kolumbus* (1451–1506) ist eine der bekanntesten und erfolgreichsten Private-Equity-Unternehmungen. Schon 1474 hatte *Kolumbus* in zwei Briefen mit dem Arzt, Mathematiker, Astronom und Kartograf *Paolo dal Pozzo Toscanelli* (1397–1482) über seine Idee einer alternativen Seeroute nach Indien korrespondiert. Ganz neu war die Idee einer Westroute nach Indien damals allerdings nicht. Ursprünglich ging sie auf *Aristoteles* zurück, der behauptet hatte, man könne den Ozean zwischen den Säulen des Herakles (Gibraltar) und Asien innerhalb weniger Tage überqueren.

10 Jahre später, 1484, stellte *Kolumbus* dem portugiesischen *König Johann II.* detailliert ausgearbeitete Pläne einer Expeditionsfahrt vor, eine westliche Route nach Indien zu finden. Anlass für *Kolumbus'* Überlegungen waren insbesondere die Berechnungen von *Toscanelli*, der gezeigt hatte, dass die bisher gedachte Größe der Erde nach unten anzupassen war, wodurch die Reisestrecke deutlich kürzer erschien. Die königliche Schifffahrtskommission in Portugal hegte jedoch große Zweifel und verweigerte Kolumbus die benötigte finanzielle Unterstützung. Auch am spanischen Königshof in Córdoba stieß er zwei Jahre später mehrmals auf Ablehnung. 1491 wurden seine Ideen von einer spanischen Kommission zwar erneut abgewiesen, er rang dem spanischen Königspaar Königin *Isabella I.* und *König Ferdinand II.* aber zu diesem Zeitpunkt wenigstens die Zusage ab, dass man sich nach dem Krieg gegen Granada erneut seinen Plänen widmen würde. *Kolumbus* nahm sich in seiner Verzweiflung vor, nach Frankreich zu gehen. Im Kloster La Rábida jedoch hielten ihn der Mönch *Juan Perez* und der Arzt *Garcia Hernandez* zurück. *Perez* schrieb der Königin *Isabella* einen eindringlichen Brief und erreichte damit, dass Kolumbus an den Hof zurückgerufen wurde. Kolumbus kam in Granada an, als der Maurenfürst *Muhammad XII.* kapitulierte. **639**

Da der Krieg gegen die Mauren nun vorüber war, wurden die Verhandlungen für eine Expedition fortgesetzt. Sie scheiterten aber wiederum an den außergewöhnlich hohen Forderungen von Kolumbus. Er beanspruchte für sich den erblichen Titel eines Admirals des Ozeans und des Vizekönigs über die von ihm entdeckten Gebiete. Zudem verlangte er, zu einem Zehntel an den zu erwartenden Einnahmen wertvoller Metalle beteiligt zu werden. Nachdem seine Bedingungen abgelehnt worden waren, machte er sich erneut auf den Weg nach Frankreich, wo man ihm seiner Behauptung zufolge ein besseres Angebot gemacht hatte. Auf Drängen verschiedener Personen am Hof entschied sich die Königin, die Forderungen nun doch zu akzeptieren. Ein ausgesandter Eilbote holte *Kolumbus* knapp 10 Kilometer von Granada entfernt ein. **640**

Am 17.4.1492, fast zwanzig Jahre, nachdem er die ursprüngliche Idee hatte, wurde die sog. „**Kapitulation von Santa Fe**", ein Vertrag zwischen den Monarchen und Kolumbus über eine Expedition, unterzeichnet. Der Vertrag sicherte Kolumbus seinen geforderten Titel und den geforderten Anteil an den zu erwartenden Einnahmen. Am 3.8.1492 machte er sich endlich mit drei Schiffen, der *Santa María*, der *Niña* und der Pinta auf eine Reise, die als Ursprung für die Entdeckung Amerikas in die Geschichte einging. **641**

Obwohl dies wahrscheinlich die bekannteste Private-Equity-Unternehmung war, wird der Begriff Private Equity jedoch auf das Jahr 1946 datiert, als *Georges Doriot*, Professor an der Harvard Universität, und *Ralph E. Flanders*, Präsident der Federal Reserve Bank in Boston, die Private-Equity-Gesellschaft **American Research and Development Corporation** (ARD Corp.) gründeten. Die Boomphase dieser Anlageform startete aber erst in den achtziger Jahren. Insbesondere Venture-Capital-Anlagen erlebten zu dieser Zeit ein rasantes Wachstum. Im nachfolgenden Jahrzehnt verlagerte sich das **642**

Wachstum auf andere Private-Equity-Bereiche, insbesondere auf Buy-Out-Fonds. Seit der Entdeckung Amerikas sind für Private Equity die Phasen der Kapitalbeschaffung (**Fund** Raising) kürzer sowie die Gebühren deutlich niedriger geworden.

643 Private Equity stellt i. A. den Oberbegriff für **Eigenkapitalbeteiligungen an nicht-börsennotierten Unternehmen** dar und grenzt sich damit gegenüber den traditionellen Aktienanlagen („**Public Equity**") durch die nicht vorhandene bzw. stark eingeschränkte Handelbarkeit ab. Es gibt auch Ausnahmen von Beteiligungen an börsennotierten Unternehmen, die nicht unter Public Equity fallen, sondern unter Private Equity zusammengefasst werden, z. B. im Rahmen von Übernahmen börsennotierter Unternehmen, die darauffolgend von der Börse genommen werden sollen. Nach den im Zuge von Basel III verschärften Eigenkapitalvorschriften für Banken und der zunehmenden Verfügbarkeit von Unternehmenskrediten kommt der Finanzierung über Private Equity eine auch in volkswirtschaftlicher Hinsicht zunehmend bedeutendere Rolle zu.

644 Grundsätzlich kann Private Equity zur Finanzierung der Entwicklung neuer Produkte oder Technologien, der Expansion, der Finanzierung von Akquisitionen oder eines Eigentümerwechsels dienen. Aus dem Lebenszyklus der jeweiligen Unternehmen leiten sich unterschiedliche Finanzierungsstadien und -bedürfnisse ab, in denen ihrerseits verschiedene Private-Equity-Instrumente zum Einsatz kommen und die verschiedenen Private-Equity-Kategorien determinieren.[19]

645 Investoren stehen, je nach Risikoprofil und internen Ressourcen, verschiedene Zugangswege in Private Equity offen. Die risikoreichste Variante ist die direkte Beteiligung an einzelnen Unternehmen. Die meisten Investoren bevorzugen allerdings eine Investition in Private Equity Funds, die das Risiko dann über die Investition in mehrere Unternehmen streuen. Noch weniger Risiko gehen Investoren mit einer Beteiligung in Fund-of-Funds (FoF) ein.

---

19 Vgl. *Laib* in Aufbau eines Private Equity Portfolios bei einer deutschen Versicherungsgesellschaft.

Abb. 35 Investitionsformen   646

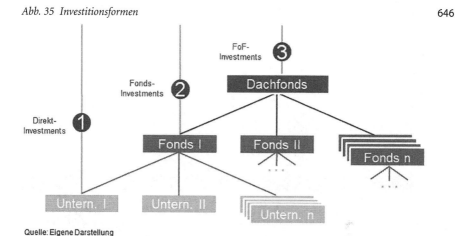

Quelle: Eigene Darstellung

„**Venture Capital**" beschreiben Investments von – zumeist – Minderheitsbeteiligung   647
in der frühen Entwicklungsphase entrepreneur-geführter Firmen. Das erhöhte unternehmerische Ausfallrisiko wird in diesem Segment durch überdurchschnittliche Renditeerwartungen und erhebliche Mitspracherechte kompensiert. Die sog. „**Buyout**"-
Transaktionen dienen zumeist der Expansions- und Spätphasenfinanzierung von Unternehmen sowie der Übernahme eines Unternehmens oder einzelner Einheiten durch Eigenkapitalinvestoren und/oder des Managements. In speziellen Unternehmensphasen, die z. B. von Restrukturierungen oder Kreditproblemen gekennzeichnet sein können, werden schließlich sog. „**Mezzanine-Finanzierungen**" vergeben bzw. aufgenommen. Diese stellen in ihrer rechtlichen und wirtschaftlichen Ausgestaltung eine Zwischenform von Eigenkapital- und Fremdfinanzierung dar. Mezzanine-Kapital kann durch Genussrechte, Wandelanleihen, stille Beteiligungen oder Nachrang- und Gesellschafterdarlehen begeben werden und enthält insbesondere in den USA sehr häufig das Recht, über Eigenkapitalbeteiligungen (sog. „**Equity Kicker**") zusätzlich an der Entwicklung des Unternehmens zu partizipieren.

648   *Abb. 36 Übersicht und Phasen: Private Equity*

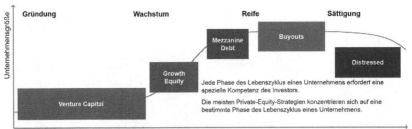

Quelle: Mercer Alternatives AG.

649   Private-Equity-Firmen sind Kapitalanlagegesellschaften, die Private-Equity-Fonds verwalten und als Limited Partnership organisiert sind. Private-Equity-Fonds sind i. d. R. Kommanditgesellschaften mit dem Private-Equity-Unternehmen als persönlich haftenden Gesellschafter (**General Partner** oder **GP**). Investoren nehmen die Stellung als Kommanditisten (**Limited Partners** oder **LP**) ein. Der GP eines Private-Equity-Fonds verantwortet das Management der Investmentgeschäfte und übernimmt die Verbindlichkeiten der Gesellschaft. Zu den Hauptaufgaben des GP gehören das Aufspüren von Investitionsobjekten, die Due Diligence, fortlaufendes Management dieser Investitionsobjekte und die Planung sowie Umsetzung einer Ausstiegs- bzw. Verkaufsstrategie (**Exit-Strategie**) für die getätigten Investitionsprojekte. Typische Exit-Kanäle sind beispielsweise ein IPO oder der Verkauf an andere Private Equity Fonds. Auch der Rückkauf durch das Management des Unternehmens kann erfolgen. Als LPs können Anleger eines Private-Equity-Fonds i. d. R. nicht an der operationellen Seite der Partnerschaft mitwirken. Sie tragen aber auch keine Verantwortung der Gesellschaft gegenüber den Investments. Die Verbindlichkeiten der LPs sind auf ihre Einlage limitiert.

650   Ein Private Equity Fonds hat i. d. R. eine endliche Lebensdauer von etwa 10 Jahren, an dessen Ende eine Exit-Strategie für die verbleibenden Investments geplant ist. In dieser Zeit werden meist über eine Investitionsperiode von 3 bis 5 Jahren die Unternehmen vom GP erworben und dementsprechend das Kapital von den LPs sukzessive abgerufen. Dies kann teilweise sehr kurzfristig erfolgen. Auch die Kapitalrückzahlungen (Distriubutions) erfolgen über mehrere Jahre in unterschiedlichen Anteilen. Erst beim Exit aller Unternehmen aus dem Fonds sehen die LPs ihre tatsächliche Rendite (siehe nächster Abschnitt zu „Multiple" und „IRR". Die Performance von Private Equity Investments variiert stark in Abhängigkeit des gewählten Investitionsfokus (siehe Grafik oben), der gewählten Anlageregion, des Zugangsweges (Direktinvestment, Fonds- oder Dachfondsinvestment) und insbesondere den verschiedenen An-

bietern bzw. GPs und der Auflagejahre. Ein vorzeitiger Ausstieg eines LPs aus einem Fonds ist nur über den Verkauf der Anteile am Sekundärmarkt möglich.

Das am häufigsten verwendete Maß für Performance von Private-Equity-Investments 651 ist der **Internal Rate of Return (IRR)** nach der internen Zinsfußmethode (vgl. hierzu Rdnrn. 620 und 780). Die Berechnung der IRR berücksichtigt den Zeitpunkt der Cashflows, Ausschüttungen an und aus der Gesellschaft sowie die Länge des Investitionszeitraums. Der IRR unterstellt für die Wiederanlage von Ausschüttungen, dass diese zu gleichen Renditen verzinst werden, wie die im Private-Equity-Fonds verbleibenden Investitionsobjekte. Dies ist nicht korrekt, weil die Wiederanlage der Ausschüttungen i. d. R. dem Anleger überlassen wird. Damit ergibt sich eine zusätzliche Herausforderung für den Anleger, die erhaltenen Ausschüttungen geeignet anzulegen. Ein anderes häufig verwendetes Performancemaß ist das **Multiple**. Die Berechnung erfolgt, indem die (buchhalterischen) Bewertungen der im Portfolio gehaltenen Private-Equity-Investments plus noch ausstehende Ausschüttungen aufaddiert werden und diese Summe (**Cash Out**) durch die Gesamtsumme aller Einzahlungen (**Cash In**) dividiert wird. Grundsätzlich sollte der Investor von Private-Equity-Investments erwarten, eine zusätzliche Risikoprämie gegenüber „Public Equity" (Aktien) wegen der geringeren Liquidität und der i. d. R. höheren Komplexität erwirtschaften zu können. Die realisierten Performancezahlen streuen gewöhnlich stark je nach Qualität der zugrundeliegenden Manager und der gewählten Investitionsform. In die Überlegungen eines Private-Equity-Investors müssen aber auch die ausgeprägte Illiquidität und Langfristigkeit solcher Investitionen mit einfließen.

Häufig ist der erst negativ und dann positiv steil ansteigende Wertverlauf von Private 652 Equity in Form eines „J", als „**J-Curve**" bezeichnet, anzutreffen. Demnach bleibt der Nettoinventarwert des Fonds in den ersten Jahren auf Grund von Gründungskosten, laufenden Verwaltungsgebühren und ersten Abschreibungen häufig unter der Summe der durch den Investor eingezahlten Beträge zurück, bevor dieser dann in den Folgejahren durch Zuschreibungen und Verkaufserlöse ansteigt. Private-Equity-Einzel- und -Dachfonds können den „J-Curve"-Effekt jedoch verringern, falls sie in verschiedene Geburtsjahrgänge (**Vintage**) von Private-Equity-Projekten bzw. -Fonds investieren und wenn sie sich einer Zwischenfinanzierung (**Warehousing**) oder des Sekundärmarktes (**Secondaries**) bedienen. Beim Warehousing wird die Private-Equity-Gesellschaft vorab in Projekte investieren, bevor der Anleger sein Kapital zur Verfügung stellt. Dies ist auch als **Fund Credit Line** bekannt und wird teilweise kritisch gesehen. Die Fund Credit Line ist ein temporärer Bank Loan bis Capital Calls erfolgt sind. Damit wird der IRR (Rdnr. 651) und damit indirekt auch die Gebühr für den GP erhöht, denn die Hurdle Rate) wird schneller erreicht und der GP erhält so mehr Carried Interest (Rdnr. 653). Secondaries ermöglichen den Investoren, in schon laufende Private-Equity-Fonds zu investieren, indem diese von bestehenden Investoren Fondsanteile abkaufen. Unter **Co-Investition** versteht man Eine Eigenkapital-Co-Investition (oder Co-Investition) durch eine Minderheitsbeteiligung, die zusammen mit einem

Finanzsponsor oder einem anderen Private-Equity-Investor direkt in ein operatives Unternehmen getätigt wird.

653 Üblicherweise belaufen sich die von den Single-Fondsmanagern erhobenen Gebühren auf 1–2 % p. a. zzgl. einer Gewinnbeteiligung, die häufig im Bereich von bis zu 20 % liegt, sofern eine vordefinierte Hürde oder **Hurdle Rate** (= Vorzugsverzinsung für den Investor) von üblicherweise 8–12 % überschritten wird. Die Gewinnbeteiligung wird zwischen GP und LPs aufgeteilt und heißt für den GP **Carried Interest**. Bei dieser Aufteilung gibt es mitunter auch eine sog. **Catch-up fee**. Die Catch-up fee ist die Gebühr die den Gewinnanteil über der Vorzugsverzinsung definiert, der vollständig an den GP geht, bevor die darüber hinaus erzielten Gewinne entsprechend geteilt werden. Sofern ein zusätzlicher Dachfondsmanager genutzt wird, summieren sich hierzu weitere 0,75–1,5 % p. a. fixe Gebühren zzgl. etwaiger Gewinnpartizipationen.

2. Private Debt

654 Unter dem privaten Kreditmarkt (Private Debt) versteht man die Bereitstellung von Kapital für die Finanzierung von privaten oder staatlichen Projekten oder Objekten durch Nichtbanken ohne Beteiligung des geregelten Kapitalmarktes. Beispiele für Nichtbanken sind **Private-Debt-Fonds**, in die institutionelle Anleger ihr Kapital investieren. Private Debt ist generell eine eher illiquide Anlageform. Kapitalsuchende, die nicht ausreichend von Banken finanziert werden, insbesondere mittelständische Unternehmen mit mittlerer Bonität, profitieren in besonderem Maße von Private Debt. Das Private-Debt-Spektrum ist sehr heterogen. Dazu zählen insbesondere Fremdkapitalinvestitionen in Unternehmen (Corporate Private Debt), aber auch die Kreditvergabe an Infrastrukturprojekte des Staates, Immobilien und andere Sachwerte (z. B. Flugzeuge). Das Rendite-Risiko-Profil von Private-Debt-Anlagen hängt nicht nur vom Finanzierungszweck, sondern vor allem von der gewählten Kredittranche ab. Dabei ist insbesondere zwischen erstrangigen und nachrangigen Darlehen zu unterscheiden.

655 Private Debt hat sich in den letzten 20 Jahren stark weiterentwickelt. Private Debt ist heute eine der am schnellsten wachsenden Anlageklassen für Investoren und spielt zunehmend eine **entscheidende Rolle bei der Bereitstellung von Kapital für Unternehmen des unteren und mittleren Marktsegments**. Die ersten Anlageformen im Private-Debt-Bereich kamen in den USA auf. Private Debt als Anlageklasse begann sich dort in den späten 1980er und frühen 1990er Jahren zu entwickeln. Hinzu kam, dass es in den 1990er und frühen 2000er Jahren eine massive Umgestaltung des Bankensektors in den Vereinigten Staaten gab. Die Konsolidierung, die von Namen wie der Bank of America, Wells Fargo, Citigroup und JP Morgan vorangetrieben wurde, führte zu nationalen Bankplattformen. Nach Angaben der Federal Deposit Insurance Corporation (FDIC) gab es 1990 in den Vereinigten Staaten 12.351 FDIC-versicherte Geschäftsbanken. Bis 2005 war diese Zahl auf 7.524 gesunken. Diese größeren nationalen Bankenplattformen führten zu einer Neuausrichtung der Kreditvergabepräferenzen bei Banken, weg von Krediten an kleine und mittlere Unternehmen und hin zu größeren Kreditnehmern wie Unternehmen. Größere Unternehmenskreditnehmer

boten den Banken die Möglichkeit, größere Finanzierungssummen bereitzustellen und gleichzeitig andere damit verbundene Dienstleistungen zu verkaufen.

Die ersten Private-Debt-Strategien waren vor allem im Bereich **Special Situations** 656 **oder Mezzanine Lending** zu finden. Aufgrund ihres privaten Charakters konnten diese Fonds die Fremdfinanzierung in atypischen Situationen verlängern. Beispielsweise hatten Strategien wie Special Situation die Flexibilität, hoch riskante Kredite mit unkonventionellen Strukturen umzusetzen. Mezzanine-Fonds fungierten als Hybrid zwischen traditionellen Bankschulden und Eigenkapitalfinanzierungen und ermöglichten es Unternehmen, die Hebelwirkung über das hinaus zu maximieren, was von traditionellen Kreditgebern von Geschäftsbanken möglich wäre, und Finanzierungen zu niedrigeren Kapitalkosten als Eigenkapital aufzunehmen.

Als sich traditionelle Geschäftsbanken in den USA konsolidierten und mit dem neuen 657 Paradigma zu kämpfen hatten, begann das Kapital aggressiver in private Kreditvergabestrategien zu fließen. Institutionelle Anleger wurden von der Strategie aufgrund ihres starken risikobereinigten Renditeprofils und der Aussicht auf weitere Diversifizierung ihres Portfolios angezogen.

Doch wie war die Entwicklung von Private Debt in Deutschland? Seit Ausbruch der 658 globalen Finanzkrise (GFC) 2008 hat sich Private Debt als Bestandteil der Asset-Allokation bei vielen institutionellen Anleger in Deutschland etabliert. Für den Großteil des 20. Jahrhunderts erfolgte die Kreditvergabe an kleine und mittelständische Unternehmen fast ausschließlich durch Banken. Dies änderte sich im 21. Jahrhundert, insbesondere im letztes Jahrzehnt. Nichtbankkredite als Anlageklasse werden immer beliebter. Die Anlageklasse hat sich seit 2008 verdreifacht, angetrieben von zwei Makrotrends: erstens dem Trend zum Rückzug der Banken in dem Segment aufgrund erhöhter Eigenkapitalanforderungen durch neue Regulierung nach der GFC und zweitens dem durch das Niedrigzinsniveau verursachtem Trend der Jagd nach höheren Renditen.

Zwar kann Private Debt **von jedem Unternehmen** verwendet werden, um Kapital zu 659 beschaffen. Ein erheblicher Anteil der Schuldner von Private Debt bezieht sich auf Private-Equity-Investoren. Folglich wenden sich Unternehmen und ihre Eigentümer – weitgehend Private-Equity-Firmen oder „Sponsoren" – an den Private-Debt-Markt als bevorzugte Finanzierungsquelle. Dabei sind maßgeschneiderte, nicht-standardisierte Vertragsgestaltungen üblich und erfordern entsprechende Kenntnisse, um etwaige Risiken einschätzen zu können. Das gilt insbesondere dann, wenn die Nachfrage nach Private Debt, wie in den letzten Jahren, gestiegen ist. Die Kreditbedingungen haben sich zum Teil für die Kreditgeber verschlechtert.

Der Großteil der Private-Debt-Renditen wird durch **Zinsen** und weniger durch Kapi- 660 talgewinne erwirtschaftet. Private Debt wird häufig als attraktive Quelle für höhere Renditen im Vergleich zu traditionellen festverzinslichen Anleihen gesehen. Investoren nutzen Private Debt damit als Renditesteigerer innerhalb eines breiteren Rentenportfolios und/oder zur Diversifikation innerhalb eines Wachstumsportfolios.

661 Bei Private Debt erhält der Kreditnehmer i. d. R. einen **variablen Zinssatz** für ein Darlehen und im Gegenzug erhält der Darlehensgeber die Zinszahlungen. Kredite werden größtenteils bis zur Fälligkeit gehalten bzw. refinanziert und werden nicht an einem liquiden Sekundärmarkt gehandelt.

662 Investoren in Private Debt erhalten einen Renditeaufschlag traditionellen festverzinslichen Wertpapieren, die in der Regel variabel verzinslich sind. Dieser überschüssige Kreditaufschlag wird oft als „Illiquiditätsprämie" und „Komplexitätsprämie" beschrieben.

663 Kreditgeberschutz ergibt sich aus der maßgeschneiderten Strukturierung, bilateralen Verhandlungen und entsprechender Vertragsgestaltung. Schutzmaßnahmen sind auch in Bezug auf den Vorrang von Rückzahlungen vorgesehen. Dies bietet einen verbesserten Schutz für Private-Debt-Investoren gegenüber Anlegern in Hochzinsanleihen mit ähnlicher Qualität. Zumindest waren die Ausfallraten im historischen Vergleich bei Private Debt niedriger als bei High-Yield-Anleihen mit ähnlicher Qualität.

664 In Bezug auf die Wertstellung ist Private Debt, ähnlich zu Immobilien, nicht vergleichbar mit börsentäglich gehandelten Wertpapieren. Daher können Bewertungsmethoden kurzfristige Marktvolatilität ausblenden und den Fokus auf fundamentale Grundlagen legen. Damit zeigt Private Debt eine scheinbar niedrigere Volatilität in den Bewertungen im Vergleich zu liquide gehandelten Anleihen.

665 Mercer[20] schätzt, dass sich in dem Universum Private Debt mehr als 600 Asset Manager und mehr als 1 600 Fonds/Vehikel tummeln. Dabei gibt es eine Vielzahl von Ausprägungen in dem Sektor – einschließlich Geographie, Branche, Währung, Jahrgang, Kreditqualität, Art der Besicherung, Struktur und Laufzeit. Eine mögliche Differenzierung des Private-Debt-Universums ist die Unterteilung in die folgenden fünf Hauptstrategietypen mit den entsprechenden Untergruppen.

666 **Direct lending:**

- Upper middle market
- Middle and lower middle market
- Venture lending/tech
- Senior and unitranche
- Sponsored and non-sponsored
- Multi-strategy direct lending and opportunistic

---

20 *Mercer*, White Paper: Private debt – Why more investors are turning to the asset class now, Februar 2022.

- Investment grade
- ESG/impact

Structured credit: 667

- CLO debt
- CLO multi
- CLO equity
- Third-party CLO equity
- ABS multi
- Consumer ABS
- Commercial ABS
- Portfolio NAV lending
- Multi-sector structured credit

Specialty finance 668

- Music/film/media and royalties
- Healthcare lending and royalties
- Insurance and litigation finance
- ESG/impact
- Aviation, maritime, rail, real assets and energy
- Lender/platform finance
- Regulatory capital relief
- Factoring and trade finance
- Multi-strategy specialty finance and asset-based

Asset-based lending 669

- Real estate
- Infrastructure

Credit opportunities 670

- Special situations
- Distressed debt
- Credit dislocation

671   *Abb. 37 Übersicht: Private Debt*

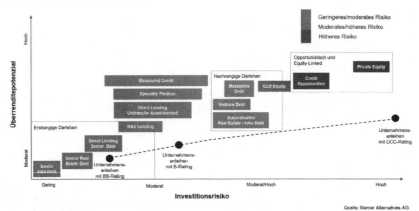

Quelle: Mercer Alternatives AG.

Sind die in Betracht kommenden Private-Debt-Anlagen für den Anleger identifiziert, kann der Aufbau eines Portfolios erfolgen. Dabei kann man drei Typen von Private-Debt-Portfolios unterscheiden.

a) Core

672   Portfolios, bei denen die Anleger höhere Erträge erzielen möchten als in vergleichbaren liquiden Anleihen. Diese Private-Debt-Portfolios sind in der Regel erstrangig besichert, ungehebelt und können diversifizierende Allokationen in Real Estate debt, Infrastructure Debt, Structured Credit und Specialty Finance umfassen.

b) Core plus

673   Solche Private-Debt-Portfolios suchen höhere Renditen, sind breiter diversifiziert und häufig gehebelt. Die direkte Kreditvergabe fungiert oft als Anker, mit der Hinzufügung von junior debt strategies, structured credit und specialty finance zur weiteren Diversifizierung des Portfolios und um die gemischte Gesamtrendite zu erhöhen.

c) Credit Opportunities

674   Hierzu zählen Portfolios mit Schwerpunkt auf attraktive Chancen im Private-Debt-Universum als Renditesteigerer in Wachstumsportfolios mit entsprechend höherer Volatilität.

675   Weitere Informationen für deutsche institutionelle Anleger zu der Anlageklasse Private Debt finden sich auf der Webseite des Bundesverband Alternative Investments e.V. (BVAI): https://www.bvai.de/alternative-investments/corporate-private-debt.

3. Hedgefonds

Die Tatsache, dass Hedgefonds (auch unter dem Begriff „Liquid Alternatives" be- 676
kannt) nicht nur in eine konkrete Position investieren, sondern auch unerwünschte
Risiken, die sich aus den eingegangenen Positionen ergeben, absichern (**Hedging**),
prägte die Bezeichnung „Hedgefonds". Nahezu alle Hedgefonds-Strategien setzen heute Derivate ein und führen vielfach Leerverkäufe durch. Die Aufnahme von zusätzli-
chem Fremdkapital, um einen größeren Betrag investieren zu können und so die Ex-
ponierung zu hebeln, soll die Eigenkapitalrendite steigern (**Leverage-Effekt**[21]).

Der erste **Hedgefonds** stammt aus dem Jahr 1949. Der Hedgefondsmanager *Alfred* 677
Winslow Jones gilt als Erfinder des Hedgefonds-Konzepts. Er fügte den traditionellen
Investments zwei neue Elemente hinzu: Fremdkapitalaufnahme und Leerverkäufe.
Die Fremdkapitalaufnahme ermöglichte es ihm, kleinere Preisunterschiede öko-
nomisch gleichwertiger Wertpapiere (**Arbitrage**) zu hebeln und durch Leerverkäufe
von fallenden Aktienkursen zu profitieren. *Alfred Winslow Jones* wurde am 9.9.1900 in
Australien geboren. Er siedelte mit seinen Eltern im Alter von vier Jahren in die USA,
studierte bis 1923 an der Harvard-Universität und arbeitete danach als Zahlmeister
auf einem Passagierschiff. In den frühen 1930er Jahren war er als Vizekonsul an der
US-Botschaft in Berlin tätig. 1941 promovierte Jones mit seiner soziologischen Dis-
sertation über Life, Liberty and Property an der Columbia University.

In den 1940er-Jahren arbeitete Jones für das Wirtschaftsmagazin FORTUNE. Bei sei- 678
nen Recherchen zu dem Artikel „Fashions in Forecasting" stellte er fest, dass keiner
der professionellen Aktienanalysten ihm wirklich verlässlich sagen konnte, ob die Bör-
senkurse in Zukunft steigen oder fallen würden und er hatte die Idee, dass er eine
Strategie finden müsse, mit der er Geld verdienen konnte – unabhängig davon, in
welche Richtung sich die Börsen entwickeln. Er schlug vor, Aktien von Unternehmen
zu kaufen, die unterbewertet sind und (geliehene) Aktien zu verkaufen (**Leerverkauf**), die überbewertet erscheinen. Durch diesen gleichzeitigen Kauf und Verkauf
von Aktien konnte er einen Teil des Marktrisikos ausschalten. Auch durch den Einsatz
von derivativen Finanzinstrumenten (Optionen, Futures) kann eine Leerverkaufs-
Strategie kosteneffizient umgesetzt werden.

1949 gründete Jones dann mit vier Freunden die *Private Partnership A.W. Jones & Co.* 679
An dieser Stelle sei vermerkt, dass Jones seinen Fonds „Hedged Fund" und nicht
„Hedge Fund" nannte, weil er überzeugt war, dass die Kombination von Leerverkäu-
fen und Fremdkapitalaufnahme zur Hebelung von Arbitragegewinnen gegen Markt-
risiken bzw. hohe Volatilität absichere. 1952 gründete er eine zweite Private Partner-
ship *A.W. Jones Associates*. Seine Strategien waren sehr erfolgreich. Nur auf Grund der
Unternehmensform und einer gewissen Verschwiegenheit fanden sich lange keine
Nachahmer. Das änderte sich 1964, als ihn einer seiner Partner verließ, der dann ei-

---

21 Vgl. *Ineichen*, On Myths, Bubbles and New Paradigms in the Hedge Fund Industry, in
Hedge Funds. Risks and Regulation, S. 16.

nen eigenen Hedgefonds gründete. Das eigentliche Wachstum in dieser Branche begann aber erst 1966, als der FORTUNE-Artikel „The Jones Knowbody Keeps Up With, Personal Investing" im April 1966 veröffentlicht wurde und seine Ideen viele Nachahmer fanden. Jones startete seinerzeit mit US$ 100 000 den ersten Hedgefonds. Das Unternehmen als Private Partnership wurde 1984 in einen der ersten Multi-Manager-Fonds umgewandelt. Die Firma sowie der von ihm gegründete Hedgefonds existieren heute noch (Stand Mai 2022: https://awjones.com/about-us/firm/).

680   In den vergangenen Jahrzehnten wurden die Finanzinstrumente weiter verfeinert und mit besserer Computerleistung wurden immer komplexere Modelle zur Reduzierung von Volatilität und Hebelung von Arbitragemöglichkeiten geschaffen. Heute wird die Bezeichnung Hedgefonds oder Liquid Alternatives als Oberbegriff für sehr unterschiedliche und heterogene Investmentansätze angewendet, die vielfach auf Basis quantitativ-ökonometrischer Modelle spezialisierte Strategien umsetzen. Im Gegensatz z. B. zu den regulierten **OGAW-Fonds** traditioneller Investments waren Hedgefonds ursprünglich in Off-Shore-Zentren domiziliert, um neben steuerlichen Vorteilen auch von einer geringeren Kapitalmarktregulierung zu profitieren und dadurch höchstmögliche Freiheitsgrade für den Einsatz komplexer Finanzinstrumente zu haben. Deshalb sind immer noch viele der Hedgefonds auf den *Cayman Islands*, den *Bermudas* oder den *Virgin Islands* ansässig. Bei Neuauflagen von Hedgefonds handelt es sich überwiegend um Fonds nach der **OGAW-Richtline**, welche eine höhere Akzeptanz bei vielen Anlegern gefunden haben. Beliebte On-Shore-Zentren für die Auflage von Hedgefonds befinden sich aktuell in Irland, Luxemburg und Malta.

681   Die Anzahl der weltweit tätigen Hedgefonds hatte sich in der Finanzkrise 2008 und der damit einhergehenden starken Risikoaversion der Investoren dramatisch reduziert. Schätzungen zufolge hatten von den ursprünglich über 10 000 tätigen Hedgefonds fast die Hälfte, insbesondere mittlere und kleinere Fonds, ihre Geschäftstätigkeit eingestellt. Das verwaltete Volumen bildete sich nach zuvor langen Jahren stetigen Wachstums vom Juni 2008 (US$ 1,93 Billionen) bis April 2009 auf US$ 1,33 Billionen zurück. Mittlerweile hat die Hedgefondsbranche beim verwalteten Volumen den bisherigen Höchststand vom Juni 2008 wieder überschritten (US$2 Billionen Ende April 2011)[22], lag Ende März 2017 bei über US$3,2 Billionen und Ende 2021 bei US$4,8 Billionen in über 10 000 Fonds[23]. Dabei wird das Hedgefondswachstum in Europa seither vorwiegend von Hedgefonds nach der OGAW-Richtlinie dominiert. Nicht alle Hedgefondsstrategien können unter den Bedingungen der OGAW-Richtlinie umgesetzt werden und deshalb werden die **OGAW-Hedgefonds** auch zum Teil als **Hedge Funds Light** bezeichnet.

---

22 The Financial Times, Sam *Jones* und Dan McCrum, 19.4.2011 (www.ft.com/cms/s/0/ 56c3e1da-6aaa-11e0-80a1-00144feab49a.html).
23 Quelle: https://www.barclayhedge.com/research/indices/ghs/mum/HF_Money_Under_ Management.html.

Der Erfolg eines Hedgefonds wird in hohem Maße von den Fähigkeiten des Managers **682** determiniert, spezifische Strategien gewinnbringend umzusetzen. Die Fonds sind meist mit performanceabhängigen Gebührenstrukturen ausgestaltet, wie man sie aus dem klassischen Publikumsfondsbereich nicht kannte. Üblicherweise erhält der Manager eine fixierte Gebühr von 1–2 % p. a. des Fondsvolumens und zusätzlich eine Gewinnbeteiligung von 5–20 % (oder mehr) unter Berücksichtigung einer vordefinierten Hürde (Hurdle Rate).

Für die vielfältigen, sehr unterschiedlichen Investmentstrategien besteht kein all- **683** gemein gültiges Klassifizierungsschema[24]. Die am häufigsten genannten Untergruppen jedoch sind **Equity Hedge (Long/Short Equity)**, **Relative Value**, **Event Driven** und **Global Macro**[25]. Weit verbreitet in der Gruppe *Equity Hedge* sind die sog. **Marktneutralen Strategien**, die grundsätzlich ein geringes Marktrisiko eingehen. Marktneutrale Strategien versuchen, die relativen Preisunterschiede zwischen verschiedenen, aber ökonomisch gleichwerten Finanzinstrumenten auszunutzen. Dabei werden nur sehr geringe oder gar keine Marktrisiken eingegangen (z. B. gemessen in Beta oder Duration von nahe Null). Marktneutrale Strategien betrachten dabei nicht die gegebenen Marktniveaus, lediglich die erwarteten relativen Preisdifferenzen werden ausgenutzt. Populär sind neben **Equity-Market-Neutral-** auch **Fixed-Income-** oder **Convertible-Arbitrage-Strategien** aus der Gruppe *Relative Value*. Nicht-direktionale Strategien weisen i. d. R. eine relativ geringe Volatilität und niedrige Renditeziele auf. Hingegen fokussieren sich die sog. **Event-Driven-** oder **ereignisorientierten Strategien** auf konkrete unternehmensspezifische Ereignisse, die zu einer Neubewertung des Unternehmens (und damit zu einer Neubewertung der darauf emittierten Finanzinstrumente wie Aktien, Anleihen oder Derivate) führen. Die Ereignisse sind häufig Übernahmen, Abspaltungen oder Restrukturierungen, Kapitalerhöhungen und Aktienrückkäufe (*Grünbichler/Graf/Wild*, Private Equity und Hedgefonds in der Strategischen Asset Allocation, in Handbuch Asset Allocation).

Die volumenmäßig größte Untergruppe im Liquid-Alternative-Universum ist *Global* **684** *Macro*. Dies verwundert nicht, fehlt doch auf Grund der weitgefassten Definition dieses Investmentstils eine konkrete Abgrenzung. **Global-Macro-Strategien** versuchen globale makroökonomische Marktentwicklungen besser und gezielter vorhersagen zu können als andere Marktteilnehmer. Auch hier steht die Prognosefähigkeit des Managers im Vordergrund des Handelns. Wenngleich das Renditepotenzial der Global-Macro-Strategien erheblich ist, beinhalten sie auf Grund der meist hohen Volumina und der Unsicherheit über die eigene Prognosefähigkeit auch überdurchschnittlich hohe Risiken und führen zu erhöhten Standardabweichungen bei den Renditen. Zu den Global-Macro-Strategien werden insbesondere **Währungsstrategien (Currency-Trading-Strategien)** gezählt, die entweder **diskretionär** auf fundamental ökonomischen

---

24 Der Versuch einer Klassifizierung findet sich in *Fung/Hsieh*, Hedge Fund Risk Management, Fuqua School of Business, Duke University.

25 Siehe z. B. HFR (www.hedgefundresearch.com).

Modellen (**Discretionary**) bzw. **systematisch** auf quantitativ technischen Modellen (**Systematic**) beruhen. **Diskretionäre Währungsstrategien** beruhen auf Analysen einer Gruppe bzw. eines einzelnen Portfoliomanagers oder Analysten. Dabei werden fundamentale Marktdaten und deren Einflüsse auf die Währungsmärkte untersucht und entsprechend investiert. Die Ansätze sind zumeist Top-Down (vgl. Rdnr. 542) und verwenden makroökonomische Kennziffern. Bei den **systematischen** (oder auch quantitativen) **Währungsstrategien** ist der Einfluss des Portfoliomanagers gering. Bei der Portfoliokonstruktion wird hauptsächlich auf die zugrundeliegenden quantitativen, meist statistischen Modelle und Algorithmen vertraut. Dabei stehen Trend- und Momentum-Strategien im Vordergrund. Bekannt ist insbesondere die Strategie des **Carry Trade**, bei der der Portfoliomanager einen Kredit in einer Währung mit einem relativ niedrigen Zinssatz aufnimmt und die Mittel in eine Währung mit einem höheren Zinssatz investiert. Die Strategie versucht, die Unterschiede zwischen den Zinssätzen, die bei ökonomisch ähnlichen Finanzprodukten tendenziell gering sind, meist in Verbindung mit Leverage, zu nutzen. Die Währungsstrategie Carry Trade birgt das Risiko von Wechselkursunsicherheit und kann bei starken Wechselkursschwankungen zu entsprechend hohen Verlusten bzw. Gewinnen führen.

685　Problematisch sind vereinzelt die beschränkte Liquidität von Hedgefondsinvestments und implizite Kontrahentenrisiken beim Einsatz von Derivaten. Hedgefondsanteile sind in aller Regel mit Rückgabefristen von 60 und 90 Tagen oder mehr nach Kündigung ausgestattet und sollten daher grundsätzlich unter langfristigen Gesichtspunkten aufgebaut werden. Diese Rückgabefristen können in Phasen ausgeprägter Illiquidität der zugrundeliegenden Assets oder anderen besonderen Ereignissen seitens des Hedgefondsmanagers weiter ausgeweitet werden (sog. **Gating**), so dass sich die Liquidierbarkeit der Fondsanteile weiter verschlechtert. Vielfach bedarf es bei ausländisch domizilierten oder steuerlich intransparenten Hedgefonds der Verpackung über unterschiedliche Vehikel, z. B. Schuldschein, Zertifikat o. Ä.

686　Versicherungsunternehmen und anderen regulierten Altersvorsorgeeinrichtungen ist es in Deutschland seit 2004 erlaubt, im Rahmen des Sicherungsvermögens Investitionen in Hedgefonds zu tätigen. Für Investments in diese sog. „Sondervermögen mit zusätzlichen Risiken" hat die BaFin detaillierte Anforderungen hinsichtlich Prüfung, rechtlicher Struktur, Domizilierung, Risikomanagement etc. in einem Rundschreiben (R7/2004) festgelegt, welches derzeit überarbeitet wird. Bei Drucklegung stellte die BaFin den Entwurf des neuen Rundschreibens mit Hinweisen zur Anlage des Sicherungsvermögens für alle zum Erstversicherungsgeschäft zugelassenen Unternehmen, auf welche die Vorschriften für kleine Versicherungsunternehmen (§§ 212 bis 217 VAG) Anwendung finden, sowie inländischen Pensionskassen und Pensionsfonds zur Konsultation.

4. Infrastruktur

687　**Infrastrukturinvestments** umfassen Investments in allen Einrichtungen einer Volkswirtschaft, die der Versorgung, der Entwicklung und der Wirtschaft eines Landes dienen, z. B. Energie- und Wasserversorgung, Gesundheitswesen, Verkehrswege, Kommunikationseinrichtungen etc., ähneln damit sehr stark speziellen Private-Markets-Investments und sind als Fremd- oder Eigenkapital möglich. In angelsächsischen Staaten ist der Prozess der Übertragung hoheitlicher Aufgaben der öffentlichen Hand an die Privatwirtschaft bereits weit fortgeschritten und etabliert. Auch in Kontinentaleuropa setzt sich diese Entwicklung angesichts der angespannten Lage der öffentlichen Haushalte zunehmend durch.[26]

Infrastrukturanlagen können nach Renditepotential in Core, Core+ und Value Add unterschieden werden sowie nach Projektthema in ökonomische und soziale Infrastruktur (s. Abb. 38). Dabei liegt der volumenmäßig deutlich größere Teil der Anlagemöglichkeiten für institutionelle Investoren im Bereich der ökonomischen Infrastruktur.   688

Abb. 38 Übersicht über Infrastrukturanlagen   689

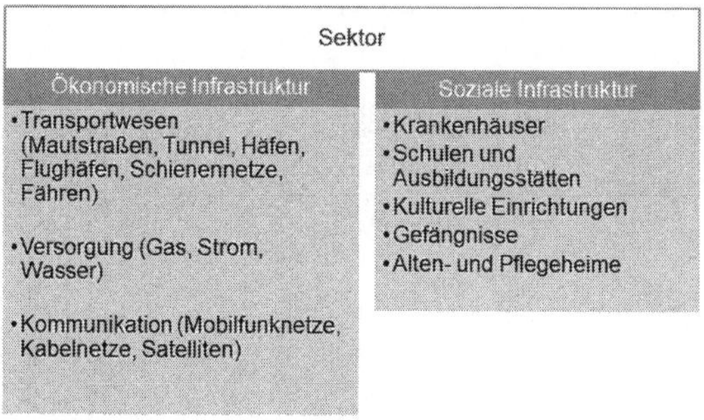

Sektor	
Ökonomische Infrastruktur	Soziale Infrastruktur
• Transportwesen (Mautstraßen, Tunnel, Häfen, Flughäfen, Schienennetze, Fähren) • Versorgung (Gas, Strom, Wasser) • Kommunikation (Mobilfunknetze, Kabelnetze, Satelliten)	• Krankenhäuser • Schulen und Ausbildungsstätten • Kulturelle Einrichtungen • Gefängnisse • Alten- und Pflegeheime

Investoren können in verschiedene Phasen einer Finanzierung einer Infrastrukturanlage investieren, die sich vor allem in ihrem Risikoprofil stark unterscheiden. Ein geringes Risiko birgt die Investition in **Brownfield** Infrastruktur. Dies sind etablierte Projekte, die einen Fokus auf laufende Kapitalerträge legen und stabile und vorhersehbare Zahlungsströme generieren. Im Gegensatz dazu steht die Investition in **Greenfield** Projekte, die Bau- und Finanzierungsrisiken aufweisen, kaum laufende Kapitalflüsse generieren, allerdings bei erfolgreicher Umsetzung für den Investor eine hohe Rendite aufweisen.   690

Insbesondere im Bereich der Investments in soziale Infrastrukturmaßnahmen wie Einrichtungen der öffentlichen Sicherheit und Ordnung oder Verwaltung und Bildung ist eine komplette Privatisierung zum Teil nicht möglich, da es sich um ausschließlich hoheitliche Aufgaben des Staates oder der Länder handelt. Hier setzen sich   691

---

26 *Raeke/Jansen*, Infrastrukturinvestments für institutionelle Investoren, S. 27 oder auf der Webseite des BVAI: https://www.bvai.de/fileadmin/Veroeffentlichungen/BAI_Publikationen/Informationsbroschuere_Infrastruktur_0122.pdf.

zunehmend sog. **Public-Private-Partnerships** (**PPP**) durch, Gemeinschaftsaktivitäten der öffentlichen Hand und der Privatwirtschaft, bei denen der Staat meist Eigentümer bleibt, während der Investor als Betreiber mit langfristigen Verträgen auftritt.

692 Die langen Planungs- und Genehmigungsverfahren der öffentlichen Hand kreieren hohe Markteintrittsbarrieren. Andererseits genießen Betreiber und Investoren nach Genehmigung und dem anschließenden Betrieb eine nahezu monopolförmige Position. Die Finanzierung von Infrastrukturinvestitionen ist kapitalintensiv und unterliegt vielfältigen Projektrisiken, für die Investoren eine angemessene Risikoprämie erwarten müssen. Kennzeichnend für PPP-Investments ist insbesondere, dass sie in aller Regel langfristige, stabile und planbare, rentenähnliche Cashflows erhalten. Die Erzielung eines späteren Veräußerungserlöses ist sicher nicht unwichtig, dominiert aber häufig nicht die Motivation, solche Investments zu tätigen. Darüber hinaus beinhalten PPP-Investments auf Grund entsprechender Vertragsgestaltung oft einen Inflationsschutz. Die mit Infrastrukturinvestments erzielbaren Renditen können das Niveau von Private-Equity-Investments erreichen, weisen aber auf Grund der Stabilität der Zahlungsströme deutlich geringere Standardabweichungen der Renditen auf.

693 Ähnlich wie in Private Equity können Investoren direkte Investitionen in Infrastrukturanlagen tätigen bzw. sich als Co-Investor an diesen anteilig beteiligen, oder klassisch über Funds sowie Fund of Funds investieren. Investments in Infrastruktur können erfolgen über:

- börsennotierte Infrastrukturfonds,
- nicht-börsennotierte Fonds,
- reine Private-Equity-Fonds mit Beimischungen in Infrastruktur und
- Aktien von Infrastruktur- oder Versorgerunternehmen[27].

Wichtig ist es Infrastruktur als eine eigene Asset-Klasse innerhalb eines Portfolios zu betrachten, da sich trotz gewisser Ähnlichkeiten zu Private Equity Investments große Unterschiede in der Portfoliokonstruktion, dem benötigten Know-how sowie beim Monitoring der Assets zeigen.

5. Rohstoffe

694 Investments in **Rohstoffe** sind in den vergangenen Jahren ebenfalls zunehmend in den Fokus institutioneller Anleger geraten. Das Spektrum an Rohstoffen, in die über unterschiedliche Wege investiert werden kann, ist breit gefächert und reicht von den nicht-regenerierbaren Rohstoffen wie Energie (Öl, Gas, Kohle etc.) und Metallen bis hin zu zahlreichen regenerierbaren Rohstoffen wie Weizen, Sojabohnen, Vieh, Baumwolle, etc. Diverse makroökonomische Einflussfaktoren wie Inflation, Wirtschaftswachstum, demografische Entwicklungen oder Währungsparitäten sowie zahlreiche

---

27 Vgl. *Raeke/Jansen*, Infrastrukturinvestments für institutionelle Investoren, S. 33.

angebots- und nachfragerelevante Aspekte (neue Produktionstechniken, geändertes Konsumverhalten, Wetter, industrielle Forschung und Förderung etc.) beeinflussen zu Teilen nachhaltig die Rohstoffpreise.[28]

Grundsätzlich lassen sich folgende Möglichkeiten bzw. Zugangswege für Investitionen unterscheiden: **695**

- **Direkte**, d. h. physische **Investments in Rohstoffe**: Die reale Wertentwicklung von Rohstoffen war in den vergangenen Jahren und Jahrzehnten wenig beeindruckend. So kam es in den vergangenen 150 Jahren vor allem auf Grund des technischen Fortschritts inflationsbereinigt teilweise zu einem deutlichen Rückgang der Preise für Rohstoffe. Darüber hinaus stellt sich bei dieser Form der Investition das Problem der Lagerung. Physische Investments in Rohstoffe sind den VAG-regulierten EbAV untersagt.

- **Erwerb von Rohstoffaktien**, deren Umsätze von der Rohstoffexploration abhängen: Die Wertentwicklung wird häufig von dem allgemeinen Trend am Aktienmarkt sowie individuellen Managemententscheidungen determiniert. Positive Diversifikationseffekte der Assetklasse können dadurch häufig nicht realisiert werden.

- **Erwerb von indirektem Rohstoff-Exposure** durch Investitionen in Rohstoffinfrastrukturen (beispielsweise Gas Pipelines, Alu-Raffinerie). Diese Investments weisen die Charakteristik von klassischen Infrastrukturinvestments auf.

- **Kauf von Rohstofffutures/Rohstoffindizes**: Durch ein Investment in einen Rohstoffindex/-future kann ein diversifiziertes Exposure in Rohstoffen aufgebaut werden. Für die Gewichtung einzelner Sektoren können Sektorindizes verwendet werden. Zusätzlich kann im Regelfall über eine Anlage in Commodity-Futures auch eine Versicherungsprämie, d. h. Gewinn eingenommen und dadurch eine höhere Rendite realisiert werden[29].

- **Investments in Rohstoff-Hedgefonds**: Über- und Unterbewertungen an den Rohstoffmärkten können durch Long- und Shortpositionen ausgenutzt werden und kreieren damit ein höheres Renditepotenzial bei vergleichsweise moderaterer Risikoexponierung als bei Rohstoff-Singlefonds.

Rohstoffderivate wiesen in den Jahren vor der Finanzkrise 2008 aktienähnliche Renditen-/Risikocharakteristika auf und konnten dabei die Rohstoffspotpreise deutlich out-   **696**

---

28 Vgl. *Fay/Yepes*, Worldbank Policy Research Working Paper No. 3102: Investing in Infrastructure, S. 13.
29 Die befristeten Future-Kontrakte müssen regelmäßig erneuert werden. Bei diesem so genannten Rollvorgang kann es zu Gewinnen oder Verlusten für den Anleger kommen. Notieren Kontrakte mit weiter entfernten Lieferterminen über den aktuellen, so spricht man von Contango (es kommt zu Rollverlusten) andernfalls von Backwardation (es kommt zu Rollgewinnen).

performen. Seit ihrem Peak Anfang Juli 2008 haben sich die Rohstoffindexstände bis zum Juni 2014 fast halbiert und sind dann von Juni 2014 bis Juni 2017 um weitere 40 % gefallen. Damit gehören Rohstoffindizes zu einer Anlageklasse die sich auch nach fast 10 Jahren nicht vom Renditeabsturz der Finanzkrise 2008 erholt hat. Allerdings sind Rohstoffe in der Zeit von Mitte 2021 bis Mai 2022 etwa um 40 % gestiegen. Grundsätzlich bieten Rohstofffutures ein breites Spektrum an Investitionsmöglichkeiten, die sich mitunter sehr unterschiedlich entwickeln. Dabei können aktive, regelgebundene und passive Strategien unterschieden werden. Die größten Unterscheidungsmerkmale der Strategien liegen hier in der Indexauswahl sowie in der Rolle der Fristenstrukturkurve. Den Investoren stehen diverse Rohstoffindizes bzw. -futures auf Indizes zur Verfügung. Populär sind insbesondere *The Thomson Reuters/Jefferies CRB Index* (**TRJCRB**), Goldman Sachs *Standard & Poor's Commodity Index* (**S&P GSCI**) und der *Bloomberg Commodity Index* (**BCOM**) vormals „Dow Jones-UBS Commodity Index" die sich substanziell in ihrer Zusammensetzung unterscheiden (vgl. hierzu die Tab. und Abb. in Rdnrn. 697, 698). Während z. B. der S&P GSCI stark energielastig ausgerichtet ist, sind der BCOM und der TRJCRB wesentlich breiter diversifiziert. Der TRJCRB gewichtet im Wesentlichen 19 verschiedene Rohstoffe gleichmäßig mit Maximum-Limits für Rohstoffuntergruppen und rebalanciert monatlich, wogegen der BCOM die Gewichtung der Rohstoffe von historischer Produktion sowie Liquidität abhängig macht und jährlich rebalanciert. Der S&P GSCI rebalanciert jährlich und bestimmt die Gewichtung des Index anhand der Produktion bzw. Förderung der Rohstoffe.

697 **Tab. 9** Charakterisierung und Vergleich der Rohstoffindizes BCOM S&P GSCI und TRJCRB, Zielgewichtung Stand 2022

Sektor	Rohstoffe/Börse		BCOM Gewichtung 2022 (%)	S&P GSCI Gewichtung 2022 (%)	CRB Gewichtung 2022 (%)
Energie			29.8	53.5	39
	Rohöl	NYMEX – WTI	8.0	20.3	23
		ICE – Brent	7.0	3.5	-
	Erdgas		8.0	3.3	6
	Heizöl	NYMEX – No. 2	2.1	17.2	5
		ICE – Gas Oil	2.7	4.3	-
	Bezin		2.2	4.8	5

Sektor	Rohstoffe/Börse		BCOM Gewichtung 2022 (%)	S&P GSCI Gewichtung 2022 (%)	CRB Gewichtung 2022 (%)
Industriemetalle			15.5	12.7	13
	Kupfer	LME	–	5.8	-
		NYMEX	5.4	-	6
	Aluminium		4.3	4.2	6
	Nickel		2.7	0.7	1
	Zink		3.1	1.1	-
	Blei		–	1.0	-
Getreide			22.6	16.2	13
	Weizen	CBOT	2.9	3.6	1
		Kansas City	1.7	1.4	-
		Minneapolis	–	-	-
	Mais		5.6	6.5	6
	Sojabohnen		5.8	4.6	6
	Sojaschrot		3.5	-	-
	Sojaöl		3.2	-	-
Vieh			5.3	7.4	7
	Lebendvieh		3.6	2.4	6
	Schwein		1.8	1.2	1
	Rind		–	3.8	-
Edelmetalle			19.8	6.0	7
	Gold		15.0	5.3	6
	Silber		4.8	0.6	1
	Platin		–	-	-
	Palladium		–	-	-
Softs			7.0	4.3	21
	Zucker	ICE – no.11	2.8	1.8	5
		ICE Europe –	–	-	-

Sektor	Rohstoffe/Börse		BCOM Gewichtung 2022 (%)	S&P GSCI Gewichtung 2022 (%)	CRB Gewichtung 2022 (%)
		White			
	Baumwolle		1.5	1.3	5
	Kaffee	ICE	2.7	0.8	5
		ICE Europe	–	-	-
	Kakao		–	0.4	5
	Orangensaft	NYBOT	–	-	1

698

	BCOM Gewichtung 2022 (%)	S&P GSCI Gewichtung 2022 (%)	CRB Gewichtung 2022 (%)
Energie	30 %	54 %	39 %
Industriemetalle	16 %	13 %	13 %
Getreide	23 %	16 %	13 %
Vieh	5 %	7 %	7 %
Edelmetalle	20 %	6 %	7 %
Softs	7 %	4 %	21 %

BCOM   Gewichtung 2022 (%)

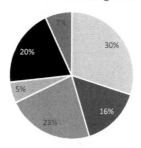

S&P GSCI   Gewichtung 2022 (%)

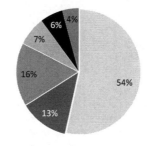

CRB   Gewichtung 2022 (%)

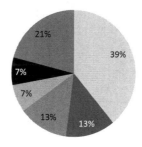

Energie   Industriemetalle   Getreide   Vieh   Edelmetalle   Softs

6. Leverage und Portable Alpha

699 Durch **Fremdkapitalaufnahme** und **Leerverkäufe** ermöglichen Alternative Investments zusätzliche Flexibilität. Sie trennen die marktspezifische (**Beta**) und die marktunabhängige (**Alpha**) Rendite einer Anlageklasse. Die marktunabhängigen Renditen werden i. d. R. durch Fremdkapitalaufnahme gehebelt. In diesem Zusammenhang bezeichnet man:

- **Leerverkauf** bzw. **Short** als den Verkauf von geliehenen Wertpapieren, die sich nicht im Eigentum des Verkäufers befinden, zu dem Zweck, sie später billiger erwerben zu können bevor sie zurückgegeben werden, um an der Differenz zwischen Verkaufs- und Kaufpreis zu verdienen. Der übliche Kauf von Wertpapieren wird dagegen als **Long** bezeichnet. Dies kann auch durch den Einsatz von derivativen Finanzinstrumenten (Optionen, Futures) umgesetzt werden.

- **Beta** als den Teil der Rendite eines Wertpapiers bzw. Portfolios, welcher sich durch die zugrundeliegende Benchmarkrendite erklären lässt. Ein hohes Beta ist ein Maß für die Direktionalität einer Strategie. Nicht-direktionale Strategien erzielen Renditen, die ein sehr niedriges Beta haben – nahe Null – und somit gering korreliert zu den Benchmarkrenditen sind.

- **Alpha** als den Teil der Rendite, der unabhängig von der Beta-Rendite ist. Viele Investoren suchen in nicht-direktionalen Strategien ein niedriges Beta und eine niedrige Korrelation zu bestehenden Investments. Bei Hinzunahme dieser unkorrelierten Renditen zu bestehenden Portfolios kann sich die Rendite und Volatilität des Gesamtportfolios verbessern.

- **Leverage** als den Kauf von Wertpapieren mithilfe von Kreditaufnahme, um so die Rendite zu hebeln, d. h. „vervielfältigen". Das Leverage kann prinzipiell in allen Kategorien Alternativer Investments eingesetzt werden.

- **Portable Alpha** als eine Rendite, die ohne das Eingehen von systematischen Marktrisiken erwirtschaftet wird und möglichst gering mit der allgemeinen Marktentwicklung, d. h. dem Beta korreliert ist. „Portable" bedeutet in diesem Zusammenhang, dass diese von der allgemeinen Marktentwicklung unabhängige Rendite zu einer Renditekomponente einer anderen Assetklasse transferiert wird. Dies geschieht i. d. R. durch Investieren in eine Gesamtstrategie (z. B. Europäische Aktien) und Hedgen der Beta-Komponente der entsprechenden Gesamtstrategie (z. B. short MSCI-Europe-Aktienindex). Portable Alpha kann dann in einer beliebigen Strategie bewusst zur Renditesteigerung eingesetzt werden. Dies unterstellt, dass die zugrunde liegenden Investmententscheidungen ein positives Alpha generieren, was nicht immer der Fall sein wird.

II. Einordnung und Abgrenzung gegenüber traditionellen Assetklassen

700 Alternative Investments grenzen sich von traditionellen Investments durch eigenständige Charakteristika ab und lassen sich im Anlageuniversum als Komplementärmenge zu

traditionellen Anlagen umschreiben. Alternative Investments unterscheiden sich von traditionellen Investments insbesondere bezüglich der Risiko-, Rendite- und Liquiditätseigenschaften. Sie bieten ein zusätzliches Diversifikationspotential, z. B. bei Rohstoffen. Die Renditen können überdurchschnittlich sein, z. B. bei Private Equity. Alternative-Investment-Strategien nutzen häufig Leerverkäufe zur Reduzierung der Volatilität, z. B. Hedgefonds. Sie besitzen oftmals geringe Liquidität und haben häufig renditeabhängige Gebühren, die deutlich über denen von traditionellen Anlagen liegen.

Bei Alternativen Investments handelt es sich grundsätzlich um eine Vermögensanlage, die mit hohen Risiken verbunden ist. Kontrahentenrisiken, mangelnde Liquidität, zum Teil hohe Schwankungsintensität der Renditen, möglicher Totalverlust, das Selektionsrisiko geeignete Anbieter oder Fonds zu finden und diese fortlaufend überwachen zu können; sowie die unerwünschten Auswirkungen der Überlappung einiger Kategorien innerhalb Alternativer oder mit traditionellen Investments erkennen und ausschalten zu können, sind nur einige Beispiele die traditionelle und Alternative Investments unterscheiden. Alternative Investments erfordern deshalb entsprechendes Spezialwissen und den erhöhten Einsatz von Betriebsmitteln für Management und Controlling dieser Anlageformen.   **701**

III. Bedeutung und Wirkung Alternativer Investments im Gesamtportfolio

Alternative Investments werden in der traditionellen Portfoliokonstruktion hauptsächlich zur Reduzierung des Gesamtrisikos oder zur Reduzierung der Volatilität eingesetzt, z. B. Liquid Alternatives und Rohstoffe bzw. zur Erhöhung der Rendite bei privatem Beteiligungskapital. Allerdings birgt der Einsatz von Alternativen Investments die Gefahr, dass ihr Einfluss auf die Rendite des Gesamtportfolios auf Grund der spezifischen Eigenschaften der einzelnen Strategien nicht durchgehend positiv ist. Die Finanzkrise 2008 zeigte deutlich, dass nur wenige Alternative-Investment-Strategien ihrer gewünschten Wirkung zur Stabilisierung der Renditen des Gesamtportfolios gerecht wurden. Um dies zu verhindern, muss der Implementierungsprozess, der mit der Einführung von Alternativen Anlagen einhergeht, mit besonderer Sorgfalt durchgeführt werden.   **702**

IV. Umsetzung und Einbindung Alternativer Investments im Gesamtportfolio

Der Implementierungsprozess für Alternative Investments kann in viele Schritte unterteilt werden, welche hier nicht alle behandelt werden können. Vielmehr werden vier wichtige Etappen im Implementierungsprozess hervorgehoben, die zu beachten sind, wenn die eingesetzten Alternativen Strategien das geplante Ziel der Risikoreduzierung im Gesamtportfolio tatsächlich erreichen sollen: **703**

- Identifizierung von Rendite-, Risiko- und Korrelationspotenzial

- Optimierung der Gewichtung verschiedener Alternativer Investments

- Manager-, Fonds- und Vehikelauswahl

- Controlling der Alternativen Anlagen

1. Identifizierung von Rendite-, Risiko- und Korrelationspotential

704 Die erwarteten Rendite-, Volatilitäts- und Korrelationsmerkmale der eingesetzten Strategien müssen jeweils sorgfältig identifiziert werden, damit ihre erwartete Wirkung auf das traditionelle Portfolio abgeschätzt werden kann. Hierbei können historische Daten nur zum Teil zu Hilfe genommen werden und bedürfen der Berücksichtigung der eingeschränkten Verwertbarkeit. Viele Datenbanken werden nämlich über freiwillige Angaben gefüllt. Schlechte Produkte bzw. Daten werden häufig nicht mehr eingestellt und die vom Markt verschwundenen Anbieter fehlen gänzlich (**Affirmative** und **Survivorship Bias**, siehe Rdnr. 529).

705 *Tab. 10 Historische Rendite-, Volatilititäts- und Korrelationszahlen*

Historische Rendite-, Volatilitäts- und Korrealtionszahlen

Korrelatoin über 3 Jahre	PE	GE	Ro	GI	ER	HF	PD	Rendite	Volatilität
PE	1,00	0,92	0,10	0,86	0,42	-0,01	-0,13	23,1%	24,4%
GE	0,92	1,00	0,02	0,77	0,27	-0,17	-0,27	15,9%	15,5%
Ro	0,10	0,02	1,00	0,20	-0,22	0,47	0,48	15,5%	16,0%
GI	0,86	0,77	0,20	1,00	0,38	0,09	-0,02	1,5%	18,6%
ER	0,42	0,27	-0,22	0,38	1,00	0,14	-0,04	-0,4%	4,3%
HF	-0,01	-0,17	0,47	0,09	0,14	1,00	0,85	1,5%	5,6%
PD	-0,13	-0,27	0,48	-0,02	-0,04	0,85	1,00	3,3%	10,1%

Korrelation über 5 Jahre	PE	GE	Ro	GI	ER	HF	PD	Rendite	Volatilität
PE	1,00	0,92	0,05	0,81	0,31	0,02	-0,13	15,4%	21,1%
GE	0,92	1,00	0,01	0,73	0,19	-0,10	-0,23	15,5%	13,9%
Ro	0,05	0,01	1,00	0,06	-0,22	0,43	0,44	16,0%	14,7%
GI	0,81	0,73	0,06	1,00	0,37	-0,02	-0,04	2,6%	16,1%
ER	0,31	0,19	-0,22	0,37	1,00	0,05	-0,04	4,3%	3,6%
HF	0,02	-0,10	0,43	-0,02	0,05	1,00	0,74	-0,4%	5,1%
PD	-0,13	-0,23	0,44	-0,04	-0,04	0,74	1,00	3,1%	7,9%

Korrelation über 10 Jahre	PE	GE	Ro	GI	ER	HF	PD	Rendite	Volatilität
PE	1,00	0,90	0,11	0,75	0,26	0,05	-0,11	16,4%	17,3%
GE	0,90	1,00	0,10	0,70	0,23	-0,05	-0,18	13,5%	12,2%
Ro	0,11	0,10	1,00	0,04	-0,10	0,38	0,32	0,2%	13,8%
GI	0,75	0,70	0,04	1,00	0,45	-0,09	-0,04	5,9%	14,9%
ER	0,26	0,23	-0,10	0,45	1,00	-0,02	-0,04	2,6%	3,5%
HF	0,05	-0,05	0,38	-0,09	-0,02	1,00	0,64	0,1%	4,5%
PD	-0,11	-0,18	0,32	-0,04	-0,04	0,64	1,00	4,5%	5,8%

PE	Private Equity: LPX50 Listed Private Equity Index TR
GE	Globale Equity: MSCI World Index (EUR)
Ro	Rohstoffe: Bloomberg Commodity Index (EUR)
GI	Globale Immobilien: FTSE EPRA Nareit Developed Europe
ER	Euro-Renten: Bloomberg Euro-Aggregate Index
HF	Hedgefonds: HFRX Global Hedge Fund EUR Index
PD	Private Debt: S&P EUROPEAN LEVERAGED LOAN INDEX

Daten zum 31.3.2022 in Euro

Korrelation x

x > 0,7

0,4 < x < 0,7

x < 0,4

Die Tab. 10 zeigt Rendite-, Volatilitäts- und Korrelationszahlen von traditionellen und **706** alternativen Investments über 3, 5 und 10 Jahre zum 31.3.2022. Mit der Ausnahme von Rohstoffen und Hedgefonds haben alle anderen Anlageklassen in den letzten 10 Jahren gute Renditen erzielt Über 3, 5 und 10 Jahre konnten Globale Aktien und Private Equity zweistellige Renditen p.a. erreichen, Rohstoffe über 3 und 5 Jahre, insbesondere durch die starke Entwicklung seit Mai 2020. Die Volatilitätszahlen sind für alle Anlageklassen über die betrachteten Zeiträume relativ stabil und für die Anlageklassen Private Equity, Globale Aktien, Globale Immobilien sowie Rohstoffe im zweistelligen Bereich. Allgemein betrachtet haben Hedgefonds, Private Equity, Private Debt und Rohstoffe über alle betrachteten Zeiträume eine niedrige Korrelation zu den traditionellen Anlageklassen. Die Ausnahmen sind die Korrelationen von Private Equity, Globalen Aktien und Globalen Immobilien miteinander. Dies ist dem Umstand geschuldet, dass die Daten für Private Equity und Globale Immobilien auf an der Börse notierten Private-Equity- bzw. Immobilien-Fonds basieren und somit auch von der allgemeinen Entwicklung der Börsen abhängen. Es ist davon auszugehen, dass die tatsächlichen Korrelationen von illiquiden Private Equity und Immobilien mit Globalen Aktien viel niedriger sind. Dafür gibt es aber keine repräsentativen Daten.

Betrachtet man Daten von geschlossenen, nicht notierten Private-Equity-Fonds, stehen **707** häufig nur jährliche buchhalterische Zahlen zur Verfügung. Diese haben eine sehr breite Streuung der Renditen, wie die Tabelle in Rdnr. 708 verdeutlicht. Insbesondere wegen der eingeschränkten Liquidität, haben im Unterschied zu anderen Anlageklassen die verfügbaren Daten von Private-Equity- und Immobilieninvestments nur wenig Aussagekraft für Korrelationsanalysen.

708   *Tab. 11 Kummulative Vintage Year Private Equity Performance*

Kummulative Vintage Year Private Equity Performance

Vintage Year	All Private Equity					Venture Capital					Buyout Funds				
	Max	Upper	Median	Lower	Min	Max	Upper	Median	Lower	Min	Max	Upper	Median	Lower	Min
1998	139,70	6,50	0,00	-3,90	-23,30	139,70	1,20	-0,80	-6,30	-23,30	31,30	9,80	4,70	-0,90	-11,70
1999	357,20	4,40	-0,80	-6,90	-24,90	357,20	0,00	-2,50	-10,20	-24,90	40,90	11,90	5,20	-0,80	-16,60
2000	124,50	2,40	-2,60	-8,20	-100,00	124,50	-0,10	-5,20	-9,00	-100,00	34,80	18,90	7,90	0,00	-9,40
2001	64,70	4,00	-0,60	-6,70	-92,50	22,50	0,00	-2,80	-7,40	-92,50	64,70	29,50	12,50	0,00	-5,80
2002	111,70	15,40	0,00	-5,30	-33,00	63,80	2,90	-1,70	-10,20	-29,60	111,70	28,10	8,50	-0,90	-6,50
2003	55,10	9,30	-1,80	-7,60	-39,80	25,70	2,30	-4,50	-11,90	-39,80	55,10	24,50	8,00	-2,40	-10,00
2004	62,10	2,80	-1,10	-8,80	-49,40	49,30	1,20	-1,00	-10,00	-49,40	62,10	22,50	-0,80	-6,90	-24,10
2005	98,20	10,40	0,00	-11,20	-64,00	33,90	1,50	0,00	-22,90	-64,00	98,20	10,70	1,80	-6,90	-46,10
2006	55,30	-2,80	-14,20	-28,30	-69,90	55,30	-0,10	-9,80	-29,40	-69,90	18,30	-4,10	-12,80	-18,80	-36,50
2007	168,30	2,10	-7,20	-35,90	-99,80	0,00	-20,80	-33,90	-41,10	-99,80	168,30	95,40	7,60	-46,60	-85,90
Average Return	123,68	5,45	-2,83	-12,28	-59,66	87,19	-1,19	-6,22	-15,84	-59,32	68,54	24,72	4,26	-8,42	-25,26
Standard Deviation	90,81	5,15	4,54	10,78	30,15	104,60	6,97	10,13	11,52	30,50	45,64	26,84	7,06	14,60	25,20

Quelle: Thomson Reuters, European Primary Market in Euro

Die Tab. 11 zeigt, dass die Bereiche Venture und Buyout sehr unterschiedliche Ergeb- 709
nisse erzielt haben. Zusätzlich sind die Ergebnisse innerhalb ihrer Gruppe sehr breit
gestreut. So liegen z. B. die Ergebnisse im Bereich Venture Capital zwischen Totalver-
lust und einer Jahresrendite von 357 %. Ähnliche Ergebnisse finden sich z. B. in dem
Arbeitspapier Giants at the Gate: On the Cross-Section of Private Equity Investment
Returns, January 2011[30]. Dort untersuchten Florencio Lopez-de-Silanes, Ludovic
Phalippou und Oliver Gottschalg vom EDHEC-Institute die Determinanten der Pri-
vate-Equity-Renditen. Als Grundlage diente eine Datenbank von über 7 500 Private-
Equity-Investitionen, welche über einen Zeitraum von vierzig Jahren getätigt wurden.
Dort wird die Breite der Performanceergebnisse bei Private Equity bestätigt. Die Au-
toren stellten auch fest, dass eine von zehn Private-Equity-Investitionen in Konkurs
ging. Sie sehen die Größe der Private-Equity-Gesellschaften als wesentlichen Einflussfaktor für Performance.

Aktuellere Daten (s. die beiden Grafiken unten) bestätigen die Bandbreite der Perfor- 710
mance von Private-Equity-Strategien, die seit 2016 deutlich zugenommen hat sowie
die Performance-Unterschiede zwischen verschiedenen Private-Equity-Strategien wie
Buyout, Venture und Fund of Funds.

---

30 S. http://docs.edhec-risk.com/mrk/110513_Documents/EDHEC_Working_Paper_
Giants_at_the_Gate.pdf.

711   *Abb. 39 Private Equity Performance IRR nach Jahrgang, Strategie, Laufzeit und Dispersion*

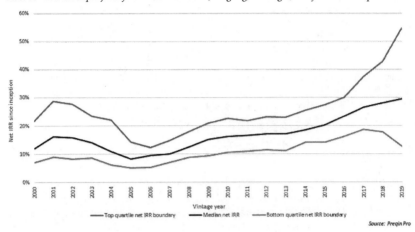

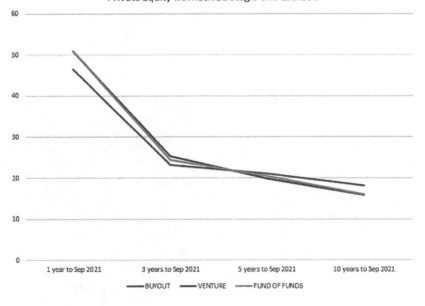

Die heterogene Performanceverteilung findet sich auch in der Arbeit „Private Equity   712
Performance: Returns, Persistence, and Capital Flows" in The Journal of Finance Vol
LX, No. 4, August 2005 von *Steven N. Kaplan* und *Antoinette Schoar*[31]. Sie finden darüber hinaus wesentliche Unterschiede auch beim Vergleich von Private Equity und
Public Equity, z. B. bei der Informationsverteilung von Anleger und GP, der Größe
und Liquidität einzelner Investments sowie der Eintrittsbarrieren für Investoren.
Trotzdem fanden sie einen gewissen Grad der Abhängigkeit zwischen Private Equity
und Public Equity. Sie kommen zu dem Schluss, dass der häufig unterstellte Diversifi-
kationsvorteil über die letzten Jahre nachgelassen hat. Außerdem würden wegen fehlender Liquidität sowie auf Grund von buchhalterischen Performancedaten Korrelationen häufig falsch interpretiert. Sie fanden auch heraus, dass gute Private-Equity-
Gesellschaften i. d. R. dauerhaft gute Ergebnisse erzielen (**Performance Persistance**),
gute Performance sehr stark von einzelnen Personen abhängt und dass die Größe sowie das Wachstum der Private-Equity-Gesellschaft großen Einfluss auf die Performance haben. Sie empfehlen wegen der Inhomogenität der Anlagekategorie Private
Equity, diese nicht als strategische Anlageklasse zu definieren, nur in Private Equity
zu investieren, sofern der Anleger auch Zugang zu den herausragenden Gesellschaften
hat und dann Investitionen mit/in Private-Equity-Gesellschaften im Wesentlichen opportunistisch zu tätigen. Die Verwertbarkeit von historischen Performance-Daten bei
Private Equity ist somit wenig geeignet für die klassischen Mean-Varianz-Verfahren
zur Optimierung der Asset Allocation. Dies gilt analog auch für die Daten von
Hedgefonds.

Ein allgemeines Unterscheidungsmerkmal Alternativer Investments im Hinblick auf   713
die Portfoliodiversifizierung ist die Korrelation mit traditionellen Anlageklassen (**direktionale Strategien**, d. h. Strategien mit hohem Beta) und jene, die nicht oder
kaum mit ihnen korrelieren (**nicht-direktionale Strategien**, d. h. Strategien mit niedrigem Beta).

Direktionale Hedgefondsstrategien weisen i. d. R. eine relativ hohe Volatilität sowie   714
hohe Renditeziele und Gebühren auf. Beispiele für direktionale Hedgefondsstrategien
sind **Global Macro** und **Long/Short Equity**. Das Beta direktionaler Dachfonds gegenüber ihrer Benchmark liegt i. d. R. zwischen mehr als + 0,2 oder weniger als – 0,2. Direktionale Dach-Hedgefonds setzen sich oftmals aus Long/Short-Equity-Hedgefonds
mit einem Long-Schwerpunkt zusammen. Mit der Implementierung von Long/Short-
Equity-Strategien in einem Portfolio aus Long-Only-Aktienmanagern lässt sich die
Gesamtvolatilität reduzieren. Die Nachteile von Long/Short-Equity-Strategien sind
Liquiditäts-, Transparenz-, Bewertungs- und Ausfallrisiken sowie eine mangelnde Regulierung bei Off-Shore-Anlagen.

Nicht-direktionale Strategien weisen i. d. R. eine relativ geringe Volatilität und niedri-   715
ge Renditeziele auf. Beispiele für nicht-direktionale Strategien sind **Equity Market**

---

31 S. http://www.mit.edu/~aschoar/KaplanSchoar2005.pdf.

Neutral und Convertible Bond **Arbitrage.** Das Beta nicht-direktionaler Dachfonds gegenüber ihrer Benchmark liegt i. d. R. zwischen – 0,2 und + 0,2. Nicht-direktionale Dach-Hedgefonds setzen sich normalerweise aus Hedgefonds zusammen, die vielfältige Strategien einsetzen, darunter **Event Driven, Relative Value, Multi-Strategy, Fixed Income,** aber auch **Long/Short Equity** (insbesondere **Market Neutral**). Zu den Vorteilen nicht-direktionaler Fonds gehören die generell niedrige Volatilität ihrer Renditen und die Vielfalt ihrer Hedgefonds-Strategien. Die Nachteile nicht-direktionaler Fonds umfassen ihre im Vergleich zu traditionellen Investmentmanagern niedrigeren Renditen und teilweise hohen Gebühren sowie ihre eingeschränkte Liquidität. So findet man häufig auch eine Einteilung in liquide, semi-liquide und illiquide Strategien. Als Leitfaden für eine Charakterisierung bzgl. Rendite, Volatilität, Korrelation und Liquidität kann die folgende Tabelle dienen.

716 *Tab. 12 Charakteristik verschiedener Alternativer Anlagen*

Anlageklasse	Unterklassen	Fokus	Bemerkungen/Investmentziel
Hedgefonds		D, R	Diversifikation, stabile Renditen mit niedriger Volatilität
a) **Direktionale**	Global Marco Long/Short	D, R	Möglichkeit positiver Renditen in Down Markets, wenn trendbeständig
			Reduzieren von Beta, niedrige Volatilität, Potential zu höheren Renditen
b) **Nicht-Direktionale**	Multi-Strategie	D	Breit diversifizierte Alpha-fokusierte Strategie, niedrige Volatilität
	Event Driven	D	Idiosynkratisches Risiko, niedriges Beta
	Mangened Futures	D	Fokus auf Alpha, Reduzierung von Beta
	Market Neutral Arbitrage	D	Fokus auf Alpha, Reduzierung von Beta
	Equity Arbitrage	D	Fokus auf Alpha, Reduzierung von Beta
	Fixed Income Arbitrage	D	Fokus auf Alpha, Reduzierung von Beta
	Convertible Arbitrage	D	Idiosynkratisches Risiko, niedriges Beta
	Statistical Arbitrage	D	Idiosynkratisches Risiko, niedriges Beta
Private Equity	Leverage Buy Out	D, R	Höhere Korrelation mit Aktien und Anleihen (abhängig vom Leverage)
	Venture Capital	D, R	Idiosynkratisches Risiko, niedriges Beta
	Mezzanine	D, R	Top Manager erzielen Aktienrenditen mit Anleihenvolatilität
	Distressed	D, R	Idiosynkratisches Risiko, niedriges Beta
Private Debt	Direct Lending	L, D	Niedrige Volatilität, zum Teil semi-liquide, Substitute zu liquiden Anleihen
	Structured Credit	D, R, L	Zum Teil sehr liquide, Substitute zu Anleihen oder Cash sofern hohe Bonität
	Specialty Finance	D, L, R	Idiosynkratisches Risiko, Renditepotential
	Asset-based Lending	D, L, R	Renditepotential, Substitute zu liquiden HY-Anleihen
	Credit Opportunities	D, R	Idiosynkratisches Risiko, höheres Renditepotential
Immobilien	Core	D, L	Liquide falls Investments via Investmentfonds
	Opportunistic	D	Niedrige Volatilität und Korrelation
		D, R	Potential für hohe Renditen und niedrige Korrelat
Infrastruktur		D	Idiosynkratisches Risiko, niedriges Beta
Rohstoffe		L	Unkorreliert zu Aktien und Anleihen, gewisse Inflationsabsicherung

D = Diversifikation, R = Renditesteigerung, L = relativ liquide im Vgl. zu anderen Alternativen Investments

Optimierungsansätze für die Allokation Alternativer Anlageformen, die auf der Faktorenanalyse[32] beruhen, können helfen, eine strategische Auswahl der Anlageformen zu bestimmen.[33] Die Faktorenanalyse, häufig auch **Faktoranalyse** genannt, dient dazu, aus empirischen Beobachtungen verschiedener manifester Variablen (Observablen) auf zugrundeliegende latente Variablen („Faktoren") zu schließen. Sie gehört somit zu den datenreduzierenden inferenzstatistischen Verfahren und ermöglicht bei Alternativen Anlageklassen eine sinnvollere Analyse als die üblicherweise bei traditionellen Anlagen verwendeten Methoden. Die aus der Tabelle zu entnehmenden Renditedispersion Alternativer Investments verdeutlicht, dass die Auswahl der geeigneten Fonds bzw. Asset Managers viel wichtiger ist als bei traditionellen Anlageklassen.

717

In der folgenden Tabelle wird das Ergebnis einer **Ein-Faktoranalyse** exemplarisch zusammengefasst.

718

---

32 Die Faktorenanalyse wurde ursprünglich vom Psychologen *Charles Spearman* für die Auswertung von Intelligenztests entwickelt. 1904 zeigte er, dass die Testergebnisse zu einem guten Teil durch ein eindimensionales Persönlichkeitsmerkmal, dem general factor (g-Faktor), erklärt werden konnten. Die Weiterentwicklung auf eine Analyse mit mehreren Faktoren wird *J. C. Maxwell Garnett* zugeschrieben; popularisiert wurde sie in den 1940er-Jahren von *Louis Leon Thurstone*. Im Asset Management hat die Faktorenanalyse ihre Bedeutung durch die Arbitragepreistheorie (APT) erhalten, s. insbesondere *Ross*, The Arbitrage Theory of Capital Asset Pricing, 1976, in: Journal of Economic Theory, S. 341 bis 360 und *Knight/Satchell*, Linear factor models in finance, Oxford; Burlington, Mass.: Elsevier Butterworth-*Heinemann*, 2005.

33 S. z. B. *Dorsey*, Active Alpha – A Portfolio Approach to Selecting and Managing Alternative Investments, S. 233 bis 314.

719   *Tab. 13 Beispiel für eine Ein-Faktoranalyse*

BEISPIEL Fonds	MSCI Welt	MSCI EAFE	Small minus Large Cap	Value minus Growth Cap	Momentum	Globale Anleihen	Globale High Yield	Euro/Dollar	Euro/Yen	Rohstoffe	reales BIP
Fonds 1	0,65	0,45	0,21	0,22	-0,50	0,61	1,02	0,22	-0,01	-0,30	0,39
Fonds 2	0,40	0,44	0,10	0,19	-0,40	0,32	0,92	0,24	-0,12	-0,20	0,42
Fonds 3	-0,24	0,10	-0,39	-0,20	0,03	0,51	0,39	0,50	-0,22	-0,11	-1,20
Fonds 4	1,40	1,26	0,10	0,50	-0,82	-1,00	1,40	1,20	-0,08	0,22	-0,55
...											
Fonds n	-0,10	-0,21	0,11	0,55	-0,77	-0,96	1,30	1,20	-0,44	-0,51	-1,14
Total Private Equity	0,25	0,20	0,21	-0,08	-0,15	0,42	1,05	0,20	-0,02	-0,10	-0,50
Total Hedgefonds	0,49	0,36	0,60	0,01	0,29	0,30	0,60	0,05	0,15	-0,26	-0,40
Total Immobilien	0,40	0,23	0,45	0,60	0,25	0,22	0,85	-0,20	0,12	0,06	0,23
Total Rohstoffe	0,20	0,29	0,10	-0,10	0,42	-0,02	0,15	0,60	0,05	0,88	0,52
Total Alternative	0,34	0,27	0,34	0,11	0,20	0,23	0,66	0,16	0,08	0,15	-0,04

Statistische Signifikanz in %

95
90
80
darunter

Die einzelnen Zahlen aus obiger Tabelle stehen für den jeweiligen Beta-Faktor des in der Überschrift bezeichneten Marktes bezogen auf den in der Zeile benannten Fonds. Die Graustufen geben an, in welchen Konfidenzintervallen diese Beta liegen. So wird in der ersten Zeile ersichtlich, dass Fonds 1 mit einer hohen Signifikanz (95 %) eine sehr starke Abhängigkeit mit den Aktienmärkten MSCI-Welt, MSCI-EAFE und globalen High-Yields hat. Außerdem hat dieser Fonds auch eine starke Abhängigkeit (90 % Signifikanz) zu globalen Anleihen. Wiederholt sich diese Beobachtung, muss das Ziel dieses Fonds zur Stabilisierung des Gesamtportfolios hinterfragt werden. Es können weiterführende Analysen mit Multi-Variablen-Faktoren durchgeführt werden (s. *Dorsey*, S. 233–314). Diese zeigen die Sensitivität des entsprechenden Fonds zu mehreren Faktoren gleichzeitig.

2. Optimierung der Gewichtung verschiedener Alternativer Investments

In der Vergangenheit wurde häufig mit dem einfachen, aber nützlichen Ansatz der **Mean-Varianz-Optimierung** (MVO) die Anlagestruktur bestimmt, d. h. die Einzelgewichtung von Anlageklassen innerhalb eines Gesamtportfolios. In der Praxis werden die Optimierungsergebnisse für die Gewichtung von Alternativen Anlageklassen in der MVO zusätzlich durch anlegerspezifische Umstände beeinflusst, wie z. B. Anlagerestriktionen. Zudem hat die MVO bei Anwendung auf Alternative Investments weitere Schwachstellen. So beruht sie beispielsweise auf der Annahme, dass die Renditen von Alternativen Investments normalverteilt sind. Diese Annahme ist falsch. Ein weiteres Problem der MVO ist die Notwendigkeit, die Allokationen in Anlageklassen mit hoher Sharp Ratio künstlich zu begrenzen, weil sie andernfalls zu sehr hohen Zielgewichtungen führen. Dennoch bietet die MVO eine erste Indikation und somit eine Ausgangsbasis. 720

Die Aufteilung des zu investierenden Kapitals zwischen den Kategorien Liquid Alternatives, Private Markets und anderen Alternativen Assets lässt sich gegenüber herkömmlichen Mean-Varianz-Analysen mit der oben erwähnten Faktoranalyse verbessern. Die Faktoranalyse lässt sich auch für die Untersuchung der Abhängigkeiten und Überlappungen innerhalb Alternativer Investments und zwischen Alternativen und traditionellen Investments anwenden und ist somit auf das Gesamtportfolio anwendbar. Der Due-Diligence-Prozess des Anlegers sollte sich daher verstärkt auf den Einsatz der Faktoranalyse stützen, um die Gemeinsamkeiten der verschiedenen Alternativen Anlageinstrumente zu verstehen und fortlaufend kontrollieren zu können (s. *Knight/ Satchell*, linear factor models in finance). 721

Anleger, die sich nicht der Faktoranalyse bedienen, werden die Alternativen Anlagen mit großer Wahrscheinlichkeit entsprechend ihren klassischen Definitionen kategorisieren und überlappende Eigenschaften sowie die damit verbundenen Klumpenrisiken nicht berücksichtigen. Zusätzlich stellen sich bei der Umsetzung Alternativer Investments weitere Fragen. Sollen z. B. Investments: 722

- in Einzelfonds oder Dachfonds,

- als Einzelstrategie- oder als Multistrategiefonds,

- direkt oder über Beteiligungen an Zwischengesellschaften,

- in Fonds oder über strukturierte Produktlösungen

erfolgen? Die Antworten auf diese Fragen sind häufig durch praktische Umstände wie die Fachkenntnis der Entscheider, zur Verfügung stehende Ressourcen sowie dem regulatorischen Umfeld vorgegeben. Häufig wird in der Praxis ein Großteil der zur Verfügung stehenden internen Ressourcen für Strategie und Controlling Alternativer Investments verwendet, obwohl diese Investments volumenmäßig nur einen sehr geringen Anteil am Gesamtportfolio haben. Outsourcing von Strategie, Umsetzung und Controlling Alternativer Investments kann hier Abhilfe schaffen. Diese Dienstleistung wird von einigen Consultants sowie Produktanbietern unter den Begriffen **Fiduciary, Outsourced Chief Investment Officer** (OCIO) oder **Implemented Consulting** angeboten, welche im Allgemeinen auch die gesamte Kapitalanlage und nicht nur die Alternativen Investments umfassen kann.

3. Manager-, Fonds- und Vehikelauswahl

723 Geeignete Produktanbieter und Fonds im Bereich Alternativer Investments zu finden, stellt hohe Anforderungen. So gibt es bei Liquid Alternatives und Private Markets eine Vielzahl von Anbietern mit unterschiedlichsten Strategien, sehr breiter Performancestreuung sowie höhere Ausfallrisiken und bei Private Markets oft keine aktuellen Daten oder nur beschränkten Zugang zu den besten Fonds. In der Asset-Klasse Infrastruktur existiert ein wesentlich kleineres Universum an Managern. Hier variiert dennoch das Angebot von globalen Managern hin zu sehr spezialisierten Fundanbietern. Die Auswahl geeigneter Asset Manager, Fonds oder strukturierter Lösungen ist mit traditionellen Methoden alleine nicht zu bewerkstelligen. Außerdem ist der Zugang insbesondere zu den erfolgreichen Managern nicht immer einfach und wird entsprechend durch Mindestvolumen bzw. höhere Kosten erschwert. Beim Aufbau eines Portfolios empfiehlt sich deshalb ggf. die Unterstützung eines Consultants. Bei einem erfolgreichen Aufbau eines erfahrenen Teams können diese Prozesse einhergehend mit der strategischen Analyse des Marktes durch den Investor selbst erfolgen.

724 Der Auswahlprozess lässt sich in mehrere wichtige Phasen untergliedern. Besonders hervorzuheben sind der Zugang zu den Portfoliomanagern und die Due Diligence. Zum einen sind hoch qualifizierte Fondsmanager, die nachweislich über Marktzyklen hinweg beständige Renditen bei geringer Volatilität erzeugen können rar, zudem bleiben diese Manager neuen Anlegern oftmals vorenthalten. Zum anderen müssen Anleger für alle Anbieter Alternativer Investments ein striktes Due-Diligence-Verfahren durchführen. In dessen Mittelpunkt steht die Prüfung des Anlageprozesses und -portfolios, der Organisationsstruktur wie Management-Setup, Back Office, IT- und Systeminfrastruktur sowie der Unterlagen, die für die Anlagevereinbarung maßgeblich sind. Auch die Themen Nachhaltigkeit und IT-Sicherheit rücken zunehmend in den Due Diligence-Fokus. Zudem empfiehlt sich auch ein Vor-Ort-Besuch des Managers

in einem seiner Hauptbüros. Die Due Diligence ist unabdinglich, um insbesondere operationelle und personelle Risiken möglichst zu minimieren. Darüber hinaus muss der Manager sicherstellen, dass er die Anlagerichtlinien des institutionellen Anlegers versteht. Obwohl Anbieter Alternativer Investments die kundenspezifischen Mandatsrichtlinien im Vergleich zu traditionellen Investmentmanagern i. d. R. weniger bereitwillig akzeptieren, sollten die geltenden Richtlinien mit dem Manager klar festgelegt sein. Dies kann beispielsweise durch einen Side Letter, der zusätzlich zu den offiziellen Zeichnungsdokumenten zwischen LP und GP erstellt wird, erfolgen.

Die Risiken im Zusammenhang mit der Managerauswahl lassen sich mit der Einführung gewisser Parameter für die Portfoliokonstruktion reduzieren. Dazu gehören u. a. Strategie- und Sektorschwerpunkte, Mindestanforderungen an: Diversifizierung, Leverage, Liquidität, Transparenz, Bonität der Kontrahenten und Kontrollrechte. Bei der Strukturierung von Alternativen Strategien, die einem Portfolio aus traditionellen Anlageklassen beigemischt werden sollen, müssen die folgenden zusätzlichen Faktoren berücksichtigt werden: optimale Anzahl von Managern zur Gewährleistung einer angemessenen Streuung und fortlaufende Überwachung der Manager. Auch hier leistet die **Faktoranalyse** nützliche Dienste. Außerdem lassen sich verschiedene Funktionen an dafür geeignete Dienstleister auslagern (Rdnrn. 722). Für Erstinvestoren in Alternative Investments sollte auch eine Einstiegsstrategie für Alternative Investments festgelegt werden, d. h. in welche Alternative Investments zuerst investiert werden soll, wie viel, über welchen Zeitraum und ob eine Wertsicherungsstrategie (vgl. hierzu Rdnrn. 564 ff.) eingesetzt werden soll, um in der Aufbauphase negative Renditen zu vermeiden. Die Auswahl des geeigneten Investmentvehikels ist häufig durch aufsichtsrechtliche und steuerrechtliche Kriterien der entsprechenden EbAV vorbestimmt. 725

4. Controlling der Alternativen Anlagen

Das Alternative-Investment-Portfolio und seine zugrundeliegenden Fondsmanager sollten an einer geeigneten **Benchmark** ausgerichtet werden, um ein sinnvolles Controlling zu ermöglichen. Diese Benchmarks müssen repräsentativ sein und in einer möglichst engen Beziehung zu den Absolute-Return-Strategien stehen, z. B. über eine hohe Korrelation und einen niedrigen **Tracking Error** zwischen Strategie und Benchmark. Ebenfalls zu berücksichtigen ist, dass die Benchmarks eine passive Anlagealternative zu den aktiven Alternativen Investments darstellen sollten, d. h., es sollten investierbare Benchmarks verwendet werden. Die Auswahl passender Benchmarks und die Bestimmung des Tracking Error gegenüber den gewählten Benchmarks gehört ebenfalls zu den Maßnahmen, mit denen sichergestellt wird, dass das Gesamtrisiko gemindert wird. Aufgrund der sehr individuellen Ausgestaltung alternativer Anlagen fällt es jedoch regelmäßig schwer, eine geeignete Benchmark zu identifizieren. Es bietet sich deshalb auch an, absolute Renditeziel als Benchmark vorzugeben (bspw. Geldmarktrendite + x Basispunkte). Bei der Kontrolle von Alternativen Investments spielen spezielle Risikomaße eine besondere Rolle. Hierzu gehören insbesondere Risikomaße, bei denen der Werterhalt bzw. das Verlustrisiko im Vordergrund stehen, z. B. die Maße Verhältnis der Anzahl positiver Monatsrenditen zu allen Monatsrenditen, 726

Value at Risk, Maximum Drawdown, Sharpe Ratio, **Sortino Ratio** und **Omega Ratio** (vgl. hierzu Rdnrn. 845 ff.). Auch die statistischen Verteilungsmaße wie **Schiefe** und **Wölbung** der Renditeverteilung finden häufig Anwendung. Grundsätzlich ist dabei zu beachten, auf welchen Daten bzw. Verteilungsannahmen diese Maße beruhen, welche Zeiträume betrachtet werden und ob die Maße die Vergangenheit beschreiben oder auf die Zukunft ausgerichtet sind.

727 Bei der Überwachung von **Dachfonds-Managern** sind dagegen insbesondere Änderungen der Allokation in einzelne Hedgefonds-Strategien, Änderungen der zugrundeliegenden Hedgefonds-Allokationen, die Hedgefonds-Umschlagshäufigkeit, die Korrelation zu traditionellen Anlageklassen und organisatorische Veränderungen bei den beauftragten Asset-Managern zu berücksichtigen.

728 Das **Cashflow-Management** ist bei Liquid Alternatives und Dachfonds weniger zeitaufwendig als bei Private-Equity- und Infrastruktur-Anlagen. Bei Private-Equity- und Infrastruktur-Investments fallen i. d. R. während der Laufzeit Gewinne an, die direkt ausgeschüttet werden und wieder angelegt werden müssen. Der Aufwand bei Hedgefonds infolge eventueller Rücknahmefristen und anfänglicher Sperrfristen ist größer als bei traditionellen Anlagen. Außerdem behält der Hedgefonds nach einer Rücknahme i. d. R. 3 % – 5 % des Anlegerkapitals zurück, bis die Wirtschaftsprüfung des Fonds im Folgenden Kalenderjahr abgeschlossen wurde. Bei Dachfonds beläuft sich dieser zurückbehaltene Betrag i. d. R. auf 10 % des zurückgenommenen Kapitals.

V. Überlappung Alternativer Anlageklassen

729 Häufig gibt es Strategieüberlappungen zwischen verschiedenen Alternativen Investments (z. B. **Distressed Assets** bei Hedgefonds und Private Markets), aber auch zwischen Alternativen und traditionellen Investments (z. B. zinsabhängige Strategien). So konnte man z. B. gerade in den letzten Jahren beobachten, dass es bei Hedgefonds und Private Markets zu Strategieüberlappungen kommt. Hedgefonds stoßen in das Gebiet der Immobilien und Private-Markets-Anlagen vor (siehe z. B. „Die Pleite von *Level One* wird zum Wirtschaftskrimi", Handelsblatt vom 21.11.2008, S. 32). Das Vordringen von Hedgefonds in den Private-Markets-Bereich ist aber kein neuartiges Phänomen. In den vergangenen Jahren hat sich dieser Trend auf die gesamte Hedgefonds-Branche ausgeweitet. Ein Grund für diese Entwicklung war die große Nachfrage an Hedgefonds-Investments vor der Finanzkrise 2008 und die damit verbundene wachsende Zahl der Hedgefonds, der Anstieg der verwalteten Vermögen bis Mitte 2008 in dieser Anlageform sowie die Suche nach immer neuen Investitionsmöglichkeiten.

730 Für den zukünftigen Marktanteil von Liquid-Alternatives- und Private-Markets-Gesellschaften ist der Vergleich der Gebühren entscheidend. Das liegt nicht daran, dass im Bereich von Liquid Alternatives niedrigere Gebühren erhoben werden. Im Gegenteil, vielmehr profitieren sie von generell höheren Gebühreneinnahmen, die im Vergleich zu Private-Markets-Fonds sogar in kürzeren Zeitabständen eingehen. Auch wenn sich dies seit 2008 etwas geändert hat, messen Anleger, die grundsätzlich niedri-

gere Gebühren bevorzugen, in diesen Fällen mitunter den Gebühren wenig Bedeutung zu. Dies liegt daran, dass die meisten Anleger Hedgefonds und Private-Markets-Anlagen nicht derselben Kategorie zuordnen und diese jeweils nur innerhalb der entsprechenden Kategorie miteinander vergleichen. Dabei lassen sie außer Acht, dass die Rendite- und Risikofaktoren bei diesen unterschiedlichen Anlagen ähnlich oder bei Hedgefonds-Anlagen in Private-Equity-Transaktionen sogar identisch sein können. Dies ist ein weiteres Argument für eine gesamtheitliche Betrachtung Alternativer Investments, weg vom Denken in herkömmlichen Anlageklassen. Die gesamtheitliche Betrachtung versetzt die Anleger in die Lage, gleiche oder ähnliche Anlagechancen in den verschiedenen Alternativen-Investment-Gruppen bezüglich den gleichen Kriterien bzw. Faktoren zu betrachten. Dadurch werden sie dem Ziel Alternativer Investments gerecht, die Erträge sowie den Kapitalerhalt des Gesamtvermögens zu stabilisieren.[34]

VI. Lehren aus der Finanzkrise 2008 für Alternative Investments

Der durch die **Lehman-Pleite** am 15.9.2008 ausgelöste Crash veranlasste weltweit die 731 großen Notenbanken, gemeinsam und schnell zu handeln, um einen massiven Vertrauensverlust in das Finanzsystem zu vermeiden. Dies wurde zum Großteil erreicht. Es bestand allerdings eine vorübergehende Liquiditätskrise, insbesondere durch die Kreditverweigerung der Banken untereinander, welche auch die Realwirtschaft erfasste. Die im Anschluss ausgelöste Schuldenkrise der Peripherieländer im Euro-Raum stellte den Euro auf den Prüfstand. Es folgten eine Reihe von Rettungsmaßnahmen sowie regulatorischen und aufsichtsrechtlichen Änderungen, die mit einer sehr lockeren Geldpolitik flankiert wurden, welche letztlich zu niedrigen Renditen in den Kapitalmärkten führte. Diese Entwicklung führte zu einer regelrechten Jagd nach Rendite und alternativen Anlageformen. Die Finanzkrise offenbarte im Rückblick auch eine Vielzahl struktureller Defizite.

Als nur ein Beispiel sei die Problematik des Kontrahentenrisikos bei **OTC-Derivaten** 732 erwähnt, welche bei Alternativen Investments, insbesondere bei Hedgefonds, eine große Rolle spielt. In der Krise zeigte sich, dass **OTC-Geschäfte** zum Teil ungenügend besichert und intransparent bezüglich der gehaltenen Risikopositionen waren. Traditionell wird das Kontrahentenrisiko zwischen den Vertragspartnern mittels bilateraler Besicherungsübereinkommen abgesichert. Dies entspricht einer Versicherung gegen den Ausfall einer Gegenpartei. In der Vergangenheit waren vorherrschende Geschäftspraktiken wie z. B. asynchrone Nachschusszyklen sowie Teilbesicherung die Ursache für eine Unterbesicherung und den gravierenden Folgen für manche Investoren.

Die Verrechnung der Colaterals über eine dritte Stelle, einen zentralen Kontrahenten, 733 das sog. **Central Counterparty Clearing (CCP)**, beseitigt diese Mängel. Zentrale Clearingstellen können zu einer Reduktion systemischer Risiken beitragen. Aufsichts-

---

34 S. *Dorsey*, Active Alpha – A Portfolio Approach to Selecting and Managing Alternative Investments, S. 151 bis 176.

behörden in Europa und den USA forderten nach Ausbruch der Krise die vermehrte Abwicklung außerbörslich gehandelter Kontrakte über zentrale Kontrahenten und der Entwicklung von CCPs. Dies geschah z. B. mit dem Inkrafttreten der European Market Infrastructure Regulation (EMIR, siehe Ausführungen zum Kapitalanlagerundschreiben R 11/2017 (VA)) im März 2017. Vor dem Hintergrund der Finanzkrise müssen neben den Kontrahentenrisiken außerdem Begriffe wie Diversifikation, Korrelation und Liquidität sowie deren Nutzen hinterfragt werden. Das gilt auch für die sog. ‚Moderne' Portfoliotheorie allgemein bzw. deren Grenzen für Investoren in Alternative Investments.

Kapitel IV
Implementierung und Kontrolle sowie Performance- und Risikomessung *(Haferstock/Wolf)*

A. Kapitalanlageprozess und -organisation *(Haferstock)*

I. Gliederung des Investmentprozesses

Der Prozess der Kapitalanlage und die damit verbundene Organisation eines erfolg- 734
reichen Anlagemanagements kann aus übergeordneter Perspektive als eine Abfolge
spezifischer Aufgabenstellungen verstanden werden. Das Zusammenbinden dieser
Prozesskette wie auch die Definition konkreter Inhalte innerhalb der einzelnen Phasen verantwortet in letzter Instanz das auf oberster Ebene implementierte Gremium
resp. das Institut des Finanzvorstandes. Um welche Aufgaben es sich innerhalb der
einzelnen Planungsschritte handelt und auf welche Weise eine sinnvolle Struktur im
Sinne einer solchen Prozessabfolge festgelegt werden kann, soll im Folgenden vorab
kurz beschrieben werden, um in diesem Zusammenhang die dem hiesigen Kapitel zu
Grunde liegenden Inhalte einordnen zu können.

Grundsätzlich kann der **Investmentprozess in drei Phasen** unterteilt werden, die in 735
der folgenden Grafik visualisiert werden.

Abb. 40 Der Investmentprozess 736

Zu dem an vorderster Stelle als **Strategie-Ebene** bezeichneten Ausgangspunkt erfolgt 737
zunächst eine Statusanalyse der Anlagesituation sowie unter Einbeziehen von Anlagezielen und Verbindlichkeitsstrukturen die Ableitung einer Anlagestrategie. Im Kapitel I (vgl. Rdnrn. 14 ff.) wurde in diesem Zusammenhang ausführlich das Konzept
des Asset-Liability-Managements als eine Methode behandelt, auf deren Basis ein In-

vestor im Rahmen unabhängiger und sachgerechter quantitativer Analysen in die Lage versetzt wird, eine der Liability-Struktur angemessene strategische Anlagepolitik festzulegen. Strategische Anlagepolitik im engeren Sinne meint dabei die sog. strategische Asset Allokation (SAA) im Sinne einer (prozentualen) Aufteilung der vorhandenen Vermögensmittel auf unterschiedliche, zuvor definierte oder gegebenenfalls regulatorisch erlaubte *Anlageklassen*. Die SAA beschreibt eine „neutrale" Verteilung der Anlagemittel, von der durch taktische Entscheidungen unter Berücksichtigung aktueller Marktsituation abgewichen werden kann. Der Deutlichkeit halber sei aber noch einmal herausgestellt, dass die SAA kein unmittelbares Ergebnis des Asset-Liability-Managements darstellt, sondern letzteres dem Investor erst diejenigen Informationen an die Hand gibt, auf deren Basis eine nach objektiven Maßstäben nachvollziehbare Entscheidung für eine bestimmte SAA getroffen werden kann.

738   Wichtig ist allerdings, sich bewusst zu machen, dass auch nach Durchführung einer Asset-Liability-Management – Studie und nachdem der Investor sich für eine bestimmte SAA im Sinne einer ab dann gültigen Anlagestrategie entschieden hat, diese ja noch nicht in die Praxis umgesetzt ist. Insofern befindet man sich zum Zeitpunkt des Abschlusses der Strategie-Phase auf einer zunächst noch theoretischen Planungsebene, die es nun in die Wirklichkeit umzusetzen gilt.

739   Die sich nun anschließende Umsetzungsphase bezeichnen wir im Folgenden als **Implementierungs-Ebene**. Zunächst sind hierbei vom Investor Entscheidungen hinsichtlich der Kapitalanlageorganisation zu treffen, ein Themenkreis, dem wir uns ausführlich im Folgeabschnitt C widmen wollen. Hierzu gehört etwa die Festlegung dazu, ob bzw. welche Anlageanteile intern oder extern verwaltet werden sollen, inwieweit aktive oder passive Managementstile adressiert werden und schließlich, wer konkret mit der Aufgabe der „eigentlichen" Kapitalanlageverwaltung, also dem Anlagemanagement im engeren Sinne, mandatiert werden soll. Mit anderen Worten geht es im Rahmen der Implementierung auch darum, eine ganz konkrete Manager- und/oder Produktauswahl von Investmentvehikeln vorzunehmen.

740   Diese Überlegungen sind prinzipiell davon unabhängig, ob es sich im Rahmen eines betrieblichen Versorgungssystems um ein Erstinvestment, etwa im Zusammenhang mit der Errichtung eines Contractual Trust Arrangements, oder mit einer Readjustierung resp. Überprüfung der bestehenden Kapitalanlage eines schon etablierten Versorgungswerkes handelt. Im letzteren Fall würde beispielsweise der Übergang auf eine neue Anlagestrategie bedeuten, eine bereits existierende Benchmark bzw. Mandatsstruktur in eine neue Benchmark bzw. Mandatsstruktur zu überführen. In der Praxis sind mit dieser als Transition Management bezeichneten Überführung weitere Aufgaben verbunden.

741   Es kommen also innerhalb der Implementierungs-Phase weitreichende Fragestellungen im Zusammenhang mit der Umsetzung der strategischen Asset Allokation in die Praxis auf den Anleger zu. Auch die dann stattfindende Anlageverwaltung im engeren Sinne ordnen wir der Implementierungsebene zu. Zusammenfassend können wir die

Implementierung damit als diejenige Prozessebene charakterisieren, innerhalb derer die Planung, Organisation und Durchführung des Kapitalanlagemanagements stattfindet.

Das dritte Element des hier beschriebenen dreistufigen Kapitalanlageprozesses besteht in der sich nun anschließenden **Kontroll-Ebene**. Letztendlich geht es dabei um die Erfolgs- und Angemessenheitsprüfung aller zuvor beschriebenen strategischen und implementierungstechnischen Belange der Kapitalanlage. So stellt sich etwa in wiederkehrenden Zeitabständen die Frage nach der Angemessenheit der strategischen Asset Allokation. Und ebenso ist die Revision der eingebundenen Einheiten, insbesondere die regelmäßige Überprüfung der involvierten Kapitalanlageverwalter, ein Schlüsselthema innerhalb des Kontrollprozesses. Die Notwendigkeit, in diesem Zusammenhang geeignete Kontrollstrukturen, -inhalte und -verantwortlichkeiten zu schaffen, ist dabei offensichtlich. In der Praxis führen die Ergebnisse der Kontrollstufe auf die vorigen Ebenen zurück. So könnte etwa die Änderung der Personalstruktur im Zuge einer Firmentransaktion eine Adjustierung der Anlagestrategie implizieren, ebenso wie die nicht zufrieden stellenden Ergebnisse eines bestimmten Anlageverwalters in die Neuausschreibung eines Anlagemandates und in den damit verbundenen Wechsel zu einem neuen Anlageverwalter münden könnte. 742

Die Kapitalanlage wie oben beschrieben ist ganz offensichtlich kein statischer Zustand, sondern ein dynamischer Prozess. Das zuvor beschriebene Bild eines dreistufigen Phasenablaufs macht in dieser klaren Gliederung auch deutlich, welche unterschiedlichen Aufgaben sich stellen und wie die insgesamt differenzierten Herausforderungen organisatorisch zusammengebunden werden können. Diese Sichtweise auf die Kapitalanlage hebt aber auch den folgenden Aspekt noch einmal hervor: die mit der Kapitalanlage verbundene Wertschöpfung kann letztlich nur dann optimiert werden, wenn tatsächlich alle im Zusammenhang mit obigem Prozessablauf angesprochenen Fragen erkannt und angemessen gelöst wurden. 743

Eine ganz wesentliche im Rahmen der Kontrollebene eingesetzte Technik ist die der **Performancemessung**. Ergebnisse der Performancemessung sollen darüber aufklären, ob und ggf. wie erfolgreich ein Kapitalanlageverwalter seinem Auftrag gerecht geworden ist. Doch kommt diesen Aspekten nicht allein im kontrolltechnischen Kontext eines bereits bestehenden Anlagemandats eine Rolle zu. Auch im Zusammenhang mit der Auswahl eines Vermögensverwalters sind Elemente und Kennzahlen der Performancemessung hilfreich, um einen objektiven Hinweis darauf zu erhalten, ob ein zur Auswahl stehender Vermögensverwalter für ein zu beauftragendes Mandat geeignet ist. Elementen der Performancemessung widmet sich darum der Folgeabschnitt B, bevor in Kapitel C auf die Gestaltung von Mandats- und Managementstrukturen eingegangen wird. All dem soll aber zunächst ein Blick auf die Strukturen einer bAV-Einrichtung vorausgehen, indem die im Kontext der Kapitalanlage eingebundenen Akteure wie auch die Aufbauorganisation näher beschrieben werden. 744

II. Akteure im Kapitalanlageprozess

745 Unabhängig von der Verfassung der Kapitalmärkte beschäftigt sich eine Vielzahl von Personen und Instanzen innerhalb und außerhalb der Versorgungseinrichtung mit Teilaufgaben des Kapitalanlageprozesses. Auf die innerhalb der Versorgungseinrichtung anzusprechenden Stellen wird im Rahmen der Aufbauorganisation und der Funktionstrennung (vgl. Rdnrn. 1027 ff.) noch näher eingegangen. Auf der Ebene der juristischen Personen lassen sich die folgenden unmittelbar bzw. mittelbar eingebundenen Akteure identifizieren:

1. Bundesanstalt für Finanzdienstleistungsaufsicht („BaFin")

746 Je nachdem, welcher Durchführungsweg vorliegt, unterliegt der Kapitalanlageprozess gegebenenfalls einer aufsichtsrechtlichen Überwachung bzw. ebensolchen (Mindest-)Anforderungen in qualitativer und quantitativer Sicht. Für Lebensversicherungen, Pensionskassen und Pensionsfonds ergeben sich diese aus dem VAG und den jeweils einschlägigen nachgelagerten Verordnungen, Rundschreiben und Verlautbarungen. Die Aufsicht über diese drei Durchführungswege wird von der Bundesanstalt für Finanzdienstleistungsaufsicht („BaFin") auf nationaler sowie durch EIOPA auf EU-Ebene wahrgenommen. Die BaFin ist eine selbstständige Anstalt des öffentlichen Rechts und unterliegt der Rechts- und Fachaufsicht des Bundesministeriums der Finanzen. Sie finanziert sich aus Gebühren und Umlagen der beaufsichtigten Institute und Unternehmen. Damit ist sie unabhängig vom Bundesetat. Die BaFin umfasst seit ihrer Gründung im Mai 2002 die Aufsicht über Banken und Finanzdienstleister, Versicherer und den Wertpapierhandel.

747 Unterstützungskassen und Direktzusagen (inklusive CTAs) unterliegen keiner aufsichtsrechtlichen Regulierung. Ihre Aufbau- und Ablauforganisation sowie die Rahmenbedingungen der Kapitalanlage werden ausschließlich von den wirtschaftlich Verpflichteten, i. d. R. der oder die Arbeitgeber, bestimmt.

2. Versorgungseinrichtung/Anleger

748 Abgeleitet aus den Anlagezielen und unter Beachtung ihrer flankierenden – gegebenenfalls aufsichtsrechtlichen – Rahmenbedingungen definiert die Versorgungseinrichtung ihre langfristige Anlagestrategie („strategische Asset Allokation") sowie die kurz- und mittelfristig zulässigen Abweichungen („taktische Asset Allokation"). Abhängig von der inhaltlichen Ausprägung i. S. v. gewählten Anlageklassen und -instrumenten, muss sich der Anleger externer Dienstleister (z. B. Broker, externe Asset Manager, Kapitalverwaltungsgesellschaft, Depotbank) bedienen, um seine Anlagestrategie angemessen umzusetzen. Die Auswahl und die Kombination dieser Dienstleister stellen hohe Anforderungen an den Anleger. Wesentliche Kriterien zur Auswahl und Strukturierung werden in Abschnitt C dargestellt. Der Erfolg der Anlagestrategie wird entscheidend vom möglichst reibungslosen Zusammenspiel aller beteiligten Akteure mitbestimmt.

Abb. 41 Traditionelle Verwaltung/Verwahrung 749

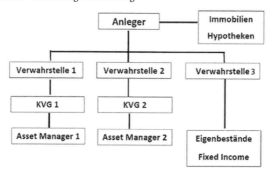

3. (Externer) Asset Manager

Die taktische Umsetzung der Anlagestrategie erfolgt durch die Mandatierung eines 750
oder mehrerer Asset Manager. Deren Aufgabe ist es, im Umfang der ihnen übertragenen Freiheitsgrade unter Einsatz von i. d. R. vorab definierten Anlageinstrumenten das festgesetzte Anlageziel möglichst dauerhaft zu erreichen. Dabei können ein Asset Manager gesamthaft oder mehrere mit komplementären Teilzielen betraut werden. Gleichermaßen kann die Umsetzung ausschließlich innerhalb des Kapitalanlagemanagements des Anlegers, vollständig durch externe Asset Manager oder durch Hybridformen erfolgen. Soweit externe Asset Manager beauftragt werden, sind neben der wirtschaftlichen Spezifikation des Anlageauftrags i. S. v. Benchmarks und Anlageuniversen gegebenenfalls aufsichtsrechtliche Anforderungen zu berücksichtigen.

4. Kapitalverwaltungsgesellschaft

Soweit sich der Anleger zur Umsetzung seines Anlagezieles eines Sondervermögens in 751
Form von Spezial- oder Publikumsfonds bedient, muss er in der Folge eine Kapitalverwaltungsgesellschaft ("KVG") zumindest mit der Verwaltung des Sondervermögens betrauen. Die KVG übernimmt nach Investmentrecht alle administrativen Funktionen im Zusammenhang mit der Verwaltung des Sondervermögens und kann zusätzlich vom Anleger auch mit dem Management des Fonds i. S. d. taktischen Allokation beauftragt werden.

Anleger mit größeren Anlagevolumina und einer Vielzahl spezialisierter Mandate ver- 752
suchen, diese in einem Sondervermögen bei einer auf die Verwaltung spezialisierten KVG ("Master-KVG") zu poolen und damit parallele Strukturen zu vermeiden. Dies kann auf zwei Wegen erfolgen:

Entweder werden alle vormals bei unterschiedlichen KVGen verwalteten Fonds hierzu z. B. im Wege der Fondsfusion auf ein Sondervermögen bei einer Master-KVG verschmolzen. Nach erfolgter Verschmelzung arbeiten die ursprünglich mandatierten Asset Manager unverändert in einem in einer Nebenbuchhaltung für sie jeweils abgegrenzten Fondssegment weiter. Die Master-KVG führt parallel alle Fondssegmente sowie den aggregierten Gesamtfonds und liefert die jeweils entsprechenden Bewertungen, Reports und Performancedarstellungen.

Alternativ kann sich der Anleger auch für eine Dach- und Zielfondsstruktur entscheiden, in der alle Einzelmandate in Zielfonds abgebildet werden und der Dachfonds das Pooling-Vehikel darstellt. Die Master-KVG erbringt dann analog ihre Dienstleistungen auf Dach- und Zielfondsebene.

753 *Abb. 42 Leistungsspektrum einer Master-KVG*

754 Mit der Schaffung dieser bilanziellen Bewertungseinheit wird auch die Steuerung der Kapitalanlagen erleichtert. Auf Dach- bzw. Gesamtfondsebene kann im Sinne eines Overlays (s. Rdnrn. 907 ff.) ein effizientes Risikomanagement etabliert werden, ohne in die einzelnen, extern vergebenen Mandate eingreifen zu müssen. Alle Anlagen im Fonds können täglich unabhängig bewertet und über ein einheitliches Reporting transparent und aggregiert dargestellt werden.

Abb. 43 Beispiel: Analyse Fonds Gesamtübersicht 755

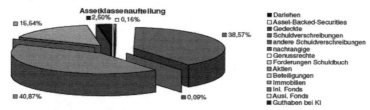

Assetklasse gem. AnlV	Volumen (Mio. Euro)	Anteil
Hypotheken	0,00	0,00%
Darlehen	0,00	0,00%
Asset-Backed-Securities	0,15	0,16%
Gedeckte	0,00	0,00%
Schuldverschreibungen	35,83	38,57%
andere Schuldverschreibungen	0,08	0,09%
nachrangige	0,00	0,00%
Genussrechte	0,00	0,00%
Summe	**36,06**	**38,82%**
Risikoquote	40,06	43,13%
Risikoanlage	40,06	43,13%
High-Yield-Anleihen	0,00	0,00%
Marktrisikopotential	0,00	0,00%

Assetklasse gem. AnlV	Volumen (Mio. Euro)	Anteil
Forderungen Schuldbuch	0,00	0,00%
Aktien	37,97	40,87%
Beteiligungen	0,00	0,00%
Immobilien	14,44	15,54%
Inl. Fonds	0,00	0,00%
Ausl. Fonds	0,00	0,00%
Guthaben bei KI	2,33	2,50%
Restwert	2,10	2,26%
Summe	**56,83**	**61,18%**
Summe Kapitalanlagen*	**92,89**	**100,00%**

Dies ist insbesondere für diejenigen Einrichtungen bedeutsam, die detaillierte interne und externe Berichterstattungsanforderung erfüllen müssen und sich dazu ihrer KVG bedienen.

5. Verwahrstelle

Die Verwahrstelle übernimmt für den Anleger die Verwahrung und Verwaltung von sammelverwahrfähigen Wertpapieren sowie die Abwicklung von Transaktionen in Wertpapieren, Derivaten und Geld. Sofern sich der Anleger nur einer Verwahrstelle sowohl in seinem Heimatmarkt als auch in internationalen Märkten bedient, spricht man von einem „Global Custodian". Die Verwahrung und Verwaltung von vinkulierten Wertpapieren und Schuldscheinen wird in vielen Fällen auch von der Verwahrstelle, dann meist in ihrer Funktion als Global Custodian oder Masterdepotbank übernommen. Vereinzelt werden diese Papiere aber auch im hauseigenen Tresor des Anlegers verwahrt. 756

Neben den oben genannten „klassischen" Aufgaben eines Global Custodian werden Zusatzdienstleistungen angeboten, die es den Anlegern erlauben, Unterstützung im Risikomanagement zu erhalten und gegebenenfalls Teilfunktionsauslagerungen vorzunehmen. Hierzu zählen insbesondere Risikoanalysen, die Simulation von Stresstests, die fortlaufende Prüfung der Einhaltung von Anlagerichtlinien und die Performance-Messung. Diese Analysen können sowohl auf Einzelmandatsebene als auch auf der Ebene von sog. Composites, d. h. virtuelle Gesamtfonds, die nach Kundevorgabe aus Einzelmandaten zusammengestellt werden (z. B. nach Anlageklassen), erfolgen. 757

758   Soweit sich eine Versorgungseinrichtung sowohl für den Einsatz einer Master-KVG als auch eines Global Custodian entscheidet, lässt sich die administrative Organisation der Kapitalanlage wie folgt schematisch darstellen:

759   *Abb. 44 Administrative Organisation unter Nutzung eines Global Custodian und einer Master-KVG*

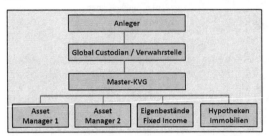

760   Zwischen beiden Parteien ist eine enge, beinahe partnerschaftliche Zusammenarbeit gefordert, um eine kostengünstige, zeitnahe und transparente Verwaltung der Vermögenswerte für den Kunden zu gewährleisten. Je nach Vereinbarung wird mindestens wöchentlich von beiden Parteien gemeinsam der Fondspreis ermittelt. Der tägliche Austausch aller bewertungsrelevanten Informationen sowie die Abstimmung von Beständen und Kursen sollte automatisiert und elektronisch und etwaig notwendige Korrekturen schnellstmöglich erfolgen können.

761   Angesichts immer wieder auftretender Phasen von hoher Volatilität an den Kapitalmärkten ist eine tägliche, zwischen beiden Parteien abgestimmte Bewertung grundsätzlich zu empfehlen. Die sich daraus ergebenden erhöhten (IT-)Anforderungen an die Master-KVG und den Global Custodian insbesondere entlang der Schnittstellen zwischen beiden, müssen besondere Berücksichtigung bei deren jeweiliger Auswahl finden.

762   Global Custodians können nur dann dauerhaft am Markt erfolgreich agieren, wenn das Depotbankgeschäft für sie ein ausgesprochenes Kerngeschäft darstellt und sie über einen signifikanten Bestand an verwahrtem Vermögen verfügen. Die skizzierten Dienstleistungen setzen den Einsatz modernster Technologie und die Bereitschaft und das Vermögen, nachhaltig hohe Investitionen in IT und Personal zu leisten, voraus. Diese Anforderungen gelten in gleicher Weise für Master-KVGen. Mit Blick auf die Gegenparteirisiken insbesondere bei der Abwicklung von Wertpapiertransaktionen sollte ein Custodian über ein stabiles, überdurchschnittliches langfristiges Bonitätsrating verfügen.

763   Die Wertpapierleihe und Transition Management (die Überführung eines Bestandsportfolios in die gewünschte Zielstruktur unter möglichst kostengünstigen und

marktschonenden Gesichtspunkten) werden oft als weitere Dienstleistungen angeboten.

6. Broker/Wertpapierhändler

Bei fast allen Wertpapiertransaktionen fungieren Broker oder Wertpapierhändler als Bindeglied zwischen Käufer und Verkäufer. Dies können reine Finanzmakler mit entsprechender Zulassung oder typischerweise Banken mit ihren darauf spezialisierten Handelsabteilungen sein.　764

Schuldscheine und Namensschuldverschreibungen werden vereinzelt auch durch die Emittenten direkt bei den Endinvestoren platziert. Für dieses Marktsegment werden jedoch mehrheitlich Makler und spezialisierte Banken als Platzeure von den jeweiligen Emittenten eingesetzt.　765

B. Grundsätze der Performance: Rendite- und Risikomessung (*Haferstock*)

I. Performance: Begriff und Einordnung

Die erfolgreiche Steuerung und Kontrolle der Vermögensanlage hängt neben qualitativen Faktoren auch davon ab, sich auf der Basis quantitativer, numerischer Sachverhalte ein möglichst genaues und objektives Bild der Anlagesituation verschaffen zu können. Denn darauf aufbauend können unvoreingenommene und begründete Entscheidungen getroffen werden, die sowohl auf die Allokation des Anlageportfolios als auch auf die Mandats- bzw. Managementstrukturen ausstrahlen. In den folgenden Abschnitten werden einige zentrale Sachverhalte in diesem Zusammenhang dargestellt.　766

Sowohl umgangssprachlich als auch im Schrifttum wird der Begriff der „Performance" leider nicht durchgängig mit derselben Bedeutung belegt. Und ferner stehen, wenn man von Performance spricht, noch zwei weitere Kenngrößen im Raum: „Rendite" und „Risiko". Das heißt, dass man sich zwangsläufig im Zusammenhang mit der Performancediskussion zunächst diesen Größen zuwenden muss. Bevor also auf die Diskussion der Performance selbst eingegangen wird, sollen zunächst diese beiden Begrifflichkeiten näher beleuchtet werden. Es sollen also im Folgenden zunächst die wesentlichen Grundlagen und Kennzahlen in der Weise angesprochen werden, dass die spätere Diskussion der unterschiedlichen Performancemaße verständlich und nachvollziehbar ist.　767

1. Zielsetzung von Performancemessung und -analyse

Zunächst ist die Frage zu stellen, was denn überhaupt mit Performancemessung und -analyse bezweckt werden soll und auf welche ‚Objekte' diese ausgerichtet sein kann.　768

Ex post zielt die Performancemessung und -analyse darauf, zum einen die Portfolioqualität und zum anderen die Portfoliomanagementleistung zu beurteilen. Das bedeutet aber auch, dass man zumindest im Rahmen eines Zielsystems ex ante über ob-　769 jektive Maßstäbe verfügen muss, anhand derer eine solche Beurteilung im Nachhinein erfolgen kann. Eine solche objektive Maßgröße kann etwa die Entwicklung eines Marktes (z. B. Stoxx50) oder einer geeigneten Peer Group (z. B. die Gruppe der aktiv verwalteten europäischen Large-Cap-Fonds) sein.

770 Als Zielgruppe bzw. Objekte, auf welche die Performancemessung gerichtet ist, können beispielsweise auftreten: Spezial-AIFs, Publikumsfonds oder segregierte Konten. Im größeren Rahmen können auch sog. Composites (Aggregationen vergleichbarer Anlagestrategien eines Investmentmanagers) Ziel der Performanceanalyse sein (vgl. Rdnrn. 861 ff.). In diesen Zusammenhang fällt beispielsweise die Beurteilung eines externen Anlagemandats oder Investmentmanagers.

771 Neben der Beurteilung eines externen oder intern organisierten Portfoliomanagements oder für ein Teilsegment der Anlage zielt die Performancemessung aber ggf. auch darauf, eine Beurteilung der Qualität der Kapitalanlageorganisation und Portfoliostruktur des Anlegers insgesamt vornehmen zu können. Dies betrifft dann die Bewertung sämtlicher vorhandener Vermögensteile und die Analyse von deren Entwicklung über eine bestimmte Periode.

772 Eine innerhalb des *aba Fachausschusses Kapitalanlage* durchgeführte Untersuchung förderte dabei zutage, dass insbesondere der Quervergleich zwischen unterschiedlichen Durchführungswegen betrieblicher Altersversorgung (Pensionsfonds, Pensionskasse etc.) mit Schwierigkeiten verbunden sein kann.[1] Eine besondere Rolle kommt im Rahmen der Performancemessung auch der **zeitlichen Dimension** zu. Hierunter ist zu verstehen, dass es grundsätzliche verschiedene Intervalle oder Zeitfenster zu betrachten gilt. Ausgangspunkt ist dabei ein zunächst festgelegter aktueller Stichtag. Üblicherweise werden dann die kalendarischen Einheiten wie Tag, Woche, Monat oder das Jahr bzw. auch das Kalenderjahr zu Grunde gelegt. Ferner werden auch mittel- bzw. längerfristige Perioden im Rahmen der Performancemessung in den Fokus genommen. Hierzu zählen etwa rollierende 12-Monats-Perioden oder 3-, 5 – oder 10-Jahresfenster, sofern die Beobachtung einer bestimmten Anlage sich über diese Intervalle erstreckt. Typischerweise wird auch der gesamte Zeitraum seit Start einer bestimmten Anlage bis zu dem als Grundlage genommenen aktuellen Stichtag herangezogen. Der Hintergrund einer längerfristigen Betrachtung ist dabei vielfältig. So könnte man beispielsweise analysieren wollen, wie sich eine bestimmte Anlage bzw. Anlagestrategie über den Zeitraum eines gesamten Konjunkturzyklus hinweg entwickelt hat. Im Rahmen längerfristiger Betrachtungen können sich möglicherweise auch die Auswirkungen kurzfristiger Sondereffekte relativieren, sodass sich im Kontext einer Langfristbetrachtung ein besseres Bild vom nachhaltigen Verlauf einer Anlage ergeben mag. Andererseits sollte allerdings bei längerfristigen Betrachtungen berücksichtigt werden, inwieweit es im Zeitablauf zu strategischen oder organisatorischen Änderungen im Zusammenhang mit der Vermögensverwaltung gekommen ist.

---

1 Vgl. *Haferstock*, BetrAV 2008, 507 ff. und 574 ff.

Wenn beispielsweise der Investmentprozess neu ausgerichtet wurde oder es zu Änderungen hinsichtlich des Anlagestils kam, ist dies im Rahmen der Interpretation von Ergebnisverläufen selbstverständlich zu berücksichtigen. Das Gleiche gilt, wenn es personelle Wechsel oder eine Neuorganisation im Anlagemanagement gab.

Im Zusammenhang mit der Datenerhebung ist darüber hinaus im Rahmen eines **773** Quervergleichs zwischen verschiedenen Anlagemandaten oder im Abgleich mit einer Benchmark unbedingt darauf zu achten, dass von gleichen Stichtagen und Stichmomenten bzw. Kursdaten ausgegangen wird.

2. Rendite: Begriff und Einordnung

Unter „Rendite" wird im Allgemeinen die Wertentwicklung einer Investition verstan- **774** den. In diesem Sinn ist Rendite definiert als das Verhältnis aus Wertzuwachs bzw. -abnahme einer Investition im Verhältnis zu dessen Ausgangswert. Sei etwa im einperiodischen Fall K_0 der Wert eines Ausgangskapitals, welches sich von t = 0 bis zum Zeitpunkt t = 1 zu K_1 entwickelt, dann ergibt sich für die **einperiodische Rendite** R:

$$(1) \quad R = \frac{K_1 - K_0}{K_0} = \frac{K_1}{K_0} - 1$$

Beispiel **775**

Ein Investor tätigt zu Beginn des Jahres eine Anlage von 150 000 Euro, die sich bis zum Jahresende zu 165 000 Euro entwickelt. Dann beträgt die Rendite R dieses Investments:

R = (165 000 − 150 000)/150 000 = 15 000/150 000 = 0,1 = 10 %.

Es soll nun von dieser einperiodischen auf eine mehrperiodische Investition überge- **776** gangen werden. Diese ist dadurch charakterisiert, dass einer gedachten Anfangsinvestition A_0 über einen Zeitraum hinweg gewisse Rückflüsse Z_1, Z_2, ... Z_T gegenüberstehen. Formal kann man diesen Sachverhalt symbolisch wie folgt darstellen: (-A_0, Z_1, Z_2, ..., Z_T). Das Minuszeichen soll dabei andeuten, dass es sich um eine Investition handelt, während die einzelnen Rückflüsse Z_t in den Zeitpunkten t = 1, ..., T als positiv angenommen werden.

Beispielhaft kann man sich vorstellen, dass A_0 der Kauf eines festverzinslichen Wert- **777** papiers oder einer Aktie sei, denen dann als Rückflussgrößen die einzelnen Couponbzw. Dividendenzahlungen und schlussendlich die Tilgung bzw. der Verkaufserlös der Aktie gegenüberstehen.

Ausgehend von der oben dargestellten Zahlungsreihe erhält man dann die **arithmeti-** **778** **sche Rendite** R_A bzw. Durchschnittsrendite gemäß der folgenden Formel:

$$(2) \quad R_A = \frac{1}{T} * \frac{\sum_{t=1}^{t=T} Z_t - A_0}{A_0}$$

Im Fall T = 1 entspricht dies der oben dargestellten einperiodischen Rendite. Zu beachten ist, dass (im Falle T > 1) bei der Berechnung der arithmetischen Rendite die Option der erneuten Anlage der Rückflüsse unberücksichtigt bleibt oder genauer gesagt ein Wiederanlagezins in Höhe von Null angenommen wird. M. a. W., es fließen keine Zinseszinseffekte in die Kalkulation ein, was zur Folge hat, dass die so ermittelte arithmetische Rendite im Vergleich mit einer unter echter Wiederanlage erfolgten Investition relativ höher ausfällt.

779 Ein **Beispiel** soll diesen Sachverhalt verdeutlichen: Angenommen, eine Investition von 1 000 Euro führt nach 2 Jahren zu einem Rückfluss von 1 200, ohne dass weitere zwischenzeitliche Rückflüsse nach Jahresfrist auftreten, formal: (-1 000, 0, 1 200). Dann errechnet sich die folgende arithmetische Rendite:

$$R_A = \frac{1}{2} * \frac{1200 - 1000}{1000} = 0,1 = 10\%$$

Die arithmetische Rendite ergibt sich also zu 10 % p. a. Hätte man andererseits unter Annahme einer jährlich gutgeschriebenen Verzinsung von 10 % die Anlage von 1 000 Euro über 2 Jahre angelegt, würde sich daraus der folgende Endwert nach 2 Jahren ergeben:

$$1\,000 \times (1 + 0{,}1) \times (1 + 0{,}1) = 1\,210$$

Der Wert von 1 200 würde sich nur unter der Annahme einer sog. einfachen Verzinsung, bei der also Zinsen immer nur auf das Anfangsinvestment berechnet werden, ergeben. Denn unter der Annahme einer einfachen 10%igen p. a.-Verzinsung wären 2-mal je 100 Einheiten Zinsen angefallen, woraus sich wiederum die unterstellten 1 200 ergeben.

780 Von besonderer Bedeutung in diesem Zusammenhang ist der sog. **interne Zinsfuß**. Unterstellt man wieder die Zahlenreihe (-A_0, Z_1, Z_2, ... Z_T), dann ist der interne Zinsfuß genau die Größe, bei welcher der Kapitalwert der Investition sich zu Null ergibt. Anschaulicher wird dies durch folgende Formel deutlich, die als Bestimmungsgleichung für den internen Zinsfuß R_I gilt:

$$(3) \quad A_0 = \sum_{t=1}^{t=T} Z_t * (1 + R_I)^{-t} = \sum_{t=1}^{t=T} \frac{Z_t}{(1 + R_I)^t}$$

Im Falle T = 1 erhält man dieselbe Größe wie im arithmetischen oder einperiodischen Fall, nämlich $R_I = Z_1/A_0 - 1$, was auch aus der Bestimmungsgleichung für R_I unmittelbar hervorgeht: $A_0 = Z_1/(1 + R_I)$, hieraus folgt $A_0 \cdot (1 + R_I) = Z_1$.

Unterschiede ergeben sich allerdings für den Fall T > 1. Anders als im arithmetischen Fall geht man bei der internen Zinsfuß-Methode von der Fiktion aus, dass die Wiederanlage der einzelnen Rückflüsse wieder genau zum Zinssatz R_I erfolgt. Wenn man die Gleichung (3) mit $(1 + R_I)$ T-mal multipliziert, ergibt sich die zu (3) äquivalente Gleichung:

$$(4) \quad A_0 * \left(1 + R_I\right)^T = \sum_{t=1}^{t=T} Z_t * \left(1 + R_I\right)^{(T-t)}$$

Auf beiden Seiten der Gleichung (4) erscheint der Endwert der Investition A_0, links unter der Annahme der Aufzinsung durch den internen Zinsfuß, dem in gleicher Höhe die Summe aus den aufgezinsten Zahlungsrückflüssen Z_t gegenübersteht. Man kann sich auch überlegen, dass der interne Zinsfuß der Effektivzins des jeweils in der Investition bis zum Endzeitpunkt T noch gebundenen Kapitals ist.

Schlussendlich soll noch der Begriff der **geometrischen Rendite** abgeleitet werden. 781
Zur Motivation dient hierbei die folgende Vorstellung: ein zum Startzeitpunkt t = 0 investiertes Kapital K_0 wachse über eine gewisse Zeitperiode bis t = 1 zu K_1 an; K_1 wird nicht desinvestiert, sondern in voller Höhe wieder angelegt und wachse bis t = 2 zu K_2 an; diese Reihe setze sich sukzessive bis zu einem Endzeitpunkt t = T fort, zu dem das Kapital K_T erreicht wird. Für die Teilperiode (t-1, t) ergibt sich als Rendite R_t:

$$(5) \quad R_t = \frac{K_t - K_{t-1}}{K_{t-1}} = \frac{K_t}{K_{t-1}} - 1$$

Mit den Renditen für die Einzelperioden lässt sich dann K_T aus K_0 wie folgt berechnen:

$$(6) \quad K_T = K_0 * \left(1 + R_1\right) * \left(1 + R_2\right) * \ldots * \left(1 + R_T\right) = K_0 * \prod_{t=1}^{T} \left(1 + R_t\right)$$

Die annualisierte geometrische Rendite R_G erhält man dann aus der folgenden Gleichung:

$$(7) \quad R_G = \sqrt[T]{\left(1 + R_1\right) * \left(1 + R_2\right) * \ldots * \left(1 + R_T\right)} - 1 = \left(\prod_{t=1}^{t=T} \left(1 + R_t\right)\right)^{\frac{1}{T}} - 1$$

Der Schlusswert K_T lässt sich mit Hilfe von R_G nun auch wie folgt ermitteln:

$$(8) \quad K_T = K_0 * \left(1 + R_G\right)^T$$

Denn offensichtlich ist

$$(9) \quad K_0 * \left(1 + R_G\right)^T = K_0 * \left(1 + \left(\prod_{t=1}^{t=T} \left(1 + R_t\right)\right)^{\frac{1}{T}} - 1\right)^T = K_0 * \prod_{t=1}^{t=T} \left(1 + R_t\right) = K_T$$

Der auf den Gesamtzeitraum bezogene Zinsfaktor R wird dabei auch als **zeitgewichtete Rendite** bzw. auch als **time weighted rate of return**, häufig auch als „TWR" abgekürzt, bezeichnet:

$$(10) \quad (1 + R) = 1 + TWR = (1 + R_1) \times (1 + R_2) \times \ldots \times (1 + R_T)$$

In Worten lässt sich dies denkbar einfach auch wie folgt ausdrücken: die time weighted rate of return leitet sich unmittelbar aus der multiplikativen Verknüpfung aller Teilperiodenrenditen ab.

Es sei als Zwischenbemerkung der Vollständigkeit halber darauf hingewiesen, dass die Sprech- und Schreibweisen auch hier nicht notwendigerweise einheitlich sind. Häufig wird auch die annualisierte geometrische Rendite R_G selbst als zeitgewichtete Rendite bezeichnet.

Nun lässt sich im vorgestellten Zusammenhang auch hier wiederum rein rechnerisch die arithmetisch annualisierte Rendite R_A wie folgt bilden:

$$(11) \quad R_A = \frac{1}{T}\left(R_1 + \ldots\ldots + R_T\right)$$

Dieser Größe muss allerdings mit einer gewissen Vorsicht begegnet werden. Abgesehen von Ausnahmefällen gilt stets $R_A > R_G$. R_A weist also einen systemisch bedingten zu hohen Renditewert aus.

782 Ohne damit die Aussage beweisen zu wollen, soll aber der Sachverhalt einmal durch ein **Beispiel** illustriert werden:

Angenommen, $K_0 = 1\,000$ sei die Anfangsinvestition, die sich im ersten Jahr zunächst auf 2 000 verdoppelt, um im zweiten Jahr wieder genau auf 1 000 zurückzufallen. Dann würde sich für die erste Periode die Rendite

$$R_1 = (2\,000 - 1\,000)/1\,000 = 1$$

und für die zweite Periode die Rendite

$$R_2 = (1\,000 - 2\,000)/2\,000 = -0{,}5$$

ergeben.

Daraus ergibt sich dann die arithmetische Rendite

$$R_A = \frac{1}{2} * (1 - 0{,}5) = 0{,}25 = 25\%$$

Für die geometrische Rendite hingegen folgt in diesem Beispiel:

$$R_G = \sqrt[2]{2 * 0{,}5} - 1 = \sqrt[2]{1} - 1 = 0\%$$

Obwohl also nach zwei Jahren wieder der Ausgangswert erreicht wird, weist in diesem Beispiel die arithmetische Rendite 25 % aus, während sich die geometrische Rendite auf 0 % beläuft.

II. Wertgewichtete vs. zeitgewichtete Rendite

In der Praxis trifft man vielfach auf die Aufgabenstellung, den Erfolg einer Investition **783**
zu messen bzw. unterschiedliche Investments vergleichen zu wollen. In dem Zusammenhang sind einige Grundsätze zu beachten, die zunächst anhand eines Beispiels motiviert werden sollen.

Dem **Beispiel** liegt folgende Annahme zugrunde: Zwei Investmentmanager A und B **784**
verwalten jeweils einen Fonds, bezeichnet mit F_A und F_B. Man gehe im Weiteren von der Vorstellung aus, dass beide Manager exakt die gleichen Überzeugungen haben. So finden sich zwangsläufig in beiden Fonds zu jeder Zeit dieselben Titel wieder. Unter dieser Annahme entwickeln sich auch beide Fonds F_A und F_B prinzipiell identisch, denn beide Fonds enthalten gemäß Annahme die gleichen Wertpapiere in demselben Verhältnis. Man betrachte nun hinsichtlich F_A und F_B zwei aufeinanderfolgende Jahre und es werde angenommen, die Rendite sei im ersten Jahr 50 % und im zweiten Jahr 20 %. Ferner werde nun angenommen, dass ein Investor auf den Plan getreten sei, der hinsichtlich F_A und F_B gewisse wie folgt beschriebene Zuflüsse generiert. Im Einzelnen sei angenommen, der Investor dotiere F_A zu Beginn des ersten Jahres mit 500 000 Euro, während er in F_B zu Beginn des ersten und zweiten Jahres je 250 000 Euro einzahle. Die Wertentwicklung von F_A vollzieht sich dann wie folgt: $K_0 = 500\,000$, $K_1 = 500\,000 \times 1,5 = 750\,000$, $K_2 = 750\,000 \times 1,2 = 900\,000$. F_B hingegen entwickelt sich wie folgt: $K_0 = 250\,000$, $K_1 = 250\,000 \times 1,5 = 375\,000$, $K_1 + Z_1 = 375\,000 + 250\,000 = 625\,000$, $K_2 = 625\,000 \times 1,2 = 750\,000$. Die Zahlungsreihen sehen für die beiden Fonds also folgendermaßen aus:

$$F_A: (-500\,000, 0, 900\,000); \quad F_B: (-250\,000, -250\,000, 750\,000)$$

Ausgehend von Formel (3) soll nun jeweils bezogen auf Manager A und Manager B der interne Zinsfuß, mit $R_I{}^A$ bzw. $R_I{}^B$ bezeichnet, errechnet werden.

Für Manager A ergibt sich $R_I{}^A$ ausgehend von der Bestimmungsformel

$$500000 = 900000 * \left(1 + R_I^A\right)^{-2}, \text{ zu:} \qquad R_I^A = 34{,}16\%$$

$R_I{}^B$ ermittelt sich analog aus

$$250000 = -250000 * \left(1 + R_I^B\right)^{-1} + 750000 * \left(1 + R_I^B\right)^{-2}$$

bzw. aus der damit äquivalenten quadratischen Gleichung

$$250000 * \left(1 + R_I^B\right)^2 + 250000 * \left(1 + R_I^B\right)^1 - 750000 = 0 \qquad \text{zu: } R_I{}^B = 30{,}28\%$$

Obwohl also in beiden Fonds die identische Anlagepolitik erfolgt, weist der interne Zinsfuß zwei unterschiedliche Renditen auf. Offensichtlich ist damit diese Methode nicht dazu geeignet, die eigentliche Managementleistung der Fondsmanager A und B zu beurteilen, denn beide haben ja die gleichen Investments getätigt.

Betrachtet man nun allerdings die zeitgewichtete Rendite (time weighted rate of return) der beiden Fonds, hier mit TWR^A und TWR^B bezeichnet, so ergibt sich Folgendes:

Für den Fonds F_A gilt entsprechend den Formeln (5) bzw. (10):

$$1+TWR^A = \frac{750000}{500000} * \frac{900000}{750000} = 1{,}5*1{,}2 = 1{,}8 \quad also: TWR^A = 80\%$$

und für den Fonds F_B ergibt sich:

$$1+TWR^B = \frac{375000}{250000} * \frac{750000}{625000} = 1{,}5*1{,}2 = 1{,}8 \quad also: TWR^B = 80\%$$

D. h. in beiden Fällen ergibt sich derselbe über den Zeitraum von 2 Jahren errechnete Aufzinsungsfaktor von 1,8 bzw. ein time weighted rate of return von 80 %, woraus sich gemäß (7) jeweils die annualisierte Rendite von

$$R = \sqrt[2]{1{,}5*1{,}2} = \sqrt[2]{1{,}8} = 34{,}16\%$$

ergibt.

Der **interne Zinsfuß** wird in dem hier dargestellten Kontext auch als **wertgewichtete Rendite** und der time weighted rate of return (TWR) wie erwähnt als **zeitgewichtete Rendite** bezeichnet.

785 Aus dieser Analyse kann die folgende für die Praxis wichtige Konsequenz gezogen werden: **Zur Beurteilung der Portfoliomanagerqualität ist die wertgewichtete Rendite im Allgemeinen ungeeignet**, da extern induzierte Kapitalbewegungen diese Maßzahl beeinflussen. Anders ist dies bei der zeitgewichteten Rendite, da diese von externen Kapitalbewegungen unbeeinflusst bleibt. **Die zeitgewichtete Rendite ist daher eine zur Beurteilung der Managementqualität geeignete Größe.** Nur für den Fall, dass der Portfoliomanager vollen Einfluss über die Kapitalbewegungen ausübt, kommt der wertgewichteten Rendite ein entsprechender, mit Blick auf die Managerqualität bezogener Informationsgehalt zu.

786 In der Praxis stellt sich im Zusammenhang mit der zeitgewichteten Rendite allerdings das Problem, immer dann eine Portfoliobewertung durchführen zu müssen, wenn Kapitalbewegungen stattfinden. Denn die zeitgewichtete Rendite ist ja wie zuvor gesehen nichts anderes als die multiplikative Verknüpfung der Renditen aller Teilperioden zwischen jeglichen Mittelbewegungen. Und um die Rendite der Teilperioden zu be-

stimmen braucht man den Portfoliowert zu diesen Eckdaten, nämlich zum entsprechenden Anfangs- und Endzeitpunkt der jeweiligen Teilperiode.

Für rein praktische Zwecke liegt der Gedanke nahe, anstelle der durch jede einzelne 787 Mittelbewegung definierte Teilperiode näherungsweise auf ‚längere' bzw. ‚standardisierte' Zeitfenster überzugehen, etwa auf einen Monat. Und zur Ermittlung der zeitgewichteten Rendite über einen längeren Zeitabschnitt, z. B. ein Jahr, würde man einfach die aus den Portfolioständen zu Monatsanfang und -ende sich ergebenden Monatsrenditen gemäß Formel (10) aufmultiplizieren. Einzig zu klären wäre, wie man möglicherweise innerhalb des Monats stattfindende Mittelbewegungen kalkulatorisch berücksichtigt, um die dem Monat zuzuordnende Rendite zu berechnen. In dem Zusammenhang finden sich nun in der Praxis zwei Näherungsverfahren, die als **Dietz-Methode** und als **modifizierte Dietz-Methode** bezeichnet werden. Bei der **Dietz**-Methode geht man kalkulatorisch so vor, als seien alle Mittelbewegungen innerhalb einer Teilperiode zur Mitte dieser Teilperiode erfolgt, während bei der modifizierten **Dietz**-Methode die jeweiligen Kapitalflüsse genau mit der Dauer ihrer Wirksamkeit berücksichtigt werden.

Ausgehend von den folgenden Bezeichnungen: 788

V_{T_i} = Vermögenswert am Ende der i – ten Teilperiode

V_{0_i} = Vermögenswert am Anfang der i – ten Teilperiode

e_{i_j} = j – te Einzahlung in der i – ten Teilperiode

$\sum e_{i_j}$ = Summe aller Einzahlungen in der i – ten Teilperiode

a_{i_j} = j – te Auszahlung in der i – ten Teilperiode

$\sum a_{i_j}$ = Summe aller Auszahlungen in der i – ten Teilperiode

$g_{i_j}^e$ = zeitlicher Anteil der j – ten Einzahlung bis Ende der i – ten Teilperiode

$g_{i_j}^a$ = zeitlicher Anteil der j – ten Auszahlung bis Ende der i – ten Teilperiode

lautet die Formel für die Rendite der i-ten Teilperiode nach der **Dietz-Methode**:

$$(12) \quad R_{i,Dietz} = \frac{V_{T_i} + \sum a_{i_j} - V_{0_i} - \sum e_{i_j}}{V_{0_i} + \frac{1}{2}\sum(e_{i_j} - a_{i_j})}$$

während sich die Rendite der i-ten Teilperiode gemäß **modifizierter Dietz-Methode** wie folgt ermittelt:

$$(13) \quad R_{i,Dietz}^{mod} = \frac{V_{T_i} + \sum a_{i_j} - V_{0_i} - \sum e_{i_j}}{V_{0_i} + \sum g_{i_j}^e \cdot e_{i_j} - \sum g_{i_j}^a \cdot a_{i_j}}$$

789 Anhand eines **Beispiels** sollen beide Methoden differenziert werden: Es werde eine Periode von 30 Tagen zu Grunde gelegt, zu deren Beginn der Anfangswert eines Portfolios 1 000 000 betrage und am Schluss der Endwert 1 100 000 erreicht sei. In diesem Portfolio erfolge nach 10 Tagen ein Zufluss von 150 000 und nach 20 Tagen eine Entnahme von 120 000. Dann erhalten wir im Einzelnen für die beiden Berechnungsarten:

$$R_{i,Dietz} = \frac{1\,100\,000 + 120\,000 - 1\,000\,000 - 150\,000}{1\,000\,000 + \dfrac{1}{2}*150\,000 - \dfrac{1}{2}*120\,000}$$

$$= \frac{70\,000}{1\,015\,000} = 6,9\%$$

$$R_{i,Dietz}^{mod} = \frac{1\,100\,000 + 120\,000 - 1\,000\,000 - 150\,000}{1\,000\,000 + \dfrac{20}{30}\cdot 150\,000 - \dfrac{10}{30}\cdot 120\,000}$$

$$= \frac{70\,000}{1\,000\,000 + 100\,000 - 40\,000} = \frac{70\,000}{1\,060\,000} = 6,6\%$$

III. Renditeberechnung nach der BVI-Methode bei Investmentfonds

790 Institutionell verwaltete Investmentfonds, seien es Publikumsfonds oder für professionelle Anleger verwaltete Spezial-AIFs, schütten die aus Dividenden oder Zinsen erzielten Erträge häufig in einem Betrag oder in mehreren Beträgen unterjährig aus. Die vom Bundesverband Investment und Asset Management e. V. (kurz „BVI") angewandte und hier auch als BVI-Rendite bezeichnete Methode ist nun ein Verfahren, um diese Ausschüttungen hinsichtlich der Renditeberechnung sachgerecht zu berücksichtigen. Im Ergebnis handelt es sich bei der BVI-Rendite um eine wie im vorigen Abschnitt beschriebene zeitgewichtete Renditegröße, die es durch ihre Konstruktion also erlaubt, Rückschlüsse auf die Qualität des Anlagemanagements vorzunehmen. Gerade aus diesem Zusammenhang heraus leitet sich denn auch die Bedeutung der BVI-Rendite ab.

791 Die durch Kapitalzuflüsse oder -abflüsse von Anlegern verursachten Änderungen schlagen sich bei Investmentfonds lediglich im Hinblick auf die Zahl der verbrieften Anteilsscheine nieder, haben jedoch keinen Einfluss auf den hinsichtlich des jeweiligen Einzelanteils normierten Nettoinventarwertes des Gesamtvermögens. Letzterer, auch als „Anteilswert" bezeichnet, wird i. d. R. täglich ermittelt und im Falle von Publikumsfonds über die einschlägigen Medien wie Fachpresse oder spezielle Internetforen veröffentlicht. Es ist zuallererst auch der Anteilswert diejenige Größe, die den Anleger interessiert, der sich mit einem eigenen Investment am Sondervermögen des Investmentfonds beteiligt hat. Denn erstens ergibt sich sein aktuelles Engagement aus

dem Produkt des Anteilswertes mit der Zahl seiner gehaltenen Anteile und zweitens lässt sich am Anteilswert selbst unmittelbar ablesen, wie die wertmäßige Entwicklung verlaufen ist, indem man dem aktuellen Anteilswert historische Werte, etwa den von vor einem Monat oder vor einem Jahr, gegenüberstellt.

Diese besondere Form der „Administration" seitens der Investmentgesellschaft macht es auch denkbar einfach, die Performance des Sondervermögens zu ermitteln – abgesehen von der im Folgeabschnitt erwähnten Ausnahme (vgl. Rdnrn. 793 ff.). Denn die Performance im Sinne einer Rendite des Sondervermögens ergibt sich – bezogen auf eine beliebige, den Anleger interessierende Periode – einfach dadurch, indem man den Anteilswert zum Ende der Periode durch den Anteilswert zu Beginn der Periode dividiert, allerdings: unter der unten noch näher zu beschreibenden Einschränkung. Unerheblich ist dabei, ob sich während dieses Zeitraumes weitere Anleger mit eigenen Anlagen am Sondervermögen beteiligt oder etwa desinvestiert haben, denn diese Transaktionen finden wie bereits erwähnt keinen Niederschlag im Anteilswert selbst. **792**

Eine wichtige Einschränkung hinsichtlich des zuvor beschriebenen Vorgehens muss nun aber bedacht werden: Die Ermittlung der Fondsperformance durch einfache Division der Anteilswerte ist nur dann zulässig, wenn in der betrachteten Periode keine wie eingangs erwähnte Ausschüttung stattgefunden hat. Man beachte, dass auch steuerliche Abflüsse hierzu zählen. Im Falle eines Abflusses vermindert sich der Inventarwert des Vermögens zum Zeitpunkt der Ausschüttung gerade um den betreffenden Ausschüttungsbetrag. Im gleichen Verhältnis mindert sich folglich der Anteilswert. Die wie oben aufgezeigte Vorgehensweise, durch einfache Division der Anteilswerte die Performance zu bestimmen, führt in dem Fall folgerichtig und ganz offensichtlich zu einem nicht korrekten Ergebnis. **793**

Um nun dennoch eine sachgerechte Rendite trotz Ausschüttung ausweisen zu können, kann man sich eines einfachen Verfahrens bedienen. Dabei wird fiktiv davon ausgegangen, dass der zur Ausschüttung gekommene Betrag im Zeitpunkt der Ausschüttung im Fonds wieder angelegt wird. Dadurch erhöht sich die Anzahl der Anteile. Es ergibt sich mithin im Zusammenhang der Renditeberechnung ein „Korrekturfaktor", indem der Ausschüttungsbetrag pro Anteil durch den Anteilswert unmittelbar *nach* Ausschüttung dividiert wird. Der Korrekturfaktor stellt damit nichts anderes dar als eine fiktive Erhöhung der im Portfolio befindlichen Anteile durch Nachinvestieren der Ausschüttung. Da der Anteilswert selbst aber schon eine Normierung darstellt, genügt es, allein die Anteilswertentwicklung zu betrachten, ohne dass in einem realen Portfolio auf die darin in Summe gehaltenen Anteile selbst im Rahmen dieser Renditebetrachtung abgestellt werden muss. Finden mehrere Ausschüttungen im Zeitablauf statt, so sind jeweilige Korrekturfaktoren zu bilden und schlussendlich multiplikativ miteinander zu verknüpfen. Die so abschließend sich bildende Korrekturzahl ist dann mit dem am Ende des betrachteten Gesamtzeitraumes ausgewiesenen Anteilswert zu multiplizieren. Der sich dergestalt ergebende fiktive Anteilswert zum Ende wird dann **794** ins Verhältnis zum anfänglichen Anteilswert gesetzt und so ergibt sich schließlich die gesuchte korrekte Renditezahl. In Formeln stellt sich das Ganze wie folgt dar:

$$R_{BVI} = \sqrt[n]{\frac{Anteilswert_{t_n} * y}{Anteilswert_{t_0}}} - 1$$

mit dem wie oben verbal beschriebenen Korrekturfaktor y:

$$y = \prod_{t=1}^{n}\left(1 + \frac{Ausschüttung(Anteil)_t}{Anteilswert(nachAusschüttung)_t}\right)$$

795   Ein **Beispiel** macht den erläuterten Sachverhalt relativ schnell deutlich, wobei der Rechengang zunächst auf Depotebene motiviert werden soll: Angenommen, in einem Portfolio befinden sich zu Jahresbeginn 50 Anteile und der Anteilswert notiert zu diesem Zeitpunkt bei 100. Es sei weiter angenommen, dass der Anteilswert bis Jahresmitte auf 105 steigt, dass zu diesem Zeitpunkt eine Ausschüttung von 3 Geldeinheiten pro Anteil erfolgt und der Anteilswert zum Jahresende bei 106 notiert.

Damit beträgt der Portfoliowert zu Jahresbeginn 5 000. Bezogen auf das Depot kommt zur Jahresmitte ein Betrag von 50 × 3 = 150 zur Ausschüttung. Zum Zeitpunkt der Ausschüttung vermindert sich aber auch der Anteilswert von 105 auf 102. Nun erfolgt eine fiktive Wiederanlage der unterstellten 150 Einheiten der Ausschüttung auf Depotebene. Fiktiv werden zu diesem Zeitpunkt also nun auf Basis des verminderten neuen Anteilswertes zusätzliche 150/102 = 1,470588 neue Anteile erworben. Das Depot umfasst dann 51,470588 Anteile. Dann beträgt der Depotwert zum Jahresende: 51,470588 × 106 = 5 455,88. Das Depot hätte damit über das Jahr hinweg mit 5 455,88/5 000 − 1 = 9,12 % rentiert.

Nun vergleichen wir dieses Ergebnis mit dem oben vorgestellten einfacheren Rechenweg unter Bezugnahme des Korrekturfaktors. Der Korrekturfaktor wird direkt auf den normierten Anteilswert bezogen: in obiger Nomenklatur gilt also: y = 1 + 3/102 = 1,02941 und als BVI-Rendite ergibt sich nach Anwendung der Formel: BVI$_R$ = (106 × 1,02941)/100 − 1 = 109,12/100 − 1 = 9,12 %, womit wir das gleiche Ergebnis erhalten wie wenn wir wie oben dargestellt auf der Depotebene durchrechnen.

796   Zusammenfassend kann festgehalten werden, dass die BVI-Rendite eine zeitgewichtete Rendite ausweist, innerhalb derer die eventuell zur Ausschüttung gekommen Beträge sachgerecht verarbeitet wurden. Damit werden ausschüttende und thesaurierende Fonds direkt vergleichbar. Als zeitgewichtete Größe lässt die BVI-Rendite Rückschlüsse auf die geleistete Arbeit bzw. Qualität des Fondsmanagements zu.

IV. Performance als absolutes oder relatives Renditemaß

Unter Bezugnahme auf die obigen Ausführungen mit der Darstellung unterschiedlicher Vorgehensweisen, um Renditen zu messen und zu beschreiben, wird die **Rendite** bzw. **Wertentwicklung einer Anlage** nach der jeweils beschriebenen Methode häufig auch als „**absolute Performance**" bezeichnet. Im Einzelnen ist dabei im Quervergleich oder bei der Bewertung dieser Maßgröße zu berücksichtigen, über welchen Zeitraum (Monat, Jahr etc.) sie ermittelt wurde, zu welchen Zeitpunkten die Bewertung des zu Grunde liegenden Vermögens stattgefunden hat, nach welchem speziellen Verfahren vorgegangen wurde (wertgewichtet, zeitgewichtet, etc.) und auf welches Objekt die Renditemessung ausgerichtet war (genaue Umschreibung des untersuchten Vermögens, z. B. Spezial-AIF, Teilsegment etc.). 797

Nur wenn diese Informationen vollständig vorliegen, kann eine objektive Bewertung vorgenommen werden. Man sollte dabei nicht unterschätzen, dass manchmal nur als marginal empfundene Änderungen der Rahmenparameter zu mitunter signifikant anderen Ergebnissen führen können. Unerheblich hingegen ist, in welchem Format die Angabe erfolgt, etwa als Prozentzahl oder in Dezimalform. 798

Wird die so beschriebene Wertentwicklung, d. h. die absolute Performance in den Zusammenhang einer Vergleichsgröße gesetzt, so meint „**relative Performance**" die Differenz der gemessenen absoluten Performance und der Rendite der Vergleichsgröße. Fällt die Differenz positiv aus, so spricht man auch von „**Outperformance**", während man im Falle einer negativen relativen Performance auch von „**Underperformance**" spricht. 799

Bei der Beurteilung relativer Performance trifft man in der Praxis mitunter auf das Problem, dass die Bewertung von Vermögen und Vergleichsvermögen (z. B. der Index eines Marktes) nicht zu exakt gleichen Zeitpunkten stattgefunden hat. Wenn beispielsweise eine Investmentgesellschaft die Bewertung ihrer Spezial-AIFs für alle Mandate einheitlich zu einer bestimmten Uhrzeit durchführt und, die in den Vergleich gesetzte Benchmark, die wiederum von einem externen Indexprovider der administrierenden Investmentgesellschaft gemeldet wird, zu einem hiervon abweichenden Zeitpunkt gebildet wurde, dann können Differenzen entstehen, die bei einer nicht sachgerechten Einordnung zu falschen Schlussfolgerungen, und zwar mit Blick auf den Anlagemanager im Positiven wie im Negativen, führen können. 800

V. Die Benchmark als Orientierungsgröße bei der Erfolgsmessung

Wie „erfolgreich" eine Investition war, lässt sich auf quantitativer Ebene recht gut beurteilen, wenn man einen geeigneten Vergleichsmaßstab, auch als „Benchmark" bezeichnet, heranzieht. Das Attribut „geeignet" sollte dabei auch im strengen Sinne als „angemessen" interpretiert werden. Und genau dieser Angemessenheit sollte im praktischen Umgang mit einer Benchmark die höchste Aufmerksamkeit zukommen, um Fehlbewertungen und damit verbundene falsche Schlussfolgerungen zu vermeiden. 801

Der Vergleichsmaßstab wird bei der Mandatierung eines Vermögensverwalters häufig auch bereits in das Zielsystem des Mandates bzw. in den Vermögensverwaltungsvertrag selbst integriert.

802   Man sollte allerdings zwischen der Benchmark einerseits als Referenzgröße, Anker- oder Ausgangspunkt und der im Zusammenhang mit der Implementierung eines Vermögensverwaltungsmandats verbundenen Zielsetzung andererseits differenzieren. Benchmark und Zielsetzung sind unterschiedliche Kategorien und keineswegs identisch. Denkt man als Benchmark etwa an einen Marktindex, so muss das Ziel nicht notwendigerweise darin bestehen, auf der Ebene des Mandats die Rendite dieses Index als zuvor definierte Benchmark zu übertreffen. Dies wäre für den Fall eines „aktiven Managements" (vgl. Rdnr. 888) zutreffend, keinesfalls aber für ein sog.s „passives Management", dessen Zielsetzung gerade darin besteht, den Verlauf der Benchmark, in dem Falle also des Marktindex, im Rahmen des Mandats möglichst genau nachzubilden. M. a. W.: mögen Benchmark und Zielsetzung durchaus zusammenhängen, sie betreffen aber unterschiedliche Regelungstatbestände.

803   Bei der Festlegung eines Vergleichsmaßstabes sind verschiedene Dimensionen zu berücksichtigen, und zwar zum einen, um welche Basisgröße es sich handelt und zum anderen, welche zeitlichen Aspekte in Betracht gezogen werden sollen. Es kommen daneben aber auch noch weitere Attribute hinzu, die den Umgang mit einer Benchmark nicht immer einfach machen und in der Praxis nicht selten zu Missverständnissen und schlimmstenfalls sogar zu Fehlinterpretationen führen können. Es soll dies nachfolgend anhand einiger Beispiele erläutert werden.

804   Hinsichtlich der Basisgröße sind folgende Kategorien denkbar:

– **Absolut-Return-Ansatz:** Wenngleich in der Literatur wie in der Praxis mit vielfältigen Bedeutungen belegt, soll hierunter die Vorgabe einer „fixen Zahl" als feste Orientierungsgröße verstanden werden. Als Beispiele können hier etwa genannt werden: 3 % p. a. oder „die Inflationsrate" etc.

– **Marktindex:** In der Praxis weit verbreitet ist die Vorgehensweise, als Vergleichsmaßstab einen Index zu wählen. Dieser Index wird i. d. R. nach einer objektiv nachvollziehbaren Systematik aus der Entwicklung eines Anlagesegments (Marktes) abgeleitet. Insofern stellt ein Index eine abstrakte Größe dar, die zeitlichen Veränderungen unterworfen und damit dynamisch ist. Verschiedene sog. Index-Provider stellen inzwischen Tausende von Indizes zur Verfügung, deren Großteil grob gesprochen in Aktien-, Renten- und Rohstoffindizes klassifiziert werden kann und die mit Blick auf weitere Klassifizierungen zu Branchen- und Regionenindizes heruntergebrochen oder umgekehrt zusammengesetzt werden. Als Beispiele mögen hier der DAX40, der EuroStoxx50 oder der Dow Jones Industrial Average als Aktienindizes bzw. RexP, J.P.Morgan EMU Government Bond Index und iboxx Euro Overall TR als Rentenindizes genannt werden.

- Ein Index kann als **Preisindex** oder auch als sog. **Performance-Index** (auch als Total Return Indizes bezeichnet) veröffentlicht werden. Bei Letzterem werden im Rahmen seiner Konstruktion ausgeschüttete Zinsen bzw. Dividenden fiktiv reinvestiert, sodass ein Performance-Index neben der reinen Preisentwicklung einer Anlage auch die getätigten Auszahlungen mit einrechnet. Beide Indextypen haben ihre Berechtigung, sind aber unterschiedlich zu interpretieren. Wenn es etwa ex post um die reine Wertentwicklungsanalyse bzw. Rentabilität eines Investments geht, dann muss – unter der Voraussetzung, dass Ausschüttungen wie Zinsen und Dividenden zur Wiederanlage kommen – der Performanceindex herangezogen werden. Stellt sich demgegenüber etwa die Frage, ob der Markt hinsichtlich seines aktuellen Bewertungsniveaus im historischen Vergleich eher teuer oder günstig einzustufen ist, dann ist auf den Preisindex abzustellen.

- Insbesondere ist beim Heranziehen eines Index selbstverständlich auch darauf zu achten, auf Basis welcher Währung dieser zusammengesetzt wurde.

- **Peer-Group:** Hier besteht der Ansatzpunkt darin, als Vergleichsmaßstab alle diesenigen Vermögensverwalter zu betrachten, die „ähnliche" Mandate verwalten. Wenn es möglich ist, eine entsprechende Klassifizierung vorzunehmen, kann dies ein durchaus sinnvoller Ansatz sein. Im Vergleich zum Marktindex-Ansatz ist zu bedenken, dass der Markt und der damit verbundene Index von allen Marktteilnehmern gemeinsam „gemacht" werden. Gegebenenfalls stehen aber hinter den einzelnen Akteuren durchaus unterschiedliche Motive. Demgegenüber könnte man bei einer Peer-Group wohl noch eher davon ausgehen, dass die darin zusammengefassten Anleger ähnliche Zielsetzungen in ihrer Anlagepraxis verfolgen. In der Praxis macht hinsichtlich eines Peer Group – Vergleichs häufig die Zusammensetzung dieser Vergleichsgruppe die größten Schwierigkeiten. Nicht immer ist der Fall gegeben, dass eine Vergleichsgruppe tatsächlich homogen ist oder im Hinblick auf ihre Zusammensetzung demjenigen entspricht, der sich ihrer bedienen möchte. Ein genaues Hinsehen ist hier in jedem Falle angezeigt.

Hinsichtlich des eingangs angesprochenen Zeitraumes kann ein festes oder auch rollierendes Zeitintervall zu Grunde gelegt werden.

Bei der Formulierung: „Als Vergleichsgröße wird eine Rendite von 3 % p. a. festgelegt, die zum jeweiligen Kalenderjahresende für das abgelaufene Jahr erreicht werden sollte." handelt es sich beispielsweise um eine Vorgabe, bei der eine feste Größe, hier also eben besagtes Wachstum von 3 %, zu Vergleichszwecken herangezogen wird. Bei näherem Hinsehen jedoch erscheint die gewählte Regelung lückenhaft, denn sie sagt weder etwas darüber aus, wie steuerliche Aspekte zu berücksichtigen sind, noch ob auch Elemente der Kostenebene in die Betrachtung mit eingehen. Diese Klarstellungen sollten jedoch in einer entsprechenden Regelung keinesfalls fehlen. **805**

Betrachtet man demgegenüber die folgende Vorgabe: „Als Vergleichsgröße wird die Entwicklung des deutschen Aktienmarktes, repräsentiert durch den Performance-Index DAX40 zu Grunde gelegt, der vom beauftragten Asset Management in rollieren- **806** den 36-Monats-Perioden nach Abzug aller Kosten und vor Abfuhr von Steuern um wenigstens 0,5 % p. a. übertroffen werden sollte." Hier handelt es sich um eine Vorgabe, bei der anstelle einer festen Zahl die Entwicklung einer dynamischen Größe steht, nämlich des Index DAX40. Statt des fixen Zeitrahmens ‚Kalenderjahr' wie im ersten Beispiel wird eine fortzuschreibende Zeitachse, im vorliegenden Fall eine 3-Jahres-Periode, zu Grunde gelegt. Natürlich setzt dies voraus, dass vor Anwendung dieser Regelung 3 Jahre vergangen sein müssen. In der Zwischenzeit wäre, so sei der Vollständigkeit halber hier angemerkt, hinsichtlich eines geeigneten Vergleichs eine ergänzende, angemessene Regelung zu finden. Eine solche Verstetigung des Zeitfensters bedingt jedoch zum einen, dass der anzustellende Vergleich nicht nur zu besonderen Fixpunkten, bspw. dem Ablauf eines Kalenderjahres, sondern eben kontinuierlich erfolgt. Denn der Vergleich kann zu jedem beliebigen Zeitpunkt vorgenommen werden, etwa zu jedem einzelnen Monatsende, dann eben rückblickend auf die vergangenen 3 Jahre. Ein weiterer Vorteil dieser Betrachtung liegt darin, dass besondere Ereignisse, etwa ein Börseneinbruch auf Grund einer Naturkatastrophe, innerhalb einer solchen Betrachtung geglättet werden. Im Weiteren nimmt die vorliegende Formulierung eines Zielsystems auch Stellung dazu, wie Kosten und Steuern zu berücksichtigen sind. Für alle Beteiligten herrscht insofern weitgehende Klarheit über die Zielsetzung des Mandats, vordergründige Interpretationsspielräume sind weitgehend ausgeschlossen.

807 Als Anleger sollte man sich darüber im Klaren sein, dass mit der Festlegung der Benchmark bereits ein ganz wesentlicher Baustein der Risikocharakteristik der Investition vorgegeben wird, gegebenenfalls sogar schon der entscheidende. Dies gilt umso mehr, wenn zusätzlich zu der Festschreibung der Benchmark noch weiterführende Festlegungen zu den Freiheiten i. S. v. Handlungsspielräumen des Vermögensverwalters innerhalb der Umsetzung des Mandats getroffen werden. So könnten beispielsweise in den Anlagerichtlinien Regelungen dazu aufgenommen werden, wie weit sich der Vermögensverwalter maximal von der gewählten Benchmark „entfernen" darf. Ein hierfür geeignetes Maß wäre etwa der später noch zu diskutierende „**Tracking Error**", als ein statistisches Abweichungsmaß, das den „Abstand" des Mandats von der Benchmark charakterisiert. Wird dieses Maß relativ eng bzw. relativ großzügig definiert, ist damit klar, dass sich der Vermögensverwalter – um eben auch diese Vorgabe zu erfüllen – gegebenenfalls relativ nah an dem durch die Benchmark definierten Anlageuniversum ausrichtet bzw. sich demgegenüber größere Freiheiten nehmen darf.

808 In dem vorigen Beispiel würde etwa die relativ enge Vorgabe hinsichtlich des Abweichungsgrades von der dort gewählten Benchmark DAX40 mit hoher Wahrscheinlichkeit erwarten lassen, dass das entsprechende Mandat auf Titelebene sowohl hinsichtlich der Titelauswahl wie auch mit Blick auf deren Gewichtung der Charakteristik des Index DAX40 sehr nahe kommt. Die im Zielsystem beispielhaft angesprochene Überrendite von 0,5 % könnte der Vermögensverwalter versuchen dadurch zu erreichen, indem er zunächst den betrachteten Index weitgehend repliziert und dann nach hinlänglicher Analyse einzelne aussichtsreiche oder weniger aussichtsreiche Titel relativ zur Benchmark über- oder untergewichtet. Ein enges Korsett durch Vorgabe eines

nur minimalen Tracking Errors würde es von vorneherein ausschließen, innerhalb des Mandates auf große marktkapitalisierte Titel oder gar ganze Branchen zu verzichten, weil sich dadurch für den Vermögensverwalter die Wahrscheinlichkeit erhöhen würde, den vorgegebenen Abweichungsgrad von der definierten Benchmark zu verletzen.

Manche Vermögensverwalter lehnen zu enge Vorgaben innerhalb der Mandatsfest-   809
schreibung von vorneherein ab, häufig unter dem Hinweis darauf, dass solche Regelungen nicht zum eigenen Investmentprozess passen. Im Einzelfall muss dann der
Anleger entscheiden, ob er höhere Freiheitsgrade einräumt oder im Zweifelsfall darauf
verzichtet, diesen Manager zu mandatieren.

Hinsichtlich der Festlegung einer Benchmark und der Formulierung an die erwartete   810
Outperformance, also an das Übertreffen der Benchmarkrendite, sollte darauf geachtet werden, dass die formulierte Zielsetzung unter objektiver Würdigung der Gesamtheit aller vorgenommenen Regelungen innerhalb der Anlagerichtlinien auch erfüllbar
und unter realistischen Annahmen erreichbar ist. Beispiel: Eine im Vergleich zur
Benchmark zu hohe Erwartungshaltung an die Zielrendite könnte der Vorgabe eines
nur niedrig erlaubten Abweichungsgrades entgegenstehen.

Zusammenfassend können hinsichtlich der Wahl einer Benchmark folgende Charak-   811
teristiken festgehalten werden.[2] Eine Benchmark sollte…

– eine gegenüber dem zu implementierenden Mandat erwerbbare Alternative darstellen, also „investierbar" sein,

– gut diversifiziert und damit risikoadjustiert schwer zu schlagen sein,

– mit niedrigen Kosten verbunden sein und

– hinsichtlich ihrer Konstruktion transparent und jederzeit nachvollziehbar sein.

Abschließend mag sich die Frage stellen, „woher die Benchmark kommt" oder in anderen Worten ausgedrückt, wie die Festlegung auf eine bestimmte Benchmark motiviert werden kann: Letztendlich handelt es sich bei einer Benchmark um diejenige
„neutrale Position", in die der Anleger investiert hätte, hätte er den Vermögensverwalter nicht mit einem Verwaltungsmandat ausgestattet. Aus diesem Blickwinkel kann
die Festlegung auf eine bestimmte Benchmark auch aus einer zuvor festgelegten strategischen Asset Allokation abgeleitet werden, indem als Benchmark genau dasjenige
Referenzobjekt herangezogen wird, das bereits bei der analytischen Ableitung einer
strategischen Asset Allokation herangezogen wurde. Wurde etwa im Rahmen einer
zuvor durchgeführten ALM-Analyse auf einzelne Marktindizes als Repräsentanten zurückgegriffen, so wäre es naheliegend, bei der nun folgenden Implementierung und
Vergabe der Mandate diese Marktindizes als Einzel-Benchmarks anzusetzen.

---

2 Vgl. hierzu auch u. a. *William F. Sharpe*, Asset Allocation: Management Style and Performance Measurement, Journal of Portfoliomanagement, pp 7 bis 19).

812 Mit Blick auf das Gesamtportfolio kann eine aggregierte Benchmark entsprechend der Gewichtung aus der strategischen Asset Allokation aus den Einzel-Benchmarks zusammengesetzt werden. In der Praxis ist dann jedoch darauf zu achten, mit welcher Frequenz eine Rebalancierung der Einzelbenchmarks in der Gesamtbetrachtung vorgenommen wird (vgl. zum Thema der Rebalancierung auch Rdnrn. 912 ff.). Denn wird dies nicht mit der praktischen Umsetzung abgestimmt, könnte dies gegebenenfalls in einen nicht adäquaten Vergleich münden.

VI. Systematisches und unsystematisches Risiko

813 Performance im weiteren Sinne wird vielfach als ein **risikoadjustiertes Maß** verstanden. Im Prinzip geht es dabei darum, die erzielte Wertentwicklung ins Verhältnis mit dem in diesem Zusammenhang eingegangenen Risiko zu setzen. Allerdings gibt es auch dabei wiederum unterschiedliche Möglichkeiten, denn je nachdem, welches Risikomaß man ansetzt, führt dies auf unterschiedliche Performancemaße. Bevor also in die weitere Performance-Diskussion hineingegangen wird, soll zunächst ein kurzer Diskurs zum Thema Risiko erfolgen.

814 Nimmt man zur besseren Vorstellung zunächst an, dass ein Aktienportfolio bestehend aus einer bestimmten Anzahl von unterschiedlichen Investments, d. h. Aktien, zusammengestellt werde. Beobachtet man die Wertentwicklung des Portfolios über ein bestimmtes Zeitintervall hinweg, so wird man, zumindest im normalen Verlauf, feststellen, dass diese Wertentwicklung mal positiv, mal negativ verläuft. Wahrscheinlich beobachtet man aber gegebenenfalls auch gewisse, über das Normalmaß hinausgehend empfundene Ausschläge in der Wertentwicklung nach oben und nach unten. Erhöht man nun gedanklich die Zahl der im Portfolio enthaltenen Aktientitel, so wird man wahrscheinlich feststellen, dass die Schwankungsanfälligkeit des Portfolios mit steigender Anzahl der im Portfolio enthaltenen Titel abnimmt. Man wird im Weiteren aber auch bemerken, dass die relative Abnahme der Schwankungsanfälligkeit mit zunehmender Titelzahl immer geringer ausfällt und dass sich im Übrigen das in Form der Schwankungsanfälligkeit wahrgenommene Risiko schließlich asymptotisch einem Niveau nähert, das nicht mehr weiter nach unten durchbrochen werden kann. Dieser Level wird auch als „Marktrisiko" oder „systematisches Risiko" bezeichnet. Das Gesamtrisiko in diesem erdachten Aktienportfolio setzt sich dementsprechend aus einem systematischen Teil (Marktrisiko) und einem unsystematischen Anteil zusammen. In der folgenden Grafik wird dieser Zusammenhang anschaulich dargestellt.

Abb. 45 Evans-Archer-Diagramm: Risiko in Abhängigkeit vom Diversifikationsgrad   815

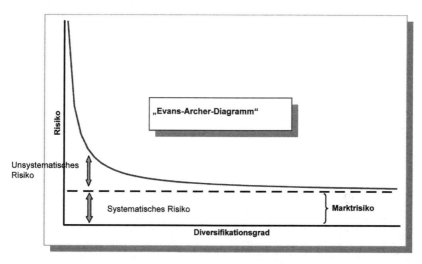

Systematische Risiken sind marktinhärent, sie schlagen auf alle in dem Markt befind-   816
lichen Titel durch, wenn auch unterschiedlich stark. Als Beispiel möge etwa das Zinsänderungsrisiko im Anleihebereich genannt werden: eine Zinsänderung wirkt sich auf
alle Anleihen, wenn auch je nach Restlaufzeit des Titels in unterschiedlicher Stärke,
aus. Demgegenüber sind unsystematische Risiken titelspezifisch und somit einzelwirt-
schaftlich induziert. Wenn etwa eine Aktiengesellschaft ein zuvor in Aussicht gestelltes
Investitionsprogramm zurücknimmt, dann wird sich dies aus Analystensicht in ganz
spezifischer Weise auf den Wert dieser einzelnen Aktie auswirken, ohne dass dies notwendigerweise den Aktienmarkt insgesamt berühren muss.

Ein „natürliches" und auch relativ weit verbreitetes Maß zur Beschreibung des Ge-   817
samtrisikos besteht in der sog. **Volatilität**. Zur Berechnung der (historischen) Volatilität bestimmt man als erstes den Mittelwert der beobachteten Renditen und errechnet
dann statistisch die Standardabweichung auf Basis der quadrierten Abweichungen
von beobachteten Einzelwertrenditen und mittlerer Rendite:

Seien etwa R_i die beobachteten Renditen, i = 1..n.

Dann ergibt sich der Renditemittelwert μ wie folgt:

$$(14) \quad \mu = \frac{1}{n} * \sum_{i=1}^{n} R_i$$

Die sog. Varianz der Renditen lässt sich dann gemäß folgender Formel ermitteln:

291

$$(15) \quad \sigma^2 = \frac{1}{n-1} * \sum_{i=1}^{n} (R_i - \mu)^2$$

Daraus ergibt sich die Standardabweichung durch Ziehen der positiven Quadratwurzel:

$$(16) \quad \sigma = \sqrt[2]{\frac{1}{n-1} * \sum_{i=1}^{n} (R_i - \mu)^2}$$

Die so errechnete **Standardabweichung** wird als **Maß für das Gesamtrisiko** herangezogen und als **Volatilität** bezeichnet. Statistisch beschreibt die Volatilität ein Risiko, welches die mögliche Abweichungsgefahr vom Mittelwert anzeigt, unabhängig davon, ob sich dieses Abweichen nach oben oder nach unten vollzieht. Da man vielfach jedoch mit ‚Risiko' eher das Erleiden eines Verlustes verbindet, ergeben sich aus dieser Form von Risikomessung immer wieder kontroverse Diskussionen. Für die Praxis wurden demzufolge auch weitere Risikomaße entwickelt, worauf wir im Folgekapitel noch eingehen werden (vgl. Rdnrn. 845 ff.).

818   Zur Interpretation des so gewonnenen Risikomaßes der Volatilität: Die Standardabweichung kann in den Fällen als geeignetes Risikomaß herangezogen werden, wenn die ihrer Ermittlung zu Grunde liegenden Renditen normalverteilt sind. In dem Fall beschreiben die als erstes und zweites Moment bezeichneten Größen μ und σ die Renditeverteilung vollständig. Statistisch betrachtet bewegt sich die Rendite unter Annahme der Normalverteilung in zwei von drei Jahren oder in 68 % der Fälle in dem Korridor ($\mu - \sigma$, $\mu + \sigma$) oder in 95 % der Fälle im Korridor ($\mu - 2\sigma$, $\mu + 2\sigma$).

819   Über die Hintergründe von Renditeschwankungen trifft die Volatilität keine Aussage. Darin ist der wesentliche Unterschied zu dem ebenfalls relativ weit verbreiteten **Beta-Faktor** zu sehen. Der Beta-Faktor beschreibt die Sensitivität eines Wertpapiers im Hinblick auf die Rendite des ihm zuzuordnenden Marktes „m" und misst insofern die Abhängigkeit des Kurses eines Titels von den zu Grunde liegenden Marktrisiken.

820   Die Berechnung des Beta-Faktors einer Aktie i erfolgt dabei gemäß:

$$(17) \quad \beta_i = \frac{COV_{im}}{\sigma_m^2}$$

COV_{im} bezeichnet dabei die Kovarianz zwischen Aktien- und Marktrendite und berechnet sich wie folgt:

$$(18) \quad COV_{im} = \frac{1}{n} * \sum_{t=1}^{n} (R_{i_t} - \mu_i) * (R_{m_t} - \mu_m)$$

In analoger Weise kann man auch den Beta-Faktor eines Portfolios bestimmen.

821   Rein anschaulich lässt sich der Beta-Faktor auch als Steigung einer Regressionsgeraden interpretieren. Angenommen, man beobachtete jeweils die Rendite des Marktes, bezeichnet mit R_M, und die Rendite einer Aktie, bezeichnet mit R_A. Es könnte sich dabei etwa um Tages-, Monats- oder Jahresrenditen handeln. Nimmt man weiter an,

man führte diese Beobachtung über eine gewisse Zeit hinweg durch, so hätte man schließlich eine gewisse Anzahl n von Beobachtungspaaren (R_{Mt}, R_{At}), t = 1, ..., n, gewonnen. Man trage diese Beobachtungspaare in ein Achsenkreuz ein, dessen x-Achse der Marktrendite und dessen y-Achse der Rendite der Aktie entspricht. Gesucht ist dann eine Gerade derart, dass diese möglichst „nah" an den beobachteten Renditepaaren (R_{Mt}, R_{At}) vorbeiführt. Mathematisch läuft dies auf die Lösung einer Extremwertaufgabe hinaus, wobei als Variable der Achsenabschnitt α der Geraden und als zweite bestimmende Größe die Steigung β der Geraden die gesuchten Parameter sind. Vom Ansatz her werden also diese Parameter α und β so bestimmt, dass der Abstand der Geraden von den tatsächlich beobachteten Punktepaaren minimal wird. COV_{im} in (18) entspricht dann genau der Steigung der gesuchten Geraden. In der nachfolgenden Abb. (vgl. Rdnr. 822) wird dieser Zusammenhang veranschaulicht. Letztendlich wichtig ist die Interpretation: ändert sich die Markwerttrendite R_M um einen Wert δR_M, so ändert sich die Rendite R_A gegenüber dem Achsenabschnitt α um $\delta R_A = \beta \times \delta R_M$; hieraus wird unmittelbar die Interpretation des Beta-Faktors als Sensitivität der Aktienrendite gegenüber der Marktrendite deutlich.

Abb. 46 Beta-Faktor   822

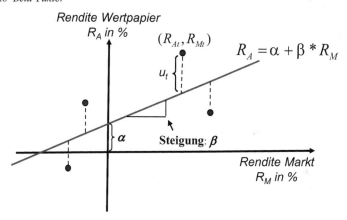

VII. Ausgewählte risikoadjustierte Performancemaße auf der Ebene des Anlagemanagements

Im Folgenden soll nun ein Überblick über verschiedene in der Praxis gebräuchliche   823
Performancemaße folgen. Den jeweiligen Maßen kommen dabei spezifische Eigenschaften zu, die im Einzelnen erörtert werden.

Die Grundidee liegt dabei darin, die erzielte Rendite ins Verhältnis mit dem jeweils zu   824
Grunde liegenden Risiko zu setzen. Grundsätzlich geht die Ableitung einer solchen **risikoadjustierten Rendite** von der Vorstellung aus, dass es aus Anlegersicht keines-

wegs unerheblich ist, unter Einsatz welchen Risikos ein gewisser Ertrag zustande kommt. Der alleinige Vergleich zweier Portfoliomanager unter ausschließlicher Bezugnahme auf die erzielten Renditen greift darum zu kurz. Denn kommen etwa zwei in gleicher Weise mit einem Investment eines Anlegers ausgestattete Portfoliomanager nach Ablauf eines Jahres auf die gleiche Rendite von 10 %, so ist nicht unerheblich, unter welchen Umständen diese 10 % Ertrag erwirtschaftet wurden. Sind etwa hohe Risiken eingegangen worden, indem speziell auf bestimmte Regionen, Branchen oder Titel gesetzt wurde? Oder lag der Erzielung dieses Ertrags ein ausgewogenes, breit diversifiziertes Portfolio zu Grunde, das über das Jahr hinweg auch kaum Schwankungen unterworfen war? Insofern bedeutet die Bezugnahme von Rendite zu Risiko eine „Normierung" oder „Adjustierung" des erzielten Anlageerfolgs. „Performance" als risikoadjustierte Rendite wird damit zu einer zweidimensionalen Größe und kommt auch etymologisch dem eigentlichen Begriff von Performance als „Leistung" insgesamt näher.

1. Sharpe Ratio

825 Ein vielfach verwendetes Performancemaß ist die sog. Sharpe-Ratio, auch als Reward-to-Variability-Ratio bezeichnet. Formelmäßig stellt sich die Kennzahl wie folgt dar, wobei die folgenden Bezeichnungen zu Grunde gelegt werden:

SR_{PF} = Sharpe Ratio des Portfolios PF

R_{PF} = Rendite des Portfolios PF

R_f = Risikofreier Zins

σ_{PF} = Volatilität des Portfolios PF

$$(19)\quad SR_{PF} = \frac{R_{PF} - R_f}{\sigma_{PF}}$$

826 Ausgangspunkt der Überlegung zur Ableitung der Sharpe Ratio ist die Fragestellung, ob beim Vergleich zweier Investments A und B, per se gerade jenes als das Bessere anzusehen ist, das die höhere Rendite erwirtschaftet hat. Muss also, anders ausgedrückt, derjenige Investor B der klügere sein, der gegenüber dem Investor A die höhere Rendite für sich in Anspruch nehmen kann? Dies ist nicht notwendigerweise so. Wenn Investor B proportional höhere Risiken eingegangen ist, könnte ggf. erwartet werden, dass sein Ertrag höher ausfällt. Wenn aber sogar der risikoadjustierte Ertrag von Anleger B, das heißt das „*Verhältnis* seines Ertrages zu dem damit verbundenen und von ihm eingegangenen Risiko" relativ niedriger ausfällt als das entsprechende Verhältnis bei Anleger A, dann könnte man geneigt sein, den Anleger A als den besseren Investor anzusehen, obgleich dessen absolute Rendite niedriger ausgefallen sein mag. Denn A hat risikoadjustiert mehr „Potential" als der Anleger B. Der eindimensionale Vergleich, der in der Gegenüberstellung absoluter Renditezahlen besteht, weitet sich also zu einer zweidimensionalen Betrachtung, bei der das mit der Investition verbundene Risiko in den Vergleich mit einbezogen wird.

Die einzige noch anzumerkende Besonderheit der Kenngröße Sharpe Ratio gegenüber 827
der gerade vorgestellten Motivation besteht darin, anstelle der absolut erwirtschafteten Rendite nur denjenigen Ertragsanteil zu betrachten, der über dem „risikofreien" Zins liegt. Gedanklich geht man von der Überlegung aus, dass sich zum einen ein Teil der Rendite ohnehin dadurch hätte erzielen lassen, indem man das Investment „risikofrei", eventuell am Geldmarkt, angelegt hätte. Die eigentliche Leistung des Portfoliomanagers liegt also in dem über dem risikofreien Zins erzielten Renditeanteil. Die Sharpe Ratio errechnet sich also durch den Quotient aus Renditeüberschuss über dem risikofreien Zins und dem Gesamtrisiko (Volatilität) des Portfolios.

Durch die Sharpe-Ratio wird ein ordinales Ranking möglich, m. a. W.: je höher die 828
Sharpe Ratio ausfällt, desto höher ist die Leistung des Portfoliomanagements zu bewerten. Allerdings ist zu beachten, dass diese Regel nur dann in Anspruch genommen werden kann, wenn die erzielten Renditen höher ausfallen als der risikofreie Zins. Ist Letzteres nicht der Fall, so ist ein einfaches ordinales Ranking nicht mehr allgemein anwendbar; dies lässt sich anhand einfacher Beispiele leicht illustrieren.

Die folgende Abb. veranschaulicht die Herleitung der Sharpe-Ratio. Auf der x-Achse 829
wird dabei das Gesamtrisiko und auf der y-Achse die erzielte Rendite abgetragen. Prinzipiell entspricht damit die Sharpe Ratio der Steigung derjenigen Geraden, die den risikofreien Zins, genauer gesagt den Punkt $(0, R_f)$ auf der y-Achse, mit dem jeweiligen Punktepaar (R_{PF}, σ_{PF}) verbindet. Je höher also die Sharpe Ratio, umso steiler ist diese Gerade. Die Sharpe Ratio verdichtet Ertrag und Risiko zu einer einzigen Kennzahl. Die absolute Höhe des eingegangenen Risikos lässt sich an ihr nicht mehr ablesen. Im Zusammenhang mit einem durchzuführenden Ranking verschiedener Portfolios sollte demnach arrondierend auch auf das Risiko selbst geschaut werden. Denn gegebenenfalls könnte eine mit einem zwar superioren Sharpe Ratio verbundene Anlagemöglichkeit mit einem Risiko verbunden sein, das für den nach einer Investmentmöglichkeit suchenden Anleger nicht mehr adäquat ist.

830   *Abb. 47 Sharpe-Ratio auf der Basis des Gesamtrisikos*

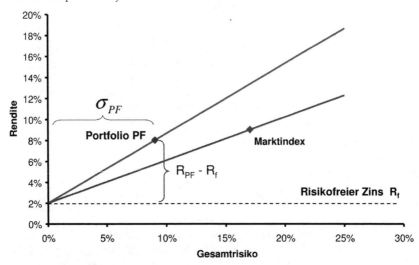

2. Differenzrendite

831   Ein weiteres Performancemaß, das auf der Basis Gesamtrisiko aufbaut, ist die sog. Differenzrendite.

Die Bezeichnungen sind wie oben gewählt und zusätzlich sei:

DR_{PF} = Differenzrendite des Portfolios PF

R_M = Rendite des Marktes (Benchmark)

σ_M = Volatilität des Marktes (Benchmark)

Dann gilt:

$$(20)\quad DR_{PF} = R_{PF} - (R_f + \frac{(R_M - R_f)}{\sigma_M} * \sigma_{PF})$$

832   Die Differenzrendite vergleicht die Portfoliorendite mit der Rendite einer Passivstrategie (Markt oder Benchmark) mit portfolioidentischem Risiko (Vergleichsportfolio). In der folgenden Abb. wird der Zusammenhang deutlich.

Abb. 48 Differenzrendite   833

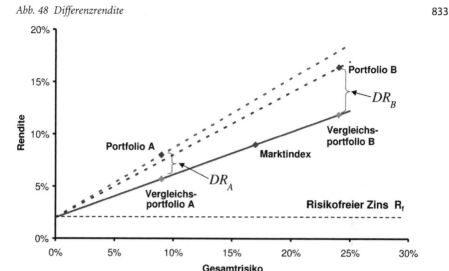

Im Falle der normierten Differenzrendite wird ein zu untersuchendes Portfolio risikotechnisch auf das Niveau des Marktes bzw. der Benchmark gebracht (Vergleichsportfolio). Die Portfoliorendite wird also mit der Rendite einer Passivstrategie mit Markt-Risiko verglichen. Der Nutzen liegt in der Möglichkeit eines risikoadjustierten Vergleichs mehrerer Portfolios mit dem Marktindex.

Die Formel für die Ermittlung der normierten Differenzrendite lautet damit wie folgt,   834
wobei wieder von den vorigen Bezeichnungen ausgegangen wird und zusätzlich

$DR^{(n)}_{PF}$ = die Normierte Differenzrendite des Portfolio PF

bezeichnet.

$$(21) \quad DR^{(n)}_{PF} = (R_f + \frac{R_{PF} - R_f}{\sigma_{PF}} * \sigma_M) - R_M$$

$$= (R_f + SR_{PF} * \sigma_M) - R_M$$

Anschaulich werden die Zusammenhänge in der folgenden Abb. deutlich.

297

835 *Abb. 49 Normierte Differenzrendite*

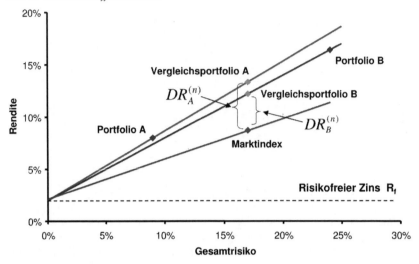

3. Treynor Ratio

836 Bisher wurden ausschließlich Performancemaße auf der Basis des Gesamtrisikos diskutiert. Die im Folgenden vorzustellende Kennzahl Treynor Ratio basiert demgegenüber auf dem Risikomaß Beta-Faktor. Die Struktur der Formel ist analog zur Sharpe-Ratio. Zu beachten ist allerdings, dass die Bezugsgröße des Risikos eine andere ist.

837 Mit den Bezeichnungen

TR_{PF} = Treynor Ratio des Portfolios PF

β_{PF} = Beta – Faktor des Portfolios PF

lautet die Formel zur Ermittlung der Treynor Ratio:

$$(22)\ \ TR_{PF} = \frac{R_{PF} - R_f}{\beta_{PF}}$$

Die Treynor-Ratio entsteht also aus dem Verhältnis von Portfolioüberschussrendite und dem Beta-Faktor als Maß für das systematische Risiko. Auch hier gilt analog zu Sharpe das Prinzip des ordinalen Portfoliorankings. Die Kritik setzt allerdings insoweit an, als das unsystematische, titelspezifische Risiko außer Acht gelassen wird, anders als bei Sharpe, wo das Gesamtrisiko eingeht, also implizit unsystematische Risiken mit berücksichtigt werden. Vielfach wird aus diesem Grunde darauf hingewiesen, dass beim Einsatz der Treynor Ratio darauf geachtet werden sollte, dass das Portfolio in seinem Aufbau „gut gestreut" ist, in dem Sinne, dass unsystematische Risiken weitgehend wegdiversifiziert sind. In der folgenden Abbildung wird die Treynor Ratio graphisch dargestellt.

Abb. 50 Treynor-Ratio auf Basis des systematischen Risikos   838

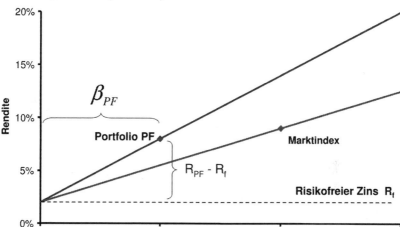

4. Jensen Alpha

Auch die als Jensen-Alpha bezeichnete Kennzahl geht von dem systematischen Risiko   839
aus. Das Jensen-Alpha vergleicht die Portfoliorendite mit einer Passivstrategie mit portfolioidentischem **systematischen** Risiko.

Mit der Bezeichnung   840

$\alpha^{(J)}{}_{PF}$ = Jensen – Alpha des Portfolio PF

lautet die entsprechende Formel:

$$(23)\ \alpha^{(J)}_{PF} = (R_{PF} - R_f) - (R_{BM} - R_f) \cdot \beta_{PF}$$

Das Jensen-Alpha wird interpretiert als ein Maß für die „Wertpapierselektionsfähigkeit" des Portfoliomanagers. Dem liegt die Vorstellung zu Grunde, dass „ein Teil" der Rendite des Portfoliomanagers bereits durch den Markt selbst induziert wurde, ausgedrückt über den Beta-Faktor. Nur der darüber hinausgehende Anteil der Portfoliorendite kann als eigentliches „Alpha" bzw. als Outperformance dem aktiven Zutun des Portfoliomanagers zugerechnet werden. Je höher also das Jensen-Alpha ausfällt, umso höher ist die Managementleistung zu bewerten.

841 *Abb. 51* Jensen-*Alpha*

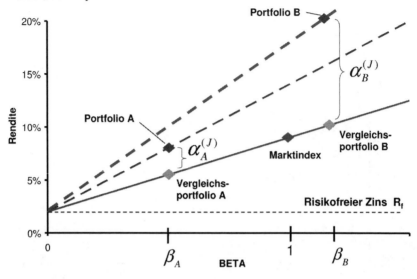

5. Tracking Error

842 Der Tracking Error (TE) ist eine Maßzahl für das Abweichungsrisiko eines Portfolios gegenüber einer zuvor definierten Benchmark (Index, Markt). Methodisch ermittelt sich die Größe als Standardabweichung der Differenz aus Portfoliorendite und Benchmarkrendite. Sie ergibt sich demzufolge gemäß der folgenden Formel

$$(24)\ TE = \sigma\,(R_{PF} - R_{BM}) = \sigma\,(R_A) \triangleq \sqrt{\frac{1}{T-1} * \sum_{t=1}^{T}(R_{A_t} - \overline{R}_A)^2}$$

wobei

R_{PF} = Rendite des Portfolio PF mit den T beobachteten Ausprägungen R_{PFt}, t = 1,..,T

R_{BM} = Rendite der Benchmark BM mit den T beobachteten Ausprägungen R_{BMt}, t = 1,..,T

R_A = Renditedifferenz $R_{PF} - R_{BM}$ mit den T beobachteten Ausprägungen

$R_{At} = R_{PFt} - R_{BMt}$, t = 1,..,T

$$\overline{R}_A = \frac{1}{T} * \sum_{t=1}^{T} R_{A_t}$$

Der Tracking Error ist damit in seiner ex-post Form gemäß Formel (24) ein Maß dafür, wie stark die Rendite des Portfolios von der Rendite der vorgegebenen Benchmark abgewichen ist. Um dieses Risiko auszuschließen, müsste eine vollständige Benchmarknachbildung erfolgen. Dieses Thema wird später (vgl. Rdnrn. 884 ff.) im Zusammenhang mit der Diskussion um Aktiv- und Passivmanagement noch einmal aufgegriffen.

Sofern eine Anlagepolitik darauf abzielt, den Verlauf einer vorgegebenen Benchmark 843 möglichst genau abzubilden, sollte der ex-post Tracking Error also bei (nahezu) null liegen. In den letzten Jahren sind Anlagemanager auch mit sog. „Enhanced-Strategien" auf den Markt getreten. Ziel ist dabei im Wesentlichen, eine vorgegebene Benchmark möglichst abzubilden, jedoch über einen geringen aktiven Managementstil die Kosten für das Anlagemanagement selbst für den Investor zu erwirtschaften. Für solche Mandate sollte der Tracking Error zwischen Null und 1 % liegen. Deutlich höhere Maßzahlen für den Tracking Error sind im sog. Aktivmanagement vorzufinden, bei welchem über ein bewusst mehr oder weniger starkes Abweichen von der Benchmark für den Investor eine Outperformance über dem Markt erwirtschaftet werden soll. In solchen Mandaten sind Tracking Error – Größen im Bereich 2–10 %, jedoch auch darüber möglich.

6. Information Ratio

Sofern ein Anlagemanager eine gegenüber einer vorgegebenen Benchmark erzielte 844 Outperformance dokumentieren kann und sich diese als signifikant erweist (Jensen-Alpha), so liefert die alleinige Kenntnis dessen noch kein vollständiges Bild. So lassen sich auch die Jensen-Alphas unterschiedlicher Anlagemanager zunächst nur bedingt vergleichen. Denn unklar bleibt im Einzelfall, unter Eingang welcher Risiken die jeweilige Outperformance erzielt wurde. Diesen Mangel behebt die durch *Jack Treynor* und *Fischer Black* im Jahre 1973 entwickelte Information Ratio. Bei der Ableitung dieser Maßzahl wird die beobachtete Outperformance in das Verhältnis zu dem gegenüber der Benchmark gemessenen Tracking Error gesetzt. Insofern bedeutet die Information Ratio also eine Standardisierung bzw. Normierung des gemessenen Jensen-Alpha und macht ein ordinales Ranking der unterschiedlichen Anlagemanager möglich. Die Information Ratio eines Portfolios, hier bezeichnet mit IR_{PF}, ermittelt sich nach diesen Ausführungen also wie folgt:

$$(25)\ IR_{PF} = \frac{R_{PF} - R_{BM}}{\sigma\,(R_{PF} - R_{BM})} = \frac{Alpha}{Tracking\ Error}$$

Die Betrachtung dieser Maßgröße macht keinen Sinn, wenn der Auftrag an den Portfoliomanager lautete, eine zuvor definierte Benchmark nachzubilden (Passivmanagement), denn in diesem Falle gilt IR = 0. Nur für den Fall des sog. aktiven Managements, welches eine gegenüber der Benchmark zu erzielende Outperformance anstrebt, ist es angeraten, die Information Ratio zu analysieren. Als Indikation für die

Praxis mag gelten, dass unter Zugrundelegung langfristiger Zeitreihen IR-Werte, die höher als 0,15 liegen, nur von etwa einem Viertel der aktiven Manager erreicht wird.[3]

VIII. Ausgewählte Downside-Performancemaße

1. Sortino Ratio

845 Bei der Berechnung der Sharpe Ratio gehen durch Zugrundelegung der Volatilität eines Portfolios sowohl „gute Volatilitäten" (auf Basis positiver Ausschläge der Renditen) wie auch „schlechte Volatilitäten" (auf Basis negativer Ausschläge der Renditen) sozusagen gleichberechtigt in die Berechnung ein. Bei der Herleitung der 1980 von *Frank A. Sortino* vorgestellten und nach ihm benannten Sortino Ratio trennt man demgegenüber die positiven von den negativen Renditeausschlägen und betrachtet diese jeweils gesondert. Denn nachteilig für die Portfolioentwicklung und vom Investor nachvollziehbar weniger gern akzeptiert sind letztendlich die negativen Ausschläge. Insofern wäre es naheliegend, den Risikobegriff insoweit zu modifizieren, indem nur „negative" Renditebeiträge betrachtet werden.

846 Es bezeichne

σ^-_{PF} = Volatilität, die sich aus denjenigen „negativen" Renditebeiträgen errechnet, die unter einer Zielrendite R_Z liegen (sog. „Downside Volatilität"), also:

$$\sigma^-_{PF} = \sqrt{\frac{1}{n-1} * \sum_{i=1}^{n} \min((R_i - R_Z),0)^2}$$

Die Funktion min liefert als Ergebnis die jeweils kleinere in den Vergleich eingehende Zahl, sodass in obiger Formel zur Berechnung der Downside-Volatilität eben nur genau jene Renditebeiträge eingehen, die die angestrebte Zielrendite nicht übersteigen.

Dann gilt für die Kennzahl Sortino Ratio SOR_{PF}

$$SOR_{PF} = \frac{R_{PF} - R_Z}{\sigma^-_{PF}}$$

Die Zielrendite R_Z findet sich in der Literatur auch unter der Bezeichnung MAR (Minimum Acceptable Return). Für den Fall, dass $R_Z = R_f$, also die Zielrendite gleich dem risikofreien Zins gesetzt wird, erkennt man in obiger Formel die unmittelbare Analogie zur Sharpe Ratio.

Für den Sonderfall $R_Z = 0$, gehen tatsächlich nur negative Renditen in die Berechnung ein. In der ex-post-Betrachtung sagt die Sortino Ratio also aus, wie viel an „Überren-

---

3 S. *Bruns/Meyer-Bullerdiek*, Professionelles Portfoliomanagement.

dite" jenseits der Zielmarke pro eingegangener Downside-Risiko-Einheit erzielt wurde.

Wie auch bei der Sharpe Ratio ist bei einer Beurteilung präsentierter Sortino Ratios zu hinterfragen, nach welcher Methode genau vorgegangen wurde, um Missinterpretationen auszuschließen.

2. Value at Risk

Die Größe Value at Risk (kurz: VaR) wurde insbesondere formelseitig bereits eingeführt. Das Thema soll dennoch auch an dieser Stelle noch einmal kurz aufgegriffen werden, um es auch im Kontext der hier vorgestellten Risikomaße noch einmal zu beleuchten. | 847

Die Motivation zum VaR nimmt analog zum Sortino Ratio in der Interpretation des Risikobegriffs ihren Ausgangspunkt, denn mit dem Risikobegriff verbinden Anleger ganz unterschiedliche Vorstellungen. Im vorigen Abschnitt VI. (vgl. Rdnrn. 817 ff.) wurde mit der Volatilität ein Maß für das Gesamtrisiko vorgestellt, das sich aus der statistischen Standardabweichung ableitet. Darin kommt zum Ausdruck, inwieweit die Rendite einer Anlage von ihrem beobachteten Durchschnitt oder mittleren Wert abgewichen ist. Es ist dabei allerdings noch nichts darüber ausgesagt, ob sich diese Abweichungen nach oben oder nach unten vollziehen. Ein Abweichen nach oben ginge im Vergleich mit dem zu Grunde gelegten mittleren Renditewert mit einer relativ höheren Ertragssituation einher. Nicht ohne Berechtigung könnte darum die Frage aufgeworfen werden, ob dieser Ansatz denn einem solchen Risikobegriff gerecht werden kann, den man eher mit dem Erleiden eines Verlustes verbunden sehen möchte, denn viele Anleger mögen einen positiven Renditeausschlag kaum als Risiko empfinden. An diesem Punkt setzt der VaR an. Im VaR konzentrieren sich sowohl eine zeitliche als auch eine wahrscheinlichkeitstheoretische Dimension. | 848

Man stelle sich der Einfachheit halber ein irgendwie zusammengesetztes Portfolio vor. Denjenigen, der das Portfolio hält oder der sich mit einem Investment daran beteiligt hat, könnte neben den damit verbundenen perspektivischen Ertragserwartungen nun gerade aus der risikotechnischen Sicht die Frage interessieren, wie hoch ein potenzieller Verlust durch Marktpreisbewegungen sein könnte, wenn man ein bestimmtes Zeitfenster vorausschaut, sei dies ein Tag, eine Woche oder ein Monat. Genau darauf gibt der Value at Risk eine Antwort. Da der zukünftige Marktpreis jedoch grundsätzlich ungewiss ist, muss die Antwort hinsichtlich des potenziellen Verlustes über das angesprochene Zeitfenster hinweg mit einer Aussage zu dessen Eintrittswahrscheinlichkeit verknüpft werden. | 849

Der **VaR** ist also ein Maß für den **maximal zu erwartenden Verlust über eine spezifische Zeitperiode zu einem bestimmten Konfidenzniveau.** Der VaR beschreibt mithin eine Art von Höchstschaden, der über eine gewisse Periode mit angenommener Wahrscheinlichkeit eintreten kann. Beispiel: Das eingangs erwähnte Portfolio habe ei- | 850 nen Wert von 100 Mio. Euro. Der 1-Jahres-VaR auf 95 % Konfidenzniveau betrage 1 Mio. Euro. Dann steht hinter dieser Angabe die Aussage, dass der Portfoliowert nach Ablauf eines Jahres mit einer 95%igen Wahrscheinlichkeit mindestens 99 Mio. Euro beträgt. Oder anders ausgedrückt: der maximale Verlust als Differenz aus den Portfoliowerten zu Jahresanfang und -ende beträgt über das einjährige Zeitfenster mit einer 95%igen Wahrscheinlichkeit 1 Mio. Euro. Auf Grund seiner Eigenschaft, lediglich eine Aussage zu der *Verlust*höhe einer Anlageposition zu treffen, spricht man beim VaR auch von einem sog. Downside-Risikomaß.

851 Für die praktische Anwendung wurden unterschiedliche Verfahren entwickelt, um den VaR analytisch abzuleiten. Die eigentliche Herausforderung besteht darin, eine ‚möglichst zutreffende' Aussage zu künftigen Ereignissen, in dem Falle also zu dem künftigen Stand von Marktpreisen zu treffen. In der Praxis kommen dazu parametrische Verfahren in Ansatz (z. B. Varianz-Covarianz-Methode mit Normalverteilungsannahme), bei denen die Volatilitäten und Korrelationen einzelner Anlagetypen der Ausgangspunkt sind. Demgegenüber wird bei der sog. historischen Simulation als nicht-parametrischem Verfahren direkt auf die in der Vergangenheit beobachteten Daten (z. B. die Aktienrendite oder Rendite eines Finanzinstrumentes) zurückgegriffen und hieraus werden mögliche künftige Entwicklungen abgeleitet. Diese Methode birgt den Vorteil, dass auf die einschränkende Annahme einer Normalverteilung implizit verzichtet wird. Bei der sog. Monte-Carlo-Simulation wird ausgehend von Beobachtungen der Vergangenheit eine Vielzahl (z. B. einige tausend) von möglichen künftigen Verläufen errechnet. Die statistische Auswertung dieser simulierten Ergebnisse liefert dann unmittelbar den jeweiligen VaR zu dem entsprechenden Konfidenzniveau.

3. Conditional Value at Risk

852 Die Maßgröße VaR beschreibt zunächst wie oben dargestellt den maximal zu erwartenden eintretenden Verlust über ein gewisses Zeitfenster zu einem bestimmten Konfidenzniveau. Von Interesse könnte darüber hinausgehend jedoch auch die Fragestellung sein, wie hoch denn der zu erwartende Verlust wäre, wenn jener Fall eintritt, dass sich mit der zum betrachteten Konfidenzniveau komplementären Wahrscheinlichkeit die Wertentwicklung schlechter als durch den mit dem VaR spezifizierten Grenzwert darstellt. Ausgehend von obigem Beispiel, dass der maximale Verlust des 100 Mio. Euro wertigen Portfolios über den Zeitraum eines Jahres zu 95 % Wahrscheinlichkeit 1 Mio. Euro betrage, lautete die Fragestellung nun: Wie hoch ist der zu erwartende Verlust in eben denjenigen 5 % der Fälle, bei denen der Portfolioverlust höher als 1 Mio. Euro ausfällt. Diese Maßgröße gibt der sog. Conditional Value at Risk, kurz auch als CVaR bezeichnet, an. Der CVaR hat also wie der VaR eine zeitliche und eine wahrscheinlichkeitstheoretische Dimension. Er gibt denjenigen Verlust an, der in den ‚schlechtesten' sich potenziell realisierenden Verläufen erwartungsgemäß ergibt. In der englischsprachigen Literatur wird der CVaR auch als „Expected Shortfall" bezeichnet.

4. Maximum Drawdown

Diese Kennzahl gibt für ein Finanzinstrument an, wie hoch rückblickend der maxi- 853
male Verlust über eine betrachtete Zeitperiode ausgefallen ist. Als Periode kann etwa
ein Tag, eine Woche, ein Monat oder ein Jahr herangezogen werden. Der Maximum
Drawdown misst dann den höchsten Verlust, also die Differenz zwischen dem
Höchst- und Tiefststand innerhalb dieser Periode. Zu beachten ist ferner, welcher Be-
obachtungszeitraum zu Grunde liegt; im Falle eines Fonds könnte dies beispielsweise
der Zeitraum seit Auflage des Fonds sein. Die Angabe zum Maximum Drawdown erfolgt üblicherweise in Prozent. Der Maximum Drawdown ist wie auch der VaR ein
Maß für das Downside-Risiko eines Finanzinstrumentes.

5. Calmar Ratio

Bei der als Calmar Ratio bezeichneten Kennzahl werden erzielte Renditen in den Zu- 854
sammenhang mit den über bestimmte Perioden beobachteten maximalen Verlusten
gestellt, indem die Rendite eines Fonds (Investition) durch den beobachteten Maximum Drawdown dividiert wird. Diese Kennzahl geht auf *Terry W. Young* zurück und
wurde erstmals 1991 publiziert. Das Akronym geht übrigens auf „California Managed
Account Report" zurück. Ausgangspunkt ist im Standardfall die aus den letzten
36 Monatsbeobachtungen abgeleitete annualisierte durchschnittliche Jahresrendite
und dem über dem gleichen Zeitraum beobachteten Maximum Drawdown. Man normiert also sozusagen die Fondsrendite auf das Downside Risiko und erhält damit eine
Möglichkeit, verschiedene Fonds bzw. Fondsmanager untereinander zu vergleichen.
Ein Fonds ist unter diesem Aspekt dann besser, wenn seine Calmar Ratio höher ausfällt als die eines Vergleichsfonds. Bezeichnet R_{PF} die beobachtete annualisierte Rendite des Portfolios und MAXD den beobachteten Maximum Drawdown, so stellt sich
die Kennzahl Calmar Ratio CR_{PF} formelmäßig wie folgt dar:

$$CR_{PF} = \frac{R_{PF}}{MAXD}$$

6. Omega Ratio

Bei dieser Kennzahl gehen ebenfalls wieder als „positiv" bzw. „negativ" empfundene 855
Renditen in die Betrachtung ein. Ein fest definierter Schwellenwert stellt dabei die
Grenze dar. Die Kennzahl Omega Ratio stellt dann unter Bezugnahme auf diese Grenze die Wahrscheinlichkeit, einen Gewinn zu erlangen, in das Verhältnis zu der Wahrscheinlichkeit, einen Verlust zu erleiden. Beschreibt die Funktion F die dem Gesamt-
zusammenhang zu Grunde liegende Verteilungsfunktion und ist s der definierte Ren-
diteschwellenwert, so ermittelt sich Omega anhand der folgenden Formel:[4]

---

4 Vgl. auch *Con Keating, William F. Shadwick*, An Introduction to Omega, The Finance
Development Centre 2002.

$$\Omega_s = \frac{\int\limits_{s}^{\infty}(1-F(z))dz}{\int\limits_{-\infty}^{s}F(z)dz}$$

Auch hier gilt ein ordinales Ranking: je höher die Kennzahl Omega ausfällt, desto besser. Es wäre unter zwei Investmentmöglichkeiten diejenige als die günstigere einzustufen, die ceteris paribus das höhere Omega liefert.

IX. Performance Presentation Standards

1. Motivation und Einführung

856 Sofern unterschiedliche Vermögensverwalter einem Vergleich unterzogen werden, etwa im Rahmen eines Auswahlverfahrens, so ist eine sachgerechte Beurteilung sicherlich unzulänglich, wenn seitens der Vermögensverwalter bei der Berechnung von Wertentwicklungen unterschiedliche Methoden angewendet wurden. Ebenso ist es unbefriedigend, wenn ein Anlagemanager versucht, seinen Performanceerfolg in einer bestimmten Anlageklasse (europäische Aktien, Euroland Anleihen) anhand von Beispielmandaten zu belegen. Diese Art von Präsentation birgt immer die Gefahr eines „Cherry Picking", wobei positive Ergebnisse herausgestellt, aber weniger erfolgreich verlaufene Kundenmandate in der Präsentation unterschlagen werden.

857 Nationale und länderübergreifende Gremien haben vor dem Hintergrund solcher Überlegungen Standards entwickelt, die diesen Nachteilen begegnen. Seit April 1999 gibt es die vom „AIMR Board of Governance"[5] verabschiedete Fassung der „Global Investment Presentation Standards" (GIPS). Vor dem Hintergrund nationaler Besonderheiten bestand allerdings der Bedarf, in diese globalen Standards länderspezifische Besonderheiten zu integrieren. Diese Aufgabe hat in Deutschland eine von der DVFA (Deutsche Vereinigung für Finanzanalyse und Asset Management) einberufene Kommission geleistet, indem die Kommission die globalen Standards in ein nationales Regelungswerk – die sog. DVFA-Performance Presentation Standards (kurz: DVFA-PPS) – übertragen hat. Auf internationaler Ebene wurden in 2005 das GIPS Executive Committee und das GIPS Council geschaffen, verbunden mit der Zielsetzung, die Standards weiter zu entwickeln und zu fördern. Auf nationaler Ebene formierte sich im gleichen Jahr das GAMSC (German Asset Management Standards Committee) auf Initiativen des BVI, der DVFA und der deutschen Sektion des CFA Institutes. Das GAMSC zeichnet für die Übersetzung (Interpretation) der in Englisch verfassten internationalen Standards und für die Verbreitung und Förderung der Akzeptanz der GIPS Standards im nationalen Raum verantwortlich. Eine vorläufig letzte Revision

---

5 AIMR ist die Abkürzung für Association for Investment Management and Research, heute CFA Institute.

der GIPS Standards erfolgte im Jahr 2010, deren Inkrafttreten auf den 1.1.2011 datiert.

Die Standards enthalten sowohl Empfehlungen als auch Richtlinien. Zusammenfassend lässt sich sagen, dass die geschaffenen Standards ein Regelungswerk zur **Bewertung, Berechnung und Präsentation** von Performanceleistungen darstellt. Es soll aber noch einmal deutlich hervorgehoben werden, dass die Einhaltung der Standards an sich keine Verpflichtung für eine Investmentgesellschaft darstellt, sondern deren Anwendung ausschließlich auf freiwilliger Basis beruht. **858**

Im Folgenden wird ein kurzer Überblick darüber gegeben, was im Einzelnen von einer Investmentgesellschaft zu beachten ist, wenn sie ihre Anlageergebnisse gemäß GIPS Standards präsentiert. Da viele Investmentgesellschaften inzwischen in ihrer Berichterstattung die Standards zu Grunde legen, ist es für jeden institutionellen Anleger wichtig, die Grundzüge der Standards zu kennen. Es wird erst dadurch möglich, eine sachgerechte Interpretation einer dergestalt präsentierten Performanceleistung mit ggf. entsprechenden Rückschlüssen auf das Anlagemanagement und die Investmentgesellschaft vorzunehmen (vgl. auch *Fischer/Lilla/Wittrock [Hrsg.]*, DVFA Performance Presentation Standards). Hinsichtlich der Zielsetzung der Standards gibt wahrscheinlich das folgende Zitat diese am komprimiertesten wider: *„Die GIPS-Standards sind ethische Standards für die Investmentperformance-Präsentation, um die faire Darstellung und vollständige Offenlegung der Wertentwicklung sicher zu stellen.*[6]*"* **859**

Grundsätzlich nehmen die Standards die folgenden Themenbereiche in den Fokus: die Berechnungsmethode, die Bildung von sog. Composites als Portfolioaggregationen, die Grundsätze der Offenlegung, Präsentation und Berichterstattung. Auf Grund ihrer Spezifika werden ferner gewisse Sonderregelungen für die Bereiche Immobilien und Private Equity formuliert. Im Folgenden gehen wir auf ausgewählte Schwerpunkte ein. **860**

2. Bildung von Composites als Portfolio-Aggregationen

Um grundsätzlich dem o. g. Problem des Cherry Picking zu begegnen, werden von der Gesellschaft sog. **Composites** gebildet. Hierbei handelt es sich um **Portfolio-Aggregationen**, zu denen alle aktuellen, diskretionären, Gebühren zahlenden Mandate mit vergleichbarem Investmentauftrag und Anlageziel bzw. vergleichbarer Anlagestrategie zusammengefasst werden. Beispiele eines solchen Composite wären etwa „europäische Aktien large cap-Composite", „Schwellenländer-High Yield-Anleihen-Composite", „Globales Rohstoff-Composite". **861**

Bei der Definition der Composites ist die Investmentgesellschaft weitgehend frei. Sie wird sich dabei ggf. von der spezifischen Mandats- oder Kundenstruktur leiten lassen. **862**

---

6 Vgl. GIPS Global Investment Performance Standards, CFA Institute, übersetzt durch BVI, DVFA und German CFA Society, 2010, S. 13.

Für den Anleger ist es wichtig zu wissen, dass grundsätzlich alle Portfolios einer Investmentgesellschaft wenigstens einem Composite zuzuordnen sind. Dies folgt dem Grundsatz, dass man GIPS-Standards grundsätzlich nur auf die gesamte Firma und nicht nur auf ausgewählte Teilbereiche anwenden kann. Insofern ist im Übrigen auch das möglicherweise eigene bei einer Investmentgesellschaft in Auftrag gegebene Vermögensverwaltungsmandat einem bestimmten Composite zuzurechnen, für dessen Entwicklung man sich im Besonderen interessieren dürfte.

863 Die Gesellschaft kann auch einzelne Segmente eines Portfolios, etwa den Aktien- oder Rententeil eines gemischten Mandats aus diesem „herauslösen" und bestimmten, zuvor definierten Composites zuordnen. Man spricht in dem Zusammenhang von sog. „Carve Outs". Wichtig ist allerdings, dass, beginnend mit 2010, diese „Teile" einer eigenständigen Anlagestrategie folgen und mit eigener Liquidität verwaltet werden. Von der Gesellschaft zu Demonstrationszwecken gebildete Muster- oder Simulationsportfolios dürfen in eine Composite-Bildung nicht einbezogen werden, d. h. ein Composite umfasst tatsächlich nur real existierende Portfolios. Wird ein Portfolio aufgelöst, so wird es aus der Compositebildung nach dem Ende der letzten Berechnungsperiode herausgenommen, wobei die historischen Performancebeiträge dieses Portfolios jedoch in den Compositedaten verbleiben.

3. Performanceberechnung

864 Bei der Berechnung der Performancewerte müssen zeitgewichtet Renditen zugrunde gelegt werden, die um externe Mittelzuflüsse zu bereinigen sind. Periodische wie auch Subperiodenrenditen sind dabei geometrisch zu verknüpfen. Zeitgewichtete Renditen müssen ab dem 1.1.2001 auf einer mindestens einmal monatlich stattfindenden Bewertung erfolgen, wobei ab dem 1.1.2005 Renditen auch um täglich gewichtete externe Mittelzuflüsse zu bereinigen sind. Die Renditen sind im Übrigen nach Abzug von Handelskosten zu ermitteln.

865 Composite-Renditen werden berechnet, indem individuelle Portfolio-Renditen als Teil eines Composites mit dem Volumenanteil der jeweiligen Portfolios am Composite gewichtet in die Gesamtrendite des Composites eingehen. Dies hat ab dem 1.1.2010 mit mindestens monatlicher Volumengewichtung zu erfolgen.

866 Die Renditeberechnung eines Composites hat im Sinne einer **„Gesamtrendite"** (total return) zu erfolgen, d. h. es sind sämtliche realisierten und unrealisierten Kursgewinne und -verluste, ebenso wie alle Erträge (Zinsen, Dividenden) in die Betrachtung mit einzubeziehen. Auch Brokerkommissionen, Börsensteuern und weitere mit den Transaktionen verknüpfte Gebühren sind bei der Ermittlung der Inventarwerte, die der Renditeberechnung zu Grunde liegen, zu berücksichtigen.

867 Die Gesellschaft ist allerdings darin frei, inwieweit die Renditeberechnung unter Einbeziehen von Verwaltungsgebühren erfolgt. Beim Lesen von Performanceangaben sollte man auf entsprechende Hinweise oder Erklärungen in diesem Zusammenhang ach-

ten und im Zweifelsfall nachfragen. Die Standards empfehlen, die Wertentwicklung eines Composites vor dem Abzug von Verwaltungsgebühren und Steuern in die Präsentation einzubeziehen. Sollten die Performanceergebnisse ausschließlich nach Abzug von Verwaltungsgebühren dargestellt werden, so sollten die durchschnittlich gewichteten Verwaltungsgebühren auch angegeben werden.

4. Vorgaben im Zusammenhang der Präsentation

Die Performancepräsentation hat für einen Mindestzeitraum von fünf Jahren zu erfolgen. Sollte die Gesellschaft oder die berichtende Einheit einer Gesellschaft resp. das Composite selbst noch keine fünf Jahre existieren, so ist die Performance wenigstens seit dem Gründungsdatum darzustellen. Ein weiterer Grundsatz besteht darin, Performancewerte für alle abgedeckten Kalenderjahre auszuweisen. Nachdem wenigstens fünf Jahre einer den Standards entsprechenden Berichterstattung erreicht sind, ist dieser Historie jedes Jahr ein weiteres Berichtsjahr hinzuzufügen, und zwar so lange, bis eine mindestens 10-jährige GIPS-konforme Berichterstattung bei der Wertentwicklung erreicht wurde. **868**

Bei der Darstellung der Performanceergebnisse eines Composite ist ergänzend zu den Renditen insbesondere anzugeben, wie groß das Composite volumenmäßig ist bzw. in welchem Verhältnis dieses Volumen zu dem insgesamt verwalteten Vermögen steht. Auch ist anzugeben, wie viele Portfolios das Composite umfasst, sofern mehr als fünf Portfolien in ein Composite einbezogen wurden. Bei den Performancezahlen ist zu vermerken, ob diese vor Abzug oder nach Abzug von Gebühren ermittelt wurden. **869**

Den Performanceergebnissen eines Composites sind ferner die Renditen der zugehörigen Benchmark gegenüberzustellen. Die Anforderung an die Benchmark ist so angelegt, dass diese – analog zur Konstruktion des Composites selbst – den Investmentauftrag, das Anlageziel und die Anlagestrategie widerspiegelt. Zusätzlich zu den Renditeangaben hat im Rahmen der Präsentation eine Angabe zu der ex post-Standardabweichung der monatlichen Renditen über drei Jahre zu erfolgen, und zwar hinsichtlich des Composites wie auch in Bezug auf die zugeordnete Benchmark. **870**

Die Angabe zu den insgesamt einbezogenen Portfolios ist auch hinsichtlich der Interpretation der Composite Performance selbst von Bedeutung. Um diese zu erleichtern, hat eine Angabe dazu zu erfolgen, wie stark die Performance der einzelnen Portfolios von der Performance des Composite im Sinne einer Streuung abweicht. Ein solches Dispersionsmaß hat die Gesellschaft wiederum für jedes Kalenderjahr auszuweisen. Methodisch können dazu eine einfache oder volumengewichtete Standardabweichung herangezogen werden bzw. auch Angaben zu minimaler oder maximaler Rendite einzelner Portfolios wie auch eine Quartildarstellung in Ansatz kommen. Welche Methode, auch hinsichtlich der Auslegung von Streuungsmaßen, sinnvoll ist, hängt unter anderem von der Anzahl der in das Composite einbezogenen Portfolios ab. Ist diese etwa sehr gering, hat die Angabe einer statistischen Standardabweichung nur min- **871** deren Informationsgehalt, so dass in einem solchen Fall ergänzende Angaben zu minimaler und maximaler Rendite der Einzelportfolios sinnvoller erscheinen.

5. Prüfung und Bestätigung

872 Der Investmentgesellschaft wird empfohlen, sich die Einhaltung der Standards bestätigen zu lassen. In diesem Fall erfolgt eine Prüfung durch einen unabhängigen, externen Dritten. Dabei kann innerhalb eines Verifizierungsberichtes nur für die gesamte Einheit ein Bestätigungsvermerk erfolgen. Teilverifizierungen von einzelnen Composites sind unzulässig. Sachverständigengutachten und Bestätigungsvermerk dienen dazu, dass interessierte Anleger davon ausgehen dürfen, dass die Richtlinien und Empfehlungen der Standards eingehalten wurden und eine sachgemäße Berechnung der Performanceergebnisse erfolgt ist. Die Richtlinien selbst enthalten für den Fall, dass eine Gesellschaft einen entsprechenden Bestätigungsvermerk einholen möchte, wiederum Richtlinien, in welcher Weise die Prüfung zu erfolgen hat, um sicherzustellen, dass diese nach einheitlichen Vorgaben durchgeführt wird.

6. Fazit zu den Performance Presentation Standards

873 Insgesamt kann man festhalten, dass die Einführung der GIPS-Standards wesentlich dazu beigetragen hat, Performancevergleiche objektiv und sachgerechter zu gestalten, indem die Einhaltung einheitlicher Vorgehensweisen bei der Performanceermittlung vorgeschrieben wird. Auch die standardisierten Vorgaben zur Performancepräsentation (einheitliche Zeiträume, methodisch gleiches Vorgehen bei der Performanceermittlung) erleichtern es dem Leser ganz wesentlich, einen Quervergleich von Performanceleistungen, sei es unter verschiedenen Asset Managern oder im Vergleich mit einer Benchmark, vorzunehmen.

874 Dennoch ist zu bedenken, dass die Standards der jeweiligen Investmentgesellschaft noch Wahlfreiheiten lassen. Insofern kann jedem Anleger dazu geraten werden, im Rahmen seiner Analyse und kritischen Einordnung der Performanceergebnisse diesen Wahlfreiheiten entsprechend Rechnung zu tragen.

875 Schlussendlich bleibt noch festzuhalten, dass einheitliche Standards es dem Anleger insgesamt erleichtern, bei der Kontrolle und der Beurteilung einer Investmentgesellschaft zu sachgerechten Schlussfolgerungen zu kommen. Mit Blick auf die Auswahl eines Asset Managers oder die Vergabe von Mandaten ist aber auch hinsichtlich der Performancepräsentation stets zu bedenken, dass sich die berichteten Zahlenwerke auf abgelaufene Perioden der Vergangenheit beziehen. Aus positiven Vergangenheitsdaten kann aber keineswegs der Schluss gezogen werden, dass sich diese Entwicklung in die Zukunft notwendigerweise fortsetzt. Auf diese Zusammenhänge resp. weiterführende Überlegungen im Bereich der Auswahl von Asset Managern soll im Folgenden (vgl. Rdnrn. 922 ff.) eingegangen werden.

X. Besonderheiten der Performancethematik im Kontext der betrieblichen Altersversorgung

In den vorangegangenen Abschnitten wurde die Performancethematik im unmittel- **876** baren Zusammenhang mit der Kapitalanlageebene selbst diskutiert; insoweit wurden Performance und Rendite stets auf ein segregiertes Anlagekonto oder auf einen Fonds bezogen. In Erweiterung dieser Sichtweise lässt sich das Thema der Performance aber auch für eine in sich abgeschlossene Einheit, etwa eine Pensionskasse oder Versicherungsgesellschaft resp. ein CTA diskutieren. Diesem Sachverhalt hat sich eine innerhalb des Fachausschusses Kapitalanlage und Regulatorik der *aba* etablierte Arbeitsgruppe „Performancemessung" gewidmet. Die Arbeitsgruppe hat die Ergebnisse ihrer Analyse in einem Artikel zusammengefasst, auf den an dieser Stelle ergänzend verwiesen wird[7]

C. Kapitalanlageorganisation: Optimierung von Mandats- und Managementstrukturen (*Haferstock*)

I. Elemente der Gestaltung der Mandatsstruktur

1. Internes und externes Management

Wenn man von der Vorstellung ausgeht, dass eine zuvor abgeleitete strategische Asset **877** Allokation eine Reihe unterschiedlicher Anlageklassen zu einem Gesamtportefeuille zusammenbindet, so muss die Frage nach interner und externer Verwaltung nicht notwendigerweise für die Gesamtanlage in toto beantwortet werden. Vielmehr kann je nach Anlageklasse das Ergebnis auch so aussehen, dass gewisse Anlagen intern und andere wiederum extern verwaltet werden.

Die Entscheidung für internes versus externes Management hängt dabei von verschie- **878** denen Faktoren ab. Zunächst einmal ist hier das Thema der Ressourcen bzw. personellen Ausstattung der Einrichtung zu nennen. Mit anderen Worten ist diese Thematik unmittelbar mit den zu Grunde liegenden Governance-Strukturen verknüpft.

Um ein praktisches **Beispiel** zu nennen: bei der Etablierung eines Contractual Trust **879** Arrangements, in dessen Rahmen sich ein eingetragener Verein aus Vertretern des Trägerunternehmens bildet, wird wohl in den seltensten Fällen das operative Kapitalanlagemanagement durch die Mitglieder des Trusts selbst durchgeführt. Denn dem Trust kommt eher die Aufgabe der Organisation und Überwachung der Kapitalanlage, denn das Management derselben zu; dies ist nicht zuletzt der Tatsache geschuldet, dass in aller Regel die Trustmitglieder innerhalb des Trägerunternehmens meist anderweitige Aufgaben übernehmen und allein zeitlich schon nicht in der Lage wären, Anlagemanagement durch Titelselektion zu betreiben. Anders wiederum sieht dies häufig auf der Ebene einer Pensionskasse aus. Diese Einrichtungen sind oftmals schon auf Grund ihrer historischen Entwicklung intern so ausgestattet, dass sowohl fachli-

---

7 Vgl. *Haferstock*, BetrAV 2008, 507 ff., 599 ff.

ches Know-how hinsichtlich Anlagemanagement, zumindest für Teilsegmente wie Renten, als auch die personelle Ausstattung die Durchführung eines internen Managements ermöglichen.

880 Offensichtlich kommt damit externes Management immer dann in Betracht, wenn die Verwaltung der entsprechenden Anlageklassen erhöhte Anforderungen an das Research oder die Kontrolle stellt oder eine bestimmte Investmentexpertise vorausgesetzt werden muss. Dabei spielen nicht allein regionale Komponenten eine Rolle, sondern auch die Tiefe und Komplexität des betrachteten Marktes. Wird die Anlageklasse etwa durch ein Universum repräsentiert, das sich an einen DAX- oder Stoxx50-Index anlehnt, so hat man es mit einer noch recht überschaubaren Anzahl von Titeln zu tun; demgegenüber würde ein europäisches Aktieninvestment, das sich an einem MSCI-Europa-Index orientiert immerhin schon einige hundert mögliche Titel auf den Radarschirm bringen, und den potenziellen Anleger mit Blick auf seine eigenen Ressourcen entweder im Falle von Aktivmanagement rein researchtechnisch oder im Falle von Passivmanagement hinsichtlich der Systemlandschaft wahrscheinlich überfordern.

881 Das Thema der Investmentexpertise spielt nicht nur bei den relativ neu etablierten sog. alternativen Anlagemöglichkeiten (wie bspw. Hedgefonds) eine Rolle. Hier hat die Aufsicht den Investoren sogar zwingend vorgeschrieben, bereits in der Phase der Entscheidung für bestimmte Investmentprodukte notwendiges Know-how vorzuhalten, um diese Investments sach- und risikogerecht hinreichend einschätzen zu können. Doch auch bei den traditionellen Anlageklassen stellt sich letztendlich dieselbe Frage. In jedem Fall sollte der Anleger für sich eine kritische Antwort darauf geben, ob er zu dem jeweiligen Anlageprodukt über hinreichend tiefe Kenntnisse dahingehend verfügt, um Chancen und Risiken zu überschauen.

882 Neben diesen reinen Kapazitätsüberlegungen spielen aber auch volumenmäßige Kriterien eine Rolle. So entstehen im Rahmen der Kapitalanlage gewisse Fixkostenblöcke, die gegebenenfalls eine bestimmte kritische Masse voraussetzen, sofern dieses Management kostenseitig intern effizient abgebildet werden kann. Vor dem Hintergrund dieser Überlegung kann es mitunter günstiger sein, sich einem externen gepoolten Vermögen anzuschließen, um hier indirekt von Skaleneffekten profitieren zu können.

883 Zusammenfassend können also die folgenden Stichpunkte genannt werden, die im Rahmen einer Entscheidung hinsichtlich internen oder externen Managements vom Anleger zu prüfen und zu entscheiden wären:

- Management-Ressourcen,
- Investmentexpertise,
- Anlagevolumen hinsichtlich Fixkostenblöcke und Handelskosten,
- Kosten in Form von Managementgebühren,
- Anlagevolumen hinsichtlich eines selbst bestimmten Managements sowie
- internationale Diversifizierung.

2. Aktives vs. passives Management

Es soll zunächst näher beleuchtet werden, was unter aktivem bzw. passivem Management überhaupt zu verstehen ist. Gehe man dabei zunächst von der Vorstellung aus, dass der Anleger einen bestimmten Markt, d. h. ein bestimmtes Anlageuniversum ins Auge fasst, beispielsweise den deutschen Aktienindex DAX. Dieser Index soll in dem genannten Beispiel als Benchmark gelten. Dann versteht man unter einem **Passivmanagement** eines solchen Mandats die Umsetzung einer Anlagepolitik, bei welcher die Bewegung des implementierten Aktienmandats genau derjenigen des DAX entspricht. Vielfach wird dafür auch der Begriff **Indexmanagement** verwendet. Letztendlich kommt also im Passivmanagement eine Anlagepolitik zum Ausdruck, die anstrebt, die Ertrags-Risiko-Exposition des Portfolios exakt/möglichst derjenigen des im Vergleich stehenden Marktes (Index) nachzubilden. 884

Es gibt verschiedene Möglichkeiten, ein solches Passivmanagement in die Praxis umzusetzen. Eine Umsetzungsform besteht etwa darin, ein Portfolio aufzusetzen, das genau die Werte des Index mit der entsprechenden relativen Gewichtung wie im Index enthält (sog. Replizierung, full replication oder census approach). Eine kostengünstigere und effizientere Form besteht darin, nicht gleich die gesamten Konstituenten des Index, sondern nur einen Teil dessen zu kaufen (sog. sample approach). Der Vorteil des sample approach liegt vor allem darin, dass weniger häufig Transaktionen notwendig werden als im census approaoch. 885

Unabhängig von der Art und Weise, wie das Passivmanagement in der Praxis umgesetzt wird, ist ersichtlich der Tracking Error (vgl. Rdnr. 842) gegenüber der Benchmark zu minimieren; dieser wäre idealerweise praktisch gleich null. Diese Zielgröße sollte der Investor, der ein entsprechendes Mandat in Auftrag gibt, kontrollieren. 886

Dem **Aktivmanagement** liegt im Vergleich zum Passivmanagement die Zielsetzung zu Grunde, mit dem aufzusetzenden Portfolio eine **bessere Wertentwicklung** zu erzielen als dies im Index der Fall ist. Es kann aber auch darum gehen, eine **höhere risikoadjustierte Rendite** als die der Benchmark zu erreichen. Mit Blick auf eine genaue Kontrolle und die Eindeutigkeit des Mandatsauftrages ist eine möglichst exakte Umschreibung bzw. eindeutige Definition der Benchmark grundlegend. Insbesondere ist darauf zu achten, ob es um Preis-Indizes oder Total Return-Indizes geht; da letztere die Wiederanlage der erzielten Dividenden und Zinsen einrechnen, besteht zwischen beiden Indexformen ein erheblicher Unterschied. Auch zu beachten ist, wie das Thema der Steuern im Benchmarkvergleich behandelt wird. Diese Überlegungen lassen sich insgesamt wie folgt kurz zusammenfassen: das Benchmarkportfolio sollte eine reale Alternative darstellen, gut diversifiziert, schwer zu schlagen und vor der Mandatierung allen Parteien genau bekannt sein. 887

Im Rahmen der Entscheidung, ob ein Anleger aktives oder passives Portfoliomanagement bevorzugen sollte, können insbesondere Überlegungen zur sog. Kapitalmarkteffizienz eine Rolle spielen. Denn aktives Management setzt voraus, dass ein Anlage- 888 manager über marktüberlegene Informationen verfügt, diese erkennt, richtig interpretiert und schließlich im Rahmen seiner Portfoliokonstruktion gewinnbringend umsetzen kann.

889 Die Forschung hat sich seit vielen Jahren sehr intensiv mit der Frage der Kapitalmarkteffizienz auseinandergesetzt.[8] Von einem effizienten Markt spricht man demzufolge dann, wenn die Wertpapierkurse zu jeder Zeit bereits alle verfügbaren Informationen reflektieren. Wäre dies in jedem Fall gegeben, würde aktives Management keinen Zusatznutzen bringen. In der Tat gibt es in der Markteffizienzforschung seit den 80-er Jahren eine Reihe von Testergebnissen, die das Vorliegen von Informationseffizienz zumindest in Teilbereichen zweifelhaft erscheinen lassen. Als Stichworte seien in dem Zusammenhang etwa der Size-Effekt, der neglected firm-Effekt oder die Mean Reversion genannt. Alle diese Phänomene stehen einem effizienten Kapitalmarkt entgegen, d. h. sie lassen sich innerhalb eines effizienten Kapitalmarktes nicht erklären resp. dürften darin nicht vorkommen.

890 Hinsichtlich der Entscheidung für aktives oder passives Management könnte ein Anleger darum zunächst den **Grad** einer denkbaren Effizienz des in Betracht gezogenen Marktes bedenken; eine Entscheidung für ein aktives Management würde dann um so eher getroffen, je ineffizienter der betreffende Markt erscheint. Typische Beispiele für eher als nicht effizient anzunehmende Marktsegmente sind Investitionen in Schwellenländer bzw. in den entwickelten Märkten solche Investmentansätze, die kleinkapitalisierte (small caps) oder mittelkapitalisierte (mid caps) Unternehmen in den Fokus nehmen, daneben aber auch Unternehmensanleihen etc.

891 Ein weiteres Kriterium hinsichtlich der Aktiv-Passiv-Differenzierung liegt in den Verwaltungskosten eines Mandats. Vor allem auf Grund der Tatsache, dass in aller Regel passives Management kein gesondertes Research der Titel notwendig macht (Fundamentalanalyse), ist Passivmanagement erheblich günstiger als aktives Management.

892 Die folgende Tabelle fasst die einzelnen Themenkreise um aktives und passives Management noch einmal schlaglichtartig zusammen.

---

8 Vgl. E.F. Fama: Efficient Capital Markets, A Review of Theory and Empirical Work, Journal of Finance, Vol. 25, S. 383 bis 418.

Abb. 52 Aktives und passives Management 893

Aktiv vs. Passiv – Differenzierungsmerkmale		
	Aktiv	**Passiv**
Rendite-Ziel	Outperformance der Benchmark	Benchmarkperformance
Risiko	Marktrisiko „und" Risiko relativ zur Benchmark (TE)	Marktrisiko
In fallenden Märkten	Aktive Absicherung möglich (falls gewünscht)	Keine Absicherung
Kosten	„höher"	„niedriger"
Research Ansatz Abdeckung	qual. u. quant. Research Kauf/Verkauf aufgrund Analysen Indexwerte u. außerhalb	quant. Research ‚Buy-and-hold' bis Indexänderung Indexwerte

3. Publikums- vs. Spezial-AIF

Bei der Umsetzung einer extern verwalteten Investition steht dem institutionellen An- 894
leger prinzipiell die Möglichkeit offen, dies über einen Publikumsfonds bzw. „Investmentfonds" nach aktuellem investmentrechtlichen Sprachgebrauch oder über einen
Spezial-AIF zu organisieren. Der Spezial-AIF hat die bis zur Einführung des Kapitalanlagegesetzbuches (KAGB) in 2013 bis dahin vertraute Begrifflichkeit des Spezialfonds abgelöst und wartet im Vergleich zu diesem insbesondere mit erweiterten An-
zeigepflichten und Dokumentationsanforderungen auf. Gegenüber dem offenen Publikumsfonds hat der Spezial-AIF den Vorteil, dass der Anleger i. d. R. die Investition
gemäß genau auf ihn abgestimmter oder durch ihn vorgegebener Anlagerichtlinien
umsetzen lassen kann. Häufig verfolgen Investoren ganz spezifische Ziele oder setzen
Randbedingungen, die sich mittels eines eher standardisierten Publikumsfondspro-
duktes nicht verwirklichen lassen. So kann es im Pensionssektor beispielsweise vorkommen, dass die Vermögensanlagerichtlinien eines CTA vorsehen, dass das Investment ins eigene Trägerunternehmen untersagt ist. Daneben kann es vorkommen, dass
Investoren nach spezifischen Vorgaben definierte Zielgruppen von Investitionen ausschließen, indem für das Aktien- oder Rentenmanagement so genannte Ausschlusslis-
ten aufgestellt werden, welche die Anlage in bestimmte Unternehmen untersagen.
Derart konkrete investorenspezifische Vorgaben lassen sich nur selten bzw. kaum über
eine Publikumsfondskonstruktion umsetzen.

Neben dem Vorteil der Anlagesteuerung über definierte investorenspezifische Richt- 895
linien liegt ein weiterer Vorteil des Spezial-AIF darin, dass der Anleger ein genau auf
ihn abgestimmtes Reporting und Berichtswesen implementieren kann. Insofern hat er

die Möglichkeit, sich zu Zwecken des Risikocontrollings genau die Informationen liefern zu lassen, die für ihn hinsichtlich des speziellen Mandats wichtig sind. Im Publikumsfondssektor finden sich demgegenüber zunächst nur Standardreportings, welche möglicherweise für den Anleger interessante und wichtige Sachverhalte in der Berichterstattung nicht einschließen. Ein gesetzliches Reporting kann allerdings auch einem institutionellen Anleger im Bereich Publikumsfonds ausgehändigt werden, ggf. unter der Berücksichtigung einer Vertraulichkeitserklärung (je nach Report).

896 Auch die Einflussnahme des Anlegers auf die Ausschüttungspolitik ist im Spezial-AIF eher gegeben als im Publikumsfonds. Bei Letzterem ist eine solche Einflussnahme überhaupt nicht möglich. Demgegenüber kann der Anleger im Spezial-AIF die Ausschüttungen steuern und im Einklang mit der eigenen Gewinnsituation gestalten.

897 Andererseits benötigen Spezial-AIF gewisse Mindestvolumina, und diese können je nachdem, welcher Markt adressiert wird, nicht ganz unerheblich sein. So wird man beispielsweise ein weltweites Aktienmandat in Form eines Spezial-AIF kaum unter 50 Mio. EUR umsetzen können, wobei eine Reihe von Investmentgesellschaften sogar bis zu 100 Mio. EUR für ein solches Mandat an initialem Investitionsvolumen voraussetzt. Und gerade hierin liegt der Vorteil der Publikumsfonds. Da Publikumsfonds letztlich Kapitalsammelstellen darstellen (kollektive Kapitalanlage), ist hier der Zugang mit weit geringeren Investitionsvolumina möglich. Für den institutionellen Anleger interessant ist, dass hinsichtlich der Kostenseite sog. **institutionelle Anteilsklassen** zur Verfügung gestellt werden, die den Vorteil geringerer Gebühren haben und teilweise schon in den Gebührenbereich institutioneller Großmandate hineinreichen. Dabei genügt es häufig schon, initiale Einlagen in der Größenordnung von 100 bis 500 Tsd. EUR zu tätigen, um in den Genuss vergünstigter Kostenklassen zu gelangen.

898 Über den Publikumsfonds können damit interessierte Anleger ihre Investitionen auch in solche Anlagesegmente lenken, die rein volumen- und aufwandsbedingt über das Vehikel des Spezial-AIF möglicherweise verschlossen wären.

4. Core-Satellite-Ansatz

899 Der sog. Core-Satellite-Ansatz folgt der Vorstellung, die Kapitalanlage auf eine möglichst effiziente Weise dergestalt zu organisieren, dass sowohl kostenseitig als auch ertrags-/risikotechnisch eine möglichst günstige und effiziente Konstellation für den Anleger entsteht.

900 Ausgangspunkt ist zunächst eine genaue Umschreibung der jeweils zu adressierenden Marktsegmente, aus denen sich das Gesamtportfolio zusammensetzen soll. Diese Segmente können etwa das Ergebnis einer vorausgegangenen ALM-Studie oder auf Grund anderweitiger Analysen zustande gekommen sein. Um dies an einem **Beispiel** zu illustrieren: So könnte man hier beispielhaft von der Vorstellung ausgehen, dass ein Renteninvestment (ohne Unternehmensanleihen) zunächst den Schwerpunkt und Anker der Anlage bildet, dem aus Gründen der Diversifizierung und zur Erzielung zu-

sätzlicher Renditen arrondierende Anlagen wie Unternehmensanleihen, bestimmte Aktienmärkte (large cap, mid cap etc.) oder Regionen (Schwellenländer) und alternative Investitionsmöglichkeiten (Private Equity) beigemischt werden. Ausgangspunkt der Überlegung eines Core-Satellite-Ansatzes ist dann die Frage bzw. Analyse, in welchen dieser Anlagesegmente auf Grund einer als eher gering angenommenen Kapitalmarkteffizienz Zusatzrenditen über den Marktrenditen erwartet werden können und wo auf Grund von weniger anzunehmenden Marktineffizienzen Chancen für eine superiore Outperformance eher schwieriger erreichbar wären.

Das Konzept des Core-Satellite-Ansatzes besteht dann darin, die als eher effizient angenommenen Märkte über ein passives Kerninvestment abzubilden, während die Satelliten die als eher ineffizient angenommenen Anlagesegmente umfassen (vgl. Abb. 53). 901

Das Kerninvestment wird dann mit einem niedrigen Tracking Error, niedriger Umschlaghäufigkeit und einer günstigen Gebührensituation umgesetzt, während die Satelliten mit erhöhtem Tracking Error aktiv verwaltet werden und die Erzielung von über den jeweiligen Marktrenditen liegenden Zusatzerträgen für das Portfolio anstreben. 902

Abb. 53 Core-Satellite-Ansatz: Beispiel 903

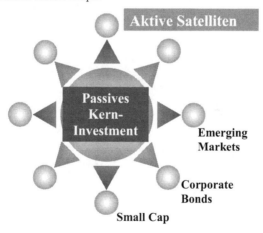

Die hier vorgestellte Definition eines Core-Satellite-Ansatzes zielt also im Wesentlichen auf das Ziehen einer Trennlinie zwischen aktiv und passiv organisiertem Anlagemanagement. Schlussendlich muss es der Einschätzung des Investors obliegen, ob – gerade auch vor dem Hintergrund der für die einzelnen Anlagesegmente geltenden Richtlinien für das Management – ein solcher Ansatz im Einzelfall als zielführend anzusehen ist.

5. Master-KVG-Konstruktion und Overlay Management

904 Man gehe zunächst von der Vorstellung aus, dass sich ein Investment – bspw. basierend auf den Ergebnissen einer ALM-Studie (vgl. Rdnr. 14) oder auf Grund anderweitig getroffener Entscheidungen – aus einzelnen wohl definierten Anlagesegmenten zu einem Gesamtportfolio zusammensetzt.

905 Verwaltungstechnisch kann eine solche Umsetzung in der Weise realisiert werden, dass das Gesamtportfolio als Spezial-AIF organisiert wird. Die Fondsbuchhaltung wie auch die Überwachung der einschlägigen regulatorischen Vorgaben gemäß Kapitalanlagegesetzbuch (KAGB) obliegt in diesem Fall einer Kapitalverwaltungsgesellschaft (KVG). Besteht der Schwerpunkt der Tätigkeit der KVG in der Fondsadministration und werden für das Portfoliomanagement der Segmente einzelne, jeweils spezialisierte Vermögensverwalter an den Spezial-AIF angebunden, spricht man hinsichtlich dieser Organisation – wie eingangs dieses Kapitels schon vorgestellt – von einer sog. Master-KVG. Die Anbindung der externen Vermögensverwalter an den Spezial-AIF geschieht auf vertraglicher Basis, wobei zwischen sog. Outsourcing- und Advisory-Mandaten unterschieden wird. Im Falle eines Outsourcings sind die Ansprüche an die Organisation des externen Managers höher und einzelne Transaktionen innerhalb des ihm zugeordneten Segmentes muss der Outsourcing-Manager nicht vor Abwicklung durch die KVG prüfen und im Einzelfall genehmigen lassen. Anders bei Advisory-Mandaten, bei denen jede Transaktion des externen Managers einem Pre-Trade-Check durch die KVG unterliegt.

906 Das jeweilige Anlagesegment ist in diesen Fällen spezifisch definiert und der jeweilige Manager mit einem auf dieses Segment ausgerichteten spezialisierten Auftrag ausgestattet. Dieser Auftrag kann insbesondere die genaue Umschreibung des Anlageuniversums, die Handlungsspielräume des Managements (auf Titelebene und/oder durch Definition eines Tracking Errors), die Festlegung von Performancezielen oder die Einführung einer zu Grunde liegenden Benchmark einbeziehen.

907 Aus einer übergeordneten Perspektive, d. h. mit Blick auf den gesamten in diesem Beispiel zitierten Spezial-AIF, stellt sich dann allerdings gegebenenfalls noch weiterer Regelungsbedarf dar, der inhaltlich weniger auf ein spezielles Segment als vielmehr auf den implementierten Spezial-AIF als Ganzes abstellt. Im Einzelnen können dabei beispielsweise die folgenden Themen auftreten:

- taktische Anlagesteuerung,

- Rebalancierung hinsichtlich einer eingeführten übergeordneten Benchmark (Spezial-AIF),

- Sicherungsstrategien und

- Währungssicherung.

Sofern ein Prozess implementiert wird, der das Gesamtportfolio, d. h. im vorliegenden Beispiel den gesamten Spezial-AIF, unter dem Blickwinkel eines oder mehrerer der o. g. Themen aktiv steuert und bewirtschaftet, so wird dieser Prozess auch als **Overlay Management** bezeichnet.

Auf die Themen Sicherungsstrategien und Währungssicherung soll an dieser Stelle 908 nicht mehr näher eingegangen werden, da diese Aspekte in vorigen Kapiteln bereits behandelt wurden. Es sei an dieser Stelle lediglich der Vollständigkeit halber erwähnt, dass Sicherungsstrategien selbstverständlich sowohl auf der Gesamtportfolioebene wie auch bezogen auf die einzelnen Segmente umgesetzt werden können. Die konkrete Gestaltung bzw. Beantwortung der Frage, welche Option vorteilhafter ist, hängt dabei von den jeweiligen Gegebenheiten ab. Auch hierzu ein Beispiel: Sofern verschiedene Anlagesegmente Fremdwährungsbestandteile beinhalten, könnte es organisatorisch durchaus Sinn machen, gewünschte Absicherungsstrategien nicht segmentweise, sondern übergeordnet zu organisieren, da im Rahmen der Fondsbuchhaltung auf der Ebene der Master-KVG die akkumulierte Fremdwährungsposition jederzeit bekannt und abrufbar ist.

Auf die Themen Taktische Anlagesteuerung und Rebalancing soll im Folgeabschnitt 909 näher eingegangen werden.

6. Taktische Anlagesteuerung, Rebalancierung und LDI-Konzepte

Man gehe gedanklich zunächst wie im vorigen Abschnitt motiviert von einem Portfo- 910 lio aus, das sich aus einzelnen, spezifisch definierten Anlagesegmenten zusammensetzen möge. Die Gewichtung der Segmente entspricht dabei im Aufsetzzeitpunkt der Investition einer fest definierten Quote (motiviert etwa durch eine ALM-Analyse und die daraus resultierende strategische Asset Allokation), so dass sich die Gewichte sämtlicher Anlagesegmente zu 100 % summieren.

Dann wird sich das relative Verhältnis der jeweiligen Anlagesegmente zueinander 911 schon nach kurzer Zeit verschieben, stimmt also mit dem Verhältnis zum Aufsetzzeitpunkt nicht mehr überein. Dies ist einfach der Tatsache geschuldet, dass die jeweiligen Segmente ein unterschiedliches Ertrags-/Risikoprofil haben dürften und sich darum unterschiedlich entwickeln. Dann stellt sich die Frage, zu welchem Zeitpunkt oder nach welcher Regel das ursprüngliche Verhältnis wiederhergestellt werden soll. Denn sofern man das Portfolio selbst ohne weitere Eingriffe dem Markt überlässt, kann sich auf längere Sicht oder über ein gewisses Zeitfenster hinweg ein Shift hin zu den eher risikobehafteten Anlagesegmenten ergeben (Portfoliodrift) und das Ertrags-/ Risiko-Exposure der Gesamtanlage dorthin entwickeln, wo der Investor mit dieser Anlage risikotechnisch nicht sein möchte oder ggf. auch nicht sein darf (insbesondere, wenn etwa regulatorische Rahmenbedingungen eine Rolle spielen sollten).

Eine Möglichkeit, einer solchen Drift entgegenzuwirken, könnte nun darin bestehen, 912 zu bestimmten Ereignissen die ursprüngliche Gewichtung der jeweiligen Anlageklassen wieder herzustellen, ein Vorgang, den man auch als **Rebalancierung** bezeichnet. Die Rebalancierung nimmt dabei also nicht notwendig Bezug auf die aktuelle Marktsituation bzw. damit verknüpfte Prognosen hinsichtlich der möglichen zukünftigen Entwicklung einzelner Portfoliobestandteile. Vielmehr handelt es sich um einen eher mechanistischen Vorgang, der das Portfolio in seiner Grundstruktur wieder auf die Ausgangsstrategie (strategische Asset Allokation) zurückführt.

913 Mögliche Auslöser für eine Rebalancierung können auf unterschiedliche Weise definiert werden. Zum einen ist ein rein zeitlicher Aspekt in dem Sinne denkbar, dass nach Ablauf fester Perioden, wie etwa quartalsweise, halbjährlich oder auf Jahresfrist, eine Rebalancierung angestoßen wird. Zum anderen könnte die Rebalancierung aber auch unabhängig von der zeitlichen Dimension an die wie oben angesprochene Entwicklung der Portfoliostruktur gebunden werden. Auch hierzu ein Beispiel: ausgehend von der strategischen Quote einer bestimmten Anlageklasse könnte man etwa festlegen, diese Gewichtung genau zu dem Zeitpunkt wiederherzustellen, wenn diese Quote um ein zuvor festgelegtes Maß überschritten wurde.

914 In den vorigen Ausführungen wurde das Rebalancieren als ein mehr oder minder mechanistischer Prozess dargestellt, auf den die aktuelle Marktsituation nicht notwendigerweise Einfluss ausübt. Dem steht das aktive Management der einzelnen Segmentquoten in der Weise gegenüber, als dass durch eine bewusst gesteuerte Über- oder Untergewichtung dieser Quoten ein Performancevorteil für das Portfolio als Ganzes angestrebt wird. Selbstredend wird man dabei auf die aktuelle Marktsituation und/oder auf technisch quantitative oder fundamental begründete Prognosen Bezug nehmen. In dem Sinne bedeutet aktives Management einer Segmentquote nichts anderes als das aktive Bewirtschaften des systematischen Risikos des mit dem jeweiligen Segment verknüpften Marktes. Man bezeichnet dies auch als Taktische Anlagesteuerung. Anders als die zuvor beschriebenen Rebalancierungsmethoden, die zu fixen Zeitpunkten oder bestimmten Ereignissen stattfinden, ist die Taktische Anlagesteuerung ein dynamischer Prozess, der sich über die Zeit hinweg kontinuierlich vollzieht, indem bestimmte Risikoparameter fortlaufend ermittelt und kontrolliert bzw. Prognosemodelle in den Kontext des sich real fortentwickelnden Marktes gestellt werden.

915 Da die Taktische Anlagesteuerung aber nicht allein die Exposition eines einzelnen Segmentes betrifft, sondern vielmehr auch die interdependenten Entwicklungsmöglichkeiten im Kontext der jeweiligen Korrelationen der Segmente vor dem Hintergrund des Marktgeschehens kontrolliert, ist klar, dass die Verantwortung hierüber einer übergeordneten Stelle zugewiesen werden muss. Der Vorteil, diesen Entscheidungsprozess auf der Ebene des Spezial-AIF stattfinden zu lassen, besteht vor allem darin, dass die Gesamtrisikosituation durch die Erfassung aller Anlagen zeitnah bekannt ist, gerade wenn entsprechende Strukturen durch die Implementierung einer Master-KVG oder eines Global Custodian geschaffen wurden. Vereinzelt werden am Markt entsprechende Produkte zur Verfügung gestellt, die sich dieser Aufgabenstellung annehmen. Beispielhaft sei etwa die Steuerung des Exposure der jeweiligen Anla-

gesegmente mittels Derivaten genannt. Im Einzelfall müssen die für die Kapitalanlage Verantwortlichen prüfen und entscheiden, inwieweit ein solcher externer Ansatz passend und das einer Ausübung unterliegende Prognosemodell valide ist.

Die Thematik der zuvor beschriebenen Taktischen Anlagesteuerung hat im Wesentlichen anlagetechnische Belange fokussiert. Im Ausgangspunkt stand zwar – gedanklich gegebenenfalls eine auf einem Asset-Liability-Modell fußende – Anlage-/Segmentstruktur. Doch im Folgenden fokussierte die Taktische Anlagesteuerung bzw. das Rebalancing dann eher die Performanceoptimierung und -steuerung des Portfolios im Kontext der definierten Strategischen Asset Allocation als neutralem Ankerpunkt. 916

Ein hierzu alternativer Ansatz besteht darin, die Struktur der Anlage noch stärker mit derjenigen der Pensionsverbindlichkeiten zu verzahnen. Das Bedürfnis hierzu kann im Einzelfall etwa aus bilanziellen Zielsetzungen heraus erwachsen. So könnte es beispielsweise gewünscht sein, die Volatilität des ‚Funded Status' als Bedeckungsverhältnis aus Anlagemitteln zu den damit korrespondierenden Verbindlichkeiten zu minimieren. Konzepte oder Lösungsmöglichkeiten, die Anbieter aus dem Bereich der Investmentindustrie hierbei zur Verfügung stellen, finden sich dabei unter dem Stichwort **Liability-Driven-Investment** (kurz ‚LDI'). 917

Zentrale Parameter im Hinblick auf die Bewertung von Pensionsverpflichtungen sind die Inflationsrate und der Rechnungszins. Aus diesen Parametern resultiert eine mehr oder minder starke Volatilität der Verpflichtungen selbst. Man kann dies prinzipiell als gegeben ansehen, wenngleich es sicherlich je nach dem zu Grunde gelegten Bewertungsansatz im Ergebnis erhebliche Unterschiede gibt. So verwendet das deutsche Bilanzrechtsmodernisierungsgesetz (BilMoG) einen gleitenden Rechnungszins auf Basis des Durchschnitts der letzten 10 bzw. 7 Jahre (gem. § 253 Abs. 2, Abs. 6 HGB), während ein internationaler Ansatz wie IFRS/US-GAAP mit einer stichtagsbezogenen Bondrendite als Bezugsgröße für den anzusetzenden Zins arbeitet. Doch gleich, welcher Ansatz zu Grunde gelegt wird, so implizieren doch Änderungen des Zins- und Inflationsumfeldes Schwankungen hinsichtlich der quantitativen Beschreibung des Verpflichtungsumfanges. 918

LDI-Konzepte sind nun derart konstruiert, dass sie vor allem eine Absicherung hinsichtlich der Zins- und Inflationssensitivität von Pensionsplänen anstreben. Hinsichtlich des Grades der Immunisierung wird dabei auf Seiten der Investmentindustrie produktseitig eine große Bandbreite geboten. Lösungsansätze reichen dabei vom relativ einfachen Durationsmanagement eines Rentenportfolios bis hin zu komplizierten Overlaystrukturen unter Einsatz von Zins-Swaps. Denn eine der Schwierigkeiten besteht sicherlich darin, dass die Duration der Verbindlichkeiten i. d. R. bekanntermaßen sehr hoch ist; eine entsprechende Abdeckung über einfache Anleiheportfolien kann dann leicht an die Grenzen dessen stoßen, was der Markt emittentenseitig hier überhaupt zur Verfügung stellt. 919

920 Einen Spezialfall stellen sog. ‚Liability Matching Systeme' dar, die darauf abzielen, die zukünftig zu erwartenden und aktuariell prognostizierten Zahlungsströme aus den Pensionsverpflichtungen durch Aufsetzen eines möglichst passgenauen Rentenportfolios zu bedienen, sei es aus Kupon- und/oder Endfälligkeitszahlungen heraus. Diese Form der Anlageorganisation wird mitunter auch mit dem Begriff cash flow matching belegt.

921 Abgesehen vom ‚ob', sollte im Einzelfall zunächst analysiert werden, was genau angestrebt wird. Erst im zweiten Schritt wären dann die entsprechenden Lösungsmöglichkeiten produktseitig zu bewerten und eine entsprechende Auswahl des für die persönlichen Belange passendsten Anbieters zu treffen. In vielen Fällen ist die Sprechweise nicht immer die gleiche und so empfiehlt es sich, genau hinzuschauen, wenn anbieterseitig LDI-Konzepte präsentiert werden. Letztendlich müssen die Kapitalanlageverantwortlichen gemeinsam mit der Unternehmensgesamtsteuerung bewerten, ob bezogen auf das persönlich anzulegende Zielsystem LDI-Konzepte eine passende Lösung darstellen.

II. Auswahl von Asset Managern

1. Ausgangsüberlegungen und Prozessablauf

922 Neben der Ableitung einer Strategischen Asset Allokation und den Überlegungen zur Mandatsorganisation stellt die Auswahl der geeignetsten Asset Manager einen weiteren sensiblen und kritischen Aspekt der Anlageorganisation dar. Selbstverständlich lassen sich die folgenden Überlegungen auch auf das interne Management anwenden, denn die angelegten Kriterien gelten sowohl für ein internes wie auch externes Kapitalanlagemanagement.

923 Es kann jedem, der die Kapitalanlage verantworten muss, nur nahegelegt werden, auf die Managerauswahl selbst mindestens so viel Energie und Ressourcen zu verwenden wie in die Ableitung einer Anlagestruktur bzw. eines Zielportfolios selbst. Denn es nützt ja nichts, wenn man zunächst in der initialen Phase ein Portfolio nach zeitgemäßen und ausgefeilten Methoden mit hohem zeitlichen Aufwand konstruiert, um im Nachhinein ggf. Manager zu mandatieren, die nicht in der Lage sind, die vom Anleger beauftragten Zielrenditen zu erreichen.

924 Der Prozessablauf einer Managerauswahl sieht dergestalt aus, dass am Beginn die genaue Formulierung der Aufgabenstellung stehen sollte (Mandatsspezifikation).

925 Danach ergeben sich dann differenzierte Möglichkeiten. Zunächst sollte sich der Anleger darüber klar werden, ob er selbst über den notwendigen Marktüberblick verfügt, um in einem ersten Schritt gegebenenfalls den Kreis potenzieller Dienstleister für das Mandat eingrenzen zu können (**Long List**). Ist dies nicht der Fall, könnte er die Unterstützung durch einen Investment Consultant in Betracht ziehen. Consultants betreiben in der Regel Manager Research als eine ihrer Kerndienstleistungen, wovon der Anleger profitieren kann.

Im Weiteren kommt es dann darauf an, zu überprüfen, inwieweit der ins Auge gefasste Kreis von potenziellen Asset Managern den konkreten Anforderungskatalog trifft. Gegebenenfalls sollte arrondierend dazu auch noch einmal eine weitergehende Überprüfung bzw. ein Update der Kompetenzen auf Seiten des Asset Managers vorgenommen werden. Es bietet sich an, zur Abdeckung dieser Fragestellungen ein Lastenheft zu entwerfen bzw. einen spezifischen Fragen-/Anforderungskatalog zu formulieren, den der Asset Manager beantworten sollte. 926

Im Folgeschritt wird dann die Beantwortung des Fragebogens für jeden einzelnen Asset Manager analysiert und bewertet. Hieraus leitet sich ein Ranking der sich bewerbenden Asset Manager ab. Der Kreis potenzieller Kandidaten engt sich weiter ein (**Short List**). 927

Es empfiehlt sich, die aus der Evaluierungsphase resultierenden Asset Manager der Short List zu einer persönlichen Präsentation einzuladen. In diesem Rahmen kann die Gesellschaft noch einmal genau überprüft werden, wobei man sich ebenso ernsthaft mit der Frage auseinandersetzen sollte, ob auch gegebenenfalls ein Besuch vor Ort, im Hause des Asset Managers stattfinden sollte, um zu sehen und zu prüfen, wie und auf welche Art und Weise die ‚Produktion' wirklich stattfindet. Dies kann auch ein nachträglicher doppelter Check dessen sein, was zuvor per Fragebogen seitens des Asset Managers dargelegt wurde. 928

Aus der Präsentation bzw. dem Check vor Ort ergibt sich schließlich derjenige Asset Manager aus der Short List, mit dem das Mandat aufgelegt werden soll. Es muss selbstverständlich nicht notwendigerweise nur ein Manager sein, der mandatiert wird. In Abhängigkeit von der Mandatsgröße und weiterer Faktoren kann auch gegebenenfalls die Diversifikation von Managerrisiken erwogen werden, sodass also verschiedene Gesellschaften einen Anlageauftrag erhalten können. 929

Im Rahmen der nun folgenden Aufsetzung des Mandats werden die Beziehungen zum Anleger und die Verantwortlichkeiten des Asset Managers vertraglich geregelt. Hierbei sind Konditionen zu prüfen und zu gestalten. Daneben sind die Anlagerichtlinien final zu konkretisieren. Es ist wichtig, dabei die Anlageziele, mögliche Freiheiten und Anlageoptionen des Asset Managers möglichst exakt zu umschreiben. Denn dies bedeutet bereits ex ante – Risikomanagement bzw. legt die Grundlagen, um den Erfolg ex post messen zu können. 930

Das folgende Schaubild gibt einen Überblick über die hier dargestellten Prozessschritte.

931   *Abb. 54 Auswahl von Asset Managern*

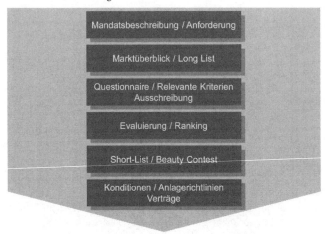

2. Kriterien und Mandatierung

932   Ein vieldiskutiertes Thema im Hinblick auf die Auswahl von aktiven Asset Managern ist, inwieweit beobachtete Performanceergebnisse, die naturgemäß den Blick nach hinten bedeuten, ein guter Indikator für zu erwartende künftige Outperformance sein können. Man spricht in dem Fall auch von „persistenter Performance", wenn sich eine in der Vergangenheit beobachtete Überrendite in die Zukunft fortsetzt. Eine Reihe von Studien hat sich mit der Frage auseinandergesetzt, inwieweit Persistenz statistisch signifikant beobachtbar ist. Man kommt dabei zu unterschiedlichen Ergebnissen. Es scheint aber so zu sein, dass Persistenz zumindest für Outperformer nicht nachweisbar ist. Dies vorausgeschickt, lässt sich ableiten, dass die reine Performanceanalyse für sich genommen kein hinreichendes Kriterium im Zusammenhang mit der Auswahl eines Asset Managers darstellen sollte. Auch die Tatsache, dass Fondsmanager im Rahmen der Einwerbung neuer Mittel gerne auf ihre Outperformance, gegebenenfalls sogar über längere Zeitfenster hinweg, verweisen, ändert an dieser Tatsache prinzipiell nichts. Natürlich ist es so, dass ein gut aufgestellter und disziplinierter Investmentprozess zu superioren Ergebnissen führen kann. Nur umgekehrt lässt sich der Schluss notwendigerweise nicht ziehen: eine Outperformance für sich genommen lässt noch nicht den Rückschluss auf ein optimal organisiertes Portfoliomanagement zu, was aber letztlich die Voraussetzung für künftige Mehrrenditen ist.

933   Aus diesen Vorbemerkungen heraus wird deutlich, dass die Prüfung und schließlich die Auswahl eines geeigneten Asset Managers idealerweise über eine reine Performanceanalyse hinausgehen sollte. Als kritische Faktoren sind in dem Zusammenhang des genauen Abprüfens eines Portfoliomanagers die Kategorien Organisation, Portfo-

liomanagement, Risikomanagement, Research, Kundenservice, Kosten und Infrastruktur zu nennen.

Hinsichtlich der Organisation sind vor allem die strategische Ausrichtung und Ziele des Unternehmens zu prüfen. Eine stabile Unternehmensstruktur und strenge Compliance-Vorschriften sind grundlegend. Erfahrung und talentierte Mitarbeiter sind weitere kritische Erfolgsfaktoren. Wichtig sind in dem Zusammenhang hohe Rekrutierungsstandards und die Sicherstellung einer fortlaufenden Weiterbildung. Es sollte eine klare und gelebte Strategie erkennbar sein, wie das Unternehmen als wachsende Organisation sicherstellt, dass sich interne Strukturen mit zusätzlich eingeworbenen neuen Anlagegeldern weiterentwickeln. Immer wieder kommt es vor, dass Unternehmen sich wegen einer diesbezüglich mangelnden Strategie vom Outperformer zum Underperformer entwickeln. Kurzum muss hinterfragt werden, wie Wachstumsziele mit der Unternehmensstruktur strategisch in Einklang gebracht werden. 934

Hinsichtlich des Portfoliomanagements sollte die Prozessqualität und -integrität geprüft werden. Das Unternehmen sollte überzeugende Strategien präsentieren können, mit einer nachvollziehbaren Argumentation, wo Performancequellen identifiziert und portfoliotechnisch genutzt werden können. Des Weiteren müssen Produkttreue und ein konsistenter Ansatz vorausgesetzt werden. Auf der anderen Seite muss sichergestellt sein, dass der Investmentprozess in einem sich ändernden Umfeld permanent weiterentwickelt. 935

Im Research sollte der Asset Manager über eine umfassende, global-integrierte Branchenexpertise verfügen. Zu überprüfen wäre, mit welchen Bewertungsmodellen gearbeitet wird und inwiefern das global-wirtschaftliche Umfeld im Researchprozess integriert wird. Fundierte Kommunikationswege müssen dabei vorausgesetzt werden. 936

Einen weiteren kritischen Faktor stellt das Risikomanagement dar. Dies ist grundlegend dafür, dass zu jeder Zeit eine entsprechende quantitative Bewertung darüber zur Verfügung steht, wie ein Portfolio risikotechnisch einzuordnen ist. Je nach Portfoliotyp bzw. Managementstil kommen dabei unterschiedliche Risikokennziffern zum Einsatz (Value at Risk, Tracking Error, Volatilität etc.). Welche analytischen Methoden und Ansätze dabei dem Portfoliomanagement im Rahmen der Portfoliokonstruktion zur Verfügung stehen, sollte hinterfragt werden. 937

Hinsichtlich der Analyse der Kostensituation ist zunächst einmal zu differenzieren, welche unterschiedlichen Kostenarten auftreten und wo deren Quelle zu suchen sind. Teilweise handelt es sich um implizite, andererseits auch um explizite Kosten. Implizite Kosten sind im Zusammenhang mit Transaktionskosten, Broker-Kommissionen oder Händlermargen zu sehen, die unmittelbar wiederum an die Umschlaghäufigkeit innerhalb des Portfolios geknüpft sind. In dem Zusammenhang sollte sichergestellt sein, dass der Manager nach Best Execution-Prinzipien handelt und im Weiteren wäre auch zu prüfen, inwieweit Strategien angelegt werden, um Kosten zu minimieren. In diesen Kontext fällt beispielsweise das Vermeiden von Opportunitätskosten im Zu- 938 sammenhang mit größeren Portfolioumschichtungen. Explizite Kosten stellen die zu vereinbarenden Management Fees bzw. auch Depot- und Depotbankkosten dar. Gegebenenfalls treten hier noch weitere Kostenblöcke auf, die aber nicht notwendigerweise in unmittelbarem Zusammenhang mit dem Asset Manager selbst stehen müssen, wie beispielsweise Kosten der Kapitalverwaltungsgesellschaft.

939 Hinsichtlich des Kundenservices ist es wichtig, dass ein zentraler Ansprechpartner zur Verfügung steht, der Kundenanfragen und -wünsche koordiniert. Zu hinterfragen wäre, inwieweit das Berichtswesen auf die spezifischen Anforderungen des Anlegers zugeschnitten werden kann, mit welcher Frequenz und in welcher Form Berichte erzeugt werden können oder gegebenenfalls vom Anleger auch selbst angestoßen und abgerufen werden können, etwa über einen elektronischen Zugriff auf das eigene Depot.

940 Je mehr unterschiedliche Dienstleister zusammenkommen, desto wichtiger ist die Frage der Infrastruktur und des Schnittstellenmanagements. So sind etwa bei einer Portfolio-Konstruktion unter Einbindung einer Master-KVG die administrierende KVG, eine Reihe von externen Asset Managern und die Depotbank effizient zusammenzubinden. Ähnliches gilt, wenn die Portfolio- und Risikomanagementorganisation des Anlegers unter Einbindung eines Global Custodian aufgestellt wird. Der Asset Manager sollte sicherstellen, dass ein entsprechend funktionstüchtiges Schnittstellenmanagement vorliegt und Strategien aufzeigen können, wie dieses vor dem Hintergrund des sich ändernden Marktumfeldes fortentwickelt werden kann.

941 Bei der schlussendlichen Beurteilung und Einschätzung einer Asset Management – Gesellschaft sollte der Anleger zumindest die o. g. Punkte abprüfen und bewerten. Je nach Mandat sind die einzelnen Kategorien mit verschiedenen Gewichtungsfaktoren zu belegen, sodass sich am Ende der Bewertung ein objektives Ranking ableiten lassen sollte.

942 Im Rahmen der Performancemessung und -analyse wird an dieser Stelle insbesondere noch einmal an die vorangegangenen Abschnitte zu Rendite- und Risikomessung, aber auch auf die Performance Presentation Standards verwiesen. Im Einzelfall muss je nach Mandat ein spezifischer Katalog von Kennzahlen in die Analyse eingebunden werden (so etwa die Information Ratio im Aktivmanagement, Tracking Error im Passivmanagement etc.). Eine kritische Analyse aller zur Verfügung gestellten Werte, sollte sicherstellen, dass der Anleger ein möglichst genaues Bild über den Verlauf der vergangenen Performance und über die Quellen dieser Performance, beispielsweise im Rahmen einer Attributionsanalyse, erhält.

3. Externe Akteure: Ratingagenturen und Investment Consultants

943 Sofern ex ante eine neutrale Benchmark hinsichtlich der einzelnen Kategorien angesetzt wird, ist es auch möglich, außerhalb eines konkret stattfindenden Auswahlprozesses eine Beurteilung hinsichtlich einer bestimmten Asset Management-Gesellschaft

bzw. hinsichtlich eines bestehenden Produktes vorzunehmen. Diese Aufgabe übernehmen häufig Ratingagenturen oder auch Investment Consultants, die prinzipiell durch ein fortlaufendes Screening versuchen, einen jederzeitigen und tiefgehenden Marktüberblick sicherzustellen.

Im Investmentfondssektor hat sich eine Reihe von Ratingagenturen etabliert, die durch Einstufungen der jeweiligen Produkte interessierten Anlegern bei deren Investmententscheidungen Unterstützung geben wollen. Bei der Ableitung von Ratingergebnissen stützen sich die Agenturen in der Regel auf quantitative und qualitative Analysen wie auch auf Mischformen daraus. Ratingergebnisse werden in Form von „Sternen", Noten oder Buchstabenkombinationen veröffentlicht.   **944**

Bei einem rein quantitativen Ratingansatz kommt vor allem der Wertentwicklungsanalyse eines Fonds die überragende Bedeutung zu. Eine Möglichkeit besteht dann etwa darin, das Anlageergebnis zunächst in den Zusammenhang mit der Volatilität oder anderer Risikoparameter ins Verhältnis zu setzen. Daraus sich ableitende Kennzahlen werden dann innerhalb einer Peer Group von als vergleichbar eingestuften Anlageprodukten in Relation gesetzt. Daraus leitet sich schließlich das Rating im Sinne eines Rankings ab, wobei die Produkte mit der günstigsten Ertrags-/Risikokennzahl als beste geratet werden. Neben der Ertrags-/Risikorelation können bei quantitativen Ansätzen aber auch weitere Kategorien in die Analyse hineingezogen werden, beispielsweise wie konsistent die Ertragsverläufe waren, wie sich Verlustsituationen absolut und relativ innerhalb der Peer Group bzw. in bestimmten Marktphasen darstellten oder wie die Gebührensituation aussieht. Die im vorherigen Kapitel vorgestellten Risikomaße (vgl. Rdnrn. 823 ff.) kommen in diesem Zusammenhang also zur Anwendung.   **945**

Bei qualitativen Ratings stehen Faktoren wie der Investmentprozess, Erfahrung des Fondsmanagements und die unternehmerischen Strukturen einer Fondsgesellschaft im Vordergrund. Ratingagenturen stützen sich dabei auf Fragebögen und führen i. d. R. zum Zwecke des besseren Verständnisses auch Interviews mit dem Fondsmanagement und den verantwortlichen Schlüsselpersonen vor Ort. Ratingagenturen, welche die qualitative Analyse stärker oder auch arrondierend zu einer quantitativen Analyse einsetzen, argumentieren, dass die eingehende Analyse von Strukturen und Investmentprozessen einer Fondsgesellschaft bzw. eines Vermögensverwalters wichtige Zusatzinformationen liefern. Daraus seien letztendlich zuverlässigere Ratingergebnisse zu erwarten, als dies mit der ausschließlich rein fundamentalen und letztlich vergangenheitsbezogenen Wertentwicklungsanalyse möglich wäre.   **946**

Als Anleger ist man bei der Einbindung von Ratings gut beraten, sich vor einer Anlageentscheidung allerdings intensiv mit der Ratingsystematik auseinanderzusetzen. Zu hinterfragen ist dabei insbesondere die Ratingmethode, vor allem wie sich gegebenenfalls die Peer Groups zusammensetzen und nicht zuletzt wie aktuell ein veröffentlichtes Rating gegebenenfalls ist.   **947**

948 Investment Consultants verfügen i. d. R. über spezialisierte Einheiten, die sicherstellen, dass die zur Anwendung kommenden Methoden wie auch das benötigte Datenmaterial aktuell gehalten werden. Gerade mit Blick auf die Mandatsvergabe führen Investment Consultants häufig auch umfassende Datenbanken, die fortlaufend auf den
neuesten Stand gebracht werden, ein Aufwand, der für einen Anleger schon aus rein
organisatorischen wie aber auch aus wirtschaftlichen Erwägungen heraus kaum darstellbar ist.

949 Sollte ein Investor sich der Unterstützung eines Investment Consultant bedienen wollen, so ist aber auch hier die Frage zu stellen, welcher Berater der geeignetste ist. Einige der im vorigen Abschnitt zur Suche nach dem passenden Vermögensverwalter genannten Aspekte lassen sich durchaus auch auf diesen Kontext übertragen. So könnten etwa die Prüfung der Organisation des Consultants, die Erfahrung der Berater,
die Breite und Tiefe des Manager-/Produktresearch bzw. auch die Frage, wie global
und wie tief der Consultant vernetzt und aufgestellt ist, Kriterien innerhalb eines Auswahlprozesses sein.

III. Kosten der Kapitalanlage

950 Hinsichtlich auftretender Kosten der Kapitalanlage ist es zunächst hilfreich, sich bewusst zu machen, dass es explizite (mehr oder weniger sichtbare) und implizite (eher
weniger sichtbare) Kosten gibt.

951 Die expliziten Kosten werden i. d. R. dem zu verwaltenden Vermögen direkt belastet
oder aber vom Investor bezahlt und sind in Maßen auch dadurch ex ante kontrollier-
bar, indem sie zumindest in Grenzen verhandelbar sind. Hierunter fallen etwa die unmittelbaren Verwaltungskosten des Anlageverwalters bzw. Portfoliomanagers (auch
als sog. Management Fee bezeichnet), die Administrationskosten der Depotbank und
der Kapitalverwaltungsgesellschaft sowie gegebenenfalls anfallende Kostenblöcke in
Form von Ausgabeaufschlägen oder Rücknahmegebühren, wenn es um den Kauf bzw.
Verkauf von Anteilen bei Investmentfonds geht.

952 Implizite Kosten werden dem Vermögen indirekt belastet. Sie sind relativ schwierig
quantifizierbar und auch nicht notwendigerweise sichtbar. Als Beispiele hierfür gelten
etwa Transaktionskosten sowie Opportunitätskosten, Market Impact-Kosten oder
Wartekosten. Opportunitätskosten entstehen im Zusammenhang mit der Nicht-Aus-
führung oder Ausführung von Orders, indem Transaktionen beispielsweise zu früh
oder zu spät umgesetzt werden und so implizit Kosten „produzieren". Beim sog. Market Impact unterscheidet man einen temporären Market Impact von einem informa-
tionsinduzierten Market Impact. Market Impact – Kosten sind insgesamt schwer fass-
bar. Sie sind sowohl ex ante nicht bekannt wie auch ex post nur näherungsweise zu
ermitteln, indem man beispielsweise die Kurse zu den Zeitpunkten von Ordererteilung und Orderausführung gegenüberstellt. Von Belang ist in diesem Zusammenhang
der Umstand, dass vor allem in engen Märkten die Kurse durch die selbst erteilten
Orders in die eine oder andere Richtung, je nachdem, ob es um Kauf oder Verkauf

geht, bewegt werden können. Wartekosten entstehen demgegenüber in der Zeit zwischen der Anlageentscheidung und der Ordererteilung.

In den zurückliegenden Jahren hat man auf Anbieterseite versucht, sich auch auf der 953
Publikumsfondsebene den institutionellen Interessenten noch stärker zu öffnen. Da ein institutioneller Anleger meist jedoch mit einer um Größenordnungen höheren Summe als der Privatanleger aufwartet, war es naheliegend, auch Anlegern mit höheren Investitionsvolumina den Zugang zu einem Publikumsfonds zu dann relativ niedrigeren Verwaltungskosten zu eröffnen. Dies geschieht dadurch, dass innerhalb des Publikumsfonds sog. Anteilsklassen definiert werden, die mit unterschiedlichen Verwaltungssätzen belegt werden. Auch wenn die günstigere Anteilsklasse zunächst jedem interessierten Anleger offenstehen könnte, so ist doch ein Investment regelmäßig mit der Anlage einer gewissen Mindestsumme verbunden, die dann doch eher nur vom professionellen Anleger geleistet werden kann. Diese so definierte günstigere Anteilsklasse wird darum häufig auch als institutionelle Anteilsklasse (institutional share class) bezeichnet.

Hinsichtlich der expliziten Kosten für die Vermögensverwaltung liefert die folgende 954
Übersicht eine erste Orientierung. Angegeben sind hier die mittleren indikativen Bandbreiten der Verwaltungskosten als Anteil des unter Verwaltung genommenen Vermögens in Basispunkten (1 BP = 1 Basispunkt = 0,01 %) für ausgewählte aktive und passive Mandate, wobei von einer Größenordnung von 100 Mio. Euro investierter Anlagesumme ausgegangen wird. Die Passivmandate orientieren sich dabei an den Kostengrößen von Exchanged Traded Funds (ETFs).

Tab. 14 Mittlere indikative Kostenbandbreiten in der Vermögensverwaltung*   955

Assetklasse	Bandbreite Basispunkte aktiv	Volumen Mio. Euro	Bandbreite Basispunkte passiv
Euro Staatsanleihen	10 - 15	100	5 - 10
Euro Unternehmensanleihen Inv. Grade	15 - 25	100	7 - 12
Globale Unternehmensanleihen Inv. Grade	25 - 35	100	8 - 15
Schwellenländeranleihen Blend	35 - 45	100	15 - 25
Globale Anleihen High Yield	40 - 50	100	20 - 30
Globale Wandelschuldverschreibungen	35 - 45	100	30 - 40
Globale Aktien	55 - 70	100	10 - 15
Aktien Europa	40 - 50	100	5 - 10
US Aktien	55 - 65	100	7 - 12
Aktien Schwellenländer	65 - 75	100	15 - 20

* **Quelle:** eigene Analysen, vgl. auch *Haferstock/Hilka/Kinzler*, Kosten der Kapitalanlage in der betrieblichen Altersversorgung, S. 15 bis 42

956 Das Kapitalanlagegesetzbuch verlangt, für Investmentvermögen eine sog. Gesamtkostenquote auszuweisen (vgl. § 166 KAGB). Diese basiert auf den Zahlen des zuletzt abgelaufenen Geschäftsjahres eines Fonds. Sie setzt sämtliche von einem Investmentvermögen im Jahr getragenen Kosten bzw. geleisteten Zahlungen ins Verhältnis zum durchschnittlichen Nettoinventarwert des Investmentvermögens. Diese Verhältniszahl, die in der Regel im Format einer Prozentzahl angegeben wird, ist gemäß Vorgabe des Kapitalanlagegesetzbuches dann in den „Wesentlichen Anlegerinformationen" (KIID, Key Investor Information Document) unter dem Begriff „Laufende Kosten" zu veröffentlichen. In der Vergangenheit wurde die Gesamtkostenquote auch häufig mit dem angelsächsischen Begriff „Total Expense Ratio" (kurz: TER) belegt. Sollte ein Investmentfonds mehrere Anteilsklassen aufweisen, dann sind für jede dieser Klassen die „Laufenden Kosten" gesondert auszuweisen.

957 Die Kennzahl „Laufende Kosten" liefert dem Anleger eine erste Orientierung dahingehend, wie hoch der Verwaltungsaufwand für ein Investmentvermögen in etwa zu taxieren ist. Orientierung insofern, als dass hinsichtlich der Anwendung des § 166 KAGB einige Besonderheiten zu beachten sind. So berücksichtigt die Position „Laufende Kosten" weder Ausgabeaufschläge noch Rücknahmegebühren. Diesbezüglich wird dabei durchaus nachvollziehbar argumentiert, dass diese Kostenblöcke auf der Ebene des Anlegers anfallen, nicht jedoch das Portfoliomanagement bzw. die Administration eines Investmentfonds unmittelbar betreffen. Auch Transaktionskosten innerhalb des Investmentvermögens bleiben bei der Ermittlung der laufenden Kosten außen vor. Auch ggf. anfallende erfolgsabhängige Vergütungen sind nicht in die laufenden Kosten einzurechnen, da nicht zwingend davon ausgegangen werden muss, dass diese per se regelmäßig anfallen. Erfolgsabhängige Vergütungsbestandteile sind insofern neben den laufenden Kosten gesondert auszuweisen. Zusammenfassend ist also hinsichtlich des Ausweises von „Gesamtkostenquote" bzw. „Laufender Kosten" gemäß § 166 KAGB bei der Analyse und Interpretation der Kostensituation eines Investmentfonds diesen Besonderheiten Rechnung zu tragen.

958 Allgemein gelten ab dem 3.1.2018 erweiterte und neue Bestimmungen in der Finanzmarktregulierung, die sich insbesondere auch mit dem Thema der Kostentransparenz und -berichterstattung befassen. Einschlägig ist dabei die so genannte „Richtlinie über Märkte für Finanzinstrumente", auf Grund der englischen Bezeichnung (Markets in Financial Instruments Directive) meist mit MiFID II bezeichnet. Hinsichtlich der Rechtsgrundlagen bzw. des regulatorischen Rahmens ist dabei insbesondere die so genannte „Delegierte Verordnung (EU) 2017/565 der Kommission" (DV) vom 25.4.2016 zu nennen.

959 Zielsetzung der Verordnung ist es, Anlegern sowohl im Vorfeld der Investition (ex ante) als auch im Rahmen der Nachbetrachtung (ex post) ein vertieftes Verständnis und genaueres Bild zur Kostensituation zu verschaffen.

960 Gemäß Art. 50 DV sind Wertpapierfirmen sowohl in einer ex ante- als auch in einer ex post-Offenlegung von Informationen über Kosten und Gebühren zu Angaben hin-

sichtlich aller Kosten und Nebenkosten, die im Zusammenhang mit der Erbringung der Wertpapierdienstleistung wie auch im Zusammenhang mit der Konzeption und Verwaltung von Finanzinstrumenten entstehen, verpflichtet. Die Liste der Berechnungskomponenten schließt dabei sowohl einmalige, laufende Kosten, Transaktionskosten, weitere Nebenkosten wie auch ggf. anfallende Nebendienstleistungskosten ein. Die dafür benötigten bzw. relevanten Daten werden insbesondere von den Produktmittenten an einer zentralen Stelle zur Verfügung gestellt.

Die aggregierten Kostensummen sind sowohl als Geldbetrag wie auch als Prozentsatz 961 anzugeben. Im Zusammenhang mit den Anforderungen an die Illustration sind insbesondere die Auswirkungen der Kosten auf die Rendite darzustellen. Dies ist in Form einer Grafik, einer Tabelle oder beschreibend möglich.

Bei der Illustration von ex ante-Angaben sind hinsichtlich der Berechnung von 962 Dienstleistungs- und Produktkosten die tatsächlich in der Vergangenheit angefallenen Kosten als Indikator für erwartete Kosten zu verwenden oder es ist ersatzweise auf eine nachvollziehbare Schätzung zurückzugreifen, insbesondere auch bei der Lancierung eines neuen Produktes. Bei der Illustration von Produktkosten kann auf beispielhafte Anlagebeträge abgestellt werden.

Ex post-Darstellungen haben demgegenüber personalisiert auf Basis der tatsächlich 963 angefallenen Kosten zu erfolgen, beziehen sich also insbesondere auf den tatsächlichen Anlagebetrag. Die Angaben sind regelmäßig, mindestens einmal jährlich während der Laufzeit einer Anlage zu erbringen und können in die periodischen Berichterstattungen eingebettet werden.

Der Begriff „Laufende Kosten" erfährt im Kontext von Investmentvermögen unter 964 MiFID II im Übrigen ebenfalls eine neue Bedeutung, indem gegenüber der KAGB-Welt hierbei nunmehr insbesondere auch Transaktionskosten und performanceabhängige Vergütungsbestandteile einzurechnen sind.

Zu beachten ist, dass hinsichtlich der Wirksamkeit dieser Vorgaben im Allgemeinen 965 Art. 50 der Delegierten Verordnung eine grundsätzlich beschränkte Anwendung der einschlägigen Regelungen mit Blick auf professionelle Kunden zulässt.

Zusammenfassend kann herausgestellt werden, dass die gemäß MiFID II künftig er- 966 forderlichen Berichterstattungen hinsichtlich der Kostensituation von Investmentvermögen und Wertpapierdienstleistungen dort, wo sie Wirkung entfalten, zu einem gegenüber der Vergangenheit in der Regel weit höheren Maß an Transparenz führen. Der im Zusammenhang mit der Datenbeschaffung und Aufbereitung verbundene Aufwand bedeutet allerdings eine nicht zu unterschätzende organisatorische und finanzielle Herausforderung für alle darin involvierten Parteien.

D. Governance-Rahmen für EbAV (*Wolf*)

I. Begriffseinordnung Governance, Risikomanagement und Compliance

967 Governance, Risikomanagement und Compliance sind zentrale Elemente eines gut strukturierten Kontrollrahmens:

Corporate Governance beschreibt das System, nach dem Unternehmen geführt und kontrolliert werden, und damit die Gesamtheit der definierten Beziehungen zwischen der Unternehmensführung und dem Aufsichtsorgan des Unternehmens sowie zu seinen Aktionären und sonstigen Akteuren (KOM (2011) 146/3). Es ist also der rechtliche und faktische Ordnungsrahmen zur Leitung und Überwachung eines Unternehmens. Ziel ist die Etablierung und Sicherstellung einer guten, verantwortungsbewussten auf Langfristigkeit ausgerichteten Unternehmensführung.

Das **Risikomanagement** stellt den Umgang mit Risiken und (im modernen Verständnis auch) Chancen sicher, die aus dem Führungs- und Durchführungsprozess der unternehmerischen Tätigkeit entstehen können. Risiken sind potenzielle negative Möglichkeiten des Nichterreichens explizit formulierter oder sich implizit ergebender zentraler Unternehmensziele. Das Risikomanagement hat das primäre Ziel, frühzeitig Risiken zu identifizieren, die den Forstbestand des Unternehmens gefährden können.

Compliance dient der Einhaltung rechtlicher und ethischer, branchenabhängiger und organisationsinterner Regelungen mit dem Ziel des regelkonformen Verhaltens aller Mitarbeitenden im Sinne des Unternehmens.

II. Regulatorische Anforderungen an Governance und Compliance in EbAV

968 Für Einrichtungen der betrieblichen Altersversorgung finden sich in der **EbAV-II-Richtlinie** – RL (EU) 2016/2341 – umfangreiche Anforderungen an die Unternehmensführung, die Kontrolle und die Transparenz, also an den Governance-Rahmen. So sind hier u. a. folgende Mindestanforderungen definiert:

- Zuständigkeit des Management- und Aufsichtsorgans (Art. 20)
- wirksames Governance-System (Art. 21)
- fit & proper-Kriterien (Art. 22)
- solide und publizierte Vergütungspolitik (Art. 23)
- Einrichtung von Schlüsselfunktionen (Art. 24): Risikomanagement Funktion (Art. 25), Interne Revision (Art. 26) und Versicherungsmathematische Funktion (Art. 27)
- Einrichtung eines wirksamen Risikomanagementsystems (Art. 25)
- eigene Risikobeurteilung (Art. 28)
- Erklärung über die Grundsätze der Anlagepolitik (Art. 30)
- Funktionsauslagerungen (Outsourcing) (Art. 31)

Im **Rundschreiben R 8/2020 (VA)** sind aufsichtsrechtliche Mindestanforderungen an die Geschäftsorganisation von Einrichtungen der betrieblichen Altersversorgung (MaGo für EbAV) festgelegt und die Vorgaben aus der EbAV-II-Richtlinie für Deutschland damit weiter konkretisiert. Diese Vorgaben wirken nicht nur allgemein für die Einrichtung, sondern – ergänzt um das Rundschreiben R 11/2017 (VA) – ebenso für das Anlage- und Risikomanagement von EbAV.

III. Proportionalität und Materialität

Aufgrund der spezifischen Struktur und Geschäftsmodelle von EbAV, mit zum Teil 969 deutlich weniger Komplexität als bei anderen Versicherungsunternehmen wird dem Grundsatz der Verhältnismäßigkeit bzw. dem Proportionalitätsprinzip nach § 296 Abs. 1 VAG eine besondere Bedeutung beigemessen. Zunächst sind die aufsichtsrechtlichen Anforderungen von allen Unternehmen unter Berücksichtigung des jeweiligen Profils zu erfüllen, welches sich bemisst nach:

- Größenordnung (u. a. Bilanzsumme),

- Art, Umfang und Komplexität der Tätigkeit,

- Größe (tatsächlicher Mitarbeiterbedarf) und

- interner Organisation (interne Aufbau- und Ablauforganisation).

Jede EbAV hat anhand der vorgenannten Kriterien zu bewerten, inwieweit ggf. Erleichterungen oder Vereinfachungen zulässig sind bzw. an welchen Stellen höhere Anforderungen erfüllt werden müssen. Neben dem Profil ist auch das Risikoprofil einer EbAV zu beachten, welches die Gesamtheit aller Risiken nach den §§ 26, 234c und 234d VAG umfasst. Bei Abschwächungen der Anforderungen aufgrund des Proportionalitätsprinzips sind potenzielle Interessenskonflikten zu berücksichtigen und durch begleitende Maßnahmen (z. B. 4-Augen-Prinzip, Transparenz- oder Berichtsprozesse) zu adressieren. Werden mehrere Aufgaben in einem Bereich vorgenommen, darf dies die effektive, objektive, sachgemäße und unabhängige Erfüllung der einzelnen Aufgaben nicht beeinträchtigen.

Ferner ist der **Wesentlichkeitsgrundsatz** zu beachten. Dieser besagt, dass unterneh- 970 mensindividuell als wesentlich eingestufte und auch für EbAV übliche Risiken in die Bewertung einzubeziehen sind. Die Wesentlichkeitsgrenzen sind unternehmensindividuell und mindestens separat für das versicherungstechnische Risiko, Marktrisiko, Kreditrisiko, Liquiditätsrisiko und operationelle Risiko festzulegen.

Materialität umfasst die wesentlichen Risiken mit nachhaltig negativen Auswirkun- 971 gen auf die Wirtschafts-, Finanz- oder Ertragslage der Einrichtung.

IV. Governance-Grundsätze für EbAV

Unter einem Governance-System ist nach Rdnr. 4 in R 8/2020 (VA) die **Geschäfts-** 972 **organisation einer Einrichtung** zu verstehen. EbAV müssen über eine **Geschäfts-**

organisation verfügen, die wirksam und ordnungsgemäß sowie der Art, dem Umfang und der Komplexität ihrer Tätigkeiten angemessen ist (§ 23 VAG i.V.m. R 8/2020). Die Geschäftsorganisation dient/ermöglicht:

- Einhaltung von Gesetzen, Verordnungen und aufsichtsbehördlichen Anforderungen

- Gewährleistung einer soliden und umsichtigen Leitung des Unternehmens

- angemessene, transparente Organisationsstruktur mit einer klaren Zuweisung und einer angemessenen Trennung der Zuständigkeiten

- Installation der gesetzlich definierten Schlüsselfunktionen

- wirksames unternehmensinternes Kommunikationssystem

- regelmäßige interne Überprüfung der Geschäftsorganisation

- Erstellung schriftlicher Leitlinien (mindestens für Schlüsselfunktionen, IKS und Ausgliederung)

- angemessene Vorkehrungen zur Gewährleistung von Kontinuität und Ordnungsmäßigkeit (Notfallpläne)

- Dokumentation (Aufbau- und Ablauforganisation, Internes Kontrollsystem/IKS)

- Prozess zur vertraulichen Meldung von Verstößen (§ 23 Abs. 6 VAG)

Die **Verantwortung** für eine ordnungsgemäße und wirksame Geschäftsorganisation liegt bei der **Geschäftsleitung** und beinhaltet auch ein angemessenes und wirksames Risikomanagement- und Kontrollsystem sowie konkrete Vorgaben für die Organisationsstruktur in Abhängigkeit vom Profil der Einrichtung. Die Verantwortung hierfür trägt die Geschäftsleitung gesamthaft.

973 Die **Aufbauorganisation** ermöglicht eine klare Abgrenzung von Aufgaben und Verantwortlichkeiten (Zuständigkeiten), legt Entscheidungskompetenz und Vertretungsregelungen fest. Hierbei ist der **Trennungsgrundsatz** zu berücksichtigen, d. h. der Aufbau von Risikopositionen darf nicht von der derselben Organisationseinheit vorgenommen werden, die für die Überwachung und Kontrolle der Risikoposition verantwortlich ist. Dieser Grundsatz ist mindestens in den Bereichen Risikozeichnung, Kapitalanlage und Vertrieb zu beachten.

974 Die **Ablauforganisation** dient der Steuerung und Überwachung risikobehaftete Prozesse und Schnittstellen, d. h. hier sind angemessenen Kontrollaktivitäten, Eskalationsschritte, Zuständigkeiten/Verantwortlichkeiten und Informationsflüsse festzulegen. Neben den vorgenannten Bereichen sind zusätzlich für die Reservierung (HGB), Asset-Liability-Management (ALM) und Rückversicherungsmanagement entsprechende ablauforganisatorische Vorgaben zu definieren.

Alle relevanten Regelungen sind zu **dokumentieren** und den betroffenen Bereichen   975
und Verantwortlichen zur Kenntnis zu geben.

V. Schlüsselfunktionen und Schlüsselaufgaben

Schlüsselfunktionen sind aufsichtsrechtlich vorgegeben, Schlüsselaufgaben ergänzen   976
bzw. wirken übergreifend und können vom Unternehmen selbst eingerichtet werden.
Schlüsselfunktionen für EbAV sind gemäß Rdnr. 69 im R 8/2020 (VA):

- die unabhängige Risikocontrollingfunktion (URCF),

- die interne Revisionsfunktion (IR) und

- die versicherungsmathematische Funktion (VMF).

Die Compliance-Funktion (§ 29 Abs. 1 VAG) ist von EbAV nicht verpflichtend einzurichten.

Die (intern) verantwortliche (natürliche) Person für eine Schlüsselfunktion muss ihre   977
Aufgaben effektiv, objektiv, sachgemäß und unabhängig ausüben können. Eine Person
kann mehrere Schlüsselfunktionen innehaben, dies gilt jedoch nicht für die mit der
Revisionsfunktion beauftragte Person. Der Grundsatz der Proportionalität ist entsprechend zu beachten. Es dürfen keine Interessenskonflikte oder Beeinträchtigung der
Aufgabenerfüllung vorliegen, dies ist in den Leitlinien für die Schlüsselfunktionen zu
regeln. Die verantwortliche Person darf im Trägerunternehmen nur eingeschränkt
ähnliche Aufgaben ausüben, wenn

- dies der Größenordnung, der Art, dem Umfang und der Komplexität der Tätigkeiten der EbAV angemessen ist und

- eine Darlegung ggü. der Aufsicht erfolgt, wie Interessenkonflikte mit dem Trägerunternehmen verhindert werden oder mit ihnen verfahren wird.

Es bestehen **Informations- und Berichtspflichten der Schlüsselfunktion** an die Geschäftsleitung. Geschäftsleitung und Organisation der Einrichtungen müssen wiederum alle notwendigen Informationen an die Schlüsselfunktion bereitstellen, damit sie
ihre Aufgabe ordnungsgemäß erfüllen kann.

Werden von der Schlüsselfunktion Mängel oder kritische Entwicklungen in ihrem   978
Aufgabenbereich an die Geschäftsleitung angezeigt, hat die Leitung Maßnahmen zur
Beseitigung dieser Mängel einzuleiten. Erfolgt dies nicht, löst dies eine **Meldepflicht**
(Anzeige) der Schlüsselfunktion an die BaFin aus, wenn

- ein erhebliches Risiko besteht, wesentliche gesetzliche Anforderungen nicht zu erfüllen und es wesentliche Auswirkungen auf Anwärter/Rentner haben könnte,

- in erheblicher Weise gegen geltende Rechts- oder Verwaltungsvorschriften versto-
ßen wird.

Alle Schlüsselfunktionen agieren gleichrangig nebeneinander, bei Konflikten fungiert die Geschäftsleitung als Eskalationsinstanz. Sie sind unabhängig von Aufbauorganisation nur ggü. der Geschäftsleitung weisungsgebunden und nehmen eine hervorgehobene Stellung in der EbAV ein. Eine Schlüsselfunktion kann auch von der Geschäftsleitung übernommen werden, wenn der Grundsatz der Proportionalität beachtet und flankierende Maßnahmen eingerichtet wurden.

VI. Persönliche Anforderungen (fit & proper)

979 Personen, die ein Versicherungsunternehmen tatsächlich leiten oder andere Schlüsselaufgaben wahrnehmen, müssen zuverlässig und fachlich geeignet sein. **Fachliche Eignung** umfasst an dieser Stelle berufliche Qualifikationen, Kenntnisse und Erfahrungen (theoretische und praktische Kenntnisse in Versicherungsgeschäften). Gemäß dem Proportionalitätsprinzip bestehen keine absoluten, für alle betroffenen Personen gleiche Anforderungen, sondern es ist immer eine Einzelfallbetrachtung vorzunehmen. Ausgenommen hiervon ist der Aspekt der Zuverlässigkeit.

980 Im Fall von Leitungsaufgaben sollte eine **ausreichende Leitungserfahrung** vorliegen (i. d. R. 3 Jahre). Konkrete Anforderungen an die Eignung richten sich nach der Aufgabe und der Zuständigkeit sowie nach Art, Umfang und Komplexität der Risiken. Bei EbAV sind Besonderheiten im Hinblick auf die Besetzung des Aufsichtsrats durch Vertreter der Arbeitgeber und der Arbeitnehmer der Trägerunternehmen zu berücksichtigen (§ 234a Abs. 4 VAG).

981 Die **BaFin-Merkblätter zur fachlichen Eignung und Zuverlässigkeit** vom 6.12.2018 enthalten jeweils für Geschäftsleitung, Schlüsselfunktionen und Aufsichtsrat konkrete Vorgaben und regeln die Inhalte der Anzeige- und Einreichungspflichten an die Aufsicht.

VII. Internes Kontrollsystem (IKS)

982 Das interne Kontrollsystem gewährleistet eine angemessene und wirksame Governance sowie die notwendigen Informationsflüsse. Die Ausgestaltung des IKS orientiert sich am Profil der EbAV und ist ein **eigenständiges Element der Geschäftsorganisation**. Das IKS ist adäquat in die Strukturen und Prozesse einzubinden und berücksichtigt auch Ausgliederungen. Es enthält Grundsätze, Verfahren und Maßnahmen zu den internen Kontrollen. Art, Umfang und Häufigkeit der Kontrollen orientieren sich an den jeweiligen Risiken der Bereiche und Prozesse. Das IKS dient auch der Gewährleistung relevanter Informationsflüsse für die Durchführung der Kontrollen. Es muss die Einhaltung von Gesetzen, Verordnungen, aufsichtsbehördlichen Anforderungen sowie externen Standards sicherstellen. Sind etablierte Standards für die EbAV maßgeblich, sind auch diese im IKS zu berücksichtigen. Die Festlegung der relevanten Standards erfolgt durch die EbAV unternehmensspezifisch.

Im Rahmen des IKS wird eine fortlaufende Überwachung der Eignung und Wirksamkeit der internen Kontrollen sichergestellt. Mindestens jährlich ist an die Geschäftsleitung ein Bericht über die Ergebnisse der Überwachung zu übermitteln. Ein ad-hoc Bericht an die Geschäftsleitung hat bei erheblichen Mängeln zu erfolgen, diese trägt die Verantwortung für die zeitnahe Umsetzung notwendiger Maßnahmen zur Mängelbeseitigung. 983

VIII. Notfallmanagement

Das Notfallmanagement soll einen im Vorfeld einer Krise definierten Handlungsplan vorgeben, der bei Eintritt von definierten Schadensereignissen greift und damit die Widerstandsfähigkeit des Unternehmens verbessert. Die **Geschäftsleitung** ist für das Notfallmanagement verantwortlich, die Notfallplanung ist von ihr entsprechend zu beschließen. Das Notfallmanagement ist notwendig für Bereiche und Prozesse, bei denen Eintritt einer unvorhergesehenen Störung die Fortführung der Geschäftstätigkeit gefährden kann. Dabei sind auch Ausgliederungen zu berücksichtigen und zu integrieren. Durch geeignete Testfälle und Übungen ist die fortlaufende Sicherstellung von Eignung und Wirksamkeit der Notfallpläne zu gewährleisten. Die hinterlegten Notfallszenarien müssen das Profil der EbAV widerspiegeln. Notfallplanung und Bewältigung müssen adäquat in Aufbau- und Ablauforganisation eingebunden sein. Die Aufgaben, Verantwortlichkeiten, Informationspflichten und Eskalationsprozessen sind nachvollziehbar und klar zu dokumentieren. Betroffene Personen sind über die Notfallpläne in Kenntnis zu setzen. Im Notfall ist die Verfügbarkeit der Pläne sicherzustellen. Ferner ist eine Kommunikationsstrategie festzulegen, um interne und externe Adressaten im Krisenfall zeitnah informieren zu können. 984

IX. Ausgliederung

Die Ausgliederung ist grundsätzlich für alle Aktivitäten und Prozesse einer Einrichtung möglich, ausgenommen für die Geschäftsleitung. Ausgliederungen i. e. S. liegen nur bei für EbAV üblichen Funktionen oder Versorgungstätigkeiten vor (z. B. bei gesetzlichen Vorgaben oder der Notwendigkeit für den Betrieb). Eine Ausgliederung darf die Ordnungsmäßigkeit der Geschäftsorganisation gemäß § 32 Abs. 2 VAG nicht beeinträchtigen. Die Verantwortung für ausgegliederte Funktionen und Tätigkeiten verbleibt weiterhin bei der EbAV. Hierbei ist auch die sog. Missstandsaufsicht zu beachten. **Kriterien** für das Vorliegen einer Ausgliederung sind Inhalt, Umfang, Häufigkeit und Dauer. Vor einer Ausgliederung sind eine Risikoanalyse und Überprüfungsprozess erforderlich, zudem sind Vorgaben bezüglich der vertraglichen Gestaltung zu beachten. Bei der Ausgliederung wichtiger Funktionen und Tätigkeiten sind besondere Anforderungen und Anzeigenpflichten (z. B. bereits bei der Absicht einer Ausgliederung) zu beachten. Leistungen und Risiken der Ausgliederung sind zu identifizieren, zu bewerten und durch einen Ausgliederungsbeauftragten zu steuern und zu überwachen. Die Erfüllung der aufsichtsrechtlichen und operativen Anforderungen ist auch im Falle von Sub-Ausgliederungen sicherzustellen. 985

986 Vermögensanlage oder Vermögensverwaltung ist dann eine **Funktionsausgliederung**, wenn sie durch einen Vertrag, ganz oder zu einem wesentlichen Teil auf ein anderes Unternehmen und auf Dauer übertragen wird. Das Anlagemanagement darf nur auf Unternehmen mit erforderlicher Fachkunde und entsprechenden organisatorischen und personellen Voraussetzungen übertragen werden, auch innerhalb des Konzerns. Zudem ist eine Übertragung ausgeschlossen, wenn es sich um ein Institut handelt, welches der EbAV mehr als 5 % der Kapitalanlagen angedient hat oder als Emittent schuldet. Bei Finanzinnovation ist die Quote niedriger. Einschränkungen der Übertragung auf Dritte bestehen auch bei verbundenen Unternehmen (i. S. v. § 15 AktG und § 271 Abs. 2 HGB). Ein extern vergebenes Vermögensverwaltungsmandat bzw. das Investmentvermögen einer Kapitalverwaltungsgesellschaft zählen nicht zur Ausgliederung.

X. Risikomanagement in EbAV

987 Das Risikomanagement in EbAV adressiert alle Risikoarten, die eine Einrichtung unterliegen kann. In den nachfolgenden Kapiteln wird daher auf die allgemeinen Anforderungen und deren Umsetzung sowie ergänzend auf die Spezifika bzw. Anwendungsbeispiele aus dem Anlagebereich eingegangen.

1. Bausteine des Risikomanagements

988 Das Risikomanagementsystem dient dem **frühzeitigen Erkennen negativer Entwicklungen**, die sich negativ auf die Vermögens-, Finanz- oder Ertragslage einer EbAV auswirken und den Fortbestand des Unternehmens gefährden können. Es muss in die Organisationsstruktur und die Entscheidungsprozesse des Unternehmens eingebunden sein (§ 26 Abs. 1 VAG). Die Einbindung in die Organisationsstruktur erfolgt durch eine klare Definition von Rollen und Verantwortlichkeiten sowie die Fixierung von ablauforganisatorischen Regelungen in Form von Leitlinien. Die Risikostrategie ist konsistent aus der Geschäftsstrategie abzuleiten. Voraussetzung für ein zielgerichtetes Risikomanagement ist die möglichst vollständige Erfassung aller Risikoquellen sowie die Installation eines entsprechenden Risikomanagementprozesses in der gesamten Unternehmensorganisation bestehend aus den Teilschritten Risikoidentifikation, Risikobewertung, Risikosteuerung, Risikoüberwachung und Risikoberichterstattung.

Abb. 55: Bausteine des Risikomanagements 989

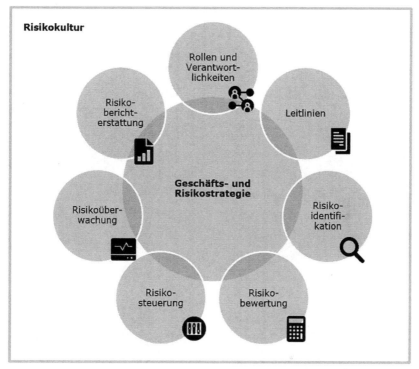

2. Risikokultur

Die im Unternehmen gelebte Risikokultur bildet den **Rahmen für das Risikomanage- 990 mentsystem** und trägt maßgeblich zur Wirksamkeit und Effektivität des Risikomanagementsystems bei. Dabei liegt die zentrale Verantwortung für eine gelebte Risikokultur bei der Geschäftsleitung („Tone at the Top"). Des Weiteren sind ein einheitliches Verständnis über die Risiken im eigenen Verantwortungsbereich sowie den Umgang über alle Ebenen (Risikosprache), die klare Festlegung von Verantwortlichkeiten (Aufbau, Risikomanagementkreislauf und Neue-Produkte-Prozess), die Einrichtung angemessener und zielgerichteter Anreizsysteme (Vermeidung von Fehlanreizen), die Förderung eines offenen Dialoges zum Umgang mit Risiken und strukturierte Informationsflüsse weitere Elemente einer guten Risikokultur. Das Risikoprofil des Unternehmens bestimmt dabei das Maß an Risikokultur (Normen, Einstellungen, Verhalten, Risikobewusstsein, Risikoappetit, Steuerung und Kontrolle, Dokumentationen und Leitlinien). Förderlich für die Entwicklung einer guten Risikokultur sind die

Etablierung eines Risikobewusstseins, Vorbildfunktion, Risikotransparenz, Kommunikation und Dialog sowie eine gelebte Fehlerkultur.

3. Risikostrategie

991 Die Risikostrategie leitet sich aus der Geschäftsstrategie ab und hat **Art, Umfang und Komplexität des betriebenen Geschäfts und der damit verbundenen Risiken** zu berücksichtigen (§ 26 Abs. 2 VAG). Sie definiert den Umgang der EbAV mit den sich aus der Geschäftsstrategie ergebenden Risiken. Die Risikostrategie liegt in der Gesamtverantwortung der Geschäftsleitung, ist von dieser zu dokumentieren und mindestens einmal im Geschäftsjahr zu überprüfen. Sie ist an den Aufsichtsrat zu berichten und mit diesem zu erörtern. Zudem unterliegt sie der Prüfung durch die Aufsicht.

992 **Inhalte der Risikostrategie** sind:

- Leitlinien des Risikomanagements

- Aufgaben des Risikomanagements

- Risikoinventur und Risikoarten

- Organisation und Prozesse im Risikomanagement

- Art, Toleranz, Herkunft und Zeithorizont der Einzelrisiken

- Umgang mit Risiken sowie neuen bzw. neu hinzukommenden Risiken

- Risikotragfähigkeit und Limitsystem

Für EbAV sind an dieser Stelle der Bezug zu den Trägerunternehmen und mögliche Ausgliederungen sowie deren Auswirkungen auf das Risikoprofil der Einrichtung besonders zu beachten und im Rahmen der Risikostrategie darzustellen.

4. Risikotragfähigkeit

993 Die aufgrund der Geschäftsstrategie der EbAV zu tragenden Risiken werden dem vorhandenen Risikodeckungspotential in Form eines Risikotragfähigkeitskonzeptes gegenübergestellt. Die Risikotragfähigkeit einer EbAV ist dann gegeben, wenn gilt: Risikoprofil ≤ Risikodeckungsmasse ≤ Risikodeckungspotential.

994 Die Risikodeckungsmasse wird über den Risikoappetit des Unternehmens gesteuert und als Anteil am gesamten Risikodeckungspotential für einen definierten Zeitraum festgelegt. Das Risikodeckungspotential ergibt sich je nach Konzept z. B. aus den bilanziellen Reserven sowie den vorhandenen Eigenmitteln abzüglich der aufsichtsrechtlich definierten Mindestkapitalanforderungen oder aus der Differenz des Barwertes der Forderungen abzüglich des Barwertes der Verbindlichkeiten (sog. ökonomische Bilanz). Bei der Konzeption des Tragfähigkeitskonzeptes sind die Besonderheiten der EbAV, z. B. das aufsichtsrechtliche Regime Solvency I, ggf. vorhandene Einstands-

oder Nachschusspflichten von Trägerunternehmen, bestehende andere Sicherungsmechanismen sowie potenzielle Eingriffsmöglichkeiten in die Struktur der Verpflichtungen, zu berücksichtigen.

Die **Bewertung der Gesamtrisiken** kann beispielsweise mit Hilfe eines VaR-Konzeptes (mit 99,5 % Konfidenzniveau auf 1 Jahr Haltedauer) oder anhand der Ergebnisse von Stresstests (instantaner Schock) vorgenommen werden. Ziel des Risikotragfähigkeitskonzeptes ist es, auch nach Eintritt der Gesamtrisiken sicherzustellen, dass das Unternehmen noch in der Lage ist, alle Verbindlichkeiten zu erfüllen, indem die verbleibenden Aktiva in risikolose Anlagen umgeschichtet werden.   995

Abb. 56 Beispiele: Risikotragfähigkeitskonzept   996

5. Rollen und Verantwortlichkeiten im Risikomanagement

Aufsichtsrechtliche Vorgaben bzgl. der Rollen und Verantwortlichkeiten im Risikomanagementsystem einer EbAV finden sich in § 26 Abs. 8 VAG sowie im R 8/2020 Kap. 9.4. Die **zentrale Verantwortlichkeit** für die Einrichtung eines dem Profil der EbAV angemessenen und wirksamen Risikomanagementsystems obliegt der **Geschäftsführung** gesamthaft. Davon unabhängig kann das Risikomanagement unter Berücksichtigung von Profil und Proportionalität einem Mitglied der Geschäftsleitung organisatorisch unterstellt werden. Ebenso trägt die Geschäftsleitung die Verantwortung für die Einrichtung angemessener Berichtsverfahren und Prozesse für die Identifikation, Bewertung, Steuerung und Überwachung der wesentlichen Risiken. Zudem legt sie den Risikoappetit (Risikotragfähigkeitskonzept) und die Wesentlichkeitsgrenzen fest. Die Überprüfung und Anpassung hat mindestens jährlich zu erfolgen, ebenso für die Risikostrategie. Bei Entscheidungen der Geschäftsführung sind die Informationen aus dem Risikomanagementsystem zu berücksichtigen. Festlegungen oder Beschlüsse zur   997

Risikostrategie und den vorgenannten Überprüfungsprozessen sind zu dokumentieren. Der Aufsichtsrat hat zu überwachen, ob ein angemessenes und wirksames Risikomanagementsystem eingerichtet ist.

998 Die wichtigste und zentralste Rolle im Risikomanagement ist die sog. **unabhängige Risikocontrollingfunktion (URCF)**. Sie unterstützt und berät die Geschäftsleitung bei der Umsetzung des Risikomanagementsystems, der Implementierung des operativen Risikomanagements sowie allen hier relevanten Fragestellungen. Die URCF bewertet die Konsistenz von Geschäfts- und Risikostrategie und die Eignung der Leitlinien für das Risikomanagementsystem. Sie fördert des Risikobewusstseins der Mitarbeitenden, bewertet und entwickelt die Risikomanagement-Methoden und -Prozesse weiter. Zusätzlich schlägt sie Limite vor und überwacht deren Einhaltung. In ihrer Beratungsfunktion gegenüber der Geschäftsleitung beurteilt sie geplante Strategien unter Risikoaspekten. Die URCF überwacht die Eignung des Risikomanagementsystems und des Risikoprofils, identifiziert, bewertet und analysiert Risiken mindestens auf aggregierter Ebene, überwacht Maßnahmen zur Risikobegrenzung und ist für die Durchführung sowie Dokumentation der unternehmenseigenen Risikobeurteilung (ERB) verantwortlich. Gegenüber der Geschäftsleitung berichtet die URCF mindestens jährlich über die Risikoexponierung und das Risikoprofil, die Eignung des Risikomanagementsystems bzw. potenzieller Mängel oder Verbesserungspotentiale und – wenn erfolgt – über die Ergebnisse aus der ERB.

6. Risikomanagementleitlinien

999 Die Leitlinien definieren und dokumentieren Verantwortlichkeiten, Prozesse und Methoden (§ 26 und 234c VAG, R 8/2020 Kap. 10.2). Folgende Inhalte sollten in den **Leitlinien für das Risikomanagement** enthalten sein:

- Definition und Kategorisierung von wesentlichen Risiken

- Risikotoleranzschwellen (mindestens für wesentliche Risiken)

- Aufgaben, Stellung und Befugnisse der unabhängigen Risikocontrollingfunktion

- Aufgaben anderer Schlüsselfunktionen, soweit für das Risikomanagementsystem relevant

1000 Es können von der EbAV auch mehrere Leitlinien erstellt und diese über Verweise verknüpft werden. Die Leitlinien müssen mindestens folgende Vorgaben für folgende Bereiche definieren:

- die Zeichnung von Versicherungsrisiken und die Rückstellungsbildung,

- das Aktiv-Passiv-Management,

- die Kapitalanlagen, insb. Derivate und komplexe Anlagen,

- die Steuerung des Liquiditäts- und des Konzentrationsrisikos,

- die Steuerung operationeller Risiken und

- die Rückversicherung und andere Risikominderungstechniken.

Zusätzlich sind ökologische und soziale sowie die Unternehmensführung betreffende Risiken (mindestens im Anlagebereich) zu berücksichtigen.

7. Risikoidentifikation

Die Risikoidentifikation ist der erste Schritt im zentralen Risikomanagementkreislauf.   1001
Er dient der zeitnahen Identifikation und Klassifizierung von Risiken. Die Identifikation und Inventarisierung können mit Hilfe unterschiedlicher Methoden und Verfahren erfolgen, wie z. B. **strukturierten Assessments, Fragebögen oder Interviews**. Mit Hilfe einer ersten Vorbewertung sollte hier ein Abgleich mit den unternehmensspezifischen Wesentlichkeitsgrenzen vorgenommen werden, um eine effiziente Auseinandersetzung mit den Risiken zu gewährleisten. Die Erfassung erfolgt im Risikoinventar. Neben einer systematischen Einordnung des Risikos sollten auch Risikotreiber, Abhängigkeiten und betroffene Objekte (Risikobezugsgrößen) dokumentiert werden. Das Risikoinventar sollte unternehmensweit, konsistent und überschneidungsfrei gepflegt werden. Die Risikoinventur ist mindestens jährlich durchzuführen, bei Änderungen des Risikoprofils ist unter Umstände eine ad-hoc-Überprüfung notwendig. Der Eintritt eines Schadensereignisses sollte ebenfalls als Anlass genommen werden, um die Erfassung und Steuerung des betroffenen Risikos zu überprüfen.

Im **Risikoinventar** sind folgende Aspekte je Risiko zu dokumentieren: 1002

- Risikobezeichnung und Beschreibung

- Risikoart und übergeordnete Risikokategorie

- Verantwortlichkeit (RiskOwner)

- (erste) Risikotreiber und -ursachen

- Risikobezugsgrößen (ökonomische Kennzahlen, Bilanz, GuV, ...)

- erkennbare Wechselwirkungen und Zusammenhänge

- eingeleitete Maßnahmen zur Risikosteuerung (Prävention, Reaktion)

Die Anforderungen an die Risikoidentifikation gelten im Anlagebereich ebenso. Jedes Portfolio und jedes Finanzinstrument beinhalten anlagebezogene Risiken, welche die Bedeckung der Verpflichtungen gefährden können. Daher ist gerade vor dem Erwerb neuer Anlageprodukte (im Rahmen des Neue-Produkte-Prozess) eine Identifikation der dem Instrument innewohnenden Risiken vorzunehmen und mit dem Risikoinventar abzugleichen. Der Einsatz von Derivaten, komplexen Anlagen und Finanzinnovationen kann das Risikoprofil maßgeblich beeinflussen.

1003 Im **Anlagebereich** können insbesondere folgende Risikokategorien auftreten:

- Marktrisiken: Kurs-/Bewertungsänderungen für Aktien, Immobilien, Zinsen oder FX-Kursen

- Kreditrisiken: wie Bonitätsverschlechterung oder Ausfall (Emittenten, Kontrahenten)

- Konzentrationsrisiken: nach Anlageklassen, Branchen, Länder/Regionen, Emittenten/Kontrahenten

- Liquiditätsrisiken: um Zahlungsverpflichtungen der EbAV zu gewährleisten

- operationelle Risiken: aus dem operativen Geschäftsbetrieb wie Informationstechnik, Ressourcen oder Prozesse, aber auch rechtliche Risiken (wie komplexe Anlagebedingungen, ausländische Rechtsnormen, Rechtsänderungen/-sprechung)

Ebenso können sog. ESG-Risiken auf die vorgenannten (traditionellen) Risikokategorien einwirken (siehe Exkurs: ESG-Risiken im Anlagebereich).

8. Risikobewertung

1004 Die im Inventar erfassten Einzelrisiken sind im nächsten Schritt einer Bewertung (mittels Risikohöhe × Eintrittswahrscheinlichkeit) zu unterziehen und als Gesamtrisiko der EbAV (Risikoprofil) zu aggregieren. Dabei kommen abhängig von den relevanten Risiken und Risikotreibern qualitative als auch quantitative Verfahren zum Einsatz, wobei idealerweise quantitative Verfahren zu präferieren sind und beim Einsatz qualitativer Bewertungen eine Begründung für deren Einsatz dokumentiert werden sollte. Die Bandbreite der eingesetzten Bewertungsansätze reicht von statistischen Methoden bis zu Expertenschätzungen. Abhängigkeiten bzw. Wechselwirkungen (Korrelationen) zwischen den Risiken sowie Risikokonzentrationen sind insbesondere bei der Risikoaggregation zu berücksichtigen. Eine entsprechende valide Datenbasis sollte sukzessiv aufgebaut und verbessert werden, mögliche realisierte Schadensereignisse sind im Zeitablauf einzubeziehen. Der Zeithorizont der Betrachtung sollte unternehmensspezifisch zu den eigenen Planungsszenarien passen.

1005 Im **Anlagebereich** sind die Risikobewertungen explizit in der Anlageplanung zu berücksichtigen. Die Feststellung, Messung und Bewertung von Anlagerisiken und deren Aggregation erfolgt durch das Kapitalanlagerisikomanagement/Kapitalanlagecontrolling, unabhängig vom für die Investitionsentscheidungen verantwortlichen Bereich (Anlagemanagement). Die Festlegung der Methoden zur Bewertung und Steuerung der Anlagerisiken ist in der Innerbetrieblichen Anlagerichtlinie zu dokumentieren.

1006 Für den Anlagebereich können beispielsweise folgende **Bewertungsansätze** zur Anwendung kommen:

- Markrisiken: Stresstests/Szenarioanalysen, Sensitivitätsanalysen (z. B. Duration), stochastische Verfahren (z. B. Value-at-Risk/Tail-VaR)

- Kreditrisiken: Kreditrisikobewertungen oder Credit Value-at-Risk
- Konzentrationsrisiken: Exposures oder Szenarioanalysen
- Liquiditätsrisiken: Forecast (Gap aus Zins-/Tilgung vs. Leistungen), Marktgängigkeit und Marktkapitalisierung (ggf. Einsatz von Liquiditätsklassen)
- operationelle Risiken: Expertenschätzung oder Schadensdatenbanken; für rechtliche Risiken z. B. Non-OECD-Exposure

9. Risikosteuerung

Die Risikosteuerung setzt eine Operationalisierbarkeit der strategischen Ziele für die einzelnen Geschäftsbereiche voraus und erfolgt z. B. mit Hilfe entsprechender Kennzahlen und eines konsistenten Limitsystems. Die **Festlegung der Limite** ist von der Geschäftsleitung mindestens für die wichtigsten Bereiche und wesentlichen Risikokategorien vorzunehmen. Die Umsetzung der Risikosteuerung und Einhaltung der Limite hat dann durch die Geschäftsbereiche mit Ergebnisverantwortung zu erfolgen. Die Überwachung von Limitauslastungen und Risikobudgets basiert idealerweise auf geeigneten Risikokennzahlen. Um eine ganzheitliche Betrachtung (Risikoprofil) zu ermöglichen, sind die Limite entsprechend zu aggregieren und im Rahmen des Risikotragfähigkeitskonzeptes zu berücksichtigen. **1007**

Die Steuerung der Risiken erfolgt anhand des **Nettorisikos**, d. h. unter Anrechnung bestehender (Absicherungs-) Geschäfte oder (risikomindernder) Maßnahmen. Dabei ist zu entscheiden, inwieweit das Risiko vermieden, vermindert oder an Dritte übertragen werden soll. Das verbleibende Restrisiko ist von der EbAV selbst zu tragen. Zudem sind beim Erreichen von definierten Limiten oder Grenzwerten aktive Steuerungs- und Eskalationsverfahren festzulegen (Reaktivmaßnahmen). **1008**

Bei der **Konstruktion des Anlageportfolios** sind die Anforderungen der Verpflichtungsseite ebenso zu beachten wie das Risikoprofil und Risikotragfähigkeit der Einrichtung. Ein solches wohl strukturiertes Anlageportfolio sollte durch entsprechende Diversifikationseffekte einen eigenen Beitrag zur Risikosteuerung liefern. SAA und ALM sind hier zu verknüpfen und mit Hilfe eines ökonomischen Risikobudgetsystems zu operationalisieren. Zur Risikosteuerung können derivative Finanzinstrumente (z. B. Optionen, Futures, DTG, Swaps etc.), Overlays, CPPI- oder indikatorbasierte Strategien eingesetzt werden. **1009**

Folgende **Limit- und Steuerungssysteme** können für Anlagerisiken zum Einsatz kommen: **1010**

- Marktrisiken: Limite aus Value-at-Risk, Asset-Liability-Management, VAG/AnlV-Vorgaben (Mischung), Stresstest-basierte Limite, maximales Abschreibungsvolumen

- Kreditrisiken: Limite aus Credit Value-at-Risk, VAG/AnlV-Vorgaben (Streuung), Kontrahenten/Emittenten/Spread/Rating Limite

- Konzentrationsrisiken: Limite auf Exposures (Buch-/Marktwert, Nominal), Mischungs- und Streuungslimite

- Liquiditätsrisiken: Limite über Liquiditätsklassen (Marktkapitalisierung, free-float, bid-ask-spreads)

- operationelle Risiken: Vier-Augen-Prinzip, Zugriffsrechte/Berechtigungen; bei rechtlichen Risiken z. B. Begrenzungen des Non-OECD-Exposures

10. Risikoüberwachung

1011 Die Durchführung von **Kontroll- und Überwachungsaktivitäten** dient der Vermeidung bzw. Minderung von Risiken/Schäden. Kontrollen sollten dabei das Risikoprofil, die Limite, die Umsetzung der Risikostrategie, die Risikotragfähigkeit und die Wirksamkeit der eingesetzten risikorelevanten Methoden und Prozesse umfassen. Dabei sollten mindestens die wesentlichen Risiken regelmäßig von den Überwachungsaktivitäten erfasst werden. Aber auch für unwesentliche Risiken sind angemessene Vorkehrungen zu treffen. Art und Häufigkeit müssen angemessen zum Profil sein.

1012 Im **Anlagebereich** eignen sich als Instrumente zur Überwachung z. B. Indikatoren, Limite und Sensitivitäten. Die Überwachung sollte dabei auch das Aktiv-Passiv-Verhältnis und die Liquiditätslage umfassen. Regelmäßig ist ferner eine Bewertung der Angemessenheit der internen Anlagegrenzen durchzuführen, um die jederzeitige Erfüllung der Verpflichtungen gewährleisten zu können. Hierzu sind beispielsweise vierteljährliche unternehmensspezifische Stresstests durchzuführen.

1013 Im **Anlagebereich** können beispielswiese folgende **Überwachungsinstrumente** eingesetzt werden:

- Marktrisiken: Exposures und Veränderungen gegenüber der Vorperiode, Sensitivitäten und Risikokennzahlen, Auslastung der Limitsysteme/Stresstestbudgets

- Kreditrisiken: Spread- und Bonitätsveränderungen, Exposures (z. B. nach Emittentenklassen)

- Konzentrationsrisiken: Mischung- und Streuungsquoten; TOP 10 Emittenten/Positionen

- Liquiditätsrisiken: Liquiditätsreserven/-budgets

- operationelle Risiken: Anzahl und Art von Störung in Prozessen, Erfüllungsgrad von Service Level Agreements, Limit- oder Kontrollverletzungen (inkl. Compliance Breaches)

11. Risikoberichterstattung

Das Risikomanagement hat der Geschäftsleitung Informationen über die gegenwärtige und zukünftige Risikosituation bereitzustellen. Die Darstellung soll dabei einen Überblick über die Erreichung der Ziele aus der Risikostrategie und über das Risikoprofil ermöglichen, zudem hat sie die Auslastung der Limite, wesentliche Veränderungen und deren Auswirkungen auf die Risikotragfähigkeit sowie weitere wesentliche Informationen zur Risikosituation zu beinhalten. Ferner sind wesentliche Folgen wichtiger Änderungen (z. B. aufgrund einer Anpassung der Geschäftspolitik oder des Risikomanagementsystems) zu erläutern. Der Bericht soll **nachvollziehbare und aussagekräftige Informationen** enthalten. Die **Berichterstattung erfolgt regelmäßig** (mindestens jährlich) oder ad-hoc bei wesentlichen Änderungen des Risikoprofils (s. Eigene Risikobeurteilung (ERB), Rdnrn. 1079 ff.). Spätestens einen Monat nach Übermittlung des Risikoberichtes an den Vorstand ist dieser auch bei der Aufsicht einzureichen. Diese Pflicht entfällt in einem Zeitraum von 6 Monaten vor oder nach Durchführung einer ERB für das gesamte Risikoprofil einer EbAV. 1014

Um eine effiziente und wirksame Steuerung der Risiken in der Einrichtung zu gewährleisten, ist über interne Kommunikationsprozesse ein Austausch der notwendigen und relevanten Informationen zwischen Risikomanagement, Vorstand und RiskOwners sicherzustellen. Alle Beteiligten müssen die Berichtslinien und -pflichten sowie die wesentlichen Risiken ihres Verantwortungsbereiches kennen. 1015

Im **Anlagebereich** ist gemäß R 11/2017 ein angemessenes internes Berichts- und Kontrollsystem einzurichten, welches eine Überwachung der festgelegten Anlagepolitik, der Anlagegrenzen sowie spezifischer Anlagerisiken inklusive derivativer Instrumente und Finanzinnovationen ermöglicht. Um ein umfassendes Bild der Anlagerisiken zu gewährleisten sind Informationen externer Vermögensverwalter zu integrieren. Für das Kapitalanlagecontrolling sowie die Leitung des Anlagemanagements bestehen explizite Berichtsanforderungen (s. auch Interne Berichtspflichten im Anlagebereich, Rdnrn. 1065 ff.). 1016

Die **Berichterstattung** über die Kapitalanlagen sollte folgende Inhalte umfassen: 1017

- Exposures und Risiken der Kapitalanlagen

- Limitauslastungen und Ergebnisse der Stresstests

- Sensitivitäten und Risikofaktoren

- Allokation (Anlageklassen, Länder, Branchen etc.)

- Zinsträger (Kupons, Laufzeiten, Bonität, Duration)

- Performance und Risikokennzahlen von Mandaten, Anlageklassen und des Gesamtportfolios

- Spezialreports für einzelne Anlagesegmente

12. Exkurs: ESG-Risiken im Anlagebereich

a) Definition von ESG-Risiken

1018 **Nachhaltigkeitsrisiken** bzw. ESG-Risiken sind **ökologische und soziale sowie die Unternehmensführung betreffende Risiken.** Sie können im Anlagebereich auftreten und müssen gemäß § 234c Abs. 1 VAG im Risikomanagementsystem einer Pensionskasse berücksichtigt werden, soweit sie mit dem Anlageportfolio und dessen Verwaltung in Verbindung stehen. Auch hier gilt der Grundsatz der Proportionalität, d. h. Größe und interne Organisation sowie Größenordnung, Art, Umfang und Komplexität der Geschäftstätigkeit sind zu berücksichtigen. Auch wenn nach § 234h Abs. 3 VAG keine Verpflichtung für die Einbeziehung von ESG-Aspekten im Anlageprozess besteht, bedeutet dies praktisch eine dennoch eine zwingende Berücksichtigung, wenn aus der Risikobewertung eine Relevanz von ESG-Risiken für das Anlageportfolio festgestellt wird.

1019 Eine EbAV hat zunächst eine Definition der für sich relevanten ESG-Risiken vorzunehmen und diese konsequenter Weise auch im Risikoinventar mindestens als Wirkungsfaktoren zu hinterlegen. Als Startpunkt bieten sich etablierte Standards an, z. B. eine Orientierung an den Beispielen im BaFin-Merkblatt zum Umgang mit Nachhaltigkeitsrisiken.

1020 *Abb. 57 Nachhaltigkeit im Anlagebereich = ESG*

Environmental/Umwelt
- Klimaschutz
- Anpassung an den Klimawandel
- Schutz der biologischen Vielfalt
- Nachhaltige Nutzung und Schutz von Wasser- und Meeresressourcen
- Übergang zu einer Kreislaufwirtschaft, Abfallvermeidung und Recycling
- Vermeidung und Verminderung von Umweltverschmutzung
- Schutz gesunder Ökosysteme
- Nachhaltige Landnutzung

Social/Soziales
- arbeitsrechtliche Standards (keine Kinder- bzw. Zwangsarbeit oder Diskriminierung)
- Arbeitssicherheit und Gesundheitsschutz
- angemessene Entlohnung, faire Bedingungen
- Diversität sowie Aus- und Weiterbildungschancen
- Gewerkschafts- und Versammlungsfreiheit
- Produktsicherheit und Gesundheitsschutz
- gleiche Anforderungen an die Lieferkette
- Rücksichtnahme auf die Belange von Gemeinden und sozialen Minderheiten

Governance/Unternehmensführung
- Steuerehrlichkeit
- Maßnahmen zur Verhinderung von Korruption
- Nachhaltigkeitsmanagement durch Vorstand und Aufsichtsrat
- Vorstandsvergütung in Abhängigkeit von Nachhaltigkeit
- Ermöglichung von Whistle Blowing
- Gewährleistung von Arbeitnehmerrechten
- Gewährleistung des Datenschutzes
- Offenlegung von Informationen

Quelle: BaFin-Merkblatt zum Umgang mit Nachhaltigkeitsrisiken

Für ESG-Risiken ist der **Grundsatz der doppelten Materialität relevant**, der sowohl eine wirtschaftliche (ökonomische) wie auch eine ökologisch/soziale Wesentlichkeitsdefinition kennt. Anders als im „klassischen" Risikomanagement, wo vor allem die Frage gestellt wird, wie externe Faktoren z. B. auf die einzelnen Kapitalanlageinstrumente wirken können (outside-in-Perspektive), ist im Umgang mit Nachhaltigkeitsrisiken auch die positive/negative Wirkung eines Investments zu beachten. Diese Inside-Out-Perspektive verlangt andere Instrumente, Methoden und Indikatoren. Der Grundsatz findet sich auch in der europäischen Regulierung wieder, z. B. in den Nachhaltigkeitsbezogenen Offenlegungspflichten (SFDR).

Abb. 58 Nachhaltigkeitsrisiken und -faktoren 1021

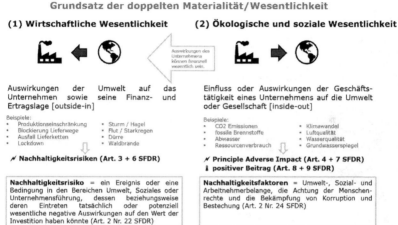

Ein weiterer wichtiger Aspekt – und praktisch nicht ganz trivial – ist der von einzelnen Aufsichten (EIOPA, BaFin) postulierte Grundsatz, dass es sich bei Nachhaltigkeitsrisiken nicht um eine separate Risikoart handelt, sondern lediglich um Wirkungsfaktoren auf bekannte Risikoarten handelt (z. B. Marktrisiko oder Kreditrisiko). ESG-Risiken müssen demnach auf klassische Risikoarten „gemappt" werden.

Darüber hinaus weisen **ESG-Risiken folgende besondere Eigenschaften** auf: 1022

• nicht-finanzieller Charakter

• Unsicherheit der Auswirkung (kurz-/mittel-/langfristig)

• Entstehung über die gesamte Wertschöpfungskette

• negative Externalität (unvollständig in Bewertung enthalten)

• Sensitivität der Öffentlichkeit (Politik, Präferenzen)

Zudem bestehen eine Reihe von Herausforderungen im Umgang mit ESG-Risiken: 1023

• Unsicherheit und Prognostizierbarkeit (z. B. schwarzer Schwan)

• Mangel an Daten

- methodologische Limitierungen (fehlende Standards)
- Historie ist kein (guter) Schätzer für die Zukunft
- sehr langfristiger Betrachtungszeitraum
- nicht-lineare Effekte
- multidimensionale Wirkung

b) ESG-Risikomessmethoden

1024 Um ESG-Risiken systematisch identifizieren, analysieren, bewerten und steuern zu können, werden neue Methoden und Verfahren im Risikomanagement benötigt. Die EBA hat hierzu folgende Klassifikation von ESG-Risikomessmethoden entwickelt: **Exposure, Risk Framework und Portfolio Alignment Methoden.**

1025 *Abb. 59 Überblick: ESG-Risikomessmethoden*

Methoden zur ESG-Risikomessung	Exposure	Risk Framework	Portfolio Alignment
Fokus	Risikomanagement	Risikomanagement	Strategie, Steuerung (z.B. Net Zero)
Fragestellung	How do individual exposures and clients perform in terms of ESG risk?	How will sustainability related issues affect the risk profile of a portfolio and its standard risk indicators?	How aligned is a portfolio relative to global sustainability targets/standards?
Bezugsgröße	Performance	Szenario	Ziel bzw. Standards
Instrumente	Scoring, Rating	Stresstest, Sensitivitätsanalyse	Anteil, Maß für Abweichung, Score
Verwendung	intern	intern, (extern)	intern, extern
Einsatz	(Portfolio) + Asset	Portfolio (+ Asset)	Portfolio + Asset
Diversifikation (Portfolio)	eher nein	ja	eher nein
Sektorspezifika	inhärent	implizit	möglich
Komplexität	niedrig bis mittel	hoch	niedrig bis sehr hoch
ESG-Kontext	alle drei Faktoren (ESG)	physisch und transitorisch (E, Klima)	primär transitorisch (E, Klima)
Beispiele	ESG-Ratingagenturen (MSCI ESG, ISS, Sustainalytics); SASB Materiality Map	DNB Stress test on Energy Transition Risk, BoE Biennial exploratory scenario	Paris Alignment Tools (MSCI Warming Potential, PACTA, TPI, right.based on science XDC), SDG (MSCI ESG, ISS)
Zeitachse	kurz- bis mittelfristig	mittel- bis langfristig	langfristig

Quelle: EBA (2020), eigene Darstellung

Jede dieser Methoden besitzt einen spezifischen Einsatzbereich und adressiert unterschiedliche Fragestellungen im Kontext von ESG-Risiken. Zu den **ESG-Exposure-Methoden** zählen z. B. ESG-Ratings und ESG-Scores. Hiermit lassen sich vergleichsweise einfach die ESG-Exponierungen von Anlagen kompakt und verständlich bewerten. Zu den **Risk Framework Methoden** zählen ESG-Stresstest und Szenarioanalysen, wie z. B. Klimaszenarien. Hier existieren bereits sehr einfache Ansätze, z. B. anhand von Stressfaktoren auf einzelne Sektoren, aber auch bereits besser für die Risikosteuerung von Anlagen nutzbare Ansätze auf Asset-/Unternehmensebene. Dabei handelt es sich aber um proprietäre Modelle einzelner Provider, die noch nicht alle Anlageklassen/-instrumente abdecken und deren Ergebnisse untereinander aufgrund fehlender Standardisierung nicht vergleichbar sind. Die dritte Gruppe an Methoden adressiert das **Portfolio Alignment.** Hier kann beispielsweise bewertet werden, inwieweit ein Asset oder Unternehmen kompatibel zu dem im Pariser Klimaabkommen vorgegeben 1,5 Grad-Pfad ist. Auch an dieser Stelle sind bereits verschiedene proprietäre Ansätze verfügbar, aber Standards sind ebenso wenig etabliert. Für EbAV, die sich beispielsweise selbständig oder über die strategischen Vorgaben der eigenen Trägerunternehmen einer sog. Net-Zero-Strategie verpflichtet haben, sind Alignment Methoden wichtig, um das Portfolio konsequent und systematisch auf dieses Ziel auszurichten.

Abb. 60 Zusammenfassung: ESG-Risikomessmethoden 1026

Methoden zur ESG-Risikomessung	Exposure	Risk Framework	Portfolio Alignment
Vorteile	• einfach und bottom-up • etablierte Methoden • direkter Bezug zu KPI (Materialität)	• direkter Risikobezug bzw. risikoorientierter Ansatz, passend zu etablierten Risikomanagement-ansätzen • Berücksichtigung von Interaktionseffekten zwischen Assets und Sektoren	• explizite Adressierung anerkannter ESG-Ziele und damit direkte Steuerung möglich (Operationalisierbarkeit) • ergebnisorientiert, klar und einfach zu kommunizieren • reduziert Reputationsrisiko und ggf. ESG-Risiken (Korrelation + Kausalität) • forward-looking-metric
Nachteile	• Vergleichbarkeit von Ratings/Scorings eingeschränkt (niedrige Korrelation und große Streuung) • eher qualitative Ergebnisse • Wirkungszusammenhänge des verwendeten Models (Was führt zu welchem Ergebnis?) setzen tiefes Verständnis voraus • statisch und Wiederholung nötig	• hohe Komplexität bei der Modellierung von Szenarien (z.B. Klima) • einfache Ansätze (wie z.B. nur Sektorbasis) berücksichtigen die Asset-spezifischen Aspekte nicht ausreichend und führen ggf. zu falschen Handlungsschlüssen • hohe Anforderung an Daten • finanzmathematische Modelle sind ggf. nicht ganz ESG-kompatibel	• eher Portfoliobetrachtung (Betrachtung eines Zielpfades), aber Diversifikationseffekt kritisch • ggf. hohe Komplexität und Herausforderungen bzgl. Daten und Prognosen • kein Standard etabliert und Methoden noch in der Entwicklung

Es lässt sich aber feststellen, dass keine der Methoden allein eine one-size-fits-all-Lösung darstellt. Die Methoden sind komplementär, da unterschiedliche ESG-Fragestellungen unterschiedliche Ansätze verlangen.

XI. Umsetzung der Governance in der Kapitalanlage von EbAV

Volumen, Struktur und Art des betriebenen Versicherungsgeschäfts sowie Art und Umfang der Kapitalanlagen bestimmen maßgeblich die notwendige Struktur der Aufbau- und Ablauforganisation im Anlage- und Risikomanagement. Daneben sind je nach Regulierungskreis zusätzlich gesetzlich oder aufsichtsrechtliche Vorgaben zu berücksichtigen. Die BaFin definiert beispielsweise für entsprechend regulierte Einrichtungen Mindeststandards zur Wahrung der Belange der Versicherten und zur Sicherstellung der dauerhaften Erfüllbarkeit der Verpflichtungen. Das Kapitel orientiert sich zunächst an den aufsichtsrechtlichen Vorgaben, auch wenn nicht alle Einrichtungen in vollem Umfang diese Anforderungen erfüllen müssen. Dennoch fungieren diese Vorgaben mindestens als „best practises". 1027

1. Grundsätze der Aufbau- und Ablauforganisation

Die **Geschäftsorganisation** einer EbAV muss wirksam, ordnungsgemäß und angemessen sein. Aufgaben und Verantwortlichkeiten sind klar zu definieren und aufeinander abzustimmen, d. h. es hat eine Funktionstrennung bis auf Ebene der Geschäftsleitung bei unvereinbaren Funktionen zu erfolgen. Organisationseinheiten, die für den Aufbau von Risikopositionen verantwortlich sind, dürfen nicht zugleich die Überwachung/Kontrolle dieser Risikopositionen übernehmen. Bei Einrichtungen mit 1028 geringer Mitarbeiterzahl sind Ausnahmen möglich, wenn Art, Umfang und Komplexität der Risiken begrenzt sind. In diesem Fall müssen aber flankierende Maßnahmen eingerichtete werden, um Interessenskonflikte zu vermeiden, wie z. B. hohe Transparenz, ausführliche Dokumentationen, separate und ggf. über Kreuz organisierte Berichtslinien, zusätzliche Komitees zur Überwachung oder ein geeignetes 4-Augen-Prinzip.

1029 In den Anlageprozess sind verschiedene **Organisationseinheiten** eingebunden, deren Verantwortlichkeiten und Wechselwirkungen aufeinander abzustimmen sind. Zudem sind konkrete gesetzliche und aufsichtsrechtliche Vorgaben zu beachten. Folgende Bereiche sind in den Anlage- und Risikomanagementprozess eingebunden:

- Geschäftsleitung/Vorstand

- Handel/Front Office

- Kapitalanlagencontrolling/Kapitalanlagerisikomanagement

- Backoffice/Wertpapiertechnik

- Rechnungswesen

- Interne Revision

- Treuhänder (extern)

Neben den organisatorischen Vorgaben ist festzuhalten, dass die Vermögensanlagen und das Risikomanagement mit der **gebotenen Sachkenntnis und Sorgfalt** zu erfolgen hat. Es bestehen somit zusätzlich Anforderungen an die im Unternehmen handelnden Personen.

2. Interne Organisation einer EbAV

a) Geschäftsleitung/Vorstand

1030 Die Geschäftsleitung trägt grundsätzlich die ungeteilte Verantwortung bezüglich der **Einrichtung einer effizienten und zielgerichteten Aufbau- und Ablauforganisation sowie eines wirksamen Risikomanagements.** Das setzt voraus, dass alle Mitglieder der Geschäftsleitung sowie die Führungskräfte der Einrichtung über die Risiken, denen die Einrichtung ausgesetzt ist, informiert sind, ihre Auswirkungen beurteilen und erforderlichen Maßnahmen zur Begrenzung und Steuerung treffen können.

1031 Zu den **konkreten Aufgaben der Geschäftsleitung** im Umfeld des Anlage- und Risikomanagements gehören:

- die Definition der Risikostrategie inkl. Risikotragfähigkeit/-bereitschaft sowie der darauf abgestimmten strategischen Anlagepolitik

- die laufende Kontrolle der Anlagetätigkeit (oder die entsprechende Beauftragung einer geeigneten Organisationseinheit)

- die mindestens jährliche Überprüfung der Angemessenheit der strategischen Anlagepolitik (Vorstand) und Überprüfung der Angemessenheit der internen Anlagegrundsätze und Verfahren (CFO)

- die Verantwortung für die Einrichtung der Organisationsstrukturen, Prozesse, Leitlinien, Berichts- und Kontrollsysteme zur Realisierung eines strukturierten und transparenten Anlage- und Risikomanagementprozesses sowie eines angemessenen internen Kontrollsystems

- die Festlegung vertraglicher Vorgaben für externe Verwalter sowie deren Überwachung

- die Definition von Verfahren zur Beurteilung der internen Kontrollen, des Risikomanagements und des Asset-Liability-Managements

- die Funktion als Eskalationsinstanz bei Störungen oder ad-hoc-Fragestellungen

Neben den vorgenannten Aufgaben obliegt der Geschäftsführung auch eine Vorbildfunktion, die sich insbesondere in der Risiko- und Fehlerkultur des Unternehmens widerspiegelt und einen maßgeblichen Einfluss auf die Wirksamkeit der eingerichteten Prozesse und Strukturen hat.

Um den anspruchsvollen Aufgaben und Verantwortlichkeiten gerecht zu werden, werden an die Geschäftsleitung hohe Anforderungen an ihre Zuverlässigkeit und fachliche Eignung gestellt (s. Persönliche Anforderungen (fit & proper), Rdnr. 979). Diese Anforderungen gelten in ähnlicher Art und Weise auch für die Mitglieder des Aufsichts- bzw. Verwaltungsrates, die eine Kontroll- und Beratungsfunktion gegenüber der Geschäftsleitung ausüben. Hier greift aber eine kollektive Regelung, d.h. das Gremium insgesamt, muss die entsprechend notwendigen Kompetenzen aufweisen, nicht alle Einzelpersonen. **1032**

b) Handel/Front Office

Der **Handel** führt alle Transaktionen unter Beachtung der aufsichtsrechtlichen und internen Vorgaben zur Umsetzung der beschlossenen Anlagepolitik aus. Er berücksichtigt dabei die internen Anlagegrundsätze sowie Handelslinien und Vollmachten. Die Auswahl der abzuschließenden Geschäfte erfolgt anhand eines präzisen Anlageauftrags. Der Handel übernimmt die Operationalisierung von vorgegeben Limiten und Risikobudgets auf Transaktionsebene und achtet auf deren Einhaltung. Für den Aufgabenbereich sind angemessene Kompetenzen für die Risikosteuerung und Vertretungsregelungen festzulegen und zu dokumentieren. **1033**

Das **Front Office** erteilt die notwendigen Handelsaufträge gegenüber Vertragspartnern und dokumentiert jedes eigene Geschäft sowie die daraus resultierenden Positionen und schreibt diese fort. Alle den Transaktionen nachgelagerten Funktionen sind unverzüglich mit allen notwendigen Informationen zu versorgen. Ebenso übernimmt das Front Office die Berichterstattung über die Anlagetätigkeit. **1034**

c) Kapitalanlagecontrolling/Kapitalanlagerisikomanagement

1035　Die für das Risikomanagement der Kapitalanlagen verantwortliche Organisationseinheit (Kapitalanlagecontrolling oder Kapitalanlagerisikomanagement) überwacht die Einhaltung der beschlossenen Anlagepolitik, stellt Verstößen fest und berichtet diese gegenüber dem Vorstand. Sie überprüft das Aktiv-Passiv-Verhältnis (Asset-Liability-Management) und die Liquiditätslage. Das Kapitalanlagecontrolling bewertet die Angemessenheit von (internen) Anlagegrenzen, um die jederzeitige Erfüllbarkeit der Verpflichtungen unter Berücksichtigung der Risikotragfähigkeit und Risikovorgaben sicherzustellen. Die Spezifika der Kapitalanlagen sowie der Anlagestrategie sind dabei angemessen zu berücksichtigen und durch geeignete Instrumente, wie z. B. Szenarioanalysen und Stresstests, zu bewerten. Dem Kapitalanlagecontrolling kommt dabei eine Frühwarnfunktion bei negativen Entwicklungen am Kapitalmarkt zu. Hierzu schlägt es notwendige Anpassungen am Limitsystem oder Optimierungen an der SAA vor.

1036　Dem **Kapitalanlagecontrolling** obliegen folgende **Aufgaben:**

- Identifikation, Bewertung, Überwachung, Kontrolle und Berichterstattung über Anlagerisiken

- Marktgerechtigkeitsprüfung

- Limitüberwachung

- Simulation und Forecast der Anlagen

- Sensitivitäts- und Szenarioanalysen (inkl. Stresstests)

- Performancemessung

- Abgleich von SAA und TAA

- Neue-Produkte-Prozess

- Berichtswesen (wöchentlich an CFO, monatlich an Vorstand, ad-hoc bei Verstößen oder krisenhaften Entwicklungen)

Auch für das Kapitalanlagecontrolling gilt der **Trennungsgrundsatz,** d.h. die Funktion ist grundsätzlich bis auf Vorstandsebene vorm Anlagemanagement zu trennen. Unter Berücksichtigung der Größe der Einrichtung und weiterer Kriterien ist jedoch eine Anbindung an den für die Kapitalanlagen verantwortlichen Vorstand möglich.

1037　Das Kapitalanlagecontrolling muss mit ausreichenden **personellen und fachlich qualifizierten Ressourcen sowie mit Sachmitteln ausgestattet** sein, um seine Aufgaben erfüllen zu können. Eine Auslagerung an Dritte ist möglich, wenn dieser über die notwendige Fachkunde, adäquate organisatorische und personelle Voraussetzungen sowie geeignete Schnittstellen zur zeitnahen Integration der Informationen in die Systeme der Einrichtung verfügt. Eine solche Auslagerung kann an Finanzdienstleister (wie

z. B. Asset Manager, Banken oder Kapitalverwaltungsgesellschaften) oder spezialisierte Beratungshäuser erfolgen.

d) Back Office/Wertpapiertechnik

Dem Back Office obliegt die **Überwachung, Abrechnung und Kontrolle aller vom Handel angestoßenen Transaktionen.** Es erfasst dazu jedes Geschäfts im Bestandsführungssystem (Nebenbuchhaltung) und kontrolliert die vom Handel erhaltenen Unterlagen auf Einhaltung von Handelslinien und Vollmachten. Im Anschluss ist es für die Erstellung bzw. Entgegennahme der Geschäftsbestätigungen sowie die zeitnahe und vollständige Dokumentation der Transaktion verantwortlich. In diesem Zusammenhang übernimmt das Back Office die Erstellung und Durchführung der für die Transaktionen relevanten Abrechnungen und überwacht die Einhaltung der entsprechenden Termine. Es veranlasst bzw. kontrolliert mit den Transaktionen verbundene Zahlungen sowie die fristgerechte Einlieferung der relevanten Dokumente und identifiziert Verspätungen. Zudem übernimmt das Back Office die Kommunikation mit dem Treuhänder und bindet diesen in die Transaktionsprozesse des Sicherungsvermögens ein. **1038**

e) Rechnungswesen

Das Rechnungswesen übernimmt die **Buchung der Geschäfte im Hauptbuch sowie die Kontenführung.** Es legt die Kontierungsregeln fest und pflegt die Konten. Zudem führt das Rechnungswesen die bilanzielle Bewertung im Rahmen des (Jahres-)Abschlusses durch. Darüber hinaus verantwortet es die fortlaufende Überwachung der Einhaltung von gesetzlichen, aufsichtsrechtlichen und internen Vorgaben bezüglich der Buchhaltung von Kapitalanlagen und des Sicherungsvermögens. **1039**

f) Interne Revision

Die interne Revision ist eine unabhängige und selbständige Funktion. Sie nimmt die unabhängige Bewertung und risikoorientierte Prüfung aller Geschäftsbereiche, der jeweiligen Abläufe sowie aller zum Einsatz kommenden Verfahren und Systeme vor. Die **Prüfung** umfasst: **1040**

- die Einhaltung der Funktionstrennung (Trennungsgrundsatz)

- die Kontrollverfahren und das ALM

- die Effektivität des Anlagemanagements (inkl. Wirksamkeit der Kontrollen)

- die Einhaltung der Risikogrenzen

- die Zuverlässigkeit und Zeitnähe der Informationen an die Abteilungsleitung Anlagemanagement und den für die Kapitalanlagen verantwortlichen Vorstand

Um ihren Aufgaben gerecht zu werden, prüft die Revision in regelmäßigen Abständen (mindestens jährlich) ausgewählte Anlageklassen, den Anlagebestand, neuartige Anlageprodukte und den Neue-Produkte-Prozess sowie schriftlich fixierte Anlagegrundsätze und -verfahren. Sie hat frühzeitig auf potenzielle Gefährdungen oder etwaige Mängel hinzuweisen sowie deren Beseitigung zu überwachen und zu dokumentieren.

1041 Die **Auslagerung** der Revisionsfunktion auf geeignete Dritte ist zulässig und unterliegt vergleichbaren Anforderungen wie bei der Auslagerung von Aufgaben des Risikomanagements. Kleine Einrichtungen können unter bestimmten Bedingungen von der Pflicht zur Einrichtung einer internen Revision auf Antrag befreit werden.

g) Treuhänder

1042 Die §§ 128 bis 130 VAG i. V. m. dem Rundschreiben R 3/2016 (VA) bestimmen die Pflicht zur Bestellung, die Anforderungen an die Eignung und die Aufgaben des Treuhänders. Er überwacht als unabhängige Kontrollinstanz die **jederzeitige Bedeckung des Sicherungsvermögens durch geeignete Anlagewerte sowie die ordnungsgemäße Führung des Vermögensverzeichnisses.** Der Treuhänder übernimmt die qualitative Prüfung der Anlagen vor Zuführung zum Sicherungsvermögen sowie der Entnahme aus dem Sicherungsvermögen, führt regelmäßig Vollständigkeitskontrollen der Sicherungsvermögenswert durch und bestätigt die Bilanz.

XII. Strukturierter Anlage- und Risikomanagementprozess

1043 Für den Anlagebereich sind nach Festlegung der Verantwortlichkeiten und Aufgaben, die Anlageziele und die Anlagestrategie unter Berücksichtigung der Struktur der Verpflichtungen festzulegen. Dies umfasst auch die Definition der zulässigen Anlageklassen und der korrespondierenden Anlagegrenzen. Darüber hinaus sind die mit den Anlagen verbundenen Risiken in das Risikomanagementsystem des Unternehmens zu integrieren. Die Dokumentation der Prozesse, Vorgehensweisen, Verantwortlichkeiten und Instrumente erfolgt in den innerbetrieblichen Anlagerichtlinien.

1. Anlageprozess als Regelkreis

1044 Die Zusammensetzung des Anlagebestandes ist das Ergebnis eines gut strukturierten, disziplinierten und transparenten Anlageprozesses, um jederzeit auf sich wandelnde wirtschaftliche und rechtliche Bedingungen, Katastrophenereignisse oder sonstige Marktsituationen angemessen reagieren zu können. Da das betriebene Versicherungsgeschäft die Art der Verpflichtungen (Laufzeit, Vorhersehbarkeit, Zeitpunkt) und damit die notwendige Anlagepolitik sowie Liquiditätsvorgaben maßgeblich beeinflusst, stellt die Analyse der Verpflichtungsstruktur und die Bestimmung der daraus abgeleiteten Anlageziele – also das **Asset-Liability-Management** – den Startpunkt des strukturierten Anlage- und Risikomanagementprozesses dar.

Abb. 61 Anlageprozess als Regelkreis   1045

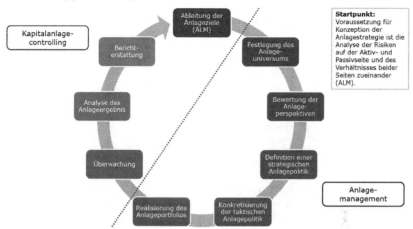

Basierend auf den ALM-Analysen erfolgt die Festlegung des zur Erfüllung der Anforderungen relevanten und notwendigen Anlageuniversums sowie eine Bewertung der potenziellen ökonomischen und risikoadjustierten Anlageperspektiven. Auf dieser Grundlage wird die Definition des strategischen Zielportfolios (Strategische Asset Allokation, SAA) vorgenommen. Hier können verschiedene Verfahren und Methoden zum Einsatz kommen.

Im Rahmen der taktischen Anlagepolitik erfolgt die Realisierung des **Zielportfolios.** 1046
Dabei sollten Marktentwicklungen und ggf. zeitliche oder strukturelle Restriktionen für einzelne Anlageklassen berücksichtigt werden und somit Schwankungsbreiten gegenüber den strategischen Anlagegrenzen zulassen. Gerade bei schockartigen Marktentwicklungen sollte ausreichend taktischer Spielraum vorhanden sein, um angemessen reagieren zu können. Die Umsetzung der SAA und TAA erfolgt dann anhand konkreter Transaktionen durch ein personell und sachlich adäquat ausgestattetes sowie fachlich qualifiziertes Anlagenmanagement. Überwachung und Abrechnung der Transaktionen werden durch das Back Office durchgeführt.

Die **laufende Kontrolle** der Einhaltung der Anlagepolitik sowie Anlagegrenzen erfolgt 1047
durch die Geschäftsleitung bzw. operativ durch das Kapitalanlagecontrolling, welches durch umfassende, akkurate und flexible Systeme die Feststellung, Messung, Bewertung und Aggregation der Anlagerisiken gewährleistet. Das Kapitalanlagecontrolling stellt über angemessene Verfahren die Messung und Bewertung des Anlageergebnisses sicher.

Das **Kapitalanlagecontrolling** berichtet über die vorgenannten Ergebnisse, die Ent- 1048
wicklung des Anlagebestandes und stellt so strukturiert und adressatengerecht Infor-

mationen zur Überwachung und Steuerung des Anlageportfolios bereit. Der Vorstand hat die Angemessenheit der Anlagepolitik **mindestens einmal jährlich zu prüfen**, damit ergibt sich mindestens ein Prüfungs- und Validierungsrhythmus für ALM und SAA von 12 Monaten.

1049   Effektive Verfahren zur Überprüfung der Angemessenheit der Anlagepolitik, zur Identifikation der Schwachstellen bei Kontrolle der Anlagetätigkeit oder zur Einhaltung von Vorschriften sowie zur Identifikation von Abhängigkeiten und Anfälligkeiten bilden den Kontrollrahmen für den Anlageprozess.

2. Asset-Liability-Management

1050   Das ALM erfüllt eine **zentrale Aufgabe** und muss in die strategischen Prozesse des Unternehmens eingebettet sein. Die Ableitung der ALM-Zielsetzung aus der Risikostrategie dient der Operationalisierung. Aufsichtsrechtliche und interne Regelungen bzw. Vorgaben sind als Parameter bei der Durchführung von ALM-Studien zu berücksichtigen. Zudem sind in den Studien mindestens die wesentlichen Risiken zu berücksichtigen und Analysen zu Risikoursachen und Wechselwirkungen durchzuführen. Im ALM-Modell müssen Buch- und Marktwerte sowie mögliche Optionen und Garantien abgebildet sein.

1051   Das ALM fungiert nicht nur als Backtest, sondern auch als **Prognosewerkzeug**, entsprechend geeignete Projektionszeiträume sind zu wählen, um auch Entwicklungen über die Zeit, wie z. B. schleichende Entwicklungen, aufdecken zu können. Annahmen sind adäquat zu dokumentieren, um Prognosefehler erkennen zu können. Das ALM ist ein wichtiges Instrument im Rahmen des Risikomanagements einer EbAV und dient der Risikoanalyse. Es sollte daher verschiedene alternative Szenarien untersuchen, um Sensitivitäten des Geschäfts oder die Auswirkungen von Steuerungsmaßnahmen bewerten und analysieren zu können. Die Ergebnisse der ALM-Studien sollten auch konkrete Handlungsalternativen und entsprechende Empfehlungen enthalten. Weicht die Geschäftsleitung von diesen Empfehlungen ab, sind diese zu begründen und zu dokumentieren.

Eine umfangreiche Darstellung zum ALM findet sich in Kap. I. Abschn. C. (Rdnrn. 14 ff.).

3. Anlagepolitik

1052   Abgeleitet aus der Geschäfts- und Risikostrategie sowie unter Berücksichtigung der Ergebnisse aus dem ALM ist eine angemessene Anlagepolitik zu entwickeln. Das Ergebnis dieser Überlegungen und Analysen ist ein Zielportfolio (Strategische Asset Allokation, SAA), welches die notwendige Abstimmung zwischen aktiv- und passivseitigen Anforderungen bestmöglich leistet, sowie im Einklang mit den aufsichtsrechtlichen und internen Vorgaben steht. Inputparameter für die Analyseprozesse sind das definierte Anlageuniversum, Anlagerestriktionen und Prognosewerte inkl. erwartete Abhängigkeiten zwischen den Anlageklassen. Im finalen Schritt sind auf Grundlage der analytischen Ergebnisse noch einmal Abgleiche mit den ALM-Vorgaben und ein Realiserbarkeitscheck vorzunehmen, in dem vor allem Investierbarkeit, vorhandenes Risikokapital und ggf. der geplante Umsetzungszeitraum berücksichtigt werden. Die Verifikation der SAA hat **mindestens jährlich** oder bei gravierenden Veränderungen der Inputparameter auch ad-hoc zu erfolgen.

4. Managerauswahl und -monitoring

Ausgangspunkt bei dem Einsatz externer Asset Manager ist zunächst die Fragestellung, ob und warum der **Einsatz eines externen Managers notwendig** ist. Wichtige Entscheidungskriterien könnten dabei das ggf. fehlende interne Know-how und der spezifische Marktzugang zu den gewünschten Anlageinstrumenten sein. Wobei auch hier der Grundsatz zu beachten ist, dass Kapitalanlagen, deren Risiken von der Einrichtung nicht eigenständig analysiert, bewertet und gesteuert werden können, nicht in das Anlageportfolio aufgenommen werden sollten.   1053

Die **Auswahl eines Managers** kann anhand eines eigenen Auswahlprozesses, durch den Einsatz von Tools (wie z. B. Manager-Datenbanken) oder durch Beauftragung eines spezialisierten Dienstleisters (z. B. Investment Consultants) erfolgen. Nachfolgend sind die im Auswahl- und Monitoringprozess zu durchlaufenden Phasen schematisch dargestellt:

Abb. 62 Managerauswahl und -monitoring   1054

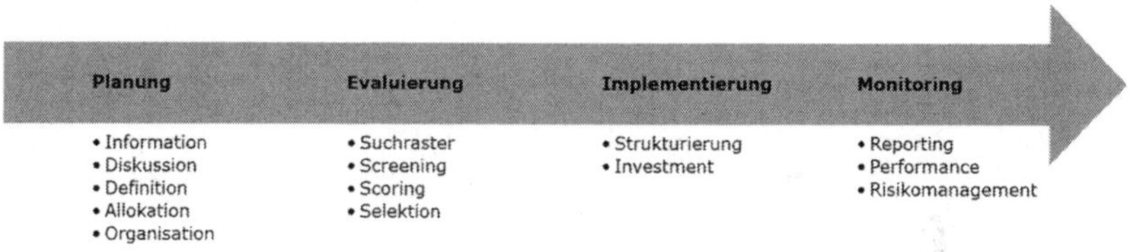

Das Monitoring nach erfolgter Implementierung des Asset Managers hat neben der Bereitstellung von Bestandsinformationen und Performancekennzahlen sicherzustellen, dass die Wirkung des Mandates im Portfoliokontext analysiert werden kann, die Konsistenz des Managers zu seiner eigenen Historie überwacht werden kann (Frühwarnsignal) und ggf. andere qualitative Kriterien (wie z. B. prozessuale Vorgaben) eingehalten werden.

Eine tiefergehende Darstellung zur Auswahl von Asset Managern findet sich in Kap. IV. Abschn. II. (Rdnrn. 922 ff.).

5. Investmentprozess in Investmentvermögen

Für indirekte Anlagen über Investmentvermögen sind gemäß Abschnitt B.2.6. im Rundschreiben R 11/2017 (VA) eine Reihe von Vorgaben zu beachten. Vor einem Investment ist zunächst eine gründliche Analyse notwendig, welche Anlagen zur Umset-   1055 zung der Anlagestrategie geeignet sind. Die **Anlagegrundsätze und die Qualifikation der indirekten Anlagen für das Sicherungsvermögen sind vor dem Erwerb und laufend zu prüfen.** Dies ist ausreichend zu **dokumentieren.**

1056 Für die Analysen sind umfangreiche Informationen über das Investmentvermögen heranzuziehen, u. a. Vertragsbedingungen, Jahres-/Halbjahresberichte, Anlagepolitik, Investment Guidelines, schriftliche Vorgaben zu Leverage und Leerverkäufen sowie zur Verwahrstelle. Es ist sicherzustellen, dass eine Konsistenz des Investmentvermögens zur Anlagestrategie des Unternehmens und den innerbetrieblichen Anlagerichtlinien sowie zu den allgemeinen Anlagegrundsätzen gegeben ist. Ausschlusstatbestände müssen vorab klar geregelt sein. Zudem hat die Einrichtung darauf zu achten, dass aus der Anlage keine Nachschusspflichten o. Ä. resultieren, z. B. auch bei Insolvenz der KVG. Bei ausländischen oder EU-Investmentvermögen ist eine Vergleichbarkeitsprüfung zu inländischen Investmentvermögen vorzunehmen.

1057 Im Rahmen des **Due Diligence und der Managerauswahl** müssen u. a. strukturelle Informationen (Asset Manager, Verwahrstelle, etc.) sowie Angaben zur Risikomessung und dem Risikomanagement im Investmentvermögen, der Bewertung, der Performance, dem Berichtswesen und den Gebühren berücksichtigt werden. Auch indirekte Anlagen sind in den Risikomanagementprozess der Einrichtung einzubinden und einer laufenden Überwachung zu unterziehen. Nur auf Grundlage einer regelmäßigen Berichterstattung kann die EbAV gewährleisten, jederzeit die Auswirkungen auf das Portfolio quantifizieren sowie die Einhaltung Anlagestrategie und aufsichtsrechtliche Vorgaben überwachen zu können.

6. Innerbetriebliche Anlagerichtlinien und Verfahren

1058 Die zielgerichtete, strukturierte und konsequente Umsetzung der Anlagepolitik setzt interne Anlagegrundsätze und -leitlinien voraus. Diese müssen mindestens **folgende Aspekte** beinhalten:

• Anlageziele sowie Bezugsgrößen für Messung des Anlageerfolges (Benchmark)

• zugelassene Vermögensanlagen (Anlageuniversum)

• Grenzen der Zusammensetzung (Märkte, Regionen, Länder, Währungen)

• qualitative und quantitative Voraussetzungen für Erwerb (Bonität, Laufzeit, Kontrahent)

• Kriterien für den Einsatz neuartiger Anlageprodukte (Neue-Produkte-Prozess)

• Umsetzung der Anlagestrategie durch interne und externe Anlageverwaltung

• Kriterien bei der Auswahl neuer Kontrahenten und Anlagevermittler

• Methoden zur Bewertung, Steuerung und Kontrolle der Anlagerisiken je Anlageklasse

- erforderliche Qualifikation der Mitarbeitenden im Anlage- und Kapitalanlagerisikomanagement

- Organisationseinheiten und deren funktionale Trennung

- Eskalationsprozesse und Berichtspflichten

- Beschreibung und Weiterentwicklung der Kontrollverfahren und Qualitätsbeurteilung

Die Richtlinien müssen mindestens einmal jährlich überprüft und ggf. angepasst werden.

7. Interne Kontrollverfahren im Anlageprozess

Die eingerichteten internen Kontrollverfahren überführen den Trennungsgrundsatz in die Aufbau- und Ablauforganisation und sollen im Anlageprozess **folgende Ziele** adressieren: 1059

- eine optimale Abstimmung zwischen Front Office, Back Office und Rechnungswesen

- die Einhaltung der Handelslinien/Vollmachten und sofortige Berichterstattung (Back Office/Kapitalanlagecontrolling)

- das Einverständnis aller Beteiligten mit den Bedingungen eines Geschäfts (Back Office)

- Verfahren für den unverzüglichen Ein- und Ausgang von Bestätigungen (unabhängig vom Front Office)

- eine zeitnahe und vollständige Dokumentation (Front Office/Back Office)

- eine ordnungsgemäße Abrechnung und Meldung von Positionen und Identifizierung verspäteter Zahlungen/Zahlungseingänge (Back Office/Rechnungswesen)

- die Durchführung von Transaktionen unter Beachtung maßgeblicher Marktregeln (Front Office)

- die unabhängige Überprüfung von Kursen oder Preisen, d.h. die Durchführung der Marktgerechtigkeitsprüfung (Back Office/Kapitalanlagecontrolling)

- die Weiterentwicklung der Verfahren mit dem Auftreten neuer Anlageinstrumente (s. auch Neue-Produkte-Prozess (NPP), Rdnrn. 1060 ff.)

8. Neue-Produkte-Prozess (NPP)

Vor dem Erwerb neuer Anlageprodukte ist ein sog. Neue-Produkte-Prozess durchzuführen und die Ergebnisse zu dokumentieren. Dabei sind alle am Anlage- und Risikomanagementprozess beteiligten Einheiten einzubeziehen, um eine vollständige Ab-   1060 bildbarkeit und Berücksichtigung des Produktes in diesen Prozessen sowie die jeweiligen gesetzlichen, aufsichtsrechtlichen und internen Vorgaben sicherzustellen.

1061 Die **Ergebnisdokumentation** sollte mindestens folgende Punkte umfassen:

- Produktbeschreibung inkl. Angaben zur Abwicklung
- Risikoidentifikation und -bewertung
- Risikoüberwachung und -steuerung
- Berichtswesen
- bilanzielle, steuerliche und rechtliche Behandlung

Der NPP sollte dabei auch auf Aspekte eingehen, inwieweit das Produkt Auswirkungen auf das Gesamtportfolio und das Risikoprofil der EbAV hat. Neben den traditionellen Risikokategorien sind auch ESG-Aspekte zu berücksichtigen und zu bewerten.

XIII. Transparenz sowie Melde- und Berichtswesen im Anlagebereich

1. Überblick über Berichtsanforderungen an EbAV

1062 Grundsätzlich kann zwischen internem Berichtswesen, Meldewesen und Transparenzpflichten für EbAV unterschieden werden. Während das interne Berichtswesen zunächst strukturierte Informationen an interne Adressaten bereitstellt, werden im Meldewesen vor allem standardisiert Daten an Aufsichtsbehörden übermittelt. Transparenzanforderungen adressieren die Versorgungsberechtigten bzw. die Öffentlichkeit.

1063 *Abb. 63 Transparenz- und Berichtsanforderungen (im Anlagebereich einer EbAV)*

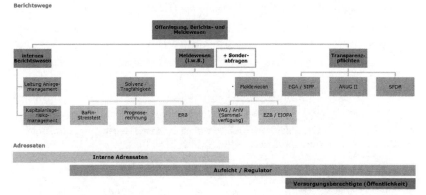

Über das **Meldewesen** erhält die Aufsicht strukturierte Informationen von den beaufsichtigten Unternehmen. Dabei kann zwischen dem dezidierten Meldewesen, welches hochgradig standardisiert einen Einblick in die gesamte Geschäftstätigkeit und -entwicklung des Unternehmens geben soll, und dem spezifischen auf die Solvenz und Tragfähigkeit der Unternehmen ausgerichtete Meldeprozesse unterschieden werden. Während zum Meldewesen (i. e. S.) vor allem das VAG-/AnlV- und das EZB-EIOPA-Meldewesen zählen, umfasst die Solvenz-/Tragfähigkeitsberichterstattung Instrumente wie z. B. den BaFin-Stresstest, die BaFin-Prognoserechnung und die Eigene Risikobeurteilung (ERB). Zusätzlich nutzt die Aufsicht anlassbezogen die Möglichkeit von Einzel- oder Sonderabfragen, um spezifische aufsichtsrechtlich relevanten Fragestellungen nachgehen zu können.

Die **Transparenzpflichten** richten sich primär an die Versorgungsberechtigten der EbAV und umfassen z. B. die Erklärung zu den Grundsätzen der Anlagepolitik (EGA oder SIPP, Statement of Investment Policy Principles), die Anforderungen aus dem Gesetz zur Umsetzung der zweiten Aktionärsrechterichtlinie (ARUG II) sowie die nachhaltigkeitsbezogenen Offenlegungspflichten (SFDR, Sustainable Finance Disclosure Regulation). Die Anforderungen an die Finanzwirtschaft zu mehr Transparenz entwickeln sich kontinuierlich weiter, die Aufzählung umfasst daher nur die aktuell für EbAV wichtigsten.   **1064**

2. Interne Berichtspflichten im Anlagebereich

Obwohl eine EbAV Struktur und Inhalt des internen Berichtswesens weitestgehend selbst gestalten und auf die internen Informationsbedürfnisse abstimmen kann, enthält das BaFin-Rundschreiben R 11/2017 in B.2.3 Buchst. f) und g) eine Reihe von allgemeinen und spezifischen Anforderungen, die es zu beachten gilt.   **1065**

Die **internen Berichte** müssen umfassende und aussagekräftige Informationen zu den Risiken der Kapitalanlagen enthalten, zudem die Limitauslastungen und Ergebnisse von Stresstests, die Einschätzung der Sensibilität der Anlagen bei Marktänderungen ermöglichen sowie bei der realistischen Beurteilung neuer Risikosituationen unterstützen.   **1066**

Für das Kapitalanlagerisikomanagement und die Leitung des Anlagemanagements bestehen explizit zusätzliche Anforderungen. So muss das Kapitalanlagerisikomanagement regelmäßig an die Leitung des Anlagemanagements und den Vorstand berichten. In krisenhaften Situationen, wobei sinnvoller Weise die EbAV hierzu eigene Regelungen definieren sollte, wann ein solches Ereignis eingetroffen ist, hat die Berichterstattung täglich zu erfolgen. An den Gesamtvortand und die unabhängige Risikocontrollingfunktion ist monatlich zu berichten. Dagegen hat die Leitung des Anlagemanagements wöchentlich an den Fachvorstand und monatlich an den Gesamtvorstand zu berichten. Der Bericht umfasst dabei die getätigten und geplanten Anlagen sowie den Anlagebestand und die Bedeckung.   **1067**

3. VAG-AnlV-Meldewesen

1068 Das VAG-AnlV-Meldewesen richtet sich an die Aufsicht (BaFin). Hier wird nach **Pensionskassen** (Sammelverfügung vom 28.7.2021) und **Pensionsfonds** (Sammelverfügung vom 29.7.2021) unterschieden. Die Sammelverfügungen waren erstmalig zum Meldestichtag 31.12.2021 anzuwenden. Für beide erfolgt die Übermittlung elektronisch in einem datentechnisch verarbeitbaren Format über die Melde-und-Veröffentlichungsplattform (MVP) der BaFin.

1069 Die **Sammelverfügung vom 28.7.2021** gilt für Pensionskassen und kleine Versicherungsunternehmen und umfasst eine Reihe von Nachweisungen (NW) und Anlagen, die unverzüglich, d.h. bis spätestens zum nächsten Monatsende, an die Aufsicht zu liefern sind. Folgende Meldungen sind dabei einzureichen:

- NW 670: Vierteljährlicher Bericht über die Zusammensetzung der Kapitalanlagen gemäß Anlagekatalog der Anlageverordnung

- NW 671: Vierteljährlicher Bericht über die Buch- und Zeitwerte der Kapitalanlagen und die Bedeckung der versicherungstechnischen Passiva

- NW 660: Vierteljährlicher Bericht über derivative Finanzinstrumente, Vorkäufe, Vorverkäufe und strukturierte Produkte

- Anlage Streuung: Vierteljährlicher Bericht über die Streuung des Sicherungsvermögens gemäß § 4 AnlV

- Anlage Fonds: Jährlicher Bericht über Investmentvermögen nach § 2 Abs. 1 Nr. 15 und 16 AnlV

Um eine regelmäßige interne Überprüfung der aufsichtsrechtlichen Mischungsquoten zu gewährleisten, kann das Versicherungsunternehmen die Anlage Mischung, welche ebenfalls in der Sammelverfügung enthalten ist, einsetzen. Für i. d. R. kleine Vereine sind Erleichterungen im Meldeverfahren möglich.

1070 Die Sammelverfügung vom 29.7.2021 gilt für **Pensionsfonds** und regelt erstmalig ein strukturiertes Meldewesen für diesen Bereich. Es enthält die Nachweisung NW 678, welche vierteljährlich einzureichen ist. Die Seiten 1 und 2 zeigen die Struktur der Kapitalanlagen des Pensionsfonds, untergliedert nach Typen von Pensionsplänen. Seite 3 enthält die Bedeckung der Sicherungsvermögen nach Geschäftsarten.

4. EZB-EIOPA-Reporting

1071 Die „Allgemeinverfügung zur Umsetzung der EIOPA BoS Decision EIOPA-BoS/18-114 am 30.9.2019" beschreibt Inhalt und technische Anforderungen an das sog. EZB-EIOPA-Reporting, welches zum 30.9.2019 erstmalig von EbAV einzureichen war. Für alle von der BaFin beaufsichtigte Einrichtungen erfolgt die **Meldung im XBRL-Format über die MVP der BaFin**. Dabei wird zwischen großen, mittleren und kleinen EbAV hinsichtlich der Meldeerfordernisse durch die BaFin unterschieden. Große EbAV mit einer Bilanzsumme von mehr als 1 Mrd. EUR haben ein vollumfängliches Berichtswesen einzureichen, bestehend aus vier Quartals- und einer Jahresmeldung. Mittlere EbAV mit einer Bilanzsumme zwischen 100 Mio. EUR und bis zu 1 Mrd. EUR müssen nur einmal jährliche eine reduzierte Meldung abgeben. Kleine EbAV sind gemäß BaFin von der Meldepflicht an EIOPA befreit, hier bestehen aber ggf. geringfügige Berichtspflichten gegenüber der Bundesbank direkt. **Ab 2022** gelten Einreichungsfristen von 7 Wochen für die Quartals- und 14 Wochen für die Jahresmeldungen. Struktur und Umfang der Meldungen werden von EIOPA kontinuierlich weiterentwickelt und in Form des Pension Fund Data Point Models und der XBRL Taxonomie veröffentlicht.[9]

Abb. 64 EZB-EIOPA-Reporting 1072

Die höchste Detailstufe der EIOPA-Reportings inkl. ECB-add-on's umfasst **15 Berichte** für die jährliche und **6 Berichte** für die vierteljährliche Meldung.

Template code	with ECB add-ons	Template title	aei 30	qei 31	aei 30	aee 32	axa 29
			Annual ECB Add-on reporting Pension Funds individual	Quarterly ECB Add-on reporting Pension Funds individual	Annual ECB Add-on reporting Pension Funds individual	Annual ECB Add-on reporting exempted Pension Funds individual	Annual reporting exempted Pension Funds aggregate
			.24 + ECB Add-on	.25 + ECB Add-on	.24 + ECB Add-on	.28 + ECB Add-on	
PF.01.01	PFE.01.01	Content of the submission	PFE.01.01.30	PFE.01.01.31	PFE.01.01.30	PFE.01.01.32	PF.01.01.29
PF.01.02	PFE.01.02	Basic information	PFE.01.02.30	PFE.01.02.31	PFE.01.02.30	PFE.01.02.31	PF.01.02.27
PF.02.01	PFE.02.01	Balance sheet	PFE.02.01.30	PFE.02.01.31	PFE.02.01.30	PFE.02.01.32	PF.02.01.28
PF.04.03		Cross-border	PFE.04.03.24	X	PFE.04.03.24	X	X
PF.05.03		Expenses	PFE.05.03.24	X	PFE.05.03.24	X	X
PF.06.02	PFE.06.02	List of assets	PFE.06.02.30	PFE.06.02.30	PFE.06.02.30	X	X
PF.06.03		Collective investment undertakings - look-through approach	PFE.06.03.24	X	PFE.06.03.24	X	X
PF.09.02		Investment income	PFE.09.02.24	X	PFE.09.02.24	X	X
PF.29.05		Changes in technical provisions	PFE.29.05.24	X	PFE.29.05.24	X	X
PF.50.01		Member data	PFE.50.01.30	X	PFE.50.01.30	PF.50.01.28	PF.50.01.28
PF.51.01		Contributions, benefits paid and transfers by scheme	PFE.51.01.30	X	PFE.51.01.30	PF.51.01.28	PF.51.01.28
	EP.02.01	Pension fund reserves	EP.02.01.30	EP.02.01.30	EP.02.01.30	X	X
	EP.03.01	Liabilities for statistical purposes	EP.03.01.30	X	EP.03.01.30	X	X
	EP.04.01	Liabilities - Pension entitlements - country split	EP.04.01.30	X	EP.04.01.30	X	X
T.99.01		Technical table	PT.99.01.24	PT.99.01.24	PT.99.01.24	PT.99.01.24	PT.99.01.24

= große EbAV in D
= mittlere EbAV in D

5. BaFin-Stresstest

Der von der BaFin konzipierte und standardisierte Stresstest ist mittlerweile nur noch 1073 von den sog. **Solvency I-Unternehmen**, d.h. kleinere VU und Pensionskassen, zu verwenden und einmal jährlich, spätestens 3 Monate nach dem Jahresabschluss, als NW 683 einzureichen. Pensionsfonds sind hiervon ausgenommen, werden aber nach B.2.3 Buchst. b i. V. m. C.2 aus R 11/25017 (VA) dazu verpflichtet, ebenso wie die Pensionskassen mindestens vierteljährlichen einen unternehmensinternen Stresstest durchzuführen. Beim BaFin-Stresstest handelt sich um ein aufsichtsrechtliches Instrument zur Beurteilung der Solvabilität und Tragfähigkeit des Unternehmens.

---

9 Eine Übersicht zu den aktuellen und zukünftigen technischen Standards findet sich auf der Website von EIOPA (z. B. unter folgendem Link: https://www.eiopa.europa.eu/tools-and-data/supervisory-reporting-dpm-and-xbrl_en).

1074 Derzeit umfasst der **Stresstest** vier Szenarien, das **isolierte Rentenszenario** (-10 %), das **isolierte Aktienszenario** (-10 % bis -45 % in Abhängigkeit vom Stand des Euro-Stoxx 50 Kursindex), dem **kombinierten Renten-/Aktienszenario** (-5 % für Renten, -10 % bis -25 % für Aktien) sowie dem **kombinierten Aktien-/Immobilienszenario** (-10 % für Immobilien, -10 % bis -25 % für Aktien). Die Struktur der Kapitalanlagen differenziert dabei zwischen Aktien (inkl. Beteiligungen), Renten im Umlaufvermögen (z. B. Nachrangpapiere im Inhaberbereich, Asset-Backed-Securities), Renten im Anlagevermögen (z. B. Darlehen und Schuldverschreibungen im Direktbestand), Immobilien und sonstigen Kapitalanlagen. Über bestimmte Annahmen zur Verzinsung bzw. Performance für die nächsten 12 Monate werden Aktiv- und Passivseite hochgerechnet. Die Anforderungen aus der Verpflichtungsseite werden von der Aktivseite abgezogen, anschließend werden diese den definierten Schockszenarien unterworfen. Zusätzlich sind zu den spezifischen Marktwertschocks auch Bonitätsschocks in allen Szenarien in Abhängigkeit der Ratings zu berücksichtigen (z. B. Non-Investment-Grade oder Non-Rated -10 %, Default Rating – 30 %). Absicherungsinstrumente und Wertsicherungskonzepte können unter Beachtung bestimmter Kriterien als risikomindernde Positionen angerechnet werden.

1075 Zunächst wird geprüft, ob der **Stresstest in der ersten Stufe**, dem sog. **Saldo**, bestanden ist. Dies ist der Fall, wenn in allen vier Szenarien hier ein positiver Wert vorliegt. Da es sich um ein standardisiertes Instrument handelt, können ergänzend unternehmensspezifische Besonderheiten angerechnet werden (z. B. Bewertungsreserven in im Anlagevermögen gehaltenen zinstragenden Namenspapieren und Schuldscheindarlehen). In der **zweiten Stufe** ergibt sich daraus das sog. **Ergebnis**. Während mindestens ein negativer Wert im Saldo, Informationspflichten an den Vorstand, den Aufsichtsrat und die Aufsicht auslöst, sind bei einem negativen Ergebnis ggf. Maßnahmen durch das Unternehmen einzuleiten, um die Risikotragfähigkeit zu verbessern. Die Informations- und Anzeigenpflichten sind auch hier zu beachten. Die Aufsicht kann eine höhere Frequenz von Einreichungen des BaFin-Stresstest, z. B. vierteljährlich, anordnen.

1076 *Abb. 65 BaFin-Stresstest*

6. Prognoserechnung

1077 Gemäß § 44 VAG kann die Aufsicht eine Prognoserechnung verlangen, um einen Einblick in das erwartete Geschäftsergebnis für das laufende oder zukünftige Geschäftsjahr(e) zu erhalten und die Risikotragfähigkeit des Unternehmens in Stresssituationen zu bewerten. Derzeit ist die BaFin-Prognoserechnung **einmal jährlich als NW 682 für Pensionskassen** bzw. als **NW 886 für Pensionsfonds** einzureichen. Parameter, Stichtag, Berechnungsmethoden, Form und Frist werden von der Aufsicht dezidiert vorgegeben. Üblicherweise erfolgt die Projektion zweistufig. In der ersten Stufe wird aufsetzend auf einem unterjährigen Stichtag (z. B. Ultimo September) eine Projektion des laufenden Geschäftsjahres für z. B. vier Szenarien vorgenommen (i. d. R. konstanter Markt bis Jahresende; Zinsschock, Aktienschock und kombinierter Zins-/Aktienschock). Anschließend folgt in der zweiten Stufe eine Mehrjahresprojektion basierend auf dem prognostizierten Jahresergebnis des laufenden Geschäftsjahres. Die Mehrjahresprojektion umfasst ein BaFin-Szenario mit definiertem fixen Wiederanlagezins und ein unternehmensspezifisches Planungsszenario. Die Anzahl der zu prognostizierenden Jahre wurde von der Aufsicht zuletzt für einzelne Unternehmensgruppen von 5 auf 15 Jahre erweitert. Im Erläuterungsteil der Prognoserechnung sind die Unterschiede in den Annahmen sowie deren Auswirkungen auf die Projektionsergebnisse darzustellen.

Tab. 15 Prognoserechnung   1078

BaFin-Vorgaben	2020	2019	2018	2017	2016	2015	2014	2013
Vorgaben für Jahresende								
Zins	+200bp	+200bp	+100bp	+100bp	+50bp	+50bp	+50bp	+50bp
Aktien	-24%	-29%	-27%	-29%	-22%	-22%	-24%	-20%
Mehrjahresprojektionen								
Anzahl Jahre	15	15	5	5	5	5	5	5
Wiederanlagezins	0,50%	0,50%	1,20%	1,20%	0,90%	1,08%	1,30%	2,50%
Marktreferenz								
Bund 10 Jahre	-0,52%	-0,57%	0,47%	0,46%	-0,12%	0,59%	0,95%	1,78%
EUR SWAP 10 Jahre	-0,23%	-0,15%	0,99%	0,91%	0,27%	0,96%	1,14%	2,06%

7. Eigene Risikobeurteilung (ERB)

Die **Eigene Risikobeurteilung** (ERB oder ORA, Own risk assessment) ist in § 234d   1079
VAG kodifiziert und dient der Bewertung des gesamten Risikoprofils, der Wirksamkeit des Risikomanagementsystems und der Risikotragfähigkeit. Die dezidierten Anforderungen an Inhalt und Durchführung der ERB sind im Rundschreiben R 9/2020 (VA) definiert. Die ERB ist **mindestens alle drei Jahre** für das gesamte Risikoprofil durchzuführen, auf Verlangen der Aufsichtsbehörde auch häufiger sowie unverzüglich, wenn eine wesentliche Änderung im Risikoprofil eingetreten ist. Hier wird zwischen der regelmäßigen und der nicht-regelmäßigen (ad-hoc) ERB unterschieden. **Anlassbezogen** kann eine solche nicht-regelmäßige ERB auch nur für ein spezifisches von der EbAV betriebenes und betroffenes Altersversorgungssystem durchgeführt werden. Der Aufsicht sind die Ergebnisse nach Abschluss der ERB innerhalb von 14 Tagen vorzulegen. Bei einer regelmäßigen ERB muss die EbAV innerhalb von 9 Monaten nach dem Jahresabschluss den Prozess zur Durchführung der ERB abgeschlossen haben. Die ERB muss angemessene Methoden für kurz- oder langfristige Entwicklungen berücksichtigen sowie deren Ergebnisse in der Strategie bzw. bei strategischen Entscheidungen Berücksichtigung finden.

1080 Folgende **Inhalte sind für die ERB vorgeben:**

* Berücksichtigung der Risikobeurteilung in den Leitungs- und Entscheidungsprozessen,

* Beurteilung der Wirksamkeit des Risikomanagementsystems,

* Darstellung von Interessenkonflikten mit dem Trägerunternehmen,

* Bestimmung des gesamten Finanzierungsbedarfs, ggf. Maßnahmen zur Deckung des Finanzierungsbedarfs,

* Darstellung der Risiken, die für die Versorgungsanwärter und Versorgungsempfänger in Bezug auf die Auszahlung ihrer Altersversorgungsleistungen bestehen,

* eine qualitative Beurteilung der Mechanismen zum Schutz der Anwartschaften,

* ebenso eine qualitative Beurteilung operationellen Risiken und

* die Berücksichtigung von Emerging Risks bei Anlageentscheidung (ESG, Klimawandel).

Der gesamte Finanzierungsbedarf ist das zentrale quantitative Element der eigenen Risikobeurteilung und umfasst ein Unternehmensplanungsszenario inkl. Berücksichtigung von Risikoereignissen. Als Bewertungsdimensionen sind dabei die aufsichtsrechtliche Bedeckung, die Kapitalausstattung (Eigenmittel), die Risikotragfähigkeit sowie die Liquiditätslage heranzuziehen. Die Projektion erfolgt für mindestens 5 Jahre. Sollte sich hier eine Lücke ergeben, sind Maßnahmen zur Deckung darzulegen.

1081 Des Weiteren bestehen für die ERB **umfangreiche Dokumentationsanforderungen.** Zunächst sind sog. ERB-Leitlinien festzulegen, die den ERB-Prozess, die Verantwortlichkeiten sowie Trigger-Punkte für die Auslösung einer nicht-regelmäßigen Risikobeurteilung umfassen. Der ERB-Bericht enthält die Ergebnisse der ERB und der ERB-Durchführungsbericht dient der Dokumentation der in der ERB verwendeten Methoden, Daten, Arbeitsschritte etc.

8. Erklärung zu den Grundsätzen der Anlagepolitik (EGA)

1082 Die Erklärung zu den Grundsätzen der Anlagepolitik ist in §§ 234i, 239 Abs. 2 VAG definiert. Die BaFin hat mit ihrer Auslegungsentscheidung zur Erklärung zu den Grundsätzen der Anlagepolitik vom 24.4.2020 weitere Spezifizierungen bezüglich Inhaltes und Umfang vorgegeben. Die EGA ist spätestens vier Monate nach Ende eines Geschäftsjahres bzw. unverzüglich nach einer wesentlichen Änderung der Anlagepolitik zu aktualisieren. Diese ist der BaFin einzureichen und für die Versorgungsberechtigten zu veröffentlichen.

1083 Die **Inhalte der Erklärung** müssen kohärent, logisch und strukturiert sein, die Erläuterungen müssen verständlich und konsistent formuliert sein. Bei der Darstellung kann die EbAV den Schutzbedarf vertraulicher Informationen (z. B. zur Vermeidung negativer Auswirkungen) berücksichtigen. Die Überprüfung der Anlagepolitik erfolgt jährlich. Es sind zudem Auslöser zu definieren, wann eine außerordentliche Überprüfung bzw. Anpassung der Anlagepolitik von der EbAV vorgenommen wird. Die Überprüfung der Erklärung ist mindestens alle 3 Jahre vorzunehmen, bei wesentlichen Änderungen früher. Die Veröffentlichung im Internet muss ohne schuldhaftes Zögern erfolgen. Die EGA enthält zudem umfassende Informationen zur Berücksichtigung von sog. ESG-Belangen bzw. dem Einsatz von ESG-Instrumenten sowie Erläuterungen, welchen ESG-Standards die EbAV folgt bzw. welchen ESG-Selbstverpflichtungen sie unterliegt. Die Transparenzanforderungen aus den §§ 134a bis 134d AktG (ARUG II) können in die EGA integrierten werden.

Folgende Elemente sind in der **Erklärung** aufzunehmen: 1084

- Anwendungsbereich der Anlagepolitik

- messbare Ziele (z. B. ein Renditeziel)

- Beschränkungen wie Liquiditätsbedarf, Bedeckung bzw. Mittelausstattung, Regulierung

- Einbezug ökologischer, sozialer und die Unternehmensführung betreffender Belange

- Datum Genehmigung/Inkrafttretens der Grundsätze

- Vorgaben zur Anlagepolitik seitens der Arbeitgeber (z. B. bei nicht-versicherungsförmigen Pensionsplänen) oder Tarifparteien (reine Beitragszusage)

- Entscheidung über den Vermögensverwaltungsstil

- Strategische Allokation der Vermögensanlagen, je Pensionsplan, Art und Dauer der Leistung

- Verfahren der Anlagerisikobewertung und der Risikosteuerung

- Zeitplan für die Überprüfung der Anlagepolitik und potenzielle Auslöser

- Leistungsstruktur sowie Garantien

- Nennung, ob Erbringung von Renten-/Kapitalleistungen und Deckung biometrischer Risiken erfolgt

- Erläuterung zu jeder Anlageoption mit Wahlmöglichkeiten

- zu jedem Trägerunternehmen, wenn Unterschiede in der Anlagepolitik bestehen

- zum Anlagehorizont sowie absehbaren Änderungen der SAA (Lebenszyklusmodelle)

9. Transparenzanforderungen nach §§ 134a bis 134d AktG (ARUG II)

1085   Das Gesetz zur Umsetzung der zweiten Aktionärsrechterichtlinie (ARUG II) fordert die Transparenz institutioneller Anleger hinsichtlich ihrer Aktienanlagen in Bezug auf Anlagestrategie und Mitwirkungspolitik (Ausübung der Stimmrechte). Es ist seit 1.1.2020 in Kraft und auch von EbAV zu beachten, da keine Ausnahmen oder Mindestgrenzen für die Aktienanlagen vorgesehen sind. Der Transparenzbericht ist jährlich zu aktualisieren.

1086   Gemäß § 134c AktG ist zunächst auf die Anlagestrategie und die Vereinbarung mit Vermögensverwaltern einzugehen. Die Veröffentlichung kann über den Bundesanzeiger, mit Aufnahme in den Jahresabschluss oder über die Webseite erfolgen. Es ist von den EbAV offenzulegen, wie das Profil und die Laufzeit der Verbindlichkeiten bei der Anlagestrategie (für Aktien) berücksichtigt wird und welchen Beitrag die Strategie zur Wertentwicklung liefert. Erfolgen die Anlagen über einen Vermögensverwalter, ist auf die diesbezüglichen Vereinbarungen im Hinblick auf die Abstimmung von Anlagestrategie auf das vorgenannte Profil einzugehen. Bei ausschließlich indirekten Aktienanlagen kann die Anforderungen über eine Veröffentlichung auf der Website des externen Vermögensverwalters erfüllt werden.

1087   In Bezug auf die Erfüllung der **Anforderungen an die Mitwirkungspolitik** (§ 134b AktG) ist diese zu veröffentlichen, ebenso ein Mitwirkungsbericht sowie eine Darstellung des Abstimmungsverhaltens. Die Transparenzanforderungen erfolgen im sog. „comply-or-explain"-Verfahren, d.h. bei eingeschränkter Umsetzung bzw. bei lediglich „indirekten" Aktienanlagen über externe Vermögensverwalter (bzw. Stimmrechtsübertragung) ist eine Erläuterung der Umstände vorzunehmen und ein Link zu entsprechender Webseite des Vermögensverwalters zu veröffentlichen. Die Informationen müssen öffentlich zugänglich sein, mindestens 3 Jahre vorgehalten und jährlich (12 Monatsfrist) aktualisiert werden.

10. Nachhaltigkeitsbezogene Offenlegungspflichten (SFDR)

1088   Die EU-Verordnung 2019/2088 vom 27.11.2019 als Baustein aus dem EU-Aktionsplan zur Finanzierung eines nachhaltigen Wachstums verpflichtet Unternehmen des Finanzsektors zur Offenlegung in Bezug auf die Berücksichtigung von Nachhaltigkeitsaspekten und -risiken im Rahmen der eigenen Investitionsentscheidungen. Die sog. SFDR (sustainable finance disclosure regulation) gilt auch für EbAV und bedeutet seit dem 10.3.2021 zusätzliche Publizitätsanforderungen. Grundsätzlich wird dabei zwischen Unternehmens- und Produktebene unterschieden, wobei bei vielen EbAV in der Regel von einer Konsistenz von Unternehmens- und Produktebene ausgegangen werden kann, aufgrund der kollektiv organisierten Kapitalanlagen und einem ggf. einheitlichen Sicherungsvermögen. Hier hat die EbAV auf entsprechende Widerspruchsfreiheit in der Darstellung zu achten.

Auf **Unternehmensebene** sind die Strategie zur Einbeziehung von Nachhaltigkeitsrisi- 1089
ken in die eigenen Investitionsentscheidungen (Art. 3), die Berücksichtigung von
nachteiligen Nachhaltigkeitsauswirkungen (Art. 4) und die Einbeziehung von Nachhaltigkeitsrisiken in die Vergütungspolitik darzulegen (Art. 5). Für EbAV greifen hier
Erleichterungen hinsichtlich Art. 4, da für Unternehmen mit weniger als 500 Mitarbeitenden alternativ zur Berücksichtigung von nachteiligen Auswirkungen auch eine Erklärung bzgl. der Nichtberücksichtigung abgegeben werden kann („comply-or-
explain"). Auf Produkteben ist in der SFDR zwischen „normalen" Produkten nach
Art. 6, die nicht explizit Nachhaltigkeitsziele verfolgen, sowie Art. 8 (Bewerbung ökologischer und/oder sozialer Merkmale) und Art. 9 (nachhaltige Investitionen) zu unterscheiden. Hier gelten zum Teil unterschiedliche hohe Anforderungen an Art, Umfang und Form der Publizität. Art. 6-Produkte sind seit Anfang 2022 mit einem
Warnhinweise bezüglich der Nicht-Berücksichtigung von EU-Kriterien für ökologisch
nachhaltige Wirtschaftsaktivitäten (Art. 7 der Verordnung (EU) 2020/852) zu versehen. Es gilt zu beachten, dass seit 2021 die Wirtschaftsprüfer im Rahmen ihrer Aktivitäten zur Jahresabschlussprüfung die Umsetzung der SFDR-Anforderungen verifi-
zieren. Der IDW hat hierzu entsprechende Praxishinweis zur Offenlegungs- und Taxonomie-Verordnung Anfang November 2021 verabschiedet.

In der Einführungsphase ab März 2021 erfolgte die Darstellung durch die Unterneh- 1090
men prinzipienorientiert auf **Level 1** Ebene. Seit April 2022 sind die RTS (Regulatory
Technical Standards, **Level 2** Regulierung) finalisiert und spezifizieren die Anforderungen an die zu veröffentlichenden Informationen. Sie gehen dabei u.a. auf Form
und Inhalt für bestimmte Produktkategorien (Art. 8 und 9) sowie Details zu den sog.
PAI (Principal Adverse Impact indicators) ein. Die Anforderungen an die zu veröffentlichenden Informationen auf Grundlage der RTS steigen sukzessiv ab Sommer
2023. EbAV sollten die Entwicklungen und Konkretisierungen im Bereich der SFDR
im Blick behalten, u.a. hinsichtlich der Wechselwirkungen mit der sog. EU-Taxono-
my, den Klarstellungen und Interpretationshilfen der EU-Kommission (z. B. anhand
der Antworten aus dem Q&A Publikationen der ESA's), Veröffentlichungen der BaFin
und Verlautbarungen bzw. Umsetzungshilfen der Verbände (u. a. aba, GDV und BVI).

1091   *Abb. 66 SFDR (ustainable finance disclosure regulation) EU-Verordnung 2019/2088 vom 27.11.2019)*

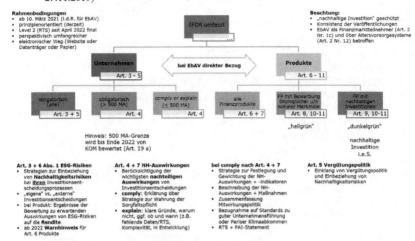

Rahmenbedingungen
- ab 10. März 2021 (i.d.R. für EbAV)
- prinzipienorientiert (derzeit)
- Level 2 (RTS) seit April 2022 final
- perspektivisch umfangreicher
- elektronischer Weg (Website oder Datenträger oder Papier)

Beachtung:
- „nachhaltige Investition" geschützt
- Konsistenz der Veröffentlichungen
- EbAV als Finanzmarktteilnehmer (Art. 2 Nr. 1c) und über Altersvorsorgesysteme (Art. 2 Nr. 12) betroffen

SFDR umfasst

Unternehmen Art. 3 – 5

bei EbAV direkter Bezug

Produkte Art. 6 – 11

obligatorisch (alle) Art. 3 + 5

obligatorisch (> 500 MA) Art. 4

comply or explain (< 500 MA) Art. 4

alle Finanzprodukte Art. 6 + 7

FP mit Bewerbung ökologischer u/o sozialer Merkmale Art. 8, 10-11
„hellgrün"

FP mit nachhaltigen Investitionen Art. 9, 10-11
„dunkelgrün"

Hinweis: 500 MA-Grenze wird bis Ende 2022 von KOM bewertet (Art. 19 a)

nachhaltige Investition i.e.S.

Art. 3 + 6 Abs. 1 ESG-Risiken
- Strategien zur Einbeziehung von **Nachhaltigkeitsrisiken** bei **ihren** Investitionsentscheidungsprozessen
- „eigene" vs. „externe" Investitionsentscheidungen
- bei Produkt: Ergebnisse der Bewertung zu erwartenden Auswirkungen von ESG-Risiken auf die **Rendite**
- ab 2022 **Warnhinweis** für Art. 6 Produkte

Art. 4 + 7 NH-Auswirkungen
- Berücksichtigung der wichtigsten **nachteiligen Auswirkungen** von Investitionsentscheidungen
- **comply:** Erklärung über Strategie zur Wahrung der Sorgfaltspflicht
- **explain:** klare Gründe, warum nicht, ggf. ob und wann (z.B. fehlende Daten/RTS, Komplexität, in Entwicklung)

bei comply nach Art. 4 + 7
- Strategie zur Festlegung und Gewichtung der NH-Auswirkungen + -Indikatoren
- Beschreibung der NH-Auswirkungen + Maßnahmen
- Zusammenfassung Mitwirkungspolitik
- Bezugnahme auf Standards zu guter Unternehmensführung oder Pariser Klimaabkommen
- RTS + PAI-Statement

Art. 5 Vergütungspolitik
- Einklang von Vergütungspolitik und Einbeziehung von Nachhaltigkeitsrisiken

Literatur

Arbeitsgemeinschaft für betriebliche Altersversorgung e. V. (Hrsg.) Handbuch der betrieblichen Altersversorgung, Teil I und II, Lbw

Bärenz, Die Nutzung Luxemburger Investmentgesellschaften für Private-Equity-Anlagen durch steuerbefreite Investoren in Transaktionen, Vermögen, Pro Bono, Festschrift zum zehnjährigen Bestehen von P + P

Bank for International Settlements, BIS Working Papers No 343, Market structures and systemic risks of exchange-traded funds, Srichander Ramaswamy, Monetary and Economic Department, April 2011

Baum/Ebertz/Bader, Kapitalanlagekosten bei Altersversorgungseinrichtungen und Altersvorsorgeprodukten, DB, Beilage 6/2003 zu Heft 30

Bruns/Meyer-Bullerdiek, Professionelles Portfoliomanagement. Aufbau, Umsetzung und Erfolgskontrolle strukturierter Anlagestrategien, 4. Aufl. 2008

Bundesverband Alternative Investments e. V., Wachstum der Hedgefonds-Industrie, www.bvai.de

CFA Institute, GIPS Global Investment Performance Standards, Übersetzung von BVI, DVFA, German CFA Society, Frankfurt 2010

Daube, Risikomanagement für Aktienoptionen, in *Eller/Heinrich/Perrot/Reif (Hrsg.)* Handbuch derivativer Instrumente. Produkte, Strategien und Risikomanagement, 3. Aufl. 1996

Deacon Securitisation, Principles, Markets and Terms, 2nd edition, Asia Law & Practice

Dimson/Marsh/Staunton, The Worldwide Equity Premium: A Smaller Puzzle, EFA 2006 Zurich Meetings Paper, April 2006

dies., Global Evidence on the Equity Risk Premium, LBS Institute of Finance and Accounting Working Paper No. IFA 385, August 2003

Dorsey, Active Alpha – A Portfolio Approach to Selecting and Managing Alternative Investments, *John* Wiley & Sons, Inc.; Hoboken, New Jersey 2007

Ebertz/Schmidt-von Rhein/Tolksdorf, Langfristige Risikoprämien für die Strategische Asset Allocation nach dem Internationalen CAPM, in Handbuch Asset Allocation, 2003, S. 113–156

Emde/Dornseifer/Dreibus, KAGB – Kapitalanlagegesetzbuch, Kommentar, 2. Aufl. 2019

Ernst, Reform der Investmentbesteuerung und Auswirkungen auf die Durchführung der betrieblichen Altersvorsorge BB 2017 S. 2723

Faber, Wertsicherung von Aktienanlagen. Identifizierung und Reduzierung von Absicherungsrisiken alternativer Strategien unter besonderer Berücksichtigung des Renditepotenzials. Schriftenreihe European Center for Financial Services, 2007

Fama E. F., Efficient Capital Markets: A Review of Theory and Empirical Work, in Journal of Finance Vol. 25, S. 383 bis 418

Fama/French, The Equity Premium, Journal of Financial Economics, Vol. 57 (1), 2002, S. 637–659

Fay/Yepes, Worldbank Policy Research Working Paper No. 3102: Investing in Infrastructure – What is needed from 2000 to 2010, 2003, S. 13

Fischer/Lilla/Wittrock (Hrsg.), DVFA Performance Presentation Standards, 2. Aufl. 2000

FSB Financial Stability Board, Potential financial stability issues afising from recent trends in Exchange-Traded Funds (ETFs), 12.4.2011

Fung/Hsieh, A primer on hedge funds, Journal of Empirical Finance, Volume 6, Issue 3, September 1999, Pages 309–331

dies., Hedge Fund Risk Management, Fuqua School of Business, Duke University, *Durham* 1999

Galer, „Prudent Person Rule" Standard for the Investment of Pension Assets, OECD, November 2002

Grünbichler/Graf/Wild, Private Equity und Hedge Fonds in der Strategischen Asset Allokation, in Handbuch Asset Allocation, 2003

Habersack/Mülberth/Schlitt, Unternehmensfinanzierung am Kapitalmarkt 3. Aufl. 2013

Haferstock, Performancemessung und -darstellung in der betrieblichen Altersversorgung, BetrAV 2008 S. 507 bis 510 und 594 bis 599

Haferstock/Hilka/Kinzler, Kosten der Kapitalanlage in der betrieblichen Altersversorgung, in *Rieken/Braunberger/Dräger (Hrsg.):* Kostentransparenz im institutionellen Asset Management, 2017, S. 15 – 42

Hagenstein/Mertz/Seifer, Investing in Corporate Bonds and Credit Risk (Finance and Capital Markets), 2004, Palgrave

IMF International Monetary Fund, World Economic and Financial Surveys, Global Financial Stability Report, Durable Financial Stability, Getting There from Here ISBN: 978-1-61635-060-4, April 2011, S. 68 ff.

Ineichen, On Myths, Bubbles and New Paradigms in the Hedge Fund Industry, in Baums/Cahn, Hedge Funds. Risks and Regulation, 2004, S. 3 bis 29. Institute for Law and Finance Series

John, Der Kapitalanlageprozess – Disziplinierte und prozessorientierte Kapitalanlage in der (betrieblichen) Altersversorgung, 3-teiliger Beitrag in Versicherungswirtschaft 1998, Heft 12–14

Kapellmann, Schlüsselfertiges Bauen, 2. Aufl. 2005

Kaplan/Schoar, Private Equity Performance: Returns, Persistence and Capital Flows, The Journal of Finance, VOL. LX NO. 4, August 2005

Kluß/Bayer/Cremers, Wertsicherungsstrategien für das Asset Managment, HfB – Business School of Finance and Management, Frankfurt, Working Paper Series No. 62, March 2005

Knight/Satchell, Linear factor models in finance, Oxford; Burlington, Mass.: Elsevier Butterworth-*Heinemann*, 2005

Kümpel/Wittig, Bank- und Kapitalmarktrecht, 4. Aufl. 2011

Laib, Aufbau eines Private Equity Portfolios bei einer deutschen Versicherungsgesellschaft, in *Wiesbadener Private Equity Institut* (Hrsg.), Case Studies Private Equity, 2006

Lanfermann, EU-Aktionsplan zu Sustainable Finance: Wie weit ist der europäische Gesetzgeber mit der Umsetzung, BB 2019, 2219

Leibowitz, Total Portfolio Duration: A New Perspective on Asset Allocation, Financial Analysts Journal, Vol.42, No.5, September/Oktober 1986, S. 18–29 und S. 77.

Leibowitz/Kogelman, Resolving The Equity Duration Paradox, Financial Analysts Journal, January/February 1993, Vol. 49, No. 1, S. 51–64

Lettau/Wachter, Why Is Long-Horizon Equity Less Risky? A Duration-Based Explanation of the Value Premium, Journal of Finance, American Finance Association, vol. 62(1), S. 55–92

Lewin/Satchel, The Derivation of a New Model of Equity Duration, Cambridge Working Papers in Economics from Faculty of Economics, University of Cambridge *May* 2001

Litterman, Modern Investment Management: An Equilibrium Approach, 2003, *John* Wiley & Sons, Inc.

Lopez-de-Silanes/Phalippou/Gottschalg, Giants at the Gate: On the *Cross*-Section of Private Equity Investment Returns, EDHEC-Risk Institute, Nice, January 2011

Markowitz, Portfolio Selection", in The Journal of Finance, Vol III, No. 1, March 1952

Müller, Der Brexit: Aktueller Stand und seine Auswirkungen auf die Vermögensanlage von Einrichtungen der bAV BetrAV 2019, 133

Nellshen, Die Organisation von Risikomanagement und Risikocontrolling in Versorgungseinrichtungen vor dem Hintergrund des R 15/2005, BetrAV 2008 S. 68

ders., Wege der Umsetzung der CRA-III-Verordnung in deutschen EbAV, BetrAV 2017 S. 54

Raeke/Jansen, Infrastrukturinvestments für institutionelle Investoren, in: Absolut Report, Nr. 39, August 2007, S. 27

Rößler, New Deal in der betrieblichen Altersversorgung, DB 2017 S. 367

Ross, The Arbitrage Theory of Capital Asset Pricing, 1976, in: Journal of Economic Theory, S. 341–360

Sharpe/Bailey, Investments – 6th Edition, 1998

Scherer, Portfolio Construction and Risk Budgeeting, 3rd Edition, 2007, Risk Books, Incisive Financial Publishing Ltd, London

Schneider/Genz, Intelligent Office, 2001

Schulte (Hrsg), Immobilienökonomie, Bd 1, Betriebswirtschaftliche Grundlagen, 4. Aufl. 2008

ders., Immobilienökonomie, Bd. 2, Rechtliche Grundlagen, 2. Aufl. 2006

Schulte/Bone-Winkel/Thomas (Hrsg.), Handbuch Immobilien-Investition, 2. Aufl. 2005

Stadler/Bindl, Das neue InvStG – Überblick und Korrekturbedarf DStR 2016, 1953

Wittrock, Messung und Analyse der Performance von Wertpapierportfolios. Eine theoretische und empirische Untersuchung, 3. Aufl. 2000

Stichwortverzeichnis